기독교 신학

5

기독교 신학
5

– 하나님 나라의 메시아적 신학을 향해 –

종말론: 하나님 나라를 향한 기다림과 희망의 이론

김균진 지음

Holy
WavePlus

발행인의 글

존경하는 은사이신 김균진 교수님의 저작전집을 발행할 수 있는 책무를 맡겨주신 하나님께 감사와 영광을 돌립니다.

이 저작전집은 한국이 배출한 걸출한 조직신학자인 김균진 교수님의 50년간에 걸친 신학 연구의 열매들을 하나로 집대성하는 작업입니다.

김균진 교수님께서는 신학 교수 세계에 발을 들여놓은 이래 헤겔과 칼 바르트 연구에서 시작하여 몰트만과 본회퍼와 틸리히의 신학을 비롯한 세계의 다양한 현대신학 사조들을 적극적으로 이 땅에 소개하는 한편, 역사적 예수와 하나님 나라, 죽음의 신학, 생명의 신학, 과학과 신학과의 대화 분야에 있어서 자기만의 고유한 신학의 세계를 개척하셨고, 무엇보다 방대하기 이를 데 없는 조직신학 분야의 전 주제에 대해서 두 번에 걸친 조직신학 시리즈를 집필함으로써 대단한 학문적 성취를 이루셨다고 해도 과언이 아닙니다. 그러나 이러한 연구 결과물들이 아쉽게도 여기저기 흩어져 있었고, 일부 도서는 이미 절판되어 더 이상 구할 길이 없으며, 또 일부는 오래전의 개념과 표현으로 쓰인 까닭에 현대의 독자들에게 생소한 느낌을 주는 면이 없지 않아서, 이 모든 자료를 한데 모아 새로운 시대의 연구성과들을 추가하는 동시에 문장과 단어들을 현대적으로 개선하는 작업을 하기로 하였고 그러한 바탕 위에서 이 저작전집이 탄생하게 되었습니다.

특별히 『기독교 신학』 1-5권은 교수님의 일생의 신학적 작업들을 집대성하고 총정리하는 차원에서 근자에 새로이 집필하신 것이어서 그 의미가 남다르다 하겠습니다.

김균진 교수님의 제자이자 이 저작전집의 발행인으로서 제가 감히 교수님의 신학을 평가한다면 크게 다섯 가지로 요약을 하고 싶습니다.

첫째, 지난 100년간 서구 신학계를 관통했던 신학적 사조와 개념과의 부단한 대화와 함께 그것의 적용에 있어서 철저히 지금-여기서의 정황을 지향함으로써 한국적인 바탕 위에서 국제적인 신학적 토론에 참여하는 것의 가능성을 제시한 점. 둘째, 기존의 추상적이고 철학적인 조직신학적 진술이 아닌 성서내러티브적이고 메시아적 종말론에 입각한 독창적인 조직신학의 세계를 제시한 점. 셋째, 과학과의 대화, 신무신론과의 대화 등에 적극적으로 참여함으로써 조직신학의 과제와 외연을 지속적으로 확장한 점. 넷째, 급진적인 신학 이론의 소개뿐 아니라 칼뱅과 루터 등의 저작에서도 상당히 많은 부분들을 인용함으로써 소위 보수와 진보 신학 어느 한쪽에도 치우치지 않는 균형 감각을 견지하는 점. 다섯째, 특별히 인생의 후반기에 저술하신 책들의 경우 단순히 신학이론에 대한 비판적 소개나 분석에 머물지 않고 교회의 현실을 염두에 둔 목회적이고 경건주의적인 따스한 시선이 두드러지게 제시되는 점을 꼽을 수 있겠습니다.

다시 한번 이 저작전집을 낼 수 있는 사명을 맡겨주신 삼위일체 하나님과 교수님께 감사를 드리며, 모쪼록 이 귀한 책들이 한국의 많은 목회자들과 신학도들의 서재에서 오랫동안 신학 연구와 설교 준비의 벗으로 자리매김할 수 있기를 소망합니다.

김요한 목사

머리말

2018년 2월경 『루터의 종교개혁』 저술 작업을 끝냈을 때, 나는 기가 다 빠진 느낌이었다. 그래서 "이젠 더 이상 새로운 책을 쓸 수 없을 것 같다"고 출판사 김요한 목사님께 말씀드린 적이 있다. 그러나 이미 시작된 『기독교 신학』 체계를 속히 끝내야겠다는 생각에서 이 책의 준비를 시작하게 되었다.

작업을 시작할 때는 이미 간행된 『기독교 조직신학』 제5권을 정리하는 수준에서 끝내야겠다고 생각했다. 또다시 집중적으로 연구할 힘도 별로 없었지만, 최근 세계 신학계에서 종말론에 관한 토의는 개점휴업 상태이기 때문이다.

그러나 작업을 진행하다 보니 오자는 물론 반복된 내용들과 제대로 정리되지 않은 부분들이 발견되었다. 1990년경 『기독교 조직신학』 제5권을 집필할 때, 연합신학대학원 부원장 보직으로 인해 저술에 집중할 수 없었던 것이 원인이었던 것 같다. 그래서 70% 가까이 내용을 새롭게 작성하고, 차례도 새로 만들었다. 책을 준비하면서 과거에 얻지 못했던 새로운 통찰을 얻을 수 있었다. 수정에 수정을 반복하는 과정에서 나 자신의 생각이 보다 더 성숙해짐을 경험할 수 있었다. 그동안 꾸준히 걸어왔던 학문의 길이 큰 도움이 되는 느낌이었다.

『기독교 신학』의 간행에 대해 스승 몰트만 교수님께 말씀을 드리자, 자기는 과거에 쓴 것을 다시 수정하여 출판하지 않겠다고 하셨다. 과거의 것은 과거의 자료로 남겨두고, 그 내용을 조금씩 더 발전시켜 새로운 책을 출간한다고 하셨다. 그래서 '나도 그렇게 할 걸, 괜히 비생산적 고생만 하는 것이 아닌가' 하는 생각이 들었다. 그러나 과거에 쓴 나의 『기독교 조직신학』이 없어지지 않고 한국 신학의 역사적 자료로 남는다면, 지금 저술 작업을 끝낸 『기독교 신학』은 또 하나의 학문적 기여가 될 수 있지 않을까, 스스로 위로해본다. 『기독교 조직신학』에 없었던 여러 가지 새로운 통찰을 이 책에서 발견할 수 있을 것이다.

"디지털 문화"가 맹위를 떨치는 오늘의 현실에서, 이 두꺼운 책을 출판하는 새물결플러스 김요한 대표님의 신념과 용기에 진심으로 감사드린다. 시대에 뒤떨어진 얘기일지 모르지만, 만일 책이 없어진다면 우리 민족의 정신문화는 어떻게 될까? 정신적 깊이는 사라지고, 먹고 마시고 신나게 노래하고 춤추는 것이 우리 민족의 주류 문화가 되지 않을까? 이러한 민족의 미래는 어떻게 될까? 우리 민족의 정신문화를 신장하고, 하나님 나라를 이 땅에 세우기 위해 애쓰는 새물결플러스 출판사의 노력이 끊어지지 않도록, 우리 모두의 기도와 후원이 필요하다고 생각한다. 책이 출판되기까지 수고를 아끼지 않은 편집부 여러 선생님께 진심으로 감사드린다.

2020년 7월
김균진

| 차례 |

제12부

하나님 나라를 향한
기다림과 희망의 이론

-종말론-

기독교 신학의 체계는 학자에 따라 다양하다. 하나님에 관한 이론, 곧 신론으로부터 시작하여 삼위일체론으로 끝나는 체계도 있고, 인간론에서 시작하여 은혜론으로 끝나는 체계도 있다. 그러나 하나님의 진리는 하나님의 계시를 통하여 우리에게 알려지고, 성서를 통하여 제시되기 때문에, 이 책은 하나님의 계시에서 시작하여 성서, 하나님, 하나님의 창조, 인간, 인간의 타락과 죄, 죄에 빠진 인간과 세계의 구원자 그리스도, 그리스도의 구원을 이루시는 새 창조자 성령, 성령에 의한 구원과 성화, 구원받은 신자들의 공동체인 교회와 성례에 관한 내용들을 다루었다.

이제 우리는 기독교 신학의 마지막 부분이라 할 수 있는 종말론을 고찰하고자 한다. 종말론을 마지막으로 고찰하는 것은 사도신경의 순서에 따른 것이다. 사도신경은 마지막 부분에서 역사의 종말에 관한 내용, 곧 "몸이 다시 사는 것"(몸의 부활)과 "영원히 사는 것"(영원한 생명, 영생)을 고백하기 때문이다.

그러나 종말론이 기독교 신학 체계의 마지막 부분이라는 말은 적절하지 않다. 종말론은 하나님의 구원 역사의 완성과 세계사에 대한 하나님의 목적을 다루기 때문에 기독교 신학 체계의 완성이라 말할 수 있다. 따라서 종말론은 신학 체계의 "마지막 부분"이라기보다 기독교 신학 체계의 "정점"이라 말하는 것이 더 타당하다.

이 책에서도 우리는 "하나님 나라의 메시아적 신학"의 관점에서 종말론의 내용을 고찰하고자 한다. 기독교의 출발점은 하나님의 메시아(그리스어로 Christos)로서 이 세상에 오신 예수 그리스도이고, 그의 말씀과 사역의 중심은 하나님 나라에 있기 때문이다.

I
종말론 서론

1

종말론이란 무엇인가?

A. 종말론의 개념과 본질

1. "종말"이란 개념은 "마지막 일들", "궁극적인 일들"을 뜻하는 그리스어 *ta eschata*(τὰ ἔσχατα)에서 유래한다. 따라서 종말론은 세계 역사의 "마지막 일들에 관한 이론"을 뜻한다. 학자들에 따라 차이가 있지만, 역사의 종말에 일어날 마지막 일들은 대략 다음과 같이 열거된다. 1) 세계의 대파멸이 있기 전에 일어날 이른바 종말의 징조들(홍수, 지진, 전쟁, 적그리스도 등), 2) 그리스도의 재림(다시 오심), 3) 천년왕국, 4) 죽은 모든 사람의 부활, 5) 최후의 심판, 6) 천국과 지옥의 상벌, 7) 만유의 회복, 8) 역사의 목적인 하나님 나라 혹은 새 하늘과 새 땅, 9) 영원한 생명(영생). 글자 그대로 풀이한다면, 종말론이란 이런 일들에 관한 이론을 말한다.

사도신경은 다음과 같은 "마지막 일들"을 고백한다. 1) 하나님 오른편에 계신 예수 그리스도의 재림, 2) 죽은 자들의 부활, 3) 살아 있는 자들과 죽음 속에 있다가 부활한 자들에 대한 심판, 4) 영원한 생명. 이 같은 명제들이 기독교 종말론의 내용을 구성한다. 이런 일들은 세계 혹은 우주의 마지막에 일어날 거라 생각되기 때문에 이 일들에 관한 종말론을 가리켜 우주적 종말론 혹은 보편적 종말론이라 부른다.

그런데 세계의 마지막 일도 중요하지만, 한 인간의 마지막 일도 중요한 문제다. 그러므로 20세기 조직신학자 알트하우스(P. Althaus) 이후 기독교 종말론은 인간의 죽음 문제를 다룬다. 이를 가리켜 개인적 종말론 혹은 인격적 종말론이라 부른다. 따라서 기독교 종말론은 크게 나누어 인간의 삶의 마지막 문제, 곧 죽음의 문제를 다루는 인격적 종말론과, 위에 기술한 세계의 마지막 일들을 다루는 우주적 종말론으로 구성된다.

그런데 죽은 자들의 부활, 최후 심판, 천국과 지옥은 세계의 마지막 일인 동시에 각 사람과 관계된 개인의 문제이기도 하다. 따라서 인격적 종말론과 우주적 종말론을 깨끗이 구별하기란 불가능하다. 죽음의 문제는 단지 개체 인간의 일이 아니라 모든 피조물의 보편적 문제이기도 하다. 따라서 죽음의 문제를 개인적 종말론의 고유 문제로 볼 수 없으며, 개인의 인격적 종말론과 세계의 우주적·보편적 종말론을 명쾌하게 나누는 것은 불가능하다. 그러나 세계의 마지막에 일어날 보편적·세계사적 일들은 역사의 마지막에 일어나는 반면, 인간의 죽음은 그 이전에 일어나기 때문에, 이 책에서 우리는 알트하우스의 분류에 따라 인격적 종말론과 우주적 종말론을 구별하고자 한다(Althaus 1972, 658 이하).

2. 통속적 사고에 따르면, "종말"은 묵시사상적 개념으로 사용된다. 곧 지금 우리가 살고 있는 이 세계가 "끝나는 것"(finis), 인간의 죄악으로 말미암아 파멸되고 소멸되어버리는 것(annihilatio mundi)으로 생각된다. 역사가 흐를수록 세계는 더 많은 죄와 불의로 가득해진다. 이로 인해 세계는 대파멸과 소멸로 끝날 수밖에 없다. 세계의 대파멸과 소멸이 세계의 종말이다. 세계가 파멸되고 소멸된 후, 새 하늘과 새 땅 혹은 하나님 나라가 하늘로부터 초월적으로 내려올 것이다. 여기서 종말론은 세계의 대파멸과 소멸에 대한 이론으로 생각된다. 이를 가리켜 우리는 후기 유대교의 묵시사상에 기초한 묵시사상적 종말론 혹은 묵시적 종말론(apokalyptische Eschatologie)이라 부른다.

그런데 성서는 종말에 대한 다른 생각을 보여준다. 예수는 지금 우리가 살고 있는 이 세계 속에서 "하나님 나라와 하나님의 정의"를 구하라고 가르치면서, 자신의 말씀과 기적을 통해 하나님 나라가 지금 너희 가운데 있다고 말한다(눅 11:20). 그리고 자신이 세상 마지막, 곧 종말에 다시 오시리라고 약속한다. 부활을 통해 죄와 죽음의 세력을 꺾으시고(고전 15:55-56), 죽음 속에 있는 자들이 새 생명으로 다시 살아나는 부활의 역사를 시작하신 그분이 다시 오실 것이다. 그는 부활의 역사를 완성하실 것이다. 그는 만물을 새롭게 하실 것이다(계 21:5). 하나님이 "만유 안에서 만유가" 되실 것이며(고전 15:28), 만유가 그리스도 안에서 그리스도를 머리로 통일될 것이다(엡 1:10). 그가 가르친 "하나님 나라와 하나님의 정의"가 완성될 것이다. "이전 것들"이 사라진 세계, 곧 "다시는 죽음이 없고, 슬픔도 울부짖음도 고통도 없을" "새 하늘과 새 땅"이 이루어질 것이다(계 21:1-4).

여기서 세계의 종말은 세계의 묵시적 대파멸과 소멸이 아니라 하나님 나라의 완성으로, 혹은 새 하늘과 새 땅으로 이해된다. 그것은 죄와 죽음의 세력이 다스리는 세계의 "끝남"(finis)을 뜻하는 동시에, 하나님 나라가 완성되는 "목적"(telos)을 뜻한다(서남동 1959, 58). 달리 말해 그것은 "역사의 끝인 동시에 그것의 완성"이다(Pannenberg 1993, 632). 따라서 종말론은 역사의 종말에 완성될 하나님 나라의 새로운 생명의 세계에 관한 이론을 말한다. 이를 가리켜 우리는 예수 그리스도에게 기초하는 그리스도적 종말론 혹은 기독교적 종말론(Christliche Eschatologie)이라 부를 수 있다. 그것은 예수 그리스도의 구원 역사와 관계없는 온 세계의 대파멸과 폐기의 "마지막 일들"에 관한 이론이 아니라 "예수 그리스도 안에서 이미 현실이 되었고, 그러므로 이 삶과 이 역사와 교회를 지배하기" 시작한 하나님 나라의 완성에 관한 이론이다(Ziegenaus 1996, 7).

3. 초기 교부 오리게네스에 따르면, 그리스도는 "하나님 나라 자체"(autobasileia)였다. 그는 아버지 하나님과 하나였고, 아버지 하나님의 뜻이 곧 그리스도 자신의 뜻이었기 때문이다(요 17:11, "우리가 하나인 것 같

이"). 그의 모든 말씀과 활동의 핵심은 하나님 나라에 있었다. 그의 십자가 죽음과 부활은 죄와 죽음의 세계를 깨뜨리고 하나님 나라가 새롭게 시작함과, 하나님 나라의 완성에 대한 약속을 뜻한다. 그리스도인들은 이 약속을 믿으며 역사의 마지막에 완성될 하나님 나라를 희망한다. 세상의 모든 세력이 그리스도께 복종하며, 하나님이 "만유 안에서 만유"가 되실 미래를 기다린다(고전 15:28).

따라서 기독교 종말론은 역사의 마지막(종말)에 올 하나님 나라에 대한 기다림과 희망에 관한 이론이라 말할 수 있다. 밀리오리에 따르면 기독교 종말론은 "하나님과 이웃과의 완전한 교제를 맺고 있는 인간의 삶이 완성될 것과 모든 창조세계를 향한 하나님의 목적이 완성될 것을 바라는 기독교적 소망에 관한 반성이다"(Migliore 2012, 54).

이런 관점에서 볼 때, "마지막 일들에 관한 이론"이라는 종말론의 정의는 적절하지 않다. 그것은 예수 그리스도와 관계없는 묵시사상적 정의다. 묵시사상에 의하면 "마지막 일들"은 지금의 세계 시간을 끝내는 일들을 뜻하며, 종말은 세계의 폐기 내지 "끝남"(finis)으로 파악되기 때문이다. "마지막 일들에 관한 이론"이란 묵시사상적 정의는 종말론의 부정적 측면, 곧 죄와 죽음의 세력에 묶인 지금의 세계 시간이 끝날 것이라는 측면을 드러낼 뿐이다.

예수의 부활의 빛에서 볼 때 세계의 마지막, 곧 종말은 죄와 죽음의 세력에 묶인 지금의 세계 시간이 끝남(finis)을 뜻하는 동시에, 이 땅 위에 하나님 나라와 하나님의 정의가 완성될 새로운 세계의 목적(telos)을 뜻한다. 하나님은 그가 창조하신 세계를 포기하지 않을 것이다. 그는 그리스도의 부활을 통해 약속하였고 새롭게 시작한 구원 역사를 완성할 것이다. 따라서 기독교 종말론은 세계의 멸망에 관한 이론이 아니라, 이 땅 위에 하나님 나라와 하나님의 정의가 완성될 세계의 목적에 관한 이론이요, 이 목적에 대한 기다림과 희망의 이론이다. 그것은 파멸과 죽음의 벌에 관한 이론이 아니라, 하나님이 지으신 모든 피조물의 영원한 생명에 관한 이론이다.

세계의 미래에 대한 부정적 생각과 긍정적 생각 사이에는 큰 차이가 있다. 세계가 폐기되기로 결정되어 있다고 보는 부정적 생각은 세계에 대한 부정적 태도로 이어진다. 이렇게 생각하는 사람은 세계에 대해 무관심해진다. 그는 자기의 영혼 구원에만 관심을 가지고 세계를 포기한다. 이에 반해 세계의 미래를 긍정적으로 생각하는 사람은 이 세계를 보호하고, 세계를 파괴하는 악의 세력을 극복하려는 태도를 취한다. 그는 신음 속에 있는 세계와 이웃에 대해 관심을 보인다. 세계의 모든 일에 대한 냉소주의 대신에 연약한 생명들을 사랑한다. 세계에 대해 등을 돌리지 않고, 세계의 변화에 관심을 갖는다. 그는 '될 대로 되겠지'라는 생각 속에서 세계를 포기하지 않는다. 도리어 세계를 위한 하나님의 구원 역사에 참여하고자 한다. 그러면서 자기 자신 안에 있는 악의 세력을 극복하고, 믿음과 희망과 사랑이 살아 숨 쉬는 인간다운 세계를 바란다. 따라서 기독교 종말론은 그리스도인들의 삶의 태도에 관한 이론이기도 하다.

4. 종말론이라 할 때 "론"(logie)이란 단어는 그리스어 "로고스"(logos)에서 유래했다. Logos는 이 세계의 모든 사물 안에 언제나 현존하는 말, 이성, 질서, 원리를 가리킨다. 따라서 "론"이란 언제나 다시금 반복되는 인식 체계, 곧 세계의 사물들에 대한 인간의 경험에서 오는 인식 체계를 가리킨다. 이 인식 체계를 통해 우리는 세계의 현실을 해석한다.

이에 반해 기독교 종말론은 이 세계에 속하지 않는 하나님 나라의 새로운 생명의 세계에 관한 성찰이다. 그것은 이 세계를 해석하려는 것이 아니라, 하나님이 약속하신 새로운 생명의 세계를 향해 지금의 세계를 변화시키고자 한다. 칼 마르크스(Karl Marx, 1818-1883)가 『포이어바흐에 대한 명제』(Thesen über Feuerbach)에서 말한 것처럼, 중요한 것은 해석이 아니라 변화다. 기독교 종말론은 세계를 해석하려는 것이 아니라, 예수 그리스도의 부활을 통하여 시작되었고 약속된 하나님 나라를 향해 지금의 세계 현실을 변화시키고자 한다. 그것은 또 하나의 해석학이 아니라 변화와 개혁에 관한 이론이다. 그 본질에 있어 기독교 종말론은 새 하늘과 새 땅을 향한 "외침"이다(Kraus 1983, 556).

5. 여기서 우리는 좀 더 분석적으로 생각할 필요가 있다. 인간 세상에서 "새 하늘과 새 땅"을 희망하는 사람들은 누구인가? 일반적으로 그들은 이 세상에서 "죽음과 슬픔과 울부짖음과 고통"을 당하는 사람들이다. 이 세상의 삶이 너무 힘들기 때문에 그들은 이 모든 부정적인 것들이 사라진 "새 하늘과 새 땅"을 갈망한다. 부유하고 권세 있는 사람들은 새로운 생명의 세계를 희망할 필요가 없다. 그들에게는 지금의 세계가 좋기 때문이다.

기독교 종말론의 직접적 뿌리는 후기 유대교 묵시사상(Apokalyptik)에 있다. 예수의 말씀 속에도 당시 묵시사상의 흔적들이 나타난다(눅 17:22 이하의 "인자"의 오심 등. 이에 관해 아래 I.2.D. "신약성서의 종말론" 참조). 예수 당시에 묵시사상의 중심지는 사해 서북쪽에 위치한 쿰란 공동체였다. 이 공동체는 세상을 등지고 쿰란 지역 동굴 속에서 "새 하늘과 새 땅", 곧 신천신지를 기다리며 살았다. 이 세상에서 그들은 세상에 대한 희망이 끊어진 사람들, 혹은 희망을 스스로 끊어버린 사람들이었다. 신천신지에 대한 그들의 기다림과 희망은 불의한 세계에 대한 거부의 표현인 동시에, 하나님의 자비와 정의가 살아 숨 쉬는 새로운 생명의 세계에 대한 갈망의 표현이었다.

물론 후기 유대교 묵시사상은 예수에 의해 수정되지만, 그것의 기본 성격은 초기 그리스도인들에게 전승된다. 로마 제국의 박해 속에서 살았던 초기 그리스도인들도 이 세상에 대한 희망이 끊어진 사람들이었다. 그들은 로마 제국 각지의 지하 동굴에서 살아야 했다. "새 하늘과 새 땅"에 대해 증언한 요한계시록의 저자도 그들 중 한 사람이었다.

이 같은 역사적 배경에서 볼 때, 본래 기독교 종말론은 새로운 생명의 세계에 대한 힘없고 억눌린 사람들의 희망과 부르짖음에 관한 이론이라 말할 수 있다. 그 본질에 있어 기독교 종말론은 "죽음과 슬픔과 울부짖음과 고통"이 도처에 있는 이 세상에 대한 부정의 표현인 동시에, 새로운 생명의 세계를 향한 갈망과 희망에 관한 이론이다.

기독교 종말론의 본질은 신음 속에 있는 사람들의 생명을 향한 부르짖음을 드러내는 데 있다. 그것은 세상의 "작은 형제들" 가운데 계신 삼위일체 하나님 자신의 갈망과 부르짖음을 나타내는 것이다. 본질적으로 기독교 종말론은 하나님의 새로운 생명의 세계를 갈구하는 성서의 메시아 정신을 발현하고자 한다. 종말론의 내용들은 이러한 빛에서 고찰되어야 한다. 이때 종말론은 세상 마지막에 관한 죽은 이론이 아니라, 오늘 우리의 현실에 대해 생명력을 가진 이론이 될 수 있다. 그것은 하나님 나라의 미래를 향해 인간과 세계를 움직이고자 하는 이론, "부정적인 것의 부정"을 통해 세계를 역사화하는 변증법적 성격의 이론이 될 것이다.

B. 기독교 종말론의 역사적 유래와 출발점

1. 기독교 종말론은 구약성서의 독특한 하나님 신앙에서 유래한다. 그것은 히브리적 하나님 신앙의 필연적 귀결이다. 구약성서가 증언하는 하나님의 중요한 특징은 형상이 없다는 점이다. 세계의 다른 종교의 신들과는 달리, 구약성서의 하나님은 자신에 대한 형상을 만들어 섬기는 것을 철저히 거부한다. 한마디로 그는 형상이 없는 신이다(십계명 제2계명 참조).

왜 성서의 하나님은 형상을 거부하는가? 하나님은 이 세계에 속한 모든 사물과는 전혀 다른 존재, 곧 "전적 타자"(totaliter aliter)이기 때문이다. 이 세계의 그 무엇도 신이 아니다. 세계의 모든 것은 하나님에게서 구별되는 하나님의 피조물이요, 죄의 타락 속에 있다. 그러므로 세계의 그 무엇도 하나님의 형상이 될 수 없다. 다른 종교들이 섬기는 신의 형상은 인간의 상상에서 나온 것으로, 인간 자신의 손으로 만든 것에 불과하다.

성서의 하나님의 둘째 특징은 인간 세계에 대한 자비와 사랑에 있다. 세계에 대한 전적 타자로서 그는 이 세계를 사랑한다. 그는 사랑이다(요일 4:8, 16). 그러므로 그는 세계를 포기하지 않는다. 그는 모든 피조물이 평화롭게 사는 새로운 생명의 세계를 원한다. 그래서 하나님은 미래의 새로운 생명의 세계를 약속한다. 그는 약속의 하나님이다. 그는 과거 지향적 존재가 아니라 미래 지향적 존재다. 그는 미래 지향성을 자신의 존재 규정(Seinsbestimmung)으로 가진다(E. Bloch, 유대인 철학자). 본질적으로 그는 새로운 미래를 가리키는 "희망의 하나님"(롬 15:13)이다(Moltmann 1969a, 12).

2. 이것을 우리는 아브라함, 모세와 예언자들에 대한 하나님의 약속에서 볼 수 있다. 아브라함을 찾아오실 때 하나님은 많은 후손과 새로운 땅과 특별한 보호를 약속한다. 모세를 찾아오셨을 때 그는 "젖과 꿀이 흐르는 땅"을 약속한다. 하나님이 성전에서 이사야를 찾아오셨을 때, 그는 광야에서 샘이 솟고, 모든 피조물이 평화롭게 사는 새로운 메시아의 세계, "새 하늘과 새 땅"을 약속한다.

여기서 우리는 다음의 사실을 볼 수 있다. 즉 구약성서의 하나님 신앙은 새로운 생명의 세계에 대한 약속 및 이 약속에 대한 기다림과 결합되어 있다는 사실이다. 하나님은 그의 영을 통해 피조물 안에 생명의 힘으로 내재한다. 그러나 그의 내재는 부분적이요 불완전하다. 피조물들이 죄악의 세력에 붙들려 있기 때문이다. 그러므로 하나님은 피조물 안에 내재하는 동시에, 그가 약속한 미래에 머물러 있다. 그는 내재하는 동시에 초월한다. 여기서 하나님의 초월은 공간적 초월이 아니라 시간적 초월, 곧 미래를 뜻한다. 그는 미래에 머물러 계시면서 피조물의 현재 속으로 오신다. 오셔서 새로운 생명의 세계를 약속한다. 그러므로 하나님을 믿는 믿음은 이 하나님의 약속에 대한 기다림과 희망과 분리될 수 없이 결합된다. 바로 여기에 기독교 종말론의 뿌리가 있다. 곧 역사의 미래로부터 오시는 하나님의 약속에 대한 믿음과 희망에 있다.

3. 기독교 종말론의 궁극적 출발점은 예수 그리스도의 삶과 부활에 있다. 그러므로 그것은 "그리스도적 종말론"이다. 이 책에서 사용되는 "기독교 종말론"이란 예수 그리스도에게 기초하는 "그리스도적 종말론"을 뜻한다. "그리스도"(Christos)는 히브리어 "메시아"를 그리스어로 번역한 것이다. 따라서 "예수 그리스도"는 "예수 메시아"를 말한다. 곧 "하나님의

아들" 예수는 이스라엘 백성이 기다리던 메시아라는 뜻이다. 이것을 요한복음은 다음과 같이 요약한다. "주님은 세상에 오실 그리스도(메시아)이시며, 하나님의 아들이심을 내가 믿습니다"(11:27). "예수가 그리스도(메시아)요 하나님의 아들이심을 믿게 하고…"(20:31).

하나님의 아들 예수가 그리스도이심은 무엇을 말하는가? 그것은 구약 예언자들이 기다리던 메시아의 새로운 생명의 세계가 예수와 함께, 예수를 통하여 시작되었음을 말한다. 그러므로 마태복음과 누가복음은 예수의 탄생을 이스라엘 백성은 물론 모든 피조물이 기다리던 메시아의 오심으로 묘사한다. "왕은…그리스도(메시아)가 어디에서 태어나실지 그들에게 물어보았다"(마 2:4). "그는 해를 하늘 높이 뜨게 하셔서, 어둠 속과 죽음의 그늘 아래에 앉아 있는 사람들에게 빛을 비추게 하시고, 우리의 발을 평화의 길로 인도하실 것이다"(눅 1:78-79; 참조. 눅 1:48-55의 "마리아의 찬가").

공관복음서에 따르면, 예수의 말씀과 활동은 이스라엘 백성이 기다리던 메시아 왕국, 곧 "하나님 나라" 혹은 "하늘나라"를 중심점으로 가진다. 공적 활동을 시작할 때 예수는 하나님 나라를 선포한다(막 1:15). 그는 자신의 활동을 통해 하나님 나라를 앞당겨온다. "내가 하나님의 능력을 힘입어 귀신들을 내쫓으면, 하나님 나라가 너희에게 이미 온 것이다"(눅 11:20). 메시아 왕국에 대한 하나님의 약속이 예수 안에서 앞당겨 이루어진다.

그러나 예수의 하나님 나라는 이스라엘 백성이 기대했던 것과는 전혀 다르게 이루어진다. 그것은 이스라엘 백성이 기다리던 다윗 왕국을 회복하지 않으며, 로마 제국의 식민지 압제에서 그들을 해방하지 않는다. 그것은 예수의 십자가 죽음으로 끝난다. 이스라엘 백성은 십자가에 달려 죽은 예수가 메시아이심을 도저히 인정할 수 없었다. 예수의 십자가 죽음은 예수가 행한 모든 것이 실패로 끝난 것처럼 보이게 만들었다. 그래서 예수가 죽임을 당하고 무덤에 갇혔을 때, 제자들은 모두 옛날의 생업으로 돌아갔다(요 21:1-3 참조).

예수의 부활은 죄와 죽음의 세력이 깨어지고(고전 15:55-56), 하나님 나라의 새로운 세계가 새로운 차원에서 시작되었음을 계시한다. 예수의 부활과 함께 죽은 자들의 부활이 시작된다. 이와 동시에 예수의 부활은 하나님 나라의 새로운 세계의 미래 완성을 약속한다. 간단히 말해 예수의 부활은 하나님 나라의 새로운 시작인 동시에 약속이다. 세계사의 마지막은 이약속이 이루어지는 데 있다는 점이 여기에 계시된다. 바로 여기에 기독교 종말론의 궁극적 출발점이 있다. 그것은 "잠자는 자들 중의 첫 열매"이신 그리스도의 부활에 있다.

유해무에 의하면 세계의 종말, 곧 "마지막"은 그리스도의 부활을 통해 새롭게 시작되었다. 이 "마지막"은 하나님 나라의 "새로운 시작을 의미한다"(유해무 1997, 584). 새롭게 시작된 "마지막"은 그리스도께서 다시 오실 때 완성될 것이다. 그러므로 기독교 종말론은 그리스도의 부활에 근거하여 세계의 종말, 곧 마지막을 고찰한다. 기독교 종말론의 출발점은 인간의 삶과 세계에 대한 종교철학적 사색에 있지 않고, 십자가에 달려 죽은 하나님의 아들 예수 메시아의 부활에 있다. 참된 신학, 곧 "그리스도적인 신학은 예수 그리스도와 그의 미래에 대해 말한다"(Moltmann 1969, 13).

4. 20세기 좌파 마르크스주의자 에른스트 블로흐(Ernst Bloch, 1885-1977)에 의하면, 보다 나은 미래를 희망하는 것은 단지 기독교 종말론의 전유물이 아니다. 그것은 모든 인간의 보편적 성향이다. 그의 저서 『희망의 원리』(*Das Prinzip Hoffnung*)에 따르면, 희망은 인간 본성과 삶의 "원리"다. 인간은 본성적으로 보다 나은 내일을 희망하는 존재요, 그의 삶은 그가 희망하는 바의 성취를 지향한다. 희망은 인간의 존재론적 성향이요, 인간의 모든 행동과 삶을 이끌어가는 내적 동인이다. "굶주림"이 없고 "생명 유지"를 가능케 하는 사회, 경제적 조건이 실현된 세계, 마르크스가 약속한 모든 인간의 자유와 평등이 있는 세계에 대한 희망은, 인간의 "모든 정서적 활동(Gemütsbewegungen) 가운데 가장 인간적인 것이며, 오직 인간에게만 가능하다"(Bloch 1959, 83). 인간이 새로운 미래를 희망하는 까닭은 언제나 보다 나은 내일을 기다리는 인간의 존재론적 성향, 곧 "희망의 원리"

에 있다.

블로흐의 이 생각에 대해 우리는 다음과 같이 질문할 수 있다. 과연 인간 자신의 내적 본성이 희망의 근거가 될 수 있는가? 인간에게 보다 나은 내일을 기다리고 희망하는 본성이 있는 것은 사실이다. 이와 동시에 인간에게는 끝까지 "자기 것"을 먼저 추구하는 이기적 본성도 있다. 이기적 본성 때문에 인간은 자기에게 주어진 것을 움켜쥐고 그것에 안주하려는 본성을 갖는다. 기존의 것을 충분히 움켜쥘 수 없을 때, 그는 좌절하고 절망한다. 그는 보다 나은 내일을 포기한다. 좌절과 절망 속에서 생물적 생명을 이어가든지, 아니면 자살로 자기 생명을 끊어버린다. 이 같은 본성을 가진 인간이 세계를 구원하고, 역사의 목적을 이룰 수 있을까?

이에 반해 기독교 종말론은 다음과 같이 말한다. 새로운 생명의 세계에 대한 희망의 근거는 인간의 본성이 아니라 예수의 부활에 있다. 예수의 부활을 통하여 하나님 나라의 새로운 생명의 세계가 시작되었고 또 약속되었다. 이 세계를 "죽음과 슬픔과 울부짖음과 고통"이 가득한 세계로 만들어버린 인간이 자신의 본성을 통해 역사의 목적을 이루기란 불가능하다. 이 세계를 구할 수 있는 분은 예수 그리스도 안에 계시되는 삼위일체 하나님이다. 구원받은 세계, 곧 역사의 목적을 희망할 수 있는 근거는 삼위일체 하나님의 약속에 있다. 십자가에 달린 예수의 죽음과 부활 속에 계시되는 삼위일체 하나님의 약속에 기독교 종말론의 궁극적 출발점이 있다.

C. 기독교 신학에서 종말론의 위치

1. 세계의 파멸과 소멸이 종말이라 생각될 때, 종말론은 지금 이 시대를 살아가는 그리스도인들과 교회의 삶에 대해 어떤 긍정적인 것도 말할 수 없게 된다. 그것은 역사의 마지막에 올 세계의 파멸과 소멸을 이야기할 뿐

이다. 따라서 종말론은 기독교 신학 체계 맨 마지막에 있는 하나의 부록과 같은 위치를 갖게 된다. 이에 반해 그리스도의 죽음과 부활을 통해 약속되었고 또 시작된 하나님 나라의 완성이 세계의 종말이라 생각될 때, 종말론은 기독교 신학 체계에서 포기될 수 없는 왕관의 자리에 있게 된다. 어떤 근거에서 이렇게 말할 수 있는가?

그 근거는 구원론에 있다. 기독교 종교와 신학의 궁극적 목적은 예수 그리스도의 구원 역사를 완성하는 데 있다. 교회가 존재하는 목적도 여기에 있다. 그리스도의 구원 역사는 이 땅 위에 하나님 나라가 세워질 때 완성될 것이다. 하나님 나라의 완성이 역사의 종말, 곧 목적(*telos*)이다. 종말론은 하나님의 구원이 그 속에서 완성되는 하나님 나라를 중심 문제로 가진다. 곧 그리스도의 "복음을 통해 약속된 구원 소식의 궁극적 목적을" 중심 내용으로 다룬다. 그러므로 종말론은 기독교 신학의 왕관의 자리에 있다고 말할 수 있다. 신학의 모든 내용이 종말론을 종점으로 두며, 종말론에서 완성된다. 따라서 종말론은 기독교 신학에서 "포기될 수 없다"(Härle 2007, 603). "철저히 그리고 남김없이 종말론이 아닌 기독교는, 철저히 그리고 남김없이 그리스도와 아무 관계가 없다"는 초기 바르트의 말은 이를 암시한다(Barth 1921, 298).

2. 기독교 신학의 왕관으로서 종말론은 기독교 신학체계 전체를 결정하는 위치를 갖게 된다. 하나님, 하나님의 아들 그리스도, 성령, 인간, 교회 등 신학체계의 모든 조항이 종말론과 연결되며, 종말론의 빛에서 해명된다. 그러므로 유해무는 "종말론은 교의학의 한 각론이 아니라 교의학 전체를 향한 전망을 제공한다"고 말한다(유해무 1997, 591). "종말론은 교의학의 거의 모든 부분과 연결되어 있다"는 헤를레(W. Härle, 하이델베르크 대학교) 교수의 말은 이를 암시한다(Härle 2007, 601). 신학체계 전체를 결정하는 종말론의 위치를 우리는 아래와 같이 약술할 수 있다.

1) 세계의 종말이 하나님의 창조 완성과 하나님 나라에 있다고 보는 종말론의 관점에서 하나님은 그의 나라를 "약속하는 하나님"으로, 그의

나라를 향해 인간을 파송하는 하나님으로 드러난다. 그는 자기의 통치권이 하늘이나 교회 안에 제한되는 것을 거부한다. 그는 온 우주 안에 그의 통치권을 세우고자 한다. 이를 가리켜 성서는 하나님이 "모든 것 안에서 모든 것"이 될 것이라고 묘사한다(고전 15:28). 온 세계가 본래 하나님의 것이기 때문이다(출 19:5; 시 24:1).

2) 종말론의 관점에서 볼 때 하나님의 계시는 과거부터 존재하시던 하나님이 자기를 다시 나타내 보여주는 것, 곧 하나님의 "자기계시"(K. Barth)에 불과한 것이 아니라 하나님 나라에 대한 약속으로 드러난다(약속으로서의 계시). 하나님이 아브라함과 모세에게 자기를 나타내실 때 그는 새로운 땅, 곧 "젖과 꿀이 흐르는 땅"을 약속한다.

3) 성서는 단순히 인간의 구원에 필요한 모든 지식을 기록한 책, 영원히 변할 수 없는 절대 진리를 기록한 책에 불과한 것이 아니라, 그 전체가 하나님의 약속에 관한 "약속의 책"이요, 약속에 대한 "희망의 책"이다 (Migliore 2012, 541). 성서는 하나님의 말씀 속에서 다시 태어난 "새 사람"과 하나님 나라의 새로운 생명의 세계, 곧 "새 하늘과 새 땅"을 향한 메시아적 약속과 희망으로 가득하다. 종말론은 성서가 하나님의 메시아적 약속과 희망의 빛에서 읽히고 설명되어야 할 것을 요구한다.

4) 종말론의 관점에서 볼 때, 하나님의 아들 예수 그리스도는 종말에 완성될 하나님 나라를 이 땅 위에 세우기 위해 오신 메시아로 드러난다. 하나님 나라가 예수의 지상에서의 모든 말씀과 행동의 중심을 차지한다. 예수는 "하나님", "참 인간"인 동시에, 알렉산드리아의 초기 교부 오리게네스가 말한 대로 "하나님 나라 자체"(autobasileia)로 파악된다. 그의 십자가 죽음은 모든 인간을 죄의 세력에서 하나님 나라의 새로운 생명으로 해방하는 사건이요, 그의 부활은 온 세계를 지배하는 죄와 죽음의 세력을 깨뜨리고, 하나님 나라의 새로운 세계를 보편적 차원에서 시작하며 이를 약속하는 메시아적·종말론적 성격을 가진다.

5) 따라서 예수의 구원은 종말론적으로 파악된다. 예수의 구원은 개인

의 영혼 구원에 불과한 것이 아니라, 역사의 마지막에 완성될 하나님 나라가 이루어지는 데 있다는 사실이 드러난다. 물론 종말론은 개인의 영혼 구원의 중요성을 충분히 인정한다. 그러나 하나님의 구원은 인간의 영혼에 국한된 영적 구원을 넘어 피조물의 세계 전체를 포괄하는 총체적 구원, 메시아적 구원으로 이해된다. 그것은 개인의 죄 용서와 칭의(하나님의 의롭다 하심)를 넘어, 하나님이 다스리는 하나님 나라와 하나님의 정의가 완성되는 데 있다. 여기서 개인의 죄 용서와 칭의는 하나님 나라가 시작되는 구성적 요소로 파악된다.

6) 종말론적 관점에서 성령은 하나님 나라를 향한 새 창조의 능력(*dynamis*, 힘)으로 드러난다. 성령은 그리스도인들에게 구원의 확신과 마음의 위로와 기쁨과 평안을 주며, 교회 공동체를 바르게 유지하고 인도하는 능력인 동시에, 종말에 완성될 하나님 나라를 앞당겨 오고자 하는 힘(*dynamis*)으로 밝혀진다. 그것은 죽음 속에 있는 생명들을 다시 살리고, 하나님 나라의 미래를 향해 만물을 새롭게 변화시킬 수 있는 새 창조의 능력으로 드러난다.

7) 그리스도인은 종말론적 존재로 드러난다. 그리스도인은 단지 예수 믿고 천당에 가려는 존재가 아니라, 종말에 올 하나님 나라에 대한 희망과 기다림 속에서 하나님 나라를 이 땅 위에 확장해야 할 "하나님 나라의 상속자"다. 어둠의 세상 속에서 그들은 장차 올 하나님 나라의 작은 빛들이다. 그들의 믿음과 희망과 사랑 안에 하나님 나라가 실재한다. 그러나 이 실재는 불완전하다. 비록 세례를 받았다 할지라도 인간은 죄의 본성을 버릴 수 없기 때문이다. 그러므로 그리스도인들은 매일 그리스도와 함께 죽고 그리스도와 함께 다시 살아남으로써 하나님 나라의 빛이 되어야 한다. 그들은 하나님 나라를 이 세상 속에 확장시키며 장차 완성될 하나님 나라를 기다리고 희망하는 종말론적 존재로, 하나님 나라를 향해 끊임없이 나아가는 "도상의 존재"로 실존한다.

8) 종말론의 관점에서 인간의 세계는 하나님 나라의 빛 속에서 자신의

부정적인 것을 끊임없이 부정하고, 하나님 나라의 현실로 변화되어야 할 것으로 밝혀진다. 인간의 세계 속에는 언제나 부정적인 것이 숨어 있다. 시대와 장소를 초월하여 "죽음과 슬픔과 울부짖음과 고통"이 있다. 그러므로 인간의 세계는 주어진 현재에 머무를 수 없다. 그것은 역사의 목적인 하나님 나라의 새로운 생명의 세계를 향해 끊임없이 변혁되어야 할 것으로 파악된다.

9) 종말론의 빛에서 볼 때 교회는 종말론적 공동체로 파악된다. 교회는 성도, 곧 "거룩한 사람들의 공동체"(communio sanctorum)요, 땅 위에 있는 하나님 나라의 현실이다. 거룩한 "하나님의 백성"이 모여 드리는 교회의 예배와 성만찬과 친교와 봉사 안에 하나님 나라가 현존한다. 교회는 하나님 나라를 세상을 향해 비추어주는 하나님 나라의 빛이어야 한다. 종말론의 빛에서 볼 때 교회가 존재하는 목적은 하나님 나라와 하나님의 정의를 세우는 데 있다는 사실이 밝혀진다.

10) 종말론의 빛에서 볼 때 교회의 성례, 곧 세례와 성만찬은 하나님이 약속하신 하나님 나라의 새로운 생명의 세계를 앞당겨오는 현장으로 파악된다. 옛사람이 죽고 새사람으로 다시 태어나는 세례 속에서 하나님 나라의 새로운 세계가 앞당겨온다. 십자가에 달려 죽으시고 부활하신 그리스도의 몸과 피를 받음으로써 그리스도와 연합하는 동시에, 모든 형제자매가 하나로 연합하는 성만찬 속에서 하나님 나라가 가시화된다. 그리스도와의 연합 속에서 신자들은 하나님 나라의 거울이 된다. 그리스도의 사랑 안에서 모든 것을 함께 나누는 삼위일체 하나님의 미래가 성만찬에서 현재화된다.

3. 여기서 우리는 다음의 사실을 볼 수 있다. 즉 종말론은 신학체계 마지막에 오는 하나의 부록과 같은 것이 아니라, 기독교 신학의 모든 내용을 결정하는 중심적 위치에 있다. 종말론은 새로운 신학적 사고와 신학의 방법, 곧 종말론적 사고와 종말론적 방법을 제시한다. 이 사고와 방법을 결여한 신학은 참된 의미의 기독교적 신학, 곧 그리스도에게 상응하는 신학

이라 말할 수 없다. 참된 그리스도에게 상응하는 신학은 종말론적 신학일 수밖에 없다. 그리스도는 역사의 종말에 완성될 "하나님 나라 자체"이기 때문이다. 그러므로 "종말론은 기독교 신학의 마지막이 아니라 시작이어야 한다." 기독교 신학의 모든 내용은 종말론이 다루는 하나님 나라의 "미래 목적으로부터 생각되어야" 한다(Moltmann 1969, 12).

종말론적 신학은 주어진 세계를 방치하고 이에 아부하면서, 이 세계에서 떨어지는 부스러기를 주워 먹으며 자기를 유지하고자 하지 않는다. 도리어 인간 세계의 모든 것을 하나님 나라의 미래를 향해 변화시키고자 한다. 또한 이 신학은 인간을 포함한 모든 피조물이 하나님의 진리와 평화 속에서 더불어 살아가는 새로운 생명의 세계를 지향한다. 그것은 온 세계에 대한 하나님의 통치와 주권을 세우고자 한다. 온 세계가 하나님의 것이기 때문이다(출 19:5, "온 세상이 다 나의 것이다"). 이를 위해 종말론적 신학은 인간과 세계의 "부정적인 것의 부정"(Negation des Negativen, Hegel)을 요구한다. 이런 점에서 종말론적 신학은 참된 의미의 변증법적 신학이라 말할 수 있다.

종말론은 하나의 이론에 불과하지 않다. 그것은 하나님 나라의 미래를 향한 그리스도인과 교회의 실천을 촉구하는 실천적 성격을 가진다. 그것은 하나의 "론"에 불과한 것이 아니라, "이미 온 것으로부터 출발하여…장차 올 것, 새로운 것, 궁극적인 것을 성찰하고, 이것으로부터 현재를 해석하며, 현재의 활동에 대한 자극들(Impulse)을 중재하고자 하는 점에서 기독교 신학이다"(Grimler 1980, 13). 그것은 예수 그리스도 안에서 "이미 일어난 것"에 기초하여, "장차 올" 하나님 나라를 보게 하고, 그리스도인들과 그들 공동체의 삶의 방향과 실천을 제시한다. 그것은 인간과 세계에 대한 냉소주의 대신에 사랑을, 체념과 좌절 대신에 희망과 용기를 자극하며, 역사적 현실로부터의 도피 대신에 현실에 대한 개입과 참여를 요청한다. 종말론은 기독교 신학의 이론을 실천과 연결시킨다. 이런 점에서 종말론은 기독교 신학 체계의 정점에 서 있다고 말할 수 있다.

D. 종말론에 대한 현대의 관심

1. 20세기 초엽에 알베르트 슈바이처(Albert Schweitzer)는 그의 신학박사 학위 논문에서 예수의 선포가 묵시사상적 의미의 종말론적 선포였다는 점을 드러내었다. 이를 통해 종말론이 신학적 주목의 대상이 되었고 많은 신학자에 의해 기술되었지만, 특별한 관심의 대상이 되지는 못하였다.

20세기 중엽에 이르러 종말론은 세계 신학계의 중심 주제로 등장한다. 그 중요한 계기는 몰트만(J. Moltmann)의 저서 『희망의 신학』이었다. 이 저서에 따르면 종래의 종말론은 세계사의 "마지막 일들"을 역사의 마지막에 일어날 것으로 미루어버림으로써 역사의 현실에 대한 의미를 상실하였다. 그것은 "그리스도의 십자가와 부활, 높이 들리심과 통치에 관한 이론"과 아무 관계없는, "마지막 일들에 관한 이론"이 되어버렸다(Moltmann 1969a, 11). 이에 반해 몰트만은 다음과 같이 주장한다. 그리스도인들이 믿는 하나님은 단지 "저 위에" 계신 분이 아니라, 새로운 미래를 약속하는 "약속의 하나님", "희망의 하나님"(롬 15:13)이다. 이 하나님을 믿는 그리스도인들의 믿음은, 하나님이 약속한 새로운 세계에 대한 희망과 분리될 수 없다. 희망은 "믿음의 '분리될 수 없는 동반자'"다(15. 보다 자세한 내용은 아래 4.G. 참조).

몰트만의 이 같은 주장과 함께 20세기 후반의 새로운 신학의 장이 열린다. 당시의 상황을 가톨릭 신학자 폰 발타자르(H. U. von Balthasar)는 다음과 같이 묘사한다. "종말론은 우리 시대의 신학에서 '태풍의 중심'이다. 여기서부터 신학의 온 땅을 유익하게 뒤흔드는 뇌성벽력이 일어난다. 우박이 내려서 피해를 입든지, 아니면 온 땅이 신성해진다. 19세기 '자유로운 신학'(종래의 '자유주의 신학'은 이 책에서 '자유로운 신학'으로 번역됨. 원어로 liberalistische Theologie가 아니라 liberale Theologie이기 때문임)에 대한 트뢸치(Troeltsch)의 다음과 같은 말이 타당할 수 있었다. '종말론의 사무실은 대부분 닫혀 있다. 이와 반대로 19세기에서 20세기로 넘어오면서, 이 사무실은 초과근무를 하고 있다'"(Balthasar 1957, 403).

2. 종말론에 대한 기독교 신학의 관심은 세계의 미래를 질문하는 그 시대의 영향이기도 하였다. 세계의 미래에 대한 세속 학문들의 관심이 기독교 신학에도 영향을 주었다. 그 대표적인 것은 미래학(Futurologie)이다. 미래학은 제2차 세계대전 이후부터 중요한 의미를 얻기 시작하였다. 인간은 자기에게 주어진 현실에 안주하지 않고, 언제나 다시금 새로운 미래를 향해 나아가고자 하는 존재라는 생각이 미래학의 전제였다. 미래는 과거와 현재로부터 분리되어 있지 않다. 그것은 현재, 그리고 과거와의 관계 속에 있다. 미래에 관한 모든 진술은 현재와 관련되어 있다. 그것은 미래를 향해 현재를 해석하고, 현재가 지향해야 할 방향을 제시한다. 이를 통해 그것은 현재를 변화시키는 성격을 가진다. 미래에 관한 진술들은 현재를 미래와 연관시키고, 미래를 지향하게 하며, 미래를 향해 현재를 변화시킬 수 있는 가능성이 있을 때 비로소 의미를 가진다.

홍수, 가뭄, 화산폭발, 지진, 지진해일과 같은 자연의 사건들은 어느 정도 미리 예측할 수 있고 예보될 수 있다. 그러나 역사의 사건들은 인간의 자유로운 결단으로 말미암아 일어나기 때문에 예측하기 어렵다. 단지 개연성을 이야기할 수 있을 뿐이다. 따라서 미래학은 미래에 대한 운명론이나 결정론을 거부하고 예측할 수 없는 미래의 개방성을 주장한다. 그것은 미래에 대한 정확한 예보를 주려는 것이 아니라 역사의 현재적 경향, 예측할 수 없는 역사의 우연들, 인간의 자유로운 결단을 고려하면서, 미래에 대한 조망을 제시하고자 한다. 학문의 개념들과 이론들은 오늘의 현실을 넘어서서 미래의 전망을 제시하고, 더 나은 미래를 이끌어올 수 있는 힘을 가지고 있다.

미래학은 미래에 대한 확실한 이데올로기적 상을 제시하는 미래주의(Futurismus)로 발전하기도 한다. 미래주의는 자연의 생태학적 조화가 이루어지고, 부유한 자들이 가난한 자들과 소유를 나누며, 사회적 대립과 갈등이 극복된 새로운 세계를 미래의 비전으로 제시한다. 이 비전을 실현하기 위해 미래주의자들은 사회적 투쟁에 삶을 바치기도 하였다. 보다 더 정의롭고 인간적인 세계를 이루기 위해 폭력 단체들이 테러를 감행하기도 하였다.

미래학의 이론은 학자들에 따라 다양하다. 그러나 새로운 미래를 형성하는 것은 인간에게 맡겨진 과제이며, 하나님이 개입할 필요가 없다는 점에서 그들은 공통점을 가진다. 그러나 하나님의 존재가 부인될 때 세계의 초월적 차원이 사라지며, 인간이 기획하는 세계의 내재적 미래는 하나의 이데올로기적 유토피아로 절대화될 수 있다(이에 관해 Wickert 1983, 767 이하).

20세기 중반 이후로 세계의 미래는 심각한 문제가 되었다. 세계 인구의 급속한 증가, 자연에 대한 무차별적 파괴와 자연자원의 착취, 정보과학기술의 급속한 발전, 지구 전체를 몇 번이나 파괴하고도 남을 핵무기의 위험, 환경오염과 생태계의 파괴 등으로 인해 지구의 미래는 또다시 어두워졌다. 이전 시대에 세계의 미래는 현재의 연장이며, 어느 정도 예측할 수 있는 것으로 생각되었다. 그러나 20세기 중반 이후 인류의 미래는 예측하기 어려운 미지의 것으로 인식되었다. 새로운 정보과학기술을 통해 가능해진 세계화는 지구를 하나의 마을처럼 만들어버리고, 인류의 삶을 획일화시키기 시작하였다. 국가들과 민족들과 사회들의 상호 의존은 더욱 강화되었다. 한 나라의 정치·경제적 위기는 즉시 세계 전체에 도미노 현상을 일으켰다. 이리하여 한 민족과 사회의 미래는 인류 전체의 미래와 결합되지 않을 수 없게 되었다.

이 같은 상황에서 미래에 대한 두 가지 태도가 등장하였다. 하나는 미래에 대한 긍정적 희망의 태도이고, 다른 하나는 미래를 불안스럽게 보는 부정적 태도였다. 긍정적 희망의 태도를 가진 사람들은 세계가 직면한 문제들을 극복하고 보다 나은 미래를 창출하기 위해 기존의 것을 개혁하려는 적극적 태도를 취하였다. 그러나 점점 더 분명해지고 있는 성장의 한계에 대한 인식, 생태계의 파괴와 위기, 원자력의 불확실성, 새로운 과학무기들, 점점 더 심해지는 빈부격차와 사회 양극화, 자연재난과 테러, 마약과 에이즈 같은 현상들로 인해 세계의 미래에 대한 희망적이며 적극적인 태도는 의심스러워지고, 미래에 대한 불안이 고조되었다. 이리하여 세계의 미래를 대파멸로 보는 학설들이 등장하였다. 미래에 대한 이러한 토의 속에서 기독교 신학도 종말론에 관심을 갖지 않을 수 없었다.

3. 종말론에 대한 새로운 관심을 불러일으킨 둘째 요인은 뉴에이지 운동(New Age Movement)이었다. 뉴에이지 운동은 하나의 통일된 이론 체계나 운동이 아니라, 새로운 미래에 대한 꿈과 기다림을 가리키는 총괄 개념이다. 이 운동의 선도적 인물로 알려진 카프라(F. Capra)에 의하면 기독교의 시대, 곧 물고기 시대는 지나가고, 물의 남자(Wassermann)의 시대가 시작하였다. 따라서 인간과 세계에 대한 새로운 이해의 패러다임이 필요하다. 오늘날 세계의 문제는 인간과 세계에 대한 새로운 이해의 패러다임을 통해 극복할 수 있다. 인간의 삶과 사유에 대한 종래의 기계주의적인 표상은 포기되어야 하며, 모든 학문은 신비의 차원에 눈을 떠야 한다. 모든 사물은 인간을 위한 유용성의 관점에서 해방되어 총체적으로 파악되어야 한다.

뉴에이지 운동의 총체적 사유는 생태학에 대한 새로운 인식을 불러일으켰다. 종래의 생태학은 인간을 자연 위에 혹은 자연 바깥에 있는 존재로 보는 인간 중심의 생태학이었다. 모든 가치의 근원과 기준은 인간이라 생각되었고, 자연은 인간을 위한 효용가치의 관점에서 파악되었다. 이에 반해 뉴에이지 운동은 새로운 생태학적 사유를 제의한다. 인간은 자연에서 분리된 존재가 아니다. 오히려 그는 자연의 생태계에 속한 존재로서 자연과 결합되어 있다. 그는 자연의 생태학적 체계의 일부다. 이 같은 생태학적 인식은 종교적이며 영적인 의식으로 확대된다. 온 우주와 결합되어 있는 인간은 기계론적 사고에 의해 파악될 수 없는 신비의 측면을 가진 존재로 파악된다.

사유의 새로운 패러다임이 요청되는 시대 속에서 뉴에이지 운동은 생태학적 자연보호운동, 평화운동, 여성운동, 그리고 다양한 영적 운동 단체들과 결합된다. 인간의 육체와 정신은 분리된 것으로 이해되지 않고, 서로를 보완하는 삶의 두 가지 측면으로 이해된다. 종래의 패러다임과 결합되어 있는 윤리의 틀은 이 시대의 윤리적 문제들을 해결하기에 적절하지 않다. 이 문제를 해결하기 위해서는 가치에 대한 인간 중심의 표상을 포기하고, 인간 외의 다른 사물들의 삶의 형식에 대해서도 가치를 부여하는 새로운 생태학적 윤리가 필요하다. 새로운 생태학적 윤리는 인간성 있는 세계를 형성하며, 세계와 인류에게 건강한 미래를 열어주어야 할 과제를 가진다. 이를 위해 뉴에이지 운동은 생물 종의 보호, 환경 친화적 건축, 소비의 자발적 축소 내지 포기, 생태계를 보호하는 과학기술의 발전, 중앙집권 체제의 해체, 자율성을 가진 자치구역의 신장, 경제·사회·정치의 영역에서 전체를 내다볼 수 있는 구조 형성, 군비 축소, 여성의 인권 회복, 자연요법에 의한 질병 치료와 건강 유지 등 다양한 활동을 전개하였다.

뉴에이지 운동에서 하나님은 인격적 존재가 아니라, 다양한 삶의 과정의 내적 역동성에 대한 상징으로 생각된다. 종래의 종교들, 특히 기독교는 인간의 자기결정 및 자연과의 화해를 방해하는 "피안의 종교", "세계 도피의 종교"로 파악된다. 그러므로 뉴에이지 운동은 인간 자신의 활동을 통해 보다 더 이상적인 세계를 형성하고자 한다. 이 같은 뉴에이지 운동은 기독교 종말론에 대한 관심을 자극하는 요인이 되었다.

4. 종말론에 대한 관심을 자극한 셋째 요인은 20세기 전반에 일어난 마르크스주의와의 대화였다. 기독교는 "민중의 아편"이라는 마르크스주의의 비판은 기독교 종말론에 대한 심각한 도전이었다. 마르크스에 의하면 기독교가 주장하는 피안의 영원한 생명에 대한 약속은 민중을 기만하는 민중의 아편이다. 기독교가 희망하는 하나님 나라는 이 세상에서 민중이 당하는 고난에 대한 거짓된 위로다. 거짓된 위로와 행복을 주는 기독교가 폐지될 때 민중의 현실적 행복이 가능해질 것이다. "인간이 인간에 대한 최고의 존재라는 이론과 함께, 인간이 그 속에서 굴욕적인 존재, 노예

화된 존재, 버림받은 존재, 멸시받는 존재가 된 모든 상황을 변혁해야 한다는 범주적 명령과 함께 종교의 비판은 끝난다"(Marx 2004, 283).

마르크스의 공산주의 이론은 기독교 종말론의 뇌관을 건드렸다. 역사의 목적은 하나님 나라에 있다고 보는 기독교 종말론에 반해, 마르크스는 역사의 목적이 공산주의 사회에 있다고 주장한다. 지금까지 인류의 역사가 해결하지 못한 수수께끼가 공산주의 사회에서 해결된다.

여기서 마르크스가 말하는 "역사의 해결되지 못한 수수께끼"는 인간에 의한 인간의 억압과 착취가 없고, 모든 인간이 "인간에 대한 최고의 가치"가 되며, 모든 소유를 함께 나누며, 사회계급에 의한 인간의 차별이 없는 세계, 모든 인간의 자유와 평등이 있는 세계를 말한다. 그것은 바로 "땅 위에 있는 하나님 나라"다. 지금까지 인류의 역사가 해결하지 못한 이 세계, 곧 "역사의 해결되지 못한 수수께끼"가 공산주의 사회에서 실현될 것이다. 그래서 마르크스는 공산주의 사회를 가리켜 "역사의 해결된 수수께끼"(das aufgelöste Rätsel der Geschichte)라고 부른다.

마르크스에 의하면, 서구의 국가 종교가 되어 국가의 시녀 역할을 하는 기독교는 역사의 목적을 해결할 수 있는 능력을 상실하였다. "인간이 인간에 대해 가장 높은 존재"라는 성서의 가르침을 기독교 종교는 실현할 수 없다. 이 실현은 사회 계급의 차별이 없고, 모든 소유를 공유하는 공산주의 사회에서 가능하다. 이 사회는 무산계급의 공산주의 혁명을 통해 실현될 수 있다. 마르크스의 이 같은 주장은 기독교 종말론에 대한 강력한 도전장이었다. 특히 좌파 마르크스주의자 에른스트 블로흐의 "희망의 원리"는 기독교 종말론에 대한 결정적 자극제가 되었다. 그것은 하나님 나라의 미래에 대한 희망을 잃어버리고 국가의 종교 기관이 되어버린 기독교에 대해 희망의 정신을 자극하였다.

5. 한국 기독교계에서 종말론에 대한 새로운 관심을 불러일으킨 중요한 요인은 "묵시적 종말론"(apokalyptische Eschatologie)이었다. 그 대표적 형태는 시한부 종말론과 공중 휴거설(살전 4:17)이었다. 이 사이비 종말 사

상은 세계에 임박한 대파멸을 예언하면서 한국사회에 큰 물의를 일으켰다. 다미선교회는 1992년에 세계 종말이 올 것이라고 예언하였다. 세계 대파멸의 종말에 대한 믿음 속에서 많은 사람이 직장과 학교 교육을 포기하고 사이비 종말론 집단에 투신하는 일이 일어났다. 가정이 파괴되기도 하였다. 사회가 점점 더 혼란스러워지고 자연의 피조물은 물론 인간의 생명이 죽음의 위협을 당하는 1990년대의 상황에서 세계의 대재난과 파멸, 예수 그리스도의 재림에 대한 묵시적 종말신앙 내지 사이비 말세신앙의 등장은 매우 자연스러운 일이었다. 한국사회에서는 물론 세계 많은 나라에서 나타난 이 같은 현상은 세계의 종말에 대한 큰 관심을 불러일으켰다. 그러나 세계의 종말과 공중휴거는 불발탄으로 그치고, 기독교는 다시 한 번 세상 사람들의 웃음거리가 되고 말았다. 이 같은 상황은 기독교 종말론에 관한 새로운 관심을 일으켰다.

묵시적 종말론은 지금도 한국교회 저변에 숨어 있다. 중요한 일간 신문 광고란에 그 정체를 드러낼 때도 있다. "물이 피가 되었다"(계 16:4)는 등의 종말적 사건들이 바로 이 시대에 일어나고 있기 때문에 세계 종말이 가까이 왔다는 주장을 우리는 쉽게 접할 수 있다.

E. 종말론의 주요 과제

1. 종말론의 일차 과제는 올바른 종말관의 정립에 있다. 세계의 대파멸과 소멸을 역사의 종말로 보는 묵시론적 종말관에 반해, 성서에 기초한 올바른 종말관을 제시하는 것이 기독교 종말론의 일차 과제다. 역사의 종말을 세계의 대파멸과 소멸이라고 생각할 때, 그리스도의 고난과 죽음과 부활은 이 세계에 대해 무의미해진다. 그것은 요한계시록에 기록된 144,000명의 사람을 구원하는 것으로 그친다. 그가 지으신 세계를 구원하고자 하는 하나님의 구원 역사는 실패로 돌아가게 된다. 묵시론적 종말관은 하나님

의 약속과 능력에 대한 불신앙이요, 이 세상을 구원하기 위해 자신의 외아들을 내어준 그의 은혜와 사랑에 대한 거부다.

또 세계의 종말을 대파멸과 폐기라 생각할 때, 종말론은 현실의 삶에 대해 긍정적 의미를 갖지 못한다. 그것은 주어진 현실에 대해 좌절하고 그것을 포기하게 만드는 부정적 기능을 할 뿐이다. 그것은 "하나님 나라와 하나님의 정의"를 간구하라는 예수의 말씀에 모순되며, 보다 인간적이고 정의로운 세계를 이루기 위한 노력을 쓸데없게 만들어버린다. 이 세계는 결국 소멸되기로 결정되어 있다고 보기 때문이다(역사의 비관적 결정론).

이리하여 묵시적 종말론은 보다 나은 세계를 향한 인간의 창조적 상상력과 노력을 약화시킨다. 그것은 인간을 주어진 상황에 순응하게 하면서 자신의 생명 유지에만 급급한 단세포적 존재로 만든다. 인간은 미래의 희망을 잃어버리고, 오늘밖에 모르는 근시안적 존재가 되어버린다. 그것은 인간과 세계의 모든 것에 대한 냉소주의와 무관심을 유발하며, 자기만의 구원을 추구하는 이기적 신앙을 조장한다.

이에 대해 기독교 종말론은 "약속의 하나님"(히 11:11), "희망의 하나님"(롬 15:13)이 약속하는 하나님 나라의 미래를 제시함으로써 그리스도인들과 교회가 지향해야 할 방향을 나타내 보인다. 그리고 하나님 나라의 미래를 향한 창조적 삶의 태도를 회복해야 할 과제를 부여받음으로써 세계에 대한 체념을 극복하고, 희망의 정신을 일깨우고자 한다. 이와 관련해서 기독교 종말론은 묵시론적 종말론자들이 역사의 "마지막 일들"(eschata)이라고 주장하는 종말의 징조, 그리스도의 재림, 죽은 자들의 부활, 최후의 심판, 천국과 지옥의 상벌 등을 올바르게 설명해야 한다. 또한 신자들의 삶을 파괴하고 그들을 갈취하는 거짓 예언자들의 그릇된 종말 예언으로부터 하나님의 백성을 보호해야 한다.

2. 오늘날 우리 시대의 중요한 문제는 목적의 상실이다. 곧 이 세계가 지향해야 할 목적과 방향을 알지 못하는 것이다. 세계의 거의 모든 나라는 자본주의 경제 질서에 기초한 경제 성장을 최고의 목적으로 삼는다. 그러

나 이로 인해 발생하는 수많은 문제, 곧 치열한 경쟁사회, 빈부격차와 사회양극화, 돈의 신격화, 세계의 상품화, 인간의 비인간화, 자연 파괴, 지구온난화, 생물의 멸종 사태는 경제 성장이 역사의 목적이 될 수 없음을 보여준다. 그렇다고 경제 성장을 포기할 수도 없는 형편이다. 이러지도 저러지도 못하는 상황 속에서 오늘날 학문의 영역에서도 역사의 목적에 대한 얘기는 들어보기 어려운 지경이 되었다.

세계의 무목적성은 개인의 삶에도 나타난다. 좀 더 많은 돈을 얻기 위해 사람들은 치열하게 살지만, 삶의 궁극적 의미와 목적을 알지 못한다. 많은 사람이 무거운 빚을 짊어지고, 삶의 좌절과 허무감 속에서 목적 없이 살아간다. 실직과 경제적 파탄으로 인해 우울증에 빠지기도 한다. 자살 사망자 수가 증가한다. "될 대로 되겠지!", "내일이면 죽을 터이니, 먹고 마시자!"(고전 15:32)라는 분위기가 사람들의 의식을 지배한다.

목적을 잃어버린 세계에 대해 기독교 종말론은 세계가 지향해야 할 목적을 제시해야 할 과제를 부여받는다. 우리가 살고 있는 이 세계는 하나님의 것이다. 그러므로 세계사는 하나님의 뜻이 이 땅 위에 이루어지는 것을 목적으로 삼는다. "더 이상 죽음과 고통과 울부짖음과 슬픔이 없는" "새 하늘과 새 땅, 모든 생명이 하나님의 자비와 정의 안에서 더불어 평화롭게 사는" 하나님 나라의 새로운 생명 공동체를 이루는 데 역사의 목적이 있다. 바로 여기에 세계의 마지막 목적, 곧 종말이 있음을 기독교 종말론은 제시해야 한다. 이런 점에서 기독교 종말론은 단순히 세계의 "마지막 일들에 관한 이론"이 아니라, 온 인류가 지향해야 할 역사의 목적에 관한 이론이라 할 수 있다.

3. 목적은 요구의 성격을 띤다. 그것은 아직 주어지지 않은 미래를 향한 현재의 변화를 요구한다. 기독교 종말론도 마찬가지다. 그것은 하나님 나라의 역사 목적을 제시함으로써, 이 목적을 향한 세계의 변화를 요구해야 할 과제를 가진다. 역사의 목적인 하나님 나라에 대한 모든 서술은 현 세계에 변화를 요구하는 성격을 지닌다. 거짓 대신에 진리를, 불의 대신에

정의를, 억압 대신에 자유를, 인간에 의한 인간의 구별 및 차별과 소외 대신에 모든 인간의 형제애를, 남성과 여성의 차별 대신에 양성 평등을, 인간의 부주의와 욕망으로 인해 파괴된 자연의 회복을 요구한다. 노동자들의 진액을 빼먹고 산재 보상을 거부하는 기업의 악행을 거부하는 동시에, 거액의 뇌물을 챙기는 노동조합 임원들의 부패를 거부한다. 세계의 현실로부터 눈을 돌려버리는 개인주의·영혼주의를 거부하는 동시에, 인간을 세계의 중심으로 보는 인간중심주의를 거부하고, 인간과 자연의 모든 피조물이 평화롭게 더불어 사는 하나님 나라를 지향하도록 요구한다. 이런 점에서 기독교 종말론은 실천적 성격을 가진다. 그것은 또 하나의 "론"이나 "해석"에 그치지 않고, 하나님 나라의 목적을 향한 변화를 요구한다.

예수는 하나님의 새로운 생명의 세계를 이루기 위해 이 땅에 오셨다. 따라서 기독교 종말론의 궁극적 과제는 하나님의 새로운 생명의 세계를 이 땅 위에 세우고자 하는 정신을 일깨우는 데 있다. 삼위일체 하나님이 세계의 중심이 되시고, 모든 피조물이 하나님의 자비와 정의와 평화 안에서 함께 사는 세상, 더 이상 "죽음과 슬픔과 울부짖음이 없는" 새로운 세계를 향한 희망의 정신을 회복하는 데 기독교 종말론의 궁극적 과제가 있다.

예수는 "그리스도"라 불린다. "그리스도"(Christos)는 히브리어 "메시아"를 그리스어로 번역한 것이다. 이는 예수가 이스라엘 백성이 기다리던 메시아였음을 말한다(마 1:16; "마리아에게서 그리스도라고 하는 예수가 태어나셨다"). 메시아는 예언자들을 통해 하나님이 약속하신 새로운 생명의 세계를 가져올 구원자, 곧 "하나님의 기름 부으심을 받은 자"를 말한다. 예수의 삶과 죽음과 부활을 통해 하나님의 메시아적 통치가 시작되었다. 곧 새로운 생명의 세계가 시작되었다. 거짓과 죄와 죽음의 세계는 이제 하나님의 빛과 진리의 세계로 변화되어야 한다. "이전의" 세계는 사라지고, "새 하늘과 새 땅"이 이루어져야 한다. 세상의 부정적인 것은 부정되어야 한다. 이를 가리켜 우리는 메시아적 정신, 곧 메시아 예수의 정신이라 할 수 있다. 기독교 종말론의 궁극적 과제는 메시아 예수의 정신을 발현하는 데 있다. 그것은 기독교 메시아니즘의 회복에 있다.

4. 지금까지 우리는 우주론적 종말론의 관점에서 기독교 종말론의 과제를 고찰하였다. 그러나 대우주(makrokosmos)의 종말도 중요한 문제이지만 소우주(mikrokosmos)인 인간의 종말, 곧 죽음도 중요한 문제다. 따라서 각 사람의 죽음의 문제를 다루는 개인적·인격적 종말론의 과제 역시 중요하다고 말하지 않을 수 없다. 어떻게 사느냐, 무엇을 위해 사느냐의 문제도 중요하지만, 어떻게 죽을 것이냐의 문제도 중요하다. 죽음의 빛에서 삶의 문제가 새롭게 조명될 수 있다. 죽음은 자연질서인가 아니면 죄에 대한 벌인가, 죽은 다음에 인간은 어떻게 될 것인가, 완전히 소멸될 것인가 아니면 영원히 살게 될 것인가, 영원히 산다면 인간의 무엇이 영원히 살게 될 것인가, 죽음을 의식할 때(*Memento mori*, 너는 죽는다는 것을 기억하라) 얻을 수 있는 삶의 가르침은 무엇인가? 이러한 문제를 해명하는 것도 기독교 종말론의 과제에 속한다.

2
종말론의 성서적 배경

기독교는 유대교에서 파생된 종교다. 따라서 우리는 유대교 경전인 구약성서의 종말론을 파악할 때, 기독교 종말론의 내용을 보다 근원적으로 파악할 수 있을 것이다.

A. 구약성서의 종말론

전체적으로 구약성서의 역사는 하나님의 약속과 이 약속에 대한 희망의 역사, 곧 "약속과 희망의 역사"라고 말할 수 있다. 물론 구약성서는 인간의 죄로 말미암은 재난과 파멸의 가능성을 간과하지 않는다. 그래서 예언자들은 장차 올 "주님의 날"이 구원의 날이 아니라 "심판의 날"이라고 말한다. 그러나 구약성서가 기다리는 역사의 궁극적 종말은 세계의 대파멸이 아니라 하나님의 자비와 정의가 충만한 평화로운 피조물의 세계가 이루어지는 것이다. 그러므로 예언자들은 "심판의 날"을 선포한 다음에 하나님의 새로운 구원을 약속한다. 구원에 대한 하나님의 약속과, 그 약속의 성취에 대한 희망이 구약성서 종말론의 기본 구조를 형성한다.

1. 땅과 많은 후손, 특별한 축복에 대한 약속

창세기 1-11장의 원역사(Urgeschichte)는 이스라엘 민족의 역사가 아니라 모든 인류의 조상들에 대한 역사다. 이 역사는 고증되지 않는다. 그것은 아브라함으로부터 시작하는 이스라엘 민족의 역사를, 하나님이 창조하신 세계의 역사와 연결시키는 역할을 한다. 구약성서 본래의 역사는 창세기 12장에 기록된 아브라함의 부르심과 함께 시작한다(아래 내용에 관해 박익수 1988, 33 이하, Nocke 1985, 20 이하).

아브라함의 부르심은 하나님의 약속과 함께 일어난다. "주님께서 아브람에게 말씀하셨다. '너는, 네가 살고 있는 땅과, 네가 난 곳과, 너의 아버지의 집을 떠나서, 내가 보여주는 땅으로 가거라. 내가 너로 큰 민족이 되게 하고, 너에게 복을 주어서, 네가 크게 이름을 떨치게 하겠다.…땅에 사는 모든 민족이 너로 말미암아 복을 받을 것이다"(창 12:1-3). 이 약속은 창세기에 반복하여 나타난다(창 13:14-17; 또한 창 15:1-5 참조).

위 본문에서 우리는 1) 땅에 대한 약속, 2) 많은 후손에 대한 약속, 3) 하나님의 특별한 축복과 돌보심에 대한 약속을 발견한다. 땅과 많은 후손과 하나님의 특별한 돌보심은 자신의 땅이 없는 가난한 사람들, 생명의 위협을 당하는 사람들의 생존을 가능케 하는 기본 요소였다. 이 세 가지 약속은 구약성서 종말론의 중요한 특징을 시사한다.

1) 땅은 인간의 생명에 기본적으로 필요한 현세적인 것이다. 하나님이 아브라함에게 약속하신 "'약속의 땅'은 언제나 현세적인 것이었다"(지승원 2014, 185). 많은 후손은 종족의 생명을 유지하는 길이다. 생명을 사랑하는 하나님은 생명에 필요한 현실적인 것을 약속한다. 이 약속은 단지 영적 약속이 아니라 물질적이고 현실적인 약속이다. 그것은 피안의 것이 아니라 차안의 것이다. 구약성서에서 하나님의 약속은 차안성과 현실성을 특징으로 한다. 기독교 종말론의 차안성과 현실성의 뿌리는 여기에 있다.

2) 하나님의 약속은 단지 아브라함 개인이나 그의 종족만을 위한 것이 아니라 땅 위에 있는 모든 사람과 피조물을 위한 것이었다. "땅에 사는 모

든 민족이" 아브라함과 그의 후손들을 통해 하나님의 구원과 축복에 이르도록 하기 위해 하나님은 아브라함을 부르신다. 따라서 아브라함에 대한 하나님의 약속은 땅 위의 모든 민족을 위한 보편성(Universalität)을 특징으로 한다. 기독교 종말론의 보편성의 뿌리를 우리는 여기서 볼 수 있다.

3) 하나님의 약속은 "~을 떠나라", "~로 가라"는 명령과 결합되어 있다. "너는 네가 살고 있는 땅과, 네가 난 곳과, 너의 아버지의 집을 떠나서, 내가 보여주는 땅으로 가거라!" "떠난다"는 것은 주어진 현실을 버린다는 것을 말한다. "간다"는 것은 "아직 주어지지 않은 것"을 동경하고, 그것을 위해 자기 삶을 모험하는 것을 말한다. 고대 시대에 자기의 본향을 떠나 미지의 땅으로 가는 것은 큰 모험이었다. 아브라함은 하나님의 약속의 말씀을 믿고 본향을 떠나 미지의 땅으로 간다.

이것은 다음의 내용을 시사한다. 하나님의 약속은 지금 주어져 있는 현실에 집착하지 않고, 하나님이 약속하는 새로운 땅을 향해 지금의 현실의 부정적인 것을 부정할 때 성취될 수 있다. "떠난다"는 것은 "부정적인 것의 부정"을 뜻한다. 불의하고 거짓되며 모순된 것, 이 모든 부정적인 것을 부정할 때 긍정적인 것이 나타날 수 있다(Hegel).

출애굽 이야기에서 모세에게 주신 하나님의 약속은 아브라함에게 주신 약속과 거의 동일한 내용과 구조를 띤다. "이제 내가 내려가서 이집트 사람의 손아귀에서 그들을 구하여, 이 땅으로부터 저 아름답고 넓은 땅, 젖과 꿀이 흐르는 땅, 곧 가나안 사람과 헷 사람과 아모리 사람과 브리스 사람과 히위 사람과 여부스 사람이 사는 곳으로 데려가려고 한다"(출 3:8; 또한 3:17 참조).

여기서도 하나님은 차안적이고 현실적인 것을 약속한다. 그분은 이집트의 억압과 착취에서의 해방, "젖과 꿀", 곧 물질적 풍요가 있는 땅, 굶주림이 없는 땅을 약속한다. 약속의 궁극적 목적은 단순히 이스라엘 백성의 풍요와 번영에 있지 않고, 이스라엘 백성을 통하여 온 세계가 "주의 처소", "주의 손으로 세우신 성소", "주의 성결한 처소"(출 13:13, 17)로 변화되는 데 있다. 하나님이 계시지 않는 이 세계는 "하나님의 처소"로 변화되어 야 한다. 바로 여기에 하나님의 구원이 있다. 하나님이 이스라엘 백성에게 해방과 땅을 약속하신 궁극적 목적은 하나님의 구원 역사를 위한 도구로 일하도록 하기 위함이다.

이 목적은 시내산(혹은 호렙산) 약속에서 다시 한번 드러난다. "이제 너 희가 정말로 나의 말을 듣고, 내가 세워준 언약을 지키면, 너희는 모든 민 족 가운데서 나의 보물이 될 것이다. 온 세상이 다 나의 것이다. 그러므로 너희는 내가 선택한 백성이 되고, 너희의 나라는 나를 섬기는 제사장 나라 가 되고…"(출 19:5-6). 하나님이 이스라엘에게 해방과 풍요로운 땅을 약속 하는 목적은 이스라엘이 땅 위의 모든 민족을 위한 "제사장 나라"가 되기 위함이다. 모든 민족이 하나님의 거룩한 백성으로 변화되는 구원의 역사 를 이루기 위해 이스라엘이 먼저 "거룩한 민족"이 되어야 하며, 제사장의 역할을 다해야 한다.

하나님의 약속과 함께 율법이 주어진다. "너희가 정말로 내 말을 듣고 내 언약을 지키면…"(출 19:5). 이스라엘이 하나님의 율법을 지킬 때 하나 님의 구원 역사를 감당하는 "제사장 나라", "거룩한 민족"이 되리라는 약 속이 이루어질 수 있다. "당신들이 주 당신들의 하나님의 명령을 지키고 그 길로만 걸으면, 주님께서는 당신들에게 맹세(약속)하신 대로, 당신들을 자기의 거룩한 백성으로 삼으실 것입니다"(신 28:9).

2. 다윗 왕조에 대한 약속

이집트를 떠나 가나안 땅에 도착한 이스라엘 백성은 중앙집권의 왕정 제 도를 갖추지 않았다. 그들은 12지파 동맹체제(Amphiktyonie)를 가지고 있 었다. 고대 근동의 민족들과는 달리 이스라엘 백성이 중앙집권의 왕정 제 도를 갖추지 못한 내적 원인은 이스라엘 백성의 하나님 신앙에 있었다. 이 스라엘 백성에게 참 통치자는 하나님이었다. "주께서는 우리의 재판관이 시며, 주께서는 우리에게 법을 세워주시는 분이시며, 주께서는 우리의 왕이시니…"(사 33:22). 하나님이 참 통치자이므로 이스라엘 백성은 중앙집권의 왕을 가질 수 없다.

한 지파는 50 내지 100개의 가족들이 있는 50개의 씨족연맹으로 구성되었고, 12지파가 이스라엘 백성을 구성하였다. 12지파를 하나로 결속시킨 것은 하나님의 율법이었다. 이스라엘은 왕을 중심으로 한 정치 공동체가 아니라, 하나님의 율법을 중심으로 한 "율법 공동체"였다. 그러므로 이스라엘 백성은 율법의 요약인 십계명이 들어 있는 법궤를 매우 중요시하였다.

마지막 사사 사무엘 시대에 백성의 대표자들이 사무엘에게 "모든 이방 나라들처럼" 왕을 세우자고 간청한다. 그 일차적 동기는 사무엘의 아들들의 부패와 타락에 있었지만, 더 강력한 동기는 모압, 암몬, 블레셋 등 이스라엘 주변 민족들의 위협을 물리칠 수 있는 통합된 군사력과 지도 체제가 필요하였기 때문이다. 또 이스라엘의 12지파 사이에, 혹은 각 지파의 사회계층 사이에 일어나는 갈등을 해결할 수 있는 중앙집권 체제가 필요하였기 때문으로 추정된다.

사무엘은 백성의 대표자들의 요청을 거부한다(삼상 8:7-20). 왕이 권력을 오용하며, 지배층과 피지배층의 계급사회와 사회적 불평등을 야기할 수 있기 때문이었다. 그러나 왕정 제도를 거부한 근본 이유는 하나님만이 이스라엘의 통치자라는 신앙에 있었던 것으로 보인다. 하나님만이 참 왕이시다. 그러므로 인간 왕은 필요하지 않다. 그러나 백성의 대표자들이 끈질기게 고집했기 때문에 하나님은 왕정 제도를 허락하신다. "너는 그들의 말을 받아들여서 그들에게 왕을 세워주어라"(8:22). 여기서 이스라엘의 왕정 제도는 애초부터 하나님이 원하신 것이 아니라 이스라엘 백성 대표자들의 고집으로 세워졌음이 나타난다.

그러나 다윗 왕에 이르러 왕에 대한 인식이 변화한다. 왕은 백성의 보호와 번영을 위해 필요한 존재로 인식된다. 다윗을 통하여 이스라엘이 영토를 확보하고 부국강병을 이루었기 때문이다. 왕은 하나님을 대리하여 백성을 보호하고 번영과 평화를 누리게 해야 할 "하나님의 아들"로 인식되었다. 이리하여 하나님은 튼튼한 다윗 왕조를 약속한다. "나 주가 네 집과 네 나라를 내 앞에서 영원히 이어갈 것이며, 네 왕위가 영원히 든든하게 서 있을 것이다"(삼하 7:10-16). 땅과 후손과 특별한 축복에 대한 하나님의 약속은 흔들리지 않는 다윗 왕조의 약속으로 발전한다.

구원의 역사를 이루기 위해 하나님은 왕과 특별한 관계를 맺는다. 곧 아버지와 아들의 관계를 맺는다. "나는 그의 아버지가 되고, 그는 나의 아들이 될 것이다"(삼하 7:14). "하나님의 아들" 곧 "하나님의 대리자"로서 왕은 백성을 돌보아야 하며, 하나님의 약속을 이루어야 한다. 하나님의 약속이 성취되느냐, 아니면 실패로 돌아가느냐의 문제는 왕의 손에 있다. 왕이 그의 왕권을 바르게 수행할 때 백성은 그들의 땅과 후손을 지킬 수 있다. 그렇지 않을 때 백성은 땅을 이방 민족에게 빼앗기고, 그들의 후손은 이방 민족의 포로가 되어 노예로 팔릴 수 있다.

하나님의 아들, 하나님의 대리자로서 왕에 대한 인식은 하나님이 "성전의 하나님"으로 인식되면서 더욱 분명해진다. 솔로몬의 성전 건축은 왕권체제의 정점이었다. 이제 인간 왕은 "하나님의 아들"로서의 권위를 가진다. 왕은 하나님의 "기름 부음을 받은 자"다. 하나님은 모든 민족을 왕에게 복종시킬 것이다(시 2, 21, 45, 72, 110편 등의 제왕시편 참조). 땅 위에 있는 왕권은 하나님이 세웠다. 왕은 하나님을 대리하여 법을 세우고, 공의로 백성을 다스려야 한다.

이것은 다음의 시편 말씀에 잘 나타난다. "하나님께서 임금님을 영원토록 보좌에 앉히셨으니, 임금님의 왕권의 홀은 정의의 홀입니다. 임금님은 정의를 사랑하고 악을 미워하시니, 그러므로 하나님, 임금님의 하나님께서 기쁨의 기름으로, 다른 동료보다는 임금님에게 기름 부어주셨습니다"(시 45:6-7). "하나님, 왕에게 주의 판단력을 주시고, 왕의 아들에게 주의 의를 내려주셔서, 왕이 주의 백성을 의로 판결할 수 있게 하시고, 불쌍한 백성을 공의로 판결할 수 있게 해주십시오"(시 72:1-2).

다윗 왕조에 대한 약속에서도 율법이 약속의 구성 요소가 된다. 왕이 하나님의 율법을 충실히 지킬 때 다윗 왕조는 "영원히 튼튼하게 서 있을 것이다." 그렇지 않을 때 하나님의 징계를 받을 것이다. "그가 죄를 지으면, 사람들이 저의 자식을 매로 때리거나 채찍으로 치듯이, 나도 그를 징계하겠다"(삼하 7:14). 왕권을 튼튼히 지킬 수 있는 길은 성전의 희생제사가 아니라 하나님의 법을 지키는 데 있다. "네가 내 법도와 율례를 따르고, 또 나의 계명에 순종하여 그대로 그것을 지키면, 내가 네 아버지 다윗에게 약속한 바를 네게서 이루겠다"(왕상 6:12).

3. 메시아 왕국에 대한 약속

아브라함과 그의 후손들에 대한 하나님의 약속은 다윗과 솔로몬을 통하여 성취되는 것처럼 보였다. 이스라엘 주변의 이방 나라들이 이스라엘에게 조공을 바칠 정도로 나라가 부강하고 안전해졌다(왕상 10장 참조). 그러나 부강하고 안전할 때 교만해지고 죄를 짓기 시작하는 것이 인간의 본성이다. 다윗은 그의 왕권이 튼튼하다고 느낄 때 죄를 짓기 시작했다. 그는 많은 후궁을 거느리며, 자기에게 충성을 다하는 장군 우리아를 죽이고 그의 아내 밧세바를 빼앗는 죄를 짓는다(삼하 11장). 그 결과 다윗이 낳은 이복 자녀들 사이에 성폭행과 살인이 일어나고, 아들 압살롬의 반란이 일어났다(삼하 13장 이하). 이로 말미암아 다윗 왕권은 쇠퇴한다.

밧세바에게서 태어난 솔로몬은 매우 지혜로운 명군으로 묘사되지만, 20년에 걸친 성전과 왕궁 건축으로(왕상 9:10) 국력을 소진한다. 그는 칠백 명의 후궁과 삼백 명의 첩을 두었고(11:3), 후궁으로 삼은 이방 여인들의 유혹에 끌려 이방 신들을 섬기며 우상과 산당을 건축한다(11:1-8). 이리하여 솔로몬은 하나님의 버림을 받는다. 하닷, 르손, 느밧의 아들 여로보암이 일어나 솔로몬을 대적했다(11:14-40). 솔로몬이 죽자마자 나라가 남유다와 북이스라엘로 분열되었다. 분열 후에도 왕들의 죄악은 계속된다. 요아스, 히스기야, 요시야 왕과 같은 예외적 인물들을 제외한 거의 모든 왕이 이방 신을 섬기며, 자신의 자녀를 불에 태워 제물로 바치기도 한다. 북이스라엘의 왕 아합은 나봇을 죽이고 그의 포도밭을 빼앗는다.

이 같은 죄악으로 인해 나라의 운명이 기울어진다. 주변에 있는 나라들이 이스라엘을 위협하기 시작한다. 그러나 성전 제사장들과 거짓 예언자들은 백성에게 거짓을 예언한다. 그들은 나라의 운명이 기울어지는 것을 눈으로 보면서도, "이스라엘 국가와 이스라엘 민족이 언제나 모든 면에서 역사의 승리자가 될 것이다"라고 거짓 예언을 한다(Vriezen 1956, 303).

결국 북이스라엘은 아시리아에 나라를 빼앗기고 식민지가 된다(기원전 722년). 아시리아는 그 땅에 타 민족을 이주시켜 이스라엘의 민족적 정통성을 말살하고자 한다. 약 130년 뒤인 기원전 587년 남유다는 바빌론에게 몰락한다. 바빌론의 군대는 예루살렘 성전과 왕궁을 불태워버리며, 유다의 마지막 왕 "시드기야가 보는 앞에서 그의 아들들을 처형하고, 시드기야의 두 눈을 뺀 다음에 쇠사슬로 묶어서 바빌론으로 끌고" 간다(왕하 25:7). 이스라엘의 지배층은 바빌론으로 끌려가 포로 생활을 하게 되고, 그 땅은 바빌론의 식민지가 된다. 나라의 멸망 앞에서 대형 성전은 아무 의미도 없음을 볼 수 있다.

이러한 역사의 과정 속에서 하나님은 심판의 하나님으로 나타난다. 이스라엘을 이집트에서 해방하고, 약속의 땅을 주신 하나님은 거룩한 분이다. 그러므로 이스라엘도 거룩해져야 한다(레 11:44; 출 19:6). 거룩한 백성이 되는 길은 거대한 성전을 건축하고 많은 제물을 바치는 데 있지 않다. 그것은 하나님의 법을 지키는 데 있다. 그러나 이스라엘의 통치자들과 백성은 하나님의 법을 버리고 이방 신들을 섬기며 윤리적으로 타락한다. 이에 예언자들은 하나님의 심판을 예고한다. 장차 올 "야웨의 날"이 이스라엘에게는 구원과 축복을, 다른 민족들에게는 심판과 파멸을 가져오리라는 표상을 거부하고, 그날은 이스라엘에게도 심판과 파멸의 날이라고 선포한다. 이날은 빛의 날이 아니라 어둠의 날이요(암 5:20), 칼의 날이다. 이날은 굶주림과 흑사병의 날이요, 대살육의 날이며, 불안과 공포의 날이다(사

30:25). 자연계에도 큰 재난이 일어날 것이다. 지진과 큰 어두움과 가뭄과 홍수와 대형 화재 등의 재난이 일어날 것이다(말 3:19).

그러나 예언자들의 말씀은 심판의 말씀으로 끝나지 않았다. 예언자들은 하나님의 새로운 구원과 축복을 약속한다. "너희는 지나간 일을 기억하려고 하지 말며, 옛일을 생각하지 말아라. 내가 이제 새 일을 하려고 한다. 이 일이 이미 드러나고 있는데, 너희가 그것을 알지 못하느냐? 내가 광야에 길을 내겠으며, 사막에 강을 내겠다"(사 43:18-19). "마지막 날에", "먼 미래에", "그날에"(사 2:2; 렘 48:47; 33:15; 겔 38:16; 호 3:5 등) 하나님은 그의 백성을 구하실 것이다. 하나님의 심판을 선포하는 아모스도 하나님의 새로운 구원을 예고한다(암 9:11 이하). 새롭고 영원한 계약의 시간이 올 것이다(레 31:31-34; 호 11:8; 겔 37:26). 신랑과 신부가 하나로 결합하는 것처럼 하나님과 그의 백성은 하나가 될 것이다(호 2:18-25; 사 62:4). 하나님이 왕으로서 오실 것이며 정의의 나라를 세울 것이다(렘 23:5 이하; 사 32:1). 여기서 "심판의 설교는 회개의 부름으로 확대된다"(Vorgrimler 1984, 384).

미래에 일어날 하나님의 새로운 구원은 과거에 있었던 구원 사건에 비유하여 묘사된다. 그것은 새 출애굽으로 묘사되기도 하고(호세아, 예레미야, 에스겔, 제2이사야), 새 나라 이스라엘(에스겔), 새 계약(예레미야), 새 다윗(이사야)으로 묘사되기도 한다. 또한 하나님의 구원은 전혀 새로운 것으로 생각된다. 하나님은 이스라엘의 죄를 용서하시고 새것을 창조하실 것이다(렘 31:34; 겔 16:63; 미 7:18 이하). 마른 뼈들을 다시 살려서 새로운 생명의 세계를 이룰 것이다(겔 37장). 이사야서에서 하나님의 새로운 구원은 모든 피조물이 평화롭게 사는 "새 하늘과 새 땅"으로 확대된다.

새로운 구원에 대한 하나님의 약속은 메시아에 관한 약속과 함께 정점에 이른다(사 9:1-7). 다윗 왕가에서 태어날 메시아적 왕은 먼저 다윗 왕가에 주어진 하나님의 약속을 성취할 자로 나타난다. 그는 "평화의 왕"으로서 다윗의 보좌와 왕국 위에 앉아 공평과 정의로 나라를 굳게 세울 것이다. 전쟁은 사라지고 외국의 지배도 끝날 것이다. 군인들의 갑옷과 피 묻은 옷들이 사라질 것이며, 영원한 평화가 있을 것이다. 억압과 폭력과 착취가 사라지고, 법과 정의가 회복될 것이다. 사회의 모든 질서와 관계가 바르게 세워질 것이다.

그런데 메시아적 왕의 통치는 이스라엘 민족에 머물지 않고, 세계 모든 민족에게로 확대된다. 그는 온 땅 위에 전쟁을 없애고 평화를 세울 것이다. "주께서 민족들 사이의 분쟁을 판결하시고, 뭇 백성 사이의 갈등을 해결하실 것이니, 그들이 칼을 쳐서 보습을 만들고 창을 쳐서 낫을 만들 것이며, 나라와 나라가 칼을 들고 서로를 치지 않을 것이며, 다시는 군사 훈련도 하지 않을 것이다"(사 2:4).

또 메시아적 왕의 통치는 자연의 세계로 확대된다. 인간과 인간은 물론 인간과 자연의 피조물들이 평화롭게 더불어 사는 세계가 이루어질 것이다. "이리와 어린양이 함께 풀을 먹으며, 사자가 소처럼 여물을 먹으며, 뱀이 흙을 먹이로 삼을 것이다. 나의 거룩한 산에서는 서로 해치거나 상하게 하는 일이 전혀 없을 것이다"(사 65:25). 이러한 세계를 예언자 이사야는 "새 하늘과 새 땅"이라 부른다(65:17).

여기서 구약성서의 종말론은 정점에 도달한다. 세계의 종말은 온 우주를 포괄하는 하나님의 메시아적·우주적 통치, 곧 "새 하늘과 새 땅"이 이루어지는 데 있다. 그것은 하나님을 아는 지식과 하나님의 평화가 충만한 새로운 생명의 세계다. 세계사는 이 미래를 향한 과정이다. 구약 예언자들에게서 "새로운 것"은 바로 "종말론적인 것"에 있다(Rad 1968, 123). 세계의 종말을 가져올 메시아의 모습이 구약성서에서 다음과 같이 변천하고 있음을 볼 수 있다.

첫째, 메시아는 다윗 왕가에서 태어날 권능 있는 "왕"으로, 이스라엘 백성의 구원자로 표상된다. 그는 다윗의 보좌에 앉아 하나님의 정의와 평화를 세울 수 있는 능력을 가진 자, 전능한 통치자, 심판자로 생각된다. "그의 왕권은 점점 더 커지고 나라의 평화도 끝없이 이어질 것이다. 그가 다윗의 보좌와 왕국 위에 앉아서, 이제부터 영원히 공평과 정의로 그 나라를 굳게 세울 것이다"(사 9:6-7). 여기서 메시아의 통치는 이스라엘 민족에게 집중된다.

둘째, 메시아의 통치가 이스라엘 민족의 범위를 넘어 모든 민족과 자연 피조물의 세계로 확대되면서 메시아는 땅 위의 모든 민족과 자연의 세계 속에 하나님의 정의와 평화를 세우는 자로 나타난다. 그가 가진 신적 권능은 평화를 세우는 것으로 제한된다. 그는 무력이 아니라 말씀으로 다스린다. "그는 눈에 보이는 대로만 재판하지 않으며, 귀에 들리는 대로만 판결하지 않는다. 가난한 사람들을 공의로 재판하고, 세상에서 억눌린 사람들을 바르게 논죄한다.···그는 정의로 허리를 동여매고 성실로 그의 몸의 띠를 삼는다"(사 11:3-5). 그의 통치는 평화를 세우는 데 있다. "그 왕은 이방 민족들에게 평화를 선포할 것이며···"(슥 9:10), "그때에는 이리가 어린양과 함께 살며, 표범이 새끼 염소와 함께 누우며, 송아지와 새끼 사자와 살진 짐승이 함께 풀을 뜯고, 어린 아이가 그것들을 이끌고 다닌다"(사 11:6-9).

셋째, 메시아는 평범하고 겸손한 목자로 나타나기도 하고, 가난하고 힘없는 자, "고난당하는 종"으로 나타나기도 한다. 시편 2편에 나타나는 왕의 모습은 사라지고, "고운 모양도 없고 훌륭한 풍채도 없는" 자(사 53:2), 인간이 받아야 할 형벌을 대신 당함으로써 그들을 의롭게 하는 고난받는 "종으로서의 메시아"로 나타난다. "그는 실로 우리가 받아야 할 고통을 대신 받고, 우리가 겪어야 할 슬픔을 대신 겪었다.···그는 굴욕을 당하고 고문을 당하였으나, 아무 말도 하지 않았다"(사 53:4-7). "종으로서의 메시아"는 예언자들이 알고 있던 과거와 현재의 어떤 인물이 아니라 "장차 오실 분", "미래의 존재"였던 것으로 보인다. 여하튼 메시아의 통치는 폭력과 억압에 있지 않고, 자기희생적 고난을 통하여 이루어질 것으로 생각된다.

B. 후기 유대교 묵시사상

후기 유대교는 기원전 2, 3세기부터 예수 시대를 거쳐, 기원후 135년 제2차 반로마 제국 혁명으로 말미암아 유대인들이 팔레스타인 땅에서 완전히 추방되기까지의 유대교를 말한다. 바빌론 제국을 정복한 페르시아의 정치적·종교적 유화정책으로 말미암아 포로 생활을 끝내고 고국으로 돌아온 이스라엘 백성은 무너진 성전을 재건축하고, 유대교를 강화하며 국가를 재건한다. 그러나 이스라엘은 페르시아 제국의 식민지 신세를 벗어나지 못한다. 신흥 그리스 세력에 의해 페르시아 제국이 몰락하자 이스라엘은 그리스의 지배를 받게 된다. 알렉산드로스 대왕이 죽으면서 세운 셀레우코스 왕가의 안티오코스 4세(Antiochus Epiphanes IV, 기원전 184-175) 치하에서 이스라엘은 극에 달한 정치적·종교적 억압과 모욕을 당한다. 안티오코스 4세는 유대교의 생명이라 말할 수 있는 희생제사를 금지하고, 안식일과 할례를 지키는 사람들을 사형에 처했다. 예루살렘 성전의 번제물 제단에 제우스의 제단을 세우고(기원전 167년), 제우스에게 제물을 바쳤다. 돼지를 잡아 죽은 돼지의 피를 제단에 뿌리고 돼지고기를 제물로 바쳤다. 그는 철저한 그리스화 정책을 실시하여 "예루살렘은 유대교의 특징을 거의 상실한 그리스 도시가 되었다"(Gunneweg 1972, 151). 이에 관한 상세한 이야기를 우리는 구약성서의 외경 마카베오서에서 읽을 수 있다.

기원전 160년경에 일어난 마카비 혁명을 통하여 이스라엘 백성은 정치적 자치권과 종교적 자유를 쟁취하였다. 그들은 더럽혀진 성전을 정화하고, 할례와 희생제의를 회복하였다. 그러나 마카비 혁명을 통하여 세워진 하스몬 왕가의 후계자들은 권력 투쟁에 급급하여 결국 나라를 로마 장군 폼페이우스에게 내어주고 말았다(김균진 2016, 49-53). 피 한 방울 흘리지 않고 예루살렘에 입성한 폼페이우스는 대제사장만이 들어갈 수 있는 예루살렘 성전의 지성소에 무장을 한 채 들어가서, "흠, 아무것도 보이지 않는데!" 하고 지성소를 조롱하였다. 이것은 유대인들에게 말할 수 없는 모욕이요, 하나님의 성전을 더럽히는 행위였다. 이로써 이스라엘은 로마 제국의 식민지가 되었다. 이스라엘 권력층이 로마 제국의 통치 권력과 영합하여 자기의 세력을 확보하는 치욕스러운 일이 반복되었다. 이스라엘의 의롭고 경건한 자들에게 이제 역사는 아무 희망도 없는 것처럼 보였다. 하나님의 약속은 끝난 것으로 보였다.

이 같은 역사의 상황 속에서 이른바 묵시사상이 등장한다. 묵시사상, 곧 Apokalyptik이란 개념은 그리스어 동사의 부정형 *apokalyptein*에서 유래한다. *Apokalyptein*은 숨겨져 있는 것을 "드러낸다", "열어서 보이게 한다", "계시한다"(enthüllen, aufdecken, offenbaren)를 뜻한다. 내용상으로 이 단어는 감추어져 있던 이 세계의 마지막, 곧 종말을 하나님께서 인간에게 "열어 보여준다", "계시한다"는 것을 뜻한다(Mundle 1970, 995 이하). 한국의 많은 신학자들은 이 단어를 "묵시문학" 혹은 "묵시론"이라 번역한다. 그러나 본래 Apokalyptik은 하나의 문학 내지 이론이 아니라, 후기 유대교 안에 널리 유포되어 있었던 세계의 종말에 관한 신앙 내지 사상을 뜻한다. 이 책에서 우리는 "묵시사상"이란 표현을 사용하고자 한다.

묵시사상에 의하면, 지금의 시간은 하나님과 사탄이 싸우는 마지막 시간이다. 더욱 깊어가는 인간의 죄로 말미암아 이 세계는 결국 파멸될 것이다. 그것은 하나님에 의해 파멸되기로 계획돼 있다. 세계의 마지막에 메시아가 곧 오실 것이다(메시아의 오심). 메시아는 죽은 사람들을 다시 살리시고(죽은 자들의 부활), 모든 사람에게 마지막 심판을 내릴 것이다(최후의 심판). 순교자를 위시한 의로운 자에게는 천국의 영원한 상을 내리고, 외세에 굴복하여 영화를 누린 배신자들에게는 지옥의 영원한 벌을 내릴 것이다(인간의 행위에 따른 심판). 옛 시대에서 새로운 시대로 넘어가는 중간 시대가 있을 것인데, 중간 시대에는 하나님이 직접 다스리지 않고 메시아가 다스릴 것이다. 세상 모든 권세들이 메시아에게 복종할 때, 메시아는 그의 통치를 하나님께 넘겨드릴 것이다(참조. 고전 15:27). 이리하여 하나님이 모든 것을 다스리며 하나님의 정의와 자비와 평화가 충만한 구원받은 세계, 곧 "새 하늘과 새 땅"이 올 것이다.

이 같은 세계사의 계획을 하나님은 대부분의 사람들에게 감추어두었다. 이들에게 그것은 "비밀"이다. 그러나 하나님은 소수의 사람들, 곧 예언자 혹은 선견자들에게 묵시(혹은 계시)로 그것을 보여주었다. 이들은 하나님이 묵시로 보여주신 세계 종말에 관한 비밀을 시련과 박해 속에 있는 공동체에게 전해준다. 그러나 자신의 이름으로 전하지 않고 과거에 있었던 위대한 인물들, 곧 에녹, 모세, 다니엘 등의 이름으로 전한다. 이들은 세계사의 종말에 일어날 일들을 환상적 표상으로 묘사하면서 세계의 종말이 올 날짜를 계산하기도 한다(김연태 1994, 146 이하).

묵시사상의 유래에 대한 학자들의 토의는 두 가지 입장으로 대별된다. 첫째 입장에 따르면, 묵시사상은 구약 문서 예언자들의 예언에서 유래한다(예를 들어 van Genderen/Velema 2018, 1322, "묵시는 예언 안에 강력하게 뿌리내리고 있다"). 그것은 구약성서의 문헌에는 물론(겔 38장; 욜 4:9-17; 슥 13장; 단 2장; 사 24-27장의 이사야서 소묵시록), 에녹서, 에스드라서, 모세의 승천, 시리아의 바룩 묵시서 등의 외경에도 나타난다. 또 그것은 예수 당시에 사해 서북쪽에 있었던 쿰란 공동체의 문서에도 나타난다.

둘째 입장에 따르면, 묵시사상은 세계의 대파멸과 종말에 관한 고대 중동 일대의 이원론적 종교 사상에서 유래한다고 추정된다. 하나님의 구원받은 새로운 세계가 지금의 역사 과정 속에서 오지 않고, 지금의 역사가 끝난 마지막, 곧 종말에 올 것으로 보는 묵시사상의 역사관은 구약 문서 예언자들의 역사관과 전혀 다르기 때문이다.

나는 묵시사상의 뿌리가 구약 문서 예언자들에게 있다고 생각한다. 세계의 종말에 있을 메시아의 오심과 "새 하늘과 새 땅"에 대한 묵시사상의 통찰은 예언자들의 말씀과 일치한다. 묵시사상이 말하는 죽은 자들의 부활 신앙은 구약의 예언서에도 나타난다(사 26:19; 단 12:2).

여하튼 묵시사상은 후기 유대교 시대의 이스라엘 백성 사이에 널리 퍼져 있었다. 그 대표적 공동체는 사해 서북쪽의 쿰란 공동체와 에세네파였다. 다음과 같은 마르다의 고백에서도 우리는 묵시사상의 영향을 발견한다. "마지막 날 부활 때에 그가 다시 살아나리라는 것은 내가 압니다"(요 11:24). 묵시사상의 주요 특징을 우리는 아래와 같이 요약할 수 있다(이에 관해 Rad 1968, 320-323).

1. 두 시대(에온) 사상

묵시사상은 세계사를 종말 이전의 이 시대와 종말 이후의 저 시대로 나눈다. 세계사는 죄와 죽음과 슬픔과 고통이 가득한 "이 시대"와, 세계의 종말에 올 새 하늘과 새 땅의 "저 시대"로 나누어진다. 이 시대는 사탄이 지배하는 시대요, 저 시대는 하나님이 다스리는 시대다. 예언자들이 이 시대의 역사 가운데서 이루어지리라고 기다리던 하나님의 구원은 실제로는 이 시대에 이루어질 수 없다. 그것은 세계의 종말에 올 저 시대에 이루어질 것이라고 묵시사상은 믿는다.

2. 비관론적 세계 이해와 역사 이해

지금의 세계는 인간의 죄로 말미암아 시간이 흐를수록 점점 더 악해질 것이다. 도덕적 타락과 부패가 더욱더 심해지며, 억압과 착취와 살인과 전쟁과 질병과 기근과 고통이 더욱더 커지기만 할 것이다. 홍수, 가뭄, 지진 등 자연 재난도 더 심해질 것이다. 하나님이 창조한 이 세계는 결국 우주적 대재난과 파멸로 끝날 것이다. 대재난과 파멸 속에서 이 시대의 세계가 사라진 후에 하늘로부터 "새 하늘과 새 땅"이 내려올 것이다.

3. 결정론적 역사 이해

우주적 대재난과 파멸, 메시아의 오심, 죽은 자들의 부활, 부활한 죽은 자들과 살아 있는 자들에 대한 "최후의 심판", 시련과 박해와 순교를 당하면서도 믿음을 지킨 사람들에 대한 하나님 나라의 상과, 배교한 자들과 불의한 자들에 대한 지옥의 영원한 형벌, 그다음에 내릴 "새 하늘과 새 땅", 이 모든 것은 하나님에 의하여 이미 결정되어 있다. 파멸로 결정되어 있는 이 시대의 역사 과정은 어떤 사람도 변경할 수 없다. 그러므로 이 세계를 보다 의로운 세계, "하나님이 보시기에 좋은" 세계로 변화시키려는 모든 노력과 수고는 불필요하며 헛되다. 종말에 대한 기다림 속에서 하나님의 율법에 충성하며, 끝까지 믿음을 지키며 참고 견디는 것이 최고의 윤리적 가치로 생각된다.

4. 심판과 구원의 문제에 관한 개인주의

예언자들은 하나님의 구원을 이스라엘 민족 전체의 공동체적 구원으로 생각하는 반면, 묵시사상은 그것을 각 개인의 문제로 다룬다. 하나님의 심판과 구원은 각 개인의 행위에 따라 결정될 것이다. 아무도 다른 사람의 심판과 구원에 대한 책임을 대신 짊어질 수 없다. "중요한 문제는 이스라엘의 미래가 아니라 의로운 자들의 미래다. 이리하여 종말론적 희망은 한편으로 개인화되며(individualisiert), 다른 한편으로는 모든 선한 사람들의 운명으로 확대된다(개인주의와 보편주의)"(Nocke 1992, 383). 묵시사상의 이 생각은 이미 구약의 문서 예언자들에게서 나타난다. "죄를 지은 영혼 바로 그 사람이 죽을 것이며, 아들은 아버지의 죄에 대한 벌을 받지 않을 것이며…의인의 의도 자신에게로 돌아가고, 악인의 악도 자신에게로 돌아갈 것이다"(겔 18:20; 참조. 렘 31:30).

5. 보편사적 역사관

역사는 이스라엘 민족의 역사를 넘어 모든 인류와 자연의 세계를 포괄하는 "보편사"(Universalgeschichte) 내지 "세계사"로 이해된다. 이를 통해 내적 통일성과 전체성을 가진 세계사가 구성된다. 판넨베르크는 땅 위의 모든 민족과 시대와 자연을 포괄하는 하나의 전체로서의 역사, 곧 보편사 개념이 묵시사상을 통해 처음으로 형성되었다고 말한다. 그러나 판넨베르크의 이 생각은 타당하지 않다. 세계사 전체를 포괄하는 보편사적 역사관을 우리는 이미 구약의 문서 예언자들에게서 볼 수 있기 때문이다. 구약의 문서 예언자들에게서 세계사는 하나님의 구원을 향한 역사로서의 보편사를 뜻하는 반면, 묵시사상에서 세계사는 죄와 타락으로 말미암은 파멸을 향한 역사로서의 보편성을 말한다.

6. 하나님 중심의 역사 이해

묵시사상은 역사를 이 시대와 저 시대로 구별한다. 그러나 조로아스터교가 말하는 차안과 피안, 이 세계와 저 세계의 엄격한 이원론을 말하지 않고 이 시대와 저 시대의 연속성을 말한다. 이 연속성은 하나님과 그의 율법에 있다. 하나님의 율법은 이 시대에서는 물론 저 시대의 삶에 대해서도 효력을 가진다. 이 시대에서 하나님의 율법에 대한 복종은 장차 올 저 시대에서 구원받을 수 있는 조건이 된다. 이 시대는 파멸로 결정되어 있지만, 하나님의 율법은 이 시대에 대해서도 효력을 가진다. 저 시대는 물론 이 시대도 결국 하나님의 주권 아래 있다. 하나님이 역사의 중심이다. 세계사는 하나님의 계획에 따라 진행될 것이다.

7. 하나님의 통치의 보편성

구약성서에 의하면 이방 민족들이 섬기는 신들은 신이 아니라 사람이 손으로 만든 것이다(참조. 사 37:19). "그들의 우상은 숲속에서 베어온 나무요, 조각가가 연장으로 다듬어서 만든 공예품이다"(렘 10:3-5). 이에 반해 형상이 없는 이스라엘의 하나님만이 참 신이다. 그는 "만물의 조성자"다(렘 10:16; 참조. 창 2:1; 사 44:24). "땅과 그 안에 가득 찬 것이 모두 다 주님의 것, 온 누리와 거기에 살고 있는 그 모든 것은 주의 것이다"(시 24:1). "온 세상이 다 나의(하나님의) 것이다"(출 19:5). "하늘은 주의 것, 땅도 주의 것"이다(시 89:11). 온 우주가 그의 통치 영역이요 구원의 대상이다. 만유가 하나님의 것이요, 하나님은 "만유의 머리"다(대상 29:11). 이 하나님의 통치는 이스라엘 민족의 범위를 넘어 온 세계를 포괄한다.

하나님의 통치의 보편성에 대한 구약성서의 믿음은 묵시사상에 계승된다. 이것을 우리는 다니엘서의 묵시사상에서 볼 수 있다. "권세를 가진 모든 통치자가 그를 섬기며 복종할 것이다"(단 7:27). 여기서 이스라엘에 대한 하나님의 왕권은 뒤로 물러나고, 세계사에 대한 하나님의 보편적 통치가 전면에 나타난다. 세계사의 모든 것은 결국 하나님의 통치 아래 있다. 묵시사상은 하나님의 보편적 통치에 대한 믿음 안에서 모든 시련을 끝까지 참고 견디라고 권고한다. "너 다니엘아, 너는 끝까지 신실하여라. 너는 죽겠지만, 끝날에는 네가 일어나서(부활하여), 네게 돌아올 보상을 받을 것이다"(단 12:13).

C. 구약 예언자들과 묵시사상의 종말론의 특징

위에 기술한 대로 구약 예언자들의 종말론과 묵시사상의 종말론 사이에는 중요한 차이점이 있다. 이 시대와 저 시대의 이원론, 세계사에 대한 비관주의와 결정론적 이해는 중요한 차이점이라 할 수 있다. 또 묵시사상의 결정론적 역사 이해는 역사의 새로움과 우연성을 인정하지 않는 반면에, 구약 예언자들의 종말론은 역사의 새로움과 우연성을 인정한다. "내가 새 하늘과 새 땅을 창조할 것이니"(사 65:17). 이스라엘 백성을 향해 거듭 선포되는 하나님의 새로운 구원에 대한 예언자들의 말씀("그때가 오면, 내가…새 언약을 세우겠다", 렘 31:31)과, 에스겔의 "마른 뼈 환상"(겔 37장)은 이를 예시한다. 이 같은 차이점에도 불구하고 구약 예언자들의 종말론과 묵시사상의 종말론은 다음과 같은 공통성을 가진다(구약학자 폰 라트도 양자의 연관성을 부인하지 않음; Rad 1968, 323).

1. 하나님의 새로운 세계에 대한 희망

구약성서의 종말론은 메시아의 통치가 이 세계의 역사 속에서 이루어질 것으로 기대한다. 이에 반해 묵시사상의 종말론은 이 세계는 멸망으로 끝나고, 메시아의 통치는 미래의 "새 하늘과 새 땅"에서 이루어질 것으로 기대한다. 이 같은 차이점이 있지만, 두 종말론은 하나님의 새로운 생명의 세계를 희망한다는 점에서 공통점을 가진다. 그러므로 많은 학자들은 묵시사상이 구약 예언자들의 종말론에 뿌리를 두며, 그것의 변형된 형태에 불과하다고 평가한다.

2. 세상적 종말론, 차안의 종말론

구약성서의 종말론은 차안적이며 "세상적인"(worldly) 종말론이다(Gowan 1986, 122). 그것은 "영적 종말론"(spirituelle Eschatologie)이 아니라 "물질적 종말론"이요 "세상적 종말론"이며, "피안의 종말론"(Jenseits-Eschatologie)이 아니라 "차안의 종말론"(Diesseits-Eschatologie)이다(Marquardt 1993, 24). 묵시사상의 종말론도 같은 특징을 가진다. 묵시사상이 기다리는 새 하늘과 새 땅 역시 죽은 다음에 갈 피안의 세계가 아니라 지금 우리가 살고 있는 이 땅 위에서 이루어질 전혀 새로운 세계를 가리킨다.

3. 공동체적 종말론

구약성서의 종말론은 개인의 내면적 구원을 결코 경시하지 않는다. 각 개인이 하나님의 죄 용서를 받고, 하나님과 이웃 앞에 바로 서야 한다. 이와 동시에 구약성서는 공동체의 구원을 강조한다. 이스라엘의 공동체 전체가 하나님이 다스리는 공동체로 변화되어야 한다. 이를 위해 사회적 정의와 약자의 보호가 강조된다. 따라서 구약성서의 종말론은 "개인적 종말론"이 아니라 "사회적 종말론"(Marquardt 1993, 26)이다. 묵시사상의 종말론도 사회적 차원을 띤다. 묵시사상은 죽은 사람들의 영혼의 세계를 기다리지 않고, 하나님의 정의가 충만한 새로운 공동체, 곧 새 하늘과 새 땅을 기다린다.

4. 생태학적 종말론

구약성서의 종말론은 생태학적 차원을 띤 "생태학적 종말론"이다. 그것은 인간과 자연의 모든 피조물이 평화롭게 사는 새로운 생명의 세계를 희망한다. "그때에는 이리가 어린양과 함께 살며, 표범이 새끼 염소와 함께 누우며"(사 11:6-9). 묵시사상이 기다리는 "새 하늘과 새 땅" 역시 바로 이 같은 세계를 가리킨다. 그것은 하나님의 정의가 자연의 영역에서도 충만한 세계다. 신약성서 요한계시록의 "새 예루살렘" 역시 종말의 생태학적 차원을 보여준다.

5. 불의한 세계에 대한 저항 정신

의롭고 평화로운 하나님의 새로운 세계를 희망한다는 것은 그렇지 못한 지금의 세계에 대한 부정을 뜻한다. 그것은 불의한 세계의 표현인 동시에 이 세계에 대한 저항의 형태다. 구약성서와 묵시사상의 종말론 모두 하나님의 정의와 자비가 다스리는 새로운 현실을 희망한다. 따라서 두 가지 종말론 모두 그 속에 불의한 세상에 대한 저항의 정신을 지니고 있다. 그것들은 "순응의 종말론"이 아니라 "저항의 종말론"이다. 단지 그 형태가 다를 뿐이다. 구약 예언자들에게서 그 저항은 세상의 불의에 대한 비판과 변혁의 요구로 표출되는 반면, 묵시 사상가들에게서 그것은 불의한 세계를 포기하고 초월적 신천신지를 기다리는 소극적 형태로 표출된다.

6. 헬레니즘의 종말론과의 차이

구약성서와 묵시사상의 종말론의 특징은 헬레니즘의 종말론과 비교할 때 더욱 분명히 나타난다(이에 관해 Marquardt 1993, 24 이하). 전자의 종말론은 미래의 새로운 세계를 동경하는 반면, 헬레니즘의 종말론은 인간의 영혼이 현 세계로부터 해방되는 것을 동경한다. 플라톤에 의하면 현상의 세계 저편에는 영원히 변하지 않는 이데아의 세계, 영원히 사멸하지 않는 영혼의 본향이 있다. 변화무쌍하고 무가치한 현 세계를 벗어나 영혼의 영원한 본향에 이르는 데 우리의 구원이 있다.

이에 반해 구약성서의 종말론은 차안의 세계 안에 세워질 새 하늘과 새 땅을 기다린다. 따라서 구약성서의 종말론이 "차안의 종말론"이라면, 헬레니즘의 종말론은 "초월의 종말론", "피안의 종말론"이다. 전자는 이 세계의 죄와 불의의 세력에서 해방되기를 기다리는 반면, 후자는 인간의 영혼이 이 세계를 벗어나기를 기다린다. 전자는 정신과 물질을 포함한 하나님의 새로운 세계의 현존과 삶의 기쁨을 동경하는 반면, 후자는 육체의 무거운 짐을 벗어난 영혼의 자유와 기쁨을 동경한다.

여기서 우리는 종말론의 두 가지 유형을 볼 수 있다. 구약성서와 묵시사상의 종말론은 현존의 죄악된 세계를 거부하고 하나님의 정의와 자비와 평화가 충만한 새로운 세계를 기다리는 반면, 헬레니즘의 종말론은 현존하는 세계를 있는 그대로 두고 그것으로부터의 영적 초월, 내면세계로의 퇴각을 특징으로 한다. 전자는 인간의 삶과 세계의 전체성을 지향하는 반면, 후자는 육과 물질에서 해방된 영혼의 본향을 지향한다. 전자는 세계의 현실적 변화에 관심을 갖는 반면, 후자는 세계의 현실을 방기한다. 전자에서 세계는 인간에게 실재하는 대상적 세계로 이해되는 반면, 후자에서 실재하는 것은 영적·신적 존재로서의 인간 자신뿐이요, 현실 세계는 실재성을 갖지 못한 가상의 세계로 생각된다.

헬레니즘의 종말론에서 소우주(Mikrokosmos)로서의 인간은 세계를 그 자신의 내면 안에 가진다. 그는 자기의 내면 속에서 세계를 경험함으로써 현실 세계로부터 벗어나 있는 반면, 구약성서의 종말론에서 인간은 철저히 세계 안에 있는 존재, 세계 안에서 하나님의 새로운 세계를 기다리는 존재로 이해된다. 그러므로 구약성서의 종말론이 "역사적 종말론", "세상적 종말론", "사회적 종말론", 인간의 육체와 영혼, 정신과 물질을 포괄하는 "총체적 종말론"이라면, 헬레니즘의 종말론은 "무역사적 종말론", "탈세상적 종말론"(entweltlichte Eschatologie) 내지 "탈사회적 종말론", "영혼주의적 종말론", "피안의 종말론"이라 할 수 있다. 구약성서의 종말론은 신약성서에 깊은 영향을 주는 반면(Manson 1957, 1 이하), 헬레니즘의 종말론은 로마 제국의 국가 종교가 된 기독교 종말론에 깊은 영향을 주게 된다 (Marquardt 1993, 20 이하, 특히 25 이하).

D. 신약성서의 종말론

신약성서는 여러 전통에서 유래하는 다양한 진술을 담고 있다. 그 속에는 구약성서적·예언자적 전통, 묵시사상의 전통, 고대 헬레니즘의 영지주의적 전통 등에서 유래하는 진술들과 초기 기독교 당시의 민속신앙에서 유래하는 진술들이 혼재한다. 이같이 다양한 진술 속에 나타나는 신약성서의 종말론을 우리는 1) 공관복음서의 종말론, 2) 요한 문서의 종말론, 3) 바울의 종말론으로 구별하여 기술하고자 한다. 요한계시록의 종말론적 진술들은 초기 기독교가 로마 제국으로부터 박해를 받던 상황에서 생성된 것이므로, 이 책의 다른 부분에서 다루고자 한다(아래 III.7.D. "요한계시록에 대한 올바른 이해" 참조).

1. 공관복음서의 종말론

1) 공관복음서에서 예수는 세계의 종말을 어떻게 이해했는가? 이 문제는 종말에 관한 공관복음서의 몇 구절에 근거하여 답변할 수 있는 것이 아니라 예수의 모든 말씀과 활동의 중심으로부터 답변되어야 한다. 특정한 몇 구절에 근거하여 예수의 종말론을 정의할 경우 우리는 예수의 종말론을 총체적으로 파악하지 못하고, 초기 기독교 공동체에서 유래하는 특정한 견해를 예수의 종말론으로 간주할 수 있다.

공관복음서에서 예수는 세계의 종말을 그의 말씀과 활동의 주제로 삼지 않고 "하나님 나라"를 주제로 삼는다. "하나님의 나라"(막 1:15) 혹은 "하늘의 나라"(마 4:17)는 예수의 모든 말씀과 활동을 "요약한다"(Bornkamm 1975, 57).

예수가 선포하는 하나님 나라는 초기 유대교의 "하나님은 왕이시다"(malak Jahwe)에서 유래하는 것으로 보인다. 하나님 나라는 하나님의 왕 되심과 그의 왕적 주권을 가리킨다. 하나님 나라에 대한 예수의 선포는 제2이사야에서 시작하여(참조. 사 52:7) 포로기 후기의 예언자들을 거쳐(참조. 사 61:1-3; 미 2:12 이하; 4:6-8; 습 3:14 이하; 슥 14:9, 16 이하), 후기 유대교 묵시사상에 이르는 전통에 서 있다.

예언자 전통에 따르면 하나님 나라는 지금 우리에게 오고 있는 하나님의 구원을 뜻한다. 그것은 "평화의 사자"에 의하여 이스라엘의 가난하고 힘없는 자들에게 선포된다. "놀랍고도 반가워라. 희소식을 전하려고 산을 넘어 달려오는 저 발이여! 평화가 왔다고 외치며, 복된 희소식을 전하는구나. 구원이 이르렀다고 선포하면서, 시온을 보고 이르기를 '너의 하나님께서 통치하신다' 하는구나"(사 52:7). "주께서 나를 보내셔서, 가난한 사람들에게 기쁜 소식을 전하고, 상한 마음을 싸매어주고, 포로에게 자유를 선포하고, 갇힌 사람에게 석방을 선언하고, 주의 은혜의 해와 우리 하나님의 보복의 날을 선언하고, 모든 슬퍼하는 사람들을 위로하게 하셨다"(사 61:1-2). 제2이사야와 제3이사야, 포로기 이후의 예언자들에게서 하나님 나라는 새롭게 변화된 이 땅과 역사 속에서 이루어질 것으로 기대된다. 반면 묵시사상에서 하나님 나라는 이 시대가 멸망으로 끝난 다음 새 시대와 함께 올 것으로 기대된다.

2) 예수의 선포가 예언자 전통에 속하는가, 아니면 묵시사상의 전통에 속하는가의 문제는 학자들 사이에서 뜨거운 논쟁점이다. 불트만(R. Bultmann)에 의하면, 예수의 선포는 "지금의 세계 과정의 모든 조건들을 끝내버릴 하나님의 우주적 재난을 통해 올 것으로 기다리는" 묵시사상의 전통에 속한다(Bultmann 1968, 3). 예수는 하나님 나라가 "엄청난 우주적 드라마로서" 돌입하리라 믿었다고 불트만은 주장한다(Bultmann 1967, 142). 불트만의 이 같은 주장은 알베르트 슈바이처의 "철저종말론"과 입장을 같

이한다.

물론 예수의 선포에는 묵시사상적 요소들이 발견된다. 임박한 세계 심판의 날, 노아와 롯의 시대에 일어난 것과 같은 이 세계의 마지막과 재난들(눅 17:26 이하; 21:34 이하 등), 세계의 심판자인 사람의 아들이 오심(막 8:38; 13:34 이하), 세계의 대추수(막 4:26 이하; 마 13:24 이하), 하늘 잔치의 기쁨(마 8:11)에 관한 예수의 말씀은 묵시사상의 전통에 속한다.

그러나 불트만이 지적하듯이 예수는 묵시사상의 내용을 축소시킨다. 그는 세계의 대재난과 종말의 과정을 환상적으로 묘사하지 않는다. 그는 세계사의 과거를 뒤돌아보면서 세계사의 시대를 구분하거나, 우주적이며 역사적인 사건들을 관찰하거나, 숫자풀이를 통해 종말의 때와 시간을 계산하지 않는다. 그는 종말이 언제 올 것인가에 대한 시간 계산을 거부한다. "그날과 그때는 아무도 모른다"(마 24:36). 예수는 간결하게 하나님의 통치에 대하여 말할 뿐 세계의 종말에 관한 묵시사상적 공상과 환상을 거부한다.

그러므로 우리는 예수를 간단히 "묵시사상가"로 보아서는 안 된다(Bornkamm 1975, 52). 슈바이처와 요한네스 바이스(J. Weiß)가 말하는 것처럼, 예수는 세계의 대재난과 하나님 나라의 초월적 돌입을 기다리다가 좌절로 끝나버린 "묵시사상가"(Apokalyptiker)가 아니었다. 그의 말씀 가운데 묵시사상적 요소가 있지만, 하나님 나라의 현재성에 대한 예수의 말씀은 분명히 묵시사상의 전통에 어긋난다. 그것은 구약성서의 예언자 전통에 속한다. 그는 예언자 전통에 입각하여 하나님 나라를 선포한 "종말론적-예언자적 인격"이었다. 예수를 만났던 많은 사람이 예수를 예언자로 간주하였다는 복음서의 보도는 이를 시사한다(마 16:14; 21:11; 막 6:15; 눅 7:39; 9:19).

예수의 예언자 전통을 우리는 예수가 그의 고향 나사렛에서 공적 활동을 시작하면서 선포한 "취임사"에서 분명히 볼 수 있다. "예수께서는…예언자 이사야의 두루마리를 건네 받아 그것을 펴시어, 이런 말씀이 있는 데를 찾으셨다. '주의 영이 내게 내리셨다. 주께서 내게 기름을 부으셔서, 가난한 사람에게 기쁜 소식을 전하게 하셨다'"(눅 4:16-19). 이 말씀은 예수의 세 가지 관심을 보여준다.

첫째, 하나님의 유일하심과 그의 보편적 통치에 대한 구약 예언자들의 관심을 보여준다. 하나님은 이스라엘의 유일한 하나님이신 동시에 온 세계의 유일한 신이다. 그가 세계를 통치해야 한다. 하나님의 주권이 온 세계에 세워짐으로써 하나님의 왕 되심이 드러나야 한다.

둘째, 가난하고 힘없는 자들에 대한 예언자들의 관심을 보여준다. 하나님이 모든 것을 다스릴 때 가난하고 힘없는 자, 마음이 상한 자, 포로 된 자, 갇힌 자들이 억압과 고통에서 해방될 것이며, 하나님의 거룩한 백성을 이룰 것이다. 전쟁과 불의와 착취가 끝나고 모든 민족이 하나님의 평화 속에서 함께 살게 될 것이다.

셋째, 하나님 이름의 거룩하심에 대한 관심을 암시한다. 하나님이 세계를 통치하고 그의 왕권이 세워질 때 불의와 억압과 살상과 고통이 사라질 것이다. 이때 하나님의 이름이 거룩해질 것이다.

3) 예수 당시 유대 사회에는 하나님 나라를 기다리는 여러 그룹이 있었다. 이들은 각자 자신의 방법으로 하나님 나라를 예비하고 있었다. 그 대표적 그룹을 우리는 아래와 같이 기술할 수 있다.

- **바리새인:** 이들은 정치적-종교적 메시아가 오셔서 이스라엘을 이방인의 지배에서 해방하고 하나님 나라를 세울 것이라고 믿는다. 또한 이것은 하나님의 놀라운 개입을 통해 이루어질 것이라 생각한다. 이와 동시에 바리새인들은 율법을 정확하게 지키는 것이 하나님 나라의 오심을 예비하는 것이라 생각한다. 율법을 글자 한 자 한 자 정확하게 지킬 때 하나님 나라의 새 시대가 더 빠르고 확실하게 올 것이라고 믿는다. 이 믿음 때문에 바리새인들은 율법주의와 업적주의에 빠지며, 삶의 모든 상황과 경우(kasus)를 율법으로 규제하

려는 결의론(Kasuistik)에 빠진다. 예를 들어, 안식일에 낳은 달걀을 먹어서는 안 된다, 안식일에 구덩이에 빠진 사람을 구해주어서는 안 된다, 밀 이삭을 따먹어서는 안 된다 등의 세부 계명을 만들게 된다(지금도 이스라엘에는 율법을 엄격하게 지키기 위해 안식일에만 사용하는 엘리베이터가 따로 있는 건물들이 있다).

그 결과 연약한 생명을 보호하고 하나님의 자비와 정의가 다스리는 세계를 이루고자 하는 율법 본래의 목적이 사라지고, 인간이 만든 계명이 인간의 삶을 규제하게 된다. 민감할 정도의 죄의식에 빠지기도 하고, 자기 능력으로 율법을 지킨 업적에 근거하여 자기 의를 주장하는 업적주의에 빠지기도 한다. 율법을 지킨 자기의 업적과, 율법을 지키지 못한 자기의 죄를 계산하여 상쇄하는 일이 일어나기도 한다. 율법을 잘 지킨다고 자부하는 이른바 경건하고 의로운 자와, 그것을 지키려 해도 지킬 수 없는 불경건한 "죄인" 사이의 사회적 차별과 소외가 초래된다. 이 같은 바리새인들에 비해 예수는 율법을 상대화시키는 동시에 율법의 본뜻을 철저화시킨다.

• **젤롯당원**: 젤롯당원이란 단어는 그리스어 *zeloten*, 곧 율법에 "열심하는 자들"에서 유래한다. 그들은 단검(라틴어 *sica*)을 품고 다녔기 때문에 "시카리"(sicari)라 불리기도 하였다. 그들의 신념에 의하면 이스라엘이 로마 제국의 압제를 당하고 있는 현재의 시간은 메시아적 진통의 마지막 시간이다. 임산부의 진통이 곧 태어날 아기의 출생을 암시하듯이, 현재의 고통은 하나님 나라의 임박한 도래를 암시한다. 주 하나님만이 이스라엘의 왕이시다. 그러므로 로마 제국의 지배는 중지되어야 한다. 로마 제국의 지배가 종식될 때 하나님 나라가 더 빨리 올 것이다. 그러므로 젤롯당원들은 로마 황제에 대한 세금을 거부하며, 폭력을 불사한 반로마 저항 운동을 일으킨다. 예수 당시에 일어난 크고 작은 민란의 주동자들은 거의 모두 젤롯당원들이었다. 예수와 함께 십자가에 달린 두 "강도"는 젤롯당원일

가능성이 크다. 당시 로마법에 의하면 강도질하였다 하여 십자가형을 받지는 않았기 때문이다. 반로마 반란자나 도주하다가 붙들린 노예들만이 십자가형을 받았다.

예수의 제자들 가운데도 젤롯당원이 있었다. 베드로도 젤롯당원일 가능성이 없지 않다. 예수가 체포될 때 그는 칼을 품고 있었기 때문이다. 그러나 예수는 젤롯당원처럼 폭력을 통하여 하나님 나라를 세우고자 하지 않는다. 원칙적으로 그는 폭력을 거부한다. 예수는 로마 제국과 이스라엘의 대립 문제를 넘어 보다 더 깊은 차원에서 하나님의 통치를 이루고자 한다. 그는 인간의 본성 깊이 숨어 있는 악의 세력에서 인간을 해방함으로써 모든 민족을 아우르는 하나님의 보편적 통치를 이루고자 한다.

• **쿰란 공동체**: 사해 서북쪽 쿰란에서 은둔 생활을 하던 쿰란 공동체는 세상에 대한 희망을 포기하고 종말을 기다리고 있었다. 수백 명의 회원으로 추정되는 이 공동체는 "쿰란을 중심으로 한 8km에 이르는 주변 지대에서 동굴 속이나 바위로 된 낭떠러지 아래 초막을 짓고 살았다." 상급자에 대한 절대 복종, 엄격한 경건과 금식과 금욕생활을 통해 이 시대의 어둠을 몰아내고, 최후 심판과 하나님 나라의 오심을 예비해야 한다고 믿었다. 게걸스럽게 먹는 것, 크게 웃거나 말하는 것도 금지되었다. 상급자에게 불복종하는 자는 공동체에서 추방되었다(자세한 내용은 Clévenot 1993, 86-93).

쿰란 공동체와 달리 예수는 세속에서 생활하며, 세속 안에서 하나님 나라를 선포하고 이를 앞당겨온다. 하나님 나라는 세속 안에서, 먹고 마시며 일하고 친교하는 일상의 생활 속에서 이루어져야 한다. 그 속에는 상하 계급의 엄격한 질서와 복종과 벌 대신에 형제자매의 자유로운 친교와 자발적 헌신과 감사와 기쁨이 있다. 예수 공동체는 쿰란 공동체가 가지고 있었던 대제사장 – 제사장 – 수도사 – 예비 수도사의 계급 질서를 갖지 않는다. 오히려 그것은 평등한 형제자매들이 자발적으로 봉사하는 친교 공동체였다. 예수는 밥을 먹을 때도 높은 자가 상좌에 앉는 계급 질서 대신에, 높은 자가 낮은 자를 섬기는 전혀 다른 질서를 가르친다. 그는 제자들의 발을 씻겨준다.

• **세례자 요한의 하나님 나라 운동**: 세례자 요한은 하나님의 선택을 받은 계약 백성을 자처하는 이스라엘 민족의 부패와 타락을 비판하고, 이로 말미암은 하나님의 임박한 심판을 선언한다. 그리고 이 심판을 피하기 위한 온 이스라엘 백성의 철저한 회개를 요구한다. "도끼가 이미 나무뿌리에 놓였다. 그러므로 좋은 열매를 맺지 않는 나무는 다 찍혀서 불 속에 던져진다"(눅 3:9). 임박한 심판을 피하기 위해서는 가난한 이웃에게 자비를 베풀어야 한다. 세무직 공무원들은 정당한 세금만 징수해야 하며, 군인들은 남의 것을 강탈해서는 안 된다. 거짓 고발을 해서도 안 된다. 공직자들은 봉급으로 만족하고 뇌물을 받아서는 안 된다(눅 3:10-14). 하나님 나라는 이스라엘 백성의 철저한 회개를 통하여 올 것이다. 세례자 요한은 이렇게 선포하면서 광야에서 금욕 생활을 한다.

세례자 요한처럼 예수도 하나님 나라를 선포한다. 그러나 두 사람의 하나님 나라 사이에는 차이가 있다. 첫째, 예수가 선포하는 하나님 나라는 금욕적 성격을 띠지 않는다. 오히려 그것은 모든 사람이 혼인 잔치에서처럼 즐겁게 먹고 마시며 친교를 나누는 세계다. 둘째, 예수가 선포하는 하나님 나라는 인간의 행위에 따른 심판이 아니라 회개하는 죄인을 아무 조건 없이 용서하는 하나님의 은혜로 나타난다. 그것은 위협이나 협박이 아니라 조건 없는 용서와 은혜로 주어진다. 셋째, 예수가 요구하는 회개는 단순히 율법이 명령하는 바를 행하는 데 있지 않고 하나님과 아버지-아들 관계에 있는 예수에게 자기를 맡기며, 예수 안에 나타나는 하나님 나라의 은혜를 받아들이는 데 있다. 이 은혜를 거부하는 사람에게 하나님 나라는 심판으로 경험된다.

예수가 선포하는 하나님 나라의 가장 중요한 특징은 하나님 나라가 예수 자신을 통하여 현재화되고 있다는 점이다. 예수가 병자를 고치고 귀신을 내쫓는 바로 거기에 하나님 나라가 있다. 예수 자신이 하나님 나라다. 그는 "인격 안에 있는 하나님 나라"다. 그는 성령 안에서 아버지 하나님과 하나였기 때문이다(요 17:11).

따라서 세례자 요한이 장차 올 하나님 나라를 선포한다면 예수는 지금 자기 안에서, 자기를 통해 현재화되고 있는 하나님 나라를 선포한다. "보아라, 하나님의 나라는 너희 가운데 있다"(눅 17:21). 죄와 질병과 죽음의 옛 시대는 지나가고, 건강한 새로운 생명의 시대가 예수와 함께 시작된다. 눈먼 자들이 보게 되고, 앉은뱅이들이 일어서며, 죽은 생명들이 다시 살아난다. 묵시사상이 역사의 종말에 오리라고 기다리던 "시대들"(Äonen)의 대전환이 예수 안에서 지금 일어나고 있다. 묵시사상이 기다리는 역사의 종말이 지금 예수 안에서 일어나고 있다. 그래서 예수는 이렇게 말한다. "너희가 보고 있는 것을 보는 눈은 복이 있다"(눅 10:23-24; 참조. 사 35:5).

4) 공관복음서에 따르면 예수가 선포하는 하나님 나라는 다양한 형태로 현재화된다. 대표적 형태는 병 고침과 귀신 추방의 기적이다. 이 기적들은 인간의 생명을 파괴하는 죄와 질병과 죽음의 세력을 물리치고, 하나님이 다스리는 하나님 나라가 지금 여기에서 일어나며, "시대들의 전환"(Wende der Äonen)이 일어나고 있다는 것을 상징적으로 보여준다. 여기서 우리는 예수의 기적이 인간의 믿음과 결합되어 있다는 사실을 간과하지 않아야 한다. 병 고침을 받는 사람은 믿음을 통해 병 고침을 받는다. 그러므로 예수는 "네 믿음이 너를 구원하였다"고 말한다(마 9:22; 막 5:34; 10:52; 참조. 막 2:5; 눅 17:19; 18:42; 5:20; "그들의 믿음을 보시고"). 하나님 나라는 아버지 하나님과 그의 아들 예수에 대한 믿음 속에서 새로운 사람으로 태어나는 바로

거기에 현재화된다.

누가복음은 "주의 은혜의 해", 곧 희년을 통해 하나님 나라가 일어난다는 것을 보여준다(눅 4:19). 레위기 25장에 기록된 희년은 한마디로 소수의 사람들에게 편중된 사회의 부를 공평하게 재분배하고, 인간의 기본 존엄성을 회복하는 해다. 그래서 희년은 "주의 은혜의 해"라 불리기도 한다(사 61:2). 하나님 나라는 사회의 편중된 부가 공평하게 재분배되고, 인간의 존엄성이 회복되는 거기에 있음을 보여준다.

또 하나님 나라는 사회의 인간화를 통해 현재화된다. 곧 의와 불의, 경건과 불경건에 대한 사회의 기존 가치 체계를 상대화시키고, 인간성 있는 사회가 이루어지는 거기에 하나님 나라가 있다(참조. 마 5:20: "너희의 의로운 행실이 율법학자들과 바리새파 사람들의 의로운 행실보다 낫지 않으면, 너희는 하늘나라에 들어가지 못할 것이다").

또 하나님 나라는 명령과 복종의 지배 체제 대신에 서로의 발을 씻어주는 형제자매의 공동체 질서를 세우며, 어려운 이웃에게 자비를 행하고, 서로의 죄를 용서하며, 하나님에게 자기 삶의 길을 완전히 맡길 때 현재화된다.

떡 다섯 개와 물고기 두 마리로 장정만 5,000명(여자와 노인과 어린이를 합하면 최소한 10,000명 정도로 추산됨)을 먹이고도 12 광주리가 남았다는 기적은 하나님 나라의 물질성을 보여준다. 하나님 나라는 필요한 물질을 자발적으로 내어놓고 함께 나누는 사랑 안에서 현재화된다.

이와 같이 공관복음서는 하나님 나라의 구체적 현재성을 보여주는 동시에 하나님 나라의 미래성을 간과하지 않는다. 그것은 하나님의 아들이요 메시아(그리스도)이신 예수를 통하여 지금 일어나고 있다. 그러나 그것은 아직 완성되지 않았다(schon-noch nicht). 하나님 나라의 완성은 역사의 미래로 남아 있다. 그것은 현재적인 동시에 미래적이요, 미래적인 동시에 현재적이다. 그것은 예수를 통하여, 예수와 함께 지금 경험되는 동시에 아직도 희망과 기다림의 대상이다. "나라가 임하옵시며"라는 주기도의 둘째 간구는, 아직 완전히 오지 않은 하나님 나라의 미래를 예시한다.

예수의 마지막 만찬의 고별사도 하나님 나라의 미래성을 시사한다. "이제부터 내가 하나님의 나라에서 새것을 마실 그날까지, 나는 포도나무 열매로 빚은 것을 다시는 마시지 않을 것이다"(막 14:25; 참조. 마 26:29). "사람의 아들"의 오심에 관한 예수의 말씀도 하나님 나라의 미래성을 시사한다(눅 17:30-34).

5) 공관복음서의 종말론은 아래와 같이 요약할 수 있다. 역사의 종말은 현 세계의 폐기 혹은 소멸(annihilatio)이 아니라 죄와 죽음의 세력이 지배하는 현 세계의 형태는 사라지고, 하나님 나라가 세워지는 데 있다. 하나님 나라는 하나님의 아들이요 메시아이신 예수를 통해 현재화되기 시작하였다. 모든 피조물의 새로운 생명의 세계가 시작되었다. 그러나 그것의 완성은 미래에 있다.

공관복음서의 소묵시록에 따르면 세계의 대재난과 파멸, 인간의 행위에 따른 심판이 역사의 종말인 것처럼 보인다(마 24장; 막 13장; 눅 21장). 이에 대해 많은 학자들은 다음과 같이 대답한다. 소묵시록은 역사의 종말에 관한 객관적 정보가 아니다. 그것은 기원후 67-70년 사이에 일어난 유대인들의 제1차 반로마 혁명 때에 있었던 대재난들을 묘사한다. 보른캄에 의하면 소묵시록은 역사의 종말에 대한 객관적 예보가 아니라 초기 기독교 공동체 시대에 "항상 세계의 종말 문제와 씨름하였던…묵시사상적 상상의 전형적인 현상과 소산물"이다(Bornkamm 84. 보다 자세한 내용에 대해 아래 III.1.A. 참조).

6) 예수가 선포하였던 하나님 나라는 예수의 죽음과 함께 실패한 것처럼 보인다. 세계는 아무런 새로운 변화도 일어나지 않은 것 같다. 예수를 십자가에 달아 죽인 악의 세력 앞에서 모든 것이 침묵한다. 역사는 예수가 오기 이전과 마찬가지로 진행된다. 예수의 무덤을 막고 있는 "큰 돌"은 이것을 시사한다.

바로 이때 공관복음서는 예수의 부활을 선포한다. 죄와 죽음의 세력에 의해 죽임을 당한 예수께서 이 세력을 깨뜨리고 다시 살아났다는 것이다. 이로써 하나님 나라의 역사가 새롭게 시작되었다. 여기서 우리는 아래 두 가지 사항을 유의할 수 있다.

첫째, 부활의 증인들은 단순히 예수가 다시 살아났다고 증언하지 않고, "죽은 자들로부터" 다시 살아났다고 증언한다(마 28:7; 참조. 눅 24:5; 요 20:9). "죽은 자들로부터의 부활"은 직접적으로 묵시사상에서 유래한다. 그것은 바울의 말씀에도 나타난다. "죽은 사람의 부활이 없다면, 그리스도께서 살아나지 못하셨을 것입니다"(고전 15:13).

바울은 예수의 부활을 죽은 자들의 부활의 시작으로 파악한다. 그리스도의 부활은 "잠든 사람들(죽은 사람들)의 첫 열매"다(고전 15:20, 23). 그리스도의 뒤를 이어 "그리스도 안에서 모든 사람이 살아나게 될 것이다"(15:22). 죽음의 세력이 물러나고, 죽은 자들이 참 생명으로 부활하는 새 창조의 역사가 그리스도의 부활과 함께 시작되었다. 무덤과 같은 이 세계 속에 하나님 나라가 시작되었다. 참 생명으로 부활한 그리스도인들을 통하여 이 세계의 상황이 변화되기 시작한다. 이들과 함께, 이들을 통하여 하나님은 세계를 변화시키고자 한다. 그는 "전적 타자"(der Ganz-Andere, Barth)인 동시에 "전적으로 변화시키는 자"(der Ganz-Ändernde)다(Moltmann 1968, 41).

둘째, 공관복음서는 예수의 부활을 영의 부활로 표상하지 않고, 예수의 영과 영을 포함한 "몸의 부활", 곧 전인적 부활로 표상한다. "빈 무덤" 이야기는 바로 이것을 말한다. 무덤 속에 있던 예수의 시체가 없어져버렸다는 것은 영과 육을 포함한 예수의 몸 전체가 부활하였음을 말한다. 하나님의 부활은 예수의 몸, 곧 옛 세계에서 일어나며, 인간의 영혼은 물론 육을 포함한 물질세계 전체가 하나님 나라의 새로운 세계로 변화되어야 한다. 역사의 종말은 육과 물질이 없는 흰 옷 입은 영혼들만 있는 세계가 아니라, 육과 물질이 새로운 영적 질서 속에 있는 하나님 나라가 이루어지는 데 있다. 공관복음서의 예수는 이 하나님 나라의 미래를 향해 제자들을 파송한다. "너희는 온 세상에 나가서 만민에게 복음을 전파하여라"(막 16:15).

7) 재림 지연의 문제: 신약성서 저자들은 일찍부터 "하나님의 통치"를 "그리스도의 통치"와 동일시한다(고전 15:24). 이것은 하나님 나라를 "선포하는 예수"(der verkündigende Jesus)가 "선포되는 그리스도"(der Verkündigte Christus)로 인식되면서 일어난다. 하나님 나라를 선포하는 예수는 그의 아버지 하나님과 함께 나라를 통치하는 분으로 인식된다. 하나님의 통치는 그리스도의 통치이기도 하다. 그러나 하나님의 통치는 아직 완성되지 않았다. 따라서 하나님의 통치는 그리스도께서 재림하실 때 완성될 것으로 기대된다(살전 1:10; 참조. 고전 1:8; 11:26; 16:22; 계 22:20). 여기서 그리스도의 재림은 하나님의 통치의 완성과 연관하여 고백된다. 이에 대한 뿌리는 구약성서의 하나님의 오심 및 메시아의 오심에 대한 희망에 있다.

신약성서에 의하면 제1세대 그리스도인들은 그들이 죽기 전에 그리스도의 재림과 종말이 있을 것이라고 믿었다. "이 세대가 끝나기 전에, 이 모든 일이 다 일어날 것이다"(막 13:30; 참조. 막 9:1; 살전 4:15; 행 1:11; 3:20). 그러나 몇 세대가 지나도 재림과 하나님 나라는 오지 않았고 역사는 계속 흘러갔다. 이에 많은 신자들이 실망하여 믿음을 버리기도 하였다.

이에 기독교 공동체는 재림과 하나님 나라가 오기까지의 시간을 "중간 시간"으로 설명한다. 하나님은 모든 사람이 구원에 이르기를 원하시므로 재림이 오기까지는 시간이 걸릴 것이다. 모든 민족의 회개와 구원을 위한 중간 시간이 필요하다. 중간 시간은 수동적인 기다림의 시간이 아니라 적극적인 "선교의 시간"이다. 중간 시간에 교회는 옛 이스라엘을 대신하는 새로운 "하나님의 백성"으로서 모든 민족에게 복음을 전해야 할 사명을 가진다. "너희는 온 세상에 나아가서 만민에게 복음을 전파하여라"(막 16:15; 참조. 마 28:19).

누가복음은 세계사를 세 가지 시대, 곧 (1) 이스라엘의 시대, (2) 역사의 중심이신 예수의 시대, (3) 교회의 시대로 구별하고, 예수 그리스도의 구원 사역은 교회에 맡겨졌다고 생각한다. 교회는 그리스도의 구원을 모든 민족에게 전해야 한다. 재림 지연의 의미는 여기에 있다. 모든 민족에게 구원의 기쁜 소식을 전하기 위해서는 시간이 필요하므로 재림이 지연된다. 이 같은 확신 속에서 사도행전의 누가는 제자들의 선교 활동을 기술한다.

그러나 기다리던 주님은 계속 오시지 않았고 중간 시간은 점점 더 길어졌다. 이리하여 재림을 의심하는 사람들이 점점 더 많아졌다. 이러한 상황에서 기독교 공동체는 다음의 사실을 깨닫게 된다. 미래에 오실 주님은 지금 오고 계시며, 우리들 가운데 계신다. 그는 공동체의 예배와 성례와 친교 가운데 계시며, 두세 사람이 그분의 이름으로 모이는 곳에 함께 계신다. 엠마오로 가는 길 위에서 만난 두 제자에 관한 누가복음 이야기는 이것을 시사한다(눅 24:13-35).

이와 같이 기독교 공동체는 예수의 함께 계심을 현재적으로 경험하지만 미래에 있을 그의 재림을 포기하지 않는다. 지금 우리와 함께 계신 주님은 장차 오실 것이다. 그 날과 그 시간을 우리는 알지 못한다. 그것은 밤에 신랑이 갑자기 오는 것처럼(마 25:1 이하), 혹은 밤에 도적이 갑자기 오는 것처럼, 예기치 못하게 올 수 있다(살전 5:2). 우리에게 중요한 것은 그 날과 시간을 계산하는 것이 아니라 깨어 있으면서 그리스도의 계명을 실천하는 일이다. "그러므로 깨어 있어라. 너희는 그 날과 그 시각을 알지 못하기 때문이다"(마 25:13).

베드로후서 3:8-12은 초기 기독교 공동체의 이러한 상황을 잘 나타낸다. "사랑하는 여러분, 이 한 가지만은 잊지 마십시오. 주님께는 하루가 천 년 같고, 천 년이 하루 같습니다. 어떤 이들이 생각하는 것과 같이, 주께서는 약속을 더디 지키시는 것이 아닙니다. 도리어 여러분을 위하여 오래 참으시는 것입니다. 그분은 아무도 멸망하지 않고, 모두 회개하는 데에 이르기를 바라십니다. 그러나 주님의 날은 도둑 같이 올 것입니다.…여러분은 거룩한 행실과 경건한 생활 속에서, 하나님의 날이 오기를 기다리고, 그 날을 앞당기도록 해야 하지 않겠습니까?"(보다 더 자세한 내용은 아래 III.2.

참조)

2. 요한 문서의 종말론

1) 요한 문서는 공관복음서와 여러 가지 차이점이 있다. 공관복음서는 예수가 선포한 하나님 나라를 중심점으로 가진 반면, 요한복음은 예수의 신적 존재와 영원한 생명을 중심점으로 가진다. 공관복음서의 중심 개념인 "하나님 나라"는 요한복음에서 단지 두 번만 사용된다(요 3:3, 5). 그 대신 영원 전부터 아버지 하나님과 함께 계셨던 예수의 신적 선재(Präexistenz)와, 아버지 하나님과 예수의 하나 됨과 예수의 아들 신분이 강조된다. "이 시대"는 "이 세상"으로, "장차 올 시대"는 "영원한 생명"으로, "시대의 마지막"은 "마지막 날"로 대체된다. 영원한 "로고스"(말씀), "하나님의 어린 양", "영원한 생명", "생명의 떡", "보혜사", "이 세상의 주권자", "우리 죄를 위한 화목제물" 등 공관복음서에서 사용되지 않는 개념들이 요한 문서에서 사용된다.

"생명"이란 개념이 공관복음서에서는 단 3번 사용되는 반면 요한 문서에서는 20번 가까이 사용되며 예수는 "생명" 자체라 불리기도 한다. 공관복음서에 나타나는 묵시사상적 요소들이 요한복음에는 보이지 않는다. 예수께서 "하늘" 대신에 "내 아버지의 집"에 대하여 말하는 것도 요한복음의 특징이다. 하나님에 대한 믿음을 가르쳤던 예수 자신이 아버지 하나님과 동일한 믿음의 대상으로 생각된다. "누구든지 그를 믿으면"(3:16), "아들을 믿는 사람은"(3:18). 요한 문서의 이 같은 특징은 기독교가 팔레스타인 지역을 떠나 헬레니즘의 문화권 속에 있음을 시사한다.

요한 문서의 가장 중요한 종말론적 특징은 종말의 현재성에 있다. 예수를 보내신 분을 믿는 사람은 심판을 받지 않으며 이미 영원한 생명 가운데 있다(요 3:18; 5:24). 그는 죽음을 극복하였으며(8:51 이하; 11:25 이하), 이미 영원한 생명을 얻었다(3:36; 6:47; 요일 5:12). 종말은 역사의 먼 미래에 일어날 "마지막 일"이 아니다. 그것은 예수와 그를 보내신 하나님을 믿는 믿음 속에서 지금 일어나는 현재적인 일이다. 믿는 사람은 어둠과 죽음을 벗어나 이미 지금 빛과 영원한 생명을 얻은 반면, "믿지 않는 사람은 이미 심판을 받았다"(3:18).

2) 요한 문서의 또 한 가지 종말론적 특징은 그리스도인들의 사랑과 성만찬 안에 있는 종말의 현실을 보는 점이다. 요한 문서에 의하면 믿음과 사랑은 분리될 수 없다. 예수를 하나님의 영원한 아들로 알고 그를 믿는 자는 형제를 사랑해야 한다(요 13:35; 참조. 15:12-13). 사랑하는 사람은 종말에 얻을 영원한 생명 안에 있고, "사랑하지 않는 사람은 죽음 가운데 머물러 있다"(요일 3:14). 하나님을 믿고 하나님을 사랑한다 하면서 자기 형제를 미워하는 사람은 거짓말쟁이다(요일 4:20). 사랑하지 않는 사람은 그의 믿음이 아무리 크다 할지라도 하나님을 알지 못한다(요일 4:8). 믿음과 사랑은 종말에 올 하나님 나라의 실재(reality)다.

믿음과 사랑 안에 있는 하나님 나라의 현실은 성만찬 안에 현존하는 것으로 생각된다. 예수의 살을 먹고 그의 피를 마시는 사람은 영원한 생명을 얻는다(6:24). 종말에 오실 주님이 성만찬에 참여하는 "그 사람 안에" 계시고, 그가 주님 "안에" 있다(6:56). 역사의 종말, 곧 하나님 나라는 성만찬 속에서 앞당겨 일어난다.

이와 같이 요한복음은 종말을 현재적으로 이해하는 동시에 종말의 미래적 측면을 포기하지 않는다. "자기의 목숨을 사랑하는 사람은 잃을 것이요, 이 세상에서 자기의 목숨을 미워하는 사람은 영생에 이르도록 그 목숨을 보존할 것이다"(12:25; 참조. 6:57 이하). 이 말씀에서 "영생"은 "이 세상에서 자기의 목숨을 미워하는 사람"이 장차 얻게 될 미래의 것으로 생각된다. 그것은 미래에 이루어질 약속이다. "이것은 그분이 친히 우리에게 주신 약속인데, 곧 영원한 생명입니다"(요일 2:25; 참조. 요 8:12).

마지막 날의 부활에 대한 예수의 말씀에도 종말의 미래적 측면이 나타난다. "내 살을 먹고 내 피를 마시는 사람에게는 영원한 생명이 있을 것이요, 마지막 날에 내가 그를 살릴 것이다"(6:54; 참조. 6:39, 40, 44). 또 그것은 미래에 있을 심판에 대한 말씀에도 나타난다. "내가 말한 바로 이 말이 마지막 날에 그를 심판할 것이다"(12:48; 참조. 5:28 이하; 요일 4:17).

3) 요약하면 요한복음에서 종말은 현재적인 동시에 미래적인 것으로 생각된다. 종말에 있을 영원한 생명은 그리스도인들의 믿음과 사랑 안에 현존하는 동시에 온 세상 안에서 이루어져야 할 미래적인 것이다. 그리스도인들은 하나님의 아들의 영광을 이미 보았지만(1:14; 16:20), 이 세상에서 그것은 아직 가려진 상태다(16:20; 1:10). 세상은 아직도 어둠 속에 있기 때문이다. 그러므로 그리스도인들 안에 있는 영원한 생명은 부분적인 것에 불과하다. 온 세상이 구원을 받고, 하나님의 영광이 이 세상 모든 것 안에서 나타날 때 온 세상이 영원한 생명 안에 있을 것이다. 그때까지 세상은 그리스도인들을 미워할 것이며(15:19; 요일 3:13), 그리스도인들은 세상 안에서 시련과 고통(16:33; 15:19), 슬픈 일들을 당할 것이다(16:22). 그리스도인들은 끝까지 인내하면서 영원한 생명의 세계를 기다려야 한다.

또한 요한복음은 종말의 현재성과 미래성을 통해 재림 지연의 문제에 대해 답변하고자 한다. 예수의 재림은 단지 먼 미래에 일어날 일이 아니라 성령을 통하여 믿음과 사랑 가운데 지금 일어나고 있다. 장차 오실 예수는 그리스도인들과 "함께" 계시고, 그들 "안에" 계신다(14:17). 이와 동시에 그는 "장차 오실 분"으로 머물러 계시면서 언젠가 다시 오겠다고 약속한다. "나는 너희를 고아처럼 버려두지 않고, 너희에게 다시 오겠다"(14:18).

여기서 우리는 예수 재림의 현재성과 미래성의 긴장관계를 볼 수 있다. 예수는 자기에게 속한 사람들 가운데 언제나 함께 있겠다고 말하는 동시에(15:4) 장차 그들을 데려가기 위하여 다시 오겠다고 말한다(14:3, 28). 그의 재림은 그에게 속한 사람들에게 현재적으로 경험되는 동시에 미래에 머물러 있다. 지금 우리 가운데 계신 그리스도는 장차 오실 분이요, 장차 오실 분으로서 그는 지금 우리 가운데 계신다. 우리 가운데 계신 그리스도를 현재적으로 경험하면서 우리는 세상의 미움과 시련을 극복하고, 사랑 안에서 그분의 오심을 준비해야 한다. "나의 계명은 이것이다. 내가 너희를 사랑한 것과 같이 너희도 서로 사랑하여라. 사람이 친구를 위하여 목숨을 버리면 이보다 더 큰 사랑은 없다"(15:12-13).

3. 바울의 종말론

신약성서의 다른 저자들과 마찬가지로 바울 역시 종말에 대해 산발적으로 말할 뿐이다. 종말에 대한 그의 말들은 조화되지 않는 경우도 있다. 그 속에는 복합적 전통들이 내포되어 있다. 예를 들어 빌립보서에서는 그가 죽은 직후 그리스도와 결합되어 함께 있을 것이라고 시사하는 반면(빌 1:23), 데살로니가전서에서는 우리가 그리스도의 재림 때까지 잠든 상태에 있다가 부활할 것이라고 말한다(살전 4:13). 그러므로 바울의 종말론을 완벽하게 기술하기란 매우 어렵다. 그럼에도 불구하고 종말에 대한 바울의 생각은 그의 신앙과 신학의 기초를 형성한다.

1) 바울의 종말론은 두 가지 전제를 가진다. 첫째 전제는 그리스도론이다. 바울은 그의 종말론을 그리스도론으로부터 출발하여 이야기한다. 예수 그리스도의 부활을 통하여 "시대의 전환"이 일어났기 때문이다. "그리스도께서 살아나지 않으셨다면, 여러분의 믿음은 헛된 것이 되고, 여러분은 아직도 여러분의 죄 가운데 있을 것입니다"(고전 15:17). 여기서 구원론적 그리스도론이 중심점이 되며, 구원의 모티프가 심판의 모티프를 깨뜨리고(고전 3:13 이하), 로마서 11:25-32에서 우주적 구원의 희망으로 발전한다.

바울 종말론의 둘째 전제는 후기 유대교의 묵시사상이다. 그의 종말론은 "묵시사상적 유산"을 가지고 있다. 그러므로 바울 서신 곳곳에 묵시사상적 개념과 표상이 나타난다. 예를 들어 "호령과 천사장의 소리와 하나님의 나팔 소리"와 함께 일어날 주님의 재림과 주의 날, 죽은 자들의 부활, 부활한 자들과 살아 있는 자들이 "함께 구름 속으로 이끌려 올라가서, 공중에서 주님을 영접"하는 소위 공중 휴거의 표상은(살전 4:16-17) 바울 자신이 잘 알고 있었던 묵시사상에서 유래한다. 신약학자 케제만에 의하면 묵시사상은 바울의 종말론에서 다음과 같은 중요한 기능을 한다(Käsemann 1970, 105 이하).

첫째, 묵시사상은 하나님의 통치를 인간 실존에 국한된 것으로 보는 불트만의 "인간학적 축소"(anthropologische Reduktion)를 거부하고, 그것을 우주적 차원으로 확대시킨다. 이리하여 바울은 세계의 모든 권세가 그리스도에게 복종해야 한다고 말한다. 그리스도는 단지 영혼의 주, "제의의 주"(Kultherr)가 아니라 "세계의 주"(Weltherr), "우주의 통치자"(Kosmokrator)라는 바울의 표상은 묵시사상에 그 뿌리가 있다.

둘째, 묵시사상은 영지주의의 영혼주의(Spiritualismus)를 거부하고, 그리스도인의 구원과 복종의 신체성과 물질성을 주장한다. 묵시사상이 말하는 "죽은 자들의 부활"은 인간의 신체를 포함하는 몸의 부활이기 때문이다. 인간의 영혼은 물론 그의 몸과 물질의 영역도 하나님의 구원을 받아야 한다. 그리스도인들의 복종은 단지 영적 복종이 아니라 세속 안에서 구체적으로 일어나는 몸적 복종이어야 함을 묵시사상은 시사한다(Käsemann 1972, 9 이하). "몸은 주께 속한다"(고전 6:13)는 바울의 말씀은 묵시사상의 배경을 암시한다.

셋째, 묵시사상은 요한신학이 강조하는 현재적 종말론의 열광주의적 위험성을 거부하고, 종말의 미래적 차원을 확보하며, 열광주의자들의 현재적 종말론을 묵시사상의 미래적 종말론의 한 "요소"로 통합한다.

2) 그러나 바울의 종말론을 결정하는 기초는 묵시사상이 아니라 그리스도론이다(Lohse/3 1974, 110). 그는 당시의 유대인들이 잘 알고 있었던 묵시사상의 언어와 표상을 사용하지만, 예수 그리스도로부터 출발하여 이들을 새롭게 해석하고 수정한다. 그 가운데 가장 중요한 것은 두 시대(Äon) 사상이다. 묵시사상은 "두 시대의 전환"이 역사의 종말에 있을 것이라고 보았던 반면, 바울은 그것이 예수의 사건과 함께 이미 일어났다고 본다. 예수의 삶과 죽음과 부활 속에서 "시대의 전환"이 이미 일어났다. 옛 시대는 지나가고 새 시대가 시작하였다. "옛것은 지나갔습니다. 보십시오, 새

것이 되었습니다"(고후 5:17). 옛 계약(언약)은 더 이상 효력이 없다. 이스라엘 민족의 범위를 넘어서 모든 민족과 피조물을 포괄하는 새 계약이 세워졌다. "이 새 언약은 문자로 된 것이 아니라 영으로 된 것입니다"(고후 3:6).

이로써 바울은 요한과 마찬가지로 현재적 종말론을 말한다. 예수의 삶과 죽음과 부활을 통하여 하나님이 다스리는 새 시대가 시작되었다(김연태 1994, 177). 죄와 죽음의 세력이 깨어지고 새로운 생명의 세계가 시작되었다. "죽음을 삼키고서 승리를 얻었다. 죽음아, 너의 승리가 어디에 있느냐? 죽음아, 너의 독침이 어디에 있느냐?"(고전 15:54-55)

3) 종말에 있을 "시대의 전환"을 바울은 "첫 사람 아담"과 "마지막 아들" 예수 그리스도의 대비를 통하여 표현하기도 한다. 첫 사람 아담은 죄와 죽음의 세력에 사로잡힌 옛 시대를 가리킨다. 이제 마지막 아담 예수 그리스도와 함께 새 시대가 시작하였다. "한 사람을 통하여 죄가 세상에 들어오고, 또 그 죄를 통하여 죽음이 들어온 것과 같이"(롬 5:12; 참조. 5:18).

예수와 함께 시작한 종말의 새로운 시대는 그리스도인들의 칭의를 통하여 구체화된다. 죄와 죽음의 세력에 사로잡혀 있던 불의한 죄인이 예수 그리스도의 십자가 은혜로 말미암아 값없이 하나님의 의롭다 하심, 곧 칭의를 받고 "새로운 피조물"로 다시 태어난다(고후 5:17). 십자가에 달린 그리스도와 함께 "옛 사람"은 죽고, 부활하신 그리스도와 함께 "새 사람"으로 다시 살아난다(롬 6:6-11). 하나님 나라의 새로운 시대가 여기서 시작된다.

세례는 그리스도인들의 칭의를 통하여 시작되는 새로운 시대를 가시적으로 보여준다. 세례를 받을 때 물속에 잠기는 것(침례)은 옛 시대에 속한 존재의 죽음을 뜻한다. 물속에 잠겼다가 물 위로 다시 일어서는 것은 새 시대에 속한 하나님 나라의 자녀로 다시 태어나는 것을 뜻한다. "우리는 그분의 죽으심과 연합하는 세례를 받음으로써 그분과 함께 묻혔습니다. 이것은…우리도 새로운 생명 가운데서 살아가게 하려는 것입니다"(롬 6:4).

칭의와 세례를 통하여 그리스도인들의 존재와 삶 속에 자리 잡은 하나님의 새로운 세계, 곧 역사의 종말은 그들의 성화의 삶 속에서 구체화된다. "지난날의 생활 방식에 얽매여서 허망한 욕정을 따라 살다가 썩어 없어질 옛 사람을 벗어버리고, 마음의 영을 새롭게 하여, 하나님을 따라 참된 의로움과 거룩함으로 지으심을 받은 새 사람을"(엡 4:22-24) 입는 그리스도인들 안에서 하나님 나라의 새로운 생명의 세계가 시작된다. 이리하여 불의한 세계의 가장 중요한 한 부분, 곧 인간의 존재 안에 하나님이 통치하는 하나님의 종말적 나라가 세워진다(Käsemann 1993, 133).

믿음과 사랑은 분리할 수 없다. 산을 옮길 만한 믿음이 있어도 사랑이 없으면 그 믿음은 아무것도 아니다(고전 13:2). "바울에 의하면, 사랑은 종말론적 완성의 삶의 방식이다. 그러므로 사랑은 바로 새 창조의 나타남이요, 부활 현실의 한 부분이다"(Beisser 1993, 319). 서로 사랑하라는 하나님의 명령에 대한 "몸적 복종은" 종말에 일어날 "죽은 자들의 부활의 앞당겨 일어남"이다(Moltmann 1968, 51).

믿음과 하나님 나라에 대한 희망도 분리할 수 없다. 하나님은 약속의 하나님이다. 그러므로 하나님을 믿는 사람은 하나님이 약속하는 미래를 희망한다. 그리스도인들은 "희망으로" 구원을 받았다(롬 8:24). 하나님 나라에 대한 희망 속에서 그들은 하나님을 믿으며 사랑을 행한다. 믿음과 희망과 사랑 안에 하나님 나라의 약속된 미래가 앞당겨온다. 믿음과 희망과 사랑은 장차 완성될 하나님 나라의 "종말론적 현실"(eschatologische Realität)이다. 믿음과 희망과 사랑 안에 있는 그리스도인들은 하나님 나라를 상속받은 자들이다(참조. 엡 5:5). 그들은 "하나님의 상속자요 그리스도와 함께한 상속자"다(롬 8:17).

이와 같이 종말에 올 하나님 나라는 그리스도인들의 믿음과 희망과 사랑 안에 현존하지만 완전히 실현된 것은 아니다. 하나님의 구원받은 새로운 생명의 세계가 그리스도인들과 그들의 공동체 안에서 시작되었지만 세상은 아직도 어둠 속에 있다. 피조물들은 아직도 "사멸의 종살이에서 해방되어서, 하나님의 자녀가 누릴 영광된 자유를" 기다리고 있다(롬 8:21). 따라서 종말은 이미 – 아직 아님(schon-noch nicht)의 긴장 관계 속에 있다.

이 긴장 관계는 그리스도인들의 존재에도 나타난다. 그들은 그리스도를 통하여 칭의와 구원을 이미 받았다. 그러나 그들은 빛과 어둠, 영과 육의 대결 속에 있다. 그들은 의로운 사람인 동시에 아직도 죄인이다(simul iustus et peccator; Luther). 이 두 가지 세력의 대립과 갈등 속에서 그리스도인들은 죄와 어둠의 세계를 벗어버리고 "빛의 자녀"(엡 5:8)가 되어야 한다. 그들은 "옛 사람"을 벗어버리고 "새 사람"이 되어야 한다(엡 4:24).

4) 열광주의와 재림의 문제: 고린도 교회의 열광주의자들은 대개 그리스도인이었던 것으로 보인다. 이들은 종말적 구원의 현재성을 깊이 확신하였다. 이리하여 하나님의 구원 역사가 그들 안에서 완전히 이루어졌고, 이제 그들은 완전한 구원에 이르렀다는 착각에 빠진다. 그들은 하나님의 구원의 완성에 대한 책임을 망각하며, 그리스도인들의 실존에 주어져 있는 "시간적·역사적 한계를 무시한다"(Bornkamm 1977, 90). "성취된 시간"(erfüllte Zeit)이 이미 여기에 이루어져 있다고 그들은 착각한다(Kümmel 1972, 128). 그들은 완전히 주님 안에 있고, 주님이 그들 안에 있다. 그러므로 "모든 것이 다 허용된다"(고전 10:23; 참조 6:12). 이리하여 그들은 윤리적 방종에 빠진다. "여러분 가운데 음행이 있다는 소문이 들립니다"(고전 5:1).

이 문제에 대해 바울은 종말의 "이미 – 아직 아님"의 긴장 관계를 통해 대답한다. 그리스도인들은 그리스도의 영원한 생명에 이미 참여하고 있는 빛의 자녀들이다. 역사의 목적, 곧 종말이 그들 가운데 현재화되어 있다. 그러나 어둠의 세력은 아직도 살아 움직인다. 빛과 어둠의 세력은 아직도 대결 중이다. 그리스도인들이 경험하는 영원한 생명은 부활 현실의 "선금"에 불과하다. 그러므로 그들은 모든 피조물이 누릴 구원의 완성을 희망하고, 이를 위한 자신의 책임을 다해야 한다. 구원의 역사가 이미 완성되었다는 열광적 도취에 빠져서는 안 된다. "악마의 간계에 맞설 수 있도록 하나님이 주시는 온몸을 덮는 갑옷을" 입고, "하나님이 주시는 무기로 완전히 무장"해야 한다. "믿음의 방패를 손에" 들고 "악한 자가 쏘는 모든 불화살을 막아 꺼버릴 수" 있어야 한다. 이를 위해 "구원의 투구를 받고 성령의 검 곧 하나님의 말씀을" 받아야 한다(엡 6:11-17). "낮에 행동하듯이 단정하게" 행해야 하며, "호사한 연회와 술 취함, 음행과 방탕, 싸움과 시기에 빠지지" 말아야 한다. 그들은 "주 예수 그리스도로 옷을" 입어야 한다(롬 13:12-14).

재림의 문제에 대해서도 바울은 동일한 입장을 취한다. 예수 그리스도는 이미 지금 바울 자신과 함께 계신다. 그가 그리스도 안에 있고, 그리스도께서 그 안에 계신다. 그는 영 가운데서 그리스도를 자기의 주님으로 경험한다. 이와 동시에 바울은 그리스도를 "장차 오실 분"으로 기다린다. 바울은 그리스도께서 자기가 죽기 전에 다시 오실 것이라 믿었던 것 같다(살전 4:15-17 참조). 그래서 "때가 얼마 남지 않았다"고 말한다(고전 7:29).

그리스도의 재림은 아직도 미래에 있기 때문에 그리스도인들은 주님이 완전히 그들 가운데 계시며, 하나님의 구원 역사가 그들 가운데서 완전히 성취되었다는 열광주의에 빠져서는 안 된다. 그들은 지금 그들 가운데 계신 그리스도를 구리로 만든 거울 속에서 보는 것처럼 희미하게 경험할 뿐이다. 그들 가운데 계신 그리스도는 아직도 은폐되어 있다. 또 피조물의 세계는 아직도 죄와 파멸의 세력에 붙들려 "썩어짐의 종살이"를 하고 있기 때문이다(롬 8:21-22). 그러므로 그리스도인들은 그리스도의 다시 오심(재림)을 기다려야 한다. 그들은 "참으면서 기다려야 한다"(8:25). 그리고 그의 오심을 간구해야 한다. "마라나 타, 우리 주님, 오십시오"(고전 16:22).

그러나 재림의 시간 계산을 바울은 거부한다. 시간 계산 대신에 바울은 그리스도인들의 깨어 있음과, 하나님의 계명에 대한 복종을 요청한다. 주님은 "밤에 도둑처럼" 갑자기 오실 것이다(살전 5:2). 그러므로 그들은 "깨어 있으면서"(5:6), "이 시대의 풍조를 본받지 말고", 그들의 "몸을 하나님께서 기뻐하실 거룩한 산 제물로" 드려야 한다(롬 12:1-2). 중요한 문제는 시간 계산이 아니라 빛의 자녀가 되어 어두운 이 땅 위에 하나님의 빛의 세계를 세우는 데 있다.

5) 죽은 자들의 부활 문제: 바울은 칭의 문제에 집중하였기 때문에 죽은 자들의 부활에 대해 심각하게 생각하지 않았던 것으로 보인다. 그러나 데살로니가 교회에서 주님의 재림을 보지 못하고 죽은 사람들이 생겨난다. 고린도 교회는 열광주의에 빠진다. 이로 인해 바울은 고린도전서 15장에서 미래에 일어날 죽은 자들의 부활 문제를 집중적으로 다루게 된다.

데살로니가 교회 문제에 대해 바울은 이렇게 대답한다. 예수 안에서 일어난 하나님의 구원은 지금 살아 있는 사람들에게는 물론 죽은 사람들에게도 해당한다. 그리스도의 사귐에서 지금 살아 있는 사람들이 죽은 사람들보다 앞서지 못한다(살전 4:15). 그리스도의 사귐은 죽음의 한계를 넘어서기 때문이다. 주님께서 다시 오실 때 죽은 사람들이 먼저 부활할 것이며 언제나 주님 안에 있을 것이다(4:17). 본래 "죽은 자들의 부활"은 당시의 묵시사상이 믿었던 것이다. 이 개념을 바울은 그리스도와의 사귐에서 죽음이 아무런 한계가 될 수 없으며, 살아 있는 자들과 죽은 자들이 "그리스도와 함께 살게" 될 것이라는 약속을 나타내는 데 사용한다(Bornkamm 1977, 228).

여기서 바울은 인간의 육을 멸시하는 열광주의를 반대하고 인간의 몸, 곧 전인(全人)으로서의 인간이 썩지 않을 "영적 몸"(신령한 몸, *soma pneumatikon*)으로 변화될 것이라고 말한다(고전 15:42-44). "썩을 몸이 썩지 않을 것을 입어야 하고"(15:33). 여기서 바울은 (1) 인간의 몸을 부인하는 열광주의를 거부하는 동시에, (2) 땅 위에 있던 몸의 완전한 변화를 이야기한다. 그가 말하는 "죽은 자들의 부활"은 죽었던 사람의 몸이 옛날의 몸 그대로 되살아나는 것이 아니라 "썩지 않을" "영적인 몸"으로 다시 살아나는 것이다. 살아 있는 자들과 죽었다가 영적인 몸으로 부활한 자들에 대한 "최후의 심판"을 거쳐, "그리스도께서 모든 통치와 모든 권위와 모든 권력을 폐하시고 그 나라를 하나님 아버지께 넘겨드리실" 것이다. 마지막으로 "죽음"이 폐기될 것이며, "하나님이 만유의 주님이 되실 것이다"(15:24-28). 이것이 "마지막", 곧 종말이다(15:24).

에베소서 1장과 골로새서 1장에서 바울은 우주의 만물이 그리스도 안에서 하나로 통일되는 것을 역사의 종말로 이해한다. 하나님은 만물을 그리스도의 발아래 굴복시킬 것이다(엡 1:22). "때가 차면, 하늘과 땅에 있는 모든 것을 그리스도 안에서 그분을 머리로 하여 통일"시킬 것이다(1:10). 바로 여기에 "하나님의 계획"에 따른 역사의 종말("때가 차면")이 있다. 역사가 그의 목적, 곧 종말에 이를 때 그리스도는 만물 안에서 만물을 충만케 하는 "우주의 통치자"가 되실 것이다. 여기서 "에베소서의 종말론"은 온 우주가 "그리스도 안으로 자라나는 과정"에 대하여 말하고 있다(Berger 1987, 68).

이 과정은 골로새서에 보다 더 분명히 나타난다. 모든 피조물은 "그리스도 안에서", "그리스도를 통하여", "그리스도를 향하여" 창조되었다(골 1:16). 그리스도는 "우주의 머리"이며, 우주의 모든 것이 그리스도 안에서 화해되고 하나가 되어야 한다. 하나님은 "그리스도의 십자가의 피로 평화를 이루셔서, 그리스도로 말미암아 만물, 곧 땅에 있는 것들이나 하늘에 있는 것들이나 다 기쁘게 자기와 화해시켰다"(골 1:20). 이 구절에서 "화해시켰다"는 과거형은 미래의 현실을 가리킨다.

바울신학에서 우리는 하나님의 구원의 완성은 "만물"을 포괄한다는 사실을 볼 수 있다. 이에 상응하여 "종말론적 사건은 반드시 이 땅을 포함하는 장소에서 발생하는 것으로" 이해된다(Cullmann 1987, 199). 따라서 바울의 칭의론에 나타나는 "인간학적 집중"(anthropologische Konzentration)은 바울신학의 "총화(Summe)도 아니고, 중심(Zentrum)도 아니다. 오히려 그것은 그의 신학의 특수하며 가장 중심적인 기능이다. 이 기능을 통해 우주의 통치자(Kosmokrator)이신 그리스도께서 권세를 장악하는 실재성과 철저성이 표현된다. 그리스도께서 권세를 장악하시는 일은 전 세계와 관계된 문제다"(Käsemann 1970, 23).

3

종말론의 역사

A. 초기 교회 시대의 종말론

1. 신약성서의 기독교 공동체들은 하나님 나라가 곧 오리라는 종말론적 기다림 속에서 살았다. 그러나 하나님 나라는 곧 오지 않았고, 역사는 계속되었다. 주의 재림은 계속 지연되었다. 종말에 대한 회의가 점점 확산되었다. 그러므로 클레멘스 서신(Klemensbrief, 기원후 96년경)은 다음과 같이 말하는 사람들을 경고한다. "이것을 우리는 이미 우리 조상들의 시대에 들었다. 그러나 보라, 우리는 늙었고 아무것도 우리에게 일어나지 않았다"(아래 내용에 관해 Nocke 1992, 390 이하).

종말에 대한 이 같은 회의에 대해, "희망을 붙들고 끈기 있게 견디어야 한다"는 경고가 기원후 2세기 전반기의 제2클레멘스 서신에서 발견된다(2 Clem 11.5). 이와 동시에 임박한 종말에 대한 기다림의 새로운 해석도 발견된다. 시간적 임박성 대신 주께서 갑자기 예기치 않게 올 것이므로 언제나 깨어 기다릴 것을 강조한다. "하나님께서 나타나실 날을 우리는 모르기 때문에…우리는 언제나 하나님 나라를 기다리자"(2 Clem 12.1). 신약성서가 말하는 것처럼(벧후 3:9) 재림과 하나님 나라의 지연은 모든 사람이 회개하도록 하기 위해 하나님께서 허락하신 기회라고 긍정적으로 해석되기도 한다.

2. 초기 교회의 종말론에 영향을 준 한 가지 중요한 요인은 기원후 2세기 후반기에 있었던 몬타누스파 신도들(Montanist)과의 논쟁이었다. 이들은 임박한 재림을 주장하면서 세속의 모든 소유와 직업을 포기할 것을 요구하였다. 이에 대해 교회는 세계의 종말이 먼 미래에 일어날 것이라고 주장하였다. 히폴리투스(Hippolyt, 235년 사망)는 종말이 기원후 500년경에 일어날 것이라고 말하였다. 그의 가르침은 당시의 교회 안에 널리 유포되었다.

기독교가 그리스-로마 제국의 세계로 확산됨에 따라 후기 유대교 묵시사상에서 유래하는 "죽은 자들의 부활"에 대한 신앙이 약화되고, 영혼 불멸에 대한 플라톤적이며 그리스적인 신앙이 교회 안에 크게 유포되었다. 하나님 나라에 대한 관심은 약화되고, 죽음 이전의 생명과 죽음 이후의 생명의 연속성이 관심의 대상이 되었다. 성서의 종말신앙의 우주적·물질적·차안적 측면은 약화되고, 개인적·영적·피안적 측면이 더 큰 관심의 대상이 되었다. 이것은 초기 교회가 저항하기 어려운 헬레니즘의 영향이었다.

그러나 초기 교회는 종말의 우주적·물질적 차원을 포기하지 않는다. 이것을 우리는 사도신경에서 볼 수 있다. 사도신경이 고백하는 "산 자와 죽은 자들을 심판하기 위한 주님의 재림"(venturus est iudicare vivos et mortuos), "육의 부활과 영원한 생명"(carnis resurrectionem et vitam aeternam)은 바로 이 차원을 나타낸다. 이것은 천년왕국에 대한 초기 교부들의 신앙에도 나타난다. 파피아스(Papias)와 이레나이우스(Irenaeus)는 천년왕국을 피안적인 것이 아니라 지상적·차안적인 것으로 기술한다(Köhler 1951, 263 이하). 오리게네스의 만유회복설(apokatastasis panton)은 종말의 보편적·차안적·물질적 차원을 견지한다. 이와 동시에 연옥에 대한 생각이 초기 교부들에게서 나타나기 시작한다.

3. 기독교가 로마 제국의 제국종교가 되면서 종말론은 "제국 종말론"(Reichseschatologie)으로 발전한다. 이에 가장 결정적으로 기여한 인물은 카이사레아의 에우세비오스(Eusebius von Caesarea, 340년 사망)였다. 시민전쟁과 그리스도인들의 박해를 직접 체험한 에우세비오스는 콘스탄티누스(Konstantinus, 337년 사망) 황제의 승리와 함께 평화의 시대, 세계 통일의 시대, 교회의 자유 시대가 왔다고 생각한다. 콘스탄티누스 황제는 하나님이 보내신 구원자요, 평화의 사자이며, 메시아적 인물로 간주된다. 그는 "하나님의 사랑하는 자"다. 하나님이 그를 "모든 사람들의 주(主)와 영도자로 선택하였다." 그는 모세와 비길 수 있는 인물이다. "단 하나의 전능한 황제는…눈으로 볼 수 없는 하나님의 가시적 형상"이다. "그의 영광 속에 하나님의 영광이 반사된다. 그의 제국은 하나님의 통치를 반영한다"(Moltmann 1980, 211).

콘스탄티누스 황제의 통치에서 세계사와 구원사는 정점에 도달하며, 로마 제국은 "요한계시록 13장이 말하는 반신적이며 적그리스도적 성격을 상실하고, 땅 위에 있는 그리스도의 나라를 실현하기 위한 구원사적 도구로 승화된다. 하나님 없는 자들의 묵시사상적 도시가 영원한 구원의 도시가 되었다"(Moltmann 1995, 184). "거룩한 제국" 로마는 땅 위에 있는 하나님 나라요, "민족들과 함께하는 신적 계획의 마지막 목적으로, 세계사의 완성으로 파악된다"(187). 이와 같이 로마 제국과 황제를 승화시킨 대가로 콘스탄티누스 황제는 지금까지 박해를 받아왔던 기독교 종파를 로마 제국의 종교로 공인한다. 사실상 그는 기독교를 국가 종교로 삼고 다양한 특권을 부여하였다.

4. 지상의 세계와 장차 올 하나님 나라를 일치시키는 에우세비오스의 "제국 종말론", "정치적 종말론"에 반하여, 아우구스티누스(430년 사망)는 그의 저서 『하나님의 도시』(De civitate Dei)에서 "땅의 도시"(civitas terrena)와 "하나님의 도시"(civitas Dei)를 구별한다. 하나님의 도시는 하나님이 다스리는 현실을 뜻한다면, 땅의 도시는 하나님을 삶의 세계에서 추방하고

자신의 욕망에 지배되는 세속의 세계를 가리킨다.

이 시대의 역사는 두 가지 통치 영역, 곧 "하나님의 도시"와 "땅의 도시"의 병행 내지 대립을 핵심으로 가진다. 이 두 가지 영역은 역사가 끝날 때까지 병행하며 서로 대립할 것이다. 양자의 궁극적 분리는 최후의 심판을 통하여 일어난다. 그때까지 이 세계의 근본적 변화는 있을 수 없다. 땅의 도시는 가인과 바빌론과 로마 제국의 형태로 나타난다면, 하나님의 도시는 교회의 형태로 나타난다. 그러나 교회와 하나님의 도시는 완전히 일치하지 않는다. 양자는 구별된다. 역사적 교회는 불완전하며, 그 안에는 가라지도 있기 때문이다(*De civitate Dei*, XX 7).

아우구스티누스는 생애 초기에는 천년왕국설에 대해 관심을 갖지 않는다. 그러나 후기에 이르러 천년왕국설을 교회론적으로 해석한다. 1000년이란 숫자는 수적으로 이해할 것이 아니라 완전성에 대한 상징으로 이해해야 한다. 천년왕국은 미래에 완성될 미래적인 것이지만 로마 제국의 교회 안에 현존한다. 교회는 땅 위에 있는 천년왕국이다. 그것은 정치적 사건을 통하여 일어나는 현실적이며 물질적인 것이 아니라, 개인의 인격적 회개와 믿음을 통하여 일어나는 영적 현실이다. 이리하여 아우구스티누스에게서 종말은 교회론적으로 현재화되고, 영적인 것으로 파악된다. 피안의 세계에서 얻을 영원한 열락은 영혼의 "하나님 직관과 향유"(*visio ac fruitio Dei*)에 있는 것으로 생각된다. 오리게네스의 만유회복설은 종말에 있을 심판 및 영원한 형벌과 모순된다는 이유로 거부된다. 종말에 구원받을 사람들의 숫자는 지옥의 벌을 받을 사람들의 숫자보다 훨씬 더 적다고 보는 "구원의 비관주의"(Heilspessimismus)가 아우구스티누스의 종말론을 지배한다(Nocke 1992, 438).

B. 중세기 스콜라 신학의 종말론

1. 중세기 스콜라 신학의 종말론은 전체적으로 아우구스티누스의 종말론을 따른다. 종말론의 세계사적·메시아적 지평은 약화되고, 개인의 죽음과 영혼불멸, 연옥, 각 개인이 당하게 될 지옥과 천국의 문제 등 종말론의 개인적 주제들이 스콜라 신학의 종말론을 지배한다.

토마스 아퀴나스(Thomas von Aquino)에 따르면 인간은 영혼과 몸이라는 두 가지 요소로 구성된 존재가 아니다. 오히려 그는 영혼과 몸이 하나로 결합되어 있는 통일적 존재다. 이로써 아퀴나스는 몸과 영혼의 그리스적 이원론을 극복하고, 인간을 하나의 총체적·통일적 존재로 보는 성서의 일원론을 주장한다. "인간은 오직 단 하나의 전체적 인간이요, 완전히 영혼이며 완전히 몸이다. 그러므로 영혼에 대한 진술들은 몸에 대한 진술들과 마찬가지로…전체적 인간에게 해당할 수 있다"(Metz 1964, 570 이하).

따라서 아퀴나스에 의하면 죽음은 단지 몸이라는 인간의 한 부분의 죽음이 아니라 전체적 존재로서 인간 존재의 끝을 뜻한다. "죽음 속에서 인간은 존재하기를 중지한다. 인간으로서 그는 무에 떨어진다. 이러한 관점에서 중세 스콜라 신학은 인간의 죽음을 총체적 죽음으로 파악한다. 몸과 영혼의 살아 있는 통일성만이 인격과 인간이기 때문이다"(Weber 1973, 145). 그러나 아퀴나스는 썩어 없어지는 몸과 영원히 불멸하는 영혼의 고대 그리스적 이원론을 완전히 극복하지 못한다. 영혼은 몸의 물질(*materia*)을 인간의 몸의 형태로 형성하는 "형식"(*forma*)으로 남기 때문이다(Greshake 1982, 94).

따라서 죽음과 함께 몸은 썩어 없어지지만 인간의 영혼은 불멸한다는 영혼불멸설을 아퀴나스는 말하게 된다. 몸 없는 "영혼은 불완전하게 존속하면서 인간의 통합적 본성의 회복은 물론 하나님의 은혜로 말미암은 이 통합적 본성의 완성을 이루기를 간구한다." 종말에 모든 죽은 자들이 부활할 때 죽은 사람의 영혼은 "그 자신의 몸과 함께" 영원한 생명으로 부활하며, 지상에 살았던 그의 실존과 함께 물질적 정체성 속에서 나타난다. 몸 없는 영혼은 실존하지 않기 때문이다(Müller 2005, 299).

아퀴나스에 의하면 영원한 생명으로 부활한 인간도 남녀의 성적 차이를 가진다. 인간의 성적 차이는 "창조자의 지혜의 표현"이요, "하나님의 영원한 아름다움"을 나타낸다. 그러나 영원한 생명은 음식을 향유하는 데 있지 않으며, 후손을 생산할 필요가 없다. 그것은 "하나님 관조와 사랑과 향유"(visio, dilectio, fruitio)에 있는 신부의 선물을 누린다. 하나님의 저주를 받은 자들도 그들의 저주받은 몸과 함께 부활한다. 몸적 존재는 인간의 본성에 속하기 때문이다. 그러나 이들은 하나님의 은혜에 참여하지 못한다. 그들의 의지는 "하나님에 대한 모순" 속에 고착되어 있기 때문이다. 지옥의 벌은 하나님의 명령으로 주어지는 것이 아니다. 하나님의 은혜를 스스로 거부하는 의지 그 자체가 지옥의 벌이다(552).

2. 스콜라 신학은 초기 교부들이 논의하던 연옥 사상의 세부 사항에서 다양한 입장을 보인다. 그러나 전체적으로 연옥을 자명한 것으로 수용한다(아래 내용에 관해 Finkenzeller 1995, 599 이하). 라드베르투스(P. Radvertus)는 "그는 너희에게 성령과 불로 세례를 주실 것이다"라는(마 3:11) 세례자 요한의 말씀에 나오는 불을 연옥의 불로 파악한다. 수도사요 "독일의 스승"으로 알려진 마우루스(H. Maurus)는 최후 심판 이전에 인간은 연옥에서 불 세례를 받음으로써 경미한 죄들로부터 정화된다고 말한다. 이에 대한 성서의 근거로 그는 고린도전서 3:12-15을 제시한다.

또한 초기 스콜라 신학자 휴고(Hugo von St. Victor)는 죽은 후 죄에 대한 정화의 벌이 있으며, 영원한 생명을 얻기로 예정된 자들은 이 벌을 통해 죄로부터 정화된다고 주장한다. 연옥의 장소는 분명치 않다. 그러나 영혼은 죄를 지은 그곳에서 고통을 당할 것이라고 그는 생각한다. 롬바르두스(P. Lombardus)도 고린도전서 3:15에 나오는 "마치 불 속을 거쳐서" 얻게 되는 구원을 연옥의 불을 통한 죄의 정화로 파악한다. 불의 종류에 대한 스콜라 신학자들의 생각은 다양하다. 그들은 불을 정신적 벌로 이해하기도 하고 신체적 벌로 이해하기도 한다. 나중에 스콜라 신학은 연옥에 관한 이론을 크게 발전시키면서, 고린도전서 13장을 연옥설에 관한 일반적 근거로 삼는다. 또 마카베오하 12:38-45, 마태복음 12:32, 요한계시록 22:15을 근거로 삼기도 한다.

스콜라 신학이 연옥설을 주장하게 된 동기는 무엇인가? 그 동기는 신실한 믿음 속에서 선한 일을 행하고, 하나님의 사랑 안에서 마지막 죽음을 맞기도 하지만, 경미한 죄를 범한 신자들의 미래는 어떻게 될 것인가에 대한 관심에 있었다. 하나님은 의로우신 분이다. 그러므로 경미한 죄도 정화되어야만 영원한 생명을 얻을 수 있다. 신자들은 신실한 믿음 속에서 행한 선한 일들과 하나님의 자비하심 때문에 지옥의 저주를 당할 수 없다. 그렇지만 경미한 죄 때문에 하늘의 영원한 열락을 누릴 수도 없다. 하늘의 영원한 열락은 죄를 허용하지 않기 때문이다. 그러므로 죽은 사람의 영혼은 연옥에서 정화의 과정을 거칠 수밖에 없다(아퀴나스). 땅 위에 있는 동안에 인간은 자발적 보상(satisfactio)을 통해 하나님의 죄에서 자유로워지는 반면, 연옥에서 그의 영혼은 정화의 벌을 통해 죄에서 자유로워지고 영원한 생명과 열락에 이를 수 있다.

대부분의 스콜라 신학자들은 지옥이 땅 아래 있다고 생각한다. 라틴어 "infernum"은 바로 지하의 세계를 뜻한다. 아퀴나스는 지옥의 불을 물질적 불로 생각한다. 그것은 좀 다른 속성을 갖지만 우리가 알고 있는 불과 동일한 속성이다. 하나님의 저주의 심판을 받은 자는 지옥불 속에서 영원한 벌을 받는다. 이 벌은 하나님의 자비에 모순되지 않는다. 하나님은 인간의 행위에 따라 벌하시기 때문이다. 저주받은 자들의 행위는 더 이상 돌이킬 수 없기 때문에 죄에 대한 하나님의 벌의 경고는 집행될 수밖에 없다.

3. 연옥, 심판, 천국과 지옥 등의 개인적 종말론에 관심하는 스콜라 신학에 반하여 피오레의 요아힘(Joachim von Fiore, 약 1135-1202)은 종말론의 세계사적·메시아적 차원을 회복한 대표적 인물이다. 당시의 사람들에게 예언자요 성자로 존경을 받던 요아힘은 시토 수도회 수도사로서, 이탈리

아 남부 칼라브리아(Kalabria)에 수도원을 세우고 타락한 가톨릭교회의 개혁운동을 일으켰다. 그는 구약성서와 신약성서, 구원사의 과거와 미래의 연속성을 주장하면서, 구원사로서의 세계사를 삼위일체의 도식에 따라 다음과 같이 설명한다.

옛 계약의 시대, 곧 "성부의 시대"는 일곱 시대로 구성된다. 일곱 시대는 각 여섯 세대로 구성되며(총 42세대), 그리스도는 일곱째 시대를 이룬다. 그리스도를 통하여 이루어지는 옛 계약의 일곱째 시대와 함께 새 계약의 시대, 곧 "성자의 시대"가 시작된다. 새 계약의 시대도 일곱의 작은 시대들로 구성된다. 일곱의 작은 시대들은 그리스도의 지상 생활 연수였던 약 30년으로 구성된 각 일곱의 세대(총 210년)로 구성된다. 그리하여 세계사는 새 계약의 시대까지 1260년이 걸린다.

그다음에 다시 일곱의 작은 시대로 구성되는 "성령의 시대"가 시작한다. 그러나 한 시대가 완전히 끝난 후에 그다음 시대가 시작하는 것이 아니라 각 시대는 그 앞의 시대와 어느 정도 겹쳐서 시작한다. 그리하여 마지막 성령의 시대는 성 베네딕투스(약 480-547)와 함께 시작한다. 성부 시대의 특징은 "율법"과 "두려움"과 "종의 신분"에 있다면, 성자 시대의 특징은 "은혜"와 "믿음"과 "자유인의 신분"에 있다. 성령 시대의 특징은 "더 풍성한 은혜"와 "사랑"과 "친구의 신분"에 있다(위 내용에 관해 Joachim 1955, 81 이하).

마지막 성령의 시대에 이르면 교회는 모든 제도적 기구와 성직자 제도와 외적인 형식들을 갖지 않을 것이다. 교회는 "성직자 교회"에서 "요한의 교회", "영적 교회"로 변할 것이다. 이 교회 안에서 신자들은 성직자의 중재 없이 하나님과 직접 교통할 것이며, 그리스도의 산상설교를 완전하게 실천할 것이다. 교회는 철저히 가난해질 것이다. 더 이상 전쟁이 일어나지 않을 것이며(그 당시 교황도 봉토 문제로 용병을 빌려 전쟁을 하였음), 그리스도인들의 분열, 그리스도인과 유대인의 적대관계가 극복될 것이다.

요아힘 자신은 새 계약의 40번째 세대에 살고 있고 이 모든 것이 바로 자기의 시대, 곧 1260년에 임박하였다고 믿었다. 그는 자신이 세운 수도 원이 새로운 시대의 선구자가 되어야 한다고 생각하였다. 그러나 두 번째 "교회의 시대"와 세 번째 "성령의 시대"가 완전히 단절된다고 보지 않았 다. 오히려 그는 "교회의 시대"의 모든 것이 성령에 충만하여, 세 번째 시 대로 자연스럽게 변화될 것이라 생각하였다. 모든 외적·형식적·제도적인 것이 성령의 임재를 통하여 그 내부에서부터 영적인 것으로 자연스럽게 변화될 것으로 보았다. 그러므로 가톨릭교회는 요아힘의 종말론을 크게 위험스럽다고 보지 않았다.

4. 좌파 마르크스주의자 에른스트 블로흐에 의하면(Bloch 1959, 590 이 하), 요아힘의 종말론은 사회계급의 차별 및 사유재산과 성직자 계급이 없 는 성령의 시대를 역사의 목표로 제시함으로써 기존 사회와 교회의 변혁 을 요구하는 사회-유토피아적 요소를 내포하고 있다. 그의 종말론은 로마 제국이나 교회를 하나님 나라와 동일시하는 신학적 해석을 거부하고 하 나님 나라를 다가올 역사의 미래로 제시한다. 하나님 나라를 향하여 세계 와 교회는 부단히 변화해야 한다. 하나님 나라는 이 세계가 도달해야 할 구체적이며 물질적인 현실이다. 하나님 나라에서 이루어질 역사의 궁극적 완성은 역사 안에서 이루어질 것이다. 여기서 요아힘의 종말론은 종말론 의 내면화·영성화·피안화를 거부하고, 종말론의 차안적·물질적·현실적 차원을 드러낸다.

요아힘의 종말론은 한마디로 세속화되고 타락한 가톨릭교회에 대한 비판이었다. 이 교회 안에는 그리스도의 통치가 부재한다. 그리스도의 통 치는 "교회의 시대"가 끝난 그다음 시대에 올 것이다. 요아힘의 교회 비판 적 생각은 그 이후 중세기의 교회 비판가들, 특히 13, 14세기 프란체스코 계열의 영성주의, 후스파와 재세례파에게 깊은 영향을 주었다. 이들은 당 시 가톨릭교회의 계급 제도와 타락을 비판하고, 요아힘이 성령의 시대에 이루어질 것으로 보았던 영적 교회의 이상을 실현하고자 하였다. 그들의 생각에 의하면 세속 권력과 결합해 부와 특권을 누리는 가톨릭교회는 청빈한 교회가 되어야 하며, 교황－추기경－주교－사제의 계급 제도를 철폐해야 한다. 신성 로마 제국의 황제 프리드리히 2세(1194-1250)는 묵시사상적 적그리스도다.

프란체스코 영성주의의 이 같은 혁명적 주장은 국가와 교회 양측으로부터 거부를 당할 수밖에 없었다. 그들이 이론적 근거로 삼았던 요아힘의 종말론도 가톨릭교회에 의해 거부되었다. 그러나 이후 역사에서 요아힘의 사상은 제도교회에 대해 비판적이었던 인물들과 교회개혁 운동에 영향을 주었다. 종교개혁 시대에 그의 사상은 토마스 뮌처(Thomas Münzer)와 재세례파에 큰 영향을 주었다. 뮌처는 하나님의 뜻을 종말론적 마지막 시대에 관철하고자 하였던 그 시대의 묵시사상적 유토피아주의자, 새 다니엘로 알려져 있었다. 그는 자기의 혁명적 이념의 뿌리는 요아힘이 아닌 하나님의 말씀에 있다고 주장하였다. 그러나 그의 혁명적 사상은 요아힘의 영향을 보여준다. 그는 "육적인 신학 교사들"이 요아힘의 영원한 복음을 비판하는 것은 매우 웃기는 일이라고 요아힘을 변호하였다.

C. 종교개혁, 정통주의 신학의 종말론

1. 루터는 죄와 죄에서의 구원 문제를 중점적으로 다루는 수도사였다. 종교개혁의 무기였던 그의 칭의론도 죄에서의 구원 문제를 중심점으로 가지고 있었다. 이에 상응하여 루터의 신학에서는 개인적·인격적 종말론이 우세하다. 비록 우주적 종말론을 다룰지라도 그것은 종교개혁과 직결되지 않는 변두리 자리를 차지한다. 루터 신학에 관한 많은 학자의 저서들이 그의 종말론을 다루지 않는 이유가 여기에 있다. 루터의 신학은 "철저히 종말론적이다. 마지막 일들에 관한 그의 생각은 종래의 부록과 같은 것이 아니라" 그의 신학에서 "없을 수 없는 중요한 부분"이라는 알트하우스의 말은, 루터 신학의 개인적·인격적 종말론에 해당하는 말이다(아래 내용에 관해

Althaus 1975, 339 이하).

루터에 따르면 그리스도인들에게 하나님의 구원은 믿음 속에서 현재적으로 경험된다. 그러나 그것은 불완전하다. 그리스도인들은 의인인 동시에 죄인이요, 그들의 믿음은 언제나 유혹과 시련을 받기 때문이다. 그러므로 그리스도인들은 하나님의 구원을 지금 이 땅에서 경험하는 동시에, 그것을 기다리게 된다. 이 같은 인격적 차원에서 루터의 신학은 종말론적이다.

루터에 따르면 죽음은 인간을 포함한 모든 생물의 공통된 운명이다. 그러나 식물이나 짐승의 죽음과 인간의 죽음은 다르다. 식물과 짐승들에게 죽음은 "자연 질서"에 속한다. 그것은 "생물학적 현상"일 뿐이다. 그러나 인간에게 죽음은 인간의 죄에 대한 하나님의 진노와 벌로 경험된다. 하나님은 인간을 죽음으로 창조하지 않고 생명으로 창조하였기 때문이다. 따라서 하나님의 진노를 모른다 할지라도 "두려움과 떨림 없이" 죽음을 맞기란 불가능하다. "죽음 속에서 하나님의 진노는 영원한 죽음이다. 하나님은 우리의 죄 때문에 죽음 속에서 우리를 벌하신다.…'죽음 한복판에서 지옥의 목구멍이 우리를 공격한다'(WA 35.454)"(340).

그러나 복음 속에 계시되는 하나님의 자비를 믿는 그리스도인들은 죽음 속에서 하나님의 용서를 경험한다. 그들에게 죽음은 자비로운 "아버지의 매와 어린아이에 대한 벌"과 같다(WA 31 I.160). 죽음을 통하여 아버지 하나님은 인간을 죄와 진노에서 해방한다. 그러므로 그리스도인들은 죽음을 기꺼이 맞이한다. 죽음은 "하나님이 세례에서 그리스도인에게 약속한 것, 곧 죄의 소멸을 성취하기" 때문이다(341). 죄와 하나님의 진노에서 해방됨으로써 인간은 새로운 생명과 "큰 공간과 기쁨"을 얻게 된다(WA 2.685). 그러므로 죽음은 "생명에 이르는 좁은 문이요, 좁은 계단"이다. 그것은 어린 아기의 생명이 어머니의 좁은 문을 통해 태어나는 것과 같다.

이런 뜻에서 죽음은 "미래의 세계로 태어남"을 뜻한다. "우리는 생명 한가운데서 죽음 속에 있고"(*Media vita in morte sumus*), "죽음 한가운데서 생명 안에 있다"(*Media morte in vita sumus*). 그러므로 그리스도인은 죽음 속에서 하나님의 진노를 보는 동시에 하나님의 자비를 경험하면서 "부드럽고 조용하게 (죽음 속으로) 들어간다. 그는 잠을 자게 되지만 죽지 않는다. 그러나 하나님 없는 자는 죽음을 느끼고 영원히 죽음을 두려워한다"(WA 17.11).

죽은 다음에 그리스도인들은 "그리스도의 품 안에서" 최후의 심판 날까지 잠잔다. 잠자는 것을 루터는 안식으로 생각한다(WA 43.361; 참조. WA 10 III.191). "그리스도의 품" 안에서 안식한다는 것은 그리스도의 말씀과 약속 안에서 쉬는 것을 말한다. 여기서 루터는 중세 가톨릭교회의 개인적 종말론을 거부한다. 당시 가톨릭교회는 죽은 자들의 영혼이 머무는 다양한 장소에 관한 지형학(Topographie)을 가지고 있었다(예를 들어 연옥과 지옥의 다양한 장소). 루터는 이를 강력히 거부하고 모든 죽은 자들은 그리스도의 말씀과 약속 안에서 쉰다, 혹은 잠잔다고 말한다. "그가 와서 무덤을 두드리며, '마르틴 박사, 일어나라!'고 말할 때까지 우리는 잠을 자게 될 것이다. 그때 나는 한순간에 부활하여 그와 함께 영원히 기쁘게 지낼 것이다"(WA 53.400).

여기서 "죽음이란 하나님의 영원으로 들어갈 때 건너게 되는 경계선에 불과한 것"으로 생각된다. "왜냐하면 그리스도인에게는 죽음이란 있지 않으며 다만 세상을 떠나는 일이 있을 따름이기 때문이다"(권득칠 2017, 269). 죽은 후 다시 부활할 때까지의 시간은 한순간과 같다. 하나님에게 모든 시간은 한순간과 같기 때문이다. 그러나 17세기 루터교회 신학자들은 루터의 생각을 버리고 영혼불멸설로 되돌아간다. 그리하여 몸은 썩어 없어지고, 영혼은 그리스도 안에서 지복을 누린다고 생각한다.

루터에 따르면 종말은 먼 미래의 사건이 아니라 신자들의 삶 속에 항상 현존한다. 하나님에게 시간은 한순간에 불과하다. 그러나 루터는 종말의 미래적 차원을 간과하지 않는다. 역사의 마지막에 모든 사람이 부활하여 최후의 심판을 받을 것이다. 경건한 자들은 그리스도와 함께 영원한 생명을 누릴 것이고, 악한 자들은 사탄과 더불어 영원한 죽음 속에 있을 것이다. 마지막에 사탄도 지복을 얻게 되리라는 생각을 루터는 거부한다(Althaus 1975, 349).

2. 가톨릭교회와 마찬가지로 루터 역시 천년왕국을 거부하였다. 천년왕국은 그리스도의 이중재림을 말하기 때문이다. "그리스도는 천년왕국을 위해 오시고 또다시 세계의 심판을 위해 오신다는 것이다"(권득칠 2017, 261). 루터는 천년왕국은 터키인들의 침공이 시작되거나, 교황 체제가 적그리스도로 변질되면서 끝났다고 보았다. 그에 따르면 천년왕국이 끝난 후 나타날 적그리스도는 교황이다. 교황은 하나님과 그리스도보다 자기를 더 높이며, 다니엘 11:36, 데살로니가후서 2:4의 말씀처럼 업적에 관한 인간의 교리를 가지고 그리스도의 복음을 폐기하기 때문이다.

루터에 따르면 종말의 마지막 일들이 이미 지금 일어나고 있다. 그리스도의 나라를 타락시키며, 복음을 율법으로 만들어버리는 적그리스도, 곧 교황이 지금 여기에 있기 때문이다. 교황은 교회 안에 있는 "사탄의 가장 위험한 형태"다(Althaus 1975, 352). "교황은 자신을 그리스도 위에, 그리스도에 반대하여 세우고 자기를 높이는 마지막 그리스도 혹은 적그리스도다. 그는 자기의 세력 없이 그리스도인들이 지복에 이르는 것을 원치 않는다. 그의 권력은 아무것도 아니다. 그것은 하나님에 의해 세워진 것도 아니고, 명령된 것도 아니다. 다시 말해 성 바울이 말한 것처럼(살후 2:4), 그는 자기를 하나님 위에, 하나님에 반대하여 세운다. 그리스도인들에게 매우 위험스러운 터키인이나 깡패조차도 이러한 일을 행하지 않는다"(WA 50.217). 이에 루터는 적그리스도를 물리치고 하나님의 구원을 완성하실 그리스도의 재림과 최후의 심판을 기다린다.

역사의 마지막, 곧 종말을 루터는 우주적 대파멸로 생각하지 않고 인간과 자연의 모든 피조물이 지금의 형태를 벗어버리고 새로운 형태를 취하는 것으로 생각한다. "인간과 하나님의 자리 안에 자연의 자리 역시 한 축을 담당하고 있다는 사실"이 여기에 나타난다(권득칠 2017, 264). 루터에 의하면 인간은 "그의 미래의 형태를 향한 하나님의 순수한 재료"(pura materia Dei ad futurae formae suae vitam)라면, 무의 세력에 종속되어 있는 자연의 모든 피조물은 "하나님에게 그의 영광스러운 미래의 형태를 향한 재료다"(materia Deo est ad gloriam futuram suam formam; WA 39 I.177). 하나님은 자기의 피조물을 포기하지 않을 것이다. 그는 자기의 피조물을 새롭게 변화시키며 영광스럽게 할 것이다.

그러나 이 변화는 옛것이 사라지고 새것이 시작되는 것으로 생각된다. 이것은 인간의 몸이 완전히 썩어 없어지고 새로운 영적 몸으로 부활하는 것과 같다. 지금의 세계 형태는 불을 통하여 소멸되고 새로운 세계로 다시 창조될 것이다. 이에 대한 근거를 루터는 로마서 8:20 이하, 베드로후서 3:10, 13, 이사야 65:17 등의 성서 말씀에서 발견한다. 그러나 영원한 생명과 새 창조를 구체적으로 묘사하는 것을 루터는 거부한다. "모태 안에 있는 아기가 자기의 출생에 대해 아는 것이 없는 것처럼, 우리는 영원한 생명에 대해 알지 못한다"(Ti 3339. Althaus 1975, 354에서 인용).

3. 칼뱅은 『기독교 강요』에서 세계의 종말을 하나님 나라의 완성으로 본다. "나라가 임하옵시며"라는 주기도문의 둘째 간구는 이를 시사한다. 만일 그것이 완성될 것이 아니라면, 그리스도인들은 "나라가 임하옵시며"라고 간구할 수 없을 것이다. 하나님 나라는 하나님의 통치를 말한다. 하나님의 통치는 "인간이 자기 자신을 부인하는 동시에 세계와 땅 위의 삶을 멸시하며, 자기 의를 위해 자기를 헌신하여 하늘의 삶을 추구할 때" 일어난다. "하나님은 온 세계를 굴복시킴으로써 그의 나라를 세운다. 그러나 이것은 다양한 방법으로 이루어진다. 하나님은 한편으로 인간의 방종을 막으시고, 다른 한편으로 고삐 풀린 인간의 교만을 파괴함으로써 그의 나라를 세운다." 이를 통해 일어나는 "하나님 나라의 완성은 마지막에 그리스도께서 오실 때까지 확장된다. 이리하여 '하나님이 모든 것 안에서 모든 것이 될 것이다'라고 바울은 말한다(고전 15:28)"(Inst. III.20.42).

4. 종교개혁 신학을 이은 개신교회 정통주의 신학은 주로 개인적·인격

적 종말론을 다룬다. 이 시대의 대표 신학자 게르하르트(J. Gerhard)에게서 우리는 이 특징을 볼 수 있다. 그는 다음과 같은 종말의 일들을 구별한다.

1) 개인의 시간적 죽음(*mors*)
2) 죽은 사람들의 부활(*mortuorum resurrectio*)
3) 최후의 심판(*extremum iudicium*)
4) 세계의 마지막(*consummatio seculi*)
5) 지옥 혹은 영원한 죽음(*infernum s. mors aeterna*)
6) 영원한 생명(*vita aeterna*, Pöhlmann 1973, 256에서 인용)

여기서 종말론은 단지 개인의 영혼과 관계된 것으로 나타난다. 정통주의 종말론의 이 같은 경향은 후터(I. Hutter)에게서 더욱 분명히 나타난다. 그는 마지막 일들을 다음과 같이 설명한다. 죽은 다음에 영혼은 몸으로부터 분리되어 계속해서 살 것이며 죽지 않을 것이다. 죽은 자들이 부활할 때 영혼은 몸과 다시 결합할 것이다. 그때까지 영혼은 하늘과 지옥을 미리 맛보는 상태에 있을 것이다. 이 중간 상태(*status intermedius*)에서 경건한 자들의 영혼은 "하나님의 손 안에" 있을 것이며, 완전하고 영원한 지복을 기다릴 것이다(눅 16:22). 하나님 없는 자들의 영혼은 "고통의 장소에"(*in loco tormentorum*, 눅 16:28) 거할 것이며, 거기서 완전하고 영원한 저주를 기다릴 것이다. 그다음에 그리스도께서 재림하여 모든 죽은 사람들을 부활시키고 최후의 심판을 집행할 것이다. 모든 사람이 죽음에서 다시 살아날 것이다. 부활한 사람들의 몸은 네 가지 속성을 띤다. (1) 썩지 않음(*incorruptibilia*), (2) 변용(*clarificata*), (3) 능력(*potentia*), (4) 영성(*spiritualia*). 하나님 없는 자들의 몸은 첫째 속성만 가지며, 나머지 세 가지 속성을 갖지 않는다. 경건한 자들에게 그리스도는 영원한 생명을 주시고, 하나님 없는 자들에게는 영원한 저주를 내릴 것이다. 영원한 지옥 속에는 "고통의 단계"(*gradus cruciatuum*)가 있다. "영원한 생명"도 "단계"를 가지는데 궁극적으로 그것은 하나님 직관에 있다(고전 13:12; 요일 3:2; 위의 내용에 관해 Pöhlmann 1973, 256 이하).

D. 계몽주의 이후 근대 종말론

1. 근대 시대는 전체적으로 탈종교화·탈기독교화 시대라 말할 수 있다. 하나님이 아니라 인간이 세계의 중심이 되는 시대, 곧 인간 중심의 시대가 시작되면서 하나님이란 존재는 문화와 학문과 교육과 노동을 통한 인간의 자기실현을 방해하는 요소로 간주되고, 종교는 개인의 사적 일로 생각된다. 죽은 자들의 부활, 살아 있는 자들과 죽었다가 부활한 사람들에 대한 최후 심판, 하늘나라의 상과 지옥의 영원한 벌 등에 관한 종말론적 신앙은 신화적 미신으로 간주된다. 그것은 지배층의 지배수단으로, "민중의 아편"으로 간주되기도 한다. 근대 시대의 이러한 경향은 결국 종말론의 폐기로 이어진다.

근대 계몽주의는 종말론을 도덕적으로 혹은 역사철학적으로 해석함으로써 종말론의 세속적·세계사적 의미를 드러내고자 한다. 결국 종말론은 세속적 진보신앙으로 변한다. 계몽주의 종말론의 특징을 가리켜 20세기 역사철학자 카를 뢰비트(Karl Löwith, 1897-1973)는 종말론의 "세속화"(Säkularisierung)라고 규정한다(Löwith 1953, 11).

계몽주의의 대표자 레싱(G. E. Lessing)의 저서 『인류의 교육』(Die Erziehung des Menschengeschlechts)에 의하면, "하나님의 구원 계획"은 인류의 정신적·윤리적 교육과 발전을 통하여 실현되어야 한다. 교육을 통해 인간의 이성과 윤리성이 발전하여 참된 것과 선한 것을 스스로 인식할 수 있게 될 것이다. 이때 하나님의 계시는 불필요해질 것이다. 각 사람은 하나님과 직접 관계하며, 하나님을 직접 알 것이다. 교육을 통해 계몽된 인간의 이성은 진리를 직접 인식하며, 순수해진 도덕 의지는 선과 직접 관계할 것이다. 성숙한 인간의 시대, "마음의 내적 순수성을 가진" 완전한 인간의 통일된 세계가 이제 눈앞에 왔다. 그들의 "세계 계약"(Weltbund)은 선을 거부하는 세계 제국들을 폐기하고, 새로운 평화의 세계를 세울 것이다. 칸트는 이 같은 레싱의 낙관적 세계 발전 사상을 "철학적 천년왕국설"이라 부른다(Kant 1978, 45).

2. 칸트에 의하면 모든 인간은 선한 것을 행하고자 하는 도덕적 본성을 가지고 있다. 프랑스 혁명은 이 본성의 "역사의 표징"이다. 인류는 보다 더 선한 것, 완전한 것을 향하여 발전하도록 되어 있는 그의 "본성의 숨어 있는 계획"을 실현하도록 결정되어 있다. 모든 인류가 하나로 결합해 범세계적 "민족들의 연합", "인류의 세계", "영원한 평화"를 실현할 때가 이제 왔다. "시민적인 인류의 연합"은 자연의 계획이요, 세계사의 목적이다. "지금"이야말로 기독교 역사에서 가장 이상적인 시대다. 이제 인류는 교회의 권위와 지도 없이 자신의 이성 능력으로 진리를 인식하고 실천할 수 있는 시대에 도달하였다. 따라서 "교회의 신앙"은 "이성의 종교"로 대체되어야 한다(Kant 1966, 184). 기독교가 역사의 종말에 올 것으로 기다리는 하나님 나라는 인간 이성의 자율성과 도덕성이 실현된 세계를 말한다. 이 세계에서 기독교 종교의 실증성(Positivität)과 교회 제도는 극복될 것이며, 모든 인간은 기독교의 진리를 자신의 이성으로 직접 인식하고 실천할 것이다. 하나님 나라는 이성과 도덕성(Sittlichkeit)이 진화함으로써 올 것이다.

종말론의 역사철학적 세속화는 관념주의 철학을 통하여 계속된다. 종말론의 천년왕국적 이상은 세계사적 체계로 전환된다. 관념주의 철학의 완성자라 불리는 헤겔의 신학적 철학은 기독교 종말론의 메시아적·천년왕국적 차원을 세계사에 적용하여 그 속에서 실현하고자 하였던 위대한 시도라고 말할 수 있다. 세계사는 신적 정신의 변증법적 자기활동이다. 그것은 "자유의 역사"다. 세계사의 목적은 "정신으로서의 하나님"(Gott als Geist)이 자기 자신과 동일시할 수 있는 세계, 곧 하나님 나라를 이루는 데 있다. "세계사는 '하나님의 영광'을 위하여, '하나님의 명예'를 위하여 이루어진다.…세계사는 지상에서의 하나님 나라의 실현이다!"(Küng 1970, 395) 세계사의 종말, 곧 목적은 예수 그리스도 안에서 계시된 하나님 나라가 완성되고 온 세계에 하나님의 영광이 나타나는 데 있다.

3. 기독교 종말론의 의미를 세계사의 차원에서 실현하고자 했던 헤겔에 반해, 포이어바흐(L. Feuerbach, 1804-1872)와 마르크스는 종말론을 폐기하고자 한다. 포이어바흐에 따르면 "영혼불멸"과 "영원한 생명"에 대한 신앙은 영원히 살고 싶어 하는 인간의 소원을 투사시킨 것에 불과하다(Feuerbach 291 이하, 304). 인간의 보편적 본질만이 불멸한다. 그것은 신적인 것이기 때문이다. 인간의 보편적 본질의 불멸은 죽은 다음 피안의 세계에서 실현되는 것이 아니라 차안의 세계에서 실현된다. 인간은 언제나 자기 자신을 넘어 이 세계의 내재적 목적을 향하여 나아가는 경향성을 가진다. 그가 도달해야 할 세계의 내재적 목적에 가까워질 수 있는 길은 인간의 정신과 자연의 일치에 있다. 곧 인간의 정신과 자연의 일치성을 감각적으로, 성적으로 체험하는 데 있다. 곧 남자와 여자의 성적 하나됨에 있다. 초월적 하나님과의 일치에 대한 경험은 인간과 인간의 감각적·성적 일치의 경험으로 대체된다. 성적 일치의 감각적 체험 속에서 인간은 그의 보편적 본질을 앞당겨온다. 여기서 초월적 하나님 나라는 인간의 실현된 보편적 본성과 성적 일치의 경험에 있는 것으로 생각된다(이에 관해 Müller 2005, 527).

마르크스에 의하면 역사의 마지막에 올 피안의 영원한 낙원에 대한 표상은 소외된 인간을 위로하고, 이를 통해 그를 더욱 착취하는 거짓된 위로(Vertröstung)의 수단에 불과하다. 기독교 종말론은 피안의 영원한 낙원을 약속함으로써 현실의 고통을 감내하도록 방조한다. 그것은 영원한 낙원을 바라고 기다리게 함으로써 불의한 현실을 보지 못하게 한다. 한마디로 기독교 종말론은 하나의 환상(Illusion)이다. 그것은 인간이 인간에 의해 소외되고 억압되고 착취당하는 현실을 극복하는 것이 아니라 이 현실에 대한 관심을 마비시킴으로써 현실을 더욱 악화시키고 지속시킨다.

그러므로 피안의 종교에 대한 비판은 보다 나은 차안의 세계를 세우기 위한 전제다. 마르크스의 「헤겔 법철학 비판 서론」에 의하면 종교가 인간을 만드는 것이 아니라 인간이 종교를 만든다. 이 종교는 자기 자신을 아직 획득하지 못했거나, 자기 자신을 상실한 "인간의 자기의식이요 자기느낌"이다. 인간은 추상적 존재가 아니라 "인간의 세계이고, 국가와 사회다. 이 국가, 이 사회가 종교를, 곧 전도된 세계의식(verkehrtes Weltbewußtsein)을 생산한다. 이 국가와 사회는 전도된 세계이기 때문이다." 종교는 전도된 세계의 "도덕적 인정(Sanktion)이요, 장중한 보충이요, 그것의 보편적 위로와 정당한 근거다. 그것은 인간 본질의 환상적 실현이다. 인간의 본질이 참된 현실을 가지고 있지 않기 때문이다." "종교적 비참은 현실적 비참의 표현이요…압박을 당하는 피조물의 탄식이요…냉정한 세계의 정서다. 그것은 민중의 아편이다." "민중에게 환상적 행복을 제공하는 종교의 지양은 민중의 참된 행복의 요구다. 자기 상태에 대한 환상을 버리라는 요구는 환상을 필요로 하는 상태를 버리라는 요구다. 다시 말해, 종교 비판의 핵심은 신음의 골짜기의 비판이다. 이 골짜기를 거룩해 보이게 하는 것(Heiligenschein)이 종교다"(Marx 2004, 274-275).

마르크스의 이 같은 종교 비판에서 기독교 종말론은 "전도된 세계"의 "자기의식"의 표현이다. 그것은 이 세상에서 이룰 수 없는 꿈을 피안의 하늘나라로 투사시킨다. 기독교 종말론은 신음 속에 있는 민중에게 피안의 하늘나라의 환상적 희망과 위로를 제공함으로써 그들의 상황을 더욱 악화시키는 "민중의 아편"이다. 마르크스는 기독교 종말론이 약속하는 피안의 하나님 나라를 차안 속에서 실현하고자 한다. 그가 기대하는 공산주의 사회는 "하나님 없는 하나님 나라"다. 공산주의는 완성된 자연주의와 인본주의, 인간과 자연, 자유와 필연성, 개인과 종(種)의 모순들의 해소다. 그것은 "역사의 해결된 수수께끼요 이 해결이다"라고 마르크스는 예언한다(309).

뢰비트에 의하면 "공산당 선언"에서 마르크스가 기술하는 역사의 전

과정은 세계사를 하나님의 구원사로 보는 "유대교-기독교적 해석의 일반적 구도"에 기초한다. "옛 유대교의 메시아주의와 예언 사상", "절대적 정의에 대한 유대교적 집착"이 "역사적 물질론(유물론)의 이데올로기적 기초를" 형성한다(Löwith 1953, 48). 이를 가리켜 뢰비트는 기독교 종말론의 이데올로기적 "세속화"라고 해석한다. 그러나 뢰비트가 말하는 기독교 종말론의 "세속화"는 기독교 종말론이 공산주의 이데올로기로 폐기되는 것이라 할 수 있다. "하나님 없는 하나님 나라"는 더 이상 하나님 나라가 아니기 때문이다. 그러나 마르크스의 역사해석의 뿌리가 구약성서에서 유래하는 기독교 종말론에 있음은 부인할 수 없는 사실이다.

4. 무신론을 통해 기독교 종말론이 제거되는 현상을 우리는 쇼펜하우어(Schopenhuer, 1788-1860)에게서도 볼 수 있다. 그에 따르면 세계는 객관적인 것이 아니라, 우리 인간이 경험하고 자기 자신에게 상정하는 하나의 주관적 표상일 따름이다. 한마디로 "세계는 표상이다." 칸트가 말하는 "사물 자체"(Ding an sich)는 숨겨져 있다. 인간의 경험과 인식을 통해 사물 자체에 이르는 것은 불가능하다. 사물 자체에 이를 수 있는 길은 인간 자신 안에 있다. 그것은 삶에의 의지, 곧 살고자 하는 의지에 있다. 삶에의 의지는 "무시간적으로 영원히 자기 자신을 배태하는 사물 자체다." 그것은 "단 하나의 보편적 세계의지(Weltwille)", "모든 것 안에 있는 하나"(hen kai pān)다. 그것은 "자기 자신을 대상으로 가진다. 그것은 단지 의욕할 뿐이다"(Windelband 507-508). 인간의 육체적 행동은 대상화된 의지의 행동이다. 인간의 생각, 의식, 이성 등은 삶에의 의지를 통해 조정된다. 인간의 지성은 살고자 하는 의지의 하인일 뿐이다.

삶에의 의지는 인간의 본질일 뿐 아니라 세계 속에 있는 모든 사물의 기본 성향이다. 식물과 동물은 물론 무기물에서도 무의식적 삶에의 의지가 작용한다. 생명의 영역에서 가장 강한 삶에의 의지는 종족 번식과 유지의 본능으로 나타난다. 이 본능은 인간의 이성과 인식을 넘어선다. 암컷과 수컷이 서로 매력을 느끼고 상대를 끌어당기는 강력한 힘 속에서 우리는 종족 번식과 유지의 본능을 볼 수 있고, 이 본능에서 삶에의 의지를 볼 수 있다. 사랑이란 종족 번식, 종족 유지의 보편적 목적을 위한 자연의 속 임수다. 칸트가 말하는 "사물 자체"는 세계의 모든 현상 안에서 작용하는 무시간적이고 맹목적인 삶에의 의지다. 개인의 의지는 세계 전체를 지배 하는 의지에 예속되어 있다. 이런 점에서 개인의 의지는 자유롭지 못하다. 그것은 맹목성에 사로잡혀 있다. 이리하여 쇼펜하우어는 인간의 삶과 세 계의 미래에 대한 비관주의에 빠지게 된다. 땅 위에 있는 모든 생명과 세 계는 맹목적 삶에의 의지에 사로잡혀 있다. 하나님 나라의 새로운 미래는 여기에 설 자리가 없다.

삶에의 의지는 맹목적인 동시에 끝이 없다. 한 가지 욕구가 충족되면 다른 욕구가 일어난다. 물질적·성적(性的) 욕구를 충족시키면 삶의 지루함 과 고독의 문제가 등장한다. 인간의 마지막 운명은 고독이다. 각자는 결국 자기 혼자 있다. 동식물에서 인간의 삶의 세계에 이르기까지 삶은 경쟁과 투쟁, 먹고 먹히는 맹목적 과정이다. 그것은 죽음을 향해 나아가는 무가치 한 것이다. 우리는 끊임없이 산을 향해 올라가지만, 산 뒤편에는 죽음이 기다리고 있다.

이 무의미한 세계에서 구원받을 수 있는 길은 없는가? 자살은 해결책 이 되지 못한다. 그것은 맹목적 의지의 개인적 현상을 폐기할 수 있지만 의지 자체를 폐기하지는 못한다. 그 해결의 길을 쇼펜하우어는 예술, 특히 음악에서 발견한다. 음악은 의지 자체를 있는 그대로 드러내며, 이로써 세 계의 본질을 나타내기 때문이다. 그러나 음악은 궁극적 구원이 되지 못한 다. 그것은 하나의 위로가 될 뿐이다. 궁극적 구원의 길은 자기 의지를 폐 기하는 데 있다. 그것은 곧 불교가 가르치는 열반의 경지에 도달하는 것 이다. 너를 부인하고 너의 십자가를 짊어지라는 성서 말씀은 바로 이것을 말한다. 따라서 쇼펜하우어는 열반에 대한 불교의 가르침에서 궁극적 구 원의 길을 발견한다. 쇼펜하우어의 이 같은 생각에서 기독교 종말론은 설 자리를 상실한다. 궁극적 구원은 불교가 말하는 열반의 경지에 도달하는 데 있다고 생각된다. 여기서 세계 구원의 종말론적 목적은 포기된다(Störig 1974, 360-363).

5. 종말론의 포기는 근대의 "삶의 철학자"인 니체(Fr. Nietzsche, 1844-1900)에게서 더욱 분명히 일어난다. 형이상학에 대한 니체의 비판에서 우리는 종말론에 대한 그의 입장을 추적할 수 있다. 형이상학은 생성과 소멸의 현상 세계 저 너머에(meta) 영원한 이상적 세계가 있다고 추정한다. 그러나 영원한 이상적 세계, 곧 기독교 종말론이 말하는 영원한 하나님 나라는 "현실에 대한 부정"에 불과하며, 인간이 만들어낸 것이다. 그것은 "인간의 꿈과 기대가 만들어낸 허구에 불과하며, 인간에게 고통을 주는 현실적 삶에 대한 증오의 표현에 불과하다." 또 그것은 불의와 고난으로 가득한 현실의 "삶을 극복할 수 없는 데서 오는 일종의 체념적 행위이기도 하다"(김균진 1984, 261).

니체에 따르면 "하나님"은 "초감각적인 세계 일반의 명칭"이다. 그것은 인간이 만들어낸 "인간의 작품"이다. 따라서 "하나님은 죽었다"는 니체의 명제는 현실 세계 저 너머에 있는 영원한 이상적 세계의 종말을 뜻한다. 영원한 관념, 피안의 영원한 세계, 사물 자체 등은 환상에 불과하다. 이것들은 현실의 삶을 마비시키는 독소들이다. "힘에의 의지"(Wille zur Macht)로 충만한 "초인"(Übermensch)이 살도록 하기 위해, 하나님은 물론 피안의 하늘나라에 대한 종말론적 희망도 폐기되어야 한다.

니체의 친구였던 프란츠 오버벡(Franz Overbeck, 바젤 대학교 신약학 교수, 1837-1905)은 기독교 종말론의 전통에 등을 돌리는 니체와 입장을 같이한다. 그에 따르면 하나님 나라에 대한 예수의 말씀의 핵심은 임박한 종말의 기다림에 있었다. 그러나 예수가 기다린 종말은 오지 않았다. 그의 기다림은 기만당하였다. 그러므로 오버벡은 예수에 대한 기독교 신앙을 역사적 오류로 간주하고 교회의 그리스도 신앙에 등을 돌린다. 역사적 기독교는 예수의 기본 정신과 무관하다고 간주된다(Müller 2005, 529).

6. 제2차 세계대전이 끝난 후 일본에서 독일로 돌아온 뢰비트는 1952

년 『세계사와 구원의 사건』(Weltgeschichte und Heilsgeschehen)이란 제목의 책을 출판한다(Löwith 1952). 이 책의 제목은 많은 학자들에게 큰 관심의 대상이 된다. 그것은 그리스도의 구원 사건이 세계사에 대한 인식에 깊은 영향을 준 것처럼 보였기 때문이다. 그러나 이 책은 사실상 기독교 종말론을 거부하고, 뢰비트가 일본에서 배운 원불교적 역사관을 대변한다.

이 책에서 뢰비트는 서구의 "근대 역사철학은 미래의 성취에 대한 성서적 신앙에서 생성되며, 그의 종말론적 모범의 세속화와 함께 끝난다"는 사실을 드러내고자 한다(Löwith 1953, 11). 뢰비트에 따르면 유대교와 기독교의 종말론으로 말미암아 현실은 미래의 목적을 향한 역사로 경험된다. 자연의 영원한 질서와 이 질서의 영원한 반복에 근거한 문화적 에토스 대신에, 미래 지향적인 종말론적 사고가 등장하였다. 하나님 나라를 마지막 목적으로 생각하는 종말론적 사고로 말미암아 시간과 역사는 미래의 목적을 향한 진보적·목적론적 과정으로 생각된다. 이를 통해 이른바 기독교 종말론의 "세속화"가 일어난다.

뢰비트는 기독교 종말론의 세속화를 매우 부정적으로 생각한다. 미래 지향성을 가진 유대교·기독교의 종말론적 사고를 세속화시킨 근대 역사철학으로 말미암아 세계사를 지배하고자 하는 정치적 이데올로기와 역사에 대한 폭력이 일어났기 때문이다. 미래의 목적을 향한 "역사로서의 세계" 이해는 자연을 단지 역사가 그 위에서 연기되는 무대로 간주함으로써 자연을 파괴하는 결과를 초래한다. 인류가 살아남고자 한다면 자연을 희생시켜서는 안 된다. 인간이 있기 이전부터 있었고, 인간이 없어져도 계속 있을 자연을 새롭게 발견해야 한다.

이 가능성을 뢰비트는 기독교 종말론에서 발견하지 않는다. 오히려 미래 지향성을 가진 유대교·기독교의 종말론적 사고를 포기하고, 고대 그리스 철학이 말하는 우주(kosmos) 질서의 영원한 회귀사상으로 돌아가야 한다. 그리하여 힘을 얻고자 하는 "힘에의 의지"에 의해 지배되는 인간의 역사를 자연의 기본 조건과 조화시켜야 한다.

유대교·기독교의 종말론에 대한 뢰비트의 부정적 인식은 제2차 세계 대전의 비극으로 말미암았다고 볼 수 있다. 유대교·기독교의 종말론에서 세속화된 근대 역사철학은 수천만 명의 생명이 죽임을 당하는 대참화로 끝났기 때문이다. 종말론적 사고로 말미암아 전체로서의 역사, 곧 보편사가 가능해졌다고 하지만 이 역사는 파괴와 좌절의 역사에 불과하다. 그러므로 우리는 역사를 과대평가하지 않아야 한다. "역사로서의 세계"에 대한 믿음은 매우 위험한 인간 중심적 미신이다. "역사로서의 세계"는 "고대의 자연신학과 기독교의 초자연적 신학에서의 소외"의 결과다(Löwith 1953, 176). 이러한 생각에서 뢰비트는 유대교·기독교의 종말론적 전통을 버리고, 자연 친화적인 고대 그리스 철학과 불교의 영원한 회귀사상에서 인류가 살아남을 수 있는 길을 찾는다.

이 같은 시대적 분위기 속에서 기독교 신학 역시 종말론의 의미를 축소시키는 경향을 보인다. 이 경향을 우리는 근대 "자유로운 신학"의 대표자 슐라이어마허에게서 볼 수 있다. 그에 따르면 종말론이 다루는 "마지막 일들"은 글자 그대로 마지막 일들이기 때문에, 신학의 다른 내용들과 "동등한 가치"를 갖지 않는다(Schleiermacher 1960b, 418). 종말론이 다루는 마지막 일들은 신학 체계에서 지엽적인 것에 불과하다. 종말론의 마지막 일들보다 인간의 영혼과 하나님의 현재적 결합이 더 중요한 문제다. 하르나크, 트뢸치 등 19, 20세기의 중요한 신학자들도 이와 비슷한 입장을 취한다. 신학의 체계에서 "무한한 가치"를 가진 것은 세계사의 마지막 일들이 아니라 인간의 영혼이다. 영혼의 무한한 가치 앞에서 종말을 포함한 신학의 모든 내용은 이차적인 것이다(Harnack 1950, 38, Troeltsch 1925, 285). 종말론의 가치를 인정하지 않는 근대 신학의 분위기를 트뢸치는 다음과 같이 요약한다. "종말론 사무실은 대부분 문을 닫았다"(Müller 2005, 529에서 인용).

4

현대신학의 종말론

근대의 반종말론적 추세에 반하여 20세기 유럽의 기독교계에서는 종말론에 대한 관심이 깨어나기 시작한다. 독일의 블룸하르트 부자(아버지 J. Chr. Blumhardt 1805-1880, 아들 Chr. Blumhardt 1842-1919), 스위스의 헤르만 쿠터(Hermann Kutter, 1863-1931), 레온하르트 라가츠(Leonhard Ragaz, 1868-1945)를 중심으로 일어난 종교사회주의 운동은 기독교 신앙과 실천에 대한 종말론의 의미에 눈을 뜨게 한다. 종교사회주의는 예수가 선포한 "하나님 나라"에 근거하여 그 시대의 사회문제들, 특히 노동자 문제를 해결하고 보다 더 정의롭고 인간적인 사회를 이루고자 하였다. 1915년 스위스 사회민주당에 입당했던 칼 바르트, 1920년대 독일 종교사회주의 이론의 대표자였던 틸리히(P. Tillich)는 하나님 나라와 사회주의를 연결시키지만 양자의 엄격한 구별을 주장한다. 이들을 통해 하나님 나라의 종말론적 주제가 신학적 관심의 대상으로 부상한다.

이에 병행하여 요한네스 바이스(Johannes Weiß, 1863-1914)가 출판한 『하나님 나라에 대한 예수의 설교』(Die Predigt Jesu vom Reich Gottes, 1892)는 획기적 변화를 일으킨다. 이 책을 계기로 예수의 하나님 나라 선포가 신학적 성찰의 중심점이 되었다. 임박한 하나님 나라에 대한 기다림, 예수의 재림 연기 등 종말론적 주제들이 중요한 논제로 부상하였다. 종말론은 신학체계의 부록과 같은 것이 아니라 신학체계 전체는 물론 기독교의 실천을 결정하는 위치에 있다는 사실이 드러난다. 이 같은 신학적 상황을 1957년에 가톨릭 신학자 폰 발타자르는 다음과 같이 말한다. 종말론은 "우리 시대의 신학에서 '태풍의 중심'과 같은" 결정적 의미를 가진다 (Balthasar 1957, 367).

A. 슈바이처의 철저종말론

1. 20세기 신학에서 종말론의 뇌관을 터뜨린 사람은 아프리카 흑인들을 위해 자기 삶을 바친 슈바이처였다. 그에 따르면 문화 개신교회가 말하는 것처럼, 예수는 인류의 도덕적 발전을 통해 하나님 나라가 실현될 것을 기다리면서 산상설교를 가르친 도덕교사가 아니었다. 그는 세계의 마지막 대파멸의 종말을 선포한 "묵시사상가"였다. "메시아로 등장하여 하나님 나라의 윤리를 선포하였고, 하늘나라를 땅 위에 세우고 죽은 나사렛 예수는 결코 존재하지 않았다"(Schweitzer 1951, 631). 그는 세계의 대재난들과 멸망, 하나님 나라의 초월적 돌입을 기다리면서 하나님 나라를 선포하였다.

슈바이처와 입장을 같이하는 바이스에 의하면, 예수가 선포한 하나님 나라는 리츨(A. Ritschl)이 주장하는 것처럼 인간에 의해 실현되어야 할 윤리적 가치들의 나라가 아니라 "이 세계에 대해 철저히 대립하는 초세계적인 것"이었다. 그러나 예수가 이 세계의 바깥으로부터 초월적으로 돌입하리라 기다렸던 세계의 종말과 하나님 나라는 오지 않았다. 예수는 십자가에서 자신의 생명을 희생함으로써 하나님 나라를 이끌어오고자 하였다. 그러나 이것도 실패로 끝나고, 역사의 수레바퀴는 변함없이 계속 돌아갔다.

위대한 세례자가 나타나서 외친다. "회개하라! 하나님의 나라가 가까이 왔다!" 바로 그다음에 자기를 장차 올 사람의 아들(인자)로 이해하는 예수가 세계의 수레바퀴를 붙들고, 이 수레바퀴의 마지막 한 바퀴를 움직여 세계의 자연적 역사를 끝내고자 한다. 그러나 그렇게 되지 않는다. 그는 자기 자신을 수레바퀴에 매단다. 수레바퀴는 돌아서 그를 으스러뜨린다. 예수는 종말론을 가져온 것이 아니라 그것을 폐기시켰다. 세계의 수레바퀴는 계속해서 돌아가며…말할 수 없을 정도로 유일하게 위대한 이 사람의 찢어진 시체의 살점들이 아직도 거기에 붙어 있다. 이것이 그의 승리요 통치다(Schweitzer 1906, 367).

2. 슈바이처에 따르면 예수가 기대했던 종말이 일어나지 않음으로 인해 종말론은 불가능해졌다. 사실상 그것은 불필요하다. 세계 바깥으로부터 종말이 초월적으로 돌입할 것이라고 보는 신약성서의 묵시사상적 표상은 고대인들의 신화적 표상에 불과하기 때문이다. 그러므로 슈바이처는 묵시사상적 광신 속에서 실패로 끝난 역사의 예수를 버리고, 종말론 속에 숨어 있는 "윤리적 의지"와 "세계의 윤리적 마지막 완성"에 대한 예수의 희망을 찾는다(Schweitzer 1951, 640). 이로써 기독교의 종말론이 철저히 불가능해졌다 하여 슈바이처의 종말론은 "철저종말론"이라 불린다. 그의 입장은 프리츠 부리(Fritz Buri) 등 20세기 여러 신학자들에 의해 계승된다(Ott 1972, 436).

B. 바르트, 알트하우스, 브루너의 영원의 종말론

1. 청년 칼 바르트는 1921년에 출판된 그의 저서 『로마서 강해』에서 기독교 신앙에 대한 종말론의 역동적·우주적 의미를 간파하였다. 그리하여 그는 다음과 같이 말한다. "철저히 그리고 남김없이 종말론이 아닌 기독교는 철저히 그리고 남김없이 그리스도와 아무 관계가 없다"(Barth 1921,

298). 그러나 1922년에 출판된 제2판에서 그는 종말론의 역동적이며 우주적인 지평을 철회하고, "시간과 영원의 변증법"을 가지고 종말론적 생각을 기술한다. 키에르케고르의 영향 속에서 그는 종말을 역사의 마지막 사건으로 보지 않고, 현재의 순간 속에 숨어 있는 "영원의 현재"로 이해한다. 모든 순간은 영원한 순간의 "비유"(Gleichnis)다. 그러므로 모든 순간은 영원한 순간의 가치를 가진다. 영원의 현재로 승화된 모든 순간 속에, 곧 "여기에 그리고 지금"(*hic et nunc*) 종말이 있다. 종말은 역사의 목적이 아니라 시간의 모든 순간 속에 있는 영원의 현재를 말한다. 따라서 역사의 종말은 영원이 그 속에 숨어 있는 현재의 순간 속에서 경험될 수 있다. 영원은 시간의 반대 개념이 아니라 "시간의 핵(Atom)"으로서, "시간들 사이에 있는 순간 속에 현존한다"(Barth 1922, 481 이하). "모든 시간의 한계에서, 모든 시간과 모든 시간의 내용의 지양(Aufhebung)을 의미하는 하나님의 드리워진 벽 앞에서 인간, 곧 예수 그리스도의 재림을 기다리는 인간은 마지막 시간에 서 있다"(484). 여기서 종말의 미래적 차원은 영원이 그 안에 있는 현재의 순간으로 폐기된다. 이것은 사실상 기독교 종말론의 비역사화, 종말론의 폐기라 말할 수 있다.

2. 파울 알트하우스는 칼 바르트의 『로마서 강해』 제2판이 출판된 1922년에 그의 종말론 저서인 『마지막 일들』(*Die letzten Dinge*)을 출판한다. 이 책에서 그는 "모든 종말사적(endgeschichtlich) 종말론"을 거부하고, 현재의 순간 속에 종말이 있다고 말한다. 죄가 없었던 태초의 낙원의 원상태(Urzustand), 죄의 타락은 역사의 시작 단계에 있었던 역사적 사건이 아니라 모든 인류의 초시간적이며 현재적인 상태를 가리킨다. 종말도 마찬가지다. 신약성서가 묘사하는 종말은 역사의 마지막에 일어날 객관적 일이 아니라 세계의 초시간적이며 현재의 실존적 상태를 가리킨다. "종말론은…마지막 역사(Endgeschichte)나 역사의 마지막(Geschichtsende)과 관계된 것이 아니라 역사의 피안과 관계한다"(Althaus 1922, 95).

그러나 역사의 피안은 차안의 저편에 머물러 있지 않고 현재의 순간 속에 있다. 따라서 세계사의 완성은 종말이 그 속에 숨어 있는 현재의 순간 속에 있다. 종말에 대한 이러한 생각을 가리켜 알트하우스는 "가치론적 종말론"(axiologische Eschatologie)이라 부른다. 그러나 1933년에 출판된 종말론 제4판에서 그는 "가치론적 종말론"을 포기하고, "목적론적 종말론"(teleologische Eschatologie)을 성서적인 것으로 제시한다. 이로써 그는 종말론의 비역사화를 극복하고자 한다.

칼 바르트도 목적론적 종말론을 간과하였다는 사실을 1940년 로마서 13:11에 대한 주석에서 인정한다(Ott 1972, 436). 1948년에 그는 자신의 신학적 결함을 다음과 같이 말한다. "1922년에 나는 하나님의 '초시간성'(Überzeitlichkeit)을 강조한 나머지, 하나님의 '후시간성'(Nachzeitlichkeit)에 무관심하였다." "나는 장차 올 하나님 나라의 피안성을 진지하게 다루어야 한다고 믿었고, 그의 오심에 대하여 진지하게 생각하지 않았다." "그 구절(곧 롬 13:11 이하)이 시간에 대하여 부여하는 목적론과, 현실적 종말을 향한 시간의 과정을 나는…간과하였다"(Barth 1958, 716).

3. 20세기 역사신학자로 알려진 판넨베르크(W. Pannenberg)에 의하면, 1922년 바르트는 "세계에 대한 하나님의 종말론적 심판을 모든 시간에 일어나는 인간의 세계와 하나님의 영원이 만나는 것(Konfrontation)으로 파악하였기 때문에 종말론적 미래는 바르트의 중요한 관심사가 될 수 없다." "바르트와…불트만에게서 성서의 미래 종말론은…현재와 관계되었다. 그리하여 그의 특수한 미래의 구조, 미래의 완성을 향한 그의 긴장관계를 상실했으며, 그의 내용들은 단지 은유들(Metapher)로 작용하거나, 아니면 '신화적' 표상으로서 실존적 해석으로 전락하였다"(Pannenberg 1993, 579). 세계 심판에 대한 바르트의 『로마서 강해』의 종말론적 분위기는 『교회교의학』에서 사라진다. 이 책에서 바르트는 초기 기독교 공동체의 기다림의 핵심이 인간과 세계에 대하여 심판을 뜻하는 동시에 구원을 뜻하는 하나님 자신의 현실에 있다는 통찰을 통해 종말론의 중요성에 대한 관심을 크게 불러일으켰다. 그러나 하나님 나라의 미래성과, 하나님 이해 및

인간의 현재와 인간 가운데 있는 하나님의 현실을 종말론적으로 파악하는 데까지 이르지 못하였다.

4. 20세기 초반의 유명한 조직신학자 브루너(Emil Brunner)의 저서 『미래와 현재로서의 영원한 것』(*Das Ewige als Zukunft und Gegenwart*, 1965)은 이미 제목 자체에서 종말론적 영원을 현재의 순간으로 이해한다. 그에 따르면 종말론적 기다림의 시간은 수학적이며 중성적 시간 개념과는 다르다. 그것은 "실존적 결단의 시간"과 같은 성격을 가진다. "종말론적 사고에서 시간이 얼마나 집중적인 것이며…이 시간이 시간과 달력의 수학적 시간과 일치하지 않는다는 것을 한번 인식한 사람은, 재림에 대한 예수와 사도들의 기다림이 '기만을 당하였다'고 말하지 않을 것이다. 종말론적 기다림의 '곧'(bald)은 수학적-천문학적 개념들로 표현될 수 없다. 이 중성적인 물량적 시간(Dingzeit)과 위의 실존론적 결단의 시간을 혼동할 때 예언은 이루어지지 않았다. 그것은 틀렸다고 말하는 것 외에는 다른 길이 없을 것이다"(Brunner 1937, 379 각주).

브루너에 의하면 "역사의 종말"은 "영원한 것"으로서 "공간적 시간의 틀을, 다시 말해 역사적인 것의 구조를 넘어선다"(Brunner 1965, 144). 역사의 종말을 고대 세계의 신화적 표상들로서 드라마틱하게 묘사하는 묵시사상은 현대인이 글자 그대로 받아들일 수 없는 상징일 뿐이다. 반면 불트만이 말하는 세계 종말의 "탈신화화", "실존론적 해석"은 내용 자체의 변질(Substanzverwandlung)을 가져올 수 있으며, "무시간성과 비인격적 절대자의 철학"으로 전락할 수 있다(154). 세계의 종말은 묵시사상이 묘사하는 세계의 멸망이 아니라 세계의 "완성"이다(217). 그것은 미래적인 동시에 현재의 순간 속에 있는 "영원한 것"으로 이해되어야 한다. 여기서도 종말론의 탈역사화가 일어난다.

C. 불트만의 실존론적 종말론

1. 바르트, 알트하우스, 브루너와 마찬가지로 불트만도 실존철학의 영향을 받아 종말을 현재의 순간 속에 있는 것으로 생각한다. 그에 따르면 신약성서가 묘사하는 종말은 고대의 신화적 세계상에 속하며, 현대인들이 인정할 수 없는 신화적 표상들을 사용한다. 그러므로 우리는 그것을 글자 그대로 받아들일 필요가 없다. 오히려 오늘 인간의 실존에 대해 그것이 무엇을 의미하는가를 찾아야 한다. 종말은 역사의 마지막에 일어날 우주적 대파멸의 사건이 아니라 그리스도를 만나 신앙이냐, 아니면 불신앙이냐를 결단하는 현재의 순간 속에 있다. 각 사람은 그리스도를 만나는 순간에 역사의 종말을 경험하며, 하나님의 피조물로서의 새로운 자기이해를 얻게 된다(Bultmann 1968, 20). 이리하여 신자들은 과거에서 해방되어 새로운 미래를 향해 개방된 가능성의 존재로 실존하게 된다. "모든 순간은 종말론적 순간이 될 수 있는 가능성을 가지고 있으며, 이 가능성은 기독교 신앙 안에서 실현되었다"(Bultmann 1979, 183).

종말론적 순간 속에서 신앙적 자기이해를 얻은 사람은 "이 세계 안에" 살지만, "세계를 벗어나 있으며(entweltlicht), 마치 탈세계화된 사람(Entweltlichter)처럼 실존한다"(184). 그는 세계사에서 역사의 의미를 발견할 수 없다. 역사의 의미는 자신의 실존적 현재 안에 있다. 그가 경험하는 현재가 "종말론적 현재"다. 역사의 의미는 그의 종말론적 현재 안에 이미 "실현되어 있다." 그러므로 불트만은 다음과 같이 말한다. "너는 너 주변의 보편사(세계사)를 보지 말아라. 오히려 너는 너 자신의 개인적인 역사를 보아야 한다. 너의 현재 속에 역사의 의미가 있다. 너는 그것을 구경꾼처럼 보아서는 안 되며, 오히려 너의 책임적 결단 속에서 보아야 한다. 모든 순간 속에 종말론적 순간이 될 수 있는 가능성이 졸고 있다. 너는 그것을 깨워야 한다"(184). 불트만의 실존론적 종말관에서도 종말론의 탈역사화가 일어난다.

영국 신학자 도드(C. H. Dodd)의 "실현된 종말론"(realized eschatology)은 불트만의 실존론적 종말론의 범주에 속한다고 평가할 수 있다. 주로 요한복음에 근거하여 그는 장차 올 종말, 곧 *eschaton*은 "실현된 경험의 영역 안으로 앞당겨졌다.⋯다가올 시대(the Age to Come)는 이미 왔다." "다가올 시대의 생명"은 "그리스도의 임재와 그의 성령에 의해 지금 여기에 있는 교회에서 실재가 되었다"(van Genderen/Velema 2018, 1328)고 했다.

2. 위에 기술한 초기 변증법적 신학에서 우리는 다음과 같은 공통점을 발견할 수 있다. 이들은 문화개신교회와 근대 진보주의가 약속하는 인간과 세계의 무한한 가능성을 불신하고 "역사의 의미"를 의심한다. 그들은 하나님과 인간, 하나님과 세계, 시간과 영원을 철저히 구별한다. 양자의 혼동은 우상숭배를 초래한다. 하나님의 계시는 결코 하나님과 세계의 혼동을 초래하지 않는다. 그것은 수학적인 점(點)과 같은 것으로 이해할 수 있으며, 탄젠트를 통하여 원과 접촉하는 것과 같다. 개인의 내면성, 실존적 역사성, 모든 시간의 지양으로서의 "영원한 순간"이 초기 변증법적 신학자들의 사고의 출발점을 형성한다.

이리하여 역사의 의미는 개인의 실존적 역사성이나 현재적 순간에 있는 것으로 생각되며, 종말은 영원한 것이 그 속에서 경험되고 신앙적 결단이 일어나는 현재의 순간 속에 있는 것으로 생각된다. "마지막 질문과 답변, 마지막 결단과 마지막 나팔소리"는 현대인이 믿을 수 없는 역사의 종말에 일어나는 것이 아니라 영원히 시간 속으로 돌입하며, 하나님의 선포의 말씀 앞에서 신앙의 결단을 해야 할 "여기와 지금"(*hic und nunc*) 속에서 일어난다. 역사의 모든 의미는 개인의 신앙적 결단의 종말론적 순간에 있다.

여기서 세계사는 비역사화·탈역사화되어버린다. 그것은 개인의 신앙적 결단의 현재적 순간으로 폐기된다. 근대의 진보신앙과 헤겔적인 세계사의 완성의 철학에 반대하는 폰 랑케(Leopold von Ranke)의 다음과 같은 말이 지표가 된다. "그러나 나는 주장한다. 모든 시대는 직접 하나님과 관계하며(zu Gott), 그의 가치는 그 자체로부터 나오는 것에 있지 않고, 그의 실존 안에, 그 자신의 자아에 있다"(Heinrich 1954, 165에서 인용). 시간적 현재 그 자체는 무의미하다. 궁극적 의미를 가진 것은 시간과 대립되는, 그러나 현재의 순간 속에서 경험되는 영원한 것, 초시간적이며 초역사적인 것에 있는 것으로 생각된다.

슈미트(H. W. Schmidt)에 따르면 현대신학, 곧 초기 변증법적 신학에서 "영원의 개념이 '은밀한 왕'이 되었고, 모든 문제에 대한 해답의 문을 열어 주는 마법의 열쇠가 되었다"(Schmidt 1927, 276). 하나님과 인간, 이 시대와 저 시대, 시간과 영원의 대립이 신학의 중심 원리처럼 되었다. "옛 신학은 과거 속에서, 현재 속에서, 그리고 미래 속에서 구원과 계시를 발견하고자 하였다. 그러나 변증법적-종말론적 신학은 시간 내의 어떠한 구원의 현재 도 알지 못한다"(47).

3. 여기서 우리는 초기 변증법적 신학에 대한 키에르케고르의 영향을 볼 수 있다. 헤겔의 "세계사 철학"을 거부하고, 역사의 의미를 "단독자"로 서의 인간 실존과 영원의 순간에 있는 것으로 보았던 키에르케고르의 사 고방식이 초기 변증법적 신학자들에게서 분명히 나타난다(이에 관해 변선 환 1977, 288 이하). 바르트가 말하는 "변증법"의 개념은 헤겔의 "부정적인 것의 부정"을 통한 역사의 변증법적 발전이 아니라 키에르케고르가 말 하는 "역설적" 의미의 것이다. 이로 말미암아 변증법적 신학은 "무역사 성"(Geschichtslosigkeit)에 빠져버렸다(Pannenberg 1967, 22).

변증법적 신학자들이 말하는 "순간"은 사회의 모든 갈등과 세계사의 현실로부터 추상화된, 그러므로 세계의 객관적 역사와 아무 관계가 없는 "시간의 핵"이요, "영원한 현재"다. 이 "순간" 속에서 세계사의 모든 불의 와 갈등, 고난과 죽음, 슬픔과 환희, 새로운 미래에 대한 기다림은 망각되 어버린다. 객관적 역사의 과정은 인간의 사고(思考) 안에서 정지되어버린 다. 구원받지 못한 세계 속에서 모든 것이 궁극적 의미에 도달하였고 구 원에 이르렀다는 착각에 빠질 수 있는 위험이 여기에 숨어 있다. 변증법적 신학이 말하는 "순간"은 모든 것이 정지되어버린 순간적 지금(*nunc stans*)과 같으며, 영지주의가 말하는 빛의 섬광과 같다(Moltmann 1995, 63).

D. 틸리히의 존재론적 종말론

"역사신학"자로 알려진 판넨베르크는 20세기 초반 신학의 중요한 문제는 "역사의 상실"에 있다고 말한다. 그러나 판넨베르크의 이 지적은 틸리히의 신학에는 해당하지 않는다. 틸리히의 신학은 역사의 지평 속에서 전개되기 때문이다. 이 사실을 우리는 그의 『조직신학』 3권에 기술된 종말론에서 분명히 볼 수 있다. "역사와 하나님의 나라"라는 틸리히의 종말론 제목은 역사를 그의 지평으로 가진다는 사실을 보여준다(아래 내용은 김균진 2014, 377 이하에 기초함).

1. 틸리히는 인간 세계의 상황을 고려하지 않고 하나님의 메시지를 일방적으로 던져주는 바르트의 신학에 반해 세계의 "상황" 속에서 "문제들"을 찾아내고, 이 문제들에 대한 "대답"을 성서의 "메시지"에서 발견하고자 하는 "상관관계의 방법"을 채택한다. 이 방법을 그는 그의 종말론에서도 관철한다. 곧 역사의 "문제들"이 무엇인지 역사의 "상황"을 분석하고, 이 문제들에 대한 "대답"으로서 종말론의 메시지를 파악하고자 한다.

그렇다면 틸리히가 분석하는 역사의 상황은 무엇인가? 이 상황을 틸리히는 "양면성"(Zweideutigkeit)으로 파악한다. 곧 세계사 속에 언제나 극(極)을 이루는 두 가지(양면) 입장 내지 경향이 항상 대립하며 갈등을 일으키는 상황으로 파악한다. 이 두 가지 극을 틸리히는 다음과 같이 분석한다.

- 모든 개체적인 것을 통합시키려는 "통합"(Integration)의 경향과, 자신의 세력을 확장시키려는 "제국주의와 중앙집권"(Imperium und Zentralisation)의 경향

- 새로운 세계를 추구하는 "혁명"(Revolution)의 경향과 옛 세계를 지키고자 하는 수구(Reaction)의 경향
- 현재의 질서를 지키고자 하는 "옛것"의 경향과 이상적 세계 질서를 세우고자 하는 유토피아적 "새것"의 경향
- 역사에 대한 실망 속에서 역사를 떠나고 싶지만 역사를 떠나지 못하고 역사 안에서 역사에 의존할 수밖에 없는 인간 실존의 갈등

틸리히는 이 두 가지 극의 상호 대립과 갈등의 상황을 하나님의 진리를 향한 "질문"으로 파악하고, 이 질문에 대한 "대답"을 제시하는 것을 종말론의 과제로 설정한다. 이로써 "질문과 대답", "상황과 메시지"의 상관관계 방법을 관철하고자 한다.

2. 이 "질문"에 대해 틸리히는 어떤 대답을 제시하는가? 그는 하나님 나라를 "역사의 목적"으로 제시함으로써 "대답"을 제시하고자 한다. 역사의 목적은 우주적 대파멸이 아니라 하나님 나라의 성취에 있다. 하나님 나라는 미래에 완성될 초월적인 것인 동시에 역사의 현재 속에 "단편적으로" 현존한다. 그것은 역사 안에 "단편적으로" 현존하면서 위에 기술된 역사의 존재론적 양극들이 어느 한편으로 치우치지 않고 "균형"(Gleichgewicht)을 유지함으로써 역사를 유지하며, 역사의 마지막 목적을 향한 창조적 해결을 발견하도록 한다. 역사의 목적은 대립과 갈등 속에 있는 양극들의 완전한 균형에 있다. 하나님 나라는 이 균형에 대한 "상징"이다. 달리 말해 양극들의 완전한 균형이 있는 곳에 하나님 나라가 있다.

하나님 나라는 역사를 초월하는 "초역사적인 것"이다. 그것은 지금 우리가 경험하는 역사의 끝(finis)이다. 그러나 이것은 지금의 역사가 없어져 버리는 것을 뜻하는 것이 아니라 이 역사의 완성을 뜻한다. 그러므로 역사의 finis(끝)로서의 하나님 나라는 역사의 완성, 곧 역사의 telos(목적)이다. 그것은 역사의 존재론적 양극들이 더 이상 갈등을 일으키지 않고 완전한 균형을 이루는 역사의 목적에 대한 "상징"이다(Tillich 1966, 388). 하나님 나

라의 상징은 다음과 같은 특징을 띤다.

- 현 세계의 정치적 변혁을 요구하는 정치적 특징
- "평화와 정의의 나라에 대한 유토피아적 기다림을 성취하는" 특징
- 개인의 인격적 가치를 지키는 인격주의적 특징
- 인간은 물론 땅 위의 모든 생명을 포괄하는 보편성의 특징

틸리히의 종말론은 여러 가지 점에서 기여하는 바가 크다. 그는 역사의 지평 속에서 그의 종말론을 기술한다. 20세기 많은 신학자들의 종말론이 무역사성의 문제를 가지고 있는 데 반해, 틸리히는 세계사와 연관하여 종말론을 전개함으로써 종말론의 세계사적 차원을 보여준다. 또 세계의 대파멸을 역사의 종말로 보는 묵시적 종말론에 반해 하나님 나라의 완성을 역사의 종말(*telos*)로 파악한 점도 큰 공헌이다. 그러나 그의 종말론은 세계 현실의 구체적인 문제들과 직결되지 않음으로 인해 비역사성의 문제점을 보여준다. 지면상 몇 가지 문제점만 지적한다.

- 역사의 "상황"에 대한 틸리히의 분석은 학문적으로 탁월하다. 그것은 세계의 현실을 개선하는 데 기여할 수 있다. 그러나 역사 상황의 가장 긴박한 문제는 가난한 사람들의 굶주림과 고난 및 죽음, 빈부격차와 사회양극화 등에 있다. 모든 문제의 뿌리는 인간의 죄악된 본성에 있다. 틸리히의 종말론은 이러한 문제들에 무관심하다. 그것은 세계의 현실적이고 구체적인 문제들로부터 추상화되어 있다. 따라서 역사의 상황에 대한 틸리히의 "대답"은 역사의 현실적 문제들에 대한 대답이 되지 못한다.
- 역사의 목적에 대한 그의 이해도 추상적이다. 대립과 갈등 속에 있는 혁명과 수구, 옛것과 새것 등 역사의 존재론적 양극들의 완전한 균형이 역사의 목적인가? 하나님 나라는 이 균형에 대한 "상징"에

불과한가? 역사의 목적인 하나님 나라에 대한 틸리히의 생각은 "더 이상 죽음과 슬픔과 울부짖음과 고통이 없는" "새 하늘과 새 땅"에 대한 요한계시록의 비전과는 거리가 너무도 멀다. 그의 종말론은 미국 중산층의 입맛에는 맞을 수 있지만 세계의 굶주린 백성들에게 는 추상적이요, 무역사적이다.

- 그 원인은 하나님 나라에 대한 틸리히의 이해가 성서에 근거하지 않는 데 있다. 그것은 성서에 기초하기보다 틸리히 자신의 종교철 학적 사색에 기초한다. 혁명과 수구, 옛것과 새것 등 존재론적 양 극의 완전한 "균형"이 하나님 나라라는 생각을 우리는 성서 어디 에서도 발견할 수 없다. 그리스도인들은 "하나님 나라와 하나님의 정의"에 자기의 삶을 걸 수 있지만, 역사의 존재론적 양극의 완전 한 균형을 위해 자기 삶을 걸 수는 없을 것이다. 교회를 가리켜 "역 사 안에 있는 하나님 나라의 대표자"라고 하면서, 교회는 "개인들 의 구원만을 위한 것"이란 틸리히의 주장도 그의 종말론의 무역사 성을 나타낸다(Tillich 1966, 449). 그것은 하나님 나라의 종말론적 공 동체로서 교회가 지닌 종말론적 사명을 충분히 드러내지 못한다. 역사의 목적인 하나님 나라는 회개하는 한 영혼과 함께 시작한다는 점이 틸리히의 종말론에서도 간과된다.

E. 쿨만의 구원사적 종말론

1. 오스카 쿨만(Oscar Cullmann)에 의하면 하나님 나라는 예수의 죽음과 부 활을 통하여 "이미" 성취되었다. 그런 점에서 종말은 이미 성취되었다. 그 러나 하나님 나라는 아직 완성되지 않았다. 따라서 종말은 미래적이다. 그 것은 "이미 – 아직 아님"의 긴장 속에 있다. 그러나 종말은 예수의 죽음 과 부활을 통하여 이미 결정되어 있다. 하나님 나라의 미래는 그의 죽음

과 부활을 통해 이미 성취되어 있는 것의 구체적 전개에 불과하기 때문이다. 이것을 쿨만은 그의 유명한 "전쟁" 비유를 통해 설명한다. "전쟁의 마지막 결전은 전쟁의 비교적 초기에 이미 결정되어 있을 수 있다. 그렇지만 전쟁은 오래 계속된다. 마지막 결전의 효력을 모든 사람이 인식하지 못한다 할지라도 마지막 결전은 이미 승리를 의미한다. 그러나 전쟁은 '승리의 날'(Victory Day)이 오기까지 확정 지을 수 없는 기간 동안 계속될 수밖에 없다"(Cullmann 1987, 86).

예수의 죽음과 부활 속에서 앞당겨 일어난 종말의 사건이 "시간의 중심"이다. 예수를 중심으로 시간은 "그리스도 이전"(*ante Christum*)과 "그리스도 이후"(*post Christum*)로 구별된다. 그리스도 이전까지의 시간은 "점진적 감소"를 보여준다. 곧 인류 → 이스라엘 민족 → 이스라엘의 남은 자들 → 단 한 분 그리스도로 감소되는 추세를 보인다. 반면 그리스도 이후의 시간은 "점진적 확대"를 보여준다. 곧 단 한 분 그리스도 → 사도 → 교회 → 모든 민족과 피조물에 대한 하나님의 보편적 통치로 확대되는 추세를 보인다. 전자의 활동은 "다수에서 하나로(von der Vielheit zum Einen) 움직인다. 이것은 옛 계약이다. 후자의 활동은 하나에서 다수로(von dem Einen zur Vielheit) 움직인다. 이것은 새 계약이다. 바로 그 중심에 그리스도의 죽음과 부활의 속죄 사건이 서 있다"(112). 그리스도 안에서 시간의 대전환이 일어났다. 종말에 올 새로운 시대가 그리스도 안에서 열렸다.

2. 이 같은 쿨만의 종말론에는 세계사의 과정 자체가 하나님의 구원 역사와 동일시될 수 있는 위험성이 있다. 그리스도 사건은 죄와 죽음이 가득한 세계사를 하나님의 구원사로 해석하는 "역사의 술어"(Prädikat)이지, 새로운 구원 역사를 열어주는 동인이 되지 못한다. 신약성서의 증언에 의하면 그리스도 사건은 역사의 과정을 해석하는 역사철학적 열쇠나 원리가 아니다. 그것은 죄와 죽음의 세력에 붙들려 있는 역사의 과정을 깨뜨리고 하나님 나라의 새로운 현실을 가져오는 변증법적 의미를 가진다(참조. 고전 15:58-59). 그것은 역사의 모든 "부정적인 것"에 대한 부정이다. 그것은 역

사를 변혁시켜나가는 역사의 동인이다. 이 점이 쿨만의 신학에서 간과되고 있다. 그리스도의 죽음과 부활을 통해 "이미 성취되어 있는" 하나님 나라의 미래는, 회개하는 한 영혼과 함께 시작될 수 있다는 종말론의 현실적 기초가 그의 종말론에 결여되어 있다. 인간의 회개 없는 하나님 나라의 미래는 공중에 뜬 구름과 같을 것이다.

F. 판넨베르크의 보편사적 종말론

1. 판넨베르크의 종말론의 출발점을 우리는 그가 말한 "역사로서의 계시"에서 발견할 수 있다. 그에 따르면 성서에서 하나님의 자기계시는 고대의 다른 종교들이 말하는 것처럼 "신의 현현"을 통해 일어나지 않고, 역사적 사건들을 통해 일어난다(Pannenberg 1970, 91). 하나님은 이스라엘의 출애굽, 사사들의 활동, 왕정제도의 도입, 왕정제도의 타락, 남북왕조의 분열과 이스라엘 민족의 멸망, 바빌론 포로 생활, 포로 생활에서의 귀국의 역사적 사건들을 통해 자기가 누구이며, 자기의 뜻이 무엇인가를 나타낸다는 것이다(그러나 판넨베르크의 이 주장은 일면적이다. 하나님은 현현을 통해서 자기를 계시한다는 사실이 구약성서에서도 발견된다. "아브라함과 모세에 대한 하나님의 자기현현" 참조). 판넨베르크와 그의 제자들의 논문집 『역사로서의 계시』는 이를 요약한다.

판넨베르크는 역사를 통한 하나님의 계시에 대한 그의 생각을, 하나님에 대한 그의 독특한 생각을 통해 근거시킨다. 하나님은 역사의 "모든 것을 결정하는 현실"이다(1988, 175). 역사의 모든 사건은 하나님으로 말미암아 일어나는 "하나님의 행위들"이다(Pannenberg 1993, 632). 세계사의 모든 것은 "신적 현실에 의하여 규정되는" "신적 현실의 흔적(Spur)이다"(1977, 307). 한마디로 세계사는 신적 현실의 흔적이요, 하나님의 자기계시다. 이리하여 "역사로서의 계시"라는 공식이 성립된다. 하나님에 의해 결정되는 신적 현실의 흔적이요, 하나님의 자기계시라는 점에서, 세계사의 모든 사건은 내적 연관성 내지 연속성을 가진다. 이를 통해 세계사는 내적 연관성을 가진 보편사(Universalgeschichte)가 된다. 판넨베르크가 말하는 "보편사"는 바로 이것이다.

2. 판넨베르크에 따르면 보편사 개념은 후기 유대교의 묵시사상에 의하여 처음으로 체계적으로 구상되었다. 하나님의 신성을 증명하는 역사의 확대는 묵시사상에 의해 모든 사건의 전체성, 곧 역사 전체로 확대되었으며 이리하여 "구원 역사의 보편사로의 확대"가 일어났다(1970, 97. 그러나 구약성서에서 모든 민족의 역사를 주관하는 하나님의 "보편성"에서 우리는 "보편사" 개념의 뿌리를 볼 수 있다).

그런데 세계사는 아직도 계속되고 있다. 그것은 아직 끝나지 않았다. 모든 개별적 사건들은 하나님을 단지 부분적으로 계시할 뿐 완전하게 계시하지 못한다. 역사는 아직 그의 마지막, 곧 종말에 이르지 않았기 때문이다. 따라서 하나님의 자기계시, 곧 세계사가 그의 마지막, 곧 종말에 도달할 때 궁극적으로 완성될 것이다. "전체로서의 역사는 하나님의 계시다. 그것이 아직 끝나지 않았기 때문에, 그것은 비로소 종말에서부터 계시로 인식될 수 있다"(Rendtorff 1960, 836). 여기서 종말은 하나님의 계시의 역사의 완성을 뜻한다. 하나님이 더 이상 은폐 상태에 있지 않고 하나님으로 완전히 드러나며, 이를 통해 피조물의 존재 규정이 완성되는 데 역사의 종말이 있다.

계시의 역사가 완성되는 "역사의 종말"(Eschaton)을 판넨베르크는 "하나님 나라"로 파악한다. 하나님의 하나님 되심이 완전히 계시될 때 하나님 나라가 이루어질 것이다. "역사의 종말"은 지금 이 세계의 시간과 역사의 "끝인 동시에 완성"이다. 세계사는 "하나님의 자기 활동이기" 때문이다(Pannenberg 1993, 632). 종말과 함께 역사가 완성에 도달할 때, 세계사를 통한 하나님의 계시도 완성될 것이다. 이때 "영원"이 시간 속으로 들어오고, 피조물들은 "하나님의 영원"에 참여할 것이다. 하나님과 피조물의 분리가 극복될 것이다. 모든 피조물이 "그의 창조자인 하나님에게 감사하며, 그의 하나님 되심을 경배하고 찬양함으로써", "하나님의 하나님 되심"을 인정하게 될 것이다. 모든 생물의 "삶의 총체성"(Ganzheit des Lebens)이 완성될 것이다(641 이하).

그런데 판넨베르크에 의하면 이 같은 일들이 일어날 "모든 역사의 종말이 예수의 운명 속에서 미리, 선취(Vorwegnahme)로서 일어났다"(1970, 98). "미리 일어난 역사의 종말인 예수의 운명 속에서 야웨는 모든 사람들의 한 분 하나님으로 계시되었다." "역사의 종말은 그것이 우리들에게 아직 일어나지 않았다 할지라도, 예수의 부활과 함께 그에게서 이미 일어났다"(104 이하). "역사의 완성이 예수 그리스도의 운명 속에서 이미 등장하였으며, 하나님은 그의 운명 속에서 궁극적으로 그리고 완전하게 계시되었다." 이 생각을 판넨베르크는 다음과 같이 요약한다. "하나님의 신성의 보편적 계시는 이스라엘의 역사에서 실현되지 않고 나사렛 예수의 운명 속에서 실현되었다. 그 안에서 모든 사건의 종말이 미리 일어났기 때문이다"(103).

3. 역사의 종말, 곧 하나님의 보편적 계시가 예수의 운명 속에서 앞당겨 일어났다면, 역사에서 "새로운 것"이 일어날 수 없지 않은가? 모든 것은 예수의 운명 속에서 일어난 것의 구체화에 불과하지 않은가? 이 질문에 대해 판넨베르크는 다음과 같이 대답한다. 역사의 종말이 나사렛 예수의 운명 속에서 미리 일어났다는 것은 "그리스도 이후에 본질적으로 아무 새로운 것이 더 이상 일어나지 않는다는 것을 뜻하지 않는다"(106). 그리스도 이후의 역사는 "그의 징조(Zeichen) 안에" 있기 때문이다. "징조"는 그것이 가리키는 대상 자체로부터 구별된다. 따라서 그것은 대상에 대해 "새로운 것"이라고 판넨베르크는 대답한다. 시작과 끝, 알파와 오메가가 동일하다는 구도가 여기에 다시 나타난다.

그러나 "역사의 완성"이 그리스도 안에서 앞당겨 일어났다면, 그 이후에 일어나는 역사의 사건들은 그리스도 안에서 앞당겨 일어난 것의 전개에 불과하다. 역사의 종말도 마찬가지다. 역사의 종말, 곧 하나님 나라는 "새로움"(Novum)의 성격을 상실하고, 예수의 "운명" 속에서 앞당겨 일어 난 것의 반복에 불과하다. 예수의 "운명" 속에서 궁극적으로 일어난 하나 님의 자기계시는 역사 속에서 새로운 변화를 일으킬 수 있는 "새로운 것" 이 아니라, 세계사(곧 보편사)를 하나님의 자기계시로 해석하는 일종의 해 석 원리가 되어버린다. 세계사 안에 일어나는 모든 현상은 하나님의 자기 계시로, 신적 현실의 "흔적"으로 정당화될 수 있다. 이로써 역사의 종말은 역사의 내적 동인으로서 역사를 변혁할 수 있는 힘을 잃어버린다.

그러나 판넨베르크는 종말론의 사회정치적 기능을 주장한다. 그에 따 르면 죽은 자들의 부활은 예수와 함께 이미 시작하였다. 그리스도인들 은 부활의 삶의 현실에 참여하고 있다. 부활의 영원한 삶의 현실, 곧 하나 님 나라는 미래적인 동시에 그리스도인들의 삶 속에서 현재적이다. "평화 와 정의 가운데 있는 미래의 하나님 나라의 이념"은 먼저 개인에게 해당 하는 동시에 "언제나 다시금 정치적이며 사회적인 삶의 개혁에 대한 자극 (Impulse)"을 준다(Pannenberg 1972, 184).

G. 몰트만의 역사적·메시아적 종말론

1. 현대신학에서 종말론을 신학적 토의의 중심에 세운 가장 대표적 인물 은 몰트만(J. Moltmann)이다. 그에 따르면 "기독교는 철저히 종말론이며 단 지 부록에 있어서만 종말론이 아니라 오히려 (하나님 나라의 미래를 향한) 희 망과 전망(Aussicht)이요, 앞을 향한 지향이며, 그러므로 현재의 출발과 변 화다"(Moltmann 1969a, 11).

종말론의 근거는 예수 그리스도에게 있다. 역사의 종말은 "역사의 피 안에서 차안으로 돌입하여…역사를 끝내버릴" "마지막 사건"이 아니라, 예수 그리스도 안에서 약속된 하나님 나라의 완성과 새 창조의 시작이다.

예수의 십자가 죽음과 부활을 통하여 일어난 하나님의 계시는 "약속의 성격"을 가진다(75). 하나님은 "약속의 하나님"이다. 그는 그리스도의 계시 안에서 단지 "자기 자신"이나 자기의 말씀을 계시하거나(칼 바르트가 주장하는 하나님의 "자기계시", "말씀의 계시"에 반하여), 죄와 죽음의 역사를 하나님의 자기계시로 정당화시키는 것이 아니라(판넨베르크의 "역사의 계시"에 반하여), "새 하늘과 새 땅" 곧 "하나님 나라"를 약속한다. 약속은 "기존의 주어진 세계에 대한 현실과 인식의 특유한 불일치(inadeaequatio rei et intellectus) 속에 있다"(75).

그리스도의 복음은 구약성서의 약속의 역사의 성취인 동시에 하나님의 메시아적 나라에 대한 약속이다. 복음은 하나님 나라의 미래의 시작(Anbruch)을 선포하는 동시에 그것을 약속한다. 그것은 약속된 미래에 대한 "선금"(Angeld)이다. 이 복음을 믿는 그리스도인들은 미래를 현재적으로 경험하는 동시에 그것의 궁극적 완성을 기다리며 희망한다. 참으로 희망하는 사람은 그가 희망하는 것과 자기의 주어진 현실 사이에 불일치를 발견한다. 그러므로 그는 불의한 현실에 순응하지 않고 오히려 대립하며, 그가 기다리고 희망하는 것을 추구한다. 그의 희망과 싸움 가운데서 하나님의 미래가 현재 속으로 앞당겨온다. 시간은 과거로부터 현재를 거쳐 미래로 "되어져가는 것"(Werden)이 아니라, 미래로부터 현재로 "오는 것"을 말한다. 미래는 "Futurum"(과거로부터 현재로 되어져감을 뜻하는 라틴어 *fieri*의 파생어)이 아니라 "Advent"(미래로부터 현재로 "오다"를 뜻하는 *advenire*의 파생어)이다.

2. 몰트만에 의하면 종말은 과거로부터 시작하여 현재를 거쳐 미래로 흐르는 시간의 선상에서 파악해서는 안 된다. 시간의 선상에서 미래에 있는 것, 미래에 올 것으로 파악될 경우 그것은 시간의 허무성에 대립하는 것으로 파악될 수 없다. 최근의 종말론은 "이미 - 아직 아님"(schon - noch nicht)이라는 공식을 가지고 현재적 종말론과 미래적 종말론의 대립을 해결한다. 여기서 종말은 선적(linear) 시간의 표상으로 생각된다. 그리하여

"지금 이미" 있는 것이 "아직" 있지 아니하며, 아직 있지 않은 것이 지금 이미 있는 것으로 파악된다. 이때 우리는 아직 있지 않은 것이 시간의 과정 속에서 형성될 수 있을 것이라고 희망하게 된다. 이것을 가리켜 몰트만은 "종말론의 시간화"(Verzeitlichung)라고 부른다(Moltmann 1995, 23).

　　"종말론의 시간화"의 첫째 형태를 몰트만은 17세기 "예언자 신학"에서 발견한다(아래 내용에 관해 위의 책 22 이하). 예언자 신학에 의하면 "하나님의 구원 계획"은 세계사의 일곱 시대를 통하여 단계적으로 실현된다. 종말은 이 단계의 마지막에 오는 것을 가리킨다. "종말의 시간화"의 둘째 형태를 몰트만은 알베르트 슈바이처의 철저종말론에서 발견한다. 슈바이처에 의하면 예수는 "묵시사상적 광신자"였다. 그가 임박하게 기대한 역사의 종말은 오지 않았다. 그의 죽음에도 불구하고 그것은 오지 않았고, 역사의 수레바퀴는 지금도 계속 돌고 있다. 따라서 종말은 철저하게 불가능해졌다. 여기서도 종말은 시간의 선상에서 생각되며, 시간을 변화시키는 종말의 역동성이 간과되고 있다. "종말론의 시간화"의 셋째 형태를 몰트만은 오스카 쿨만의 구원사적 종말론에서 발견한다. 그의 종말론에서 종말은 시간의 과정을 통하여 오기로 결정되어 있는 것으로 생각되며, 현재로부터 미래를 향하여 흐르는 시간의 선상에 있는 것으로 생각된다.

　　3. 또한 몰트만은 종말을 "순간 속에 있는 영원한 현재"로 보는 바르트, 알트하우스, 불트만의 종말론을 비판한다(위의 책 30 이하). 이 신학자들의 종말론을 그는 "종말론의 영원화"(Verewigung)라고 정의한다. 이들의 종말론에서는 시간이 폐기되며, 종말론은 세계의 미래와 관계하지 않고 순간 속에 숨어 있는 영원한 현재와 관계함으로써 무시간성과 무역사성에 빠진다. 불트만의 종말론에서 "전체 역사의 의미나 세계사의 목적은 어디에서도 발견할 수 없다. '역사의 의미'는 개별의 각 사람에게 그 자신의 현재적 실존 안에 있다." "그때그때 주어진 너의 현재 속에 역사의 의미가 있다. 너는 그것을 구경꾼으로서는 볼 수 없다. 오히려 너의 책임적 결단 속에서 그것을 볼 수 있다. 모든 순간 속에는 종말론적 순간일 수 있

는 가능성이 숨어 있다"(36 이하).

몰트만에 의하면 "이미 – 아직 아님"의 긴장 속에 있는 역사의 종말은 단지 시간의 미래에 있지 않다. 이와 동시에 그것은 "영원한 현재"로서 매 순간 속에 현존함으로써 역사를 폐기시키는 것으로 생각되어서도 안 된다. 역사의 종말은 예수 그리스도의 부활을 통하여 시작하였으며, 역사의 미래로부터 현재로 "오는 것"으로 파악되어야 한다. 성서가 증언하는 하나님은 성령의 능력 가운데서 그의 미래로부터 "오시는 하나님"이다. 그의 오심과 함께 예수 그리스도 안에서 약속되었고 부활을 통하여 시작한 미래, 곧 종말이 역사의 현재 속으로 들어와서 미래를 향하여 현재를 변화시킨다. "종말은 시간의 되어감(Futur)도 아니고, 무시간적 영원도 아니다. 오히려 그것은 하나님의 미래(Zukunft)와 오심(An-Kunft)이다"(36 이하). "하나님의 오심과 함께 더 이상 죽지 않는 존재가 오며, 더 이상 지나가버리지 않는 시간이 온다. 영원한 생명과 영원한 시간이 온다"(39).

4. 따라서 종말은 죄와 죽음의 세력에 붙들려 있는 세계에 대한 "새로움"(Novum)이다. 그것은 인간의 존재와 이 세계를 하나님 나라의 미래를 향하여 변화시키는 "새 창조"를 일으킨다. 하나님의 오심과 함께 새로운 것이 일어난다. "새로운 것, *kainos*, 궁극적인 새로운 것(*novum ultimum*)은 종말론적 미래를 가져오는 전혀 다른 것, 놀라운 것의 총괄 개념이다. 죽은 자들로부터 그리스도의 부활과 함께 새 창조의 미래가 옛 세계의 현재 속으로 비춰며, '이 시대의 고난' 속에서 새로운 생명에 대한 희망의 불을 점화시킨다"(46).

17세기 루터교회 신학자들이 가르친 것처럼 역사의 종말은 현 세계의 폐기(*annihilatio mundi*)가 아니다. 또 그것은 17세기 개혁교회 신학자들이 가르친 "세계의 변형"(*transformatio mundi*)과 동일시될 수 없다. 또 동방 정교회가 가르치는 "세계의 신성화"(Vergöttlichung der Welt)라고 말할 수도 없다. 세계의 종말은 예수 그리스도를 통하여 시작하였고 약속된 "새 하늘과 새 땅", 곧 모든 생태계를 포함하는 하나님의 메시아적 나라의 완성이요, 이 완성은 철저히 새로운 시작이다(Moltmann 1995, 295 이하).

이 시작은 현존하는 세계 형식의 "변형"이 아니라 세계의 형식이 전도될 수 있는 "시간적 가능성"의 폐기를 전제한다. 이런 점에서 세계의 멸망을 주장하는 묵시사상은 기독교의 종말론에 속한다. 그러나 무에서 만유를 있게 하시고 죽은 예수를 살리신 하나님을 신뢰할 때, 묵시사상이 주장하는 세계의 종말 속에 "새로운 시작이 있음을" 우리는 신뢰할 수 있다(261). 종말과 함께 이 세계의 모든 것이 끝나는 것이 아니라 모든 것 안에 하나님이 계시며(고전 15:28), 모든 것이 하나님의 뜻 가운데서 이루어지는 새로운 생태계, 곧 "새 하늘과 새 땅"이 시작된다. 마지막 목적은 구원받은 생태계를 통한 하나님의 영광에 있다.

하나님이 약속하는 새 하늘과 새 땅은 죄와 불의와 죽음의 세력에 묶여 있는 지금의 세계에 대한 대립이요 모순이다. 그러므로 새 하늘과 새 땅의 새로운 미래를 희망하는 그리스도인의 "믿음은 이 대립 속으로 들어가며, 따라서 그 스스로 죽음의 세계에 대한 대립이 된다.…그리스도를 희망하는 사람은 주어진 현실과 더 이상 타협할 수 없다. 오히려 그는 이 세계로 인해 고난을 당하며, 그것에 대립하기 시작한다"(17). 주어진 세계에 대한 대립과 대립으로 인한 고난 속에서, 하나님의 약속된 나라를 향한 새로운 변화가 일어난다. 하나님은 칼 바르트가 말하는 "완전한 타자"(Der ganz andere)가 아니라 "완전히 변화시키는 자"(Der ganz verändernde)다.

5. 지금까지 기술한 몰트만의 종말론과 함께 20세기 후반의 새로운 신학의 장이 열린다. 발타자르에 의하면 종말론의 초과 근무가 일어난다. 불의한 현실의 변혁을 강조하는 그의 종말론에 세계의 신학계가 큰 관심을 보인다. 그러나 "선도 악도 사람의 문제로 귀착된다. 사람의 마음결에 따라…그가 사탄도 되고 하나님 백성도 된다"(지승원 2014, 67). 문제의 뿌리는 사람에게 있다. 인간의 자기중심적 본성에 있다. 그러므로 역사의 종말, 곧 약속된 하나님 나라는 먼저 인간 본성의 변화와 함께 시작되어야 한다는 점이 초기 몰트만의 신학에서는 충분히 강조되지 않아 아쉬움이 남는

다(이 책의 종말론은 이 점을 강조할 것이다. 아래 IV.4.A. 참조).

H. 해방신학의 종말론

해방신학의 종말론은 구조적으로 몰트만의 종말론과 거의 동일하다. 구티에레즈(G. Gutierrez)에 의하면 "성서는 하나님이 인간에게 주신 약속의 책이다"(Gutierrez 1984, 134). 하나님의 약속은 "종말론적 약속"이다. 그것은 아직 성취되지 않은 새로운 미래를 열어주며, 이 미래를 향한 세계의 개방성과 역사를 일으킨다. 종말론은 단순히 "마지막 일들에 관한 이론"이 아니라 "철저히 미래를 지향하는 구원사의 모터"요, "기독교 신앙을 이해하기 위한 열쇠"다(152). 그것은 약속된 미래를 향한 역사적 현실의 변화를 일으키며, 이를 위해 그리스도인들을 초대하고 파송한다.

레오나르두 보프(Leonardo Boff)는 블로흐의 "희망의 원리"를 수용하고, 인간을 "제한되지 않은 개방성"으로 이해한다(Boff 1993, 19). 인간은 본질적으로 정의로운 미래를 동경하고 희망하는 존재다. 종교는 정의로운 미래에 대한 동경과 희망의 표현이요 기초다. 종교는 "현실 전체의 의미와 관계하기" 때문이다. "희망이 있는 곳에 종교가 있다"(E. Bloch). 보프에 의하면 기독교는 다른 종교들을 넘어선다. 세계의 절대적 미래가 예수 그리스도 안에서 인간의 실존 속으로 들어왔고, 인간의 육 안에 자리를 잡았으며, 그의 부활을 통하여 "유토피아가 실현되었기" 때문이다(22). 그러나 그것은 역사의 미래로 머물러 있으면서, 현재를 변화시키는 역동적 힘으로 작용한다. 그리스도인들은 그리스도의 부활을 통하여 일어난 "죽음에 대한 생명의 승리"를 확신하면서, 마음의 평화 속에서 하나님의 미래를 앞당겨오고자 투쟁한다. 세계의 종말은 우주적 대재난과 파멸이 아니라 예수 그리스도 안에서 약속되었고 시작된 하나님 나라의 성취다.

해방신학의 종말론은 귀중한 통찰을 제시한다. 그러나 많은 신학자들의 종말론과 마찬가지로 해방신학의 종말론 역시 하나의 해석과 이론으로 끝날 수 있는 문제점을 보인다. 해방신학의 종말론적 영향 속에서 라틴 아메리카를 위시한 세계 여러 나라에서 해방운동이 일어났다. 그러나 이 해방운동은 폭력과 테러를 동반한 사회적 대혼란과 새로운 독재체제로 귀결되는 경우가 대부분이었다. 아랍권에서 일어난 "아랍의 봄"은 이를 예시한다. 이에 대한 원인을 우리는 아래 IV.3.B. "왜 마르크스의 꿈은 이루어질 수 없는가?"에서 볼 것이다.

I. 드 샤르댕의 진화론적 종말론

위에서 기술한 현대 종말론들은 인간의 실존과 역사에 주요 관심을 가진 반면, 예수회 소속의 가톨릭 신학자요 고생물학자였던 테야르 드 샤르댕(Teilhard de Chardin, 1881-1955)은 우주론 및 진화론과 연관된 종말론을 전개한다. 오늘 우리 세계가 직면한 생태계의 위기 앞에서, 그는 일찍부터 종말론의 우주적·생태학적 측면에 관심을 가진다. 그는 프랑스 파리에 있는 가톨릭대학의 지리학 교수로서 학문의 여정을 시작하였다. 그러나 원죄에 대한 진화론적 해석으로 말미암아 교수직을 상실하고 20여 년간 중국에서 연구 생활을 계속한다. 제2차 세계대전이 끝난 후 그는 파리로 돌아왔지만, 가톨릭교회의 파면으로 1950년에 미국 뉴욕으로 이주하여 살다가 5년 후 세상을 떠난다.

　　1. 드 샤르댕은 일찍부터 자연과학과 종교의 종합에 많은 관심을 가지고 있었다. 초기 저서에서 그는 현대 자연과학의 문제점을 다음과 같이 지적한다. 현대 자연과학은 물질에 대한 분석을 자신의 주요 방법으로 가진다. 그것은 물질을 분석하여 더 이상 나눌 수 없는 가장 작은 원소를 발견하고자 한다. 여기서 자연과학은 대상 사물을 종합적으로 이해하고자 하지 않고, 그것을 가장 작은 원소로 분석하는 방법을 사용한다. 사물의 가장

작은 원소를 발견할 때, 사물을 정확하게 인식할 수 있고, 세계 전체를 파악할 수 있다고 생각한다. 이 원소는 어떤 상황에서도 변하지 않고 고정되어 있는 사물의 가장 기초적 단위체로 생각된다. 그리고 세계는 이 단위체들의 합으로 생각된다. 세계는 그것을 구성하는 최소의 단위체들로 환원될 수 있다. 이리하여 현대 자연과학은 대상 세계를 가장 작은 단위체로 환원시킨다. 이질적인 것, 우연적인 것은 배제하고 동질적인 것만을 찾는다.

드 샤르댕에 의하면 현대 자연과학의 이 같은 방법은 대상 세계의 빈곤화를 초래한다. 여기서 드 샤르댕은 현대 양자물리학의 이론을 수용한다. 대상 세계를 구성하는 가장 작은 단위체는 영원히 변하지 않고 고정되어 있는 입자 내지 실체와 같은 것이 아니다. 그것은 입자로 있을 때도 있고, 파장으로 있을 때도 있다. 입자가 파장으로 변하기도 하고, 파장이 입자로 변하기도 한다. 그것은 고정되어 있지 않은 것, 결정되어 있지 않은 것(das Unbestimmte)이다. 이 같은 단위체로 구성되어 있는 세계는 그 미래를 수학 공식으로 정확히 파악할 수 없는 "안개구름"(Nebenwolke)과 같다. 따라서 대상 세계는 고정되어 있는 것이 아니라 그 미래를 확정할 수 없는 새로운 가능성으로 가득하다. 그것은 물질적인 것이라기보다 영 혹은 정신에 더 가깝다.

2. 드 샤르댕에 의하면 물질 속에는 "무한한 분리(Divergenz)의 영역"이 있는 동시에 "종합의 요소"가 있다. 분리되는 사물들 속에는 "일치의 중심"(Zentrum der Konvergenz)도 있다. 그러므로 물질은 끊임없이 나누어지는 경향을 가진 동시에, 모든 부분의 완전한 일치와 조화와 아름다움이 있는 중심점을 지향하는 경향을 가진다. 자연의 진화 과정은 이 중심점을 향한 과정이다. 우주 전체가 이 중심점을 향해 움직인다(Chardin 1970, 55 이하).

우주는 은하계의 폭발을 통해 계속 확대되는 과정에 있다. 이 과정 속에서 우주는 아무 구심점도 갖지 않은 것처럼 보인다. 그래서 점점 더 복합성과 무질서에 빠지고 있는 것처럼 보인다. 그러나 우주 속에는 궁극적 일치점, 곧 오메가 포인트가 있다. 이 오메가 포인트를 드 샤르댕은 그리스도라고 본다.

이에 대한 근거를 그는 바울의 말씀에서 발견한다. 모든 것이 그리스도로 말미암아 창조되었고, 모든 것이 그분을 향하여(*ad quem omnia tendunt*) 창조되었다(골 1:16). 때가 차면 우주의 모든 것이 그리스도 안에서, 그리스도를 머리로 하여 통일될 것이다(엡 1:10). 그러므로 우주의 확장 과정은 "무한한 분리"의 현상을 보이지만 "일치의 중심점", 곧 그리스도를 향하여 진화한다. 진화는 땅의 생성(Geogenese) → 생명의 생성(Biogenese) → 정신의 생성(Noogenese) → 그리스도의 생성(Christogenese)으로 진행된다. 이에 따라 생명이 살지 않는 땅의 세계 → 생명이 사는 세계 → 인간의 세계 → 그리스도의 세계가 이루어진다. 진화의 궁극적 목적, 곧 오메가는 그리스도다. 진화의 오메가이신 그리스도는 진화 과정 속에 있는 우주의 모든 것이 일치와 조화를 향하여 움직이도록 작용한다. 역사의 종말은 오메가이신 그리스도 안에서 우주 만물이 하나로 통일된 "그리스도의 세계", 곧 만물 안에 그리스도께서 계시는 신성화된 세계가 이루어지는 데 있다. 그리스도의 초림이 "때가 찼을 때" 일어난 것처럼 그의 재림도 마지막 때가 찼을 때 일어날 것이다.

드 샤르댕은 바울의 말씀에 근거하여 기독교 종말론과 우주 진화론을 접합시킨다. 이를 통해 그는 기독교 신학과 자연과학을 종합시키고자 한다. 우주 진화론의 차원에서 세계의 종말을 제시한 것은 드 샤르댕의 천재성을 보여준다. 그러나 오메가이신 그리스도를 향한 우주의 진화 과정에서 죄와 악의 문제가 충분히 고려되지 않는 문제점도 나타난다. "그가 말하는 '세계의 신성화'(Vergöttlichung der Welt)는 악한 세계를 변화시키지 못하고, 그것을 그 자체로 신적인 세계로 이상화시킬 수 있는 위험성을 가진다"(김균진 1998, 143). 샤르댕의 종말론에서도 인간 본성의 문제가 충분히 고려되지 않기 때문에 그의 종말론은 또 하나의 "론"으로 그칠 수 있다.

II
인격적 종말론

기독교 종말론은 크게 두 부분으로 구성된다. 첫째 부분은 인격적 종말론 혹은 개인적 종말론이요, 둘째 부분은 우주적 종말론 혹은 보편적 종말론이다. 인격적 종말론은 개인의 종말, 곧 죽음의 문제를 다룬다면 우주적 종말론은 세계의 종말 문제를 다룬다. 이 장에서 우리는 개인의 종말, 곧 인간의 죽음 문제에 대해 고찰하고자 한다.

1

삶의 종말로서의 죽음

A. 죽음을 의식할 때 깨닫게 되는 삶의 소중함

1. 죽음은 삶의 끝남을 말한다. 죽음과 함께 삶의 시간이 끝나고 우리의 존재는 이 세계에서 사라진다. 우리는 더 이상 사랑할 수도 없고, 미워할 수도 없다. 아름다운 것을 경험할 수도 없고, 추한 것을 경험할 수도 없다. 기쁨과 슬픔도 사라지고, 즐거움과 고통도 사라진다. 쌓아놓은 소유도 명예도 끝나버린다. 죽는 사람 자신에게 이 세계의 모든 것은 끝난다. 이런 점에서 죽음은 슬프고 치명적이다.

　죽음의 슬픔과 치명성을 우리는 사랑하는 사람의 죽음에서 피부로 느낀다. 사랑이 강할수록 죽음은 더욱 슬프고 치명적으로 느껴진다. 사랑하는 사람이 침묵 속에서 싸늘한 시체로 굳어질 때, 또 그의 시체가 무덤 속으로 들어가거나 화장될 때, 우리는 죽음의 슬픔과 치명성을 뼈저리게 느낀다. 그 사람을 더 이상 만날 수 없고, 교통과 사랑을 나눌 수 없게 된다. 그는 유기체의 영역에서 무기체의 영역으로 옮겨진다. 그가 얼마나 많이 남겨두었는가는 죽음의 순간에 무의미하다. 그는 모든 관계에서 사라진다. 이 세계 안에 있는 가능성들이 그에게는 끝난다. 이름과 명예와 업적과 소유를 남길 수 있지만, 죽은 사람 자신에게 이 모든 것은 더 이상 의미가 없다. 이 세계 자체가 그에게는 끝난다.

2. 이런 점에서 죽음은 한 인간의 삶의 종말, 곧 마지막이라 말할 수 있다. 그의 삶 속에서 일어난 그 무엇도 되돌릴 수 없게 된다. 삶의 모든 것이 이미 일어난 것으로 확정되어버린다. 그것이 없었던 것처럼 되돌릴 수도 없고 수정할 수도 없다. 죽음 이전에 있었던 그의 삶은 죽음의 순간에 확정되고 궁극화된다. 절대적 부재, 단 한 번밖에 없는 삶의 유일회성, 돌이킬 수 없는 삶의 궁극성(Endgültigkeit)이 사랑하는 사람의 식어져가는 몸에서 뼈저리게 느껴진다. 죽음의 엄연한 현실과 치명성에 대한 인간의 무력함과 한계가 피부로 경험된다. 죽어가는 사람이 어떤 상태에 있는지 나는 알 수 없고, 그에게 내 생각을 전할 수도 없고, 그를 위하여 아무것도 할 수 없는 무력감 속에서 굳어져 가는 몸을 바라볼 뿐이다. 무엇을 어떻게 해야 할지 모르는 당혹감과 무력감 속에서 깊은 침묵과 이별의 슬픔에 빠진다.

세계의 거의 모든 종교는 영혼의 영원한 불멸을 믿는다. 영혼의 영원한 윤회를 말하는 종교도 있다. 기독교는 죽은 자들이 그리스도 안에서 잠자는 상태에 있다가 역사의 종말에 다시 살아나서 그리스도의 마지막 심판을 받을 것이라고 말한다(사도신경 참조). 그러나 죽은 다음에 우리 인간이 어떤 상태에 있든지 간에 죽음은 이 땅 위에 있는 삶의 시간의 끝이다. 일생을 통하여 얻은 것, 이루어놓은 것, 내가 소유하고 있는 것, 이 모든 것이 나에게는 끝난다. 새로운 삶의 가능성도 막을 내린다.

그러므로 사람들은 죽기 싫어한다. 죽고 싶다는 말은 더 살고 싶다는 말의 배면이라 볼 수 있다. 땅 위의 어느 생명체를 막론하고 기꺼이 죽음을 택하는 생명체는 없다. 모든 생명체는 가능한 한 더 길게 살고 싶어 한다. 꿈틀거리는 지렁이의 몸부림에서 우리는 더 길게 살고자 하는 모든 생명체의 욕구를 볼 수 있다. 가능한 한 더 길게 살고 싶은 것이 인간의 공통된 본성이요, 살아 있는 모든 생물의 본능이다. 모든 생명체는 죽지 않고 "살고자 하는 의지 자체"다. 그것은 "생명에의 의지"(Wille zum Leben, Schopenhauer)다. 그래서 평소에 늘 죽고 싶다고 말하는 사람도 막상 누가 자기를 죽이겠다고 위협하면 살려달라고 애걸한다. 노인이 죽고 싶다고 말하는 것과, 노처녀가 결혼하기 싫다고 말하는 것과, 장사꾼이 밑지면서 물건 판다고 하는 것은 "삼대 거짓말"이라고 한다.

3. 모든 생물은 죽지 않고 삶의 시간을 최대한 연장시키려고 한다. 죽지 않고 살아남기 위해, 자연의 생물들은 끊임없이 환경에 적응하고, 살아남을 수 있는 기술을 터득한다. 이 같은 생물들 가운데 가장 치열하게 또 지능적으로, 과학적으로 노력하는 것은 인간이다. 정기적으로 건강진단을 받고, 자신의 유전자를 변형시키기도 하고, 운동을 하거나 보약을 먹기도 한다. 한국만큼 건강보조제가 많은 나라는 아마도 없을 것이다. 징그러울수록 몸에 좋다고 생각하여 뱀, 개구리, 도마뱀 등 갖가지 생물들을 잡아먹는다. 갓 태어난 어린아이의 태반을 삶아 먹기도 한다. 밀렵꾼에게 거액의 돈을 주고 각종 짐승들을 잡아 간이나 쓸개는 물론 손바닥, 발바닥까지 삶아 먹는다. 이리하여 땅 위의 많은 생물이 멸종 위기에 빠졌다. 아무리 사나운 짐승일지라도 인간을 보기만 하면 무서워 달아날 지경이다. 이것은 삶에 대한 인간의 집착이 얼마나 강한가를 보여준다. 삶에 대한 집착은 소유와 성에 대한 집착으로 나타나기도 한다.

우리는 무작정 이것을 나쁘다고 말할 수 없다. 죽지 않고 가능한 한 오래 살며, 자기 유전자를 넓게 뿌리려는 것은 모든 생물의 자연적 본능이기 때문이다. 그러나 인간이 죽지 않고 영원히 산다면 이 세계는 어떻게 될까? 과연 인간은 행복해질까? 아마 그렇지 않을 것이다. 삶의 시간이 죽음으로 제한되지 않고 영원히 계속된다면 우리의 삶은 이루 말할 수 없이 지겨워지고 말 것이다. 아무리 맛있는 음식도 세 번 연달아 먹으면 무뎌지는 것과 마찬가지다.

언젠가 나는 세계적인 기업가 이브 생 로랑(Yves Saint Laurent)이 어느 기자와 나눈 인터뷰 내용을 읽은 적이 있다. 그는 엄청난 재산과 명예를 누리며 세계 각처의 아름다운 곳에 수많은 별장을 가지고 있었고, 전용 비행기를 타고 다녔다. 그의 집은 값비싼 예술품들과 골동품들이 가득한 박물관 같고, 그의 곁에는 모델이 되기를 원하는 미녀들이 언제나 그를 따라다닌다고 한다. 또 그의 별장에는 젊고 아름다운 미녀들이 항상 대기하고 있다고 한다. 그러나 그는 이렇게 말한다. "나의 삶은 너무도 지루하다. 나는 매우 외롭다"(Ich langweile mich furchtbar. Ich bin sehr einsam., *Focus*, 1997, Nr. 3, 3쪽).

죽음으로 제한되지 않은 인간의 삶도 이와 같을 것이다. 그것은 끝이 없기 때문에 아무 긴장감이 없을 것이다. 끝없이 살 수 있는 삶, 수백 수천억 년을 살아도 끝나지 않는 삶, 그것은 지겹고 무의미하게 느껴질 것이다. 그래서 지금 이 땅 위에서 일어나고 있는 것보다 훨씬 더 많은 자살이 일어날 수 있다.

4. 죽음은 우리의 삶이 제한되어 있다는 사실을 보여준다. 그것은 우리의 삶이 단 한 번밖에 없다는 것, 곧 삶의 유일회성을 가르쳐주며 지나간 시간은 결코 되돌릴 수 없다는 것, 곧 시간의 불가역성을 보여준다. 죽음을 생각할 때 우리는 단 한 번밖에 없는 삶을 어떻게 살 것인가를 생각하게 된다. 그리고 눈에 보이는 것에서 눈을 돌려 자기 삶의 의미와 목적을 생각하게 된다.

죽음을 볼 때 우리는 삶을 뒤돌아보게 된다. 삶의 매 순간이 얼마나 소중한지 삶의 소중함을 의식하게 되고, 순간순간을 열심히 그리고 바르게 살아야 한다는 생각을 하게 된다. 눈앞에 보이는 작은 이익에 흔들리지 않고 더 크고 숭고한 목적을 위해 살아야 하며, 어디에 내놓아도 부끄럽지 않은 삶을 살아야 한다. 후회 없는 삶, 이웃과 후손들이 기뻐하고 자랑할 수 있는 삶을 살아야 한다는 생각을 하게 된다.

언젠가 나는 길을 지나다 일곱 살 정도 되어 보이는 여자아이가 푸딩을 먹는 모습을 보았다. 조그만 유리 그릇에 담겨 있는 푸딩은 그리 많지 않았다. 푸딩이 얼마나 맛있는지 아이는 푸딩을 한 번에 다 먹지 않고 조그만 스푼 끄트머리에 아주 조금씩만 떠서 먹었다. 그리고는 입안에 넣고서 아주 오래 맛을 음미했다. 그 행동을 반복하면서 아이는 푸딩의 양이 점점 줄어드는 것을 안타깝다는 표정으로 바라보았다.

유리 그릇 속의 푸딩, 이 푸딩에 대한 아이의 태도에서 나는 내 삶을 어떻게 살아야 하는가를 생각할 수 있었다. 푸딩의 양이 제한되어 있듯이 우리의 삶의 시간도 제한되어 있다. 유리 그릇 속의 푸딩처럼 우리 삶의 시간은 우리에게 너무도 소중하다. 그 여자아이가 푸딩을 소중히 여기듯이 우리도 우리의 제한된 삶의 시간을 소중하게 여기고, 매 순간을 소중하게 살아야 하지 않을까! 이 같은 생각을 우리는 다음의 시편 말씀에서 읽을 수 있다.

> 주께서는 사람을 티끌로 돌아가게 하시고
> "죽을 인생들아, 돌아가거라" 하고 말씀하십니다.
> 주님 앞에서는 천년도 지나간 어제와 같고,
> 밤의 한순간과도 같습니다.
> 주께서 생명을 거두어가시면, 인생은 한순간의 꿈일 뿐,
> 아침에 돋는 한 포기의 풀과 같을 따름입니다.
> …
> 우리의 연수가 칠십이요 강건하면 팔십이라도,
> 그 연수의 자랑은 수고와 슬픔뿐이요,
> 빠르게 지나가니, 마치 날아가는 것 같습니다.
> 주의 분노가 발산하는 능력을 누가 알 수 있겠으며,
> 주의 진노가 가져올 두려움을 누가 알 수 있겠습니까?
> 우리에게 우리의 날 계수함을 가르쳐주셔서
> 지혜의 마음을 얻게 해주십시오(시 90:3-12).

5. 그러나 어떤 사람에게 이러한 얘기는 매우 사치스럽게 들릴 수 있다.

죽을 수 없어 마지못해 살아가는 이 땅의 많은 사람들에게 이것은 배부른 사람이나 할 수 있는 푸념으로 들릴 것이다. 먹을 것이 없어 굶주리는 사람들, 일을 하고 싶어도 일할 자리가 없는 사람들, 질병에 걸렸지만 병원에 갈 만한 경제력이 없는 사람들, 생계를 유지하고 자식을 양육하기 위해 자기 몸을 팔아야만 하는 사람들, 이들에게 삶은 축복이 아니라 저주일 것이다. 죽는 것이 사는 것보다 더 낫다고 생각할 수 있다. 이들에게 인생의 아름다움이란 삶의 고난과 고통을 알지 못하는 사람들, 생명의 생물적 위협을 알지 못하는 사람들이 내뱉는 사치스러운 얘기로 들릴 수 있다. 죽지 않고 사는 것이 먼저이기에 죽음을 생각할 겨를도 없을 것이다.

그러나 아무리 비참한 삶일지라도 살아 있다는 것 자체가 귀중한 일 아닐까? 가능한 한 죽지 않고 자기 생명을 유지하려는 것이 모든 생물의 본능이라면, 아무리 고통스러운 삶일지라도 사는 것이 죽는 것보다는 낫다고 할 수 있다. 죽어버리면 모든 관계와 가능성이 끊어지지만 살아 있으면 새로운 가능성이 열릴 수 있다. 살아 있다는 것 자체가 단 한 번밖에 없는 소중하고 존엄스러운 일이다.

삶은 단지 생물학적 생명 연장에 불과하지 않다. 그것은 보다 나은 내일에 대한 기다림이요 꿈이다. 아무리 형편이 어려운 사람일지라도 보다 나은 내일에 대한 꿈과 기다림 속에서 오늘을 살아간다. 블로흐가 『희망의 원리』에서 말하듯이 보다 나은 내일에 대한 기다림은 모든 생물체의 보편적 본성이다. 이 본성 때문에 우리는 아침에 오늘은 무언가 새로운 것, 보다 더 나은 것이 없을까 하는 호기심 속에서 뉴스를 보기 시작한다. 더 이상 새로운 내일이 없어 보이는 노인들도 "내일은 무언가 새로운 일이 있지 않을까" 하는 기다림 속에서 살아간다.

인간의 삶은 꿈과 기다림이다. 그것은 새로운 내일에 대한 희망이다. 이 꿈과 기다림이 있기 때문에 오늘의 현실이 아무리 고통스럽다 할지라도 우리는 죽지 않고 살려고 노력한다. 내일에 대한 기다림 속에서 생명이 유지된다는 것 자체가 아름다운 일이다. 그것은 세계를 폐기시키려는 죽음의 세력에 대한 저항이다.

하나님의 아들 예수는 죽어가는 생명들, 죽지 못해 사는 생명들을 살리고자 한다. 이를 위해 그는 자기 생명을 내어준다. 예수의 아버지 하나님은 모든 생명을 살리고자 하는 "생명의 하나님"이다. 그에게는 생명, 곧 살아 있다는 것 자체가 소중하다. 그는 사랑이기 때문이다. 사랑은 죽지 않고 살아 있기를 원한다. 그러므로 사랑은 죽음을 거부하고, 죽어가는 생명을 살리고자 한다. 죽어가는 생명을 살리기 위해 자기를 희생할 수 있는 것이 사랑이다. 사랑은 죽음보다 더 강하다. 그것은 죽음의 한계를 넘어선다. 언젠가 죽음으로 끝날 수밖에 없는 우리의 삶을 귀하고 아름답게 만드는 것은 사랑이다. 예수의 십자가는 이를 계시한다.

B. *Memento mori*, 너는 죽는다는 것을 기억하라!

20세기 실존주의 철학자 하이데거(M. Heidegger)가 말한 것처럼 우리 인간은 "죽음을 향한 존재"(Sein zum Tode)다. 죽음은 단순히 먼 미래에 일어날 일이 아니라 인간이 태어나는 순간부터 가까워지기 시작한다. 동물과 인간의 한 가지 차이는 인간은 죽음의 위험이 전혀 없어도 자기 죽음을 미리 의식하고, 죽음을 준비할 수 있다는 점이다. "아마도 유일한 존재로서 그 자신의 죽음에 대하여 안다는 것은 인간 존재의 특성에 속한다. 그는 자기 주변의 다른 사람들처럼 죽을 수밖에 없다는 것을 안다"(Pannenberg 1993, 599).

이것은 인간 중심적 이야기일 수 있다. 과연 자연의 짐승들에게는 죽음에 대한 의식이 전혀 없을까? 개들은 자기 죽음이 가까이 왔음을 의식한다고 한다. 죽음을 의식한 개들은 주인에게 자기가 죽는 모습을 보이지 않으려고 주인을 떠난다고 한다. 그러나 죽음에 대한 의식을 가장 분명히 하는 생물은 인간이다. 죽음의 징후가 전혀 보이지 않음에도 불구하고 인간은 자신이 언젠가 죽을 수밖에 없는 존재임을 의식하고 죽음을 준비할 수 있다. 그는 자기의 죽음을 단지 수동적으로 받아들이지 않고 능동적인 태도를 취할 수 있다. 바로 여기에 인간과 동물의 차이가 있다. 그럼 인간은 죽음에 대해 어떤 태도를 취할 수 있는가?

1. 죽음에 대한 가장 대표적인 태도는 죽음을 인간의 의식에서 배제해 버리는 태도, 곧 "죽음의 배제"(Verdrängung des Todes)다. 죽음을 배제하고, 마치 죽음이 없는 것처럼 사는 것이다. 많은 학자들은 이것을 현대사회의 심각한 문제로 지적한다. 우리 주변에서 일어나는 두 가지 대표적 형태의 죽음의 배제를 아래와 같이 말할 수 있다.

죽음을 배제하는 가장 대표적인 사례는 죽음을 자기의식에서 지워버리는 일이다. 고대 그리스 철학자 에피쿠로스에 의하면 "가장 치가 떨리는 악, 곧 죽음은 우리에게 해당하지 않는다." 우리가 사는 동안 죽음은 아직 없다. 죽음이 있을 때 우리는 더 이상 존재하지 않기 때문이다. 따라서 "죽음은 살아 있는 사람에게도 해당하지 않고, 죽은 사람에게도 해당하지 않는다. 살아 있는 사람은 죽음과 아무 관계가 없으며, 죽은 사람은 더 이상 존재하지 않기 때문이다"(Epikur 1949, 45).

그러므로 죽음은 경험의 대상이 아니다. 살아 있는 사람은 살아 있기 때문에 죽음을 경험할 수 없고, 죽은 사람은 죽음의 순간에 죽어버리기 때문에 죽음을 경험할 수 없다. 내 자신이 경험할 수 없는 것을 미리 생각할 필요가 없다. 죽음의 마지막 과정을 우리는 경험할 수 있겠지만 죽음의 순간 자체와 죽음 이후의 상태는 인간의 경험 바깥에 있다. 그러므로 철학자 비트겐슈타인은 "죽음은 삶의 사건이 아니다. 우리는 그것을 체험할 수 없다"고 말한다(Wittgenstein 1960, 81).

인간의 가장 강한 욕구는 죽지 않고 살아남고자 하는 욕구다. 이것은 모든 생물의 공통된 욕구다. 모든 생물은 살고자 하는 의지, 곧 "생명에의 의지" 자체다. 생명에의 의지는 모든 생명의 "보편적 세계의지"다(Schopenhauer). 따라서 땅 위에 있는 모든 생명의 가장 기본 문제는 죽지 않고 살아남는 것이다. 그다음이 자기 종의 생명을 유지하는 것이다(번식에의 의지). 이를 위해 일차적으로 필요한 것은 돈과 물질이다. 돈과 물질이 있어야 자기 생명을 지킬 수 있고, 후손을 낳아 번식할 수 있다. 그래서 인간은 더 많은 돈과 물질을 얻기 위해 삶에 열중한다.

삶에 열중하는 사이에 우리는 언젠가 죽을 수밖에 없다는 사실을 망각한다. 죽음을 의식한다 할지라도 그것을 배제해버린다. 이것은 다음과 같은 현대인의 실용적 사고에서 기인한다. 죽음을 의식하고 죽음에 대해 우리가 깊이 생각한다 할지라도 우리는 "언젠가 죽을 수밖에 없다"는 사실을 변경할 수 없다. 죽음에 대한 생각은 삶의 기쁨과 의욕을 약화시킬 뿐이다. 사는 데까지 살다가 죽으면 그만이다. 우리의 힘으로 변경할 수 없고, 아무것도 얻을 수 없는 것을 미리 생각하고 슬픔에 빠질 필요가 없다. 그것은 우리 삶에 아무 유익도 주지 못한다. 죽음보다도 사는 것이 절실한 문제다. 삶의 문제도 해결하지 못하는데, 죽음의 문제를 미리 생각할 필요가 없다. 이리하여 대부분의 사람은 죽음을 자기의식에서 배제해버린다. 그들은 죽음이 없는 것처럼, 죽지 않을 것처럼 삶에 열중한다.

죽음에 대한 이 같은 태도는 눈에 보이는 세계와 삶을 전부로 생각하고, 주어진 삶에 탐닉하게 한다. 생각해봤자 아무 소득도 없을 죽음에 대해 생각할 필요가 없다. 죽음이 올 때 그것을 받아들이면 그만이다. 사는 동안 최대한 누리다가 죽는 것이 지혜롭다고 생각한다. 그리하여 가능한 한 더 잘 먹고, 잘 입고, 잘 쓰고, 즐겁게 살고자 한다. 더 많이 소유하고, 물질의 풍요와 육체의 즐거움을 누리며 사는 데 삶의 가치를 둔다. 죽음을 망각하고 쾌락에 열중하기도 한다.

이러한 삶의 태도는 눈에 보이는 것밖에 보지 못하는 사람들의 공통적 현상이다. 이들은 어떻게 사는 것이 가치 있게 사는 것인지, 삶의 참 가치가 무엇인지 생각하지 않는다. 소유가 많지만 이 소유를 어떻게 쓰는 것이 가치 있는 일인지 알지 못한다. 알아도 그것을 의식에서 배제해버린다. 소유에 소유를 쌓고 즐거움과 쾌락을 누리며 사는 것을 최고의 가치로 생각한다. 자기의 부를 드러내고, 자기를 과시하는 데 삶의 가치를 둔다. 그래서 값비싼 수입 가구, 고가의 명품과 자동차를 과시한다. 독일에서 보기 어려운 벤츠 S클래스와 BMW 700 시리즈가 한국에서 더 많이 보이는 것은 상당 부분 자기 과시욕에 기인한다. 이런 것을 내보임으로써 자기의 능력과 존재 가치를 나타내고자 한다. 약혼식, 결혼식, 돌잔치 등을 비싼 호텔에서 거행하고, 이를 자신의 부와 사회적 위치에 대한 증거로 자랑하는 졸부 근성을 보인다. 그들은 마치 죽지 않고 영원히 살 것처럼 근사하게 산다. 죽음은 그들의 의식 바깥에 있다. 누가복음 12:18-19의 어느 부자의 독백은 이 같은 삶의 태도를 보여준다. "이렇게 해야겠다. 내 곳간을 헐고서 더 크게 짓고, 내 곡식과 물건들을 다 거기에다가 쌓아두겠다. 그리고 내 영혼에게 말하겠다. '영혼아, 여러 해 동안 쓸 많은 물건을 쌓아두었으니, 너는 마음을 놓고, 먹고 마시고 즐겨라.'"

그러나 죽음을 망각하거나 배제한다 하여 죽음에 대한 의식이 우리에게서 완전히 사라지는 것은 아니다. 그것은 우리의 무의식 속에 숨어 있다. 무의식 속에서 그것은 죽음으로 제한된 삶에 대한 불안과 초조함을 일으킨다. 불안과 초조함 때문에 삶에 더 집착하게 한다. 삶에 집착할수록 삶은 더욱 빈약해진다. 삶의 올바른 목적과 가치관이 부재하기 때문이다. 따라서 "마치 죽음이 없는 것처럼 사는 것은 우리의 삶에 해가 되는 환상(lebensfeindliche Illusion)"이다. 그것은 "비종교적 기만"(irreligiöser Betrug)이다(Moltmann 1995, 73, 65).

2. 죽음을 배제하는 둘째 형식은 죽음을 땅 위의 모든 생명이 언젠가 당할 수밖에 없는 자연질서로 생각하고 대수롭지 않게 여기며, 죽음에 대해 무관심해지고 익숙해지는 일이다. 자기 곁에서 죽음이 일어나도 그것에 대해 무감각하다. 이웃의 죽음 소식을 접하면서도 그는 죽음에 대한 자기의 감정을 면역시킴으로써 죽음을 배제해버린다.

오래된 보도이지만 1971년 미국 소아과 아카데미(American Academy of Pediatrics)의 보고서에 의하면, 아이들이 14세까지 텔레비전에서 평균

18,000번의 죽음 장면을 본다고 한다(Küng 1982, 203). 21세기인 지금은 그 횟수가 더 많을 것이다. 오늘도 우리는 매일 죽음에 대한 보도를 접하고 있다. 교통사고로 인한 죽음, 전쟁과 테러로 인한 죽음, 성폭행과 살인으로 인한 죽음, 자연재해로 인한 죽음, 독신자들의 고독사, 취업준비생이나 공시생들의 절망으로 인한 죽음, 경제적 빈곤으로 인한 일가족 자살 등 아마도 죽음에 대한 보도가 없는 날은 하루도 없을 것이다. 이로 말미암아 사람들은 죽음을 대수롭지 않게 여기게 된다. 옆에서 누가 죽어도 별다른 감정을 느끼지 않는다.

사회학자들에 의하면 죽음에 대한 보도는 인간을 죽음에 대해 무감각하게 만든다고 한다. 신문, 라디오, 텔레비전, 스마트폰의 죽음에 대한 보도는 우리의 마음을 잠시 착잡하게 만들지만 착잡한 마음은 얼마 가지 않아 사라져버리고 우리는 죽음에 대하여 차츰 무감각해진다. 몇십 명, 몇백 명이 죽었다고 하면 좀 놀라지만 몇 명이 죽었다고 하면 대수롭지 않게 여긴다. 죽음이 일상화되었기 때문이다.

죽음에 대한 무감각과 무관심은 생명에 대한 무관심과 무감각으로 이어진다. 죽음에 대해 무관심·무감각한 사람은 생명 자체에 대해 무관심·무감각해진다. 죽음에 무관심한 사람은 생명이 당하는 고통에 무관심·무감각하다. 무관심과 무감각이 그의 삶의 기본 태도이기 때문이다. 이리하여 오늘 우리의 세계는 점점 더 생명과 생명의 고통에 대해 냉담한 세계로 변모하고 있다. 동물은 물론 인간의 생명마저 최대한의 이익을 얻어내야 할 하나의 상품으로 간주된다. 생명의 가치와 존엄성은 상아탑 속의 학자들이나 하는 말로 간주된다.

생명과 생명의 고통에 대한 무관심은 생명에 대한 잔인성으로 발전한다. 그리하여 어린 여아를 성폭행한 다음 죽이기도 하고, 사람의 몸을 토막 내어 죽이기도 하고, 연약한 여성에게 폭력을 행하기도 한다. 사람을 고문하고 죽이는 것을 예사로 생각한다. 극악무도한 살인과 테러가 끊이지 않는다. 생명에 대한 폭력과 살인이 오늘 우리의 세계 도처에서 끊임없이 일어나고 있다.

인간의 죽음의 고통에 대해 무감각·무관심한 사람은 동물의 죽음의 고통에 대해서도 무관심·무감각하다. 소, 닭, 돼지 등이 있는 대형 사육장의 비인도적 처사는 하늘이 공노할 정도다. "개는 패 죽여야 더 맛있다"는 미개한 생각에서 개를 패 죽이기도 한다. 자기 자신이 그런 일을 당한다고 생각해보라! 이 짐승들이 받은 해는 결국 인간 자신에게 돌아온다. 그들이 먹은 항생제, 사육장에서 사용되는 각종 약품과 화학 물질은 인간의 몸속으로 들어온다. 생과 죽음의 고통에 대한 무관심·냉담성·잔인성은 결국 인간 자신에게 돌아온다. 그것은 이웃의 생명과 죽음의 고통에 대해 무관심하고 냉담한 사회, 잔인한 사회를 초래한다.

3. 죽음의 배제는 수많은 사회 문제를 일으킨다. 더 많은 노동과 생산과 물질의 풍요를 목적으로 하는 사회에서 죽음은 하나의 방해물로 간주된다. 고장이 나서 복잡한 도로변에 정차되어 교통체증을 유발하는 자동차와 같은 것으로 생각된다. 장애물은 속히 제거되어야 한다. 그래야 교통이 원활해지고, 경제가 발전할 수 있고, 더 많은 이익을 얻을 수 있다. 이리하여 죽음은 눈에 보이지 않는 사회 구석으로 밀려난다.

경제가 발전할수록 인간 사회는 능력과 업적 위주의 사회로 변모한다. 더 많은 능력, 더 많은 노동, 더 많은 업적은 더 많은 소득을 가져올 수 있다. 이에 방해가 되는 모든 것은 제거되어야 한다. 따라서 죽음은 사회 저변으로 은폐되거나 배제되어버리는 현상이 일어난다. 과거에 한국이 농업 위주의 사회였을 때, 한 사람의 죽음은 그가 살던 마을이나 동네 전체의 공동체적 사건이었다. 온 동네 사람들이 장례식을 도와주었다. 망자의 시체를 실은 상여가 묘지를 향해 떠날 때 많은 동네 사람들이 길가에 서서 애도의 뜻을 표하였다. 마을의 청장년들이 상여를 운반했고 장례를 마감해주었다. 이것은 내가 어릴 때 직접 목격했던 일이다.

그러나 오늘날 죽음은 공동체적 사건이 아니라 개인의 사적 사건으로 처리된다. 마지막 임종은 병원에서 이루어지고, 시체는 영안실로 운반된다. 망자는 병원 영안실에 격리된다. 문상객들은 병원 장례식장으로 가서 금일봉과 함께 유족들과 인사를 나눔으로써 망자와 작별을 끝낸다. 장례식은 장례 업체에서 처음부터 마지막까지 깨끗하게 처리해준다. 동네 사람이나 친지들이 도와줄 수 있는 일은 거의 없다. 또 그럴 시간 여유가 그들에게는 없다. 다들 자기 시간에 쫓기기 때문이다. 죽은 사람은 거주지에서 멀리 떨어진 공원묘지나 납골당으로 격리되고, 망각의 세계로 묻혀버린다.

죽은 사람의 묘지 관리는 대개 1, 2세대로 끝난다. 3, 4대의 자손들이 얼굴을 본 적도 없는 조상들의 묘지를 방문하는 일은 매우 드물다. 이리하여 죽은 사람의 묘지는 누구의 것인지 알 수 없게 되고, 임자 없는 무덤들이 생겨난다. 자연풍화로 없어지기도 하고, 택지 조성 구역에 묶여 폐기되기도 한다. 이를 피하기 위해 요즘 많은 사람들이 공원묘지를 사용하지만, 과연 몇 세대나 공원묘지에 묻힌 조상을 찾아올지는 의문이다.

4. 죽은 사람에게 냉담한 사람은 살아 있는 사람들, 특히 경제 발전에 방해된다고 여겨지는 사회적 약자들, 곧 장애인과 노인들에게 냉담할 수밖에 없다. 이러한 사람들은 사회의 변두리로, 아니면 사회 밑바닥으로 배제되어버린다. 병자는 병원으로, 장애인은 장애인 시설로, 노인은 양로원이나 요양원으로 격리되었다가 쓸쓸한 죽음을 맞이한다. 자기 동네에 장애인 시설이 들어서는 것을 극렬히 반대하는 현상은 생명에 대한 우리 사회의 냉정함과 몰인정을 예시한다. 고난당하는 이웃의 생명이 중요한 것이 아니라 자기 동네 집값을 지키는 일이 더 중요하다. 문제는 장애인 시설이 있다 하여 집값을 낮추려는 인식 자체가 잘못된 것이다. 우리는 모든 것을 돈 중심으로 생각한다. 돈이 최고다. 돈이 곧 하나님이다. 돈이 최고의 가치가 될 때 인간성이 사라지고 사랑이 메마른다. 감정 없는 사람이 되어버린다.

몰트만에 의하면 감정이 없고 사랑할 수 있는 능력이 없는 사람은 어떤 대상을 제대로 인지하지 못한다. 그 대상이 죽든지 살든지, 고통을 당하든지 말든지 그는 개의치 않는다. 그는 자기 자신과 상관없는 현실 속에서 살아간다. 그는 모든 대상을 하나의 물건처럼 기계적으로 인지할 뿐이다. 그에게 "참 현실"은 사라진 것처럼 보인다. 그는 "자기의" 것이 아닌 현실 속에서, 곧 "비현실적인 현실"(unwirkliche Wirklichkeit) 속에서 살아간다(Moltmann 1995, 74). 그는 아직 소화하지 못한 무의식적인 죽음의 불안을 무의식 속에서 느낀다. 죽음의 불안은 그의 삶의 스타일에 나타난다. 인생은 짧다(vita brevis est). 그러므로 가능한 빨리 살아야 한다. 빨리, 빨리, 더 빨리!(Presto) 더 빨리 움직이고 더 빨리 살아야, 더 많은 것을 소유하고 더 많이 누릴 수 있다.

이 같은 사람에게는 자기의 삶이 모든 것으로 간주된다. 그는 이웃의 삶과 죽은 조상들의 생명과 죽음에 대해 무감각하다. 이리하여 그는 개체화되어버린다. 억울한 죽음을 당하는 이웃과 자연 피조물의 고통에 대해서는 물론, 억울한 죽음을 당한 조상들에 대해서도 무관심하다. 그는 후대의 삶의 고통에 대해서도 무관심하다. 죽음을 배제하고 죽음이 없는 것처럼 사는 사람은 삶과 죽음으로 이어진 세대 간의 연결고리를 망각한 "개체화된 인간"으로 살게 된다(68).

이 같은 현대사회에 대해 하나님은 다음과 같이 경고한다. "살아 있는 사람은 누구나 죽는다는 것을 명심하여야 한다"(전 7:2). 고대 그리스의 현자도 이와 같이 충고한다. "너는 죽는다는 것을 기억하라!"(메멘토 모리, memento mori) 인간이 인간다운 인간이 될 수 있고, 이웃과 자연만물을 사랑할 수 있고, 인간답게 살 수 있는 길은 자기의 죽음을 기억하는 데 있다. 언젠가 죽는다는 사실을 기억할 때 우리는 지혜로운 사람이 될 수 있다. 교만한 사람이 겸손한 사람으로, 냉혹한 사람이 자비로운 사람으로 변할 수 있다. 이것을 시편 저자는 다음과 같이 말한다. "우리에게 우리의 날 계수함을 가르쳐주셔서, 지혜의 마음을 얻게 해주십시오"(시 90:12).

C. 삶 속에서 경험되는 죽음

1. 인간은 삶 속에서 죽음을 의식할 수 있는 존재다. 그가 죽음을 아무리 자기의 의식에서 배제하려고 해도 죽음의 사실은 그의 의식 속에 숨어 있다. 나이가 들수록 죽음에 대한 의식이 더 분명해진다. 슐라이어마허가 말하는 인간의 "하나님 의식"(Gottesbewußtsein)도 보편적이지만, "죽음의 의식"(Todesbewußtsein)도 보편적이다. 그러므로 인간은 그가 의식하든 못하든 죽음에 대한 의식과 함께 살아간다. 죽음은 언젠가 올 수밖에 없는 모든 인간의 보편적 운명이요, 인간이 뛰어넘을 수 없는 한계 상황이기 때문이다.

인간이 삶 속에서 죽음을 의식하며 죽음의 현실을 경험할 수 있는 까닭은 무엇인가? 그것은 먼저 인간의 이성 능력에 있다. 인간은 아직 존재하지 않는 것, 그의 감성으로 경험할 수 없는 것을 자신의 이성을 통해 미리 의식할 수 있다. 그는 삶 속에서 죽음을 의식하고 의식 속에서 그것을 경험하며 죽음을 준비할 수 있다.

또한 그 까닭은 삶과 죽음의 한계의 모호성과, 삶 속에 있는 죽음의 현실성에 있다. 한 번 태어나서 언젠가 죽는 것은 하나님의 창조질서에 속한다. 그는 언젠가 죽을 수밖에 없는 존재로 태어나서, 죽을 수밖에 없는 존재로 살아간다. 그의 삶의 시작과 함께 죽음이 시작된다. 죽음은 단순히 미래에 일어날 사건이 아니라 인간의 삶 속에서 매 순간 가까이 온다. 그것은 삶 속에서 경험되는 실재이며, 삶과 분리할 수 없는 삶의 한 구성 요소다. 그는 사는 동안 죽음과 함께, 죽음을 향하여 살아간다. 그러므로 인간은 의식적이든 무의식적이든 삶 속에서 자기의 죽음을 의식하며, 의식 속에서 죽음을 경험한다.

2. 성서는 보다 더 깊은 정신적·종교적 차원에서 삶 속에 있는 죽음의 현실을 이야기한다. 먼저 구약성서에서 죽음은 단지 삶의 마지막에 일어나는 생물학적 현상이 아니라, 하나님이 보이지 않는 현실 속에서 일어나

는 죄의 현실과 삶의 결핍 상태를 가리킨다. 불의와 폭력과 박해와 거짓이 있으며, 가난과 질병과 고독과 고통이 있는 곳, 생명의 원천이신 하나님이 계시지 않는 곳에 죽음은 이미 현존한다. 하나님과 그의 진리를 멸시하고 죄 가운데 사는 자는 이미 죽음의 그늘 속에 있다. 이것을 우리는 다음의 시편 말씀에서 읽을 수 있다.

> 사람이 어둡고 캄캄한 곳에서 살며,
> 고통과 쇠사슬에 묶이는 것은,
> 그들이 하나님의 말씀을 거역하고,
> 가장 높으신 분의 뜻을 저버렸기 때문이다(시 107:10-11).

> 아, 나는 고난에 휩싸이고,
> 내 목숨은 스올의 문턱에 다다랐습니다.
> 나는 무덤으로 내려가는 사람과 다름이 없으며
> …
> 이 몸은 또한 죽은 자들 가운데 버림을 받아서,
> 무덤에 누워 있는 죽은 자와 같고,
> 더 이상 기억하여주지 않는 자와도 같고,
> 주의 손에서 끊어진 자와도 같습니다(시 88:3-5).

창세기 2장에서 하나님은 선과 악을 알게 하는 나무의 열매를 따먹는 날, "너는 죽을 것이다"라고 아담에게 경고한다. 그러나 아담이 그의 아내 하와와 함께 그 열매를 따먹었음에도 불구하고 두 사람은 생물학적인 의미의 죽음을 당하지 않는다. 두 사람은 낙원에서 추방당하지만 그들의 생명은 계속된다. 여기서 하나님이 경고하는 죽음을 반드시 생물학적 의미의 죽음, 곧 삶의 시간의 끝남으로만 이해할 필요는 없다. 생물학적 죽음보다 더 고통스럽고 더 무거운 것은 하나님 없는 세계에서 이루어지는 인간 삶의 현실이다. 하나님이 아담에게 경고하는 죽음은 하나님으로부터 단절된 죄와 악의 현실 속에서 이루어지는 인간 삶의 현실을 가리키며, 이러한 현실에서 살다가 당하게 될 인간 삶의 시간의 끝남을 말한다.

그러므로 죽음은 하나님 없는 인간의 죄악된 삶과, 하나님 없는 이 세계에 현존하는 하나의 현실이다. "무거운 병에 걸린 사람들, 고발을 당하였으나 재판정에서 변호해줄 사람이 없는 자들, 박해를 받지만 아무 도움을 얻지 못하고 적대자들에게 내맡겨져 있는 사람들은 이미 죽음의 세계에 속한다"(Wolff 1974, 168). 하나님이 계시지 않으며, 그러므로 하나님의 의와 자비가 사라지고, 죄와 불의와 폭력과 억압과 착취가 지배하는 현실 속에서 사는 사람들은 "죽음의 그림자가 드리운 땅에 사는 사람들"이라고 성서는 말한다(사 9:2).

3. 하나님 없는 삶 속에 있는 죽음의 실재는 신약성서에서 더욱 철저하게 나타난다. 하나님의 부재와 죽음의 연관성을 깊이 파악한 신약성서의 대표적 인물은 바울이다. 그에 따르면 죄 안에는 죽음이 왕 노릇 하고 있다(롬 5:14, 21). 죄는 "죽음의 독침"이다(고전 15:56). 이 독침을 맞고 죄를 지을 때 인간은 죽음의 세력에 붙들린 존재, 곧 죽음의 세력의 노예가 된다. 죄로 타락한 아담 안에서 모든 사람은 죽음의 상태에 있다(고전 15:22). 우리는 범죄로 말미암아 죽었다(엡 2:15; 골 2:13).

이 말씀에 의하면 죽음은 삶의 마지막에 일어나는 생물학적 현상이 아니라, 하나님을 떠나 죄 가운데 사는 인간과 세계의 현실, 곧 하나님께 버림받은 상태(Gottverlassenheit)를 가리킨다. 인간은 물론 모든 피조물이 죽음의 세력에 사로잡혀 신음하고 있다(롬 8:20). 여기서 죽음은 온 세계를 지배하는 우주적 세력으로 생각된다. 이 우주적 세력에서 인간을 생명으로 자유롭게 하실 분은 예수 그리스도뿐이다(롬 5:17-18; 7:25; 고전 1:10). 그리스도의 부활을 통해 죽음의 세력은 깨어졌다(고전 15:54-55).

공관복음서도 죽음을 삶 속에 있는 실재로 파악한다. 모든 사람이 "죽음의 그늘 속에서" 살고 있다(마 4:16). "죽은 사람의 장례는 죽은 사람들이 치르게 하라"(눅 9:60; 마 8:22)는 예수의 말씀은 하나님 없는 이 세계의 사람들은 이미 죽음 속에 있음을 시사한다. "겉으로는 아름답게 보이지만, 그 안에는 죽은 사람의 뼈와 온갖 더러운 것이 가득하다"(마 23:27)는 예수의 말씀도 이를 시사한다. "하나님은 죽은 사람의 하나님이 아니라 살아 있는 사람의 하나님이시다"(마 22:32; 막 12:27; 눅 20:38)는 말씀은 하나님이 단지 살아 있는 사람들만 관장하신다는 것을 뜻하지 않는다. 오히려 이 말씀은 하나님은 하나님 없는 자들, 죄 가운데서 살아가는 사람들의 하나님이 아니라, 하나님 안에서 참 생명을 사는 사람들의 하나님임을 뜻한다. 여기서 하나님 없이 죄 가운데서 살아가는 사람은 "죽은 사람"으로 규정된다. 그들은 살아 있다고 하지만 죽음 속에 있다. 그러므로 부활하신 예수는 "어찌하여 너희들은 살아 계신 분을 죽은 사람들 가운데서 찾고 있느냐?"고 제자들에게 말씀하신다(눅 24:5).

요한 문서에서도 죽음은 하나님 없는 자들의 삶의 실재로 생각된다. 예수는 죽음 속에 있는 사람들을 살리는 "생명의 빵"(요 6:35, 48)이다. 하늘에서 내려온 이 빵, 곧 예수의 살이 "세상에 생명을 준다"(6:51, 58)는 말씀은 예수와 연합하지 않는 사람은 죽음 속에 있다는 것을 시사한다. 요한 문서는 죽음을 "어둠"에 비유하기도 한다. "나는 세상의 빛이다. 나를 따르는 사람은 어둠 속에 다니지 않고 생명의 빛을 얻을 것이다"(8:12).

요한 문서는 사랑과 연관하여 삶 속에 있는 죽음의 실재를 이야기한다. 하나님과 이웃에 대하여 자기를 폐쇄하고, 자기만을 추구하며 사는 사람은 이미 죽음 속에 있다. "사랑하지 않는 사람은 죽음 가운데 머물러 있다"(요일 3:14). 형제나 자매를 미워하는 것은 살인이요, 살인을 하는 사람, 곧 형제를 미워하는 사람 안에는 영원한 생명이 없다(요일 3:15). 하나님을 거부하고 이기심과 시기와 미움 속에서 살아가는 사람들은 어둠, 곧 죽음 속에 있다(요일 1:5).

요한 문서의 이 생각을 우리는 삶의 현실에서 쉽게 볼 수 있다. 배려와 사랑을 받으며 성장하는 어린이들은 바르고 아름답게 자라난다. 그 반면,

무관심과 미움 속에서 성장하는 아이들은 문제아가 되는 경우가 많다. 이웃에 대한 배려와 사랑은 생명을 살리는 힘이요, 무관심과 미움은 생명을 죽이는 힘이다. 이기심과 미움과 증오는 생명을 파괴하는 "죽음의 독침"이요, 이 독침은 하나님 없는 인간 세계의 실재다.

4. 이와 같이 성서에서 죽음은 단지 삶의 시간 마지막에 일어나는 생물학적 사건이 아니라, 하나님 없는 인간과 이 세계 속에 현존하는 현실이다. 그것은 질병과 노화, 극심한 경제난과 사회적 소외, 사랑하는 사람과의 이별과 고독 속에서 경험되기도 한다. 실직과 경제난, 사회적 소외와 깊은 고독 속에서 사는 사람들은 끊임없이 죽음의 충동을 느낀다.

특히 사랑하는 사람의 죽음 앞에서 우리는 죽음의 실재를 뼈저리게 경험할 수 있다. 사랑하는 사람의 죽음은 자연스러운 것도 아니고, 고대 그리스인들이 생각했던 것처럼 축제와 같은 것도 아니다. 그것은 상실이요 끝남이다. 그것은 더 이상 같이 있을 수 없음이요, 사랑을 함께 나눌 수 없음이다. 그것은 슬픈 이별이요 분리이며, 교통과 사귐의 단절이다. 내가 사랑하는 죽은 사람은 나에게 아무것도 말할 수 없고, 나 역시 그에게 아무것도 말할 수 없다. 그를 위로할 수도, 그의 위로를 받을 수도 없다. 우리는 사랑하는 사람의 시체 앞에서 말할 수 없는 상실감과 공허감, 마음의 슬픔을 느낀다. 사랑은 고통을 동반한다. 이 고통이 죽음의 고통보다 더 크기 때문에, 사랑하는 사람의 죽음 다음에 자신의 목숨을 끊어버리는 사람도 있다. 나의 셋째 형수님처럼 남편 장례를 치른 지 2주 만에 잠자다가 갑자기 죽어버리는 경우도 있다.

삶 속에 있는 죽음의 실재는 깊은 사랑 안에서 경험되기도 한다. 사랑은 생동성 자체다. 그것은 생동력의 원천이다. 그것은 사랑하는 사람은 물론 사랑받는 사람을 생동케 한다. 사랑은 장애인도 생동케 한다. 생명력이 약한 어린이와 노약자들도 사랑을 받으면 생동하게 된다. 식물도 사랑을 받으면 더 잘 자란다. 그 이유는 무엇일까? 사랑은 생명의 힘이요, 생명의 원천이기 때문이다. 모든 생명은 암컷과 수컷의 깊은 사랑 속에서 수

태되고 태어난다. 사랑이야말로 모든 생명을 태어나게 하는 힘이요, 우주의 원리다. 하나님이 "땅의 기초를 놓으셨다"는 성서 말씀(욥 38:4; 시 102:25; 104:5; 사 48:13; 51:13, 16; 히 1:10)은 세계의 모든 피조물이 하나님의 사랑 안에서 더불어 살도록 창조되었음을 말한다.

5. 사랑은 상대방의 삶에 참여하며 삶을 함께 나눈다. 상대방이 당하는 행복은 물론 고통에도 참여한다. 사랑은 쌍방 간의 참여이며 기쁨이다. 그것은 상대방의 제한성과 유한성에 대한 참여이기도 하다. 참으로 사랑하는 사람은 자신의 존재는 물론 상대방의 존재가 죽음으로 제한되어 있음을 의식한다. 그러므로 참으로 사랑하는 사람은 깊은 사랑 속에서 죽음의 무성(無性)을 경험한다.

사랑하는 사람이 언젠가 죽을 수밖에 없음을 의식하는 일은 고통스럽다. 그래서 대부분의 사람은 이 문제를 의식에서 배제해버린다. 아니면 이를 불필요하다고 생각한다. 이로 인해 그들은 죽음의 현실에 대해 무감각해진다. 그러나 무감각은 인간의 감정을 무디게 만든다. 이웃의 고통에 무감각한 사람을 만든다. 무감각은 결국 무감각한 인간관계, 무감각한 사회, 냉정하고 냉혹한 사회를 형성한다. 사랑의 아름다움은 사라지고, 육체의 쾌락만 추구하게 된다. 더 많은 소유와 더 깊은 쾌락을 추구하는 사회, 자기 바깥에 있는 모든 존재를 자기의 이익을 위한 효용가치의 관점에서 평가하며, 지배와 정복의 대상으로 생각하는 사회적 분위기가 생성된다. "산 정상을 정복한다", "시장을 공략한다", "관광객을 공략한다", "여성을 정복한다"는 말은 자기 바깥에 있는 사물을 정복과 지배의 대상으로 생각하는 인간의 죄악된 본성을 반영한다.

6. 그러므로 죽음을 망각하고 사는 것은 삶 자체를 위해 지혜롭지 못하다. 오히려 삶 속에서 자신의 죽음을 의식하고, 자기 삶의 태도를 결단하는 것이 지혜로운 일이다. 삶과 함께 죽음도 주어진다. 태어나는 바로 그 순간부터 우리는 죽음을 향해 나아간다. 그러므로 죽음은 삶의 마지막 사건인 동시에 삶에 속한다. 그것은 삶과 결합되어 있다. 삶의 마지막 사건

인 동시에 삶의 한 부분이다. 따라서 죽음을 의식에서 배제하고 죽음을 잊어버리고 산다 하여, 그것이 우리의 의식에서 완전히 사라지는 것은 아니다. 오히려 그것은 우리의 의식 속에 깊이 숨어 있으면서 우리의 삶에 허무의 그림자를 던지며 우리의 삶을 훼손한다. 세상 모든 것이 헛되다고 생각하면서 세상을 포기하고 도피하는 삶의 태도를 초래하기도 한다. 이왕 죽을 바에야 원 없이 육체의 향락을 누리다가 죽자는 삶의 태도를 초래하기도 한다. 이 같은 삶의 태도는 자기 자신은 물론 이웃의 생명을 파괴하며, 단 한 번밖에 없는 자기의 생명을 무가치하게 만들어버린다.

그러므로 자기의 죽음을 미리 의식하면서 삶의 태도를 바르게 세우는 것이 현명하다. 죽음에 대한 의식을 통해 삶의 지혜를 얻는 것이 지혜로운 일이다. 자신의 죽음을 미리 의식함으로써 우리는 어떤 삶의 지혜를 얻을 수 있을까?

1) 우리는 자기에게 집착하지 않고 자기를 비우는 삶의 지혜를 얻을 수 있다. 자신의 죽음을 의식할 때 자기 자신에 대한 집착과, 더 많은 소유와 힘을 쌓는 것이 무의미하다는 것을 깨닫게 된다. 죽음과 함께 우리는 이 모든 것을 버리고 빈손으로 흙으로 돌아간다. 이 사실을 의식할 때 우리는 이 세상에 속한 것에 집착하지 않는 삶의 지혜를 얻을 수 있다.

2) 죽음을 의식할 때 돈과 쾌락의 노예가 되지 않고, 올바르고 숭고한 목적을 향해 살 수 있게 된다. 더 많은 돈과 쾌락을 얻기 위해 살던 삶을 중단하고, 이웃과 공동체를 위한 올바른 목적을 향해 살 수 있게 된다. 비본질적인 것, 무가치한 것을 벗어버리고, 본질적이며 가치 있는 것을 생각할 수 있게 된다. 거짓된 것, 일시적인 것을 버리고 참된 것, 영원한 것을 바라며 살고자 하는 삶의 지혜를 얻게 된다. 돈을 보지 않고 고난 속에 있는 이웃을 볼 수 있게 된다.

3) 올바른 삶의 길은 세상을 망각하거나 세상을 해탈하는 데 있는 것이 아니라, 세상의 연약한 생명들을 사랑하는 데 있다. 더 많이 소유하고, 생물학적 삶의 시간을 가능한 한 더 연장시키면서, 더 많은 성적 대상을

"정복"하려는 욕정에 있는 것이 아니라, 더 많이 베풀고자 하는 자비로운 마음에 있다. 연약한 생명들을 위해 하나님의 정의를 세우고자 하는 마음, 자기 자신에게 집착하지 않고 이들을 위해 자기 삶을 바치고자 하는 마음에 있다.

그러므로 예수는 이렇게 말한다. "누구든지 제 목숨을 구하고자 하는 사람은 잃을 것이요, 누구든지 나를 위하여 제 목숨을 잃는 사람은 찾을 것이다. 사람이 온 세상을 얻고도 제 목숨을 잃으면 무슨 이득이 있겠느냐? 또 사람이 제 목숨을 되찾는 대가로 무엇을 내놓겠느냐?"(마 16:25-26; 눅 9:24-25) 예수는 이 말씀을 스스로 실천하였다. 그러므로 그는 다시 살아날 수 있었다.

더 많이 소유하고, 더 많은 성적 대상을 정복했다 할지라도 마지막에 남는 것은 자신의 삶에 대한 후회뿐이다. 수많은 사람의 죽음에 관한 이야기에서 우리는 이것을 읽을 수 있다. 거대한 부를 소유한 귀족으로서 화려한 여성 편력을 자랑한 세계적 문호 톨스토이가 생애 마지막에 자기의 모든 소유를 내어놓고 거지처럼 죽은 까닭이 여기에 있다. 자신의 삶이 죽음으로 제한되어 있다는 사실을 깨달을 때 삶의 참 가치가 무엇인지를 깨닫게 된다.

자신의 죽음을 미리 내다볼 때 생명을 사랑할 수 있게 된다. 자기를 비우고, 삶의 참 가치가 무엇인지를 깨닫기 때문이다. 모든 생명은 죽음을 통해 연대되어 있고, 죽음의 운명 앞에서 하나라는 사실도 보게 된다. 또한 죽음의 세력에 묶여 신음하는 피조물들의 고난과 고통을 보게 된다. 자신의 죽음에 대한 의식 속에서 이웃을 사랑하는 사람으로 변화할 때, 이웃의 고통에 "무감각한 사람"(homo apatheticus)이 "동정적인 사람"(homo sympatheticus)으로 변화할 수 있다. 그는 이웃의 슬픔에 함께 슬퍼할 수 있는 사람이 된다. "슬퍼하는 사람은 복이 있다. 하나님이 그들을 위로하실 것이다"(마 5:4).

"동정적인 사람들"이 모인 사회는 동정적인 사회, 이웃의 아픔을 함게 나눌 수 있는 사회를 이루게 된다. 생명의 유한성과 이웃의 아픔을 함께 느낄 때, 비인간적이고 냉혹한 사회가 자비와 인간미가 있는 사회로 변화될 수 있다. 죽음에 대한 의식, 그것은 개인의 삶은 물론 사회의 에토스를 변화시킬 수 있다. 인간이 인간적인 인간이 될 수 있고, 사회가 인간적인 사회로 변화될 수 있는 길은 죽음을 배제하고 그것을 망각하는 데 있지 않다. 오히려 죽음의 사실을 의식하고, 삶의 유한성과 유일회성을 깨닫는 데 있다.

D. 삶의 *finis*인 동시에 *telos*인 죽음

여기서 우리는 다음과 같이 질문할 수 있다. 만일 우리의 삶의 시간이 죽음을 통해 끝나버린다면 반드시 올바르게 살 필요가 있을까? 불의한 자들이 행복하게 살고, 그들에게 불의를 당한 자들이 고난을 당하는 현세의 삶이 죽음을 통해 끝나버린다면, 죽기 전에 의롭고 바르게 살 필요가 있을까? 도대체 죽음이란 무엇인가? 그것은 삶의 시간이 끝나버리는 것에 불과한가?

1. 일반적으로 우리는 죽음을 삶의 시간이 끝나버리는 것(*finis*)으로 생각한다. 그것은 생명의 폐기를 뜻한다. 그러나 이것은 죽음이 가진 의미의 한 측면에 불과하다. 다시 한번 죽음을 성찰할 때, 죽음은 지금까지 살아왔던 삶이 완결되는 사건이라 말할 수 있다. 죽기 이전까지 삶의 많은 일들은 취소될 수도 있고 변경될 수도 있다. 삶의 모든 것은 새로운 가능성을 가지며 가변적이다. 완전히 결정되고 고정된 것은 아무것도 없다. 악한 사람이 선한 사람으로 변할 수도 있고, 선한 사람이 악한 사람으로 변할 수도 있다. 죽음 이전까지 삶의 모든 것은 완전히 결정되지 않은 상태, 곧 궁극화되지 않은 상태에 있다.

죽음은 완전히 결정되지 않은 삶이 최종적으로 완결되는 사건이라 말할 수 있다. 내가 죽는 순간 내 삶은 더 이상 돌이킬 수 없는 것, 더 이상 변화할 수 없는 것, 곧 "궁극적인 것"으로 결정된다. 곧 더 이상 고칠 수 없는 것으로 마감된다. 내가 어떤 사람인지, 어떤 존재인지 마지막으로 결정되는 순간이 죽음의 순간이다.

이것을 우리는 화가의 그림에 비유할 수 있다. 화가는 오랜 시간의 과정을 거쳐 한 폭의 그림을 그린다. 몇 달, 혹은 몇 년이 걸리기도 한다. 오랜 시간 끝에 화가가 그림을 완결하고 붓을 놓을 때, 그 그림은 더 이상 고칠 수 없는 것으로 완결된다. 이와 같이 죽음은 삶이라고 하는 한 폭의 그림이 완결되는 순간이다. 이 순간을 우리는 우리 자신의 궁극적 자아의 새로운 탄생에 비유할 수 있다. 어머니의 태에서 태어나면서 인간은 자기의 자아를 스스로 형성해나가는 긴 여정을 시작한다. 삶이라는 한 폭의 그림이 그려지기 시작한다. 삶의 시간이 진행되면서 내 자아상이 진면목을 나타내기 시작한다. 이 과정은 마지막 죽음의 순간에 완성된다. 어떤 형태의 것이든 간에 나의 궁극적 자아가 탄생한다. 루터의 『대교리문답서』에 따르면, 죽음은 모태에 있던 어린 아기가 이 세상으로 태어나는 것과 같다.

이러한 관점에서 볼 때 인간은 단지 "죽음에 이르는 존재"가 아니라 "궁극적 자기 정체성에 이르는 존재"라 말할 수 있다. 죽음은 20세기 실존주의 철학자 사르트르가 말하듯이, 자기의 모든 가능성의 단절과 파괴가 아니라 자기의 모든 가능성의 궁극적 완결이다. 따라서 죽음은 내 삶의 시간의 끝남(finis)인 동시에 목적(telos)이다. 그것은 내 삶의 시간이 끝나는 동시에 마지막 목적에 도달하는 사건이다. 인간의 육체는 흙으로 돌아가지만 자신의 삶의 역사를 통해 결정된 그의 자아, 그의 존재는 하나님 앞에 서서 자기를 책임지게 된다. 그래서 "임종에 즈음하여 환자에게 모종의 영적인 변화가 일어난다"고 호스피스 간호사들은 말한다(곽혜원 2014, 207).

2. 인간의 삶을 우리는 "생물학적 차원"(biologische Dimension)과 "인격적 차원"(persönliche Dimension), 그리고 "부정적 차원"과 "긍정적 차원"으

로 구별할 수 있다(Boff 1993, 32 이하). 생물학적 차원에서 인간의 삶은 하나의 생물학적 과정으로 이해된다. 그는 태어나서 성장하며, 자기를 발전시키고 성숙해지며, 나이를 점점 더 먹는다. 많은 가능성과 잠재성이 삶의 과정 속에서 실현된다. 그러나 장년기의 성숙 단계를 지나 노년기에 이르면, 그의 가능성과 잠재성은 차츰 약화되고 한계를 드러낸다. 생명의 에너지도 점점 더 약해진다. 죽음이 가까워진다.

죽음은 생물학적 과정인 삶의 마지막에 삶의 바깥으로부터 오는 것이 아니라 삶의 전 과정 속에서 찾아온다. 순간마다 그의 삶이 소비되고 죽음이 가까이 다가온다. 그러므로 생물학적 견지에서 인간의 삶은 "죽어가는 삶" 혹은 "죽음에 이르는 삶"인 동시에 "살아 움직이는 죽음"이라 말할 수 있다. 여기서 죽음은 "끝남"(finis)을 뜻하며 부정적인 것, 파괴적인 것으로 이해된다.

죽음에 대한 이 같은 이해는 삶의 태도를 결정한다. 죽음과 함께 삶이 끝나버린다면 현세의 삶이 전부라고 생각된다. 삶 다음에 남는 것은 아무것도 없다. 따라서 삶은 무의미하다. 삶이 무의미하다고 생각할 때 삶에 대한 두 가지 태도가 나타난다. 첫째는 삶을 포기하고 "공"(空)의 상태에 도달하려는 태도다. 둘째는 죽기 전까지 삶에 최대한 집착하는 태도다. 최대한 삶의 시간을 연장시키며, 자기에게 주어진 잠재력과 에너지를 최대한 증대시키고자 한다. 가능한 한 더 많이 소유하며, 더 깊은 쾌락을 누리는 것을 삶의 가장 높은 가치와 목표로 생각한다. 그는 끝까지 자기 자신과 자기의 소유에 집착한다. 전자는 "포기의 인간상"을 보인다면, 후자는 "소유의 인간상"을 보인다.

그러나 인간은 생물학적 존재인 동시에 인격적·정신적 존재다. 나이가 들면서 그의 이성이 차츰 성숙하고, 바르고 바르지 못한 것을 분간하게 된다. 삶의 참 가치는 자기 집착에 있는 것이 아니라 자기를 열고 이웃과 교통하며 자기를 내어주는 데 있음을 깨닫는다. 생물학적 차원에 머물지 않고 영적·정신적 차원에 이르고자 한다. 그는 사람다운 사람이 되고자 한다. 그의 생물학적 존재는 쇠퇴하지만 그의 인격적·정신적 존재는 점점 더 풍요로워지고 성숙해진다. 나이가 들면서 인간이 점차 성숙한 모습을 보이게 되는 이유가 여기에 있다.

이 같은 사람에게 죽음은 단순히 삶의 "끝남", 존재의 "폐기"가 아니라 인격적·정신적 성숙 과정의 완성을 뜻한다. 물론 모든 인간의 이 완성은 "미완성의 완성"이지만, 죽음은 인간이 자기의 능력으로 도달할 수 있는 마지막 완성의 사건, 곧 삶의 마지막 목적이라 말할 수 있다. 그것은 "존재의 성취"로 해석할 수 있다(K. Jaspers).

죽음이 자신의 인격적 발전과 풍요의 과정이 완성되는 사건이라면, 삶은 무의미한 것이 아니라 죽음의 순간에 완성되는 한 폭의 그림과 같다. 죽음과 함께 우리의 존재는 무로 돌아가는 것이 아니라 아름다운 "삶의 역사"로 그려진 한 폭의 자화상과 같은 것으로 남게 된다. 이 자화상은 하나님의 영원 속에 보존된다.

물론 우리의 삶은 여러 가지 어려움과 고통을 당하기도 한다. 질병과 직업상의 어려움을 당할 수도 있고, 도덕적 실수를 범할 수도 있다. 그러나 질병은 하나님 앞에서 인간의 한계와 겸손을 가르쳐줄 수 있고, 직업상의 어려움은 삶의 내면적 성숙을 가져올 수 있으며, 도덕적 실수는 인간의 연약함과 숨은 거짓을 드러냄으로써 더 큰 인격적 성숙을 가져올 수 있다. 우리의 생물학적 존재는 쇠퇴하지만 그의 내면적 존재는 점점 더 성장할 수 있다. 나이가 들수록 우리는 눈에 보이지 않는 참 가치를 추구하며, 삶의 참 기쁨과 행복은 소유에 있는 것이 아니라 사랑을 나눔에 있다는 사실을 발견한다. 이와 관련해서 바울은 다음과 같이 말한다. "그러므로 우리는 낙심하지 않습니다. 우리의 겉사람은 낡아가나, 우리의 속사람은 나날이 새로워 갑니다.…우리는 보이는 것을 바라보는 것이 아니라 보이지 않는 것을 바라봅니다. 보이는 것은 잠깐이지만, 보이지 않는 것은 영원하기 때문입니다"(고후 4:16-18).

3. 그리스도인은 "그리스도 안에" 있다. 그들은 "그리스도 안에 있는

존재"다. "그리스도 안에 있는 존재"는 그들의 현재인 동시에 미래다. 그 것은 삶의 현실인 동시에 이상이요 방향이다. 그들은 이 세상 안에 있지만 이 세상의 것에 집착하지 않고, 그리스도를 향하며, 그리스도를 바라보며 산다. 그들 안에 계신 그리스도는 장차 오실 분이기 때문이다.

이러한 그리스도인의 삶을 성서는 "그리스도와 함께 죽음"으로 묘사 하기도 하고(롬 6:1-11), 자기의 생명을 희생하며(요 12:24; 15:13), 자기를 버 리는 것으로 묘사하기도 한다(막 8:35; 마 10:39; 16:25; 눅 9:24; 17:33; 요 12:25). 또 그리스도의 죽음을 자기 몸에 짊어짐으로써 그리스도의 생명이 자기 몸에 나타나는 것으로 묘사하기도 한다(고후 4:10).

이 같은 그리스도인의 존재는 죽음의 순간까지 불완전하다. 그의 모든 노력과 행위는 부분적이고 양면적이다. 그는 자기를 내어주는 동시에 자 기를 추구한다. 사랑을 행하면서도 자기의 명예와 유익을 찾기도 한다. 그 가 행하는 사랑은 자기를 주장하며, 자기의 명예와 유익을 얻기 위한 수단 일 때도 있다.

그리스도인이든 무신론자든 누구를 막론하고 모든 인간 속에는 선한 본성과 악한 본성이 공존한다. 곧 선과 악의 이중 구조가 숨어 있다. 그러 므로 인간은 선을 바라면서도 자기가 원하지 않는 악을 행할 때가 있고(롬 7:19), 악을 행하는 가운데서도 선을 행할 때가 있다. 사람을 잔인하게 죽 이는 마피아도 자기 가족은 사랑한다. 그들의 참 존재는 숨겨진 상태에 있 다. 이런 뜻에서 인간은 "숨겨진 존재"(*homo absconditus*)다. 참으로 한 인 간이 누구인지, 그의 정체성은 은폐된 가운데 있다. 죽음은 은폐된 가운데 있는 인간의 자아, 인간의 정체성이 궁극적으로 결정되고 완전히 드러나 는 순간이다. 그의 삶의 역사를 통하여 준비되어온 자기의 자화상, 곧 그 의 존재가 확정되는 순간이다.

대부분의 사람에게 이 순간은 후회와 고통의 순간이요, 자신에 대한 하나님의 심판의 순간으로 경험된다. "여자에게서 태어난 사람" 중에 "깨 끗한" 사람은 한 사람도 없기 때문이다(욥 25:4). 죽음의 순간에 그는 자신이 걸어온 전 생애와 함께 하나님 앞에 서게 되며, 거짓과 죄와 결함으로 가득한 자기의 생애에 대한 책임을 져야 한다. 그는 "땅 끝까지 살피실 수 있으며, 하늘 아래에 있는 모든 것을 보실 수 있는"(욥 28:24) 하나님 앞에 서 자신의 그 무엇도 감출 수 없다. 죽음은 우리의 삶이 영원한 가치를 가질 수 없고, 하나님의 심판을 피할 수 없다는 사실을 보여준다. 한마디로 죽음은 하나님의 심판의 순간이다. 그것은 두려움의 순간이다. 이를 가리켜 히브리서는 다음과 같이 말한다. "살아 계신 하나님의 징벌하시는 손에 떨어지는 것은 무서운 일입니다"(히 10:31).

그러나 자기의 모든 과오를 참회하며 하나님의 자비로운 용서를 받고 자기를 하나님의 손에 맡기는 그리스도인들에게 죽음은 위로와 감사의 시간일 수 있다. 죽음의 순간에 우리는 하나님의 은혜로운 손길을 거부하고 하나님 없이 우리 홀로 삶을 끝낼 수도 있고, 아니면 자비로운 하나님의 용서와 위로 속에서 하나님의 임재를 경험하며 삶을 끝낼 수도 있다. 이렇게 삶을 끝낸 환자의 병실에서는 "따스하고 온화한 기분"이 느껴진다고 한다(곽혜원 2014, 207).

신실한 그리스도인들에게 죽음은 후회와 고통과 무로 돌아가는 시간이 아니라, 자기의 모든 허물과 죄를 고백하고 자기의 존재를 하나님에게 맡기는 시간이다. 모든 인간은 죄악되고 불완전하다. 인간 자신이 자기를 완전하게 하거나 하나님 나라를 세울 수 없다. 그것은 하나님만이 행할 수 있는 일이다. 이 사실을 겸손히 인정하고 자기의 생명을 하나님께 맡기는 순간이 바로 죽음의 순간이다. 그의 생명과 그가 추구해온 일은 이제 하나님의 손안에 있다. 그는 무로 돌아가는 것이 아니라 하나님의 영원 속에 있게 된다.

죽음은 인간의 삶과 존재에 대한 하나님의 부정인 동시에 긍정이다. 그것은 죄악된 인간 존재와 거룩한 하나님의 뛰어넘을 수 없는 차이를 보여주며, 인간 존재와 그의 모든 행위 속에 숨어 있는 거짓에 대한 하나님의 부정을 계시한다. 죄악된 인간의 존재와 삶은 영원한 가치를 갖지 못한다. 그것은 영원히 존속할 수 없다. 그것은 영원한 하나님 앞에서 제한되어 있고, 제한되어 있기 때문에 끝날 수밖에 없다. 죽음은 인간의 죄성과 제한성에 대한 하나님의 부정이요 심판이다.

이와 동시에 죽음은 은혜로운 하나님에 대한 의존을 계시한다. 하나님의 자비하심 때문에 인간의 삶과 존재는 하나님에게 하나님의 영원 속으로 용납된다. 그는 하나님의 영원한 "품" 속에 있게 된다. 선과 악이 교차하던 그의 삶은 하나님에 의해 긍정된다. 이제 그는 하나님의 긍정과 용서를 받은 자로서 죽음을 맞을 수 있다. 그의 죽음은 하나님의 심판과 삶의 끝남(종말)과 단절로 경험되지 않고 하나님의 긍정과 용납으로, 하나님의 영원한 품속에 들어가는 것으로 경험된다. 그의 존재는 무로 폐기되어버리는 것이 아니라 하나님의 영원 속에서 보존된다. 은유적 표현을 사용한다면 하나님의 영원한 "집", "그리스도의 영원한 나라" 안에 보존된다. 시편 저자는 이것을 다음과 같이 고백한다. "나는 주님의 집으로 돌아가 영원히 그곳에서 살겠습니다"(시 23:6). 바울의 말씀에 의하면 "하늘에 있는 영원한 집"이 우리에게 있다(고후 5:1). 그리스도인들은 "우리의 주님이시며 구주이신 예수 그리스도의 영원한 나라에" 들어갈 것이다(벧후 1:11).

4. 죽음을 단지 삶의 시간의 끝남(finis)이 아닌 목적(telos)이라 생각할 때 우리는 평안한 마음으로 죽음을 받아들일 수 있을 것이다. 그런데 마태복음과 마가복음에 의하면 십자가에 달린 예수는 평안한 마음으로 자기의 죽음을 맞지 않고 오히려 괴로워하며 죽음을 맞이한다. "나의 하나님, 나의 하나님, 어찌하여 나를 버리셨습니까?" 그는 "다시 큰 소리로 외치시고 나서 숨을 거두셨다"고 한다(마 27:50; 막 15:37). 누가복음에서 예수의 죽음은 약간 미화된다. "예수께서는 큰 소리로 부르짖으시고 '아버지, 내 영혼을 아버지의 손에 맡깁니다' 하고 말씀하셨다"(눅 23:46). 요한복음에서 그의 죽음은 더욱 미화된다. "'다 이루었다' 하고 말씀하신 뒤에, 머리를 떨어뜨리시고 숨을 거두셨다"(요 19:30).

일련의 신학자들은 마태와 마가의 보도가 진짜이고, 누가와 요한의 보도는 마태와 마가의 보도를 미화시킨 것이라고 해석한다. 그러나 나는 그렇게 보지 않는다. 복음서 저자들의 보도는 어느 것이 진짜이고, 어느 것이 가짜라고 말할 수 없다. 이들은 예수의 죽음 속에 담긴 인간적 측면과 영적·정신적 측면을 기술했다고 볼 수 있다. 인간적 측면에서 볼 때 예수의 죽음은 죄악된 인간이 당할 수밖에 없는 하나님의 심판과 버림을 받은 자의 죽음이었다. 그것은 하나님의 심판과 버림 속에서 죽음을 당할 수밖에 없는 모든 죄인의 죽음을 대신 당하는 비참한 죽음이었다.

이에 반해 영적·정신적 측면에서 볼 때 예수의 죽음은 하나님의 뜻하신 바를 이루며 그의 아버지 하나님의 품으로 돌아가는 사건이었다. 전자는 죄에 대해 하나님께 심판받고 버림받을 수 있는 한 인간의 죽음을 나타낸다면, 후자는 하나님과 하나 되어 자기를 하나님에게 완전히 맡기는 하나님의 아들의 죽음을 나타낸다. 전자는 예수의 죽음의 *finis* 측면을 묘사한다면, 후자는 *telos* 측면을 묘사했다고 볼 수 있다.

여기서 우리는 인간의 죽음의 두 가지 측면을 볼 수 있다. 인간의 죽음은 하나님의 심판을 면할 수 없는 죄악된 생명에 대한 하나님의 부정을 뜻하는 동시에, 그의 한결같은 자비하심으로 말미암은 우리의 생명에 대한 하나님의 긍정을 뜻한다. 그것은 죄악된 인간 존재의 *finis*인 동시에, 하나님의 영원으로 들어가는 *telos*의 사건이라 하겠다. 이종성은 이 두 가지 측면을 다음과 같이 기술한다.

1) **부정적 측면**: "우리의 죽음은 지상에서의 우리의 모든 삶에 대한 하나님의 부정(No)을 의미한다. 인간은 성실한 그리스도인을 포함하여 지상에서의 삶을 긍정하고 연기하고 즐기고 마지막 날을 잊어버리려고 한다. 이러한 우리의 자아 긍정에 대하여 하나님은… '노'(No)를 선고하신다. 이것은 곧 우리의 지상생활이 영원한 것이 아니라는 것과, 우리의 삶 그대로는 하나님의 나라에 적합하지 않다는 것을 의미한다"(이종성 1990a, 87).

2) **긍정적 측면**: 죽음은 "생의 마지막이 아니라 그리스도와 함께하는 삶의 시작"이요, 신자들이 "의의 면류관을 받는 순간이며 지상에서의 모든 싸움이 끝나는 날"이요, "신앙생활에 대한 최난의 시험이요, 그 시험을 견딘 사람에게는 승리의 확신을 주는 사건"이요, "성화의 생활을 완성하고 그때부터는 평안한 삶을 살게 되는 것"을 의미한다. 그것은 "'옛 사람'에 대한 반복되는 죽음이 끝나고 새로운 삶을 시작하는 사건"이요, "창조주 하나님을 만날 준비를 할 수 있도록" 하며, "우리의 삶을 통해서 약속된 은총과 우리가 지상에서 가진 삶의 최종적 성취"를 의미하며, "스올로 영원에 이르는 문"이다. "죽음은 그의 모든 죽지 않은 불안과 불쾌와 공포증과 소름 끼치는 본성에도 불구하고 매우 아름다우며 고마운 것이다.…과거를 성화하여 그 위에 영원한 도장을 찍어주는 것이 죽음이다. 그것은 더러운 것을 분해하는 동시에 정결케 한다"(85-89).

5. 생명이 태어나는 것도 중요한 일이지만 죽는 것은 더 중요한 일이다. 삶을 시작하는 것도 중요하지만 삶의 마지막을 맞는 것은 더 중요하다. 그러므로 성서는 "죽는 날이 태어나는 날보다 더 중요하다"고 말한다(전 7:1). 그런데 자신의 죽음을 받아들이기란 쉬운 일이 아니다. 죽음의 의미를 아무리 긍정적으로 해석할지라도 자기의 죽음을 받아들이는 일은 어렵다. 그것은 지상에서의 삶의 끝이요, 사랑하는 모든 사람과의 작별이기 때문이다. 그래서 많은 사람이 슬픔과 불안 속에서 자기의 죽음을 맞이한다. 이 슬픔과 불안을 극복하고 우리의 죽음을 평안한 마음으로 맞을 수 있는 길은 무엇일까?

　　1) 우리의 생명은 본래 하나님의 것이다. 우리에게 생명을 주신 분도 하나님이요, 우리의 생명을 거두어가실 분도 하나님이시다(욥 1:21). 그러므로 때가 되었을 때 우리의 생명을 하나님께 맡기는 것이 지혜롭다. 내 생명을 끝까지 내 손안에 쥐고, 내가 내 생명의 주인이 되려는 것은 어리

석은 일이다.

2) 모든 생명은 언젠가 죽을 수밖에 없다. 이 땅 위에서 영원한 것은 하나님뿐이다. 모든 생물의 삶의 시간은 제한되어 있다. 피조물의 이 질서에 순응하는 것이 삶의 지혜다.

3) "모든 일에는 다 때가 있다. 세상에서 일어나는 일마다 알맞은 때가 있다. 태어날 때가 있고, 죽을 때가 있다. 심을 때가 있고, 뽑을 때가 있다", "하나님은 모든 것이 제때에 알맞게 일어나도록 만드셨다"(전 3:1-2, 11). 그러나 죽음은 우리의 생명이 없어져버리는 것이 아니라 그것을 주신 하나님에게 돌아가는 것이다(참조. 전 12:7; "숨이 그것을 주신 하나님께로 돌아가기 전에…"). 그것은 삶의 시간의 *finis*인 동시에 *telos*다.

4) 우리가 죽어야 후손들이 삶의 공간을 얻을 수 있고 생존할 수 있다. 자연도 유지될 수 있다. 모든 사람이 죽지 않는다면 이 세계는 도저히 살 수 없는 지옥보다 더 무서운 곳이 될 것이다. 쓰레기와 배설물 처리도 어려운 문제지만 무한히 소유하려는 인간의 욕심 때문에 인간의 세계는 끝없는 "만인에 대한 만인의 투쟁"의 장이 되어버릴 것이다. 인간의 이 욕심 때문에 자연의 피조물이 떼죽음을 당할 것이다. 그러므로 죽음은 이 세상을 유지하기 위한 하나님의 축복이라 볼 수 있다.

5) 성서가 말하는 "땅의 기초"(욥 38:4; 시 104:5; 잠 8:29)는 사랑이다. 사랑이 생명을 유지하고 이 세계를 유지한다. 삶을 풍요롭게 하는 것은 더 많은 소유가 아니라 사랑이다. 그러므로 우리는 사랑을 나누며 살아야 한다. "주는 것이 받는 것보다 더 복이 있다"(행 20:35). 하나님이 세우신 "땅의 기초" 곧 "하나님의 생명의 질서"에 충실할 때, 우리는 우리의 죽음을 평안한 마음으로 맞이할 수 있을 것이다.

6) 칼뱅에 따르면, 죽음을 우리의 영원한 본향으로 돌아가는 것으로 생각할 때 죽음에 대한 불안과 공포감을 극복할 수 있다. "이 연약하고 허무한 '우리의 몸의 집'이 허물어지고 '완전하고 허무하지 않은 하늘의 영광으로' 변한다면, 우리는 인간의 본성이 두려워하는 죽음을 기꺼이 받아

들일 수 있어야 할 것이다. 죽음을 통해 우리가 이 땅 위에서의 '추방을 벗어나 본향으로 불림을 받는다면', 그리하여…우리의 하늘의 본향에서 우리의 거주할 집을 발견한다면, 죽음은 우리에게 불안과 공포가 아니라 위로가 될 것이다"(장현승 2013, 354).

7) 다음과 같은 곽혜원의 제의는 우리에게 실제적 도움을 줄 수 있다.

- 죽기 전에 "자신의 삶을 정리한다." 자신의 잘못에 대해 스스로를 용서하고 세상을 떠난다.
- "가족들과 아름다운 작별을 한다.…또한 서로의 사랑을 재확인하는 것도 필요하다."
- "주변 사람과 화해한다.…도저히 용서가 안 될 것 같은 피해와 억울함, 원한과 복수심, 애욕과 집착의 감정이라 하더라도 마음속 깊은 곳까지 홀홀 털어내고 이 세상을 하직한다."
- "죽음을 부정하지 말고 용기 있게 직시한다. 죽음은 절대 피해갈 수 없는 절체절명의 위기이지만, 마지막이자 엄청난 성장의 기회이기도 하다."
- "죽음 이후의 삶을 소망하면서 신앙생활에 총력을 기울인다."
- "사랑과 봉사로 삶을 완성한다."
- "무의미한 연명의료에 집착하지 않는다."
- "주변을 정리한 후 세속적인 일에 대한 관심을 끊는다. 자신이 떠난 다음 남겨진 사람들에게 누가 되지 않도록 주변을 주도면밀하게 잘 청산해야 홀가분하게 세상을 떠날 수 있다. 유언장, 사전의료의향서, 사전장례의향서, 장기 기증서, 그 외 서류들을" 미리 작성해둔다(곽혜원 2014, 322-25).

2
죽음은 자연질서인가, 아니면 죄의 결과인가?

죽음은 하나님이 천지를 지으실 때 있게 하신 자연질서 내지 창조질서인가, 아니면 아담의 죄의 타락으로 말미암아 비로소 나타난 죄의 결과인가? 타락 이전의 에덴동산에서 인간은 죽지 않고 영원히 살도록 창조되었는데, 아담의 타락과 죄의 결과로서 죽을 수밖에 없는 존재로 전락하였는가, 아니면 인간은 언젠가 죽을 수밖에 없는 유한한 존재로 창조되었는가? 한마디로 인간의 죽음은 "자연적인 것"인가, 아니면 "죄의 결과" 혹은 "죄의 삯"인가?

A. 구약성서의 두 가지 전승

1. 이 문제에 대해 성서는 두 가지 전승을 보여준다. 첫째 전승은 죽음을 자연적인 것, 곧 삶의 자연적 끝으로 보는 전승이다(Jüngel 1993, 96 이하). 자기의 수를 다하고 세상을 떠난 족장들의 죽음은 하나님의 축복으로 생각된다. "아브라함이 누린 햇수는 모두 백일흔다섯 해이다. 아브라함은 자기가 받은 목숨대로 다 살고, 아주 늙은 나이에 기운이 다하여서 숨을 거두

고 세상을 떠나 조상들이 간 길로 갔다"(창 25:7-8). 이삭과 다윗도 수를 다하고 죽었다(창 35:29; 대상 29:28). 욥도 많은 자녀들을 얻고, 수를 다하고 죽었다(욥 42:16-17).

여기서 "수를 다한다"는 것은 정신적으로나 물질적으로 만족스러운 삶을 살다가 죽는 것을 말한다. 이 같은 죽음은 하나님의 축복으로 생각된다. "너도 장수를 누리다가 수명이 다 차면, 무덤으로 들어갈 것이다"(욥 5:26). 여기서 죽음은 하나님의 창조질서에 속한 것으로 생각된다. 시편에서도 죽음은 하나님이 정하신 질서로 생각된다. "누구나 볼 수 있다. 지혜 있는 사람도 죽고, 어리석은 자나 우둔한 자도 모두 다 죽는 것을!…사람이 제아무리 위대하다 해도 죽음을 피할 수는 없으니, 멸망할 짐승과 같다"(시 49:10-20).

죽음을 자연질서 내지 창조질서에 속한 것으로 보는 성서의 대표적 문서는 전도서다. 세계의 "모든 일에는 다 때가 있다. 세상에서 일어나는 일마다 알맞은 때가 있다. 태어날 때가 있고, 죽을 때가 있다. 심을 때가 있고, 뽑을 때가 있다"(전 3:1-2). 따라서 죽음은 하나님께서 정하신 "때", 곧 하나님의 창조질서에 속한다. 죽음은 땅 위에 있는 모든 생명이 피할 수 없는 운명이다. "모두 흙에서 나와서 흙으로 돌아간다"(3:20). 그러므로 자기의 죽음을 인정하고, 사는 동안 창조주를 기억하면서, 열심히 일하고, 삶을 향유하며, 기쁘게 살고 좋은 일을 하는 것이 지혜다. "하나님은 모든 것이 제때에 알맞게 일어나도록 만드셨다.…이제 나는 깨닫는다. 기쁘게 사는 것, 살면서 좋은 일을 하는 것, 사람에게 이보다 더 좋은 것이 무엇이랴! 사람이 먹을 수 있고, 마실 수 있고, 하는 일에 만족을 누릴 수 있다면, 이것이야말로 하나님이 주신 은총이다"(3:11-13), "육체가 원래 왔던 흙으로 돌아가고, 숨이 그것을 주신 하나님께로 돌아가기 전에, 네 창조주를 기억하여라"(12:7).

이사야서도 죽음을 자연질서로 생각한다. 따라서 장차 올 "새 하늘과 새 땅"에서도 죽음은 있을 것이라고 말한다. "거기에는 몇 날 살지 못하고 죽는 아이가 없을 것이며, 수명을 다 채우지 못하는 노인도 없을 것이다"(사 65:20; 참조. 슥 8:4). 구약성서에서 "수를 다하고 죽는 죽음은 인간의 피조성에 속한다"(Wolff 1974, 172).

2. 이에 반해 구약성서의 또 하나의 전승은 죽음을 죄로 말미암아 나타난 것으로 본다. 그것은 하나님의 창조질서에 속한 자연적인 것이 아니라, 인간의 죄로 말미암아 나타나게 되었다는 "죄와 죽음의 인과관계"를 말한다. 이것은 먼저 아담에 대한 하나님의 "죽음의 경고"에 나타난다. 선과 악을 알게 하는 나무열매를 따먹을 때, 너는 "죽을 것이다"(창 2:17). 아담이 하나님의 명령을 어기고 나무열매를 따먹을 때 죽음이 선고된다. "너는 흙에서 나왔으니 흙으로 돌아갈 것이다.…너는 흙이니 흙으로 돌아갈 것이다"(3:19).

이 전승에서 인간의 죽음은 아담의 죄의 타락에 대한 결과로서 주어졌다고 나타난다. 그것은 생명에 대한 부정으로 생각된다. 하나님은 죽은 자들의 하나님이 아니라 "살아 있는 자들의 하나님"이다. 그의 현존은 삶의 축복인 반면, 그의 부재는 저주와 죽음으로 경험된다. 죽음과 관련한 모든 것은 "부정한 것"으로 간주된다. 참 생명은 살아 계신 하나님과의 교통에 있는 반면, 이 교통의 상실은 죽음을 뜻한다. 죄가 있는 곳에는 죽음의 세력이 작용한다.

여기서 죽음은 단지 사람의 시간적 끝이 아니라 삶 한가운데 있는 반신적이며 생명에 대해 적대적인 세력으로 경험된다. 죽음은 "하나님의 손에서 끊어지는" 것을 말한다(시 88:6). 삶의 허무함, 노동의 허무함, 갑작스러운 죽음 속에서 죄에 대한 하나님의 진노가 경험된다. 특히 수를 누리지 못하고 일찍 당하는 죽음은 죄에 대한 하나님의 심판으로 생각된다. 이것을 우리는 마지막 사사 엘리에 대한 하나님의 심판의 말씀에서 볼 수 있다. "내가 네 자손과 네 족속의 자손의 대를 끊어서, 너의 집안에 오래 살아 나이를 많이 먹는 노인이 없게 할 날이 올 것이다"(삼상 2:31). 죄와 죽음의 인과관계를 시편 저자는 다음과 같이 묘사한다

주께서 노하시면 우리 삶이 끝이 나고,

주께서 노하시면 우리는 스러지고 맙니다.

주께서 우리 죄를 주님 앞에 내놓으시니,

우리의 숨은 죄가 주님 앞에 환히 드러납니다.

주께서 노하시면 우리의 일생은 사그라지고,

우리의 한평생은 한숨처럼 스러지고 맙니다(시 90:7-9).

죽음을 죄의 결과로 보는 생각, 곧 "죄와 죽음의 인과관계"는 구원과 파
멸, 생명과 죽음에 대한 신명기의 경고의 말씀에도 나타난다. "보아라! 내
가 오늘 생명과 번영, 죽음과 파멸을 너희 앞에 내놓았다"(신 30:15). 하나
님의 계명을 지키면 생명과 축복을 누릴 수 있지만, 그의 계명을 지키지
않고 죄를 지으면 파멸과 죽음이 기다린다(신 28장; 참조. 레 18:5). 여기서 죽
음은 자연적인 것이 아니라 죄의 결과로 나타난다.

　　죄와 죽음의 인과관계는 예언서에 수없이 많이 나타난다. 하나님을
찾는 자는 살 것이다. 그러나 하나님을 버리고 죄의 길을 걷는 자는 하나
님의 심판과 멸망과 죽음을 당할 것이다. "거역하는 자들과 죄인들은 모
두 함께 패망하고, 주를 버리는 자들은 모두 멸망을 당할 것이다"(사 1:28).
"그 아들이 이 모든 선은 하나도 행하지 않고, 이들 악 가운데서 하나를
범하여 폭력을 휘두르거나, 사람을 죽여 피를 흘리게 하거나,…돈놀이를
하거나, 이자를 받거나 하면, 그가 살 수 있겠느냐? 그는 절대로 살지 못할
것이니, 이 모든 역겨운 일을 하였으므로 죽을 수밖에 없다. 자기의 피가
자기에게로 돌아갈 것이다"(겔 18:10-13). "너희는 망한다! 상아 침상에 누
우며 안락의자에서 기지개 켜며 양 떼에서 골라 잡은 어린양 요리를 먹고,
우리에서 송아지를 골라 잡아먹는 자들,…그때에 가서는 비록 한 집에 열
사람이 남아 있다고 하여도 끝내 모두 죽을 것이다"(암 6:4-9). "그러나 악
인이라도 자기가 저지른 모든 죄악에서 떠나 돌이켜서 나의 율례를 다 지
키고 법과 의를 실천하면, 그는 반드시 살고, 죽지 않을 것이다"(겔 18:21).

결론적으로 구약성서에는 죽음을 자연적인 것으로 보는 전승과, 죄의 결과로 보는 두 가지 전승이 "조화되지 않은 채 병립하여 면면히 이어져 내려오고 있다. 하지만 우리는 죄의 결과로서의 죽음이 구약성서적 죽음 이해의 기본적 구조라고 말할 수 있다"(곽혜원 2014, 123). 죄악된 인간의 세계는 더 이상 "자연적인" 세계, 곧 죄가 없는 본래적 세계가 아니기 때문이다.

B. 신약성서의 이해
– 아담의 죄로 인한 우주적 세력으로서의 죽음

1. 신약성서에서도 죽음을 자연적인 것으로 생각하는 흔적을 볼 수 있다. "사람이 한 번 죽는 것은 정한 일이요"(히 9:27). 그러나 전체적으로 신약성서는 죽음을 하나님을 대적하여 생명을 파괴하는 반신적 세력으로 생각한다. 그것은 생명을 사랑하며 생명을 살리고자 하는 하나님의 뜻에 반하여 생명을 폐기하고자 한다. 이에 대항하여 예수는 죽음의 세력을 물리치고 생명을 살리는 분으로 나타난다. 그는 "죽음의 그늘 아래에 앉아 있는 사람들"을 해방하는 분이다(눅 1:79). 하나님의 아들 메시아 예수가 나타날 때 죽음의 세력은 깨어진다. 병든 자들이 건강을 회복하며 죽은 자들이 다시 살아난다. 악령에 붙들려 있던 자들이 악령에서 해방되어 생명을 되찾는다. 예수가 선포하는 하나님 나라는 죽음의 세력을 추방하고 생명의 세계를 회복하는 것으로 나타난다. 하나님 나라의 오심과 함께 죽음의 세력이 극복된다. 메시아 예수의 오심을 통해 이제 죽음의 끝이 가까이 왔다. 누가에 의하면 하나님의 아들 예수는 죽음의 세력을 물리치는 "생명의 길"(행 2:28)이다. 그는 "생명의 주"(3:15)다.
   2. 죄와 죽음의 인과관계에 대해 깊이 성찰한 신약성서의 대표적 인물은 유대교 랍비였던 바울이었다. 그의 생각에 의하면 죽음은 죄에 대한 벌

이다. 그것은 "죄의 삯"이다(롬 6:23). "죄는 죽음을 낳는다"(약 1:15). 죽음은 인간 바깥으로부터 오는 벌이 아니라 "죄로 말미암아 필연적으로 귀결되는 것"이다(Weber 1972, 684). 곧 죄를 지을 때 인간은 죽음의 세력에 붙들린 "죄의 노예"가 된다. 그는 "죽음의 그늘" 아래에서 살게 된다. 눈에 보이지 않는 죄책 속에서 그는 양심의 고통과 육체와 정신의 질병을 얻게 되고, 결국 죽음에 이르게 된다.

죄는 아담의 타락으로 말미암아 세상에 들어왔고, "그 죄로 말미암아 죽음이" 들어왔다(롬 5:12). "아담 한 사람의 범죄 때문에…죽음이 왕 노릇 하게 되었다"(5:17). "아담의 범죄와 같은 죄를 짓지 않은 사람들까지도 죽음의 지배를" 받고 있다(5:14). "아담 안에서 모든 사람이" 죽었다(고전 15:22). 아담은 죄와 죽음의 지배를 받으며 살아가는 모든 인류를 대변한다. 아담을 본받아 "육신을 따라" 사는 자는 죽는다(롬 8:13). "죄의 욕정이 우리 몸의 지체 안에서 작용해서 죽음에 이르는 열매를" 맺게 된다(7:5). 죄로 말미암아 우리는 "죽음의 몸"을 가지고 살게 되며(7:24), 모든 피조물이 "허무에" 굴복해 "썩어짐의 종살이"를 하고 있다(8:20-21).

여기서 죽음은 인간은 물론 모든 피조물을 지배하는(왕 노릇 하는) 세력으로 생각된다. 하나님의 아들 예수는 모든 죽은 자들을 대신하여 죽으심으로써 그들을 죄에서 생명으로 해방한다. 그의 부활을 통해 죽음의 세력이 깨어지고 새로운 생명의 세계가 시작된다(고전 15:54-55). 이것을 바울은 아담-그리스도의 유형을 통해 설명한다. "그러니 한 사람의 범죄 행위 때문에 모든 사람이 [죽음의] 유죄판결을 받았는데, 이제는 한 사람의 의로운 행위 때문에 모든 사람이 의롭다는 인정을 받아서 생명을 얻게 되었습니다"(롬 5:18).

3. 요한 문서에 의하면 죽음은 사멸하게 될 "이 세상"의 특징이다. 이 세상은 어둠과 죽음의 세력에 사로잡혀 있다. 하나님을 알지 못하며, 하나님의 아들 그리스도를 영접하지 않는 자는 죽음 가운데 있다(요 5:24). 그리스도의 뒤를 따라 하나님과 이웃을 "사랑하지 않는 자는 죽음 가운데 있

다"(요일 3:14). 그리스도는 어둠을 물리치는 세상의 빛이요, 죽음의 세계 속에 생명을 가져오는 "부활이요 생명이다"(요 11:25). 그는 죽은 자들을 다시 살리시고 죽음의 세력을 물리치는 "생명의 빛"이요(8:12), "생명의 떡"이다(6:35, 48). 그를 믿는 사람은 "죽음에서 생명으로" 옮겨진다(5:24).

요한계시록도 죽음을 하나님 없는 세상을 지배하는 반신적 세력으로 생각한다. 그것은 폐기되어야 할 것이다. 요한계시록은 "첫째 죽음"과 "둘째 죽음"을 구별한다(2:11; 20:6; 21:8). 첫째 죽음은 신체의 죽음, 곧 영혼과 몸의 분리를 말하며, 둘째 죽음은 최후 심판 다음에 오는 영원한 저주와 하나님으로부터의 영원한 분리를 말한다. 역사의 종말에 죽음은 모든 죽은 자들이 부활하도록 그들을 모두 내어준 다음, 그의 나라와 함께 불에 타버릴 것이다(20:14). 그러므로 새 하늘과 새 땅에는 더 이상 죽음이 없을 것이라고 요한계시록은 말한다(21:4).

여기서 한 가지 질문이 제기된다. 성서가 말하는 죽음은 생물학적 의미의 신체적 죽음을 말하는가, 아니면 영적·정신적 의미의 죽음을 말하는가? 그것은 개인의 인격적 죽음을 말하는가, 아니면 세계를 지배하는 우주적 세력을 말하는가? 성서가 말하는 죽음은 이 두 가지 측면을 포괄한다고 말할 수 있다. 그것은 생물학적 의미의 신체적 죽음을 뜻할 때도 있고, 영적·정신적 죽음을 뜻할 때도 있다. 개인의 인격적 죽음을 뜻할 때도 있고, 세계를 지배하는 우주적 세력을 뜻할 때도 있다. 구약성서 초기 문서에서 죽음은 생물학적 의미의 신체적 죽음을 뜻하는 경향이 강하다. "하나님을 보는 자는 죽는다"고 할 때(삿 13:22), 그 죽음은 생물학적 의미의 신체적 죽음을 뜻한다. 그러나 구약성서 후기 문서, 특히 지혜 문서와 예언서에서 그것은 영적·정신적 죽음으로 확대되는 경향을 볼 수 있다. 시편 24:4에서 "죽음의 그늘 골짜기"라고 할 때, 죽음은 하나님 없는 악한 세상의 영적·정신적 상태를 가리킨다. "몸이 건강하다고 하나 죽은 사람과 다를 바 없다"(사 59:10), "범죄하는 영혼이 죽을 것이다"(겔 18:4)라고 할 때도 마찬가지다.

신약성서에서는 죽음의 이 두 가지 의미가 혼용되는 것을 볼 수 있다. 그러나 영적·정신적 의미의 죽음을 뜻하는 경향이 신약성서에서 지배적이다. "아담 안에서 모든 인류가 죽었다"고 할 때 그 죽음은 생물학적 의미의 신체적 죽음이 아니라 하나님 없는 죄악된 인간 세계의 죽음(혹은 무덤)과 같은 영적·정신적 상태를 뜻한다. 이를 가리켜 신약성서는 육(sarx) 혹은 어둠이라 표현하기도 한다.

구약성서에서 죽음은 개인의 인격적 죽음을 뜻하는 경향이 강한 반면, 신약성서에서는 우주적 세력을 뜻하는 경향이 강하다. 누가복음 1:79이 말하는 "죽음의 그늘", 아담을 통하여 세상으로 들어온 죽음, 그리스도의 부활을 통해 죽음의 세력이 깨어졌다고 할 때, 그것은 인간의 세계를 지배하는 우주적 세력을 뜻한다. 그러나 양자의 경계가 모호한 경우가 많다. 예를 들어 "새 하늘과 새 땅"에서 "죽음이 더 이상 있지 않을 것이다"라고 할 때, 죽음은 개인의 인격적 죽음일 수도 있고, 우주적 세력으로서의 죽음일 수도 있다. 생물학적 의미의 신체적 죽음을 뜻할 수도 있고, 영적·정신적 죽음의 상태를 뜻할 수도 있다. 따라서 어느 것이 성서적이고, 어느 것이 비성서적이라고 나눌 수 없다.

C. 문제에 대한 신학적 토의의 역사

1. 거의 모든 초기 교부들은 죽음을 죄의 결과로 보는 묵시사상과 바울의 생각을 수용하였다. 죽음은 인간의 죄에 대한 하나님의 벌이다. 죄의 타락 이전에 아담과 하와는 죄가 없었기 때문에 그들은 사멸하지 않는 존재였다. 그러나 죄의 타락으로 인해 그들은 죽을 수밖에 없는 존재가 되었다. 하나님과의 교통이 끊어질 때 필연적으로 죽음이 뒤따른다. 아담의 원죄로 말미암아 모든 인간은 죽을 수밖에 없는 존재가 되었다. 모든 인간이 죽을 수밖에 없다는 보편적 사실은 아담이 지은 원죄의 보편성을 보여

준다. 아우구스티누스에 의하면 죽음의 두 가지 형태, 곧 육체의 죽음(*mors corporalis*)과 영원한 죽음(*mors aeterna*)은 인간의 죄로 소급된다(Schmid 1993, 461). 영원한 죽음은 물론 육체의 죽음도 "죄의 삯"이다.

타락 이전에 아담은 죽을 수밖에 없는 유한한 존재였던가, 아니면 죽지 않는 존재였던가의 문제를 아우구스티누스는 죽음의 세 단계 이론으로 대답한다. 1) 낙원에서 아담은 죽지 않을 수 있는 존재였다(*posse non mori*). 죽음이 죄의 결과라면 타락 이전의 아담은 죽지 않는 존재일 수밖에 없었다. 2) 그러나 죄의 타락으로 말미암아 아담은 죽지 않을 수 있는 가능성을 상실하고 죽지 않을 수 없는(*non posse non mori*) 존재가 되었다. 3) 죄를 폐기하며 자연을 완성하는 하나님의 은혜는 그의 선택받은 자들에게 죽지 않을 수 있는 가능성, 곧 영원한 생명을 주신다. 중세기 가톨릭교회의 신학은 전체적으로 아우구스티누스의 생각을 따른다. 가톨릭교회는 529년 오랑주 공의회와 1546년 트리엔트 공의회에서 초기 교부들과 아우구스티누스의 입장을 수용한다.

17세기 개신교회 정통주의 신학은 아우구스티누스와 가톨릭교회의 입장을 따르며 죽음의 세 가지 측면, 곧 영적 죽음(*mors spiritualis*), 육체적 죽음(*mors corporalis*), 영원한 죽음(*mors aeterna*)을 구별한다. 이 세 가지 측면의 원인은 1) 사탄의 유혹, 2) 인간의 죄, 3) 하나님의 진노에 있다. 죽음의 세 가지 형태는 서로 맞물려 있다. 그러므로 하나님의 진노는 이미 영혼의 죽음 속에서 영적으로 느껴지고, 육체의 죽음 속에서 신체적으로 경험된다. 영원한 죽음은 이미 영혼의 죽음과 육체적 죽음 속에서 나타난다. 죽음의 시간은 하나님의 심판의 시간이다. 근대 계몽주의가 시작할 때까지 정통주의 신학은 죽음을 죄의 결과라고 생각하였다(이에 관해 Moltmann 1995, 103-105).

2. 죽음을 자연질서로 보지 않고 죄의 결과로 보는 생각은 계몽주의 이후로 심각한 비판의 대상이 되었다. 타락 이전의 에덴동산에서 인간은 영원히 죽지 않는 존재였을까? 만일 인간과 자연의 모든 생물이 영원히 죽

지 않고 번식과 생육을 계속했다면 에덴동산은 과연 어떻게 되었을까? 온 인류가 한 사람 아담의 죄로 인해 죽음의 벌을 받는다는 것은 불합리하지 않은가? 그것은 조상의 죄로 인하여 그 자녀들이 벌을 받지 않는다는 성서 말씀에도 모순된다(렘 31:29-30).

계몽주의의 합리적 사고에 의하면 인간을 포함한 자연의 모든 생물은 나이를 먹을수록 생명력이 쇠퇴하여 흙으로 돌아간다. 이것은 자연의 법칙에 속한다. 따라서 죽음 그 자체는 자연적인 것이다. "인간이…죽지 않도록 창조되었고, 이에 상응하는 그의 자질이 타락으로 말미암아 상실되었다"는 것은 도대체 말이 되지 않는다(Kaiser/Lohse 1977, 16). 지구 역사의 처음 단계에 죽음이 없는 시대가 있었다는 생각은 생물학적으로 증명되지 않는다. 고생물학의 연구에 의하면 생물학적인 죽음은 인류가 등장하기 이전부터 있었다(Schwarz 1990, 223). 자연적인 죽음은 하나님의 벌도 아니고 심판도 아니다. 그것은 하나님의 창조질서라고 보아야 한다. 그러나 죄악된 인간은 자기의 자연적인 죽음을 죄악된 삶의 마지막 결과, 곧 "죄의 삯"으로 경험한다. 그의 죽음은 하나님 안에서 수를 다하고 당하는 자연적 죽음이 아니라 자신이 살아온 죄악된 삶의 열매요, 죄악된 삶에 대한 저주와 심판으로 경험된다.

이 같은 입장을 우리는 근대 "자유로운 신학"의 대표자 슐라이어마허에게서 볼 수 있다(Schleiermacher 1960a, 75-77). 그에 따르면 죽음 그 자체는 악한 것도 아니고 하나님의 벌도 아니다. 그것은 유한한 인간 존재의 시간적 한계이며 자연적인 끝이다. 그러나 죄로 말미암아 이지러진 인간의 "하나님 의식"은 자연적 죽음을 악한 것으로 경험하며 하나님의 심판으로 두려워한다. 죽음은 죄로 말미암아 있게 된 것이 아니라 본래부터 있었던 것인데, 죄 가운데 있는 인간에 대한 영적 세력을 얻게 되었을 뿐이다. 그것은 타락한 인간의 죄악된 삶의 총화로서 죄악된 삶의 귀결과 이에 대한 벌로 경험된다.

그리스도의 구원은 인간의 신체가 더 이상 죽지 않는 비사멸성으로 구원받음을 뜻하지 않는다. 그것은 정신적 열락을 얻게 되는 종교적·윤리적 의미의 구원일 뿐이다. 자기의 죄를 용서받고 구원자 그리스도를 믿는 사람은 죽음을 하나님의 심판의 벌로 경험하지 않고 "자연적인 끝"으로 경험한다. 그러므로 그리스도인들은 두려움과 떨림 없이 담담한 태도로 죽음을 맞을 수 있다. 그리스도는 죽음을 극복한 것이 아니라 죽음의 두려움을 극복하였다. 그의 구원은 인류의 종교적·윤리적 삶과 관계된 것이지 자연질서와 관계된 것이 아니다. "자연적인 악(곧 죽음)은…죄로부터 생성하지 않는다"(76).

칼 바르트는 슐라이어마허의 입장을 따른다. 죽음은 "그 자체에 있어 심판이 아니며…하나님의 심판의 표징도 아니다"(Barth 1959b, 761). 죽음은 유한한 인간 존재의 한계이며 인간의 자연에 속한다. 인간의 출생이 "비존재로부터 존재로 넘어오는 것"이라면, 죽음은 "존재로부터 비존재로 넘어가는 것"을 말한다. 그러나 "죽음 그 자체"와 인간이 현실적으로 당하는 "사실상의 죽음"은 구별되어야 한다. 현실의 인간이 당하는 사실상의 죽음은 죄인의 죽음이다. 그는 죄인으로서 죽음을 맞이하기 때문에 자기의 죽음을 하나님의 심판의 벌로 경험한다. 그리스도로 말미암아 인간은 저주의 죽음에서 자연적 죽음으로 해방된다. 곧 그리스도를 믿는 사람은 자기의 죽음을 하나님의 심판의 벌로 경험하지 않고, 하나님의 창조질서에 속한 자연적인 것으로 경험할 수 있다. "비자연적 죽음으로부터의 이 해방은 영원한 생명으로의 해방이기 때문에, 자연적 죽음으로의…해방을 뜻한다"(777).

알트하우스에 의하면 신학은 인간의 신체적·생물학적 죽음을 아담의 죄로부터, 또는 죄의 타락으로부터 인과론적으로 연역할 수 없다. 그러므로 신학은 죽음을 인간의 죄에 대한 하나님의 벌로 보아서는 안 된다. 모든 생명이 영원히 죽지 않는 타락 이전의 원상태(Urstand)가 있었다는 생각은 타당하지 않다. 죽음 그 자체는 결코 "타락한 창조"의 표징이 아니다(Althaus 1960, 917). 그것은 하나님의 창조질서에 속한 자연적 현상이다. 브루너, 틸리케를 위시한 20세기 전반기의 신학자들은 대개 바르트와 알트하우스의 견해를 따른다(Brunner 1965, 115 이하, Thielicke 1946).

3. 죽음은 자연질서에 속한 자연적인 것인가, 아니면 인간의 죄로 말미암은 비자연적인 것인가의 문제는 신학은 물론 많은 학문 영역에서 뜨거운 감자로 다루어지고 있다. 많은 학자들에 따르면 죽음을 자연적인 것으로 간주할 때 다음과 같은 문제가 일어난다.

1) 죽음을 자연적인 것으로 생각할 때 죽음을 심각하게 여기지 않으며, 죽음에 대해 무감각해질 수 있다. 죽음이 자연적인 것이라면 죽음을 슬퍼할 필요도 없게 된다. 다른 사람이나 생물들의 죽음에 대해 무감각한 사람은 그들의 고통에 대해서도 무감각해진다. 그는 세상 모든 것에 대해 무감각한 사람, 어떻게 되든 관심이 없는 사람이 될 수 있다. 슬픈 일이 일어나도 슬퍼할 줄 모르며, 비참한 일을 보아도 비참함을 느끼지 않으며, 불의한 일을 보고도 분개하지 않으며, 그 불의를 제거하려고 노력하지 않는 사람이 될 수 있다. 죽음을 자연적인 것으로 보는 사회는 생명의 고통과 죽음에 대해 무감각한 사회, 비정한 사회가 되어버릴 수 있다.

2) 죽음을 자연적인 것으로 생각할 때 사람이나 자연 생물들의 억울한 떼죽음을 방치할 수 있다. 언젠가 당할 수밖에 없는 자연적인 것이 미리 앞당겨 일어난 것에 불과하다고 그들의 죽음을 가볍게 여길 수 있다. 죽음을 가볍게 생각함으로써 죽음을 방치하게 된다. 그뿐 아니라 사람이나 동물을 죽이는 것을 대수롭지 않게 여길 수 있다. 병원이나 양로원에서 이러한 일을 가끔 볼 수 있다. 생명의 가치가 없다고 생각되는 환자나 노인들을 인위적으로 죽이는 일들이 일어난다.

3) 죽음을 자연적인 것으로 생각할 때 죽음에 대한 저항 정신이 약화될 수 있다. 죽음의 원인을 조사하고 그 원인을 제거함으로써 억울한 죽음이 일어나지 않게 하려는 마음이 약해질 수 있다. 그 결과 죽음을 야기하는 세력과 사회구조를 방치하게 된다. 죽음의 세력을 내버려두는 것은 이 세력에 대한 간접적 동조를 뜻한다. 한걸음 더 나아가 죽음을 야기하는 악

한 세력과의 타협이 거리낌 없이 일어날 수 있다. 죽는 것은 자연 이치인데 몇 사람쯤 죽는 것이 무슨 대단한 일이냐고 생각하기 때문이다.

4. 이에 반해 죽음을 비자연적인 것, 있어서는 안 될 것으로 볼 경우 학자들은 다음과 같은 문제가 일어난다고 말한다.

1) 죽음을 비자연적인 것, 있어서는 안 될 것으로 생각할 경우 자신의 죽음을 받아들이지 않고 그것을 끝까지 거부하는 문제가 일어난다. 이 문제는 임종 현장에서 자주 나타난다. 삶의 가능성이 완전히 사라졌음에도 불구하고, 이를 갈면서 자기의 죽음을 거부하고 죽음과 사투하는 모습을 보이는 경우다. 이에 반해 죽음을 자연질서에 속한 것으로 보는 임종 환자는 자기의 죽음을 비교적 평안한 태도로 받아들인다고 한다. 개신교회 신자들은 자기의 죽음을 거부하면서 죽는 경향을 보이는 반면, 가톨릭 신자들과 불교 신자들은 자기의 죽음을 비교적 순순히 받아들이는 경향을 보인다고 한다. 개신교회의 어떤 성직자는 자기가 한평생 섬겨온 하나님을 저주하면서 죽었다고 한다.

2) 죽음을 비자연적인 것, 있어서는 안 될 것으로 생각할 경우 생물적 생명의 시간을 가능한 한 길게 연장함으로써 자기의 죽음을 배제하려는 현상을 초래할 수 있다. 특히 부유한 사람의 경우 갖가지 인위적 수단과 방법을 통해 생명의 시간을 최대한 연장시키고자 한다. 이 욕구를 이용하여 병원은 최대한의 영리를 얻는다. 의식을 회복할 수 없는 환자의 연명치료를 중단하지 않고 식물인간 상태를 유지하는 것이다. 이로 인해 의료보험에서 부담하는 비용 손실이 매우 크다고 한다. 이 비용을 보다 더 생산적이고 건설적인 일에 투입하는 것이 현명한 일이 아니냐는 주장이 제기된다. 또 부유층과 빈곤층 사이의 의료 양극화 현상의 문제도 일어난다.

3) 죽음을 비자연적인 것으로 생각하여 생물적 생명의 시간을 최대한 연장시킬 때, 노인층의 증대로 인한 사회 노화 현상이 더욱 악화되고, 사회적 비용 문제가 일어난다고 일련의 학자들은 지적한다. 가장 첨예한 문제는 점점 더 증가하는 노인층의 의료비용과 연금 문제다. 생명의 시간을

최대한 연장시켜 노인의 수가 계속 증가할 때, 의료비용과 연금 문제는 물론 노인들의 인간적 삶의 유지, 고독사 등의 사회적 문제가 등장한다. 이에 필요한 비용은 사회 전체의 무거운 짐이 되고 생산적·건설적 일에 대한 투자가 감소하는 결과가 초래된다.

이에 대해 반대론자들은 다음과 같이 반박한다. 자기 자신이 죽게 되었을 때 사회적 비용 문제 때문에 죽기를 원하는 사람이 얼마나 있겠느냐? 죽지 않고 최대한 더 길게 살려고 하는 것은 모든 생명의 공통된 본성이 아닌가? 우리는 이 본성을 인정하면서 "인간성 있는 사회"를 이루고자 해야 하지 않겠는가? 이 문제에 대한 토의는 지면상 다른 기회로 미루고자 한다.

D. 자연적 죽음을 맞을 수 있는 길

1. 헤겔(Hegel)에 따르면 죽음은 역사의 변증법적 과정에서 있을 수밖에 없는 필연적인 것, 긍정적인 것이다. 죽음은 "종(種)과 정신의 생성을 위한 개체의 지양"을 뜻한다. 죽음을 통해 개체는 보편성으로 고양된다. 이 고양을 위해 죽음은 필연적이다. 그러므로 죽음은 "개체성이 보편성으로 넘어감(Übergang)의 필연성"을 뜻한다. 그것은 감각적이며 유한한 것, 부정적인 것의 부정이다. 부정적인 것의 "추상적 부정"으로서의 죽음 그 자체는 "무적인 것, 명백한 무성"(ein Nichtiges, die offenbare Nichtigkeit)이다. 그러나 이 죽음을 통해 유한성은 보편성으로 지양된다. "이 지양의 나타남이 죽음이다. 죽음은 유한한 것이 그의 유한성으로부터 자유롭게 되는 첫 번째의 자연적인, 자유스러운 자기 해방(Sich-befreien)이다"(Hegel 1966, 130). 감각적이며 유한한 생명은 죽음을 통해 보편적인 것으로 지양된다. 이 지양은 유한한 것의 파괴와 소멸이 아니라 정신의 포괄적 현실 속에서 보존되고, 더 높은 진리로 고양되는 것을 말한다. 이와 같이 죽음을 변증

법적 과정에서 필연적인 것, 긍정적인 것으로 보는 헤겔의 생각에서 우리는 죽음에 대한 다양한 긍정적 생각을 발견할 수 있다.

1) 죽음은 인간과 이 세계를 위한 하나님의 축복으로 이해될 수 있다. 만일 죄악된 인간이 죽지 않고 영원히 산다면 이 세계는 인간의 무한한 탐욕으로 말미암아 지옥보다 더 무서운 세계로 변모할 것이다. 그것은 인간이 도저히 살 수 없는 세계로 변할 것이다. 죽는 사람 자신에게 죽음은 슬프고 무서운 것이지만, 죄악된 인간 세계의 유지를 위해 죽음을 필요악으로 볼 수 있는 가능성을 우리는 헤겔에게서 발견한다.

2) 죽음은 다음 세대의 삶을 가능하게 하는 긍정적 측면을 가진다. 다음 세대의 삶은 지금의 세대가 죽음을 통해 삶의 자리를 내어줄 때 가능하다. 인간을 포함한 모든 생물이 영원히 죽지 않는다면, 다음 세대의 생물들은 생존 공간을 얻을 수 없을 것이다. 생물의 진화 과정에서 죽음은 더 높은 삶의 단계와 형태와 개체의 진보를 위한 필수 조건이다. 진화론의 입장에서 볼 때 죽음은 모든 생물의 생물학적 삶의 피할 수 없는 끝이다. 그것은 자연적인 것일 뿐 아니라 선한 것으로 생각될 수 있다.

3) 죽음은 사회 모든 영역의 노화와 정체를 방지하고 그것을 갱신시키는 긍정적 측면을 가진다. 사회의 모든 영역은 그들을 이끌어가는 인간이 새로운 인간으로 교체될 때 갱신될 수 있고 발전할 수 있다. 만일 인간이 영원히 죽지 않는다면, 사회는 침체와 정체를 벗어나기 어려울 것이다. 죽음은 무적인(das Nichtige) 것이지만, 사회 발전과 인류의 존속을 위해 반드시 있어야만 할 필연적인 것이다. 헤겔이 말한 것처럼 부정적인 것이 죽음을 통해 지양될 때 긍정적인 것이 나타날 수 있다.

2. 이 같은 생각들에 대해 우리는 한편으로 수긍할 수 있다. 인간의 무한한 욕망과 정욕을 제한시키고, 다음 세대에게 삶의 자리를 내어주며, 사회 모든 분야를 갱신하고 새로운 발전을 가능하게 하기 위해 죽음은 필요악이라 말할 수 있다. 그러나 인간 세계와 자연 생태계의 유지와 진화를 위해 죽음이 아무리 필요할지라도 죽는 사람 자신에게 죽음은 자연스

러운 것도 아니고, 반드시 있어야만 할 긍정적인 것도 아니다. 그것은 부정적인 것이요, 있어야만 할 것이 아니라 있어서는 안 되는 것으로 생각될 것이다. 우리가 100년 200년을 살다가 죽을지라도, 죽음은 우리에게 자연적인 것이 아니라 삶의 강제적인 끝으로 경험될 것이다.

그 까닭은 무엇일까? 죽음은 자기의 생명을 유지하고자 하는 모든 생명의 본성에 어긋나기 때문이다. 죽음은 인간이 가진 가능성의 중단이요, 모든 희망과 동경과 잠재력의 중단이며, 성취되지 못한 삶의 끝이다. 그것은 존재하는 모든 것으로부터의 이별이요, 기쁜 것이 아니라 슬픈 것이다. 그러므로 죽음은 있어서는 안 될 "비자연적인 것"으로 경험될 수밖에 없다. 죽는 사람 자신에게 죽음은 있어서는 안 될 "부정적인 것"으로 생각될 것이다.

이것을 우리는 사랑을 통해 경험할 수 있다. 깊이 사랑하는 사람이 죽을 때 그의 죽음을 자연적인 것으로 생각하고 덤덤하게 받아들이는 사람은 아무도 없을 것이다. 오히려 말할 수 없는 마음의 슬픔과 고통 속에서 그의 죽음을 있어서는 안 될, 그러나 어쩔 수 없이 받아들일 수밖에 없는 강제적인 것으로 느낄 것이다. 창조질서가 아니라 창조질서에 역행하는 것으로 생각될 것이다. 사랑은 영원하기를 원한다. 이에 반해 죽음은 사랑의 단절이요, 사랑에 대한 대립이다. 그것은 생명을 원하는 하나님의 뜻에 대한 대립이요, 창조질서에 대한 모순이다. 그러므로 성서는 죽음을 반신적인 것으로 간주하며 새 하늘과 새 땅에는 죽음이 더 이상 있지 않을 것이라고 말한다. 사도신경은 죽음에 대한 고백으로 끝나지 않고 "영원한 생명"에 대한 약속으로 끝난다. "영원히 사는 것을 믿사옵니다."

3. 그럼 인간은 영원히 죽지 않을 존재로 창조되었는가? 아담과 하와가 살았던 낙원은 죽음이 없는 세계였을까? 그곳은 모든 생명이 영원히 살아야만 할 세계였을까? 이에 대해 많은 사람이 그렇다고 대답한다. 하나님이 아담에게 선과 악을 알게 하는 나무 열매를 따먹을 때 "너희는 죽을 것이다"라고 말씀하였기 때문에, 그 나무 열매를 따먹기 이전에는 죽

음이 없었다고 추정할 수 있다고 그들은 논증한다.

우리는 이 논증에 동의하기 어렵다. 영원한 것은 하나님뿐이다. 하나님 외의 모든 것은 유한하다. 유한성은 피조물의 표식이다. 따라서 인간은 언젠가 죽어야 할 유한한 존재로 창조되었다. 그의 죽음은 자연에 속한다. 낙원에서 죽음은 죄에 대한 벌이 아니라 자연적인 것이었다.

그럼 하나님께서 "너희는 죽을 것이다"라고 말씀하실 때 그 죽음은 무엇인가? 그 죽음은 인간의 생물학적·신체적 죽음을 말하는 것이 아니라 1) 하나님과의 교통에서 끊어진 인간의 영적·정신적 죽음을 말하며, 2) 하나님 없는 "죽음", 곧 무덤과 같은 인간의 세계를 가리킨다. 아담과 하와가 하나님의 명령을 거역하고 선악과를 따먹었지만 그들은 신체적으로 죽지 않았다. 이것은 하나님께서 경고하신 "죽음"이 신체적 죽음이 아니라 영적·정신적 죽음이었음을 시사한다. 아담과 하와의 죄의 타락을 통해 이 세상에 들어온 죽음은 신체적 죽음이 아니라 영적·정신적 죽음이요, 하나님 없는 인간 세계의 죽음과 같은 상태를 가리킨다.

우리는 신체적 죽음을 두려워하고 슬퍼한다. 그러나 신체적 죽음보다 더 무서운 것은 영적·정신적 죽음이다. 인간의 신체적 죽음은 개인의 일로 끝나지만, 영적·정신적 죽음은 하나님의 창조세계 전체를 파멸시킬 수 있는 힘이 있다. 영적·정신적 죽음의 상태에 빠진 인간의 무한한 탐욕으로 말미암아 지금 온 세계가 파멸의 위협을 당하고 있다. 자연의 모든 생물이 인간을 두려워하고 있다. 참으로 있어서는 안 될 것, 하나님의 창조질서와 인간의 참된 자연에 어긋나는 비자연적인 것은 신체적 죽음이 아니라 영적·정신적 죽음이다. 영적·정신적 죽음은 인간에게서만 볼 수 있는 인간 특유의 것인 반면, 신체적 죽음은 모든 생물과 인간이 함께 공유하는 자연적인 것이라 말할 수 있다.

4. 그러나 인간의 신체적 죽음이 자연적이라는 말은 하나의 이상에 불과하다. 죄악된 인간 세계에서 신체의 자연적 죽음이란 존재하지 않기 때문이다. 그것은 낙원에서나 가능한 일이다. 비록 그리스도의 구원을 얻었

다 할지라도 이 죄악된 세계 속에 실존하는 인간의 죽음은 언제나 비자연적인 것임을 우리는 유의해야 한다. 오늘 우리의 세계에서 자기의 수(壽)를 다하고 자연적 죽음을 맞이하는 사람은 과연 몇 명이나 되겠는가! 죄악된 인간의 세계에서 자기의 수를 다하고 죽기란 사실상 불가능하다. 어떠한 종류의 해와 고통도 당하지 않고 완전히 수를 다하는 것은 인간 세계에서 불가능하다.

오늘날 수많은 사람이 다른 사람들의 죄와 실수와 무관심과 무감각으로 인하여 죽음을 당한다. 전쟁, 테러, 자연재난, 전염병, 생태계의 오염과 파괴, 방사능 누출, 굶주림과 영양실조, 과체중, 자신이 저지르지 않은 교통사고 등으로 죽음을 당한다. 배신과 고독, 실직으로 인한 가정파괴와 경제적 고통, 삶의 무의미로 인해 자기의 생명을 스스로 끊어버리는 사람도 있다. 알코올 중독, 마약 중독, 게임 중독으로 인해 목숨을 잃기도 한다. 독재자의 정치적 욕망과 광기로 인해 수십, 수백만 명의 사람들이 학살을 당하는 일이 일어나기도 한다. 따라서 인간의 세계에서 "자연적 죽음"이란 하나의 이상에 불과하다. 완전한 의미에서 자연적 죽음을 당하는 사람은 이 세상에 아무도 없다.

의학과 생물학의 영역에서도 자연적 죽음이란 없다고 학자들은 말한다. 의학자 및 생물학자들에 의하면 오늘날 모든 종류의 생물학적 죽음은 원칙상 인간이 묘사할 수 있고, 통제할 수 있고, 변경할 수 있는 원인들 때문에 일어난다. 인간이 당하는 고난은 물론 거의 모든 인간의 죽음도 인간의 선택의 결과다. 인간이 당하는 고난의 과정과 죽음의 과정은 어느 정도 연장될 수도 있고 단축될 수도 있다. 이것은 오늘날 의료 분야에서 수없이 일어나고 있다. 그러므로 의학과 생물학의 영역에서도 "자연적 죽음"에 대해 말하는 것은 불가능하다고 한다(Veatch 1976, 302, Steiner 1980, 11-42).

종합적으로 말해, 죄악된 인간의 삶의 세계에서 일어나는 죽음은 자연적인 것이 아니라 비자연적인 것이다. 그것은 언제나 비자연적 요소, 즉 있어서는 안 될 요소를 지니고 있다. 이 사실을 간과하고 모든 죽음을 자연적이라고 말하는 것은 비자연적 죽음, 억울한 죽음을 자연적인 것이라고 기만하는 일이다. 그것은 비자연적 죽음을 장려하며 비자연적 죽음, 억울한 죽음을 야기하는 "죽음의 세력들"에 동조한다.

성서 말씀에 의하면 비자연적 죽음은 삶 속에 이미 현존하고 있다. 하나님도 없고 이웃도 없이 오직 자기만을 추구하며 사는 자는 죽은 자와 같다. 그는 이미 죽음 속에 있다. 자기 몸의 지체를 불의의 도구로 사용하는 자, 이웃을 증오하고 미워하는 자, 선이 무엇인지를 알면서도 행하지 않는 자, 죄 가운데서 사는 자는 이미 죽음 가운데 있다(참조. 엡 2:5, "범죄로 죽은 우리를…"; 딤전 5:6, "향락에 빠져서 사는 과부는 살아 있으나 죽은 것입니다"). 죄 안에는 파멸과 죽음의 세력이 작용하고 있기 때문이다. 그러나 그리스도의 복음을 믿고 하나님의 계명을 지키며 사는 자는 죽음에서 생명으로 옮겨졌다. 그는 한때 죽었던 자였으나 그리스도와 함께 살아났다(엡 2:1). 죽었던 너희들을 하나님께서 그리스도와 함께 살리셨다(골 2:13). 자기의 삶을 하나님의 의의 도구로 삼는 자는 죽음에서 살아났다(롬 6:12-13).

5. 바울이 말하는 "죄의 삯"으로서의 죽음(롬 6:23)을 우리는 구체적으로 파악할 필요가 있다. 일반적으로 "죄의 삯"으로서의 죽음은 자신의 죄로 말미암은 죽음의 열매로 생각된다. 죄를 지을 때 죽음의 세력이 인간을 지배하게 된다. 인간은 죽음의 세력의 포로가 된다. 죽음의 세력이 그의 생명을 끊임없이 파괴한다. 그래서 죄를 많이 지은 사람의 얼굴은 어둡고, 이지러지고, 고통을 당하는 표정을 보이게 된다. 죄의 세력에 의해 그의 생명이 파괴되고 있기 때문이다. 결국 그의 삶은 죽음으로 끝난다. 이런 뜻에서 죽음은 "죄의 삯"이라 말할 수 있다.

그러나 "죄의 삯"으로서의 죽음은 또 하나의 차원을 가진다. 그것은 자기의 죄 때문이 아니라 악한 이웃의 죄와 불의한 사회구조와 환경적 요인으로 말미암아 당하게 되는 죽음을 말한다. 이러한 죽음은 자신의 "죄의 삯"이 아니라 이웃의 "죄의 삯"이다. 이웃의 죄의 삯을 자신이 당하는 것이다.

오늘날 죄는 개인의 사적 생활의 영역에서는 물론 사회적 차원에서 조직화되었고 합법적인 구조적 형태로 나타난다. 불의한 정치적·경제적 구조를 통한 인간의 억압과 착취와 부정축재와 생명의 파괴, 인종분쟁·종교분쟁·권력투쟁으로 인한 테러와 대량학살, 기아와 질병으로 인한 아프리카의 수많은 어린이의 죽음, 더 많은 이익을 얻기 위해 수단과 방법을 가리지 않는 악덕 기업인들의 환경오염과 자연파괴, 인간의 끝없는 욕심 때문에 일어나는 수많은 생물의 억울한 죽음과 멸종, 이러한 죽음들은 결코 자신이 범한 "죄의 삯"이 아니라 이웃이 범한 "죄의 삯"으로 당하는 죽음이다. 제2차 세계대전 때 나치의 손에 죽임을 당한 600만 명의 유대인들, 일제 치하에서 강제 징용된 노무자들과 위안부들의 죽음도 자신의 죄 때문이 아니라 타자의 죄로 말미암은 것이다.

성서가 말하는 "죄악이 세상에 관영함"(창 6:5)은 인간의 죄로 인해 수없이 많은 억울한 죽음들이 일어나는 인간 세계를 가리킨다. 억울한 죽임을 당한 사람들과 자연 생물들의 "피의 부르짖음"이 하늘에 사무친다. 이들이 당한 죽음은 "자연적인 죽음"이 아니라 아주 "비자연적인 죽음", 타자가 범한 "죄의 삯으로서의 죽음", 있어서는 안 될 죽음이다.

있어서는 안 될 비자연적인 죽음은 오늘도 우리 주변에서 계속 일어나고 있다. 교통사고, 안전사고, 테러, 전쟁, 자연재해 등으로 인해 계속 일어난다. 포르노 사진을 만들어 돈을 벌고자 하는 어른들의 욕심 때문에 무고한 어린 생명들이 납치되어 영상물 제작에 사용되었다가 소리 없이 살해되는 일이 세계 도처에서 일어나고 있다. 환경오염과 음식물에 함유된 유해물질로 인해 우리의 삶의 시간이 강제적으로 단축되고 있다.

이 같은 현실 속에서 "자연적 죽음"은 우리 사회가 도달해야 할 목적 내지 이상을 제시한다. 우리 사회는 더 이상 비자연적 죽음, 억울한 죽음이 일어나지 않는 사회, 모든 생명이 수를 다하고 자연적 죽음을 당하는 사회로 변화되어야 한다. 기독교 신앙은 비자연적 죽음, 강요된 죽음, 억울한 죽음을 거부하고, 모든 생명이 자연적 죽음을 맞을 수 있는 사회를 형성할 것을 요구해야 한다(Greshake 1988, 19). 고난과 질병과 조기 사망과 폭력과 노동 착취가 없는 사회를 조성하는 것이 오늘날 정치와 경제의 중요한 과제다. 공직자들의 부정부패를 척결하는 것도 이에 속한다. 한 가톨릭 신학자는 "자연적 죽음"에 대한 사회적·실천적 요구를 다음과 같이 말한다.

"'때가 되면, 곡식 단이 타작마당으로 가듯이, 너도 장수를 누리다가 수명이 다 차면, 무덤으로 들어갈 것이다'(욥 5:26)라고 성서는 말한다. 이 말씀은…사회적 실천을 요구한다. 수를 다한 삶과 자연적인 죽음은 하나님이 원하시는 인간 존재의 충만함에 속한다. 그러므로 기독교는 자연적 죽음을 위한 보호를 사회적 장치로 요청해야…한다. 살아 있는 사람들을 미리 돌봄으로써 자연적 죽음을 가능하게 해야 한다. 이를 위해 다음과 같은 사회적 실천이 필요하다. 모든 사람은 그가 누구인가를 떠나서 가장 좋은 의료 보호를 받을 수 있어야 하며, 인간의 삶에 대한 폭력적 개입, 곧 살인·사형·전쟁 등은 법적으로 제거되고 정치적으로 거부되어야 한다. 교통사고로 인한 죽음은 최대한 감소되어야 하며, 사고가 일어났을 경우 즉각 투입될 수 있는 구조체계가 마련되어야 한다. 삶에 지친 사람들이 자살하지 않도록 미리 돌보아야 하며, 노인들이…사회로부터 추방되어 양로원에 격리되지 않도록 하며, 임종 환자들이 외로운 고통 속에서 홀로 죽지 않고 이웃 사람들의 애도 속에서 인간답게 죽을 수 있도록 해야 한다. 인간의 총체적 무관계성을 극복하는 것은 오직 하나님만이 하실 수 있는 일이다. 그러나 사회적 상황들을 개혁하여 인간이 '때가 되어 곡식 단이 타작마당으로 가듯이…수명이 다 차서 무덤으로 들어가도록' 하는 것은 사람이 해야 할 일이다"(Greshake 1988, 20 이하).

6. 자연적 죽음을 맞기 위해 또 한 가지 필요한 것은 충만하고 복된 삶을 사는 것이다. 충만하고 복된 삶이란 무엇인가?

1) 충만하고 복된 삶은 물질적 결핍이 없는 삶이다. 자기의 생명을 유지하고, 자기의 가능성과 잠재력을 충분히 실현하며, 수를 누리고 죽을 수

있는 물질적 조건이 갖추어진 삶을 말한다. 건강은 충만하고 복된 삶의 필수 조건이다.

2) 충만하고 복된 삶은 올바른 사회적 관계 속에서 이루어질 수 있다. 정의로운 사회질서, 이웃과의 올바른 관계 속에서만 충만하고 복된 삶이 가능하다. 건강과 물질의 풍요가 있다 할지라도 불의한 사회질서, 갈등으로 가득한 이웃관계 속에서 인간은 행복할 수 없기 때문이다.

3) 충만하고 복된 삶은 왜 살아야 하는지, 삶의 목적과 의미가 있는 삶을 말한다. 물질이 풍부하고 올바른 사회적 관계를 맺고 있다 할지라도 내가 왜 사는지, 무엇 때문에 살아야 하는지를 모르면 인간은 행복해질 수 없다. 그는 우리 안에 갇혀서 먹고 마시며 살이 잔뜩 찐 돼지와 같을 것이다. 삶의 궁극적인 목적과 의미는 죽음을 넘어서는 하나님을 통하여 근거될 수 있다. 죽음으로 제한된 우리의 유한한 삶이 하나님의 더 높은 목적과 역사에 통합될 때 죽음의 허무를 넘어서는 영원한 의미를 얻게 될 것이며 삶의 충만함과 복됨을 얻을 수 있다.

4) 인간의 욕망은 무한하다. 그러므로 인간은 아무리 많이 성취하고 소유해도 만족할 줄 모른다. 만족이 없으면 기쁨과 감사가 있을 수 없다. 무엇을 성취하고 소유함으로써 얻게 되는 기쁨은 금방 사라지고 더 큰 것, 더 많은 것, 더 좋은 것을 바라본다. 그는 더 많은 소유의 노예가 되어버린다. 이러한 삶에 기쁨과 감사가 있을 수 없다. 부유한 사회일수록 사람들의 표정이 무거워 보이는 까닭이 여기에 있다. 충만하고 복된 삶은 자기의 소유는 물론 생명의 시간 자체가 하나님의 은혜로 경험될 때 가능할 것이다. 이때 감사와 기쁨이 있는 충만한 삶이 가능해진다.

5) 인간은 죄를 짓지 않을 수 없는 존재다. 그는 자기중심의 죄악된 본성을 가지고 태어났고, 이 본성을 버릴 수 없기 때문이다. 죄를 지을 때 어떤 현상이 우리에게 일어나는가? 죄를 지을 때 우리는 긴장하게 된다. 마음이 무거워진다. 마음의 평화가 사라지고 내적 갈등에 시달리게 된다. 의식적이든 무의식적이든, 자신이 지은 죄가 우리의 마음을 누른다. 그러므

로 죄인의 표정은 어둡고 무겁다.

충만하고 복된 삶은 죄 용서를 받고, 양심을 통한 죄의 고발을 더 이상 당하지 않을 때 가능하다. 죄를 용서받을 수 있는 길은 하나님의 어린양 예수 그리스도의 십자가 죽음에 있다. 그의 속죄의 죽음을 믿고 하나님의 계명을 지키며 살 때 충만하고 복된 삶이 가능하다.

또한 충만한 삶은 우리가 용서를 받은 것처럼 이웃을 용서하며 사는 데 있다. 용서하지 않을 때 이웃과의 관계가 끊어진다. 마음이 무거워진다. 이웃에 대한 미움과 증오가 풀리지 않기 때문이다. 또 이웃의 존재를 과거에 묶어두고, 새로운 삶의 가능성을 막아버리기 때문이다. 용서하지 않는 것은 하나님의 질서에 어긋난다. 그것은 이웃의 생명에는 물론 내 자신의 생명에도 해롭다. 충만한 삶은 이웃을 용서하는 데 있다.

6) 하나님의 계명의 핵심은 사랑이다. 따라서 충만하고 복된 삶은 사랑을 행하는 데 있다. 많은 부를 쌓아놓고, 배를 두들기며 먹고 마시며 쾌락을 누리는 데 있는 것이 아니라 자기의 소유를 이웃에게 베풀며, 이웃과 더불어 사는 데 있다. 소유는 우리를 고독하게 만드는 반면, 나눔은 우리의 삶을 풍요롭게 한다. 그것은 삶의 기쁨을 배가시킨다. 자손을 복되게 하는 길은 많은 유산을 물려주는 것이 아니라 어려운 이웃과 소유를 나눔에 있다. 이웃에게 인색한 사람의 가문은 오래가지 못하고 망한다.

왜 인색한 사람의 가문은 오래가지 못하는가? 한마디로 그것은 하나님의 법과 질서에 어긋나기 때문이다. 이웃과 소유를 나누며 더불어 사는 것이 하나님의 법과 질서이고, 하나님이 세운 이 땅의 "기초"다. 이 질서를 따르는 자는 흥하고, 이에 역행하는 자는 망한다는 것이 인생의 진리다. "순천자(順天者)는 흥하고, 역천자(逆天者)는 망한다"는 동양의 격언도 이를 말한다. "가난한 사람들이 도와달라고 할 때에 나는 거절한 일이 없다. 앞길이 막막한 과부를 못 본 체한 일도 없다. 나는 배부르게 먹으면서 고아를 굶긴 일도 없다"(욥 31:16-17), "나는 황금을 믿지도 않고, 정금을 의지하지도 않았다"(31:24)는 욥의 고백은 충만하고 복된 삶의 길은 소유의 나눔에 있음을 보여준다. 하나님의 법과 질서에 따라 살 때 우리는 수를 다한 "자연적 죽음"을 맞을 수 있을 것이다.

E. 안락사, 생명의 인위적 연장과 임종 문제

1. 현대 의학의 한 가지 중요한 문제는 죽음의 기준이 무엇인가에 있다. 인간의 죽음을 우리는 어떤 기준에 따라 확정할 수 있는가? 일반적으로 죽음은 다음과 같은 기준에 따라 확정된다. 1) 의식의 상실, 2) 호흡 정지, 3) 눈동자의 움직임 정지, 4) 심장 박동과 혈액순환의 정지, 5) 심전도의 수평상태(Brockhaus Enzyklopädie 18, 1973, 730).

그러나 오늘날 의학은 의료기기를 통해 이러한 기준을 인위적으로 조정할 수 있고, 생명의 시간을 연장시킬 수 있다. 극단의 경우 죽음 직전에 있는 환자의 호흡과 혈액순환을 의료기기를 통해 유지함으로써 그의 생명을 유지할 수 있다. 이른바 "식물인간" 상태에서 생명을 유지할 수 있다. 이로 말미암아 생명과 죽음의 한계를 확정하는 일이 오늘날 매우 어려워졌다.

여기서 다음과 같은 문제가 제기된다. 생명이란 무엇인가? 무엇을 가리켜 우리는 "살아 있다"고 말할 수 있는가? 신학적·인간학적 견지에서 볼 때 "살아 있다"는 것, 곧 생명은 단순히 생물학적 현상이 아니라 주변 세계의 삶에 참여하는 데 있다. 그것은 관계 속에서 이루어지는 삶의 활동을 가리킨다. 생명이란 관계 속에서 이루어지는 삶의 활동 자체다. 그렇다면 죽음이란 삶의 활동의 소멸, 모든 관계의 소멸이라 말할 수 있다. 환자의 모든 생물학적 기능들이 정지되고, 주변 세계와의 모든 관계와 삶의 참여가 중단되어버리는 것을 가리켜 우리는 죽음이라 말할 수 있다. 그런데 주변 세계와의 관계와 삶의 참여가 언제 궁극적으로 중단되는지 그 시점이 분명하지 않다. 여기서도 죽음의 마지막 기준을 확정하기란 매우 어럽다.

2. 이 문제와 연관하여 두 가지 현상이 나타난다. 첫째 현상은 죽음의 순간을 인위적으로 앞당겨옴으로써 가능한 고통 없이 생명을 단절시키는 안락사(Euthanasie, *eu thanatos*: 좋은 죽음) 현상이요, 둘째 현상은 모든 수단과 방법을 동원하여 생명의 시간을 인위적으로 연장시키는 태도다. 전자는 자기 생명의 시간을 인위적으로 끝냄으로써 자기가 생명의 주인이 되려는 태도라면, 후자는 생명의 시간을 인위적으로 최대한 연장시킴으로써 자기 생명을 소유하려는 태도다.

안락사는 오늘날 심각한 사회적 문제로 부상하고 있다. 안락사를 허용할 경우 인간이 다른 인간의 생명을 인위적으로 단축시킬 수 있는 위험성이 있다. 충분히 살릴 수 있는 사람도 죽여버리는 일이 일어날 수 있다. 이같은 일은 병원이나 양로원에서 오래전부터 일어나고 있다.

반면 회생될 가능성이 전혀 없는 환자의 생명을 각종 의료기기를 동원하여 인위적으로 유지시킴으로써 환자 자신을 괴롭게 만드는 것은 물론 환자의 보호자들에게 큰 희생을 요구하며, 비생산적인 사회적 비용을 증대시키는 문제가 일어난다. 어떤 병원은 더 많은 수익을 얻기 위해 불필요한 연명치료를 행하기도 한다.

오늘날 환자의 생명 연장을 위한 의료기술 가운데는 엄청난 비용을 요구하는 것들이 있다. 24시간 이상 진행되는 수술도 있다. 비용을 전혀 고려하지 않고 각종 의료기기와 기술을 통해 환자의 생명을 인위적으로 연장시킬 경우 병원의 수익은 증가할 수 있지만, 의료보험 회사는 적자의 위험에 빠지며, 결국 의료 보험료를 올리는 결과로 이어진다. 그것은 다수의 피보험자들에게 희생을 요구한다. 또 그것은 소요되는 경비를 사회의 생산적인 일에 투입하지 못하는 사회적 낭비라 할 수 있다.

3. 이 문제에 대해 우리는 다음과 같이 대답할 수 있다.

1) 모든 생명은 하나님께서 주신 선물이다. 그러므로 생명의 시간을 인위적으로 단축시키는 것은 생명을 사랑하는 하나님의 뜻에 어긋난다.

인간의 생명은 인간 마음대로 처리할 수 있는 물건이 아니다. 그것은 "생명의 하나님" 앞에서 경외되어야 하고 보호되어야 한다.

그렇다면 안락사는 허용될 수 없는가? 이 문제에 대한 학자들의 입장은 첨예하게 대립한다. 보수적 학자들은 안락사를 원천적으로 반대한다. 인간의 생명은 인간 자신의 손에 의해 결정될 수 없다는 것이다. 인간의 출생을 인간 자신이 결정할 수 없듯이, 인간의 죽음도 인간이 결정할 수 있는 일이 아니다. 이들은 인간의 출생과 죽음은 하나님의 손에 맡겨야 한다고 주장한다. 더구나 의료비용, 곧 돈 문제 때문에 안락사를 허용하는 일은 있을 수 없다고 주장한다.

이에 반해 진보적 학자들은 안락사를 허용된 범위 내에서 허락해야 한다고 주장한다. 이들의 주장에 따르면 인간은 자기의 죽음을 스스로 결정할 수 있는 권리를 가진다. 그러므로 본인과 보호자가 원할 경우 안락사를 허용해야 한다. 그러나 안락사는 엄격한 법적 통제하에서 시행되어야 한다고 이들은 주장한다.

우리는 안락사를 원천적으로 금지하는 것을 적절하지 않다고 생각할 수 있다. 회생할 가능성이 전혀 보이지 않고 더 이상의 연명과 의료시술이 무의미하다고 판단될 때, 그리고 본인이 원할 경우 안락사는 허락되어야 할 것이다. 환자 본인이 자기의 의사를 표명할 수 없는 무의식 상태에 있을 때는 보호자의 동의 속에서 허락될 수 있다. 그러나 안락사의 오용과 남용을 금지하기 위한 엄격한 법적 장치가 세워져야 할 것이다.

생사학 전문 연구자 곽혜원은 임종 가운데 있는 환자들, 특히 암환자들이 극심한 통증 때문에 품위와 존엄성을 잃고 비참하게 죽는 현실을 지적하면서 안락사 허용을 조심스럽게 인정한다. 그는 "죽음을 앞둔 환자들이 인간으로서 마땅히 지녀야 할 품위와 존엄성을 갖추고 행복하게 삶을 마무리하면서 평온하게 임종에 이를 수" 있는 길을 열어주어야 한다고 말한다(곽혜원 2014, 296). 그러나 모든 생명은 세상에 단 한 번밖에 없는 매우 소중한 것이다. 그러므로 인간의 생명을 인위적으로 끊어버리는 일은 원칙적으로 옳지 않다. 단지 마지막 품위와 존엄성을 갖추고 죽음을 맞을 수 있도록 하기 위해 안락사를 허용할 뿐이다.

2) 또 한 가지 심각한 문제는 어떤 희생을 치르든지 생명을 최대한 길게 연장시키려는 태도다. 고도로 발전된 현대 의학 기술을 통해 인간의 생명을 인위적으로 연장시킬 수 있는 가능성이 계속 발전하고 있다. 이러한 기술을 통한 생명의 인위적 연장은 엄청난 비용과 함께 가족들의 희생을 요구한다. 그것은 다른 사람들을 위한 충분한 의료 혜택을 불가능하게 만들 수 있고, 충분히 회생시킬 수 있는 다른 사람의 생명을 포기하게 만드는 결과를 초래할 수 있다. 인간의 생명을 인위적으로 미리 끝내버리는 것도 원칙상 잘못된 것이지만, 생물적 생명의 시간을 최대한 연장함으로써 자기의 생명을 소유하려는 것 역시 생명에 대한 잘못된 태도라 할 수 있다.

물론 인간의 생명은 보호되고 장려되어야 한다. 그것은 단 한 번밖에 없는 귀중한 것이다. 사랑이신 하나님은 원칙상 죽음을 원하지 않는다. 그는 모든 생명이 생명답게 살기를 원한다. 그러나 한번 태어나서 죽는 것은 창조질서에 속한다. 또 죽는 사람들이 있어야 다음 세대의 생명들이 살 수 있다. "죽음이 없다면 생명의 존속을 위해 없어서는 안 될 물질의 순환과정이 멈추게 될 것이다"(Steiner 1980, 40). 그러므로 자기의 생명을 스스로 유지할 수 있는 길이 완전히 끊어지고, 다른 사람의 도움을 통해서만 자기의 생명을 유지할 수 있으며, 기쁨이나 슬픔 등의 감정 표현을 통해 이웃과 최소한의 교통을 나눌 수 있는 길이 불가능하다는 사실이 확정될 때, 자신의 생명을 하나님의 손에 맡기는 것이 지혜로울 것이다.

내가 잘 아는 어느 대기업의 매우 연로하신 회장은 평소 심장질환을 앓고 있었다. 어느 날 밤 그분은 심장 기능의 악화로 인해 병원으로 실려 갔다. 병원에서 그는 인위적 연명시술을 거부하고 그날 밤 숨을 거두었다.

삶과 죽음은 깊이 결합되어 있다. 삶 자체가 신체적 죽음에 이르는 과정이다. 죽음은 생명이 태어나는 순간부터 생명을 동반한다. 죽음은 아무리 발버둥 쳐도 피할 수 없는 모든 생명의 기본 전제다. 자연 속에 있는 모든 생명은 서로 결합되어 서로에게 의존한다. 생명이 죽어야 자연의 생명체계가 유지될 수 있다. 따라서 죽음은 자연의 생명체계를 유지하는 길이라 말할 수 있다.

그러나 기꺼이 죽고 싶어 하는 생명은 존재하지 않는다. 죽지 않고 자기의 생명을 유지하려는 것이 모든 생명의 자연 본능이다. 아무리 작은 벌레일지라도 죽지 않으려고 꿈틀거린다. 자기의 생명과 후손의 생명을 유지하기 위해 최대한 노력한다. 그러나 죽음을 영원히 피할 수 있는 생명, 영원히 살 수 있는 생명은 이 세계 어디에도 없다. 모든 생명은 언젠가 죽는다. 하나님만이 영원히 죽지 않는다. 피조물에게는 태어날 때가 있는가 하면 죽는 때가 있다(전 3:2). 이 사실을 인정하고 자기의 삶에 끝이 왔다고 생각될 때 자기의 생명을 하나님께 맡기는 것이 지혜로운 태도일 것이다. 살 수 있는 생명을 인위적으로 단절시키는 것도 잘못된 태도지만, 생물적 생명을 인위적으로 최대한 길게 연장시키려는 것도 잘못된 태도다. 중요한 것은 생물적 생명의 시간을 연장하는 데 있지 않다. 무엇을 위해 사느냐, 어떤 가치관을 갖고 사느냐, 삶을 얼마나 충실하고 보람 있게 사느냐가 중요한 문제다.

4. 또 한 가지 중요한 문제는 임종이다. 임종은 출생만큼이나 중요한 사건이다. 곽혜원에 의하면, 임종은 "인간의 출산만큼이나 기적과 신비에 싸인 실제적 사건"이다. 출생은 한 생명이 태어나는 사건이라면, 임종은 삶을 마감하고 이 세상에서 사라지는 사건이다(곽혜원 2014, 207).

그런데 출산과 죽음 사이에는 차이가 있다. 출산의 과정 속에 있는 어린 생명은 아직 분명한 의식을 갖지 못한 상태에 있다. 물론 태어나는 아기도 감성을 갖지만, 그의 의식은 아직 깨어나지 못한 상태에 있다고 말할 수 있다. 따라서 아기는 자기의 출생 방법을 스스로 결정할 수 없다. 부모와 의료진이 그것을 결정한다. 이에 반해 죽음의 과정 속에 있는 환자는 정도의 차이는 있지만 의식을 가지고 자기의 죽음을 맞이한다. 그는 자기의 죽음의 방법을 스스로 택할 수 있다. 따라서 어떤 마음으로, 어떤 모습으로 죽느냐, 곧 "죽음의 방법"(ars moriendi)의 문제가 제기된다. 그는 자기의 죽음을 거부하고 죽음을 저주하면서 임종을 맞을 수도 있고, 자기의 생명을 초월자에게 맡기고 평온한 태도로 임종을 맞을 수도 있다.

그러므로 죽음을 앞둔 사람들에 대한 죽음에 관한 사전 교육이 필요하다. 그러나 한국에서 이 교육은 거의 전무한 실정이다. 죽음에 관한 교육을 정규 교과과정으로 둔 대학은 거의 없다. 그래서 여러 학자들이 다음과 같이 말한다. "오늘날 대한민국은 죽음을 앞둔 말기 환자들을 위한 '인간적 돌봄' 장치가 전무한 나라", "조금 과격하게 표현해서 '한국인은 죽음에 관한 한 내팽개쳐져 있다.…한국에서는 잘 죽기가 쉽지 않다'"(곽혜원 2014, 31).

이 문제에 도움을 줄 수 있는 것은 교회다. 교회는 죽음 교육을 통해 신자들을 자신의 죽음에 대해 준비시킬 수 있다. 그러나 곽혜원에 의하면, "현대 교회의 목회자들은 임종에 대한 아무런 지식 없이 목회자가 되는 경우가 대부분이다. 상당수 목회자는 한 사람의 영혼이…이생에 대한 희망을 놓는 과정을 지켜본 경험이 전혀 없고, 죽음이 서서히 진행되는 사람을 곁에서 돌본 적도 거의 없다.…많은 목회자들이 임종을 앞둔 이들에 대한 사역은커녕 이들에게 위로의 말을 건넨 경험조차 거의 전무한 실정이다. 그러다 보니 목회자들이…죽음과 잘 죽는 법에 대해 가르쳐야 할 중차대한 소임을 전혀 감당하지 못하고 있는 것이다"(위의 책 212). 그러므로 신학교가 "죽음을 앞둔 임종자들을 위한 영적인 돌봄을 가르치는 강좌나 사역 프로그램, 노인 사목 강좌"를 개설할 것을 곽혜원은 강조한다.

죽음에 대한 교육 외에 장례식 후에 깊은 실의와 슬픔에 빠진 유가족들의 정신적·목회적 돌봄, 상업화된 장례식, 망자의 유산 처리, 경제가 발전할수록 증가하는 자살도 중요한 문제에 속한다. 또 어린 아기가 죽었을 때 애도의 절차 없이 시체를 가마니에 둘둘 말아서 화장하거나, 손아래 사람이 죽었을 경우 불효하였다 하여 부모나 손위 친척들이 장례에 참여조차 하지 않는 것도 심각한 문제다(나는 이 일을 직접 보았다). 이는 유교적 사고에서 유래하는 매우 비인간적인 관습이다. 우리는 성서 어디에서도 이에 대한 근거를 발견할 수 없다. 이 모든 실제적 문제들을 우리는 기독교 생사학과 목회학 영역으로 넘길 수밖에 없다(이에 관한 뛰어난 문헌으로 곽혜원 2014, 『존엄한 삶, 존엄한 죽음』 참조).

3

죽음 후에 어떻게 되는가?

죽음 후에 우리의 생명은 어떻게 되는가? 완전히 없어지는가, 아니면 어떤 다른 형태로 영원히 살게 되는가? 이 문제는 고대로부터 오늘에 이르기까지 모든 인류의 공통된 관심사일 것이다. 우리가 알고 있는 모든 종교가 그 나름대로 이 문제에 대한 자신의 이론을 가지고 있다. 그 가운데 가장 대표적인 것은 영혼불멸설과 윤회설이다. 영혼불멸설의 영향은 성서에서도 발견된다(참조. 눅 23:43).

그런데 성서에는 영혼불멸설 외에 다양한 생각이 나타난다. 본래 구약학 교수였던 문익환에 의하면 "죽은 후에 곧 복된 곳에 인도되든가, 지옥에 끌려간다"는 생각이 있는가 하면(눅 16:22 이하), 죽은 자들은 음부(구약성서의 "스올", 신약성서의 "하데스")에 머무는데, "음부는 악인이 고통을 겪으면서 거처하는 곳과, 의인이 비교적 안락을 누리는 곳도 있다." 또 "스올에서 죄를 속하고 지옥의 멸망을 피할 수 있다는 연옥설과 통하는 생각도 있다(눅 12:58 이하). 사도 바울은 육체는 멸하고, 영혼은 구원받을 가능성을 말하기도 한다(고전 5:50 이하; 벧전 4:6). 또 죽음에서 심판에 이르는 중간 시기는 잠자는 시기라는 생각도 있다"(살전 4:13 이하; 벧후 3:4)(문익환 1960, 47 이하).

이와 동시에 성서는 "죽은 자의 부활"이라는 매우 특이한 생각을 고백한다. 즉 역사의 마지막에 모든 죽은 자들이 다시 살아나서 하나님의 심판을 받게 된다는 것이다(자세한 내용에 관해 아래 III.4, "죽은 사람들의 부활" 참조). 신약성서는 부활한 예수를 가리켜 "모든 죽은 자들의 첫 열매"라 부르면서(고전 15:20), 죽은 자들의 부활이 없다면 하나님은 예수를 부활시키지 않았을 것이라고 말한다(15:13, 15). 이에 근거하여 사도신경은 죽은 자들의 부활(resurrectio carnis)을 고백한다. 여기서 다음과 같은 문제가 제기된다. 역사의 종말에 부활이 오기까지 죽은 사람들은 어떤 상태에 있는가? 죽음과 부활 사이의 중간 상태는 무엇인가? 여기서 우리는 죽음 후의 상태에 대한 몇 가지 중요한 이론들을 고찰하고, 죽음과 부활 사이의 중간 상태에 대한 답을 찾고자 한다.

A. 영혼불멸설

죽음 후의 상태에 대한 가장 보편적 이론은 영혼과 육체의 이원론에 기초한 영혼불멸설이다. 곧 죽음과 함께 인간의 육체는 흙으로 돌아가지만, 영혼은 신적 세계로 돌아가 영원히 산다는 것이다. 영혼불멸설은 초기 기독교의 영지주의에 큰 영향을 주었다. 영지주의의 이원론적 인간관에 따르면 영혼은 인간 안에 있는 신적 실체로서 인간의 본래적 자아를 형성한다. 인간의 본질은 영혼에 있다. 육체는 땅에 속한 인간의 허무한 형태이며, 타락한 자아의 형식이다. 영혼은 정신적인 것인 반면 육체는 물질적인 것이다. 인간이 태어날 때 하늘에 있던 영혼이 육체 속으로 추방되어 육체와 결합되어 육체의 감옥에 갇히게 된다. 인간이 죽을 때 영혼은 육체의 감옥을 벗어나 영원한 신적 세계로 돌아간다. 그러므로 죽음은 육체로부터의 영혼의 해방과 신적 본향에로의 돌아감을 뜻한다.
영지주의에 반하여 초기 기독교의 사도신경은 "육의 부활"을 고백한다. "몸이 다시 사는 것(resurrectionem carnis, 육의 부활)과 영원히 사는 것을 믿사옵니다." 그럼 죽을 때 육체를 벗어난 영혼은 마지막 부활 때까지 어떻게 되는가? 이 문제에 대해 아래 세 가지 매우 다른 표상들이 제시되었다. 1) 죽음과 보편적 부활 사이에 의로운 자들과 순교자들이 거할 "중간상태"(Zwischenzustand)에 대한 유대교 묵시사상의 표상, 2) 그리스도와의 교통 안에 있을 것이라는 신약성서의 표상, 3) 플라톤의 영혼불멸설. 이 세 가지 표상 가운데 초기 기독교에 가장 큰 영향을 준 것은 플라톤의 영혼불멸설이었다.

1. 플라톤은 영혼불멸설을 가장 체계적으로 기술한 인물로 알려져 있다. 그의 이론은 기독교 신앙과 신학에 결정적 영향을 주었다. 플라톤은 그의 저서 『파이돈』(Phaidon)에서 사형 선고를 받은 소크라테스와 그의 제자들의 대화를 기술하면서 영혼 불멸이 무엇이며, 영혼 불멸을 믿을 때 생명과 죽음에 대해 어떤 태도를 취하게 되는가를 논증한다(Pieper 1968 참조).

논증의 첫째 단계에서 그는 인간의 삶이란 하나의 순환 과정 내지 원운동(Kreislauf)과 같다고 말한다. 인간의 삶은 깨어 있음과 잠자는 것, 살아 있음과 죽음의 순환 과정이다. 잠자는 자들이 잠에서 깨어나고, 깨어 있는 자들이 잠자는 것처럼, 살아 있는 자들이 죽은 자들이 되고, 죽은 자들이 살아 있는 자가 된다. 이 순환 과정 속에는 변하지 않고 지속되는 요소가 있는데 그것은 영혼이다. 살아 있는 자가 죽은 자로 변하고, 죽은 자가 살아 있는 자로 변하지만 영혼은 변하지 않고 존속한다. 생명과 죽음은 영혼에게 아무런 영향을 주지 못한다. 생명은 영혼과 육체의 결합이요, 죽음은 육체로부터 영혼의 분리다. 죽음 후에도 영혼은 존속하며 새로운 육체와 결합하여 새로운 삶을 갖게 된다. 여기서 플라톤은 영혼불멸설과 더불어 윤회설을 말한다.

논증의 둘째 단계에서 플라톤은 그의 유명한 "회상설"을 말한다. 우리가 무엇을 인식하고 아는 것은, 태어나기 이전에 영원한 피안의 세계에서 알고 있었던 것을 회상하는 것에 불과하다. 인간이 이 세계 속에서 얻는 모든 지식은 경험을 통해 새롭게 얻는 것이 아니라 피안의 세계에 있었던 것의 회상이다. 우리가 태어난 후 이 세계 속에서 인식하는 것은 태어나기 전 우리의 영혼 속에 숨어 있었다(Platon 1974, 75b 이하).

이것은 우리가 태어나기 이전에 우리의 영혼이 이미 존재하였음을 증명한다. "그러므로 우리가 회상하는 것을 우리는 필연적으로 그 이전의 시간에 배웠음이 틀림없으며, 영혼이 인간의 이 형태로 들어오기 전에 이미 존재하지 않았다면 이것은 불가능할 것이다. 따라서 영혼은 불멸하는 것임에 틀림없다"(72e). 영혼은 물질적인 것, 육체적인 것의 한계에 묶이지 않으며, 시간을 초월하는 인식 능력이다.

논증의 셋째 단계에 따르면 죽음은 영혼이 육체로부터 해방되어 영원한 신적 영역으로 돌아감을 말한다. 그런데 죽음을 명상함으로써, 곧 "올바르게 철학함으로써 영혼은 자기 자신을 직접 의식하며, 육체의 죽음과 육체에서의 해방을 앞당겨올 수 있다. 인간이 사유하고 행동하고 느끼는 것은 죽음으로부터 해방의 연습이다. 이 연습 속에서 영혼은 그의 불멸성을 인지한다. 인간은 육체의 감각을 통하여 사물을 간접적으로 인지한다. 그러나 육체의 죽음이 앞당겨 일어나고, 육체의 모든 감각이 중지될 때 영혼은 자기 자신을 직접 인지한다. 이를 통해 영혼은 육체의 모든 감각을 떠나 자기 자신으로 돌아올 수 있다. 각 사람이 태어나기 전부터 영혼이 있었다. 영혼은 태어나지 않고 영원 전부터 존재한다. 그러므로 영혼은 죽지 않고 영원히 존재할 것이다. 그것은 출생과 죽음을 초월하며, 이것들과 관계없이 존재한다. 그러므로 영혼은 신의 존재와 비슷하다. 그것은 영원히 변하지 않고 인간 안에 있는 신적인 것"이다. 육체는 영혼이 그 속에 갇혀 있는 감옥이요 무덤이다.

그러므로 죽음은 생명의 종식이나 파괴가 아니라 육체로부터 영혼의 분리와 해방이다. 그것은 영혼의 구원이다. 죽음과 함께 영혼은 육체의 감옥을 벗어나 영원한 신의 세계에서 육체 없이 존재한다. "사멸의 것은 그에게서 죽고, 사멸하지 않는 것과 허무하지 않은 것은 안전하게 보존되어 죽음의 길을 벗어난다"(106). 인간의 참 존재는 육체에 있지 않고 영혼에 있다. 영혼은 영원한 반면 육체는 사멸하기 때문이다. 죽음은 인간의 육체에만 일어나고, 영혼에게는 일어나지 않는다. 인간의 영혼은 죽음과 조금도 관계없이 존재하며, 육체의 죽음을 통하여 자유와 진리와 정체성을 얻게 된다. 그러므로 죽음은 인간 존재의 중지 혹은 사멸이 아니라 해방과 구원이다. 그것은 끝이 아니라 본래의 상태로부터의 소외를 벗어남이다. 그것은 영혼의 본향으로 돌아감, 곧 귀향이다.

쿨만에 따르면 플라톤의 영혼불멸설에서 죽음은 슬프고 경악스러운 것이 아니라 영혼의 "해방의 완성자"요, "영혼의 위대한 친구"다(Cullmann 1964, 24). 죽음을 통해 인간의 영혼은 시간과 공간의 제약에 묶여 있고 언젠가는 썩어 없어질 육체의 감옥을 벗어나 그의 본향으로 돌아간다. 그러므로 인간은 죽음을 슬퍼하거나 두려워할 필요가 없다. 오히려 축제를 즐기는 태도로 죽음을 맞을 수 있다. 그는 죽음에 대해 태연자약할 수 있다. 죽음에 대한 이러한 태도는 소크라테스의 죽음 장면에 나타난다. 소크라테스는 축제를 벌이는 것처럼 독배를 유유히 마신다. 이 같은 죽음 장면을 우리는 폴란드 작가 시엔키에비치의 장편소설 『쿠오 바디스』(Quo Vadis, 주여, 어디로 가십니까?)의 마지막 부분에서 읽을 수 있다. 반역자란 혐의로 죽임을 당하게 된 로마 제국의 한 귀족은 친지들을 초빙하여 잔치를 즐기면서, 자기의 동맥을 끊어 서서히 죽어간다. 여기서 죽음은 영혼이 육체에서 해방되는 축제와 같은 것으로 생각된다.

가톨릭 신학자 그레스하케에 의하면 영혼과 육체의 플라톤적 이원론은 세계 도피적 영혼주의(Spiritualismus)를 의도하지 않는다. 오히려 그것은 신적 영혼을 본질로 가진 인간의 선과 진리와 정의에 대한 의무를 말하고자 한다. 인간은 자신의 영혼을 통해 이러한 가치들을 인식할 수 있고 이 가치들을 실천해야 한다. 이 가치들은 영원한 신적 가치들이다. "신체적-물질적인 것과 그것의 욕구와 욕망들을 벗어나며, 물질적이며 시간적인 조건들에서 가능한 한 멀리 풀려나서 정신의 자유를 추구하는 것이 인간의 본래적 삶의 과제로 제시된다"(Greshake 1986, 83).

2. 초기 교회는 헬레니즘 세계에 널리 유포되어 있던 영혼불멸설을 수용하였다. 영혼불멸설은 다음과 같은 일들을 약속한다고 믿었기 때문이다.

1) 영혼불멸설은 생성소멸하며 변화무상한 세계 속에서 영원히 변하지 않고 소멸하지 않는 인간의 정체성과 영원한 존재를 약속한다. 죽음은 인간을 정복할 수 없고, 그의 정체성을 폐기할 수 없다. 영혼은 인간의 감각적 감성과 감정과 욕구에서 자유로운 인간의 정체성을 보장한다.

2) 영혼불멸설은 죽음에 대한 인간의 자유와, 세계의 모든 사물에 대한 인간의 숭고함을 약속한다. 죽음은 인간의 육체에만 해당하고, 인간의 영혼에게는 해당하지 않기 때문이다. 영혼은 생성과 소멸의 자연법칙에서 자유롭다.

3) 이 세상에서 완전하게 충만한 지복을 누리는 사람은 아무도 없다. 죽음의 순간까지 모든 인간은 다양한 종류의 결핍과 좌절, 불안과 절망, 고난과 고통 속에서 살아간다. 어떤 형태의 것이든 간에 모든 인간의 삶은 결핍된 삶, 완전한 만족이 없는 삶이다. 영혼불멸설은 이 같은 인간의 삶을 위로하고 죽음 이후의 영원한 보상을 약속한다. 신자들이 "사망하면 그 영혼들은 즉시로 하나님과 그리스도와 더불어 교제를 나누는 즐거운 의식적 생활을" 누린다는 말은 이를 예시한다(이범배 2001, 938). 영혼불멸설은 결핍과 고통 속에서 살아가는 사람들에 대한 피안의 환상적 위로다.

4) 죽음은 결코 단절(Abbruch)이 아니다. 그것은 차안의 삶에서 피안의 영원한 생명으로 들어가는 통과 과정(Durchgang)에 불과하다. 죽음 다음에 무가 기다리고 있는 것이 아니라 영혼의 영원한 생명의 세계가 기다리고 있다. 죽음과 함께 인간은 없어지는 것이 아니라 하나님과의 완전한 교통에 들어간다고 영혼불멸설은 약속한다. 이로써 영혼불멸설은 죽음에 대한 두려움과 경악을 감소시킨다. 그것은 죽음 앞에 선 인간에 대한 위로의 수단이다.

5) 영혼불멸설은 하나님의 자비하심과 신실하심을 약속하는 것으로 보인다. 인간의 육체는 사멸하지만, 하나님은 그의 영혼을 영원히 지키신다. 영혼은 인간 안에 있는 "신적인 것"으로, 하나님의 속성인 불멸을 그 자신의 속성으로 가진다. 이 속성을 통하여 인간은 죽음 후 하나님의 존재에 참여한다고 영혼불멸설은 약속한다. 영혼불멸설 속에는 이 같은 약속들이 내포되어 있다.

3. 그러나 영혼불멸설은 신학은 물론 인간학, 심리학 등 수많은 분야에서 비판의 대상이 되고 있다. 이 비판에서 지적되는 영혼불멸설의 문제점을 우리는 다음과 같이 기술할 수 있다.

1) 현대 인간학은 영혼불멸설의 전제가 되는 플라톤-아우구스티누스-데카르트의 영혼과 육체의 이원론을 거부한다. 판넨베르크에 의하면 현대 인간학, 특히 인간의 행동을 연구하는 행동학은 인간이 "완전히 다른 두 가지 요소로 구성되었다"는 생각을 오래전부터 포기하였다.

현대 행동학에 따르면 인간은 육체와 영혼이 하나로 결합되어 있는 통일체다. "인간 속에는 육체에 대하여 독립된 '영혼'이라고 하는 실체가 존재하지 않는다. 이와 마찬가지로 단지 기계적인, 의식 없이 활동하는 육체도 없다. 양자는 추상물들(Abstraktionen)이다. 활동하고 세계에 대하여 행동하는 인간이라고 하는 생물의 통일체가 있을 뿐이다"(Pannenberg 1981, 35). 따라서 인간의 모든 행동은 영혼과 육체가 함께 작용하여 이루어지는 전일적 행동이다. 인간의 행동은 결코 육체의 활동과 영혼의 활동으로 나누어질 수 없다.

우리가 발로 공을 찰 때, 그것은 발의 육체적 활동이라 생각하기 쉽다. 그러나 발로 공을 찰 때, 우리의 정신은 공을 원하는 방향으로 차기 위해 함께 작용한다. 따라서 발로 공을 차는 행위는 인간의 발과 정신이 함께 작용하는 전일적 행동이다. 인간의 사유는 육체와 관계없는 순수한 영적 활동이라 생각하기 쉽다. 그러나 인간의 사유는 두개골 안에 있는 뇌 세포의 활동을 통해 이루어지며, 몸의 육체적 조건에 의존한다. 한마디로 인간의 모든 활동은 영혼과 육체가 함께 참여하여 이루어지는 공동의 활동이다.

2) 영혼과 육체의 이원론에 근거한 영혼불멸설은 삶의 육적·물질적 현실과 차안의 구체적 사회 현실을 경시하거나 천시하는 사고방식과 삶의 태도를 조성한다. 인간의 육체는 썩어 없어질 물질의 영역에 속한 것이라고 생각할 때, 육체를 천시함은 물론 육체와 결합해 있는 물질적 현실들에 대해 무관심해진다(Cullmann 1964, 35). 하나님의 구원은 물질적 현실과 무관한 이른바 "영혼구원"으로 축소된다. 하나님의 구원은 육체의 감옥에 갇힌 영혼이 해방되어 피안의 영원한 신적 세계에서 영원히 죽지 않고 열락을 누리며 사는 데 있다고 생각한다.

하나님의 구원을 영혼 구원으로 축소시킬 때, 신자들은 정치·경제·사회 등 이 세계의 현실적인 문제들에 대해 관심을 가질 필요가 없게 된다. 이 모든 문제들은 하나님의 구원과 관계가 없기 때문이다. 이 세계의 삶은 영혼이 피안의 세계에서 영원한 생명을 누리기 위한 준비 과정 내지 통과 과정에 불과하다. 영혼불멸설은 신음하는 피조물들의 고난과 고통, 생명의 파괴와 착취에 대한 무관심을 조장하고, 피안의 영원한 신적 세계를 동경하게 만든다. 그것은 단 한 번밖에 없는 삶의 시간을 무의미하게 보게 하며, 신음하는 다른 생명들에 대한 관심과 이들을 위한 개입을 불필요하다고 생각하게 한다. 이리하여 영혼불멸설은 인간을 무감각하고 무기력한 존재로 만들어버린다. 현실의 문제들을 극복하고자 하는 인간의 의지와 투지력을 마비시킨다. 의지와 투지력을 상실한 사람의 눈동자는 생명이 없는 명태 눈알처럼 되어버린다.

영혼불멸설은 현실 세계에 등을 돌린 삶의 태도(Weltabgewandtheit)를 조성하며, 생명의 세계를 파괴하는 악의 세력을 방치하고 방조한다. 현재의 "삶은 피안을 위한 준비일 뿐이라는 표상은 삶의 거부 이론이요 종교적 기만이다. 그것은 '생명을 사랑하는 자'이신 '살아 계신 하나님'에 모순되며, 이러한 점에서 그것은 종교적 무신론이다"(Moltmann 1995, 66).

3) 영혼불멸설은 이웃과의 사회적 관계없이 자기 홀로, 자기 자신에 근거하여 존재하고자 하는 인간의 이기주의에서 생성되었다. 나의 생명은 내 안에서 안전하게 보장되고, 내 자신 안에 고정되어 있어야 한다. 변화되지 않고 소멸하지 않으며, 이웃과의 교통 없이 자기 홀로 존재하는 영혼이란 고독한 실체는 인간 주체를 자신 속에 폐쇄시킨다. 그것은 인간으로 하여금 이웃을 필요로 하지 않으며, 이웃 없이 자기 홀로 존재하는 고독한 인간상을 이상적 인간상으로 가지게 한다. 그것은 인간을 탈사회화·탈역사화시킨다. "불멸의 영혼에 대한 이야기 뒤에는 간교한 무신성·무신론이 숨어 있다. 그것은 죽음의 무를 긍정하면서, 우리의 모든 것이 (하나님과 이웃으로부터) 우리에게 선물로 주어져 있다는 사실을 인정하지 않기 때문이다"(Ulrich 1975, 38).

현대 개신교회 신학은 전반적으로 플라톤적인 영혼불멸설을 반대한다. 그것은 "기독교의 가장 큰 오류들 가운데 하나"다(Cullmann 1964, 19). 많은 가톨릭 신학자들도 이에 동의한다. 20세기 가톨릭 신학의 거장 카를 라너(Karl Rahner)에 의하면, 우리의 삶의 현실이 죽음을 통과하여 곧장 계속된다는 것은 생각할 수 없다. "죽음은 전체로서의 인간에게 마지막으로 생각되어야 한다"(Rahner 1966, 429).

그러나 이것은 죽음 후의 영원한 생명을 부인하는 것이 아니다. 기독교 신앙을 요약한 사도신경은 분명히 "영원한 생명"("영원히 사는 것")을 고백한다. 그러나 사도신경이 고백하는 영원한 생명은 하나님의 은혜로 말미암은 것이지, 인간에게 주어져 있는 영혼이라는 실체의 독자적 불멸성으로 말미암은 것은 아니라고 많은 신학자들이 주장한다. 에밀 브루너에 따르면 플라톤적인 영혼 불멸은 인정될 수 없다. "오직 하나님의 창조적 말씀에" 근거한 참으로 "기독교적인, 성서적이며 그리스도론적인 불멸의 사상"만이 인정될 수 있다(Brunner 1964, 429).

그런데 육체로부터 분리될 수 있는 영혼의 실체가 인정되지 않는다면, 인간의 그 무엇이 불멸하는가의 문제가 제기된다. 브루너가 말하는 "참으로 기독교적인, 성서적이며 그리스도론적인 불멸의 사상"이란 무엇인가? 이 문제는 아래 "영혼의 인격적 이해"에서 다루고자 한다.

4. 영혼불멸설의 문제점은 성서가 말하는 죽은 자들의 부활에 대한 신앙과 비교할 때 더욱 분명히 드러난다. 영혼불멸설과 죽은 자들의 부활에 대한 신앙의 차이점을 몇 가지 살펴보면 다음과 같다.

1) 영혼불멸설은 인간 자체 안에 주어져 있는 "불멸의 것"을 인정하고 그것을 신뢰하는 반면, 부활신앙은 없는 것을 있게 하며, 죽은 자를 다시 살리는 하나님의 능력과 은혜를 신뢰한다. 전자는 인간 자신 안에 주어져 있는 것에 대한 통찰이라면, 후자는 죽은 자를 살릴 수 있는 하나님의 놀라운 능력과 행위를 희망한다.

2) 영혼불멸설은 인간의 육체를 벗어버려야 할 영혼의 감옥으로 천시하고, 신적 영혼의 영원한 존속을 희망하는 반면, 부활신앙은 몸을 가진 인간의 삶과, 이 삶의 과정을 통해 형성된 인간의 인격 내지 자아를 중요시한다. 전자에서는 육 없는 인간의 영혼이 중요한 관심의 대상으로 간주되는 반면, 후자에서는 영혼과 육체의 통일체로서 인간이 가졌던 모든 관계와 삶의 과정이 중요하게 간주된다.

3) 영혼불멸설이 말하는 영혼은 사회적·물질적 관계를 초월하여 자기 자신 안에 홀로 존재하는 초월적 실체다. 그러므로 영혼불멸설은 인간 삶의 사회적·물질적 현실에 대해 관심을 갖지 않고, 세계와 육체의 감옥을 벗어나서 영원히 존속하는 영혼의 불멸에 대해 관심을 가진다. 영혼은 거룩하고 영원한 신적 실체인 반면, 인간의 육을 포함한 이 세계의 물질적 현실은 무가치하고 속되며 일시적이며 허무한 것으로 생각되기 때문이다. 이에 반하여 부활신앙에서 인간의 육은 인간의 삶과 그의 인격과 자아를 구성하는 중요한 요소로 인정되며, 육을 가진 인간의 삶과, 삶이 그 속에서 이루어지는 물질적·사회적 현실이 중요한 요소로 다루어질 수밖에 없다.

부활신앙의 이 같은 특징의 뿌리를 우리는 구약성서에서 발견할 수 있다. 하나님은 아브라함에게 영혼 불멸을 약속하지 않고 "땅"을 약속한다. 고대 시대에 "땅"은 인간 삶의 가장 중요한 물질적·사회적 기초였다. 구약의 율법과 예언자들은 이스라엘 백성의 물질적·사회적 관계를 중요하게 생각한다(레 25장의 희년제도 참조). 예언자들이 약속하는 메시아 왕국은 육체 없는 영혼의 세계가 아니라, 육체를 가진 모든 생물이 하나님의 자비와 정의에 기초한 올바른 물질적·사회적 관계 안에서 평화롭게 더불어 사는 물질적 세계다.

4) 영혼불멸설에 의하면 이 세계 속에서 이루어지는 인간의 삶은 영원한 영적 세계에 대한 준비 과정에 불과하다. 본래의 삶은 차안의 삶이 아니라 영원한 피안의 세계에서 누리게 될 영혼의 삶이다. 이로써 차안의 삶의 중요성이 약화된다. 고통과 고난으로 가득한 이 세계의 허무한 삶이 끝난 후 피안의 영원한 삶이 있다면 차안의 삶을 열심히 진지하게 살 필요가 없어진다. 차안의 삶의 유일회성과 진지함이 약화된다.

부활신앙에 의하면 이 세계의 삶은 이 세계에서 끝난다. 그것은 저 세계의 삶으로 연장되지 않는다. 죽은 자들이 부활하여 누리게 될 영원한 생명은 이 세계의 삶의 연장이 아니라 전혀 새로운 삶이다. 그것은 우리가 알지 못하는 "영적인 몸"("신령한 몸", 고전 15:44)의 삶이다. 따라서 이 세계의 삶은 단 한 번뿐으로 생각된다. 단 한 번뿐이기 때문에 그것은 소중하고 진지하게 생각된다. 곧 지상의 삶의 유일성을 자각함으로써 지상의 삶을 진지하게 생각하게 된다. 지상의 삶의 과정을 통하여 우리의 인격 내지 자아가 결정되고, 하나님의 최후 심판을 받을 것이다. 그러므로 부활신앙은 지금의 삶을 진지하게 살아야 함을 암시한다.

5) 영혼불멸설과 부활신앙은 죽음에 대한 태도에서도 차이를 보인다. 영혼불멸설에 따르면 죽음은 신적 영혼이 육체의 감옥에서 해방되는 사건이다. 그러므로 영혼불멸설에서 죽음은 하나의 축제와 같다. 반면 부활신앙에서 죽음은 살아 계신 하나님과, 그가 사랑하는 피조물들의 "마지막 적"으로 간주된다(고전 15:26). 영혼불멸설은 영혼이 육체로부터 빠져나오

기를 기다리는 반면, 부활신앙은 인간과 세계를 지배하는 죄와 죽음의 세력을 극복하기를 기다린다(고전 15:54). 그것은 더 이상 죽음과 슬픔과 울부짖음과 고통이 없는 "새 하늘과 새 땅"을 기다린다(계 21:4).

6) 영혼불멸설이 전제하는 영과 육, 차안과 피안의 이원론은 그 나름의 윤리관을 형성한다. 인간의 영혼과, 영혼이 영원히 거할 피안의 세계는 영원한 가치를 가진 반면, 인간의 육체와 이 세계의 현실은 무가치하게 생각될 경우 이 세계의 현실을 개혁하고자 하는 창조적 의식이 약화된다. 이 세계의 현실에 대한 무감각과 무관심, 이 세계 현실에서의 내적 퇴각, 이 세계의 현실에 대해 등을 돌린 삶의 태도가 윤리적 이상으로 간주된다.

이에 비해 부활신앙은 세계의 삶의 현실을 바르게 개혁하고자 하는 삶의 태도를 조성한다. 하나님의 심판을 받게 될 인간의 인격 내지 자아는 오직 삶의 현실적 관계들 속에서 형성되기 때문이다. 사도신경이 고백하는 인간의 "육"은 인간 삶의 사회적 관계성을 시사한다. 영혼불멸설이 말하는 "영혼"이 비물질적·비사회적 실체라면, 사도신경이 고백하는 "육"은 물질적·사회적 실체다. "육의 부활"과 함께 사도신경은 인간의 사회적 관계를 문제 삼는다. 중요한 것은 사회적·물질적 관계에서 분리된 고독한 "영혼"이 아니라 사회적·물질적 관계 안에서 이루어지는 인간의 생명이다. 그러므로 부활신앙은 사회적·물질적 관계를 하나님의 말씀에 따라 바르게 세우고자 하는 태도를 취하게 된다.

부활신앙의 뿌리를 우리는 구약 예언자들의 말씀에서 볼 수 있다. 그러나 부활신앙을 명백하게 고백한 것은 후기 유대교 묵시사상이었다. 묵시사상은 이스라엘 백성이 이방 민족들의 박해와 고난을 당하는 역사적 배경 속에서 등장하였다. 하나님의 정의가 사라지고, 하나님 없는 불의한 세력이 세상을 지배하였다. 이 같은 역사적 배경 속에서 묵시사상은 하나님의 정의와 생명의 문제에 대한 대답으로서 "죽은 자들의 부활"을 고백하였다. 따라서 부활신앙의 배면에는 하나님의 정의로운 세계와 생명에 대한 안타까운 갈망이 숨어 있다. 이에 비해 영혼불멸설은 영혼이 육체의 감옥에서 빠져나가기를 기다린다.

사도신경은 본래 기원후 2, 3세기에 로마의 교회가 세례의식에서 사용하던 신앙고백이었다. 그 당시 로마 제국을 문화적으로 지배한 것은 헬레니즘이었다. 헬레니즘 문화권에서 영혼불멸설은 보편적 현상이었다. 이같은 역사적 상황에서 초기 기독교가 사도신경으로 "육의 부활"을 고백한 것은 참으로 놀라운 일이었다. 이것은 우연이 아니라 생명과 땅과 정의를 사랑하는 하나님 신앙의 필연적 귀결이요, 그리스적 사유에 대한 히브리적 신앙 유산의 승리라고 말할 수 있다. 사도신경이 고백한 "육의 부활"은 인간의 육을 지배하는 죄와 죽음의 세력에 대한 저항의 표시인 동시에, 죽음과 슬픔과 울부짖음과 고통이 없는 새로운 생명의 세계에 대한 갈망의 표시였다(또한 이에 관해 아래 III.4.E. 참조).

B. 윤회설과 "죽음 후의 생명"

영혼불멸설 다음에 세계의 많은 종교에 나타나는 이론은 윤회설이다. 윤회설은 영혼불멸설의 변형된 형태로서 고대 시대의 종교와 민속신앙에 나타나는 거의 공통적 현상이다(Bachl 1980, 242 이하). 그것은 고대 이집트의 종교와 힌두교와 가나안 종교, 불교는 물론 플라톤, 플로티노스, 피타고라스, 엠페도클레스를 위시한 고대 그리스 철학자들, 근대의 레싱(Lessing)과 괴테에게서도 나타나며, 현대의 초인격적 심리학, 뉴에이지 운동에서도 나타난다.

1. 윤회설의 타당한 내용: 윤회설은 죽은 인간의 영혼이 살아 있는 동안 남긴 업에 따라 다른 생명체로 다시 태어난다는 이론이다. 이 이론의 핵심은 "업과 그에 따른 인과응보의 논리라 볼 수 있다. 사람의 행위는 반드시 인과응보의 순환적 과정으로 이어진다는 윤리적 믿음이 윤회설의 기초를 이룬다"(박충구 2018, 164). 윤회설은 크게 두 가지 형태로 나타난다.

1) 죽은 사람의 영혼이 그의 친족이나 부족의 구성원 속에서 다시 태어난 다고 믿는 형태, 2) 죽은 사람의 영혼이 식물이나 동물 혹은 벌레 속에서 변형되어 나타난다고 믿는 형태다.

고대 그리스 철학자 중에 윤회설을 체계화시킨 최초의 인물은 플라톤 이다. 플라톤에 의하면 인간의 영혼은 신적인 것으로서 인간이 태어나기 이전에 영원한 신의 세계에 현존한다. 인간의 출생과 함께 영혼은 인간의 육체와 결합된다. 이 결합은 본래의 존재 양식으로부터 영혼의 소외를 뜻 한다. 이제 영혼은 인간의 육체라고 하는 감옥에 갇힌다. 영혼은 10,000년 동안 땅 위에 있는 여러 가지 생물 속에서 윤회하다가 자기완성에 도달하 여, 신의 존재를 영원히 관조하게 된다. 아니면 신의 존재로부터 점점 더 멀어져서 영원히 분리되기도 한다. 이것을 결정하는 기준은 우주의 영원 한 신적 질서에 얼마나 복종하였는가에 있다.

기원전 8세기 힌두교의 우파니샤드에 따르면, 세계의 모든 생명은 "카 르마"의 법칙 아래 있다. 카르마는 "업"(業) 혹은 "행위"를 뜻하며, "카르 마의 법칙"이란 인간이 행한 선과 악은 반드시 그에 상응하는 보응을 받 는다는 인과응보의 신앙을 말한다. 업에 대한 보응은 한 생명체가 죽은 다 음 그 영혼이 다른 생명체로 다시 태어나는 윤회의 과정을 통하여 일어난 다. 악하게 산 자의 영혼은 더럽고 고통을 당하는 생명체로 다시 태어나 며, 선하게 산 자의 영혼은 고상하고 고통을 당하지 않는 생명체로 다시 태어난다. 죽은 자의 영혼이 한 생명체에서 다른 생명체로 다시 태어나는 윤회의 과정을 통해 인간은 완전한 존재로 승화된다. 완전한 존재의 경지 에 도달할 때 그는 끝없는 윤회의 과정에서 해방된다. 그는 자기 자신 안 에 머물면서 모든 허무한 현실 속에서 자기를 관철하는 영원한 존재, 곧 "브라만"과 결합해 영원한 열락을 누리게 된다. 윤회설은 그 나름대로 타 당한 내용을 가진다.

1) 윤회설은 이 세계의 정의의 문제에 대해 나름의 방법으로 대답하 며, 보다 더 완전한 윤리적 삶을 살도록 인간을 인도하고자 한다. 변화무

상하고 허무한 생명에게 영속성과 의미를 부여하고자 하며, 인간 존재의 근원과 목적에 대해 그 나름대로의 대답을 제시하고자 한다. 이런 점에서 윤회설은 기독교의 종말론적 희망과 공통점을 가진다(Schwarz 1990, 255 이하).

2) 윤회설은 모든 생명의 연대성과, 인간과 자연의 연대성을 말하는 장점을 가진다. 자기가 행하는 바에 따라 자기의 영혼은 죽음 후에 자연의 동물이나 식물로 다시 태어날 수 있기 때문이다. 짐승으로 태어날 수도 있고, 식물로 태어날 수도 있다. 동물과 식물을 망라한 땅 위의 모든 생명체는 친족관계에 있다. 그러므로 어떤 짐승도 죽여서는 안 된다. 내 조상들의 영혼이 그들 안에 있을 수 있다. 어떤 생명체에도 불의를 행해서는 안 된다. 내가 죽은 후 나의 영혼이 이 생명체로 다시 태어날 수 있기 때문이다.

성서에서 인간의 생명은 반복될 수 있는 것이 아니라 하나님 앞에서 단 한 번밖에 없는 것, 유일한 것으로 생각된다. 단 한 번밖에 없는 유일한 존재로서 그는 자기 자신을 책임져야 한다. 어떤 다른 존재도 자기를 대신할 수 없다. 여기서 각 인간의 개체성(Individualität)과 삶의 시간의 유일회성에 대한 생각이 생성된다. 단 한 번밖에 없는 유일한 개체로서 오직 인간만이 "하나님의 형상"이요, 모든 생명체의 자연적 관계성 위에 있는 존재, 자연을 통치해야 할 존재로 생각된다. 여기서 인간은 자연에 속한, 자연의 한 부분이라는 생각이 멀리 사라진다. 인간의 개체성과 인격성이 강조되는 반면 자연과 인간의 유대성과, 인간과 인간의 공동체성이 약화된다.

윤회설은 기독교 신앙 속에 숨어 있는 이 위험성을 극복할 수 있는 전망을 열어준다. "인격과 자연의 간단한 구별은 생명에 해롭다. 인간은 '하나님 앞에' 있는 인격으로서 자연의 한 부분이기도 하다.…인격으로서 인간은 공동체적 존재다. 인격성과 사회성은 인간 존재의 두 가지 측면이다. 인간은 공동체적 존재로서 언제나 자연적 존재이기도 하며, 땅 위에 있는 다른 자연의 존재들과 공동체성을 가진다"(Moltmann 2005, 133). 이 진리는 구약성서의 창조신앙에 공간적으로 묘사되는데, 우리는 이 진리를 윤회설에서 새롭게 볼 수 있다.

2. 윤회설의 문제점: 윤회설의 장점 배면에는 다음과 같은 문제점 내지 위험성이 숨어 있다.

1) 윤회설은 땅 위에 있는 모든 생명체의 연대성 내지 결속성을 말하는 장점을 가진 대신, 각 생명의 유일회성과 개체성을 약화시키는 문제점을 가진다. 지금 내 영혼이 가지고 있는 생명은 죽음 후에 다른 생명체의 형태로 계속될 것으로 생각되기 때문이다. 유일회성과 개체성이 없는 영혼은 주체라고 말할 수 없다. 이리하여 인간은 자기의 주체성을 주장할 수 없게 된다. 그는 자기를 주장할 수 없게 되고, 자기에게 주어진 상황에 순응한다. 주어진 상황에 대한 순응, 곧 운명에의 순응이 삶의 미덕으로 간주된다. 이에 반해 구약의 예언자들은 주어진 상황에 순응하지 말고 하나님의 공의를 세울 것을 요구한다(렘 7:5 등). 하나님은 "정의와 공의를" 사랑하신다(시 33:5).

2) 윤회설은 통속적 영혼불멸설에 근거한다. 인간의 육체는 인간이 벗어버려야 할 하나의 껍데기에 불과한 것으로 생각된다. 아니면 전생(前生)에서 남긴 죄로 인해 얻게 된 신의 벌로 생각된다. 그것은 신의 버림을 받은 물질의 세계에 속한 허무한 것으로 간주된다. 육체를 껍데기로 생각하거나 신의 벌로 인해 얻게 된 것으로 간주할 때, 육체를 억압하거나 육체에 고통을 가하며 삶의 기쁨을 누리는 것을 피하게 된다. 이에 반해 구약의 전도서는 다음과 같이 말한다. "우리의 한평생이 짧고 덧없는 것이지만, 하나님이 우리에게 허락하신 것이니, 세상에서 애쓰고 수고하여 얻은 것으로 먹고 마시고 즐거워하는 것이 마땅한 일이요 좋은 일임을 내가 깨달았다! 이것은 곧 사람이 받은 몫이다"(전 5:18).

3) 육체를 껍데기로 생각하거나 신의 벌로 말미암아 얻은 것으로 간주하고, 지금의 삶을 전생의 악에 대한 벌로 생각할 때 모든 생명체가 당하

는 고난을 당연하다고 생각하게 된다. 사회적 약자들이 당하는 불의와 고난에 대하여 무관심해진다. 그것은 전생에서 남긴 죄로 말미암아 당연히 받아야 할 벌이기 때문이다. 이리하여 사회적 약자를 돌보고자 하는 정신이 약화된다.

이에 반해 성서는 사회적 약자를 돌보아줄 것을 명령한다. 안식일이 되면 그들의 생명이 쉼을 얻도록 배려해야 한다. 7년째가 되면 노예를 풀어주어야 한다. 그렇게 하지 않는 것은 죄로 간주된다(사 9:17 등). 하나님은 "모든 육체의 하나님"이다(렘 32:27). "모든 육체가 하나님의 구원하심을" 볼 것이다(눅 3:6). 예수는 구약의 계명을 더욱 철저화시킨다. "너희는 무엇이든지, 남에게 대접을 받고자 하는 대로 너희도 남을 대접하여라"(마 7:12).

4) 육체의 껍데기와 함께 영위되는 인간의 삶은 다음 삶에 들어가기 위한 통과단계 내지 준비단계에 불과하다. 그것은 목적을 위한 수단이다. 그러므로 현세에서의 삶은 그 자체의 유일한 의미와 중요성을 갖지 못하게 된다. 인간은 육체와 함께 현세의 삶을 살지만, 그의 마음은 언제나 죽은 다음에 갖게 될 삶을 보게 된다. 지금의 삶이 다른 생명체의 형태로 계속 반복될 수 있다고 생각할 때, 지금의 삶을 진지하게 살고자 하는 생각을 갖지 않게 된다. 더구나 지금의 삶을 전생의 악에 대한 신의 벌이라 생각할 때 지금의 삶을 저주하게 된다. 그것은 연옥과 같은 것으로 생각된다. 지금의 삶 자체의 의미와 아름다움을 발견하기란 불가능하다.

성서에 따르면 하나님은 살아 있는 자들의 영역과 죽은 자들의 영역을 엄격히 구별하고, 두 영역이 혼합되는 것을 금지한다. 전자의 영역이 살아 생동하는 자들의 영역이라면 죽은 자들의 영역, 곧 스올은 잠자는 것과 같은 상태에 있다. 따라서 살아 있는 자들의 삶의 시간은 단 한 번밖에 없는 귀중한 것이다. 그것은 다양한 형태로 반복될 수 있는 것이 아니다. 단 한 번밖에 없는 지금의 삶에서 풍족하게 살며 자기의 수(壽)를 다하고 죽는 삶은 하나님의 축복으로 간주된다(참조. 욥 42:10-17).

5) 윤회설에 따르면 인간의 정체성은 새로운 사람이나 짐승이나 벌레의 육체를 취하여 점차 자기를 실현하는 영혼에 있다고 생각된다. 그렇다면 영혼은 그가 취하는 모든 육체들 속에서 자기의식을 가질 수밖에 없을 것이다. 자기의식을 가진 자만이 자기 정체성을 가질 수 있고, 완전한 존재로 자기를 실현할 수 있기 때문이다. 그러나 윤회설은, 영혼은 그 이전에 다른 육체를 가지고 살았던 삶과 자기 존재에 대해 아무것도 알지 못하며, 아무 의식도 갖지 않는다 말한다. 그러나 자기의 과거에 대해 아무 기억도 없고 의식도 없는 영혼이 어떻게 자기의 과거를 윤리적으로 책임지고 자기를 실현할 수 있겠는가? 한마디로 기독교 신학의 입장에서 볼 때 윤회설의 주장은 허구라 말할 수 있다.

6) 윤회설은 행위(업 혹은 카르마)와 결과, 죄와 벌의 인과율에 근거하고 있다. 악하게 살면(원인) 그 결과로서 다음 삶에서 그만큼 고통스럽게 사는 생물체로 다시 태어나고, 선하게 살면(원인) 그 결과로서 그만큼 행복하게 사는 생물체로 다시 태어난다. "곡식을 훔친 자는 쥐가 되고"(Hummel 1988, 42), 선하게 산 자는 귀족이 된다. 윤회설이 말하는 카르마의 법칙은 행위와 결과의 인과율에 기초한다.

윤회설은 예수 당시의 유대교 율법주의와 동일한 원리를 가진다. 곧 행위와 결과의 인과론을 그 원리로 가진다. 하나님의 율법을 지키면 축복을 받고 율법을 지키지 않으면 벌을 받는다. 각자는 율법이 요구하는 행위에 따라 하나님의 심판을 받는다. 인간의 정신적·신체적 장애와 모든 질병은 죄로 말미암아 얻게 된 죄벌이다. 윤회론에 따르면 삶의 모든 고난은 전생에서 남긴 자신의 업으로 말미암은 것, 곧 업에 대한 죄벌이다.

그렇다면 지금 당하는 질병, 신체적·정신적 장애, 가난과 고독, 사회적 소외 등 삶의 모든 고난이 전생에서 남긴 자기의 업에 대한 책임으로 짊어지게 된 것이라 생각해야 한다. 그러나 이것은 불합리한 생각이다. 신체의 유전적 원인, 문화적 전통, 불의한 사회구조, 타인의 부주의와 악한 행위 등으로 말미암아 당하게 된 각 사람의 고난에 대한 책임을 그 사람의 전생에서 남긴 업으로 돌리는 것은 말이 되지 않는다. 정치 권력자들의 무능과 부패, 이완용을 비롯한 을사오적으로 말미암아 일본에게 나라를 빼앗김으로써 우리 민족이 당한 모든 고난에 대한 책임은 당시 정치 권력자들과 매국노들에게 있는 것이지, 국민 각 사람의 전생의 업으로 돌릴 수 없다. 출생할 때 산소 공급의 결핍으로 전신이 마비된 장애인의 경우도 마찬가지다.

여기서 예수는 카르마의 법칙을 깨어버린다. "선생님, 이 사람이 눈먼 사람으로 태어난 것이 누구의 죄 때문입니까? 이 사람의 죄입니까? 부모의 죄입니까?" 이 질문에 대해 예수는 이렇게 대답한다. "이 사람이 죄를 지은 것도 아니요, 그의 부모가 죄를 지은 것도 아니다"(요 9:2-3).

7) 인도에서 선교사로 일하던 내 친구에 의하면 인도 사람들은 자기 직업에 대한 불만이 전혀 없다고 한다. 귀족의 집에서 음식이나 빨래를 하는 사람은 그것이 자기가 응당 해야 할 일이라 생각하고 죽을 때까지 묵묵히 그 일을 하며 산다고 한다. 그들은 호화스러운 생활을 하는 귀족 계층에 대해 전혀 불만을 갖지 않는다고 한다. 또 귀족은 귀족대로 자기의 사회적 신분과 지위를 당연하게 생각한다. 친구는 그 까닭이 윤회설에 있다고 설명하였다. 지금 자기가 가진 직업과 사회적 신분은 전생에 자기가 남긴 업에 대해 마땅히 받아야 할 보응이라 생각하기 때문이라는 것이다.

여기서 우리는 윤회설의 사회·정치적 기능을 볼 수 있다. 윤회설은 사회의 계급체계를 정당화시키는 기능을 한다. 그것은 현존하는 사회질서를 고착시키며, 이 질서에 대한 일체의 불만과 저항을 없애주는 사회·정치적 도구의 역할을 한다. 이것이야말로 마르크스가 그의 「헤겔 법철학 비판 서론」에서 말한 "민중의 아편"이라 말할 수 있다. 윤회설은 지금 나에게 주어진 비참한 상황을 카르마의 법칙에 따라 마땅히 받아야 할 운명으로 수용케 하며, 기존의 사회질서에 자발적으로 복종하도록 유도하기 때문이다. 또 그것은 다음 생에서 보다 나은 생물체로 태어나기 위해 지금 나에게 주어진 사회적 신분과 사회질서에 순종하도록 가르치기 때문이다.

그러므로 윤회설은 지배계급의 지배도구라 말할 수 있다. 그것은 힘없는 민중을 지배계급에 예속시키고, 그들을 노예로 유지하는 사회·정치적 도구다. 그것은 자유의 정신을 마비시키고, 정의롭고 인간적인 세계에 대한 꿈을 차단시키며, 불의한 사회제도에 대한 저항을 불가능하게 만든다. 한마디로 윤회설은 예속과 복종의 윤리를 가르친다. 영원한 카르마의 법칙에 대한 복종과 이를 이용한 지배계층의 지배와 착취가 있을 뿐이다. 힘없는 민중들은 짐승처럼 머리를 숙이고 지배계층이 이끄는 대로 끌려간다.

이에 반해 성서는 모든 사람의 자유를 가르친다. "주님의 영이 계신 곳에는 자유가 있습니다"(고후 3:17). 이 말씀에 근거하여 루터는 "그리스도인의 자유"를 말한다. "그리스도인은 모든 것에 대한 자유로운 주인이요, 그 누구에게도 예속되어 있지 않다"(Christianus homo, omnium dominus est liberrimus, nulli subiectus). 그러나 이 자유는 그리스도처럼 자발적으로 모든 사람의 종이 되어 섬기는 적극적 사랑에 있음을 루터는 다음과 같이 말한다. "그리스도인은 철저히 모든 사람의 종이요, 모든 사람에게 예속되어 있다"(Christianus homo, omnium servus est officiosissimus omnibus subiectus, Luther 2006, 120).

8) 현대 인도학자들은 카르마를 "응보의 인과율" 혹은 "우주적 응보의 원리"라 부른다(Hummel 1988, 43). 이 원리를 인간학적으로 적용한다면 각자는 자기 행위의 결과로서 "자신의 행복의 대장장이"가 될 수도 있고, 자신의 무덤을 파는 자가 될 수도 있다. 각 사람의 운명에 대한 책임은 각 사람 자신에게 있다. 그는 자신의 행위를 통해, 곧 자기의 업을 통해 자기를 구원해야 한다.

그러나 인간이 자신의 업을 통해 구원받기란 불가능하다. 그 원인은 인간의 타고난 죄악된 본성에 있다. 인간은 태어나면서부터 죄의 본성을 가지고 있다. 그는 죽는 순간까지 먼저 "자기의 것"을 찾는다. 그러므로 그는 죽는 순간까지 죄를 짓지 않을 수 없다. 한평생 벽 앞에 가부좌를 틀고 앉아 있어도 마음에서 솟아나는 죄악된 생각을 완전히 차단하기란 불가능하다. 이것은 인간이 피할 수 없는 한계 상황이다. 이 같은 인간이 자신의 능력으로 아무 업도 남기지 않는 열반의 상태, 곧 구원에 도달하는 것은 불가능하다. 그는 죽음의 순간까지 카르마의 수레바퀴를 벗어날 수 없다.

그러므로 윤회설에는 사실상 구원이 없다. 자신의 노력으로 열반의 경지에 도달해야 하는데 그렇게 할 수 있는 능력이 그에게는 없기 때문이다. 이 점에서 윤회설은 예수 당시 유대교의 율법주의와 동일하다. 율법주의에 따르면 인간은 율법이 요구하는 행위에 따라 하나님의 심판을 받는다. 그는 율법을 지키는 자신의 행위, 곧 업적을 통해 자기의 구원에 이르러야 한다. 그러나 인간이 하나님처럼 완전한 존재가 되지 않는 이상 그것은 불가능하다. 자기를 구원할 능력이 없는 자가 자기를 구원해야 한다. 율법은 하나님처럼 완전해질 수 없는 인간에게 자신의 구원자가 될 것을 요구한다.

윤회설도 마찬가지다. 카르마의 우주적 수레바퀴를 벗어날 수 없는 인간에게 그것을 벗어나라고 요구한다. 각자가 행한 대로 보응을 받는 카르마의 법칙에서 인간을 구할 수 있는 것은 인간 자신뿐이다. 그러나 그에게는 그럴 능력이 없다. 그는 죽는 순간까지 죄악된 본성을 벗어날 수 없기 때문이다.

또 이 세상에는 수많은 사람이 불의한 사회구조로 말미암아 불의한 일들을 행한다. 굶주린 배를 채우기 위해 마약을 팔거나 자기 몸을 팔기도 한다. 살아남기 위해 갖가지 악한 일을 행한다. 그러므로 인간이 자신의 능력으로 카르마의 수레바퀴를 벗어나 구원에 이르는 것은 불가능하다. 곧 다른 생명체로 더 이상 태어나지 않고 열반의 상태에 도달하기란 불가능하다. 이리하여 인간은 은혜와 용서가 없는 잔인한 카르마의 법칙에 영원히 묶여 있게 된다. 이 법칙을 벗어날 수 있는 출구가 그에게는 없다. 자신의 행위와 고난 속에서 자기 홀로 있는 인간이 있을 뿐이다. 그러므로 고대 인도에서 윤회는 "다시 태어남의 이 무의미한 수레바퀴에 묶여 있는 영혼에 대한 저주"로 생각되었다(Moltmann 2005, 134).

또한 윤회설이 말하는 구원은 개인의 존재를 포함한 삶의 세계 전체가 새로운 세계로 변화되는 데 있지 않다. 그것은 윤회의 수레바퀴에서 빠져나와 더 이상 다른 생명체로 태어나지 않는 데 있다. 그것은 성서가 말하는 "더 이상 죽음과 슬픔과 울부짖음과 고통이 없는" "새 하늘과 새 땅"에 대한 기다림과 희망을 알지 못한다. 윤회설에는 새로운 미래에 대한 희망 대신에 영원한 카르마의 법칙과 이 법칙을 벗어나지 못하는 인간의 침묵 속의 고난이 있을 뿐이다. 여기에는 역사의 "새로움"(Novum)이 없다.

9) 성서는 고대 시대의 보편적 신앙이었던 행위(업)와 결과의 법칙을 수용한다. "사람은 무엇을 심든지, 심은 대로 거둘 것입니다"(갈 6:7). "악인은 악을 잉태하여 재앙과 거짓을 낳는구나. 함정을 깊이 파지만, 그가 만든 구덩이에 그가 빠진다"(시 7:14-15). 죄인이 행하는 악은 행위자 자신은 물론 자기의 가족과 후손들에게 돌아온다. "나를 미워하는 사람에게는, 그 죗값으로 본인뿐만 아니라 삼사 대 자손에게까지 벌을 내린다"(출 20:5). 그러나 하나님은 행위와 결과의 세대적 연결고리를 끊어버린다. "너희는 '하나님이 아버지의 죄를 그 자식들에게 갚으신다' 하고 말하지만, 그런 말 말아라! 죄 지은 그 사람이 벌을 받아야 한다"(욥 21:19), "오직 각자가 자기의 죄악 때문에 죽을 것이다. 신 포도를 먹는 그 사람의 이만 실 것이다"(렘 31:30).

예수 그리스도의 십자가에서 계시되는 하나님의 은혜는 행위와 결과의 인과율을 완전히 끊어버린다. 인간이 그의 죄로 말미암아 당해야 할 모든 벌을 하나님의 아들이 대신 당하심으로써 인간에게 구원의 길이 열린다. 하나님의 "은혜의 원리"는 카르마의 법칙을 깨어버리고, 인간을 카르마의 인과론에서 해방한다(Greshake 1983, 241). 바울의 칭의론은 바로 이것을 말한다. 곧 "율법의 행위와는 상관없이", "그리스도 예수 안에서 얻는 구원으로 말미암아, 하나님의 은혜로 값없이 의롭다는 선고를 받는다"(롬

3:24, 28).

만일 우리 인간이 자신의 행위(업)에 따라 하나님의 심판을 받고 구원에 이른다면, 우리 자신이 우리의 구원이나 멸망을 결정하는 꼴이 될 것이다. 그렇다면 우리는 하나님을 필요로 하지 않을 것이다. 우리가 지켜야 할 율법만 알면 될 것이다. 율법을 지키고 그 율법을 집행하기만 하는 하나님은 율법의 종이 된다. "율법의 원리"에 따르면 하나님은 율법이 요구하는 행위에 따라 인간을 심판하지 않고, 예수 그리스도의 십자가 공로로 인간을 "값없이" 용서한다. 루터가 말한 "바꿈" 혹은 "교환"(mutatio)이 일어난다. 곧 "인간의 것"과 "그리스도의 것"이 바뀐다. 인간에게 속한 하나님의 진노와 벌과 죽음이 그리스도의 것이 되고, 그리스도에게 속한 하나님의 구원과 축복과 생명이 인간의 것으로 바뀐다. 바로 여기에 그리스도의 복음의 "새로움"이 있다.

C. 로마 가톨릭교회의 연옥설

1. 연옥설의 유래와 내용: 연옥설은 가톨릭교회와 개신교회의 신학 토의에서 아직까지 극복되지 않은 어려운 장벽으로 남아 있다. 개신교회는 연옥설을 거부하는 반면, 가톨릭교회는 오늘도 연옥설을 교리로서 지키고 있다. 최근 일련의 가톨릭 신학자들은 연옥설을 새롭게 해석하지만 전통적 연옥설은 포기되지 않고 있다.

라틴어로 "푸르가토리움"(purgatorium)이라 불리는 연옥은 "정화의 장소"(Läuterungsort)를 가리킨다. 가톨릭교회는 이것을 "정화시키는 불"(Fegefeuer)이라는 의미로 사용하는데, 죽은 자들의 영혼이 아직 씻지 못한 죄로부터 정화되기 위하여 머무는 불이 타는 장소를 가리킨다. 이에 대한 가장 고전적인 성서의 근거는 고린도전서 3:10-15에 있다고 가톨릭 신학자들은 말한다. "누가 이 터 위에 금이나 은이나 보석이나 나무나 풀이나 짚으로 집을 지으면, 각 사람의 업적이 드러날 것입니다. 그날이 그 것을 밝히 보여줄 것입니다. 그날은 불로 나타나기 때문입니다.…어떤 사람의 작품이 타버리면, 그는 손해를 볼 것입니다. 그 사람은 구원을 받을 것이지만 마치 불 속을 거쳐서 살아 나오듯 할 것입니다."

연옥설은 1336년 교황 베네딕투스 12세(Benedictus XII)의 교서를 통하여 가톨릭교회의 공적 교리가 되었다. 이 교서에서 베네딕투스 12세는 마지막 부활이 일어날 때까지 죽은 자들은 잠자는 상태에 있다는 교회의 전통적 이론을 거부하고, 죽은 자들은 죽음과 동시에 하나님의 심판을 받는다고 주장한다. 각 사람은 죽음의 순간에 "개인적 심판"을 받게 되는데, 그는 죽음의 순간에 자신의 마지막 모습을 갖게 되기 때문이다. 마지막 죽음의 순간에 하나님을 거부하는 자는 지옥으로 떨어지는 반면, 그리스도를 영접하고 하나님을 믿으며 죽는 자는 죄의 용서를 받는다. 그러나 그는 하나님의 얼굴을 볼 수 있을 만큼 자기 죄로부터 완전히 깨끗해질 수는 없다. 그는 자기의 죄에 상응하는 벌을 받지 않았으므로 자기 죄를 완전히 벗어나지 못하였기 때문이다. 그러므로 죽은 자들의 영혼은 그들의 죄를 완전히 벗어버리기까지 연옥의 불 속에서 정화되어야 한다(Schumaus 1959, 151-173).

이 세상에 사는 그리스도인들의 삶은 끊임없는 참회와 정화의 과정 속에 있다. 이와 마찬가지로 죽은 자들의 영혼도 연옥의 불 속에서 참회하며, 죄에 대한 벌을 받고 정화되어야 한다. 이 과정을 거칠 때 죽은 자들의 영혼은 하늘나라에 들어갈 수 있다. 연옥은 믿음 가운데서 죽은 신자들을 완전히 구원하기 위한 하나님의 은혜다. 연옥에는 두 가지 벌이 있는데, 첫째 벌은 하나님에 대한 직관과 하나님 향유를 연기하는 벌(*poena damni*)이요, 둘째 벌은 남아 있는 죄로 말미암은 참회의 고통의 벌(*poena sensus*)이다.

연옥에 대한 가톨릭교회의 교리에서 중요한 점은 죽은 사람들의 가족이나 친척이나 지인들의 업적을 통해 연옥에서 당하는 고통을 감해주거나 면제해줄 수 있다는 가르침에 있다. 16세기 종교개혁 당시에 열린 트리엔트 공의회는 이를 다음과 같이 말한다. "연옥이 있다. 연옥에 붙들려 있는 영혼들은 신자들의 중보 기도를 통하여, 무엇보다도 하나님의 마음에 드는 제단의 제물을 통하여 도움을 받는다"(Denzinger 1911, 1000-1002). 이에 대한 근거는 "성도의 교통"(communio sanctorum)에 있다. 그리스도와 연합해 있는 모든 신자는 횡적으로 결합되어 있다. 죽은 자들도 살아 있는 신자들과 "성도의 교통" 속에 있다. 그러므로 살아 있는 자들은 죽은 자들을 위해 그리스도 안에서 기도할 수 있고 그들을 위해 하나님께 제물을 바침으로써 연옥의 벌을 경감시킬 수 있다. 심지어 연옥의 벌을 중단시키고 죽은 자의 영혼이 하늘나라로 들어가게 할 수 있다.

연옥에 있는 죽은 자들을 위한 가장 효과적인 업적은 그들을 위해 그리스도의 속죄제물을 바치는 미사다. 살아 있는 자들과 죽은 자들은 그리스도 안에서 "속죄의 공동체"를 형성하고 있으며, 이 공동체 안에서 살아 있는 자들은 중재의 기도와 헌물을 통해 죽은 자들을 하나님 앞에서 중재할 수 있고, 죽은 성도들은 살아 있는 자들을 하나님 앞에서 중재할 수 있다. 이리하여 가톨릭교회에서 "죽은 자들을 위한 미사"(Totenmesse)가 중요한 자리를 차지한다. 종교개혁 당시 죽은 자들의 친족이 사제에게 헌물을 바치고 부탁하는 "사적 미사"가 크게 성행하였다. 사적 미사는 사제들의 주머니를 불리는 수단이 되었다. 우리 주변의 어느 종교가 돈을 받고 죽은 자들의 제를 지내주는 것과 마찬가지다. 연옥이 어디 있는지, 연옥에서 얼마나 오래 벌을 받는지는 아무도 모른다. 그것은 신적 신비에 속한다고 가톨릭교회는 가르친다.

2. 연옥설의 타당한 점과 문제점: 개신교회는 죽은 사람들에 대해 별로 관심을 갖지 않는다. 그 근거는 "하나님은 죽은 자들의 하나님이 아니요, 살아 있는 자들의 하나님"이라는 성서 말씀에 있다(마 22:32; 막 12:27; 눅 20:38). 이리하여 개신교회 신자들은 죽은 자들을 망각하고 세대 간의 유대를 의식하지 못하는 경향을 가진다. 이에 반해 가톨릭교회의 연옥설은 살

아 있는 사람들과 죽은 사람들의 연대성과 교통을 중요시하는 타당성을 가진다.

그리스도 안에 있는 사람들, 곧 "그리스도의 몸"의 지체들의 교통은 시간과 공간을 초월한다. 그것은 민족과 국경도 초월한다. 또 그것은 죽음의 한계를 넘어선다. 죽은 사람들도 그리스도의 몸에 속하기 때문이다. 살아 있는 사람들과 죽은 사람들의 연대성 속에서 살아 있는 사람들의 중보기도를 통해 죽은 사람들은 망각되지 않고 살아 있는 사람들의 의식 안에 현존하며 그들과 삶을 나눈다. 연옥설은 이것을 시사하는 타당성을 가진다. 그러나 연옥설은 다음과 같은 심각한 문제점을 가진다.

1) 가장 중요한 문제점은 연옥에 대한 확실한 성서의 근거가 없다는 점이다. 연옥에 대한 고전적 성서의 근거라고 하는 고린도전서 3:10-15은 가톨릭교회가 가르치는 연옥에 대해 아무것도 말하지 않는다. 그것은 죽은 자들의 영혼이 당하는 "정화의 불"을 알지 못한다.

가톨릭교회 사제로서 해방신학자인 라틴 아메리카의 레오나르두 보프(Leonardo Boff)는 그의 종말론에서 연옥설에 대한 여러 가지 성서의 근거를 제시한다(Boff 1979, 4). 그러나 그가 첫째 근거로 제시하는 구약 외경 마카베오하 12:39-40은 연옥에 대하여 전혀 말하지 않는다. 죽은 자들과의 연합을 암시하는 고린도전서 15:29도 마찬가지다. 주님이 오시는 날 인간의 모든 일이 불을 통해 밝혀질 것이라고 말하는 고린도전서 3:11-15에서 연옥을 추론하는 것은 무리한 일이다. 여기서 "불"은 하나님의 사랑의 빛, 곧 "오시는 주님 자신"을 말하는 것이지, 연옥의 불이라 말할 수 없다고 가톨릭 신학자 그닐카는 말한다(Gnilka 1955, 20세기 말 뮌헨 대학교 교수). 바울은 빌립보서 3:12-16에서 성숙을 향한 성도들의 달려감을 이야기한다. 그러나 이 달려감은 현재의 삶 속에서 일어나는 과정을 말하는 것이지, 죽음 후 연옥의 불을 통하여 일어날 정화의 과정을 뜻하지 않는다.

가톨릭교회 교의학자 슈마우스(M. Schumaus)는 예수는 연옥에 대한 유대인들의 생각을 잘 알고 있었고 이것을 전제하였기 때문에 연옥에 대해 특별히 말할 필요가 없었다고 주장한다(Schumaus 1959, 151 이하). 그러나 예수 당시 유대인들은 연옥에 대하여 알지 못하였다. 구약성서도 연옥에 대해 알지 못한다. 구약성서에 따르면 죽은 자들은 "스올"에 내려가지 연옥으로 가지 않는다.

2) 기독교 역사에서 연옥설을 가장 격렬하게 비판한 사람은 루터를 위시한 종교개혁자들이었다. 루터가 지적하는 연옥설의 가장 중요한 문제점은 연옥설이 칭의의 신앙에 모순된다는 점이다. 칭의의 신앙에 따르면 인간의 죄용서와 구원은 인간의 업적을 통해 가능한 것이 아니라 "오직 은혜로", "오직 믿음으로", "오직 그리스도 때문에" 가능하다. 그런데 연옥설은 죽은 사람이 연옥에서 불에 타는 벌을 당함으로써, 아니면 살아 있는 사람들의 중보 기도나 교회에 돈과 물질을 바침으로써 죄벌에 대한 면제를 받는다고 말한다. 곧 인간의 업적을 통해 죄벌의 면제와 구원을 받을 수 있다는 것이다.

이것을 가장 극명하게 보여주는 것은 종교개혁 당시 가톨릭교회가 판매하였던 면죄부다. 면죄부는 연옥에 있는 가족이나 친척이 당하는 벌의 강도와 기간을 줄여주거나, 이 벌을 완전히 면제하고 하늘나라로 들어가게 하는 증서를 말한다. 교황의 이름으로 발행된 이 증서는 50년, 100년 등의 유효기간을 가지고 있었다. 유효기간의 길이에 따라 면죄부 가격이 달랐다. 가장 값이 비싼 면죄부는 연옥을 완전히 벗어나 하늘나라로 들어가게 했다. 이것은 한마디로 연옥을 빙자한 "돈 장사"요, "정화의 불의 미사 대목 장(Messejahrmarkt)"이라고 루터는 "슈말칼덴 조항"에서 비판한다(WA 30.II.360-390). 이미 1517년 10월 31일에 발표한 95개 조에서 루터는 교황은 죽은 사람들에 대해 아무것도 행할 수 없다고 주장한다. 즉 죽은 사람들을 위한 면죄부는 아무 효력도 갖지 못한다는 것이다.

이종성에 의하면, 연옥설은 하나님의 조건 없는 은혜와 절대적 사랑에 모순된다. 죽음 후에도 하나님의 죄 용서가 있다면 그것은 하나님의 조건 없는 은혜와 사랑으로 말미암아 가능하지 인간이 연옥에서 벌을 당함으로써, 혹은 살아 있는 사람이 죽은 사람을 위해 하나님께 바치는 기도나 헌물의 업적을 통해 가능하지 않다. 연옥설에 따르면 하나님의 은혜는 인간의 마지막 구원을 위하여 충분하지 않다고 생각된다. 인간의 마지막 구원은 인간 자신이 당하는 벌과 참회, 살아 있는 사람이 하나님께 바치는 업적을 통해 가능하다(이종성 1990a, 194 이하). "연옥은 죽음 다음에 오는 단계, 곧 죽음과 함께 하나님에게 맡겨지는 것이 진지하게 생각되지 않는 단계를 전제한다. 연옥에서 인간은 지옥에 있지도 않고, 하늘에 있지도 않다. 그는 계속해서⋯정화의 과정 속에 있다. 이 과정은 은혜 안에서 성장하는 과정이 아니라 아직 남아 있는 시간적인 벌을 당하는 것을 말한다"(Ebeling 1979, 462).

스위스의 종교개혁자 츠빙글리의 제1차 취리히 변론서 57-59조에 따르면, 성서는 연옥에 대해 아무것도 알지 못한다. 죽은 사람들에 대한 판단은 하나님만이 아신다. 죽은 사람을 위해 하나님께 은혜를 간구하는 것을 나는 반대하지 않는다. 그러나 그것을 미사의 시간 등 특정한 시간에 제한하고, 수입을 얻기 위해 거짓말을 하는 것은 사탄이 행하는 일이다(김균진 2018, 497-498).

칼뱅에 따르면 가톨릭교회가 가르치는 "정화의 불은 파멸을 가져오는 사탄의 조작이다. 그것은 그리스도의 십자가를 공허하게 만들며, 하나님의 자비를 말할 수 없이 부끄럽게 하며, 우리의 믿음을 동요시켜 뒤집어버린다! 가톨릭교회의 가르침에 의하면 정화의 불은 죽은 사람들의 영혼들이 죽음 다음에 그들의 죄를 위하여 행해야만 할 보상(Genugtuung)에 불과하지 않은가?" 그리스도의 십자가 죽음으로 말미암아 우리 인간이 하나님께 어떤 보상을 바쳐야 할 필요는 없어졌다. 그렇다면 가톨릭교회가 가르치는 정화의 불은 불필요하다. "그리스도의 피가 신자들의 죄에 대한 유일한 보상이요⋯유일한 속죄이며, 유일한 정화다.⋯정화의 불은⋯그리스도를 극도로 모욕하는 것이다"(Inst. III.5.6).

종교개혁자들의 통찰에 따라 알트하우스는 연옥설의 문제점을 다음과 같이 적절하게 지적한다. 인간의 죄와 죄책은 무한하다. 그것은 측량할 수 없다. 그것은 연옥에서 당하는 형량을 통해 면죄될 수 없다. 하나님의 벌은 하나님이 우리 인간에게 추가적으로 행하시는 것이 아니라, 우리 인간이 행하는 죄의 "열매"요(롬 6:21), 인간 자신이 초래하는 결과일 따름이다(갈 6:7). 그러므로 죄는 인간이 당하는 형량을 통해 속죄되거나 면제될 수 없다. 연옥설이 말하는 죄의 면제는 죄책과 벌이 유한하며, 그 마지막에는 구원이 기다리고 있다는 생각을 전제한다. 곧 인간이 당하는 형량으로 말미암아 죄의 면제와 구원을 받을 수 있다는 생각을 전제한다. 죄책과 심판은 그 자체에 있어 무한하다. 그러므로 그것은 하나님의 은혜 외에 어떤 다른 수단과 방법을 통해 면제받을 수 없다. 인간이 어떤 벌이나 정화의 불의 고통을 당함으로써 점차 죄를 벗어나 하늘에 들어갈 수 있을 정도로 가치 있어질 수 있다는 생각은 율법의 종교에서나 가능하다. 인간은 오직 하나님의 은혜를 통해서만 죄와 죄책을 벗어날 수 있다. 인간이 죄로 말미암아 당하는 심판이 곧 연옥이다(Althaus 1972, 666 이하).

내 생각에 의하면 연옥설은 "하나님은 사랑이다"(요일 4:8, 16)라는 신약성서의 대전제에 모순된다. 그것은 죄와 벌, 행위와 결과의 인과율에 근거한다. 곧 죄에 대해서는 벌을 받아야 하고, 죄의 행위에 상응하는 벌의 결과가 따라야 한다는 인과응보에 근거한다. 그러나 행위의 죄는 물론 우리의 마음속 깊이 숨어 있는 죄의 본성까지 헤아린다면 아무리 오랫동안 연옥의 벌을 받아도 연옥을 벗어날 수 있는 사람은 별로 없을 것이다. 하늘나라로 들어갈 수 있는 사람은 손가락을 꼽을 정도일 것이다. 종교개혁자들이 주장하는 것처럼 우리의 구원은 우리의 죄에 대한 연옥의 벌을 받음으로써, 혹은 교회에 돈을 바침으로써 가능한 것이 아니라 오직 하나님의 은혜와 사랑을 통하여 가능하다.

3) 연옥설의 또 한 가지 중요한 문제는 그것이 영혼불멸설에 근거한다는 사실이다. 연옥설은 육체 없는 영혼의 영원한 존속을 전제한다. 초기 교회는 죽음과 마지막 부활 사이의 중간 시간을 설명하기 위해 영혼불멸설

을 수용하였고, 이 영혼불멸설이 연옥설과 결합되었다. 그리하여 연옥설은 인간의 영혼이 완전히 정화되어 하나님을 보기까지 죄에 상응하는 벌을 연옥에서 당한다고 말한다. 그러나 앞서 기술한 바와 같이 인간은 영혼과 육체 두 부분으로 깨끗이 나누어질 수 없다. 영혼과 육체는 하나로 결합되어 전체로서의 인간 존재를 구성한다. 따라서 우리는 육체 없는 영혼의 실체를 생각할 수 없다. 그러나 가톨릭교회는 육체 없는 영혼의 실체를 주장한다. "교회는 죽음 후에도 의식과 의지를 가진 정신적 요소의 존속과 존재를 주장하며, 중간 시간 동안 완전한 신체성을 가지고 있지 않지만, '인간의 자아'가 계속하여 존속한다는 것을 주장한다"(Schumaus 1959, 3).

성서적 사고에 의하면 인간은 육체와 영혼의 통일체다. "모든 육체가 주께 나아온다"는 시편 65:2의 말씀에서 "육체"는 영혼에서 분리된 인간의 고깃덩어리를 말하는 것이 아니라 육체와 영혼이 하나로 결합된 통일체로서의 인간을 가리킨다. 거꾸로 "내 영혼이 주님을 찬양하며"(눅 1:46)라고 할 때, "영혼"도 육체에서 분리된 인간의 한 부분을 말하는 것이 아니라 양자가 결합된 통일체로서의 자기 삶의 역사를 가진 전체로서의 인간을 가리킨다.

육체로부터 분리된 영혼은 더 이상 완전한 인격이 아니다. 죽음과 함께 육체는 사멸하지만 영혼은 살아남아 연옥에서 정화의 불에 타는 고통을 당한다는 연옥설의 기본 생각은 오직 하나님의 은혜로(sola gratia), 오직 믿음으로(sola fide), 오직 그리스도 때문에(propter Christus) 구원을 얻을 수 있다는 종교개혁의 구원관에 모순될 뿐 아니라 성서의 전체론적 인간상에도 모순된다. 그것은 고대 그리스-로마 시대의 신화적 인간관과 세계관의 유물이다.

결론적으로 죽음 후 불에 타는 것과 같은 영적 고통을 통해 죽은 자의 영혼이 모든 죄에서 깨끗해지고, 죄벌을 면제받고, 완전한 구원에 이른다는 생각은 성서 어디에서도 발견되지 않는다. 불에 타는 것 같은 고통을 당하는 인간의 업적이 구원의 조건이 될 수 없다. 구원의 유일한 조건은 하나님의 절대적 은혜와 자비하심, 이에 대한 인간의 믿음이지 연옥의 고통도 아니고, 돈을 주고 살 수 있는 면죄부도 아니다.

3. 연옥에 대한 가톨릭 신학자들의 현대적 해석: 오늘날 많은 가톨릭 신학자들은 연옥을 특정한 공간으로 생각해서는 안 된다고 주장한다. 우리는 연옥을 죽은 자의 영혼이 거치게 되는 정화의 과정으로 파악해야 하며, 불은 죽은 자의 영혼이 당하는 영적 고통으로 이해해야 한다고 일련의 가톨릭 신학자들은 말한다. 또는 죽음의 시간에 하나님의 은혜로 말미암아 일어나는 마지막 정화와 완성의 사건으로 이해해야 한다고 주장한다.

해방신학자 레오나르두 보프에 따르면 전통적으로 연옥은 인간의 정화를 위해, 그리고 하나님 안에 있는 미래를 위해 하나님이 인간에게 주시는 은혜로 생각되지 않고, 인간의 죄악된 과거에 대한 벌과 복수로 생각되었다. 그것은 하늘에 이르기 전의 과정으로 생각되지 않고, "일종의 전(前)지옥"(Vorhölle)으로 생각되었다(Boff 1993, 49). 정화의 불 속에서 구원을 받았다고 느끼는 사람들의 기쁨을 강조하기보다 뜨거운 불이 계속하여 타는 공간 속에서 고문을 당하는 사람들의 고통을 강조하였다. 토마스 아퀴나스에 의하면 연옥은 지옥에 가까운 것, 어떤 사람에게는 고통을 주고, 또 어떤 사람에게는 정화와 궁극적 완성을 주는 것으로 생각되었다. 어떤 신학자들은 천사들이 연옥에서 벌을 받는 사람들의 영혼을 방문한다고 생각하는가 하면, 다른 신학자들은 마귀들이 하나님의 허락을 받고 연옥에 찾아와서 죽은 자의 영혼들에게 여러 가지 벌을 준다고 생각하였다.

연옥에 대한 이 같은 공간적 표상에 반하여, 보프는 연옥을 죽음을 눈앞에 둔 사람의 영혼이 당하는 "인간의 상황"으로 이해한다. 인간은 의식적이든 아니면 무의식적이든, 한평생 자기를 주장하려는 의지와 하나님에게 복종하려는 의지의 갈등 속에서 살아간다. 자기를 하나님과 이웃에 대해 개방하고 하나님의 사랑에 자기를 맡기고자 하는 욕구가 있는가 하면, 하나님과 이웃에 대해 자기를 폐쇄하고 자기중심의 욕망을 채우고자 하는 욕구가 있다. 인간은 죽는 순간까지 이 두 가지 욕구의 갈등 속에서 살아간다.

이러한 삶의 과정 속에서 맞게 되는 죽음은 인간의 마지막 위기다. 그는 자기를 완전히 하나님께 맡기기로 결단하든지, 아니면 하나님을 거부하고 절대적 고독과 좌절 속에서 굳어져버릴 것인지 결단해야 한다. 그는 지옥을 선택하든지 아니면 하늘을 선택해야 한다.

하늘을 택할 경우 그는 지금까지 살아온 자기 삶의 모든 과오를 철저히 회개하고, 자기를 하나님의 사랑에 맡겨야 한다. 그는 한평생 견지해온 자기중심의 삶의 태도와 자기 안전의 모든 구조물을 버리고, 하나님을 얼굴과 얼굴로 볼 수 있는 존재로 정화된다. 이제 그는 삶의 무의미와 허무와 절망 속에서 죽지 않고, 하나님의 무한한 사랑과 용납 속에서, 하나님의 미래와 영원한 생명에 대한 희망 속에서 죽을 수 있다.

죽음의 순간에 일어나는 이러한 내적 과정을 가리켜 오늘날 일련의 가톨릭 신학자들은 연옥이라 부른다. 한마디로 연옥은 죽음 다음에 오는 특정한 장소나 시간의 과정이 아니라 죽음의 시간에 일어나는 마지막 회개와 정화의 과정을 가리킨다는 것이다. 이 과정을 거친 사람에게 죽음은 마지막 자기완성이요, "사랑의 가장 숭고한 형식"으로, 하나님의 "가장 큰 선물"로 생각된다.

교황 베네딕투스 16세(Benedikt XVI, 한때 튀빙겐 대학교 교수였음)였던 라칭어 교수도 연옥을 특정한 장소나 시간의 길이로 생각하는 것을 반대한다. 연옥은 인간이 자기가 지은 죄에 대한 용서를 받고 죄에서 정화되기 위하여 뜨거운 불의 고통을 당하는 "피안에 있는 일종의 강제수용소"와 같은 것으로 생각해서는 안 된다(Ratzinger 1990, 188). "객관화시키는 유치한 연옥의 개념"은 현대인에게 무의미하다. 연옥은 그리스도론적으로 이해되어야 한다. "주님 자신이 인간을 변화시키고, 그의 영광스럽게 된 몸과 '일치하게'(konform) 만드는 심판의 불"로 생각되어야 한다. 연옥의 정화는 뜨거운 불이라고 하는 물질을 통하여 특정한 장소에서 일어나는 것이 아니라 "우리의 닫힌 마음을 완전히 불태우고 용해시키며, 자신의 몸의 생동하는 유기체 속에 들어가게 하시는 주님의 변화시키는 능력을 통해" 일어난다(187). 정화는 죽음의 순간에 궁극적으로 일어난다. 죽음 속에서 그리스도와 만나 정화되고 변화되는 이 "순간"은 물리적 시간의 개념으로 측정될 수 없다. 그것은 죽음 속에서 자기 존재의 정화를 경험하는 인간의 실존적 심연의 "깊이"를 나타낸다. 그것은 "세계의 시간"과 비교할 수 없는 "실존의 시간"(Existenzzeit)이다(188).

뮌헨 대학교 교수였던 그닐카에 의하면 연옥은 특정 공간이 아니다. 연옥의 정화의 불은 오시는 주님을 가리킨다. 그것은 "자기를 계시하는 하나님,…지극히 거룩한 그분의 접근할 수 없음"을 말한다(Gnilka 1955, 126).

프라이부르크(Freiburg) 대학교 교수였던 그레스하케(G. Greshake)도 전통적 연옥사상에 대해 부정적 입장을 취한다. "하나님 자신이…연옥이다. 연옥이 의미하는 바를 파악하기 위해 우리는 특별한 장소나 특별한 시간이나 특별한 과정을 고지할 필요가 없다.…그러므로 우리는 '연옥'이란 표현을 피하고, 그 대신 하나님과의 만남의 요소로서 정화와 정결에 대하여 말해야 할 것이다. 연옥은 반지옥이 아니라 하나님과의 만남의 한 요소다"(Greshake 1976, 92).

튀빙겐 대학교 교수 한스 큉(Hans Küng)에 의하면 "연옥은 그의 은혜의 진노 안에 계신 하나님 자신이다. 정화는 사람을 심판하고, 깨끗케 하고, 해방하며, 계명하고, 치유하고, 완성케 한다는 뜻에서 하나님과의 만남이다"(이종성 1990a, 194에서 재인용).

연옥에 대한 이러한 새로운 해석은 죽음을 눈앞에 둔 사람의 내적 과정을 적절히 해석했다고 평가할 수 있다. 그러나 이 과정을 가리켜 반드시 "연옥"이라 부를 필요는 없다. 그닐카 교수가 시사하듯이 연옥이란 개념이 없어도 우리는 이 과정을 충분히 묘사할 수 있기 때문이다. 연옥이란 개념을 견지할 경우 연옥과 정화의 불에 대한 공간적·물질적 표상을 피할 수 없게 되고, 이로 말미암아 죽은 자들의 정화와 구원을 위해 교회나 사제에게 물질을 바치는 잘못된 일들이 일어날 수 있다. 하나님은 아무 조건 없이, 곧 인간의 업적이나 공적 없이 죄를 용서하는 무한한 사랑을 베푸시는 분이 아니라 인간의 업적에 따라 연옥의 불의 형벌을 감해주기도 하고, 감해주지 않기도 하는 우스운 존재가 되어버릴 것이다. 이것을 우리는 종교개혁의 역사에서 대표적으로 볼 수 있다(이에 대해 김균진 2018).

연옥에 대한 현대 가톨릭 신학자들의 심리적·실존적 해석은 한 가지 문제점을 보인다. 이들의 해석에 의하면 죽은 사람이 하늘에 속하는지 아니면 지옥에 속하는지의 문제가 죽음의 순간에 결정된다. 곧 "최후의 심판"이 죽음의 순간에 일어난다. 이로써 "최후의 심판"에 대한 신앙고백은 사실상 무의미해진다. 최후 심판까지의 역사 과정은 죽음의 시간에 하늘이냐 아니면 지옥이냐를 택하는 "순간"으로 축소되어버린다. 이것은 종말론의 탈역사화를 초래할 수 있다. 이 문제를 우리는 아래 "죽음 속에서 일어나는 부활"에서도 볼 수 있다.

D. "죽음 속에서 일어나는 부활"

1. "죽음 속에서 일어나는 부활"을 말하게 된 동기와 내용: 튀빙겐 대학교의 가톨릭 신학자 그레스하케(G. Greshake)를 중심으로 한 일단의 가톨릭 신학자들에 의하면 모든 죽은 자들이 잠자는 상태에 있다가 역사의 마지막에 새로운 생명으로 부활한다는 것은 현대인이 인정하기 어려운 고대의 묵시사상적 표상이다. 이 표상을 글자 그대로 인정할 경우 공간적 의미의 연옥에 대한 생각이 가능해진다. 그러므로 칼 라너, 그레스하케, 로핑크(G. Lohfink) 등 현대의 많은 가톨릭 신학자들은 종말에 일어날 "죽은 자들의 부활"(resurrectio mortuorum)이 죽음의 순간에 일어난다고 주장한다. 즉 죽음의 순간에 부활한다는 것이다.

가톨릭 신학자들의 이 생각은 다음의 사실로부터 출발한다. 육체 없는 영혼은 실재하지 않는다. 인간은 영혼과 육체의 통일체로서 세계사의 관계 속에서 존재하며, 자기를 완성해나간다. 이웃 사람과의 관계, 자연과의 관계 속에서 형성되었고, 자기 삶의 역사를 가진 인간의 자아, 곧 그의 인격적 존재는 죽음 속에서 사라지는 것이 아니라 궁극적으로 완성된다. 그것은 육체의 형태를 갖지 않는다. 그러므로 그것은 육체의 제한성에서 자유로운 새로운 존재 형식으로 변용된다. 이 변용은 바로 죽음 속에서 일어난다. 마지막 종말의 날은 단순히 역사의 연대기적 시간의 마지막에 오는 것이 아니라 세계 속에 있는 인간의 삶의 과정 속에서 일어난다. 그것은 모든 죽는 자들에게 동시적으로 한순간과 같이 온다.

따라서 한 인간의 죽음의 순간은 종말의 마지막 시간이 앞당겨 일어나는 순간이다. 그것은 역사의 종말에 있을 죽은 자들의 부활이 일어나는 순간이다. 각 사람이 죽는 순간에 각 사람의 완성은 물론 인류 역사의 완성과 세계의 종말이 일어난다. "죽음 속에서 일어나는 몸의 부활이, 죽음 속에서 완결된 구체적 실존에 대한…하나님의 성실하심으로 이해된다면, 이 구체성 속에서 세계와 역사의 한 '부분'이 지속적으로 수렴된다.…그리스도와의 교통 속에 있는 새로운 삶의 놀라운 미래가 여기서 열린다면, 단지 '개인의 주체성'이 여기서 완성됨은 물론 세계사가 완성된다"(Greshake 1969, 393). 이에 대한 중요한 성서적 근거를 그레스하케는 십자가에 함께 달린 죄수에게 "너는 오늘 나와 함께 낙원에 있을 것이다"(눅 23:43)라고 하신 예수의 말씀과 빌립보서 1:23의 말씀에서 발견한다(387).

레오나르두 보프에 의하면 죽음은 인간의 본성 속에 잠재되어 있는 모든 가능성이 총체적으로 새로운 차원을 얻게 되는(Redimensionalisierung) 순간이다. 생물학적 차원에서 볼 때 인간은 나이가 들면서 쇠퇴한다. 그러나 인격적 차원에서 볼 때 그는 내적으로 성장한다. 죽음과 함께 그의 성장은 마지막 목표에 도달한다. 이때 그는 영원 속으로 새롭게 태어난다. "인간의 죽음은 영원 속으로 넘어감(Übergang)이다." 부활은 바로 여기에 있다. 죽음의 순간에 "영원 속으로 넘어감"이 곧 부활이다. 그러므로 종말에 일어날 죽은 자들의 부활에 대한 기다림은 폐기된다.

이에 대한 근거를 보프는 신약성서의 바울과 요한에게서 발견한다. 두 사람에 따르면 부활은 "이미 오늘 인간 안에서 성장하는 사건"이다. 이 사건은 죽음과 함께 충만함에 이른다. 예수를 부활시킨 바로 그 영이 우리의 사멸한 몸에 생명을 주기 때문이다(고전 6:14). 물론 죽음 속의 부활은 절대적 충만함이 아니다. 죽는 사람은 단지 그의 인격의 핵심에 있어서만 신적 영광에 참여하며, 그가 관계 맺는 우주는 그의 영광의 목적에 도달하지 못하였기 때문이라고 보프는 말한다(Boff 1993, 36).

판넨베르크에 따르면 그리스도인들이 믿음을 얻을 때 갖게 되는 "그리스도와 함께 있음(Mit-Christus-Sein)은 부활의 삶의 시작이요, 따라서 죽음을 넘어 지속된다"(J. Ratzinger)는 신약성서의 생각이 "죽음 속에서의 부활"에 대한 신학적 근거가 된다(고후 5:8; 살전 5:10; 골 3:1-4). "내가 원하는 것은 세상을 떠나서 그리스도와 함께 있는 것이다"라는 빌립보서 1:23의 말씀 외에, 세례를 받은 자는 십자가의 그리스도와 함께 죽는 동시에 그리스도와 함께 이미 부활하였다는 성서 말씀도 성서적 근거가 된다(롬 6:5; Pannenberg 1993, 622-23).

2. 가톨릭 신학자들의 이 같은 생각에서 우리는 불트만의 실존론적 해석의 영향을 발견한다. 종말은 역사의 미래가 아니라 개인의 죽음 속에 있다. 한 인간의 죽음의 "순간"에 역사의 종말이 현재화된다. 그러므로 죽음과 종말의 부활 사이의 "중간 상태"는 있을 수 없다. "중간"이란 말은 인간의 물리적 시간 개념에 속한다. 시간의 종말이란 사실상 비시간적인 것으로 물리적 시간에 속하지 않는다. 그것을 우리는 물리적 시간의 끝에서가 아니라 한 인간의 죽음의 순간 속에서 보아야 한다. 죽음의 순간은 세계와 역사의 한 부분이 완성에 이르는 종말의 순간이다. 그러므로 죽음의 순간에 인간은 마지막 날의 현실, 곧 그리스도의 다시 오심과 죽은 자들의 부활과 최후 심판과 세계 완성의 현실을 경험한다. 역사의 종말에 역사의 모든 죽은 자들이 부활한다는 것은 고대인의 신화적 표상에 속한다. 죽은

자들의 부활은 한 인간의 죽음 속에서 일어난다고 생각되어야 한다는 것이다.

20세기 많은 가톨릭 신학자들의 이러한 생각에서 죽음과 마지막 부활 사이의 "중간 상태"는 폐기된다. 각 사람의 죽음의 순간에 세계의 종말이 앞당겨 일어나며, 죽은 자들의 부활과 최후 심판이 일어나고, 죽은 자는 하나님의 영원 속으로 들어가기 때문이다.

이 생각은 다음과 같은 장점이 있다. 1) 영혼과 육체의 이원론을 버리고 인간 존재의 불멸과 몸의 부활을 결합시킨다. 2) 종말의 마지막 완성을 역사의 미래에서 찾지 않고 역사의 현실과 과정 속에서 찾는다. 3) 육체 없는 영혼이 잠정적으로 머무는 중간 상태, 곧 연옥에 대한 생각을 불필요하게 만들어버린다. 연옥에 대한 생각이 철폐될 경우 연옥에 머무는 사람들을 위한 면죄부, 죽은 자들의 미사(Totenmesse), 예배실 한쪽 구석에서 사제가 돈을 받고 죽은 자의 영혼을 위해 혼자 드리는 "구석미사"(Winkelmesse)가 불필요해진다. 가톨릭교회에게 이것은 매우 위험한 일이었다. 그러므로 가톨릭교회는 1979년 "죽음 속에서의 부활"을 거부하였다(Schreiben 1979, 5).

3. 죽음 속에서 일어나는 부활의 문제점: 여기서 우리는 죽음이 삶의 단순한 중단이 아니라 인간 존재의 완성이요, 죽음과 함께 인간 존재는 하나님의 영원으로 넘어간다는 가톨릭 신학자들의 생각에 동의할 수 있다. 칼 라너에 의하면 "'몸'과 '영혼'을 동시에 가진 인간의 단 하나의, 그리고 전체적 완성이 죽음과 함께 직접 일어나고, '육의 부활'과 '보편적 심판'이 세계의 시간적 역사를 '따라'(entlang) 일어나며, 각 사람의 개별적 심판의 총화와 일치한다"는 생각은 "이단이 아니다"(Rahner 1975, 456).

그러나 우리는 "죽음 속에서의 부활"에 동의할 수 없다. 인간은 자기 혼자 사는 고독한 "영혼"이 아니라 이웃 사람들과 자연과의 관계 속에서 사는 관계적 존재다. 따라서 인간의 완전한 구원은 인간 사회와 자연의 총체적 구원과 함께 가능하다. 인간 사회와 자연이 구원받지 못한 상황에서 인간의 완전한 구원이란 있을 수 없다. 이른바 기독교가 말하는 인간의 "구원"은 하나님의 총체적 구원의 시작일 뿐이다. 자연을 포함한 세계의 총체적 구원은 모든 죽은 자가 부활할 때, 곧 역사의 종말에 일어날 것이다. 그러나 모든 죽은 자의 보편적 부활은 아직 일어나지 않았다. 그것은 역사의 미래로 남아 있다.

일부 가톨릭 신학자들이 말하는 "죽음 속에서의 부활"은 하나님의 총체적 구원이 이루어질 "모든 죽은 자들의 부활"의 종말론적 미래를 간과한다. 그것은 모든 죽은 자들이 부활하고 하나님의 총체적 구원이 일어날 종말론적 미래를 개인의 "죽음 속에서의 부활"의 현재로 폐기해버린다. 이리하여 기독교 신앙은 "모든 죽은 자들의 부활"의 종말론적 미래를 잃어버리고, 개인의 "죽음 속에서의 부활"만 보게 된다.

몰트만에 따르면 "이미 우리 자신의 죽음 속에서 부활한다면, 우리는 '아직 구원받지 못한 이 세계'로부터 구원받은 꼴이 될 것이며, 이 땅과 우리의 신체적 연대성(Solidarität)은 해체될 것이다." 공동묘지에 있는 모든 무덤은 "인간과 이 땅이 결합되어 있으며, 오직 함께 구원받을 수 있다는 것"을 보여준다. "새로운 땅 없이 '육의 부활'이란 있을 수 없다. 새로운 땅이 있을 때, 인간의 새로운 신체성이 가능할 것이다"(Moltmann 2005, 124).

그러므로 가톨릭 신학자 슈마우스는 얼마나 많은 죽음 속에서의 부활들이 있어야 궁극적이며 보편적인 부활과 일치할 것인지 질문한다(Schumaus 1970, 733, 744 이하). 성서 말씀을 따를 때 모든 사람의 보편적 부활은 "죽음"이 더 이상 있지 않을 때, 곧 죄와 죽음의 세력이 완전히 폐기될 때 일어날 것이다(참조. 고전 15:58; 계 21:4). 그러나 부활이 개인의 죽음 속에서 일어난다고 생각할 때 죄와 죽음의 세력의 완전한 폐기와, 하나님의 새 하늘과 새 땅에 대한 메시아적 전망과 기다림이 사라지게 된다. 그리고 개인의 "죽음 속에서 일어나는 부활"은 인간의 몸과 아무 관계가 없는 단순히 인간의 영적·정신적 부활이기 때문에 부활은 인간의 신체적·물질적 현실에 대해 아무런 의미를 갖지 못하고 단지 영적인 것으로 변하여버릴

(spiritualisiert) 것으로 간주된다. 이것은 "육의 부활"(*resurrectionem carnis*)을 고백한 사도신경의 정신에 모순된다.

파더보른(Paderborn) 가톨릭대학교의 핫트루프(D. Hattrup)에 의하면, 금방 죽은 남편이나 부인의 시체가 굳어지고 식어져 가는데, 그들이 완전한 완성에 도달하였고 부활하였다는 것을 해명하기 어려울 것이다. "죽음 속에서 일어나는 부활"에 대한 일부 가톨릭 신학자들의 생각은 "살아 있는 사람들과 죽은 사람들의 친교를 깨뜨리며, 죽은 사람들에게 역사로부터 자유로운 구원을 약속하는 세계도피적 영혼주의"를 보여준다(Hattrup 1992, 318).

라칭어(교황 베네딕투스 16세)에 의하면 "죽음 속에서 일어나는 부활"에 대한 생각에서 인간의 영혼과 육체의 "비분리성"(Unteilbarkeit)과 인간의 신체적 결합성은 아무 의미도 갖지 못한다. 임종의 병상에 누워 있거나 무덤 속으로 시체가 운반되는 사람이 부활하였다고 말할 경우, 그의 부활은 영혼과 육체의 통일체로서인 인간의 부활이 아니라 단지 그의 영혼의 부활을 뜻할 뿐이다. 이리하여 "죽음 속에서 일어나는 부활"은 "몸으로부터 분리된 인격의 독자적 현실"을 인정하게 된다. 이것은 바로 이원론적 "영혼의 개념"이 말하고자 하는 것이다. 그러므로 "죽음 속에서 일어나는 부활"은 "영혼불멸설의 숨은 회복"을 초래할 수 있다(Ratzinger 1990, 96). 그리스도의 다시 오심(재림)에 대한 기다림은 죽음 속에서 일어날 부활에 대한 기다림으로 폐기되어버릴 것이다.

라칭어에 의하면 죽은 사람 혹은 금방 죽은 사람 안에서 부활이 일어났다면, 역사가 그에게서 완성에 도달하였다고 말해야 할 것이다. 그러나 현실의 역사는 아직 완성되지 않은 채 계속되고 있다. "죽음 속에서 일어나는 부활"은 장차 완성되어야 할 역사와, 아직 완성되지 않은 채 계속되는 현실 역사의 간격에 대해 침묵한다. 그것은 한 사람의 삶의 시작과 죽음, 그의 죽음 저 너머에 있는 초개인적인 역사의 완성 관계를 설명하지 못하며, 어떤 의미에서 개인의 죽음과 함께 역사 전체가 완성되었다고 볼 수 있는지 납득할 수 있는 근거를 제시하지 못한다(98). 역사의 마지막에 올 "최후의 날"은 개인의 죽음의 순간으로 폐기되어버린다.

판넨베르크는 "죽음 속에서의 부활"이 가진 긍정적 측면을 일면 인정한다. 미래에 일어날 모든 죽은 자들의 부활과, 믿음과 세례를 통해 그리스도인들이 얻게 되는 부활의 삶의 현재는 서로 대립하는 것이 아니라 결합되어 있다. 그리스도인들의 "새로운 삶의 현재"를 "미래의 몸적 부활로부터" 분리하는 것은 적절하지 않다(Pannenberg 1993, 624). 예수의 부활은 독특한 것이지만, 그것은 독자적 사건이 아니라 "하나님의 통치와 모든 인류의 구원의 중재자"로서의 부활이었다. 부활하신 예수는 "잠든 사람들의 첫 열매"요(고전 15:20; 골 1:18), "많은 형제들 가운데서 맏아들"이며(롬 8:29), "구원의 창시자"다(히 2:10). 그러므로 그리스도와 결합된 그리스도인들의 부활의 새로운 삶은 미래에 일어날 모든 죽은 자들의 새로운 삶이 앞당겨 일어나는 것(Antizipation)이라 볼 수 있다(625).

그러나 "죽음 속에서의 부활"은 "죽은 자들의 부활에 관한 신약성서의 증언 전체를 나타내지 못한다." 부활하신 그리스도의 삶이 세례를 받은 그리스도인들에게 현재가 됨은 사실이지만, 모든 죽은 자들의 부활은 그리스도께서 오실 미래에 일어날 것으로 머물러 있다. "미래에 일어날 이 사건이…'개인의 죽음의 시점에' 일어난다고 생각될 경우, 이 사건의 신체성(Leiblichkeit)이 생각될 수 없을 것이다. 이로써 개인의 구원의 완성은 인류의 완성과 분리된 독립적인 것이 되어버릴 것이다. 그러나 개인의 구원의 완성과 모든 인류의 구원의 완성은 연결되어 있다. 이 연결성은 미래에 대한 성서적 희망의 본질적 요소다.…개인으로서 인간의 완성은 인류의 완성에 관한 질문과 분리될 수 없다. 거꾸로 후자도 전자와 분리될 수 없다"(623).

E. 변증법적 신학의 "전적 죽음설"

우리가 알고 있는 세계의 모든 종교는 영혼불멸설을 신봉한다. 가톨릭교회의 연옥설, 힌두교의 윤회설도 영혼불멸설에 기초한다. 그런데 20세기 개신교회의 변증법적 신학자들은 영혼불멸설을 강력하게 부정하고, 육체는 물론 영혼도 함께 죽는다는 "전적 죽음"(Ganztod, total death)을 주장하였다. 그리고 영혼불멸설과 죽은 자들의 부활을 대립된 것으로 제시하였다. 당시의 유명한 신학자 쿨만의 저서 『영혼불멸인가, 아니면 죽은 자들의 부활인가?』는 영혼불멸과 부활신앙을 대립된 것으로 보는 당시의 상황을 극명하게 보여준다.

이들의 주장에 의하면 영혼불멸설은 인간의 영혼과 육체를 분리된 것으로 보는 고대 그리스 철학의 이원론적 인간관에 근거한다. 이에 반해 성서에서는 인간을 영혼과 육체가 분리될 수 없이 하나로 결합되어 있는 총체적 존재로 본다. 육체 없는 영혼은 생각할 수 없다. 그러므로 인간이 죽을 때 인간의 육체만 죽는 것이 아니라 영혼도 함께 죽는다. 곧 인간 존재 전체가 완전히 죽어 없어진다는 것이다.

변증법적 신학의 대표자 칼 바르트에 의하면 죽은 다음에 살아남은 영혼이 "나비처럼 무덤 위를 날아다니다가, 어딘가에 보존되어 죽지 않고 계속 산다"는 생각은 이교적이다(Barth 1955, 67). 엘러트(에를랑겐 대학교 교수)에 의하면 부활은 하나님의 완전한 "새 창조"다. 그것은 "지상에 살았던 실존의 완전한 끝으로서의 죽음을 전제하기 때문이다." 지상에 살았던 자와 부활한 자의 통일성은 불멸의 영혼에 있는 것이 아니라 하나님의 판단에 있다. 하나님의 이 판단 외에 죽음 다음에 인간에게 남는 것은 아무것도 없다(Elert 1956, 527). 스위스의 신학자 드 퓨리에 의하면 죽음 다음에 "아무것도 남지 않는다." 만일 죽음이 전적인 것이 아니라면, 부활은 하나님의 전적 사역이 아니라 절반의 사역일 것이다. 우리의 영혼과 몸이 모두 죽기 때문에 하나님은 우리를 몸과 영혼에 있어서 전적으로 다시 살리실 것이다(Pury 1958, 116).

튀빙겐 대학교의 윙엘도 인간의 전적 죽음을 주장한다. 영혼불멸설과 부활은 철저히 대립한다. 죽음은 "삶의 상황들을 전적으로 중단시키는 무관계성(Verhältnislosigkeit)의 사건"이다(Jüngel 1993, 145). 스위스 바젤 대학교의 하인리히 오트에 의하면 죽음과 함께 인간의 존재는 완전히 없어지고, 죽음과 부활 사이의 중간 시간에는 하나님만이 유일한 "의미의 담지자"(Sinn-Träger)로 계신다(Ott 1958, 53).

알트하우스는 인간의 전적 죽음을 말하지만, 죽은 자가 "새로운 형태"를 취한다는 다소 완화된 입장을 취한다. 그에 따르면 인간의 몸과 영혼은 구별될 수 있지만 분리될 수 없다. 몸은 영혼의 "얼굴, 눈, 태도, 몸짓"이요, "영혼의 표현"이며 "형태"다(Althaus 1962, 158 이하). "우리는 플라톤에서 시작하여 오늘에 이르기까지, 서구의 사고를 지배한 영혼에 대한 옛 신앙과 작별해야 한다. 곧 영혼은 몸과 본질적으로 관계가 없는 독립적 존재로서, 몸 안에 살며, 몸으로부터 자기를 분리시킬 수 있다고 보는 이원론적 생각과 작별해야 한다." 죽음은 몸은 물론 영혼에게도 일어난다. 몸과 영혼은 분리될 수 없기 때문이다. "영혼으로부터 몸이 사라지며, 영혼도 사라진다"(166). "그러나 하나님은 무로부터 생명으로 불러낸 인간의 인격을 간직하시며, 그에게 새로운 현존의 형태를, 곧 여기 땅 위에서와 같이 다시금 하나의 영적-정신적-몸적 형태(seelisch-geistig-leibliche Form)를 주신다.""죽음이 몸은 물론 인간 전체에 해당하는 것처럼, 부활도 인간 전체에 해당한다"(107).

1. 전적 죽음설의 신학적 뿌리: 위에 기술한 변증법적 신학자들의 "전적 죽음설"의 뿌리는 변증법적 신학의 구원론에 있다. 곧 인간의 구원 가능성은 인간 자신 안에 주어져 있는 인간의 본성(Natur)이나 인간 존재 자체의 능력에 있는 것이 아니라 오직 하나님의 놀라운 은혜에 있다는 것이다. 만일 인간이 그 자신의 본성이나 능력으로 말미암아 불멸한다면, 혹은 불멸하는 그 무엇이 인간 자신 안에 있다면, 인간은 그 자신의 노력을

통하여 하나님의 구원을 쟁취할 수 있고 하나님의 영원에 들어갈 수 있을 것이다. 유한하고 사멸하는 피조물과 무한하고 불멸하는 하나님, 시간과 영원 사이에는 "무한한 질적 차이"가 있다. 인간 자신 안에 불멸하는 것은 아무것도 없다. 불멸은 하나님께만 속한 하나님의 본성이다. 인간 존재의 술어는 허무성과 무의미다. 허무성과 무의미 속에 있는 죄악된 인간과 영원한 하나님을 연결할 수 있는 것은 인간 자신 안에 있는 그 무엇이 아니다. 즉 불멸하는 영혼이 아니다. 영혼불멸설은 하나님에 대한 불경건이요 교만이다.

변증법적 신학에 따르면 하나님과 인간의 절대적 차이, 하나님의 절대적 능력에 대한 인간의 절대적 무력함은 인간의 죽음 속에 여실히 나타난다. 죽음은 인간 존재의 완전한 끝이다. 죽은 자를 다시 살릴 수 있는 하나님의 능력이 아니라면 이 세상 그 무엇도 인간을 구원할 수 없다. 그러므로 그리스도인들은 하나님의 절대 능력을 통한 부활을 기다려야 한다. 영혼의 불멸을 말하는 것은 인간 자신의 능력과 가능성을 주장할 따름이다. 이 같은 성찰에서 변증법적 신학은 영혼불멸과 죽은 자의 부활을 대립시키고 인간의 전적·총체적 죽음을 주장한다. 죽음 후에 죽지 않고 존속하는 것이 인간에게는 아무것도 없다. 몸의 죽음과 함께 영혼도 죽는다. 죽음은 인간의 전적 폐기(Annihilation)다. 인간의 죽음 후에도 남는 것이 있다면, 그것은 하나님의 신실하심뿐이다. "인간에게서 남는 것은 신적인 그 무엇도, 피조물적인 그 무엇도 아니다. 그것은 피조물에 대한 창조자의 행위와 관계다"(Barth 1959b, 428).

2. 전적 죽음설의 문제점: 하나님과 인간의 질적 차이, 죽은 자의 부활에 있어서 하나님의 전적 활동에 대한 전적 죽음설의 주장은 타당하다. 그러나 전적 죽음설은 다음과 같은 문제점이 있다.

1) 만일 죽음을 통하여 인간의 존재가 완전히 폐기되고 완전히 무로 돌아갔다면, 마지막 부활 때 그의 정체성은 어떻게 회복될 수 있는가? 또 그 정체성을 어떻게 확인할 수 있는가? 그리고 인간의 그 무엇이 부활하

게 되는가? 인간이 완전히 죽어버리고 아무것도 남지 않는다면, "과연 누가 부활되는가?"(Bachl 1980, 126)

2) 신약성서에 따르면 예수는 죽음을 통하여 완전히 폐기되어버린 것이 아니라 죽은 자들의 세계로 내려가서 그들에게 복음을 전하였다(벧후 3:19; 벧전 4:6). 전적 죽음설은 신약성서의 이 말씀에 모순된다. 죽음 후에 예수의 그 무엇도 남지 않았다면, 예수가 죽음의 세계로 내려가 복음을 전하는 것은 불가능할 것이다.

또 성서는 죽은 자들을 "잠자는 자"로 묘사한다(렘 51:39). 예수는 죽은 나사로를 가리켜 "잠들었다"고 말한다(요 11:11). "잠자는 자"는 전적 죽음설에 모순된다. 완전히 죽어 없어진 자가 잠을 잔다는 것은 불가능하기 때문이다. 또 예수께서 자기와 함께 십자가에 달린 죄수에게 하신 "너는 오늘 나와 함께 낙원에 있을 것이다"(눅 23:43)라는 말씀도 전적 죽음설에 모순된다.

3) 전적 죽음설은 인간의 윤리적 책임성을 파괴할 수 있는 위험성이 있다고 많은 신학자들은 지적한다(Greshake 1986, 110). 죽음과 함께 우리의 존재가 완전히 없어져버린다면 윤리적으로 책임성 있게 살고자 노력할 필요가 없어져버리기 때문이다. 또 삶의 의미에 대하여 말하는 것도 어려워진다. 이 문제에 대해 가톨릭 신학자 바흘은 다음과 같이 말한다. "만일 죽음이 모든 사람에게 무(無)라면, 만일 살인자들이 그들의 희생자들과 마찬가지로 죽음 후에 용해되어버린 화학성분에 불과하다면, 죽음은 결코 모든 인간에 대한 위대한 의를 뜻하지 못할 것이다. 그것은 무죄나 유죄를 똑같이 무로 만들 것이며, 이 세계 속에서 무섭게 갈라지는 양자의 차이를 완전히 무의미한 것으로 전락시킬 것이다. 유죄는 죽음의 문턱까지만 있을 것이고, 죽음 속에나 죽음 저편에는 없을 것이다. 그것은…죄책의 상황을 해소시키는 극단적 수단이 될 것이다"(Bachl 1980, 49 이하).

여기서 중요한 문제는 죽음과 함께 인간이 완전히 없어져버리지 않는다면 인간의 그 무엇이 남느냐, 그리고 인간의 그 무엇이 부활하느냐의 문제다. 이 문제를 우리는 아래에서 고찰하고자 한다.

F. "죽음에서 깨어난 사람들"의 체험

1. 죽음과 함께 인간의 생명은 끝나는가? 많은 사람이 관심을 가진 이 문제에 대해 미국의 병리학자 무디(Raymund A. Moody)는 그의 저서 『잠깐 보고 온 사후의 세계』(Life after Life)에서 의학적으로 죽었다가 다시 깨어난 사람들이 소위 죽은 상태에서 체험한 것을 보도한다(Moody/1 1975). 그들의 체험 내용은 개인에 따라 다르지만 다음과 같은 공통된 현상을 보여준다.

임종 환자가 죽음의 고통이 절정에 도달했을 때, 그는 자기가 "사망하였다"고 하는 의사의 마지막 선고를 듣는다. 이 선고와 함께 그는 부글거리는 것 같기도 하고, 울리는 것 같기도 한 불쾌한 잡음을 듣는다. 이와 동시에 그는 길고 어두운 터널을 지나가는 것처럼 느낀다. 그다음에 갑자기 자기의 육체를 떠나 자기 육체 바깥에서, 혹은 자기 육체 위에서 자기의 육체와 그 주변에 서 있는 의사와 간호사, 보호자들을 바라보게 된다. 차츰 그는 이 이상한 상태에 익숙해지고, 자기가 어떤 새로운 특성과 능력을 가진 다른 육체를 입은 것을 발견한다.

이때 천사와 같은 초월적 존재들이 나타나서 그를 영접하며 그를 호위한다. 그리고 그는 이미 죽은 친척들과 친구들의 영적 존재를 보게 되고, 지금까지 본 적 없는 거대한 빛의 존재가 사랑과 따뜻함을 발하면서 그의 앞에 나타난다. 이 존재는 말을 하지 않지만 그에게 질문을 던짐으로써 그의 모든 삶을 평가한다. 이때 그의 삶의 중요한 장면들이 번개처럼, 또는 영화 필름처럼 그의 눈앞을 지나간다. 그다음에 그는 지상의 생명과 영원한 초월적 생명 사이를 가로지르는 장애물 내지 한계선 앞에 자기가 서 있음을 보게 되고, 자기 죽음의 시간이 아직 오지 않았기 때문에 지상의 생명으로 되돌아가야 한다는 것을 인지한다. 그러나 그때까지 그가 경험한 것이 그에게 너무도 인상적이고 또 편안하게 느껴지기 때문에 그는 돌아가기를 거부한다. 사랑과 기쁨과 평화의 느낌이 그에게 가득하다. 그의 내적 거부에도 불구하고 그는 자신의 죽은 육체와 다시 결합하며 죽음에서 깨어난다. 무디는 마지막 장면을 다음과 같이 묘사한다.

> 그 빛이 나타났을 때, 나는 무엇이 일어났는지 몰랐다. 그러나 그다음에 그는 내가 죽을 준비가 되어 있는지 물었다. 그것은 마치 내가 한 인간과 말하는 것과 같았다. 그러나 아무도 거기에는 없었다. 그것은 놀라운 빛이었는데, 그 빛이 음성으로 나와 말하였다.
>
> 나와 함께 말한 그 음성이 내가 아직 죽을 준비가 되어 있지 않다는 것을 깨닫게 하였다고 나는 확신한다. 그는 나를 시험하고자 하였다는 것을 당신은 아실 줄 믿습니다. 그러나 그 빛이 나와 말하기 시작한 순간부터, 나는 말할 수 없이 행복하고 평온하며, 사랑으로 감싸여 있다고 느꼈다. 그 빛이 발하는 사랑은 상상하기 어렵고, 말로 나타낼 수 없을 정도였다. 그 빛 가까이 머무는 동안, 참으로 아늑하고 행복하였다(Moody/1 1975, 70).

2. 무디 외에도 일부 의학자들과 신학자들이 이른바 "죽음 후의 생명"에 대해 보도하고 있다. 이 문제에 대해 일련의 신학자들은 아래와 같이 대답한다(이에 관해 Küng 1982, 34 이하; Nocke 1992, 452 이하).

현대 의술의 발전으로 말미암아 의사가 죽었다고 확정한 사람이나, 인위적으로 죽음의 상태에 도달하였던 사람이 다시 깨어나는 일, 곧 "재활"(Reanimation) 내지 "재소생"이 옛날보다 훨씬 더 자주 일어나고 있다. 특히 인간의 심장을 재가동시킴으로써 죽음의 상태에 빠진 환자를 다시 살리는 방법이 크게 발전하였다. 여기서 발견된 사실은 죽음은 단지 한순간에 일어나는 것이 아니라 시간의 과정을 통해 일어날 수 있다는 것이다. 왜냐하면 신체 모든 기관의 기능은 한순간에 모두 정지되는 것이 아니라 신체 부위에 따라 하나하나씩 시간적 차이를 두고 정지되기 때문이다.

신체의 중요한 기관들의 정지를 가리켜 "신체기관의 죽음"(organ death) 혹은 "부분적 죽음"(partial death)이라 부르는데, 이 죽음과 함께 신체의 다른 기관들의 죽음, 특히 뇌의 죽음 곧 "핵심적 죽음"(central death)이 뒤따르며, 마지막으로 전 신체의 죽음 곧 "총체적 죽음"(total death)이 일어난다.

그러므로 오늘날 의학에서는 의료학적 죽음(clinical death)과 생물학적 죽음(biological death)을 구별한다. 의료학적 죽음은 호흡과 심장 활동과 뇌 활동이 정지되었지만, 심장 마사지나 인공호흡을 통해 환자의 신체가 다시 살아 움직일 수 있는 상태를 말한다. 신체가 다시 깨어날 수 있는 시간 간격은 일반적으로 5분, 인공적 신체냉각과 같은 극단적 경우에는 30분에 달한다. 그러나 30분을 초과할 때, 산소공급의 결핍으로 환자의 뇌가 치명적 손상을 입게 되고, 생물학적 의미의 궁극적 죽음이 일어난다.

생물학적 죽음은 뇌가 기능을 완전히 상실하여 더 이상 재생될 수 없는 상태에 도달하였음을 말하는데, 이 생물학적 죽음이 바로 총체적이며 궁극적 죽음이다. 이 죽음은 신체 모든 기능의 정지, 곧 신체 모든 기관과 조직의 정지를 말하며, 신체 기능을 유지할 수 있는 시간과 재생할 수 있는 시간이 완전히 지나가버렸음을 말한다.

무디가 조사한 150명의 죽음에서 다시 깨어난 사람들은 생물학적 죽음, 총체적 죽음을 당한 것이 아니라 의료학적 죽음의 상태에 있다가 깨어난 사람들이라 말할 수 있다. 그들은 죽음의 과정 곧 "의료학상의 죽음"(Sterben, dying)을 당했으나 "생물학상의 궁극적 죽음"(Tod, death)을 당하였다고 볼 수 없다. 의료학상의 죽음은 생물학상의 궁극적 죽음 이전의 신체적·심리적 과정 곧 죽음에 이르는 과정이라면, 생물학상의 궁극적 죽음은 이 과정 마지막에 오는 생명의 완전한 정지를 말한다.

이른바 죽음에서 깨어난 사람들이 말하는 죽음의 경험들은 궁극적 죽음의 상태에서 일어난 것이 아니라, 궁극적 죽음 직전에 일어난 의료학상의 죽음의 과정 속에서 일어난 것으로 보인다. 따라서 그들의 경험들은 현재의 삶 저 너머에 있는 소위 영원한 피안의 세계에서 일어난 것이 아니라 궁극적 죽음 직전에 일어난 것이며, 생명의 마지막 무의식의 단계에서 일어난 것이라 볼 수 있다. 그것은 "'죽음 이후의 생명'에서 일어난 경험들"이 아니라 "죽음 가까이에서, 생명의 가장 극단적 한계에서 일어난 경험들"이다. 무디 자신도 의료학적 죽음과 생물학적 죽음의 구별에 대해 알고 있지만, 그의 저서 마지막에서 이에 관해 언급할 뿐이다(Moody/1 1975, 143).

따라서 무디가 소개하는 이른바 죽음에서 깨어난 사람들의 경험들은 죽음 이후의 삶이나 피안의 세계에 대해 우리에게 아무것도 말하지 않는다. 그들이 경험한 것은 "죽음 직전의 마지막 5분이지, 죽음 후의 영원한 생명이 아니다. 따라서 이 5분은 죽는 자가 어디로 가는지, 무의 존재가 되어버리는지, 아니면 새로운 존재가 되는지에 대해 아무것도 말하지 않는다"(Küng 1982, 36). 이른바 죽었다가 다시 깨어난 사람들은 죽음 뒤에 있는 "피안으로부터 돌아옴"(Rückkehr aus dem Jenseits)을 경험한 것이 아니라, 궁극적 죽음 직전의 "한계상황으로부터 돌아옴"(Rückkehr von einer Grenzsituation)을 경험한 것이다(Nocke 1992, 452). 박충구에 의하면, 그들이 경험한 것은 "죽음 체험"이 아니라 죽음에 가까운 체험 곧 "근사 체험"일 뿐이다. "죽음에서 다시 건너온 사람은 없다. 근사 체험 이론의 한계는 그 경험이 죽음 가까이 갔다가 돌아온 경험일 뿐이라는 데 있다"(박충구 2018, 172).

3. 이른바 "죽음 이후의 생명"에 관한 이론의 몇 가지 문제점을 우리는 다음과 같이 지적할 수 있다.

1) 성서는 죽었다가 다시 깨어난 사람들의 한계상황적 경험들에 대해 아무것도 말하지 않는다. 이 경험들은 임종 환자의 삶의 역사에 따라 상이하다. 선한 삶을 살다가 죽게 된 사람, 자기의 수를 다하고 죽는 사람들은 빛과 자비와 평화가 있는 마지막 결말을 경험하는 반면, 악한 삶을 살다가

죽게 된 사람, 상처와 고통으로 가득한 삶을 살다가 죽는 사람들은 어둠과 후회와 고통으로 가득한 마지막 경험을 하게 된다고 한다. 그러므로 이들의 경험이 정말 죽음 후의 생명의 세계를 말하는 것인지 객관성을 증명하기 어렵다.

2) "죽음 후의 생명"은 이른바 "종말론적 유보 상태"(eschatologischer Vorbehalt, E. Käsemann)를 간과하는 문제성이 있다. 하나님이 "모든 것 안에서 모든 것"이 되시는 영원한 생명의 세계는 아직 오지 않았다. 죄와 죽음의 세력은 그리스도의 부활을 통해 깨어졌지만 아직도 세계를 주름잡고 있다. 따라서 영원한 생명의 세계는 아직 유보 상태에 있다. 그것은 종말론적 미래로 남아 있다. 영원한 생명의 세계는 그리스도께서 이 땅에 다시 오시고, 모든 죽은 자들이 다시 살아나며, 하나님 나라의 역사가 완성될 때 이루어질 것이다. "죽음 후의 생명"은 이 세계의 종말론적 유보 상태를 누락시키고, 죽자마자 천국에 들어갈 수 있는 것으로 생각한다. 그러나 이 세계가 종말론적 유보 상태에 있는 한 죽자마자 천국으로 간다 할지라도 지복을 얻지는 못할 것이다.

그러나 "근사 체험" 혹은 "임사 체험"은 우리가 죽을지라도 죽지 않는 그 무엇이 남아 있다는 것을 보여준다. 곧 우리의 자아가 없어지지 않고 남아 있다는 것을 보여준다. 죽음의 극한 상황에 처한 임종 환자의 영혼이 자기의 몸을 벗어나 자기 몸 바깥에서, 혹은 자기 몸 위에서 의료진과 가족들이 슬퍼하는 것을 본다고 할 때 그 "영혼"은 이원론적 의미에서의 영혼을 말하는 것이 아니라, 자기 삶의 역사를 통해 결정된 그의 자아라고 볼 수 있다. "뇌가 꺼져서 기능을 완전히 상실해도 의식이 지속적으로 존재한다는" 의료인들의 연구 결과는 이를 암시한다(곽혜원 2014, 256).

G. 그리스도 안에서 잠자는 상태

위에서 우리는 죽음 후의 상태에 대한 여러 가지 이론을 살펴보았다. 성서에도 죽음 후의 중간 상태에 관한 다양한 말씀이 기록되어 있다. 죽은 후 스올(음부)에 내려가 그림자와 같은 실존을 가진다는 말씀도 있고, 의로운 자는 하늘나라에, 악한 자는 지옥에 가 있다는 말씀도 있다. 아브라함의 품에 안겨 있는 거지 나사로와 지옥에서 고통을 당하는 부자 이야기(눅 16:19-31), "너는 오늘 나와 함께 낙원에 있을 것이다"(눅 23:43)라는 예수의 말씀은 후자를 시사한다.

1. 이 모든 이론 가운데 가장 성서적인 이론은 루터가 말한 수면설이라 할 수 있다. "그가 오셔서 무덤의 문을 두드리고, '마르틴 박사, 일어나거라!' 하고 부를 때까지, 우리는 자야 한다. 그러면 나는 한순간에 일어날 것이며, 영원히 그와 함께 기뻐할 것이다"(Moltmann 1995, 121에서 재인용). 하나님에게는 인간의 시간적 조건들이 해당하지 않는다. 천 년이 한순간과 같다(시 90:4; 참조. 벧후 3:8). 그러므로 죽은 자들이 역사의 마지막 날에 부활할 때 그들은 어디에 있었는지, 얼마나 오래 죽음의 상태에 있었는지 알지 못한다. "눈이 닫히자마자 너는 부활할 것이다. 수천수만 년이 잠깐 잠잔 것과 같을 것이다. 우리가 밤에 시계 소리를 듣지만, 얼마나 오래 잠을 잤는지 알지 못하는 것처럼, 죽음 속에서는 수천 년이 이보다 더 빨리 지나갈 것이다." "하나님에게는 시간의 계산이 없기 때문에 그 앞에서는 천 년이 하루와 같을 것이다. 그러므로 첫 사람 아담이 그에게는 마지막 날 전에 태어난 마지막 사람처럼 가깝게 느껴질 것이다. 하나님은 시간을 횡적으로 보지 않고 종(縱)으로 보기 때문이다.…하나님 앞에서는 모든 것이 한꺼번에 일어났다고 말할 수 있다"(Luther, WA 37,151, 36,349).

수면설을 통해 루터는 가톨릭교회의 연옥설을 거부한다. 죽은 자들은 죄에서 정화되기 위해 유황불이 타는 연옥에 가 있는 것이 아니라 잠자는 상태에 있다. 그러므로 살아 있는 자들이 연옥의 죽은 자들을 위해 면죄부를 구입하는 것은 불필요하다. 이로써 면죄부를 위시하여 죽은 자들과 관련한 교회의 모든 실천(죽은 자들을 위한 미사, 저녁 기도회 등)이 불필요해진다. 죽은 자들을 빙자한 성직자들의 "돈 장사"도 불가능해진다.

또한 루터의 수면설은 가톨릭교회의 성인 숭배를 거부하는 근거가 된다. 죽은 사람들, 곧 죽은 성인들이 살아 있는 사람들을 위해 할 수 있는 것은 아무것도 없다. 성인들을 위시한 모든 죽은 자들은 잠자는 상태에 있기 때문이다. 성상 앞에서 병을 고쳐달라고 기도하고 금 목걸이 등의 헌물을 바칠 필요가 없게 된다.

2. 수면설의 성서적 근거: 루터는 성서 교수로서 성서를 철저히 연구하였고 엄청난 성서 지식을 가지고 있었다. 성서에 대한 깊은 연구 끝에 그는 수면설이 성서의 가장 대표적 이론이란 결론에 도달한 것으로 보인다. 예수는 야이로의 죽은 딸에 관해 이렇게 말한다. "그 아이는 죽은 것이 아니라 자고 있다"(막 5:39). 죽은 나사로를 가리켜 그는 "잠들었다"고 말한다(요 11:11). 누가는 스데반의 죽음을 잠자는 상태에 들어가는 것으로 나타낸다. "이 말을 하고 스데반은 잠들었다"(행 7:60). 다윗은 "사는 동안 하나님의 뜻을 받들어 섬기고, 잠들어서 조상 곁에 묻혀…"(행 13:36). 바울도 죽은 자들이 잠자는 상태에 있다고 생각한다. 죽음에서 부활한 예수는 "잠자는 자들의 첫 열매"가 되었다(고전 15:20). "잠자는 사람아, 일어나라. 죽은 사람 가운데서 일어나라"(엡 5:14), "우리가 깨어 있든지 자고 있든지"(살전 5:10)라는 말씀에서도 죽은 자의 상태는 잠자는 상태로 생각된다. 데살로니가전서 4:13에서 바울은 죽은 자들을 "잠든 사람들"이라 부른다(살전 4:14-16). 이 같은 성서의 근거에서 교의학자 트릴하스는 영혼 수면설이 "신약성서의 증언에 가장 가깝다"고 말한다(Trillhaas 1972, 456 이하).

구약성서도 죽음과 부활 사이의 중간 상태를 잠자는 상태라고 표상한다. 모세는 죽은 다음 그의 조상들과 함께 "잠들 것이다"(신 31:16). 다윗은 수한이 차서 그의 조상들과 함께 잘 것이다(삼하 7:12). "여로보암은 스물두 해 동안 다스린 뒤에 조상들과 함께 잠들고…"(왕상 14:20). 시편 저자도 중간 상태를 잠자는 상태로 생각한다. "주 나의 하나님, 내가 죽음의 잠에 빠지지 않게 나의 두 눈에 불을 밝혀주십시오"(시 13:3). 예언자들도 이와 같이 생각한다. 죽은 자들은 땅의 먼지 가운데서 잠자고 있다(단 12:2; 참조. 사 14:18; 렘 51:57). "스올"(음부)에 있는 죽은 자들의 그림자와 같은 상태를 구약성서는 잠자는 상태로 생각했던 것으로 보인다(참조. 창 37:35; 42:38; 욥 7:9; 전 9:10 등). 그러므로 욥기 17:13은 "스올의 세계로 가는 것"을 가리켜 "어둠 속에 잠자리를 펴고 눕는 것"이라 묘사한다.

3. 그런데 성서는 잠자는 상태 혹은 수면 상태가 어떤 상태인지 구체적으로 묘사하지 않는다. 물론 "잠잔다"는 성서의 말씀은 하나의 은유다. 이 은유가 뜻하는 바를 우리는 다음과 같이 분석할 수 있다.

1) "잠잔다"라는 성서의 은유, 곧 수면 상태는 죽은 자의 세계와 살아 있는 자의 세계가 구별된다는 것을 말한다. 살아 있는 자의 세계가 살아 생동하는 자들의 세계라면, 죽은 자의 세계는 잠자는 것과 같은 상태의 세계, 구약성서가 말하는 "스올"의 그림자와 같은 세계를 말한다. 성서는 이 두 세계가 혼합되는 것을 엄격히 금한다. 살아 있는 자들이 죽은 자의 혼을 불러내는 것, 곧 무당이나 점쟁이를 통한 "신접"을 금한다(참조. 대상 10:13-14; "사울이 죽은 것은 여호와께 범죄하였기 때문이라. 그가 여호와의 말씀을 지키지 아니하고 또 신접한 자에게 가르치기를 청하고 여호와께 묻지 아니하였으므로…"). 죽은 사람들에게는 "세상에서 일어나는 어떤 일에도 다시 끼어들 자리가 없다"(전 9:6)는 말씀도 죽은 자와 살아 있는 자의 엄격한 구별을 시사한다. 살아 있는 자의 세계는 오직 하나님의 통치 아래 있다. 죽은 자들이 하나님의 통치 영역에 개입할 수 없다는 것을 성서는 말하고자 한다.

2) 수면 상태는 지상의 모든 수고가 끝난 안식의 상태라 말할 수 있다. 살아 있는 자의 세계가 노동, 수고와 고통, 질서와 혼돈, 투쟁과 평화, 기쁨과 슬픔, 행복과 불행이 혼합되어 있는 세계라면, 죽은 자의 세계는 이 모든 것이 더 이상 있지 않은 세계, 안식과 평화가 있는 세계다. 십자가에 달린 예수께서 "너는 오늘 나와 함께 낙원에 있을 것이다"(눅 23:43)라고 말

씀하실 때 그 "낙원"은 이원론적 의미의 "저 천당"이 아니라 잠자는 자들의 안식과 평화의 세계를 가리킨다고 볼 수 있다.

3) 죽은 후 잠자는 상태에 있는 자들에게 의식이 있는가 아니면 의식이 전혀 없는가? 성서에는 죽은 자들에게 의식이 없는 것처럼 말하는 구절도 있다. 죽은 자는 "아무것도 모른다.…죽은 이들에게는 사랑도 미움도 야망도 없다"(전 9:5-6). 죽은 자는 "주님을 찬양하지 못한다." 그는 "침묵의 세계"에 있다(시 115:17).

이와 동시에 성서에는 죽은 후 잠자는 상태에 있는 자들에게 의식이 있음을 시사하는 구절도 있다. 스올에 있는 "죽은 자들이 떤다"(욥 26:5), 스올에 내려간 죽은 자에게 망령들이 "너도…우리와 똑같은 신세가 되었구나"라고 말한다는 것도(사 14:10) 죽어 잠자는 상태에 있는 자에게 의식이 있음을 암시한다. 십자가에 달려 죽은 예수께서 "옥에 있는 영들에게도 가셔서 선포하셨다"(벧전 3:19)는 말씀은 죽어 잠자는 자들에게 의식이 있음을 전제한다. 만일 죽은 자들에게 의식이 전혀 없다면 그들에게 말씀을 전파하기란 불가능할 것이다. "죽은 사람들이 하나님의 아들의 음성을 들을 때가" 온다는(요 5:25) 말씀도 마찬가지다. 죽은 자들이 "주님을 찬양하지 못한다." "침묵의 세계"에 있다는 말씀은 죽은 자들에게 아무 의식도 없다는 것을 반드시 뜻하지 않는다. "인간의 죽음은 그가 더 이상 존재하지 않는다는 것을 결코 의미하지 않는다"(van Genderen/Velema 2018, 1334).

이렇게 말할 수 있는 궁극적 근거는 하나님의 사랑에 있다. 사랑은 상대방의 생명이 완전히 없어지는 것을 원하지 않는다. 도리어 항상 함께 있기를 원한다. 죽은 자가 "스올"의 잠자는 상태에 있을 때 하나님은 거기에 함께 계시며 죽은 자와 교통한다. "내가…스올에다 자리를 펴더라도, 주님은 거기에도 계신다"(시 139:8). 하나님과 죽은 자의 교통, 그리스도 안에 있는 살아 있는 자들과 죽은 자들의 교통은 죽은 자들의 의식을 전제한다. 완전한 교통은 쌍방의 의식 속에서만 가능하기 때문이다. 그러나 이 의식은 "잠잠한" 상태에서 잠자는 것과 같다(시 31:17). 거기에는 "일도 계획도 지식도 지혜도 없다"(전 9:10). 그것은 하나님 찬양이 없는 "침묵의 세계"다.

4) 수면 상태는 모든 죽은 자들이 똑같은 상태에 있음을 뜻하지 않는다. 어떤 사람에게는 안식이 있고, 어떤 다른 사람에게는 고통이 있을 것이다. 희미한 자기의식을 가진 자아가 남아 있고, 자신의 삶의 역사에 대한 기억이 남아 있기 때문이다. 그리스도의 죄 용서를 받고 하나님의 계명을 지키며 살다가 죽은 자들에게는 영원한 안식과 평화가 있을 것이다. 그러나 자신의 양심에 새겨진 하나님의 계명을 버리고 하나님 없이 죄 가운데 살다가 죽은 자들은 끝없는 죄책의 고통을 당할 것이다. "그들은 살아 있는 사람들의 세상에서 사람들에게 겁을 주던 자들이었으나, 이제는…자신들의 수치를 뒤집어쓰고 있다"(겔 32:24)는 에스겔서의 말씀은 이를 시사한다.

죽어서 아브라함의 품에 안긴 거지 나사로와 지옥에서 고통을 당하는 부자 이야기도(눅 16:19-31) 잠자는 자들의 상이한 상태를 감각적 형태로 보여준다. 여기서 부자가 당하는 "지옥의 고통"은 하나님이 죗값으로 내리신 것이 아니라 자신의 죄악된 삶이 그에게 내리는 고통이라 볼 수 있다. 죄 자체가 곧 벌이기 때문이다. 가톨릭교회의 연옥설은 수면 상태에 있는 죽은 자들의 상이한 상태를 감각적 형태로 묘사한 것이라 해석할 수 있다.

십자가에 달려 죽은 그리스도께서 죽은 자들의 세계로 내려가 복음을 전하였다는 베드로전서 4:6의 말씀은 복음의 말씀을 듣지 못하고 죽어버린 불신자들과 타 종교인들도 구원받을 수 있음을 시사한다. 임진왜란 때 나라를 구하기 위해 목숨을 바친 승병들, 나라의 독립을 위해 자기 재산을 내어놓은 "독립기생들"도 구원받을 수 있는 시간과 가능성을 가진다. 그리스도인들은 그들의 구원을 위해 기도해야 할 것이다.

4. 바울에 의하면 그리스도인들이 세례를 받을 때 십자가에 달려 죽은 그리스도와 함께 죽고, 부활하신 그리스도와 함께 다시 살아난다. 그들은 그리스도와 하나로 연합한다(롬 6:5; 참조. 갈 3:2; "세례를 받아 그리스도와 하나

가 되고"). 그리스도께서 그리스도인들 안에 계시고, 그리스도인들이 "그리스도 안에" 있게 된다. 바울의 말씀에 의하면 죽음도 그리스도와의 연합을 깨뜨릴 수 없다. 그리스도 안에 있는 그리스도와의 교통은 죽음의 한계를 초월한다. 따라서 신자들은 죽은 후에도 그리스도와 함께 있을 것이다. "나는…세상을 떠나서 그리스도와 함께 있는 것입니다"(빌 1:23).

예수 그리스도는 "죽은 자들과 살아 있는 자들의 주"시다(롬 14:9). 그리스도인들은 "살든지 죽든지 주님의 것"이다(14:8). "그리스도 안에서 죽은 사람들"(살전 4:15)이란 바울의 말씀은 죽은 사람들도 그리스도의 것이요, 그리스도 안에 있음을 말한다. 살아 있든지 아니면 죽었든지 간에, 그리스도인들은 "그리스도와 함께 하나님 안에 감추어져 있다"(골 3:3). 살아 있는 자들은 물론 죽은 자들도 "그리스도 안에" 있다고 말한다. 죽음도 "예수 그리스도 안에 있는 하나님의 사랑에서 끊을 수 없다"(롬 8:38-39). 그리스도인들에게는 "죽는 것도 유익하다. 그것은 이 세상에서 '풀려남'과 '그리스도와 함께 있음'을 뜻하기 때문이다"(Ratzinger 1990, 111).

이종성에 의하면 그리스도인들은 죽은 다음에 "그리스도 안에", "그리스도와 함께" 있을 것이다. "죽음은 생의 마지막이 아니라 그리스도와 함께하는 삶의 시작을 의미한다. 바울은 빌립보 교회에 보낸 편지에서 '내가 그 둘 사이에(생사) 끼었으니 떠나서 그리스도와 함께 있을 욕망을 가진 이것이 더욱 좋으나'(빌 1:23)라고 했다. 그는 심지어 죽음이라는 말도 쓰지 않는다. 죽음이라는 것은 상식적으로 삶의 마지막을 의미하기 때문에 그 말을 쓸 수가 없었다. 그에게도 죽는 것이 그리스도와 함께하는 것이기 때문이다"(이종성 1990a, 85).

5. 지금까지의 내용을 종합할 때 죽은 자들은 "그리스도 안에서" 영원한 안식의 수면 상태에 있다고 말할 수 있다. 그들은 가톨릭교회가 가르치는 것처럼 연옥으로 가는 것도 아니고, 변증법적 신학자들이 말하는 것처럼 무로 돌아가는 것도 아니다. 또 일부 가톨릭 신학자들이 말하는 것처럼 죽는 순간에 부활하는 것도 아니다. 그들은 역사의 종말에 일어날 모든 죽

은 자들의 부활과 하나님의 총체적 구원의 완성이 있을 때까지 그리스도의 주권 속에서 잠자는 것과 같은 상태에 있을 것이다. 그들은 잠자는 것과 같은 상태에서 그리스도와의 친교 안에 있을 것이며, 살아 있는 자들과 함께 "그리스도의 몸"을 이룰 것이다.

사도 바울이 말하는 "그리스도의 몸"은 단지 살아 있는 자들의 공동체를 가리키는 것이 아니라 살아 있는 자들과 죽은 자들이 그리스도 안에서 그리스도를 통하여 함께 이루는 공동체를 말한다. 그리스도는 "죽은 자들과 살아 있는 자들의 주님"이기 때문이다(롬 14:9). 그러므로 가톨릭교회의 제2차 바티칸 공의회는 죽음과 마지막 부활 사이의 중간 상태를 "살아 있는 자들과 죽은 자들의 삶의 교통"이라 말한다(Hattrup 1992, 339).

죽은 자들과 살아 있는 자들의 주님이신 그리스도는 성령의 능력을 통해 부활하였다. 그는 죄와 죽음의 세력을 깨뜨렸다. 그러나 죄와 죽음의 세력은 지금도 온 세계를 위협하고 있다. 그리스도의 구원을 받고 그리스도의 통치 아래 있는 그리스도인들도 죄와 죽음의 세력을 완전히 벗어나지 못하고 있다. 모든 피조물이 신음하면서 그리스도의 구원과 통치의 완성을 기다리고 있다. 그리스도인들 안에서 이루어진 그리스도의 구원과 통치는 시작에 불과하다. 그것은 "하나님께서 모든 것을 그의 발아래에 굴복"시키고, 하나님이 "모든 것 안에서 모든 것"이 되실 때 완성될 것이다(고전 15:27-28).

죽은 자들과 살아 있는 자들의 주님이신 그리스도는 이 완성을 향한 도상에 있다. 곧 "모든 것에 대한 그의 통치를 향한 도상에" 있다. 그리스도인들과 그들의 공동체 안에서 시작된 "그리스도의 통치는 하나님 나라의 약속이요, 하나님 나라는 그리스도의 통치의 목적이며 완성이다. 그리스도와의 친교 속에서 죽는 자는 장차 올 하나님 나라의 길을 예비하는 자의 친교 속에서 죽는다"(Moltmann 2005, 125). "죽은 자로서 그는 죽은 자들의 형제가 된다. 부활한 자로서 그는 죽은 자들과 살아 있는 자들을 포괄하며, 하나님 나라의 완성을 향한 길로 함께 데려간다.…죽은 자들은 죽었고 아직 부활하지 않았다. 그러나 그들은 이미 '그리스도 안에' 있고, 그와 함께 미래를 향한 도상에 있다. 그가 영광 속에서 나타나실 때 그들은 그 안에 있고, 그와 함께 영원히 살 것이다"(126). 그러므로 바울은 이렇게 말한다. "죽음도 삶도…우리를 우리 주 예수 그리스도 안에 있는 하나님의 사랑에서 끊을 수 없습니다"(롬 8:39).

죽은 자들은 죽음 속에서도 하나님의 통치 영역에 속하며(참조. 잠 15:11; 시 139:8; 암 9:2), 살아 있는 신자들과 함께 "그리스도 안에서" 하나님 나라의 미래를 기다린다. 그들은 살아 있는 신자들과 함께 공동의 기다림과 희망 속에 있다. 더 이상 "죽음과 슬픔과 울부짖음과 고통이 없는" "새 하늘과 새 땅"을 향한 공동의 기다림과 희망이 죽은 자들과 살아 있는 자들을 하나로 결합한다.

6. "최후의 심판"에 관한 그리스도의 말씀에 의하면 그리스도는 이 세상의 연약한 생명들과 자기를 동일시한다. 이들에게 자비를 행하지 않은 것은 그리스도 자신에게 행하지 않은 것이요, 이들에게 자비를 행한 것은 그리스도 자신에게 행한 것이다(마 25:31-46). 이 말씀에 따르면 그리스도는 이 세상의 고난당하는 "작은 형제들" 가운데 계신다. "그리스도와의 친교"는 이 세상의 작은 형제들은 물론 자연의 피조물도 포함한다. "그리스도와의 친교"는 우주적이다. 성령은 신음하는 피조물들과 함께 신음하며 하나님 나라의 미래를 동경한다.

따라서 "그리스도 안에" 있는 죽은 자들도 이 세상의 작은 형제들, 신음하는 피조물들과 함께 신음하며 하나님 나라의 미래를 동경한다. 그리스도의 사랑이 그들을 이 세상의 연약한 피조물과 결합시킨다. 그들은 그리스도의 사랑과 친교 안에서 연약한 피조물들의 고난을 함께 느끼며 더 이상 고난이 없는 하나님 나라를 기다린다.

그러므로 교회는 죽은 자들을 그리스도인의 삶에 통합시키는 프로그램을 활성화시켜야 할 것이다. 일 년에 한 번 예배 시간에 망자를 회고하는 것으로 끝서서는 안 된다. 제사를 대신하는 각 가정의 죽은 조상들의 추모예배를 장려하고, 죽은 신자들을 추모하는 공동예배, 삼일절·현충일·광복절에 나라를 위해 목숨을 바친 선조들을 추모하는 예배를 드려야 할 것이다. 임진왜란, 일제의 강제징용과 일본군 위안부 징발, 항일 투쟁운동, 6.25전쟁 등으로 목숨을 잃은 조상들을 후손들이 잊지 않도록 인도해야 한다.

죽은 자들을 회상하고 그들을 추모할 때 우리는 인간적인 인간이 될 수 있고 우리 사회가 인간적인 사회가 될 수 있다. 오늘의 우리를 있게 한 분들을 잊지 않고, 그분들의 은혜에 감사드리는 마음속에 하나님 나라가 임한다.

역사의 과거는 결코 결정된 것, 완결된 것이 아니다. 그것은 끝나지 않은 것, 실현되지 못한 가능성을 내포하고 있다. 따라서 우리가 죽은 조상들을 회상하고 추모할 때 우리는 이분들의 과거를 현재화시키고, 이분들의 과거 속에서 새로운 가능성을 발견할 수 있다. 새로운 미래에 눈을 뜰 수 있다. 과거를 잊지 않는 민족, 과거의 조상들에게 감사하는 민족에게 미래가 있다.

여기서 한 가지 질문을 제기할 수 있다. 죽은 사람의 그 무엇이 잠자는 상태에 있을 것인가? 죽은 사람의 무엇이 역사의 마지막에 부활할 것인가? 이 문제를 우리는 아래 III.4.C.의 "인간의 무엇이 부활하는가?"에서 고찰하고자 한다.

III
우주적 종말론 1

– 세계의 마지막 일들

위에서 우리는 개인의 종말, 곧 죽음의 문제에 관해 고찰하였다. 이 장에서 우리는 세계의 "마지막 일들"을 고찰하고자 한다. 후기 유대교 묵시사상에 뿌리를 둔 신약성서의 종말론적 본문들에 따르면 세계의 마지막 일들은 다음과 같은 순서로 정리할 수 있다.

- 종말의 징조들이 나타남(불법과 도덕적 타락, 지진, 홍수, 기근, 역병, 전쟁 등의 대재난들, 거짓 예언자들과 적그리스도, 세상 모든 것이 녹아버림 등, 마 24:3-12; 막 13:3-23; 눅 21:7-19; 벧후 4:10-11 등)
- 그리스도의 재림(다시 오심, 마 24:44; 벧후 4:11; 히 10:37; 계 22:7 등)
- "천년왕국"(계 20:1-6)
- "죽은 자들의 부활"(고전 15:13; 히 6:2; 계 20:6 등)
- "최후의 심판"(마 10:15; 12:41; 27:52; 요 12:48; 딤후 4:1; 히 6:2; 계 20:13)
- 하나님이 "만유 안에서 만유"가 되시며(고전 15:28), 만유가 그리스도 안에서, 그리스도를 머리로 하여 하나로 통일됨으로써 이루어질 "만유의 회복", 하나님의 새로운 생명 공동체의 완성(엡 1:10)
- 역사의 목적인 하나님 나라와 영원한 생명
- 위의 "마지막 일들"에 첨가하여, 세계의 마지막을 우주적 대파멸로 보는 "묵시적 종말론"의 본질과 문제점을 고찰하고자 한다. "역사의 목적"에 대해서는 제IV부에서 다루고자 한다.

1

종말의 징조

A. 징조에 대한 올바른 이해

1. 기독교 역사에서 많은 기독교 지도자들은 신약성서의 이른바 "종말의 징조들"에 근거하여 세계의 마지막이 왔다고 설교하였다. 제2차 세계대전 후 동서 진영의 냉전과 군비 경쟁, 1955년에서 1957년 사이에 일어난 베트남 전쟁, 중동 지역의 정치적 분쟁과 전쟁, 컴퓨터 바코드, 공산주의 국가의 몰락, 유럽 공동체(EU)의 등장을 가리켜 종말의 징조라고 하면서 지금이야말로 주님의 재림이 가까운 "말세"라는 설교를 듣기도 하였다.

신약성서는 종말의 징조들에 대해 무엇이라 말하는가? 이 문제에 대해 신약성서는 두 가지 입장을 보인다. 첫째는 종말의 징조를 거부하는 입장이다(이에 관해 Ratzinger 1990, 160 이하). "너희는 하늘의 징조는 분별할 줄 알면서, 시대의 징조들은 분별하지 못하느냐? 악하고 음란한 세대가 표적을 요구하지만, 이 세대는 요나의 표적밖에는 아무 표적도 받지 못할 것이다"(마 16:3-4). "사람의 아들"도 재림의 날과 시간을 알지 못한다는 예수의 말씀은 종말의 징조들을 거부한다(막 13:32; 마 24:36).

둘째는 이른바 종말의 징조를 인정하는 입장이다. 일련의 종말론자들은 공관복음서 "소묵시록"(막 13장; 마 24장; 눅 21장)의 사건들을 종말의 징조라 주장한다. 그러나 신약성서는 소묵시록 외의 여러 책에서 종말의 징조들을 제시한다. 이 징조들은 긍정적인 것과 부정적인 것으로 분류할 수 있다.

1) 긍정적 징조
- 모든 나라에 복음이 전파됨(막 13:10)
- 이스라엘의 구원(롬 11:26)

2) 부정적 징조
- 하나님께 반역하는 징조: 거룩한 장소에서 일어나는 멸망의 가증한 것들(막 13:14), 배도와 불법을 행하는 자, 곧 멸망의 자식들의 등장(살후 2:1-3), 그리스도인의 박해(막 13:9, 11), 거짓 예언자들과 거짓 메시아들(막 13:22), 예수가 하나님의 아들임을 부인하는 적 그리스도(요일 2:18)
- 재난: 전쟁과 전쟁의 소문(막 13:7), 지진과 기근(13:8), 친족 사이의 배반(13:12), 예루살렘의 멸망(13:14 이하), 해와 달이 어두워짐, 별들이 하늘에서 떨어짐, 하늘의 세력들이 흔들림(13:25)

3) 기타 징조: 가라지를 모아다가 불에 태워버림(마 13:40), 하늘나라의 보물을 건져 올림(마 13:49), 사람의 아들이 선택받은 사람들을 모으심(마 24:31), 엘리아의 다시 오심(막 9:11), 순교자들의 수가 채워짐(계 6:9-11), 세계 제국들 내지 왕들의 일정 수가 채워짐(계 11장), 이스라엘 조상들의 죄가 채워짐(마 23:32), 그리스도인들을 조롱하면서 자기 욕망대로 사는 자들(벧후 3:3), 불의한 재물을 쌓고 사치와 쾌락을 누림(약 5:3-5), "방탕과 정욕과 술 취함과 환락과 연회와 가증스러운 우상숭배"(벧전 4:3, 7)

2. 이같이 다양한 종말의 징조 가운데 많은 묵시적 종말론자들은 공관복

음서 소묵시록의 징조들에 집중한다. 그리하여 전쟁, 지진, 홍수, 기근, 배신 등 이와 유사한 일들이 일어나면 세계의 종말이 임박하였다고 설교한다. 1818년 윌리엄 밀러(William Miller)는 2년 동안 성서를 연구한 끝에, 그리스도는 1843년 3월 21일과 1884년 3월 21일 사이에 재림하실 것이라고 결론을 내렸다(Hoekema 1986, 183). 한국의 많은 설교자들은 1992년 10월에 예수의 재림과 공중휴거가 있을 것이라고 설교하였다.

그러나 권위 있는 학자들에 의하면 소묵시록의 이른바 종말의 징조들은 세계의 종말을 가리키는 것이 아니라 기원후 67년에 일어난 유대인들의 제1차 반로마 혁명과 로마 제국의 공격, 70년에 일어난 예루살렘 성전의 파괴와 사회적 대혼란을 묘사한다. 이에 대한 근거를 우리는 소묵시록에서 분명히 볼 수 있다. 누가복음 21:20-21은 티투스(Titus) 장군이 이끄는 로마 제국의 군대가 예루살렘을 완전히 포위하여 식량 보급로와 식수원까지 끊겨버리고 예루살렘 성과 성전의 파괴가 임박한 상황 속에서 다음과 같이 권면한다. "예루살렘이 군대에게 포위당하는 것을 보거든, 그 도시의 파멸이 가까이 온 줄 알아라. 그때에 유대에 있는 사람들은 산으로 도망하고, 그 도시 안에 있는 사람들은 거기에서 빠져나가고, 산골에 있는 사람들은 그 성 안으로 들어가지 말아라." 이 구절은 소묵시록의 기록이 유대인들의 제1차 반로마 혁명과 관련된 것임을 분명히 보여준다.

또한 공관복음서의 소묵시록은 대환난이 예수의 동시대인들이 살고 있는 동안에 일어날 것이라고 말한다. "이 세대가 끝나기까지는 이 모든 일이 다 일어날 것이다"(마 24:34). 이 구절에서 "이 세대"는 소묵시록을 기록하던 당시의 세대를 뜻한다. 따라서 소묵시록에 기록된 징조들을 가리켜 세계의 종말을 가리키는 객관적 징조라고 말하는 것은 타당하지 않다.

공관복음서의 소묵시록은 일관된 하나의 이야기가 아니라 다양한 전승들의 결합체다. 그 속에는 전쟁, 지진, 기근, 가족들 사이의 배반, 성전 모독, 해와 달이 어두워짐, 별들이 하늘에서 떨어짐, 하늘의 세력들의 흔들림 등 후기 유대교 묵시사상의 내용들이 발견된다. 또 이단설과 로마 제국의 박해로 인해 고난을 당하던 초기 기독교 공동체의 상황을 나타내는 전승도 발견된다(거짓 메시아들, 거짓 예언자들, 거짓 교사들).

다양한 전승들로 구성된 소묵시록의 의도는 세계의 종말에 관한 객관적 정보를 주려는 데 있는 것이 아니라 로마 제국의 박해와 순교의 죽음을 당하고, 거짓 교사들이 그리스도인들을 미혹하는 역사적 상황 속에서 그리스도인들이 "깨어 있도록 권고하려는" 데 있다(서중석 1991, 69). 그것은 1) 거짓 그리스도들과 거짓 예언자들의 선전으로부터 공동체 멤버들을 지켜주는 "공동체 보호의 기능", 2) "공동체의 현재적 및 임박한 핍박의 상황을 파루시아 전에 있을 하나의 불가피한 단계로 설정함으로써 그 절망적이고도 불합리한 상황을 납득할 수 있는 상황으로 전이시켜주는 기능", 3) 성도들에게 "하나님의 최후 승리와 소환이 인자를 통해 오직 '선택된 자들'에게만 주어질 것임을 확신시켜줌으로써 공동체 변호의 기능"을 가지며, 4) "성도에게 현재의 핍박과 임박한 환란을 견딜 수 있는 보이지 않는 강렬한 소망의 틀을 제공"하는 기능을 한다(78).

3. 그럼 신약성서가 묘사하는 종말의 징조들은 우리 시대에는 무의미한가? 그것들은 신약성서에서 제거되어야 하는가? 그렇지 않다. 이 징조들은 오늘 우리의 시대에는 물론 역사의 모든 시대에 일어날 수 있다. 세계사는 인간과 인간, 민족과 민족, 인간과 자연 사이에서 일어난다는 점에서 연속성을 가진다. 그러므로 한 시대의 일들은 역사의 다른 시대에도 일어날 수 있다. 오늘날 고도로 발달한 과학기술의 무서운 파괴력은 해와 달을 어둡게 만들 수 있고 인간이 만든 하늘의 별들마저 파괴할 수 있다. 따라서 기원후 70년 예루살렘의 종말에 일어난 이 환난들은 역사의 종말에 일어날 환난들에 대한 은유(Metapher) 내지 "그림언어"(Bildersprache)로서 모든 시대에 일어날 수 있는 종말의 징조들이라 말할 수 있다.

디모데후서 3:1-5은 이것을 다음과 같이 묘사한다. "그대는 이것을 알아두십시오. 말세(종말)에 어려운 때가 올 것입니다. 사람들은 자기를 사랑하며, 돈을 사랑하며, 뽐내며, 교만하며, 하나님을 모독하며, 부모에게 순종하지 않으며, 감사할 줄 모르며, 불경스러우며, 무정하며, 원한을 풀지 않으며, 비방하며, 절제가 없으며, 난폭하며, 선을 좋아하지 않으며, 배신하며, 무모하며, 자만하며, 하나님보다 쾌락을 더 사랑하며, 겉으로는 경건하게 보이나 경건의 능력은 부인할 것입니다."

이런 일들은 바울이 살고 있던 이천 년 전에도 있었고, 오늘날에도 있으며, 미래에도 있을 것이다. 그것은 역사의 어느 시대에나 일어날 수 있는 일들이다. 그것은 언제 일어날지 모르는 예수의 재림과 세계의 종말을 가리키는 "시대의 징조들"의 성격을 가진다. 여기서 "세계의 종말"은 반드시 세계의 대파멸을 뜻하지 않는다. 그것은 대파멸 속에서 갑자기 일어날 수 있는 주님의 오심과 하나님 나라의 완성, 곧 역사의 *telos*(목적)를 뜻한다. 이 종말은 예기치 않게 올 수 있다. 그 시간을 우리는 알지 못한다. 신약성서가 말하는 이른바 "종말의 징조들"은 언제 일어날지 예측할 수 없는 역사의 완성을 가리키는 "징조들" 내지 "표징들"로 이해될 수 있다. 히브리서 9:26은 "자기를 희생제물로 드려서 죄를 없이하시기 위하여" 그리스도가 단 한 번 나타나신 일을 종말의 사건이라 말하기도 한다.

4. 신약성서에 기록되어 있는 이른바 종말의 징조들은 오늘 우리에게 무엇을 말하는가?

1) 이른바 종말의 징조들은 오늘 우리에게 종말에 대한 객관적 정보를 제공하려는 것이 아니라, 신자들이 어떤 환난과 미혹에도 흔들리지 않고 참고 견디며 깨어 그리스도의 오심을 항상 준비해야 함을 말하고자 한다. 이것을 우리는 아래 야고보서의 말씀에서 읽을 수 있다. "여러분은 세상 마지막 날(종말)에도 재물을 쌓았습니다.…주님께서 오실 때가 가깝습니다. 심판을 받지 않으려거든 서로 원망하지 마십시오. 보십시오. 심판하실 분께서 이미 문 앞에 서 계십니다"(약 5:3-9).

그러므로 공관복음서의 소묵시록은 역사의 종말이 언제 올 것인가를 알고자 하는 시간 계산을 거부한다. 예수의 재림과 역사의 종말은 하나님이 이 세계를 완성시키는 사건이다. 그것은 역사의 어떤 법칙이나 세계 진화와 발전의 산물일 수 없다. 그것은 하나님의 자유로운 의지에 따라 일어날 것이다. 그러므로 종말의 시간은 인간의 계산에 따라 확정될 수 없다. 그날이 언제 올 것인지는 하늘의 천사도, 하나님의 아들도 모르며, 오직 아버지 하나님만이 아신다(마 24:36).

중요한 문제는 종말의 징조들이 무엇인가를 찾고 종말의 시간을 계산하는 것이 아니라 역사의 종말을 하나님께 맡기고 "깨어서" 그의 계명을 실천하는 일이다. 종말의 징조들은 객관적으로 확정될 수 없다. 그것은 하나님과 그가 보내신 분을 믿는 믿음의 실천 속에서만 바르게 파악될 수 있고 인식될 수 있다. 그러므로 신약성서는 종말의 징조에 대한 질문과, 예수의 재림을 묘사하고자 하는 모든 시도를 거부한다. 이 문제에 대한 단 한 가지 대답은 "깨어 있으라"(막 13:37)는 명령뿐이다. "깨어 있다"는 것은 아무것도 하지 않고 가만히 앉아서 종말을 기다린다는 뜻이 아니라 이 시대의 풍조를 따르지 않고(롬 12:2) 하나님의 계명을 지키며 하나님 나라를 확장시키는 것을 말한다.

2) 예수 그리스도의 죽음과 부활을 통하여 하나님 나라가 이미 시작되었다. 그러나 이 세계에는 아직도 악의 세력들이 날뛰고 있다. 세상 마지막 날까지 알곡과 쭉정이들이 함께 자랄 것이다. 하나님의 생명의 세력과 사탄의 죽음의 세력 사이의 투쟁이 역사 전체를 통해 일어날 것이다. 따라서 역사의 목적인 하나님 나라는 아무 저항 없이 자동적으로 완성되는 것이 아니라 역사의 시련과 재난 속에서 악의 세력과 싸워 극복함으로써 완성될 것임을 종말의 징조들은 시사한다.

하나님 나라는 하나님 자신에 의해 시작되었고 결국 하나님 자신에 의해, 곧 그리스도의 재림을 통해 완성될 것이다. 그러나 그것은 구원받은 "하나님의 아들들"과 함께, 그들을 통하여 악의 세력들과 투쟁함으로써 확장될 것이며, 그리스도께서 세계의 모든 권위와 권력을 폐하시고, 그의 나라를 아버지께 바칠 때(고전 15:24) 완성될 것이다.

종말의 징조들은 하나님의 백성이 역사의 과정 속에서 언제나 다시금 극복해나가야 할 문제들과 시련들을 상징적 언어로 나타낸다. 하나님의 백성은 아무런 문제와 시련이 없는 이른바 "하늘의 평화" 가운데 있지 않다. 오히려 그들은 끊임없이 유혹과 시련과 재난들에 부딪힐 것이다. 그들은 이를 극복해나가야 한다. 이를 통해 그들은 그리스도인의 실존이 세계사 속에서 어떤 의미를 가지는가를 보여주어야 함을 종말의 징조들은 시사한다. 이제 우리는 신약성서에 기록되어 있는 이른바 종말의 징조들 가운데 몇 가지 중요한 것을 고찰하고자 한다.

B. 복음 전파의 완성, 유대인의 구원

1. 공관복음서의 소묵시록은 복음이 세계 모든 민족에게 전해지는 것을 종말의 징조인 것처럼 보도한다. "이 하늘나라의 복음이 온 세상에 전파되어서 모든 민족에게 증언될 것이다. 그때에야 끝이 올 것이다"(마 24:14; 막 13:10). 만일 세계의 종말이 세계의 대파멸과 소멸이라면 모든 민족에게 복음을 전파할 필요가 없을 것이다. 하나님이 패배하고 악이 승리할 것이기 때문이다. 세계의 종말, 역사의 목적은 하나님 나라의 완성에 있다. 그러므로 신자들은 그리스도의 기쁜 소식을 세계 모든 민족에게 전해야 한다.

공관복음서 소묵시록의 이 말씀은 구약성서에 그 뿌리를 둔다. 예언자들에 의하면 마지막 날이 가까이 올 때, 성령이 모든 육체 위에 부어질 것이며(욜 2:28), 땅 끝에 있는 사람들이 모두 하나님의 구원을 볼 것이다(사 52:10). 모든 육체가 주의 영광을 볼 것이며(40:5), 그의 종을 모든 민족의 빛으로 삼으실 것이다(42:6).

복음 전파에 대한 마태복음 24:14의 그리스어 원문에는 "민족들"이란 단어 앞에 정관사가 붙어 있다(*pasim **tois** ethnesin*, 영어로 to all **the** nations). 여기서 "그 민족들"이란 어떤 민족을 가리키는가? 수많은 민족이 로마 제국에 속해 있던 소묵시록의 역사적 배경을 고려할 때, "그 민족들"은 온 세계의 민족들이 아니라 로마 제국에 속한 민족들을 가리킬 가능성이 크다. 그렇다면 이 구절은 지구의 마지막 한 사람까지 모든 사람이 예수의 재림 이전에 기독교 신앙으로 "개종해야 한다"는 것을 뜻하지 않는다 (Hoekema 1986, 192). 오히려 그것은 로마 제국에 속한 모든 민족에게 복음이 하나의 증거로서(a testimony, 그리스어 원문: eis martyrion) 전파되어야 함을 뜻한다고 해석할 수 있다. 그렇다면 소묵시록이 말하는 "모든 민족"에 대한 복음 전파가 세계의 대파멸을 가리키는 종말의 징조라고 볼 수 없다.

2. 마태복음 24:14의 그리스어 본문은 세계의 종말을 세계 대파멸의 끝(finis)이라 말하지 않고 "목적"(telos)이라고 말한다. 따라서 "그때에야 끝이 올 것이다"라는 문장을 그리스어 원문에 따라 번역한다면 "그때에야 목적이 올 것이다"라고 할 수 있다. 이 본문에서 이 세계의 종말은 세계 대파멸의 "끝"(finis)이 아니라 하나님 나라가 완성되는 세계의 목적(telos)으로 이해되고 있음을 볼 수 있다. 따라서 하늘나라의 복음이 "온 세상에 있는 모든 민족에게 증거로(en holē tē oikoumenē eis martyrion pasin tois ethnesin) 전파되는"것은 finis의 징조가 아니라 telos의 징조로(eis martyrion) 파악할 수 있다. 곧 모든 민족에 대한 복음의 전파는 역사의 목적(telos)인 하나님 나라의 완성에 대한 징조로 파악되어야 할 것이다.

이 본문에서 "모든 민족에 대한 증거"는 무엇을 말하는가? 그것은 먼저 "하늘나라의 복음"을 언어로 전파하는 데 있다고 볼 수 있다. 그런데 그리스어 본문은 "하늘나라의 복음을 온 세상 안에 있는 모든 민족에게 증거로(eis martyrion)" 전파할 때 세계의 종말(telos)이 올 것이라 말한다. 이 말씀은 하늘나라의 복음을 언어로 전파하는 동시에, 이 복음이 모든 인류의 삶에 도움이 되고, 하나님의 자비와 정의가 다스리는 세계를 이루는 데 기여한다는 "증거로" 보일 때 세계의 종말(telos)이 올 것임을 말한다.

그리스도의 복음을 언어로 증거하는 것도 필요하다. 이와 동시에 그리스도의 복음에 참 구원의 길이 있다는 것을 삶과 행동으로 증거해야 한다. 온 세계의 구원의 길이 그리스도의 복음에 있다는 것을 눈으로 볼 수 있도록 해야 한다. "모든 민족에 대한 증거"는 이것을 가리킨다.

　　로마 제국 시대에 기독교 국가였던 북아프리카와 중동의 많은 나라들이 훗날 이슬람 국가가 되었다. 또 서구의 기독교 국가들은 오늘날 점점 더 기독교의 전통을 버리고 모든 종교에 대해 중립적인 다종교 사회로 변모하고 있다. 교회가 사회적 공공성을 잃어버리고 다종교 사회의 한 종교로 변하고 있음을 알트하우스는 이미 1922년에 말하였다(Althaus 1922, 281).

　　이 같은 사회에서 그리스도의 복음을 보다 더 신빙성 있게 증언할 수 있는 길은 그리스도인들과 교회의 삶과 행동에 있다. 구원의 길이 오직 그리스도의 복음에 있음을 보여줄 수 있는 "증거"는 말보다 삶과 행동에 있다. 교회를 자신의 소유물처럼 자기 아들에게 대물림하고 교회 안에서 갖가지 불의한 일들을 행할 때, 교회 신도들이 서로 나누어져 싸울 때 복음의 신빙성은 실추된다. 이 같은 행위는 세계의 "목적"(telos)으로서의 종말에 대한 징조가 아니라 세계 대파멸의 "끝"(finis)을 가리키는 종말의 징조들이다. 그들은 입으로 그리스도의 복음을 전하지만 세상 사람들의 비웃음을 당할 뿐이다.

　　그리스도인들과 교회가 행하는 하나님의 자비와 정의는 하나님 나라를 이 땅 위에 세우는 "종말(telos)의 징조들"이다. 하나님의 자비와 정의를 행하는 바로 거기에 "종말의 징조들"이 있다. 그리스도인들은 단지 세계의 대재난 속에서 종말(finis)의 징조들을 찾을 것이 아니라 하나님의 자비와 정의를 행하는 삶 속에서 종말(telos)의 징조를 찾아야 할 것이다.

　　참 종말의 징조는 예수 그리스도의 십자가다. 그리스도의 십자가로 말미암아 옛 시대는 끝나고 새 시대가 시작된다. 그것은 사탄의 세력에 대해 가장 위험한 징조다. 종말론자들은 이 징조를 보지 않고 세계 대파멸의 징조들을 찾는다. 이들에게 예수는 다음과 같이 말한다. "너희는 하늘의 징조는 분별할 줄 알면서, 시대의 징조들은 분별하지 못하느냐?"(마 16:3)

　　3. 유대인들도 모든 민족에 포함된다. 기독교 신자들에게 유대인은 모

든 민족 가운데 가장 중요한 민족이다. 그들은 유대인이라는 "원래 가지"에 "접붙은 가지들"이기 때문이다(롬 11:18). 또 유대인도 "조상 덕분에 하나님의 사랑을 받는 사람들"이기 때문이다(11:28). 따라서 유대인의 구원이 종말의 징조로 생각되고 있음을 우리는 신약성서에서 볼 수 있다. "너희가 이스라엘의 동네들을 다 다니지 못해서 사람의 아들이 올 것이다"(마 10:23)라는 예수의 말씀은 이를 시사한다.

바울은 유대인의 구원에 대해 특별한 관심을 보인다. 그는 "온 이스라엘의 구원"을 기다린다. "지금은 순종하지 않고 있는 이스라엘 사람들도 여러분이 받은 그 자비를 보고 회개하여 마침내 자비하심을 입게 될 것입니다…"(롬 11:25-32). 로마서 11장에서 바울은 유대인의 구원이 다음과 같은 순서로 이루어질 것이라 말한다. 1) 많은 유대인의 "불순종 때문에" 이방인들이 먼저 하나님의 구원을 받게 되고(11:12, 30), 2) 이방인들에게 내린 하나님의 자비에 대해 유대인들이 "질투하는 마음"을 갖게 됨으로써 "온 이스라엘이 구원을 받게" 된다는 것이다(11:11, 26).

그러나 유대인의 입장에서 볼 때 나사렛 사람 예수를 하나님의 아들, 종말의 메시아로 보는 것은 거의 불가능할 것이다. 목수의 친아들도 아닌 양아들이요, 로마 총독 폰티우스 필라투스에게 저항 한 번 하지 못하고 십자가에 달려 죽임을 당한 예수를 온 세계의 구원자인 메시아로 믿기란 참으로 어려운 일일 것이다. 메시아라고 하는 예수가 죽은 후에도 이 세계는 달라진 것이 아무것도 없지 않은가? 오히려 세계는 더 악해지지 않았는가? 따라서 유대인들 가운데에는 세상 끝날까지 예수를 메시아로 고백하지 않는 "완고한" 사람들이 있을 것이다. 지금도 유대인들을 기독교인으로 개종하기란 거의 불가능하다고 한다.

이러한 유대인들로 하여금 예수를 메시아로 믿게 하고 예수의 구원에 참여하게 하는 길은 무엇일까? 앞서 기술한 대로 그 길은 말에 있지 않을 것이다. 아무리 많이 떠들어도 유대인들은 꿈쩍도 하지 않을 것이다. 그들의 마음을 움직일 수 있는 길은 말이 아니라 예수의 복음으로 말미암아 이 세계가 하나님 나라로 변화되고 있음을 눈으로 볼 수 있도록 하는 것밖에 없을 것이다. 교회가 교회다운 교회가 되고, 불의하고 비인간적인 이 세계가 예수의 복음을 통해 하나님 나라로 변화되는 것을 눈으로 볼 때, 유대인들도 예수가 하나님의 메시아라고 고백할 수 있을 것이다(이에 관해 Hoekema 1986, 194-206).

그러나 모든 유대인이 예수의 구원을 믿는다 하여 세계 대파멸의 종말이 가까웠다고 볼 수 없다. 그것은 세계 대파멸(finis)의 징조가 아니라 세계의 목적(telos)으로서의 종말에 대한 징조라고 볼 수 있다. 역사의 궁극적인 목적은 유대인을 포함한 모든 민족의 구원에 있기 때문이다.

세계사에서 유대인의 존재는 언제나 중요한 문제가 되었다. 하나님의 아들 메시아 예수를 죽인 민족이라는 종교적 이유로 그들은 가는 곳마다 미움과 배척을 받았고, 추방과 대량학살을 당하기도 하였다. 청년 마르크스는 그의 문헌 『유대인 문제에 관하여』(Zur Judenfrage)에서 이 문제를 심각하게 다루었다. 성서는 "인간이 인간에 대해 최고의 존재"라고 가르친다. 따라서 인간에 의한 인간의 소외와 억압과 착취는 불가능하다. 이 점에서 성서는 "거룩하다." 그런데 이 성서를 하나님의 말씀으로 믿는 이른바 기독교 국가가 이천 년 전에 일어난 예수의 죽음에 대해 아무 책임도 없는 유대인들을 배척하고, 추방하고, 죽이는 것은 불의한 일이다. 기독교 국가의 이 같은 현실을 보면서 마르크스는 종교가 없는 공산주의 사회를 인류의 이상으로 제시한다.

기독교 신자들에게 유대인의 존재는 매우 중요하다. 유대인들은 메시아적 하나님 나라의 종말론적 희망을 지금도 가지고 있다. "한 아버지의 후손들과 한 창조자의 피조물인 모든 인간의 친척됨"을 그들은 믿고 있으며, "시간의 마지막에 이루어질, 다시 하나가 된 인류의 비전"을 그들은 가지고 있다(Greenberg 1973, 45). 또한 그들은 자연의 모든 피조물과 인간이 하나님의 평화 속에서 더불어 사는 "새 하늘과 새 땅"에 대한 기다림과 희망을 품고 있다(사 65:17; 66:22). 유대인들의 이 비전은 요한계시록 21:1

을 통해 그리스도인들에게 전해진다. 이를 통해 유대인들은 기독교가 지향해야 할 바를 보여준다. 이러한 사실을 고려할 때 유대교와 기독교는 형님과 아우의 관계, "본래의 가지"와 "접붙은 가지"의 관계에 있다.

그러므로 그리스도인들은 반유대주의(antisemitismus)를 배격해야 한다. 하나님은 그의 옛 계약의 백성을 배척하지 않았다(롬 11:28-29). 그는 그들을 구원할 계획을 가지고 있다. "지금도 순종하지 않고 있는 이스라엘 사람들도…마침내는 자비하심을 입게 될 것입니다"(11:31). 유대인을 포함한 모든 민족이 "하나님의 가족"이 되어야 한다.

4. 모든 민족을 향한 복음 전파는 그리스도인들과 교회에 대해 아래 두 가지 사항을 상기시킨다.

1) 하나님의 구원은 특정 민족이나 인종에 제한되지 않는다. 모든 민족이 하나님의 백성이 되어야 한다. 역사의 종말은 이 세계의 대파멸이 아니라 모든 민족이 하나님의 백성이 되는 데 있다. 이것을 우리는 요한계시록의 말씀에서 읽을 수 있다. "보아라! 하나님의 집이 사람들 가운데 있다. 하나님이 그들과 함께 계실 것이요, 그들은 하나님의 백성이 될 것이다. 하나님이 친히 그들과 함께 계시고"(계 21:3).

요한계시록의 이 말씀은 구약 에스겔 37:27에서 유래하는 하나님과 이스라엘 백성 사이의 계약의 공식이다. "내가 살 집이 그들 가운데 있을 것이며, 나는 그들의 하나님이 되고, 그들은 내 백성이 될 것이다." 이 말씀에 따르면 모든 민족(ethnē)이 하나님의 백성(laoi)이 될 것이다. "하나님의 백성"을 가리키는 laos 개념이 모든 민족에게 적용된다. 따라서 모든 민족이 하나님의 계약 백성이 될 것이다.

2) 예수가 자신의 몸으로 나타내는 하나님 나라는 개인의 영혼 속에서는 물론 국제적 차원에서도 일어나야 한다. 한 민족에 의한 다른 민족의 지배와 억압과 착취는 거부된다. 하나님의 자비와 정의가 모든 것을 결정하는 하나님 나라의 현실이 모든 민족과 인종의 국제적 관계 속에서 세워져야 한다. 모든 민족과 인종이 하나님 안에서 하나가 되어 평화롭게 공존

하는 세계 공동체가 이루어져야 한다. 민족주의·인종차별주의는 설 자리를 상실한다.

C. 교회 안에도 있는 적그리스도

1. 신약성서와 교회의 역사에서 가장 중요한 종말의 징조는 적그리스도다. "적그리스도"(antichristos)란 용어는 요한 서신들에만 나타난다(요일 2:18, 22; 4:3; 요이 7절). 그리스어 접두사인 anti의 원래 의미는 "~대신에", "~를 대신하여"를 뜻한다. 따라서 적그리스도는 그리스도를 대신하는 자, 그리스도를 적대하는 자를 뜻한다.

요한1서 4:2-3에서 적그리스도는 비인격적 의미로 사용되고 있다. "여러분은 하나님의 영을 이것으로 알 수 있으니 곧 예수 그리스도께서 육신을 입고 오셨음을 시인하는 영은 다 하나님께로부터 온 영입니다. 그러나 예수를 시인하지 않는 영은 다 하나님께로부터 오지 않은 영입니다. 그것은 적그리스도의 영입니다."

이 말씀에서 적그리스도는 영지주의의 이단론을 가리킨다. 기독교 초기에 등장한 영지주의는 그리스도의 참된 성육신을 부정하였다. 물질과 육은 악하다고 생각되었기 때문에 하나님께서 진정한 인간의 육체를 입을 수 없으며, 따라서 그리스도는 이 땅에 계실 동안 단지 육체를 입은 것처럼 보였을 뿐이라고 주장하였다. 그러나 요한에 의하면 만일 그리스도께서 인간의 육을 입지 않았고 참된 인간성을 지니지 않았다면, 그는 참된 중보자가 될 수 없고, 구원의 사역을 이룰 수 없었을 것이다. 그러므로 요한은 그리스도께서 육신으로 오셨다는 것을 부인하는 영지주의의 가르침은 적그리스도라고 말한다.

요한1서 2:22은 정관사를 사용하면서 적그리스도를 하나의 인격으로 나타낸다. "누가 거짓말쟁이입니까? 예수가 그리스도이심을 부인하는 사람이 아니겠습니까? 아버지와 아들을 부인하는 사람이 곧 적그리스도입니다." 요한1서 2:18에서 적그리스도는 한 인물이 아니라 많은 인물, 곧 "많은 적그리스도들"(antichristoi polloi)로 나타나며, 이미 요한의 시대에 활동하고 있는 것으로 나타난다. "지금 적그리스도가 많이 생겨났습니다. 그러므로 우리는 지금이 마지막 때임을 압니다." 이것은 요한2서 7절에도 나타난다.

2. 적그리스도의 표상은 하나님과 이스라엘을 대적하는 반신적 세력들에 대한 구약성서와 후기 유대교의 진술에서 유래한다(겔 38장; 단 2:31-45; 7:7 이하). 이 본문에서 적그리스도는 하나님 없는 불의한 통치자, 특히 하나님의 성전을 더럽힌 안티오코스 4세 에피파네스(단 7:19-25; 8:11 이하; 9:26 이하; 11:31 이하), 그리고 교회를 박해한 로마 황제를 가리킨다.

"황폐하게 하는 가증스러운 것"이란 개념이 공관복음서의 소묵시록에 등장하는데(막 13:14; 마 24:15), 이것은 다니엘 9:24에서 유래한다. 다니엘서에서 그것은 안티오코스 4세 에피파네스가 예루살렘 성전에 제우스 상 제단을 세워 성전을 더럽힌 사건을 가리킨다. 적그리스도는 하나님과 그가 보내신 이를 대적하며 하나님의 성전을 더럽히는 자를 말한다.

거짓 메시아들(그리스도들)과 거짓 예언자들도 적그리스도라 불린다. 그들은 하나님의 선택받은 자들을 유혹하기 위해 표징들과 기적들을 행할 것이며(막 13:22), 믿음을 버리는 일이 일어날 것이며, 사랑이 식을 것이다(마 24:12; 눅 18:8). 데살로니가후서 2:3-12에서 적그리스도는 자기를 하나님의 자리에 세우며, 모든 것 위에 자기를 세우고자 하는 "힘에의 의지"로 나타난다.

요한계시록은 적그리스도를 자세히 묘사하는데, 그리스도와 교회를 적대하는 자를 적그리스도로 나타낸다. 여기서 적그리스도는 1) 바다로부터 나오는 짐승과, 2) 땅으로부터 나오는 짐승의 두 가지 형태로 나타난다(계 13:1-18). 바다에서 올라오는 짐승은 황제를 신격화시키고 그를 신으로 숭배할 것을 요구하는 로마 제국의 정치권력을 가리킨다. 제국 자체가 적그리스도라고 불리지는 않는다. 그러나 자기를 절대화시키고 백성 위에 군림하고자 하는 그릇된 정치권력은 적그리스도다. 땅에서 올라오는 짐승은 황제 숭배를 지지하고 그것을 유포시키고자 하며 그릇된 정치권력에 봉사하는 거짓 예언자들, 곧 종교권력을 말한다. 이들은 종교의 옷을 입고 종교적 언어를 사용하며, 위대한 이적을 행하면서 사람들이 정치권력을 섬기도록 유도한다.

많은 학자들은 데살로니가후서 2:3의 "불법의 사람"(ho anthrōpos tēs anomias), "멸망의 아들"(hyos tēs apōleias)을 적그리스도라 본다. 불법의 사람 혹은 멸망의 아들은 큰 반역이나 배교의 사건 후에 나타날 것인데, 정관사와 함께 특정한 사람을 가리킨다. 그는 다음과 같은 면모를 보인다.

1) 불법의 사람 혹은 멸망의 자식 곧 적그리스도는 하나님보다 자기를 더 높이고, "하나님의 성전에 앉아서 자기가 하나님이라고 주장할 것이다"(살후 2:4).

2) 적그리스도는 "온갖 능력과 표징과 거짓 이적을 행하고, 또한 모든 불의한 속임수로 멸망받을 자들을 속일 것이다"(살후 2:9-10). 그는 예수를 모방하여 능력과 표징을 행할 것인데, 그것은 사람들을 속이고 자기를 높이기 위함이다. 그는 진리 대신에 거짓을 가르칠 것이다(2:11-12; 오늘날 한국교회에도 예수를 빙자한 이 같은 적그리스도가 없는지 살펴보아야 하겠다).

3. 역사적으로 적그리스도는 언제나 새로운 형태로 나타났다. 그리스도인을 박해한 로마 제국의 네로 황제(37-68)와 도미티아누스 황제(51-96)가 적그리스도라고 불렸다. 중세기 교황청이 분열되었을 때, 한편의 교황이 반대편의 교황을 적그리스도라 부르기도 하였다. 피오레의 요아힘의 천년왕국론을 수용하였던 프란체스코파의 영성주의자들은 교황을 적그리스도라 지칭하였다. 교황은 청빈과 순결의 서원을 파기하고 세속의 부와 권력을 탐하며 첩 생활을 하는 등 도덕적으로 타락하였기 때문이다. 종교개혁의 선구자 얀 후스(Jan Hus, 약 1372-1415), 존 위클리프(John Sycliff, 약 1330-1384)는 가톨릭교회를 적그리스도라고 불렀다.

종교개혁자 루터도 교황을 적그리스도라 불렀다. 라우렌티우스 발라(Laurentius Valla, 약 1406-1457)가 교황이 세속의 모든 권세에 대한 전권을 콘스탄티누스 황제로부터 받은 것처럼 서류를 위조하였다는 사실을 발견했을 때, 루터는 교황 제도 자체를 적그리스도라 불렀다. 루터의 동역자인 멜란히톤(Melanchton)은 교황과 그의 추종자들의 왕국이 적그리스도의 징조라고 규정하였다. 이에 반해 로마 가톨릭교회는 루터를 적그리스도라 정죄하고 그를 파문하였다.

근대 기독교는 인간의 기본 권리와 자유와 평등을 요구하는 인권운동과 자유운동을 적그리스도라 불렀다. 또 천년왕국적 사회주의 운동을 가리켜 땅 위에 하늘을 세우려는 적그리스도라 부르기도 하였다. 포이어바흐, 마르크스, 레닌을 위시한 근대 무신론자들과, 스탈린, 히틀러 등의 독재자, 기독교에 적대적인 공산주의 체제와 휴머니즘(인문주의)을 적그리스도라 불렀다. 경건주의자들은 진실된 믿음과 사랑을 상실하고 하나의 제도로 경직화된 제도교회를 적그리스도라 보았다. 한국의 어떤 교회는 자기로부터 분리되어나간 교회를 적그리스도라 부르는 경우도 있다.

4. 위에서 볼 수 있는 바와 같이 기독교 역사에서 적그리스도는 정확하게 정의되지 않은 채 자기의 종교적·신학적 입장과 반대되는 인물이나 제도나 세력을 가리키는 개념으로 사용되었다. 그리고 이 개념은 탈신화화되어 사용되었다. 한국의 일부 기독교 지도자들은 유럽 공동체, 컴퓨터의 바코드(Bar Code), 가톨릭교회의 교황을 적그리스도라 규정한다. 또 자신의 종교적·신학적 확신과 일치하지 않는 사람을 가리켜 적그리스도라 부르기도 한다.

그러나 특정 인물이나 단체나 운동을 가리켜 적그리스도라 부르는 것은 매우 위험한 일이다. 그것은 생사람 잡는 일일 수 있다. 한때 나치 정권의 박해를 받았던 크렉(W. Kreck, 본 대학교 교수)에 의하면 공관복음서의 소묵시록은 다수의 적그리스도들, 곧 거짓 예언자들에 대하여 말하는 반면, 바울은 데살로니가후서 2장에서 단 한 사람을 적그리스도라 말한다. 요한

1서 2:18은 영지주의를 가르치는 거짓 교사들을 가리켜 적그리스도라 부른다. 적그리스도에 대한 이 같은 다양성을 고려할 때, "악의 모든 세력이 체현되는 것처럼 보이는 어떤 종말적 형태에 대한 특정한 표상"을 가리켜 적그리스도라 규정하는 일을 피해야 한다(Kreck 1966, 195).

인간의 모든 현실은 깊은 이중성을 띠고 있다. 그것은 선과 악, 진리와 거짓, 사랑과 증오가 뒤섞인 이중적 역사다. 모든 생물 가운데 가장 이중적인 생물은 인간이다. 로마 신화에 나오는 야누스는 이중성을 감각적 형태로 나타낸다. 야누스는 두 개의 머리를 가지고 있다. 한편의 얼굴은 웃는 얼굴로서 자비와 덕과 평화를 나타낸다. 다른 한편의 얼굴은 거짓과 이기주의와 교만을 나타낸다. 예수가 말하는 곡식과 잡초, 알곡과 가라지의 비유도 모든 역사적 현실의 이중성을 나타낸다(마 13:24-43).

아우구스티누스는 이 이중성을 하나님의 도성(civitas Dei)과 땅의 도성(civits terrena) 혹은 악의 도성(civitas diaboli) 개념으로 나타낸다. 이 두 가지 영역은 구별되지만 어디에서나 서로 만나고 혼합된다. 인간의 삶과 역사는 이 두 가지 세력의 만남과 투쟁의 과정이다. 그러므로 이 세계에는 완전히 진실한 것도 없고, 완전히 거짓된 것도 없다. 완전히 선한 것도 없고, 완전히 악한 것도 없다. 단지 정도의 차이가 있을 뿐이다.

이 같은 관점에서 볼 때 적그리스도는 이른바 역사의 종말에 나타날 한 특정한 인물이나 집단을 가리키는 것이 아니라 하나님의 구원 역사에 대립하는 악의 세력들을 가리킨다. 자기가 모든 것의 중심이 되고자 하는 이기적 욕망으로 인한 불의와 증오와 분열과 파괴가 일어나는 바로 거기에 적그리스도가 있다. 한마디로 적그리스도는 하나님의 진리를 역행하는 반신적이며 자기중심적인 세력을 인격화시킨 것이다. 그것은 악의 인격화라 말할 수 있다.

5. 적그리스도는 어디로부터 오는가? 어떤 사람은 적그리스도가 하늘로부터 온다고 생각할지 모른다. 그러나 이것은 신화적 표상이다. 하늘에는 공기와 별들과 지금도 팽창되고 있는 우주의 공간이 있을 뿐이다. 적그

리스도는 우리 인간의 악한 본성으로부터 온다. 인간의 악한 본성이 적그리스도의 근원이요 뿌리다. 그것은 하나님을 부인하고, 자기 자신을 주장하며, 자기를 확대시키려는 인간의 힘에의 의지에 뿌리 내리고 있다. 하나님과 같은 인간(*homo sicut Deus*)이 되고자 하는 인간의 의지가 적그리스도의 뿌리다(Boff 1993, 87).

적그리스도는 먼저 각 사람의 삶 속에서 나타난다. 가정과 직장에서 자기가 중심이 되고 모든 것을 지배하고자 하는 삶의 태도 속에 나타난다. 적그리스도는 신앙이 깊다고 하는 그리스도인의 생활 속에서도 나타난다. 그리스도인은 의로운 자인 동시에 죄인이기 때문이다(*simul iustus et peccator*). 따라서 모든 그리스도인은 정도의 차이는 있지만, 작은 그리스도인 동시에 적그리스도라 말할 수 있다. 그들의 존재와 삶 속에는 정도의 차이는 있으나 그리스도의 모습이 나타나는 동시에, 그리스도의 뜻에 대립하는 적그리스도의 모습이 나타난다. 이웃을 위해 열심히 봉사하면서 자기의 업적을 자랑하고 자기를 주장하려는 모습에서 우리는 그리스도와 적그리스도의 이중적인 모습을 볼 수 있다.

적그리스도는 사회적 현실로 나타나기도 한다. 폐쇄적 민족주의·사회주의·자본주의·인종차별주의 등의 이데올로기가 절대성을 주장할 때, 인류의 삶에 큰 해를 끼치는 적그리스도가 될 수 있다. 600만 명의 유대인을 살해한 히틀러, "새로운 인간"으로 구성된 "새로운 사회"를 이루기 위해 수백만 명의 도시 상공인들, 지식인들, 중산계층과 유산계층을 살해하여 야자나무 비료로 삼고 도서관을 돼지우리로 만들어버린 캄보디아의 론 놀 공산정권 속에 적그리스도가 나타난다. 자기의 이념을 관철하기 위해서는 어떤 희생도 가능하다는 안하무인의 확신도 그 속에 적그리스도의 위험성을 가진다.

종교에도 적그리스도의 잠재성이 숨어 있다. 마르크스가 말했듯이 그것은 "민중의 아편"이 될 수 있다. 거룩하다는 교회가 특정 인물의 자기 세력과 자기 숭배를 위한 수단이 되어버릴 때 그것은 적그리스도의 형태로 변한다. 하나님을 섬긴다 하면서 사실은 돈을 더 섬기고, 교리와 특정 질서를 절대화시키며, 불의한 정치 세력을 위해 직접 간접으로 봉사하면서 자기 확대를 꾀할 때 교회는 적그리스도로 변한다. 싸워 이겨야 할 적그리스도는 단지 교회 바깥에 있는 것이 아니라 교회 자신 안에 있다. 바깥에 있는 적보다 자기 안에 있는 적이 더 무섭다. 적그리스도는 "단지 그리스도의 모든 적대자를 가리키는 것이 아니라 자기가 그리스도이고자 하며, 그의 자리를 차지하고자 하는 자를 가리킨다. 정치권력뿐 아니라 교회도 적그리스도가 될 수 있다"(Althaus 1962, 681 이하, Kreck 1966, 194 이하 참조).

교회는 하나님이 세우신 신적 질서인 동시에 그 시대의 사회적 영향을 받으면서 형성된 인간적 질서다. 그 속에는 알곡과 가라지, 양과 염소가 공존한다. 아우구스티누스의 동시대인으로 도나투스파(Donatist)였던 티코니우스(Tyconius, 4세기 후반 북아프리카에서 활동)에 의하면 교회는 두 부분으로 된 몸(corpus biperium)이요 혼합체(corpus mixtum)다. 그 속에는 그리스도의 현실이 나타나는 동시에 적그리스도의 현실도 나타난다. 하나님이 경배를 받는 동시에 인간이 경배를 받으며, 하나님이 영광을 받는 동시에 인간이 영광을 받는다. 기독교의 어떤 기구나 지도자도 이 두 가지 현실의 이중성을 피할 수 없다. 이 패러독스는 베드로에게서 대표적으로 나타난다. 베드로는 천국 열쇠를 받은 교회의 반석인 동시에(마 16:18), 하나님의 계획을 방해하는 "사탄"이라 불린다(16:23).

6. 이 같은 관점에서 볼 때 적그리스도는 단순히 역사의 종말에 나타날 특정 인물이 아니라 오늘날 그리스도인들과 그들의 공동체가 싸워 이겨야 할 역사적 현실을 가리킨다. 적그리스도는 정치적 세력과 종교 지도자들 안에서 활동하면서 하나님 나라의 역사를 방해한다. 그것은 불의한 범세계적 구조 속에서 활동하며 인간의 자기중심적 본성을 통해 교묘하게 활동한다. 또한 적그리스도는 모든 사람들의 생각과 의지 속에서 작용한다.

따라서 그리스도와 적그리스도의 싸움은 단지 역사의 종말에 일어날 것이 아니라 오늘 우리 자신의 존재와 사회적·세계적 현실 속에서 일어나고 있다. 그리스도는 지금도 적그리스도와 싸우고 있다. 이 싸움은 단순히 종교와 비종교성의 싸움이 아니다. 그것은 기독교 자체 안에서도 일어나고 있다. 그리스도와 적그리스도의 싸움은 각 사람 안에서, 모든 제도와 기구 안에서 지금 이 순간에도 일어나고 있다. 그러므로 신약성서는 적그리스도가 교회 자체 안에 있다고 말한다. 그것은 우리에게 속하지 않지만 우리 가운데서 생겨난다(요일 2:19). 그리스도인들은 인간 삶의 모든 영역 안에 숨어 작용하는 적그리스도의 세력과 싸워 이겨야 한다. 이 싸움은 그리스도께서 그의 나라를 아버지 하나님께 바칠 때까지 계속될 것이다.

7. 적그리스도에 대한 성서 말씀은 우리에게 다음과 같은 가르침을 준다. "땅 위에 있는 그리스도의 주권"은 평화로운 상태에 있지 않다. 그것은 적그리스도의 세력과 싸우는 가운데 있다. 그것은 "오직 싸우는 것으로서" 존재한다. "세계를 지배하고자 하는 반신적·악마적 의지가 인간과 체제들 속에서 몸을 입고 승리를 얻고자 하나님과 싸운다. 역사가 지속되는 한 이 싸움은 어렵고 힘들 것이다. 하나님의 마지막 계시 속에서 역사가 끝날 때 비로소 하나님 나라와 반신적 세력의 지속적 양립(Polarisation)이 끝날 것이다"(Althaus 1922, 286).

그러므로 하나님 나라가 역사의 과정을 통해 점진적으로 완성될 것이라고 믿는 낙관주의적 진보신앙은 거부된다. 역사는 "선을 향한, 이 세계에서 그리스도의 가시적 승리를 향한 내재적이며 역사적인 발전"이라고 가정할 수도 없지만 악의 세력이 계속 확대된다고 가정할 수도 없다. 적그리스도의 표상은 "하나의 '기독교적 세계'가 이루어지기까지 (역사가) 단절되지 않고 진보하리라 기대하는 유토피아"를 경고한다(Kreck 1966, 195). 하나님 나라는 언제나 적그리스도의 세력과 대립하고 있다. "그러므로 공동체는 언제나 다시금 시대의 표징들을 유의해야 하며, 영들을 구별하고, 믿음 안에서 싸워야 할 것이다"(196).

오늘날 적그리스도의 세력은 하나님이 지으신 세계 전체를 위협하고 있다. 적그리스도의 위협 앞에서 하나님에 대한 신앙은 아무 의미도 없는 것처럼 보인다. 그러나 그리스도인들은 그리스도의 부활 속에서 하나님의 궁극적 승리를 본다. 거짓과 악이 이 "땅의 기초"가 아니라 하나님의 진리와 사랑이 이 "땅의 기초"임을 믿는다(시 102:25). 그러므로 그들은 갈등과 시련 속에서도 마음의 평정과 평화를 누릴 수 있다. "너희는 세상에서 시련을 당할 것이다. 그러나 용기를 내어라. 내가 세상을 이겼다"(요 16:33)고 그리스도는 말한다. 적그리스도에 대한 성서의 경고는 "자기를 신뢰하는 모든 안전의 포기와, 오시는 주님을 보면서 절대적 승리의 확실성에의 부르심이다"(Kreck 1966, 196).

D. 거짓 그리스도, 거짓 예언자들

1. "거짓 그리스도들(곧 거짓 메시아들)과 거짓 예언자들"은 "큰 표적과 기사들"을 보이면서 신자들을 홀리는 사람들을 가리킨다(마 24:11, 24). 거짓 메시아는 종교적 지도자로 나타나는 동시에 정치적 지도자, 첨단 과학기술의 형태로 나타나기도 한다. 자기를 구원자처럼 내보이는 종교 지도자들, 민족의 위대한 영도자와 구원자로 내보이는 정치 지도자들은 거짓 메시아의 범주에 속한다.

구약성서에서 거짓 예언자는 나라가 위기에 빠졌음에도 불구하고 평화가 있으리라고 예언하며, 나라가 망하지 않을 것이라고 예언하는 자들을 말한다. "예언자들은 거짓으로 예언을 하며, 제사장들은 거짓 예언자들이 시키는 대로 다스리며, 나의 백성은 이것을 좋아하니, 마지막 때에 너희가 어떻게 하려느냐?"(렘 5:31; 참조. 28:8-9) "예언자라는 자들이 나의 백성을 속이고 있다. 입에 먹을 것을 물려주면 '평화'를 외치고, 먹을 것을 주지 아니하면 전쟁을 벌일 준비를 한다"(미 3:5). 하나님은 이들에게 다음과 같이 경고한다. "나의 백성 가운데서 '재앙이 우리에게 덮치지도 않고,

가까이 오지도 않는다' 하고 말하는 죄인은(거짓 예언자들은) 모두 칼에 찔려 죽을 것이다"(암 9:10).

2. 거짓 메시아들과 거짓 예언자들은 단지 역사의 종말에 나타날 인물들이 아니라 구약성서 시대에도 있었고 오늘 우리 시대에도 있다. 그들은 병을 고치고 초대형 교회나 종교 집단을 세울 수 있는 큰 능력을 가진 구원자처럼 행세하면서 세속의 권세와 영광을 누린다. 신자들이 피땀 흘려 바친 헌금을 자기 쌈짓돈처럼 유용하고, 여성 신도와 전도사를 농락하기도 한다. 그들은 자기를 가리켜 "주의 종"이라 부르지만 십자가에 달린 주님의 모습은 그들 안에서 보이지 않고, 부활의 거짓된 영광과 허세만 보인다.

거짓 예언자들은 한국교회의 심각한 문제다. 거짓 예언은 하나님의 말씀을 왜곡하여 선포하는 데 문제가 있다. 나라가 망할 수밖에 없는 징조들을 보면서도 "잘될 것이다", "망하지 않을 것이다", "하나님이 우리를 지키시니 재앙이 우리에게 덮치지도 않고 가까이 오지도 않을 것이다"라고 거짓말을 한다. 세상의 모순과 죄악과 불의를 눈으로 보면서도 그들은 "모든 것을 긍정적으로 보아야 한다"고 가르친다. 독재자들은 이 가르침을 매우 좋아한다. 정치와 종교가 분리되어야 한다고 주장하면서 청와대 조찬 기도회에 초대받는 것을 큰 영광으로 생각하고, 이왕이면 최고 통치자 가까이 앉고자 한다. 이것도 세상 영광을 좋아하는 거짓 예언자의 모습이다.

3. 여기서 우리는 거짓 예언을 포괄적으로 이해할 필요가 있다. 먼저 자신의 삶과 일치하지 않는 설교는 거짓 예언이라 말할 수 있다. 교단 총회장이나 총회 위원장 자리 하나 얻기 위해 거액의 헌금을 유용하면서도 신자들에게 바르게 살아야 한다고 가르친다면, 그는 하나님과 신도들 앞에서 거짓 예언을 하는 것이다. 한마디로 그는 거짓 예언자다. 가정에서 폭력을 행하면서 신자들에게 겸손과 온유를 가르치는 것도 거짓 예언에 속한다. 교회를 분열시키고 파괴하는 이단적 가르침도 마찬가지다. 성서의 말씀을 균형 있게 가르치지 않고 어느 한 가지만을 가르치면서 다른

것을 부인하거나 약화시킬 때 그 가르침은 거짓 예언으로 변할 수 있는 위험성을 내포한다. 몇 가지 예를 든다면 아래와 같다.

1) 하나님의 사랑을 가르치지만, 하나님의 정의에 대해 침묵할 때
2) 오직 은혜와 믿음으로 구원을 받는다고 가르치면서 하나님의 계명에 따른 올바른 삶과 사랑과 정의의 실천에 대해 침묵할 때
3) 하나님의 예정을 받은 신자들에게 그리스도의 구원은 확정되어 있기 때문에 죄를 지어도 구원은 보장되어 있다고 가르칠 때, 그리하여 신자들의 도덕적 타락을 조장할 때
4) 하나님은 행위에 따라 인간을 심판한다고 가르치면서 그리스도의 구원에 대해 침묵함으로써 신자들의 믿음이 율법주의에 빠지도록 인도할 때
5) 구약의 율법을 배격하고 신약성서 본문만 가지고 설교하거나 가르칠 때
6) 개인의 영적 구원과 사회적 구원, 자연 생태계의 구원 가운데 어느 하나만을 가르치고 다른 것을 부인하거나 침묵할 때
7) 경제적 풍요와 사회적 출세를 하나님의 구원으로 가르치면서 신자들과 교회의 사회적·역사적 책임에 대해 침묵하거나 이를 부인할 때

신약성서가 말하는 거짓 메시아와 거짓 예언자의 공통된 특징은 "큰 표적들과 기사들"을 행하는 데 있다. 대형 교회건물도 이에 속한다. 그들이 행하는 놀라운 업적과 기사들을 보고 신자들은 그들의 말을 믿으며, 그들의 가르침을 따른다. 신약성서에 의하면 악령도 표적과 기사를 행할 수 있다. 무당도 병을 고치며, 날카로운 칼 위를 걸어간다. 그러므로 중요한 것은 표적과 기사가 아니라 하나님의 진리를 바르게 가르치느냐 아니면 가르치지 않느냐, 거짓말을 하느냐 아니면 참말을 하느냐에 있다.

거짓 메시아와 거짓 예언자의 또 한 가지 공통된 특징은 구름떼처럼 많은 추종자의 지지를 받으며 그들 위에 군림하는 것이다. 지식인은 자기의 몸을 사리면서 우유부단한 태도를 취하는 특성을 보인다면, 대중은 사기꾼 지도자에게 쉽게 넘어가는 특성을 보인다. 한국교회는 역사적으로 다양한 거짓 메시아와 거짓 예언자를 경험하였다. 전도관, 신앙촌, 통일교의 뒤를 이은 갖가지 종교적 사기 행각이 지금도 기독교 저변에서 일어나고 있다.

이를 방지할 수 있는 길은 무엇일까? 무엇보다 먼저 교회 지도자들과 평신도가 올바른 신학 훈련을 받는 데 문제해결의 길이 있다. 뜨거운 믿음과 경건이 있을지라도 올바른 신학적 기초가 없으면 그 믿음과 경건은 올바른 판단력이 결핍된 맹목적 믿음, 맹목적 경건이 되고, 거짓말쟁이 목회자들의 속임수에 쉽게 넘어갈 수 있다. 그러므로 신자들의 뜨거운 믿음과 경건은 올바른 신학적 기초와 결합되어야 한다. 가톨릭교회는 신자들의 경건을 꾀하는 동시에 성서 교육과 교리 교육을 체계적으로 실시한다고 한다. 내가 만난 가톨릭 평신도는 필리오케(*Filioque*)가 무엇인지 잘 알고 있었다. 목사들에 의한 평신도의 우민화는 교회의 장래를 위해서도 위험스럽다.

E. 요한계시록의 종말적 징조

많은 그리스도인은 요한계시록에 기록된 사건을 세계 대파멸의 종말에 대한 징조라고 생각한다. 시대의 상황에 비추어 이 징조들을 짜 맞추어 종말의 시나리오를 만들기도 한다. 이에 대한 대표적인 예는 20세기 후반에 있었던 이장림의 7년 대환난설이다(조성노 1992, 300). 요한계시록 13:18에 기록된 666의 숫자를 종말의 징조라 주장하는 사람도 있다. 서달수에 의하면 요한계시록 13:18에 기록된 "666"은 "말세에 진입한 오늘날 나타나고 있는 컴퓨터"다(김명용 1991a, 263). 구약 시대의 이스라엘 12지파 가운데 하나님의 도장을 이마에 받은 144,000명에 관한 요한계시록 7:4-8의 말씀에 근거하여, 세계사 전체를 통틀어 144,000명만 구원받을 것이라고 주장하기도 한다.

그 밖에도 요한계시록에 나타나는 이야기들을 자기의 주관적 판단과 상상에 따라 해석하거나 숫자풀이를 함으로써 종말의 과정이 어떻게 진행될 것인가를 설명하는 갖가지 해괴한 해석들이 등장한다. 이 같은 상황을 직시하면서 우리는 요한계시록의 종말적 사건들을 바르게 파악하고자 한다.

1. 요한계시록에 대한 갖가지 주관적 해석들의 근본 오류는 요한계시록의 이야기들이 기록된 당시의 역사적 상황과 동기를 무시하고, 이 이야기들을 오늘의 세계 현실에 대한 객관적 정보로 간주하는 데 있다. 그러나 18세기 이후 성서의 역사-비판적 연구가 시작되면서 요한계시록은 성서의 다른 책들과 마찬가지로 그 시대와 교회의 역사적 상황과 관련하여 파악해야 한다는 사실이 드러났다. 사실 신구약 성서의 모든 책은 그 시대의 이스라엘 민족과 기독교 공동체의 상황에 대해 주어진 책이다. 따라서 책들은 당시의 상황에 비추어 파악되어야 한다.

요한계시록은 초기 그리스도인 공동체가 로마 제국의 황제 숭배를 거부함으로 말미암아 극심한 박해를 당하던 시대에 기록되었다. 여기서 요한계시록은 상징 언어를 사용한다. "앞뒤에 눈이 가득 달린 네 생물", 뿔 일곱과 눈 일곱이 있는 어린양, 흰 말, 불빛과 같은 말, 검은 말, 청황색 말, 도장을 받은 144,000명의 사람들, 독수리, 메뚜기, 천사들이 거느린 기마대, 태양과 달과 열두 별을 거느린 여자, 일곱 개의 머리와 열 개의 뿔을 가진 붉은 용, 666명의 사람 등의 상징적 단어들은 물론 상징적 의미를 지닌 대재난의 사건들을 열거한다. 이러한 단어들과 사건들은 당시의 역사적 상황에서 일어나고 있었던 일, 또 장차 일어날 일들을 암시하는 "암호들"이다.

요한계시록이 "암호들"을 사용하는 이유는 무엇인가? 그 이유는 로마 제국의 박해를 피하기 위함이다. 예를 들어 로마 황제 도미티아누스는 그리스도인들에게 황제 숭배 제의를 강요하였고, 이를 거부하는 자들을 도륙하였다. 많은 그리스도인이 로마의 원형 경기장에서 사자의 밥이 되었다. 그리스도인들에게 도미티아누스 황제는 악의 상징이요 사탄이었다.

그러나 요한계시록의 저자 요한은 "도미티아누스는 사탄이다"라고 쓸 수 없었다. 만약 요한이 이렇게 쓸 경우 그는 즉각 체포되어 사자의 밥이 되었을 것이다. 그의 글을 읽는 그리스도인들도 십자가 처형을 당하든지, 아니면 원형 경기장의 수많은 시민이 보는 앞에서 사자의 밥이 되었을 것이다. 그의 글은 압수되어 불에 타 없어졌을 것이다. 그러므로 요한은 다양한 암호와 위장언어를 사용할 수밖에 없었다. 그가 기록한 음녀 바빌론은 로마 제국을 가리키는 위장언어였다.

일곱 개의 봉인이 차례로 열리는 이야기(6:1-8:5)도 일종의 위장언어다. 위장언어를 통해 요한은 장차 일어날 로마 제국의 멸망과 하나님의 영원한 통치를 예언한다(11:15-19). 이 이야기는 나팔을 부는 일곱 천사에 대한 이야기로 발전하며(8:6-11:19), 이것은 다시 일곱 재난을 일으키는 일곱 천사와 일곱 대접에 관한 이야기로 발전한다. 일곱 천사들과 나팔들과 대접들은 하나님의 분노의 벌로서, 또 회개에 대한 경고로서 대재난을 일으킨다. 여기서 요한은 그가 처한 시대의 역사적 현실을 암시하는 동시에, 이스라엘의 예언자 전통을 수용하고, 이 전통이 역사의 현재에 대해 지닌 의미를 나타내고자 한다. 이스라엘의 12지파에서 선택된 144,000명의 도장을 받은 사람들, 새 하늘과 새 땅, 새 예루살렘 등은 이스라엘의 예언자 전통에서 유래하는 표상들이다. 우주적 대재난에 대한 요한계시록의 이야기는 후기 유대교 묵시사상의 이원론적·결정론적 역사 이해에 기초하고 있다.

이같이 다양한 전통에서 유래하는 위장언어 및 상징언어를 가지고 요한계시록은 음녀 바빌론에 비유되는 로마 제국은 자신의 죄악으로 인해 하나님의 심판을 받고 멸망할 수밖에 없다고 예언한다. 그리고 "새 하늘과 새 땅"을 기다리는 희망 속에서 끝까지 믿음을 지키며 다시 오실 주님을 기다릴 것을 권면한다. 바로 여기에 요한계시록이 묘사하는 갖가지 종말의 사건들의 목적이 있다.

2. 일단의 그리스도인들은 요한계시록 20장에 기록된 천년왕국을 종말 이전에 올 "종말의 징조"라고 생각하며 천년왕국에 대한 갖가지 사변과 이론을 제시한다. 그러나 천년왕국 역시 일종의 상징언어 내지 위장언어다. 천년왕국은 로마 제국의 황제 숭배를 끝까지 거부하다가 추방과 박해와 순교를 당하는 그리스도인들을 위로하고 격려하기 위하여 기록된 것이다.

예수의 증언과 하나님의 말씀 때문에 "목이 베인 사람들", "그 짐승(로마 제국의 황제)이나 그 짐승 우상(황제의 상)에게 절하지 않고 그들의 이마와 손에 표를 받지 않은 사람들"이 죽음에서 부활할 것이며, "그리스도의 제사장이 되어서" 그리스도와 함께 천 년 동안 다스릴 것이다. 이로써 로마의 박해와 순교를 당한 사람들이 옳다는 사실이 입증될 것이다. 그들이야말로 "복 있는 사람들"이다(20:6). "여기서 심판을 받는 자들이 거기에서는 그리스도와 함께 심판할 것이다. 여기서 그리스도와 함께 죽는 자는 거기서 그리스도와 함께 살 것이다. 여기서 그리스도와 함께 쓰러져 있는 자는 거기서 그리스도와 함께 다스릴 것이다"(Moltmann 2005, 174).

이와 같이 요한계시록은 "로마 제국의 세계 통치에 대한 그리스도와 순교자들의 승리를 나타내기 위해" 천년왕국이라는 메시아적 표상을 사용한다. 그것은 "역사의 종말, 곧 악한 세력들에 대한 그리스도의 승리를 보여줌으로써 박해를 당하는 그리스도인들을 격려하는 한편, 그들이 지금 체험하고 있고, 앞으로 체험하게 될 시대적 경악스러운 일들에 대해 그들을 준비시키고자 한다"(Nocke 1992, 391. 보다 자세한 내용에 관해 아래 III.3. "천년왕국의 희망" 참조).

3. 요한계시록은 단지 그 시대의 상황들을 관찰하고, 고난 속에 있는

그리스도인들을 위로하고 격려하는 것으로 끝나지 않는다. 그것은 부분적으로 신화적이기도 한 다양한 상징언어 내지 위장언어를 사용하여 하나님과 신자들의 궁극적 승리와, 새로운 메시아적 세계의 미래를 제시한다. 각자가 "자기들의 행위대로 심판을" 받을 것이며, 마지막 대적인 "죽음과 지옥이 불바다에" 던져질 것이다(20:13-14). 하나님이 사람들 가운데 계시며, 더 이상 죽음과 슬픔과 울부짖음과 고통이 없는 "새 하늘과 새 땅" 혹은 "새 예루살렘"이 올 것이다. 박해와 고난을 끝까지 참고 이기는 사람은 "이것들을 상속으로 받을 것이다." 이로써 하나님의 계약이 완성되어 "나는 그의 하나님이 되고, 그는 내 자녀가 될 것이다"(20:7).

이와 같이 요한계시록은 구약 예언자 전통에 따라 메시아적 미래의 비전을 제시하면서 고난 속에 있는 그리스도인들에게 희망과 용기를 주고, 끝까지 믿음과 성결함을 지킬 것을 권고한다. 이 같은 목적에서 요한계시록은 이른바 종말적 사건들을 기술한다. 이 사건들에 대한 요한계시록의 기록은 로마 제국의 박해를 받고 있던 초기 기독교 공동체들의 상황과 관계된 것이지, 지금 우리 시대에 일어날 세계 종말에 관한 객관적 정보가 아니다. 476년 서로마 제국이 게르만 서고트족에 의해 멸망되기 약 400년 전에 요한계시록의 저자가 그 멸망을 예고한 것은 실로 놀라운 일이다(보다 자세한 내용에 관해 아래 III.8.D. "요한계시록에 대한 올바른 이해" 참조).

F. 우리 시대의 재난들이 종말의 징조인가?

오늘 우리 시대는 과거 역사에서 보기 어려운 혼란과 재난들을 직면하고 있다. 인간이 통제할 수 없는 자연재난은 물론 인간의 탐욕과 방심으로 말미암은 재난 및 재난 가능성들이 인류의 생명을 위협하고 있다. 생태계 파괴, 지구 온난화로 인한 이상기후와 도서 지역 침수, 숫자가 정확히 파악되지 않는 핵무기와 생화학무기, 원자로 사고로 인한 방사능 유출 등이 이에 속한다. 한 나라의 경제 위기는 세계 전체에 도미노 현상을 일으킨다. 많은 사람이 실직과 경제 파탄에 대한 불안, 사회 양극화, 새 세대의 윤리적 타락 현상에 대한 체념 속에서 살고 있다. 그래서 이 시대의 재난들을 요한계시록의 말씀과 짜 맞추어 말세가 왔다고 말한다. 과연 이 시대의 재난 사건들은 종말의 징조인가? 우리는 이 재난들을 어떻게 보아야 하는가?

1. 오늘 우리 시대의 재난과 비슷한 재난은 역사적으로 언제나 있었다. 단지 그 형태와 강도가 다를 뿐이다. 고고학자들에 의하면 화산폭발, 지진, 지진해일, 도덕적 타락, 동성애는 고대 시대에도 있었다. 육지가 바다로 변하기도 하고, 바다가 육지로 변하기도 하였다. 14, 15세기에는 흑사병으로 수천만 명의 유럽인들이 죽음을 당하였다. 지난 300년 동안 유럽에서만 전쟁이 300번이나 일어났다. 19세기에만 지진이 약 7,000번 일어났다. 콜럼버스가 아메리카 대륙을 발견한 이래 수천만 명에 달하는 라틴아메리카의 아즈텍인들과 인디오들이 스페인, 포르투갈 군대와, 이들이 전한 전염병으로 죽음을 당하였다. 제2차 세계대전 때에도 2,000만 명의 사람이 죽음을 당하였다.

세계사의 이 같은 재난들을 고려할 때 지금 우리 시대의 재난들이 반드시 종말의 징조라고 말할 수 없다. 인류는 그 죄악으로 인해 끊임없이 재난을 당하겠지만, 사랑의 하나님은 그가 지으신 이 세계를 포기하지 않을 것이다. 그는 그리스도의 부활과 함께 새로 시작한 구원 역사를 이루실 것이다. 따라서 그리스도의 재림과 구원의 완성이 묵시적 재난들 위에 있다. "신약성서에서 세계 종말에 대한 묵시적 표상들은…그리스도의 재림과 그의 구원 사역의 완성에 대한 기다림의 하위에 있다"(Moltmann 2005, 258). 그러므로 복음서의 소묵시록은 대재난에 관한 예언으로 끝나지 않고 "사람의 아들"의 영광 가운데 오심과 신자들의 깨어 있음에 대한 권고로 끝난다. "그때에 사람들은 사람의 아들이 큰 권능과 영광으로 구름을 타고 오는 것을 볼 것이다.…조심하고 깨어 있어라. 그때가 언제인지를 너희가 모르기 때문이다"(막 13:26-33).

2. 기독교 신학은 예수의 부활에 근거하여 세계의 마지막은 우주적 대파멸이 아니라 하나님 나라의 새로운 생명 공동체의 회복이라고 믿는다. 바로 여기에 역사의 목적이 있다. 그러나 우리는 이 시대의 대재난들을 하나의 통과 과정으로 가볍게 생각해서는 안 된다. 오히려 이 재난들을 통해 하나님이 우리에게 경고하는 바가 무엇인지를 파악해야 한다.

1) 오늘 우리의 세계를 지배하는 자본주의 경제질서와 세계화는 물질문명의 찬란한 미래를 약속하는 것처럼 보인다. 국경을 초월하여 이루어지는 자유시장경제 제도를 통해 온 인류가 더 많은 물질적 부와 풍요 속에서 보다 더 안전하게 살 수 있을 것처럼 보인다. 그러나 인류의 찬란한 미래가 열리는 것처럼 보이는 순간 예기치 않은 대재난과 환난이 일어날 수 있다. "사람들이 '평안하다, 안전하다' 하고 말할 그때에, 아기를 밴 여인에게 해산의 진통이 오는 것과 같이 갑자기 멸망이 그들에게 닥칠 것이니"(살전 5:3).

노아가 살던 때도 그러하였다. "노아의 때와 같이, 이 사람의 아들이 올 때에도 그러할 것이다. 홍수 이전 시대에 노아가 방주에 들어가는 날까지 사람들은 먹고 마시고 장가가고 시집가며 지냈다. 홍수가 나서 그들을 모두 휩쓸어 가기까지 그들은 아무것도 알지 못하였다. 사람의 아들이 올 때에도 그러할 것이다"(마 24:37-39).

우리 시대의 재난들은 물질문명의 무한한 발전의 꿈속에서 위기의식을 잃어버린 사람들에게 멸망의 위험성을 경고하며 경솔한 낙관주의에 빠지는 것을 금한다. 평화와 축복이 있을 뿐이라고 말하는 거짓 예언자들을 경고한다. 하나님 나라는 아무 재난 없이 역사의 단순한 발전과 진보를 통하여 오지 않을 것이다. 그것은 무신적 세력들과의 싸움을 통하여 올 것이다.

2) 오늘의 새로운 정보과학기술은 세계의 무한한 발전을 약속하는 것처럼 보인다. 유전자 변형을 통한 질병의 극복, 로봇을 통한 인체수술, 인

간 생명의 연장, 인간의 지능을 능가하는 인공지능, 인간과 동일한 감정을 가진 로봇의 등장 가능성은 우리가 상상하지 못했던 전혀 새로운 세계를 열어줄 것으로 보인다. 그러나 새로운 가능성이 실현될 때 언제나 새로운 문제들이 일어나고, 세계는 새로운 위기에 빠질 수 있다.

과학문명이 발전할수록 인간은 이름 없는 익명성의 존재로 개체화되고, 사회의 공동체성과 연대성이 약화되는 현상이 나타난다. 사람들은 스마트폰의 노예로 전락한다. 이웃과 함께 살지 않고, 이웃 없이 스마트폰과 함께 사는 것처럼 보인다. 인간과 동일한 감정을 가진 로봇이 완성되면 인간의 개체화, 공동체성의 상실은 더욱 악화될 것으로 보인다.

지금 우리 시대의 재난들은 인간 세계의 한계를 보여준다. 인간의 과학기술과 물질문명이 아무리 발전해도 인간의 세계는 구원을 얻을 수 없을 것이다. 우리 시대의 재난들은 예측할 수 없는 대파멸의 위험성을 경고하면서 과학기술의 발전에 대한 무한한 신뢰에 빠지지 않도록 경고한다. 인간이 인간답게 살 수 있는 세계, 모든 피조물이 평화롭게 살 수 있는 세계는 거대자본의 시녀처럼 되어버린 과학기술 자체를 통해 오지 않을 것임을 암시한다.

3) 오늘 우리 시대의 많은 재난은 자연적인 것이 아니라 인간의 탐욕과 죄악으로 말미암은 "인재"다. 지구 온난화가 이에 속한다. 그것은 인간의 탐욕에 대한 하나님의 심판의 채찍이라 말할 수 있다. 공관복음서의 소묵시록이 말하는 대재난들과 마찬가지로 오늘 우리 시대의 재난들도 이세계가 하나님의 진노와 심판 아래 있음을 시사한다. "심판하실 분"이 세계의 "문 앞에" 서 있다는 것을 보여준다. "형제 여러분…심판하실 분이 문 앞에 서 계십니다"(약 5:9). 뜨거운 햇살 때문에 외출하기가 망설여질 때마다 나는 하나님의 진노의 심판이 눈앞에 있다는 것을 느낀다.

한마디로 우리 시대의 대재난들은 인간의 죄악에 대한 하나님의 진노와 심판을 계시한다. 이와 동시에 모든 인류의 회개를 요구한다. 우리의 후손들에게 "좋은" 세계를 물려주고 싶다면 먼저 힘 있고 부유한 자들이 회개해야 한다. 무한한 탐욕을 버리고 하나님과 이웃 앞에서 인간답게 살아야 한다. 경제발전이 아니라 인간다운 세상, 사람이 살 수 있는 세상을 이루는 것이 최고의 목적이 되어야 한다. 정치인들과 공직자들은 뇌물의 유혹을 뿌리치고 정의롭게 나라를 관리해야 한다. 모든 사람이 정직하고 바르게 살아야 한다. 구석구석에서 공금을 횡령하고 뇌물을 받는 일이 계속되면 온 세계가 파멸의 위험을 벗어날 수 없다는 사실을 이 시대의 재난들은 경고한다. 소묵시록의 대재난들과 마찬가지로 우리 시대의 대재난들도 다음의 사실을 시사한다. 즉 그리스도인은 인간의 죄악으로 말미암아 일어나는 모든 재난을 극복하면서 살아야 할 실존이다.

3. 신약성서는 이 세계를 위협하는 대재난들을 경고하는 동시에, 죽은 자를 살릴 수 있는 하나님의 능력과 하나님의 새로운 창조를 약속한다. "하나님께는 불가능한 일이 없다"고 성서는 말한다(눅 1:37). 이 하나님의 능력과 약속에 대한 믿음 속에서 그리스도인들은 역사의 어떠한 재난에도 좌절하지 않고 그리스도의 다시 오심과 그의 통치를 희망해야 한다고 신약성서는 시사한다.

히브리서 12:26-28은 이것을 다음과 같이 말한다. 하나님이 시내산에서 모세와 말씀하실 때 그의 음성이 온 땅을 진동시켰다. 이제 하나님은 땅은 물론 하늘도 진동시킬 것이며, 그가 창조한 모든 것을 변화시킬 것이다. 그러나 진동하지 않는 것, 곧 "흔들리지 않는 (하나님의) 나라"가 남게 될 것이다. 땅과 하늘이 흔들릴지라도 하나님의 자녀들은 흔들리지 않는 하나님 나라를 얻게 되었다. 그러므로 그들은 하나님께 감사하며 두려움과 떨림 가운데서 하나님의 구원 역사를 위해 일해야 한다.

이 본문에서 히브리서 저자는 땅 위의 것과 하늘의 것, 흔들리는 것과 흔들리지 않는 것, 현재의 시간과 영원한 시간의 이원론적 구도를 사용한다. 그러나 그는 이 요소들을 분리된 것으로 보지 않고 변증법적 긴장관계 속에 있는 것으로 본다. 영원한 것이 땅 위의 시간적인 것 속에서 시작되었다. 영원한 미래가 현재의 시간 속에서 시작되었다. 흔들리는 것, 곧 이 세계의 허무한 사물들은 흔들리지 않는 영원한 하나님 나라로 변화되어야 한다. 흔들리지 않는 하나님 나라가 오기 전에 땅끝에서부터 하늘 끝까지 흔들릴 것이다. 그리하여 큰 혼돈과 파멸이 있을 것이다. 그러나 마지막에는 "흔들리지 않는 하나님 나라"가 올 것이다. 그러므로 그리스도인들은 흔들리지 않고 영원한 하나님 나라를 바라고 기다리며 하나님 나라의 자녀답게 살아야 한다. 이 땅 위의 허무한 것을 사모하지 않고, 흔들리지 않는 영원한 하나님 나라를 사모해야 한다(히 13:1-7).

결론적으로 오늘 우리 시대의 재난들이 세계 종말의 징조라고 생각할 필요가 없다. 기독교 역사에서 종말에 대한 예언들은 언제나 다시금 있었다. 초기 교회의 몬타누스주의는 기원후 150년에 종말이 온다고 기대하였고, 중세기의 그리스도인들은 기원후 천 년에 종말이 온다고 기대하였다. 루터 시대의 어떤 사람은 그리스도가 재림하는 1533년 10월 19일에 종말이 온다고 하였다. "어떤 재림파(Adventists)는 그리스도가 1844년(10월 22일)에 재림할 것이라고 주장했다.…(그러나) 하나님은 역사에 대한 그들의 프로그램들을 따르지 않으시고, 그들의 종말론적인 연대표들도 따르지 않는다. 그 대신…하나님은 그분이 정하신 길을 향해서 나아가신다"(van Genderen/Velema 2018, 1357-8).

그러나 이 시대의 재난들에 대한 방심과 방치는 금물이다. 도리어 이 재난들을 극복해야 한다. 정치인들은 "대관절 우리에게 어떤 세계를 물려주려고 하느냐?"는 어린 학생들의 부르짖음을 진지하게 듣고 이에 대한 구체적·범세계적 차원의 대안을 세워야 한다. 이를 회피하고 지구 온난화를 방치할 경우, 먼저 힘없고 가난한 사람들과 자연의 생물들이 떼죽음을 당할 것이다. 벌써 많은 생명이 죽임을 당하고 있다. 생물 종들의 1/4이 멸종되었다. "경제성장", "경제발전"에 눈이 어두워 모두 떼죽음을 당할 수 있는 위기가 우리 앞에 놓여 있다. 하나님의 심판이 우리 앞에 있다!

2
그리스도의 재림(다시 오심)

기독교는 역사의 마지막에 있을 그리스도의 다시 오심, 곧 재림을 믿는다. 재림 신앙은 처음 그리스도인 공동체들의 공통된 현상이었던 것으로 보인다. 사도신경은 이를 다음과 같이 요약한다. "산 자와 죽은 자를 심판하러 오시리라"(venturus est iudicare vivos et mortuos).

그런데 많은 신자들은 그리스도의 재림을 지금 계시지 않는 주님께서 세계 역사의 마지막에 오시는 것으로 생각한다. 한편 다른 많은 신자들은 재림을 믿지 않는다. "곧 오시리라"고 약속하신 예수께서 2,000년이 지나도록 오시지 않았기 때문이다. 그렇다면 예수는 거짓말을 한 것인가? 아니면 재림 시간을 잘못 계산했던가?

또 많은 신자들은 재림의 목적이 "산 자와 죽은 자"에 대한 최후 심판에 있다고 믿는다. 곧 인간의 행위에 따라 천국이나 지옥의 상벌을 내리는 데 있다고 생각한다. "심판하러 오시리라"는 사도신경의 고백도 이 같은 인상을 준다. 여기서 재림의 목적은 인간의 행위에 따라 상벌을 주는 것으로 제한된다. 모든 사람의 죄를 담당하신 주님께서 단지 인간의 행위에 따라 천국과 지옥의 상벌을 주기 위해 다시 오시는가?

A. 재림의 의미와 성서적 배경

그리스도의 재림은 이천 년 전 인간의 몸을 입고 이 세상에 오신 그리스도께서 이 역사의 마지막에 다시 오실 것임을 말한다. 기독교 신학은 이천 년 전의 오심을 가리켜 "초림"이라 부르고, 역사의 마지막에 있을 두 번째 오심을 가리켜 "재림"이라 부른다.

재림으로 번역되는 그리스어 "파루시아"(parousia)는 통치자 혹은 높은 지위에 있는 관리의 방문을 뜻한다. 그것은 황제를 신으로 숭배하는 황제 제의에서 황제의 영광스러운 도착을 뜻하기도 한다. 또한 파루시아는 "현재", "현존" 혹은 "임재"(presence)를 뜻하기도 한다(Travis 1988, 229). 파루시아는 공관복음에서는 마태복음 24:3, 27, 37, 39에만 나타난다. 요한 문헌에서는 요한1서 2:28에 나타난다. 가톨릭 서신들에서도 파루시아라는 단어가 나타난다(약 5:7-8; 벧후 1:16; 3:4, 12). 신약성서에서 그것은 모두 24번 사용되는데, 바울 서신에서 14번 사용된다(Braumann 1970, 472).

1. 그리스도의 재림에 대한 기다림은 초기 기독교 공동체들의 공통된 현상이었던 것으로 보인다. 사도행전이 보도하는 최초의 기독교 공동체는 처음부터 그리스도를 다시 오실 분으로 알고 인식하였다. "너희를 떠나서 하늘로 올라가신 이 예수는, 하늘로 올라가시는 것을 너희가 본 그대로 다시 오실 것이다"(행 1:11). 고린도 교회 역시 주님의 다시 오심을 기다리는 공동체였다. "여러분은…우리 주 예수 그리스도의 나타나심을 기다리고 있습니다"(고전 1:7). 공동체는 그리스도의 다시 오심을 기다리면서 성만찬을 가진다. "그러므로 여러분이 이 빵을 먹고 이 잔을 마실 때마다 주님의 죽으심을 그가 오실 때까지 선포하는 것입니다"(고전 11:26; 참조. 살전 1:9 이하). 고린도전서는 주님의 오심을 기다리는 말씀으로 끝난다. "마라나 타, 우리 주님, 오십시오"(고전 16:22). "우리 주님, 오십시오"라고 번역된 "마라나 타"(Marana tha)는 아람어다.

신약성서 마지막 책인 요한계시록은 곧 오시리라는 그리스도의 약속과 이에 대한 공동체의 응답으로 끝난다. "그렇다, 내가 곧 오겠다", "아멘. 오십시오, 주 예수님!"(계 22:20) 이 밖에도 그리스도의 재림을 간접적으로 시사하거나 전제하는 신약성서의 많은 본문들은 그리스도의 오심에 대한 기다림이 초기 기독교 공동체의 보편적 현상이었음을 보여준다(Schweizer 1987, 677).

2. 초기 기독교 공동체의 재림 신앙은 예수 자신의 종말론적 말씀으로 소급된다(마 24:1-25, 46; 막 13:1-37; 눅 21:5-36). 이 본문들은 복음서 저자들의 믿음을 기록한 것이지만, "예수 전승의 기초"를 보여준다(Öpke 1990, 864). 공관복음서 가운데 가장 오래된 마가복음은 그리스도의 재림을 후기 유대교 묵시사상의 표현 양식으로 묘사한다. 해와 달이 어두워지고, 별들이 하늘에서 떨어지며, 하늘의 세력들이 흔들릴 것이다. "그때에 사람들은 사람의 아들이 큰 권능과 영광으로 구름을 타고 오는 것을 볼 것이다"(막 13:24-27).

이 본문들에서 예수는 자기를 종말에 오실 "사람의 아들"(人子)과 간접적으로 동일시한다. "사람의 아들"은 "장차 오실 분"이다. 그는 거룩한 천사들과 함께 그의 아버지의 영광 속에서 오실 것이다(막 8:38). 사람들은 "사람의 아들이 전능하신 분의 오른쪽에 앉아 있는 것과, 하늘의 구름을 타고 오는 것을 보게 될 것이다"(막 14:62). 종말론적 본문들 외에도 예수는 자기를 다시 오실 분으로 암시한다(마 25:10의 열 처녀 비유, 25:14-30의 달란트 비유, 최후 심판을 내리러 오실 사람의 아들에 관한 25:31의 말씀 등).

3. 그리스도의 재림에 대한 믿음의 근원적 뿌리는 구약성서의 하나님 신앙에 있다. 구약성서에서 하나님은 "오실 분"으로 고백된다. 예언자들과 시편 저자는 언제나 다시금 "야웨의 오심"을 고백한다. "주님이 오실 것이니, 주께서 땅을 심판하러 오실 것이니, 숲속의 나무들도 주님 앞에서 즐거이 노래할 것이다. 주님은 정의로 세상을 심판하시며, 진리로 뭇 백성을 판결하실 것이다"(시 96:13; 참조. 98:9; 사 35:4; 40:3-5; 60:1 등). 예언자들이 선포하는 "주의 날"은 하나님의 오심을 전제한다(욜 2:1, 11; 3:4; 암 5:18). 그

날에 하나님은 더 이상 숨어 계시지 않고 영광 가운데서 나타나실 것이다. 그는 악인들을 심판하고 정의를 세울 것이다.

구약성서에서 하나님의 오심은 메시아의 오심으로 발전한다. 하나님의 아들 메시아가 오실 때, 땅 위의 모든 피조물이 평화롭게 사는 새로운 생명의 세계가 이루어질 것이다. 그는 죽음을 영원히 삼켜버릴 것이다(사 25:8). 죄와 불의가 사라지고, 하나님의 자비와 정의와 하나님을 아는 지식이 땅 위에 충만할 것이다(사 11장; 35장). 모든 피조물이 하나님을 보게 될 것이며, 그를 찬양할 것이다(사 35:10; 40:5). 온 세계가 그의 영광의 나라로 변할 것이다. 메시아의 오심에 대한 이 같은 전통 속에서 초기 기독교 공동체는 예수의 재림을 기다린다.

공관복음서가 말하는 "사람의 아들"은 구약의 다니엘 7장으로 소급된다. 이 본문에서 사람의 아들은 온 세계의 통치자로 묘사된다(참조. 단 7:14). 사람의 아들은 땅 위에 있는 모든 불의한 세력들을 물리치고 하나님의 의와 평화의 나라를 모든 민족 가운데 세울 것이다. 살아 있는 사람들과 죽은 사람들에 대한 심판의 권세가 그에게 있다. 그의 나라는 끝이 없을 것이라고 다니엘서는 사람의 아들을 묘사한다.

복음서에서 예수는 사람의 아들과 자기를 간접적으로 동일시하며, 자기가 당할 고난을 사람의 아들이 당할 고난으로 본다. "그리고 예수께서는 사람의 아들이 반드시 많은 고난을 받고…사흘 뒤에 살아나야 한다는 것을 그들에게 가르치기 시작하셨다"(막 8:31). 여기서 예수의 지상의 존재는 "장차 올 사람의 아들의 기능과 행동의 은폐된 선취(Vorwegnahme)"로 제시된다(Klappert 1978, 70).

이에 근거하여 초기 기독교 공동체들은 장차 올 예수를 사람의 아들로 생각하며, "주의 날"을 사람의 아들의 최후 심판의 날로 파악한다. 마태복음은 사람의 아들의 심판하는 기능을 강조하며(마 25:31-4), 누가복음은 그리스도의 재림을 충만한 구원과 하나님의 궁극적 통치가 시작하는 날로 생각한다(눅 21:28). 누가의 두 번째 저작인 사도행전에서 그리스도의 부활과 승천과 재림이 하나로 연결된다. 부활하시고 승천하신 그리스도는 다시 오실 분으로 증거된다. "하늘로 올라가신 이 예수는, 하늘로 올라가시는 것을 너희가 본 그대로 다시 오실 것이다"(행 1:11).

4. 하나님과 메시아의 오심에 대한 구약성서의 기다림은 바울에게 깊은 영향을 준 것으로 보인다. 그는 유대교 랍비였기 때문이다. 바울은 예수와 하나님을 동격화하며, "예수 그리스도의 날"을 "주의 날"과 동일시한다(고전 1:8; 5:5; 고후 1:14; 빌 1:6; 2:16; 살전 5:2). 구약의 하나님과 마찬가지로 그리스도는 다시 오실 분으로 생각된다. "그리스도의 날"에 그는 영광 가운데서 다시 나타나실 것이다. 바울은 그리스도의 모든 구원 사역을 "퀴리오스"(주님)라는 칭호로 요약하는데, 퀴리오스는 부활하였고 승천했으며 다시 오실 주님을 가리킨다. 그리스도의 부활과 재림은 분리될 수 없이 결합되어 있다. 부활과 재림은 하나님의 구원의 두 가지 면과 같다. 부활을 통하여 얻은 영광이 재림 때에 모든 사람에게 드러날 것이라 생각된다. "장차 우리에게 나타날 영광에 견주면…"(롬 8:18; 참조. 골 3:4).

퀴리오스와 재림의 밀접한 결합성은 특별히 데살로니가전서에 잘 나타난다. 그리스도의 재림에 대해 말하는 구절에서 퀴리오스 칭호가 거의 규칙적으로 나타난다. 그리하여 재림과 퀴리오스는 거의 교환될 수 있을 정도다(Cerfaux 1964, 286). "주님의 재림"(3:3; 4:5; 5:23), "주님에 대한 희망"(1:3; 2:19), "주님의 영접"(4:17), "주님의 날"(5:2; 참조. 살후 2:2) 등의 표현들은 퀴리오스와 재림의 밀접한 결합성을 보여준다. 데살로니가전서는 묵시사상의 언어를 사용하여 그리스도의 재림을 위대한 승리의 사건으로 묘사한다. "주께서 호령과 천사장의 소리와 하나님의 나팔 소리와 함께 친히 하늘로부터 내려오실 것이니…"(살전 4:16 이하). 히브리서 저자도 주님을 영광 가운데서 다시 오실 분으로 생각한다. "이제 아주 조금만 있으면, 오실 분이 오실 것이요…"(히 10:37).

5. 목회 서신에는 재림, 곧 파루시아라는 단어 대신에 "나타나심"(*epifaneia*)이란 단어가 등장한다(딤전 6:14; 딤후 1:10; 4:1, 8; 딛 2:13). 이 단

어는 그리스도의 첫 번째 오심을 나타내는 동시에(딤후 1:10), 승천하신 주님의 두 번째 오심을 나타낸다. 고대 그리스 문화권에서 *epifaneia*(나타남)는 은폐 상태에 있는 신성이 제의에서 보이는 것을 뜻한다. 교회 공동체의 질서와 올바른 이론을 보존하고자 하는 목회 서신의 관심은 그리스도의 재림에 대한 기다림이 약화되었음을 암시한다.

요한복음은 종말의 현재성을 강조하지만 그럼에도 그리스도의 종말적 오심을 잊지 않는다. "내가…다시 와서 너희를 나에게로 데려다가"(요 14:3), "나는 너희를 고아처럼 버려두지 아니하고 너희에게 다시 오겠다"(14:18), "너희는 내가 갔다가 너희에게로 다시 온다고 한 내 말을 들었다"(14:28). "내가 올 때까지 그가(사랑의 제자) 살아 있기를 바란다고 한들 그것이 너와 무슨 상관이 있느냐?"(21:22) 요한복음이 재림과 관련된 사건들에 관해 말할 때 "마지막 날"이라는 단어가 등장한다(6:39-40, 44, 54; 11:24; 12:48). 요한1서는 그리스도인들이 그 안에 거하는 주님의 현재성을 이야기하는 동시에, 그의 다시 오심을 말한다. "그러므로 어린 자녀 여러분, 그리스도 안에 머물러 있으십시오.…그가 오실 때에 그 앞에서 부끄러움을 당하지 않게 하려는 것입니다"(2:28).

신약성서의 유일한 묵시서인 요한계시록은 재림이란 단어를 사용하지는 않지만 그리스도의 재림을 전제한다. 이 책은 주님의 재림과 관련한 사건들을 묵시사상의 언어로 묘사하며, 재림에 대한 기다림으로 가득하다. 그리하여 이 책은 시작과(1:1, 3) 마지막에서(22:20) 주님의 오심에 대해 말한다. 공관복음서의 전승과 마찬가지로 요한계시록에서도 다시 오실 주님은 묵시사상적으로 묘사되며, 왕들의 왕, 주들의 주, 종말의 심판자로 나타난다(19:11-16).

B. 예수는 재림 시간을 잘못 계산했는가?
- 재림 지연의 문제

1. 공관복음서의 여러 본문들은 예수의 재림이 멀지 않은 장래에 일어날 것으로 보도한다. "내가 진정으로 너희에게 말한다. 이 세대가 끝나기 전에 이 모든 일이 다 일어날 것이다"(막 13:30). 마가복음 9:1은 이것을 매우 조심스럽게 말한다. "예수께서 또 그들에게 말씀하셨다. '내가 진정으로 너희에게 말한다. 여기에 서 있는 사람들 가운데는 죽기 전에 하나님의 나라가 권능으로 오는 것을 볼 사람들도 있다.'" 이 말씀들은 처음 세대의 그리스도인들이 멀지 않은 장래에 예수의 재림이 있을 것으로 믿었던 당시의 상황을 나타낸다.

그러나 처음 세대가 죽었지만 그리스도의 재림은 일어나지 않았다. 믿음을 지키며 의롭게 사는 자들이 고난과 순교를 당하는 반면 불의한 자들이 배를 내밀고 행복하게 사는 역사가 계속되었다. 그러므로 데살로니가 교회의 신자들은 실망에 빠진다. 처음 세대의 희망은 헛된 것이 아닌가? 주님의 다시 오심에 대한 우리의 믿음과 희망도 헛된 것이 아닌가?

이 문제에 대해 바울은 데살로니가전서 4:13-18에서 다음과 같이 대답한다. 지금 살아 있는 사람은 물론 죽은 사람들도 그리스도의 재림을 체험할 것이다. "주께서 호령과 천사장의 소리와 하나님의 나팔 소리와 함께 친히 하늘로부터 내려오실 것이니…"(살전 4:16-17).

바울의 이러한 대답에도 불구하고 그리스도의 재림은 일어나지 않았다. 역사는 계속되었다. 예수께서 부활 후 하늘로 올라가신 지 이천 년이 지났지만 재림은 아직도 일어나지 않았다. 그럼 자기의 재림을 약속하신 예수는 실언을 하였는가? 재림에 대한 처음 그리스도인들의 믿음과 기다림은 실수였던가? 성서는 그리스도의 재림을 예고하지만, 왜 그는 아직도 오시지 않는가?

2. 알베르트 슈바이처는 이를 가리켜 "재림지연"(Parusieverzögerung)의

문제라 부른다(이에 관해 Hoekema 1986, 155 이하). 그의 견해에 의하면 예수는 제자들의 복음전도 여행이 끝나기 전에 종말론적 하나님 나라가 올 것이라 기대하였다. 그러나 제자들이 전도 여행에서 돌아왔지만 하나님 나라는 오지 않았다. 이에 예수는 자기가 실수하였다는 것을 알게 되었다. 이것이 이른바 첫 번째 "재림지연"이었다. 이제 예수는 자신의 메시아적 고난과 죽음을 통해 하나님 나라를 오게 해야 한다고 생각하였다. 그러나 예수는 이 경우에도 실수를 저질렀다. 그의 죽음에도 불구하고 하나님 나라는 오지 않았다. 프리츠 부리(F. Buri), 마르틴 베르너(M. Werner), 에리히 그래서(E. Grässer) 등 일련의 신학자들은 슈바이처의 입장을 수용하고, 예수는 그의 재림 시기에 관해 착오를 일으켰다고 말한다(이에 관해 Schweitzer 1906, Buri 1935, Werner 1959, Grässer 1957).

이 신학자들은 초기 기독교 공동체가 묵시사상의 언어로 묘사한 예수의 신화적이며 환상적인 재림을 인정하지 않는다. 현대인에게 그것은 무의미하다고 생각한다. 이 같은 극단적 입장에 반해 오스카 쿨만과 베르너 큄멜(W. Kümmel)은 예수의 재림을 믿지만, 예수는 그의 조속한 재림을 예고함에 있어서 착오를 일으켰다고 말한다(Cullman 88 이하, Kümmel 1979, 149).

그럼 예수는 정말 재림의 시간을 잘못 계산했던가? 바울도 예수의 재림 시간을 착각했던가? 최초의 기독교 공동체 전체가 예수의 재림 시간에 대한 계산 착오를 했단 말인가?

3. 후크마와 래드(G. E. Ladd)에게서 우리는 이 문제에 대한 올바른 대답을 발견할 수 있다(Hoekema 1986, 157 이하, Ladd 1974, 206 이하). 두 사람에 의하면 공관복음서에는 재림과 하나님 나라에 관한 세 가지 유형의 말씀이 기록되어 있다. 1) 재림이 임박하다는 말씀, 2) 재림이 먼 미래에 있을 것이라 말하는 말씀, 3) 재림 시기의 불확실성을 강조하는 말씀과 비유들. 아래에서 우리는 이 세 가지 말씀을 간단히 분석하고자 한다.

1) "재림의 임박성"을 말하는 첫째 본문인 마가복음 9:1에 의하면, 예

수는 "여기에 서 있는 사람들 가운데는 죽기 전에 하나님의 나라가 권능으로 오는 것을 볼 사람들도 있다"고 말한다. 이와 병행구절인 누가복음 9:27은 "죽기 전에 하나님의 나라를 볼 사람들이 있다"로 끝나며, 마태복음 16:28은 "사람의 아들이 자기 왕권을 차지하고 오는 것을 볼 사람들도 있다"고 말을 끝낸다. 쿨만과 큄멜에 의하면 이 본문들에서 예수는 지금 자기의 말씀을 듣는 청중들이 죽기 전에 자기가 다시 올 것이라 예고한다. 이 예고는 예수께서 자기의 부활과, 부활 뒤에 있을 성령 강림을 통해 오실 것을 가리키는 것으로 이해할 수 있다.

"재림의 임박성"을 시사하는 둘째 본문은 마가복음 13:30이다. 이 본문은 이렇게 말한다. "이 세대가 끝나기 전에 이 모든 일이 다 일어날 것이다." 이와 병행구절인 마태복음 24:34, 누가복음 21:32은 마가복음 13:30과 동일하다. 여기서 "이 세대"는 예수께서 말씀하셨을 당시에 살고 있던 사람들의 세대를 가리키는 것으로 보이지만, 묵시사상이 말하는 종말 이전의 역사 전체를 가리키는 것으로 해석되든지, 아니면 과거에도 하나님에게 불순종하였고, 현재에도 그러하며, 미래에도 그러할 이스라엘 백성을 가리키는 것으로 해석될 수 있다. "이 모든 일"은 예수의 재림 이전에 일어날 종말의 징조들을 가리킨다고 볼 수 있다(막 13:5-23).

"재림의 임박성"에 관한 셋째 본문인 마태복음 10:23은 이렇게 말한다. "이 동네에서 너희를 박해하거든 저 동네로 피하여라.…너희가 이스라엘의 동네들을 다 다니지 못해서 사람의 아들이 올 것이다"(공관복음서의 병행구절은 없음). 이 구절에 나오는 "이스라엘의 동네들"은 반드시 팔레스타인 지역의 동네들을 가리키는 것이 아니라 하나님을 멀리 떠나 있는 소외된 사람들이 사는 장소, 혹은 하나님이 지으신 온 세계를 가리킨다고 볼 수 있다. 따라서 "이스라엘의 모든 동네에 다닌다"는 것은 "그리스도의 재림 때까지 계속될…이스라엘을 향한 교회의 끊임없는 복음전파 사역을 나타내는" 것으로 해석될 수 있다(Hoekema 1986, 165. 동일한 입장에 관해 Ladd 1974, 200 이하, Schniewind 1960, 130 이하). 따라서 재림의 임박성을 가리키는 공관복음서의 본문들은 재림이 반드시 임박한 시간 내에 일어날 것을 가리킨다고 볼 수 없다.

2) 공관복음서에는 재림이 시간적으로 먼 미래에 있을 것이라고 말하는 본문들도 있다. 이 본문들은 예수의 재림 전에 일련의 종말적 사건들이 먼저 일어날 것이라고 말한다. 예를 들어, 마태복음 24:14에서 예수는 "이 하늘나라의 복음이 온 세상에 전파되어서 모든 민족에게 증언될 것이며 그때에야 끝이 올 것이다"라고 말한다. 이 본문에 의하면 예수께서 재림하기 전에 복음이 온 세상에 전파되고 모든 민족에게 증언되어야 한다. 그때까지 매우 긴 시간이 걸릴 수밖에 없으므로, 이 본문은 예수의 재림이 먼 미래에 있을 것임을 시사한다. 이것을 우리는 예수께서 나병 환자 시몬의 집에서 한 여자의 기름 부음을 받은 이야기에서도 볼 수 있다. "이 여자가 한 일도 전해져서 사람들이 이 여자를 기억하게 될 것이다"(막 14:7-9).

이 말씀은 예수께서 제자들과 떨어질 기간이 있을 터인데, 그 떨어져 있는 기간 동안 복음이 온 세계에 전파될 것이라 말한다. "또 너희는 여기 저기에서 전쟁이 일어난 소식과 전쟁이 일어날 것이라는 소문을 듣게 되어도 놀라지 말아라. 이런 일이 반드시 일어나야 한다. 그러나 아직 끝은 아니다"(막 13:7)라는 구절도 재림은 곧 일어날 사건이 아니라 전쟁이 일어날 먼 기간을 거친 후에 있을 것임을 시사한다.

므나의 비유(눅 19:11 이하), 달란트 비유(마 25:14 이하)에도 이 같은 사실이 나타난다. 마태복음 13장의 가라지 비유는 신자들과 불신자들이 함께 오랫동안 살게 될 것을 암시한다. 겨자씨 비유는 지금 예수 주위에 모인 작은 무리가 오랜 시간의 과정을 거쳐 큰 무리가 될 것임을 시사한다. 누룩의 비유는 예수 당시에 숨겨져 있던 하나님 나라가 언젠가는 강하고 우세해져 어떤 나라도 감히 주도권을 주장할 수 없을 것임을 나타낸다. 이 비유들은 예수의 재림이 시간적으로 먼 미래에 일어날 것임을 시사한다.

3) 재림이 언제 있을지 모른다고 말하는 본문들도 있다. 마가복음 13:32, 마태복음 24:36에 의하면 "그날과 그때는 아무도 모른다. 하늘의

천사들도 모르고, 아들도 모르고, 오직 아버지만 아신다." 열 처녀의 비유도 이렇게 말한다. "너희는 그날과 그 시각을 알지 못하기 때문이다"(마 25:13). 마가복음 13:33-37은 다음과 같이 재림 시기의 불확실성을 강조한다. "조심하고 깨어 있어라. 그때가 언제인지를 너희가 모르기 때문이다.…그러므로 깨어 있어라. 집주인이 언제 올는지…너희가 알지 못하기 때문이다." 주인이 돌아오기를 기다리는 종들의 비유(눅 12:35 이하), 강도의 침입에 관한 비유(눅 12:39)도 재림 시기의 불확실성을 나타내고 있다.

결론적으로 재림의 시간에 관한 위의 다양한 말씀들을 고려할 때, 우리는 예수께서 자기 당대에 세계의 종말과 재림이 있을 것이라고 말한 것이 아니며, 따라서 예수는 그의 재림에 관한 시간 계산을 잘못하였다고 말할 수 없다.

4. 공관복음서 밖에도 재림의 임박성을 시사하는 말씀들이 있다. 바울은 재림의 임박함을 다음과 같이 시사한다. "형제자매 여러분…때가 얼마 남지 않았으니…"(고전 7:29), "잠에서 깨어나야 할 때가 벌써 되었습니다.…밤이 깊고, 낮이 가까이 왔습니다"(롬 13:11-12). "이제 조금만 있으면 오실 분이 오실 것이요, 지체하지 않으실 것이다"(히 10:37). 야고보는 주님의 오심이 가까이 왔을 뿐 아니라(5:8) "문 앞에 서 계신다"고 말한다(5:9). 베드로전서 4:7에 의하면 "만물의 마지막이 가까웠다." 요한계시록 22:20에서 예수는 "속히 오리라"고 약속한다.

이 본문들을 바르게 해석하기 위해 우리는 이 본문들이 기록된 역사적 배경을 고려해야 한다. 이 본문들은 1) 그리스도인들이 유대인들과 로마 제국에 의해 박해와 시련과 고통을 당하며, 2) 그리스-로마의 문화권 속에서 신앙이 점차 관습화되고 주변 세계의 문화에 동화될 위험 속에 있었던 역사적 배경을 전제한다. 이 같은 배경 속에서 기록된 이 본문들의 목적은 예수의 재림의 시간적 임박성 자체를 강조하려는 것이 아니라, 깨어서 주님의 오심을 기다리며, 모든 시련과 고통을 참고 견디면서 빛의 자녀로 살 것을 권면하는 데 있다. 이것은 공관복음서의 열 처녀 비유를 비롯한 신약성서의 많은 말씀들에 나타난다. "여러분은 지금이 어느 때인지 압니다. 잠에서 깨어나야 할 때가 벌써 되었습니다.…그러므로 우리는 어둠의 행실을 벗어버리고 빛의 갑옷을 입읍시다. 낮에 행동하듯이 단정하게 행합시다…"(롬 13:11 이하; 참조. 또한 벧전 4:7 이하; 약 5:7 이하). 따라서 위의 본문들에 근거하여 예수와 제자들이 재림 시간을 잘못 계산했다고 말할 수 없다.

5. 베드로후서 3:3 이하는 예수의 재림이 확실히 늦어질 것이라고 말하면서 그리스도인들이 어떻게 살아야 할 것인가를 암시한다. "그리스도가 다시 오신다는 약속이 어디에 있느냐? 조상들이 잠든 뒤로, 만물은 처음 창조 때로부터 그냥 그대로다"라고 조롱하는 자들에 대해 베드로후서는 이렇게 대답한다. "사랑하는 여러분, 이 한 가지만은 잊지 마십시오. 주님께는 하루가 천 년 같고, 천 년이 하루 같습니다. 어떤 이들이 생각하는 것과 같이 주께서는 약속을 더디 지키시는 것이 아닙니다. 도리어 여러분을 위하여 오래 참으시는 것입니다. 그분은 아무도 멸망하지 않고, 모두가 회개하는 데에 이르기를 바라십니다. 그러나 주님의 날은 도둑같이 올 것입니다"(3:8-10).

이 말씀의 목적도 "도둑같이 올" 재림의 임박성을 말하려는 것이 아니라 "거룩한 행실과 경건한 삶 속에서" "주님의 약속을 따라 정의가 깃들여 있는 새 하늘과 새 땅을" 기다리며 "티도 없고 흠도 없는 사람으로, 아무 탈이 없이 하나님 앞에 나타날 수 있도록" 힘쓰라고 권면하는 데 있다 (3:11-14).

그러므로 주님의 재림을 믿지 않는 것도 타당하지 않지만, 인간의 시간 계산에 따라 재림의 시간을 확정하는 것도 타당하지 않다. 중요한 것은 재림의 시간 계산이 아니라 주님의 다시 오심을 기다리면서 모든 사람에게 구원의 복음을 전하고, "무법자들의 유혹에" 넘어가지 아니하며, "우리의 주님이시며 구주이신 그리스도 예수에 대한 지식과 그의 은혜 안에서" 자라는 데 있다(3:17-18).

C. 지금 오고 계신 주님

1. 재림의 시간에 관한 위의 말씀들, 곧 1) 예수의 재림이 임박했을 것이라는 말씀들, 2) 먼 미래에 있을 것이라는 말씀들, 3) 그 시간에 대해서는 아무도 모른다는 말씀들 외에 신약성서에는 또 한 가지 유형의 말씀이 있다. 그것은 장차 올 주님은 지금 오고 계시며, 그를 기다리는 신자들과 공동체 안에 현존(임재)하신다는 말씀이다. 장차 오실 예수는 두세 사람이 그의 이름으로 모인 곳에 지금 함께 계신다(마 18:20). 그는 공동체의 예배와 성찬과 말씀 속에 계신다(Bultmann 1965, 102). 그는 단순히 먼 미래에 재림하실 분이 아니라 지금 그를 믿는 공동체와 작은 형제들 안에 현존한다. "보아라, 내가 세상 끝날까지 항상 너희와 함께 있을 것이다"(마 28:20). 엠마오 도상의 두 제자들의 이야기도 예수께서 이미 지금 오셔서 그의 제자들 가운데 계신다는 것을 시사한다(눅 24:13 이하).

요한 문서는 재림의 현재성을 특별히 강조한다. 예수의 재림은 이미 지금 일어나고 있다. 그것은 믿음의 결단과 성령 체험 속에서 지금 여기서 일어난다. 그는 이미 지금 오셔서 심판을 집행한다. 그의 심판은 지금 여기서 신앙인가 아니면 불신앙인가를 결단하는 현재 속에서 일어난다. 지금 오셔서 우리 가운데 계신 예수를 믿지 않는 자는 이미 심판을 받았다(요 3:18). 그러나 믿는 자는 죽음에서 생명으로 옮겨졌다(5:24). 그는 이미 영원한 생명 가운데 있다. 하나님 나라의 새로운 현실이 그 안에 있다. 죽은 자들을 살리며, 하나님 나라의 역사를 완성하실 하나님 아들의 부르심이 지금 여기서 일어난다. "내가 진정으로 진정으로 너희에게 말한다. 죽은 사람들이 하나님의 아들의 음성을 들을 때가 온다. 지금이 바로 그 때이다"(5:25).

그리스도인들은 이미 지금 그리스도 안에 있고, 그리스도는 그들 안에 현존한다. "언제나 내 안에 머물러 있어라. 그러면 나도 너희 안에 머물러 있겠다"(15:4). "너희가 내 안에 머물러 있고, 나의 말이 너희 안에 머물러 있으면…"(15:7), "내가 그들 안에 있고…"(17:23). 이러한 말씀들은 장차 오실 그리스도의 현재적 임재 내지 현존을 보여준다.

아래 요한 문서의 말씀들은 그리스도의 재림이 그리스도인들에게 지금 일어나고 있음을 전제한다. "그날에 너희는, 내가 내 아버지 안에 있고, 너희가 내 안에 있고, 또 내가 너희 안에 있음을 알게 될 것이다"(요 14:20). 요한1서 2:24에 의하면 적그리스도의 유혹에 빠지지 않고 "처음부터 들은 것"을 간직하는 사람은 "아들과 아버지 안에 있게 될 것이다." 그리스도인들은 언제나 "그리스도 안에 머물러 있어야 한다"(요일 2:27-28). "그리스도 안에 머물러 있는 사람"은 "죄를 짓지 않는다"(3:6). "그리스도의 계명을 지키는 사람은 그리스도 안에 있고, 그리스도께서도 그 사람 안에 계십니다. 우리는 그리스도께서 우리 안에 계심을, 그가 우리에게 주신 성령으로 압니다"(3:24). 그리스도는 그의 가르침 안에 머무는 사람과 함께 계신다. "그리스도의 가르침 안에 머물러 있는 사람"은 "아버지와 아들을 함께 모시고 있는 사람이다"(요이 9절).

장차 오실 그리스도의 현재적 임재는 바울 서신에도 나타난다. 특히 바울의 대표적 개념인 "그리스도 안에"라는 개념에 나타난다. 그리스도인들은 세례를 통하여 그리스도와 함께 죽고, 그와 함께 살아나서, 그와 연합되어 있다. 그들은 "그리스도 예수 안에서 살아 있는 사람"이다(롬 6:11). 장차 오실 그리스도는 이미 지금 그리스도인들과 연합되어 그들 안에, 그들과 함께 계신다. 그들은 "우리 주 예수 그리스도 안에서 영원한 생명을 누리고 있다"(롬 6:23; 8:2). 그리스도께서 그들 안에 계시고(8:10), 그들은 "그리스도 안에서" 한 몸을 이루고 있다(12:5). 그들은 "그리스도 안에서" 살고 있다(고전 1:5). "누구든지 그리스도 안에 있으면 그는 새로운 피조물이다"(고후 5:17).

2. 교회가 성탄절 이전에 지키는 "강림절" 혹은 "대림절"은 그리스도의 현재적 오심을 말한다. 대림절은 그리스도의 오심(臨)을 기다리는(待) 교회의 절기를 말한다. 여기서 예수는 지금 오시는(강림하는) 분으로 생각

된다. 강림을 나타내는 영어 advent는 라틴어 *adventus*(도래, 도착, arrival)에서 유래한다. *Adventus*는 *ad+venire*, 곧 "~로 오다"의 합성어다. 따라서 대림절에 교회는 미래로부터 현재로 "오시는" 주님을 기다린다. 주님은 그의 미래로부터 이미 지금 우리의 현재 속으로 오고 계신다. 따라서 그의 재림은 이미 지금 일어나고 있으며, 역사의 종말에 완성될 것으로 생각되어야 할 것이다(Moltmann 1989 참조).

야고보서도 재림의 현재성을 말한다. 그리스도는 먼 미래에 머물러 계신 것이 아니라 지금 "문 밖에 서 계신다"(약 5:9). 문 밖에 계신 그분은 그리스도인들의 기도와 예배와 성례를 통하여 그들 가운데로 들어오신다. 그러므로 그리스도인들은 기도와 예배와 성례 속에서 오시는 주님을 만나며, 그의 재림을 이미 지금 경험한다. 교회의 "모든 성만찬은 파루시아(재림)다"(Ratzinger 1990, 167).

또한 그리스도는 그리스도인들의 친교와 사랑 가운데서 오신다. 그리스도인들이 모든 인간적인 장벽을 극복하고, 한 아버지 하나님의 자녀들로서, 그리스도의 "친구"로서 친교를 나누고 서로의 삶에 참여하며 그리스도의 사랑을 실천하는 바로 거기에 예수는 오셔서 함께 계신다. 그러므로 그리스도인들은 "파루시아 안에서 기도하며 산다"고 말할 수 있다(167).

3. 그러나 지금 오셔서 그리스도인들과 함께 그들 안에 계신 그분은 장차 오실 분으로 머물러 있다고 신약성서는 말한다. 요한복음은 그리스도의 현재적 임재를 강조하는 동시에 그분의 장차 오심을 다음과 같이 말한다. "나는 너희를 고아처럼 버려두지 않고 너희에게 다시 오겠다"(요 14:18; 참조. 14:3; 21:22).

바울도 그리스도의 현존을 말하는 동시에 그의 장차 오심을 말한다. "여러분은 그리스도 안에서 살면서 모든 면에서…풍족하게 되었습니다.…그러므로 여러분은 어떠한 은혜의 선물에도 부족함이 없이 우리 주 예수 그리스도의 나타나심을 기다리고 있습니다"(고전 1:5-7). 공중휴거에 대하여 말하는 데살로니가전서 4:16-17은 장차 일어날 재림의 미래성에 대한 바울의 가장 명백한 진술에 속한다.

지금까지 기술한 바를 요약한다면 그리스도의 재림은 단순히 역사의 종말에 일어날 일이 아니라 이미 지금 일어나고 있다. 그리스도는 그를 믿는 제자들과 그들의 공동체 안으로 오셔서 그들 가운데 계신다. 그는 그들의 예배와 말씀과 성례 안에 계신다. 그러나 그는 장차 오실 분으로 머물러 계신다. 그의 궁극적 재림은 역사의 마지막에 일어날 것이다.

지금 그리스도인들 가운데 현존하는 그리스도께서 "장차 오실 분"으로 머물러 계시는 이유는 무엇인가? 그 이유는 그리스도인들의 믿음과 희망과 사랑이 불완전하며, 세상은 아직도 어둠의 상태에 머물러 있기 때문이다. 세상은 아직도 "부정적인 것"으로 가득하다. "죽음과 슬픔과 울부짖음과 고통이" 지금도 그 속에서 일어나고 있다. 이런 세상 속에 계신 그리스도의 현존은 완전하지 못하다. 그는 아직도 "장차 오실 분"으로 머물러 있다. 이 세상의 모든 부정적인 것이 더 이상 존재하지 않을 때, 그분은 자기의 모습을 완전하게 드러낼 것이다. 이때 그의 재림이 이루어질 것이다.

그러나 "장차 오실 그분"은 그를 주님으로 고백하는 신실한 사람들, 하나님의 자비와 정의가 다스리는 세상을 이루기 위해 기도하며 수고하는 사람들 가운데 오시며, 그들을 통해 이 세계 속으로 오신다. 그는 고난당하는 피조물의 고난을 함께 당하시며 그들과 함께 신음한다. 그러므로 그리스도인들은 미래를 관망하면서 그가 오실 날짜와 시간이 언제인지 계산하는 것이 아니라, 그리스도께서 그 속으로 오고 계신 그리스도인들의 공동체와 세상의 작은 형제들과 자연의 피조물들과 연대하며, 그들에게 오시는 주님을 영접하는 동시에 그의 궁극적 나타나심을 기다려야 한다.

4. 흔히 그리스도의 재림을 단순히 먼 미래에 일어날 사건으로 생각한다. 그러나 이렇게 생각할 경우 다음과 같은 어려움이 일어난다. 곧 부활과 승천 이후부터 재림까지의 시간은 예수께서 계시지 않는 시간이 되어

버린다. 만일 그렇다면 예수께서 그리스도인들과 그들의 공동체 안에 임재하기란 불가능하다. 그리스도인들이 "그리스도 안에", 그리스도께서 그들 안에 계시는 일이 불가능해진다. 성만찬 때 그리스도께서 빵과 포도주에 임재하는 것도 불가능하다.

이러한 위험성은 "재림"이라는 단어 속에 숨어 있다. "재림"이라고 말할 때 우리는 예수의 초림, 곧 성육신과 지상의 삶을 전제하고, 그다음에 예수께서 다시 오실 것이라 생각한다. 이때 두 가지 오류가 일어날 수 있다.

1) 그의 "재림"은 초림의 반복으로 생각될 수 있다. 즉 과거에 일어난 그리스도의 오심이 다시 한번 반복될 것으로 생각될 수 있다(Rahner 1963, 123).

2) 이천 년 전에 일어난 초림과 미래에 일어날 재림 사이의 중간 시간은 예수께서 그 안에 계시지 않는 시간으로 생각되는 오류가 일어난다. 이 오류는 *parousia*의 독일어 번역 "Wiederkunft"(다시 오심)에도 나타난다(Nocke 1985, 52). 이 시간은 그리스도와 무관하며 인간에게 완전히 내맡겨진 시간으로 생각된다. 여기서 그리스도와 피조물의 세계는 분리된다. 그리스도는 피조물의 세계에 대해 아무 의미도 없는 존재가 되어버린다. 그는 단지 역사의 종말에 오실 분으로 생각된다.

그러나 앞서 기술한 바와 같이, "장차 오실 그분"은 이미 지금 그리스도인들과 그들의 공동체를 통하여 하나님이 지으신 이 세계 속으로 오고 계신다. 그리스도는 (1) 과거에 "오신 분"인 동시에 (2) 장차 "오실 분"이요, (3) 지금 "오시는 분"이다. 지금 오시는 분이기 때문에 그리스도인들은 그에게 기도할 수 있고 그의 용서와 위로를 받을 수 있다. 그들은 "그리스도 안에" 거할 수 있다.

몰트만의 스승 오토 베버(Otto Weber)에 의하면, 신약성서에서 "파루시아"는 지금 전혀 계시지 않는 그리스도께서 역사의 먼 미래에 "다시 오신다"(Wiederkunft)는 것을 뜻하지 않는다. 오히려 그것은 "언제나 가까이 앞에 있는 '도착'(Ankunft)을 말하는데,…메시아적 영광 가운데서 일어나는 그리스도의 오심"을 뜻한다(Weber 1972, 750). 그러므로 신약성서의 증인들은 지금 여기에 계시지 않는 먼 미래의 주님을 기다리는 것이 아니라, 지금 "오시는 주님을 기다린다." 그리스도는 지금 오고 계시며 우리 가운데 현존하신다. 그러나 우리의 연약함과 죄로 인해 그분의 현존은 언제나 어두운 상태에 있다. 그분의 완전한 오심은 미래에 있을 것이다. 공동체는 미래에 머물러 계신 동시에 "그에게 현존하는 그분을 기다린다"(751).

그러므로 우리는 슈바이처가 말하는 "재림지연"과 그 지연으로 말미암은 "실망"에 동의할 수 없다. 베버에 따르면, 신약성서에는 재림지연에 대한 "실망의 흔적이 없다." 재림을 희망한다는 것은 "지금 현존하는 분이 우리에게 지금 오시는 분임을 희망하는 것을" 뜻한다(751).

5. 그리스도의 재림은 무엇을 말하는가? 현대인은 그리스도의 재림을 거의 믿지 않지만, 재림은 그 속에 중요한 의미를 담고 있다. 그 의미를 우리는 다음과 같이 분석할 수 있다.

1) 그리스도의 재림은 하나님의 구원 역사가 하나님 자신을 통해 완성될 수 있음을 말한다. 그리스도인들은 하나님 나라와 하나님의 정의를 구해야 한다. 그러나 그들은 하나님 나라의 오심을 준비할 수 있을 뿐이다. 하나님 나라의 궁극적 완성은 하나님의 손에 있다. 그것은 다시 오실 그리스도를 통해 가능하다.

2) 그리스도의 재림은 우리 자신의 존재와 이 세계가 아직도 죄와 죽음의 세력을 벗어나지 못한 상태에 있음을 말한다. 우리 속에는 우리가 의식하는 죄는 물론 의식하지 못하는 죄들이 많다(욥 19:18). 이 세계에는 아직도 부정적인 것, 곧 죽음과 슬픔과 울부짖음과 고통이 가득하다. 그러므로 우리는 그리스도의 재림을 기다려야 하며, 그분의 뜻에 따라 살아야 한다. 그리스도의 재림은 이 세계의 "부정적인 것의 부정"을 요구한다.

3) 그리스도의 재림에 대한 신앙은 세계사의 궁극적 주권자가 그리스도이심을 말한다. 재림하신 그리스도께서 "산 자와 죽은 자들을"(*vivos et*

mortuos) 심판하실 것이다. 세계의 통치자들도 그리스도의 심판대 앞에 설 것이다. 세계사의 알파와 오메가는 십자가에 달린 하나님의 아들 예수 그리스도다.

4) 그리스도의 재림은 세상의 불의에 대한 심판을 뜻한다. 재림하실 그리스도는 이 세계의 심판자로 오실 것이기 때문이다. 그러므로 그리스도의 재림은 이 세상의 악한 세력과의 타협을 거부한다. 교회와 정치의 야합을 거부한다. 하나님 나라는 이른바 기독교화된 국가에도 있지 않고, 국가화된 교회에도 있지 않다. 그것은 그리스도의 재림을 통해 이루어질 것이다. 그리스도의 재림을 굳게 믿었던 재세례파와 재림교회파가 박해를 받은 이유는 여기에 있다.

D. 재림의 목적은 무엇인가?

사도신경은 그리스도께서 "산 자와 죽은 자를 심판하러"(*iudicare vivos et mortuos*) 오실 것이라고 고백한다. 이 고백에서 그리스도의 재림 목적은 살아 있는 자들과 죽었다가 부활한 자들에 대한 "최후의 심판"에 있다고 생각된다. 이 생각은 다음과 같은 성서 말씀에 근거한다. "우리는 모두 그리스도의 심판대 앞에 나타나야 합니다. 그래서 각 사람은 선한 일이든지 악한 일이든지, 몸으로 행한 모든 일에 따라 마땅한 보응을 받아야 합니다"(고후 5:10).

위의 말씀에 따르면 최후의 심판은 인간의 행위에 따라 집행될 것으로 생각된다. 곧 "행한 모든 일에 따라 마땅한 보응을 받아야" 한다는 것이다. 요한계시록은 이것을 다음과 같이 말한다. "보아라, 내가 곧 가겠다. 나는 각 사람에게 그 행위대로 갚아주려고 상을 가지고 간다"(계 22:12).

그러나 인간의 행위에 따라 심판을 집행한다면 천국의 영원한 생명의 상을 얻을 사람은 거의 없을 것이다. 가톨릭교회가 성인으로 추대한 사람들, 곧 성인들도 죄를 짓기 때문이다. 모든 인간은 "어머니의 태 속에 있을 때부터 죄인"이요, "죄 중에" 태어난다(시 51:5). "하나님처럼" 완전한 존재가 될 수 없는 한, 인간은 죄를 지을 수밖에 없는 존재다. 그러므로 그리스도의 재림은 거의 모든 인류에게 기쁨의 날이 아니라 불안과 공포의 날이요, 두려운 심판의 날일 것이다. 그리스도는 십자가에서 모든 인간의 죄를 짊어지고 고난을 당한 하나님의 무한한 사랑이 아니라 모든 인간을 행위에 따라 심판하는 무서운 "세계 심판자"일 것이다. 그러므로 우리는 다시 한번 질문하지 않을 수 없다. 예수의 재림의 목적은 무엇인가? 인간의 행위에 따른 심판이 재림의 최종 목적인가?

1. 이 문제는 구약성서에서부터 답변되어야 할 것이다. 앞서 기술한 바와 같이 "장차 오실 분"에 대한 고백은 구약성서에서부터 시작하기 때문이다. 구약성서에서 하나님은 자연 질서 속에 영원히 내재하는 분이 아니라 그의 미래로부터 오시는 분으로 생각된다. 예언자들과 시편 저자는 언제나 다시금 "주님의 오심"을 약속하거나 간구한다(시 96:3; 98:9; 사 35:4; 40:3-5; 60:1 이하 등; Rad 1968, 129-133).

예언자들에 의하면 하나님의 오심은 이스라엘의 죄에 대한 심판을 뜻한다. "주님의 날"은 이스라엘에 대한 축복의 날이 아니라 심판의 날이다. 심판의 목적은 하나님의 정의를 세우는 데 있다. 불의한 자들은 그들의 행위에 따라 심판을 받을 것이다. "주님께서 오신다.…그가 정의로 세상을 심판하시며, 뭇 백성을 공정하게 다스리실 것이다"(시 98:9).

하나님의 오심의 궁극적인 목적은 심판에 있지 않고 구원에 있다. 또한 하나님을 아는 지식과 하나님의 자비와 정의가 회복된 민족들의 세계를 이루는 데 있다. 주께서 오실 때 악한 인간의 통치가 끝나고 메시아의 통치가 이루어질 것이다. 죽음도 멸하실 것이다(사 25:8).

하나님의 오심은 자연 세계도 포함한다. 하나님께서 오실 때 "메마른 산에서 강물이 터져 나오게 하며, 골짜기 가운데서 샘물이 솟아나게" 하며, "광야를 못으로 바꿀 것이며, 마른 땅을 샘 근원으로" 만들 것이다(사

41:18). "내가 이제 새 일을 하려고 한다.…내가 광야에 길을 내겠으며 사막에 강을 내겠다. 들짐승들도 나를 공경할 것이다. 이리와 타조도 나를 찬양할 것이다"(43:19-20).

이 같은 구약의 말씀에 비추어 볼 때 그리스도의 재림의 궁극적 목적은 인간의 행위에 따라 상벌을 주는 데 있는 것이 아니라 하나님의 정의를 회복하고 피조물의 세계를 구원하는 데 있다. 그리스도의 재림은 자연의 새 창조를 포괄한다. 그리스도께서 재림하실 때 자연의 피조물도 "썩어짐의 종살이에서 해방되어서 하나님의 자녀가 누릴 영광된 자유를" 얻을 것이다(롬 8:21). 만물이 그리스도 안에서 그리스도를 머리로 하여 화해되고, 하나로 연합될 것이며, 그리스도의 평화 안에서 공존할 것이다(엡 1:10; 골 1:20). 하나님의 완전한 사랑은 사람과 사람 사이에서는 물론 사람과 자연 사이에서도 성취될 것이다. 이때 "하늘은 하나님의 영광을 드러내고, 창공은 그의 솜씨를 알려"줄 것이다. "낮은 낮에게 말씀을 전해주고, 밤은 밤에게 지식을 알려"줄 것이다(시 19:1-2). 온 세계가 하나님의 계시가 될 것이다.

2. 예수가 자기를 이스라엘의 메시아로 의식하였는가의 문제, 곧 "메시아 의식"의 문제는 아직도 논의의 대상이 되고 있다. 그러나 예수가 자기를 "사람의 아들"과 동일시하였다는 것은 명백한 사실로 보인다. 이것은 다음의 말씀에 나타난다. "내가 바로 그이요, 당신들은 사람의 아들이…하늘의 구름을 타고 오는 것을 보게 될 것이오"(막 14:62). 최소한 초기기독교 공동체가 예수를 메시아로, 그리고 "사람의 아들"로 보았던 것은 틀림없는 사실이다. 공관복음서와 제4복음서는 예수가 하나님의 아들 메시아라는 전제하에서 예수의 삶을 기술한다.

다니엘 7장이 말하는 "사람의 아들"은 예수에 대한 초기 기독교 공동체의 신앙에 깊은 영향을 주었던 것으로 보인다. 에스겔 1:26에 의하면, 하나님 자신이 "사람의 모습과 비슷한 형상"을 지니고 있다. 다니엘 7장에 나타나는 "사람의 아들"은 하나님의 대리자다. 하나님은 "그에게 권세와 영광과 나라를 주셔서 민족과 언어가 다른 뭇 백성이 그를 경배하게 하셨다. 그 권세는 영원한 권세여서 옮겨가지 않을 것이며, 그 나라가 멸망하지 않을 것이다"(단 7:14).

"사람의 아들"은 하나님을 대리하여 땅 위에 있는 불의한 세력들을 제거하고, 하나님의 의를 세우며, 모든 인류에게 평화를 가져올 것이다. 그를 통해 하나님의 통치가 이루어질 것이다. "권세를 가진 모든 통치자가 그를 섬기며 복종할 것이다"(단 7:27). 공관복음서에서 예수는 간접적이고 선취적인 방법으로 자기를 사람의 아들과 동일시하며, 자기가 받을 고난을 사람의 아들과 결합시킨다. 따라서 초기 기독교 공동체가 다시 오실 예수를 사람의 아들의 형태로 생각했던 것은 매우 자연스러운 일이다. 이에 따라 바울은 구약성서의 "주의 날"을 아무 거리낌 없이 "예수 그리스도의 날"과 동일시하며(고전 1:8; 5:5; 고후 1:14; 빌 1:6; 2:16; 살전 5:2), 하나님과 예수를 동일시한다. 부활하였고 승천하신 예수는 하나님의 통치를 대리하는 주님으로 인식된다.

이러한 맥락에서 볼 때 그리스도의 재림의 궁극적 목적은 인간의 행위에 따른 심판이 아니라 "사람의 아들"의 메시아적 사역, 곧 하나님의 생명 공동체를 회복하고 하나님 나라를 완성하는 데 있다. 그가 오시는 날 불의한 자들의 불의와 죄악이 모두 드러날 것이다. 그 마지막 목적은 온 우주에 하나님의 구원 역사를 완성하는 데 있다. 이때 그리스도는 "그의 종말론적 인격 속에서 완전하게 드러날 것이며, 하나님의 영광 속에서 보편적으로 드러날 것이다"(Moltmann 1989, 338). 십자가에 못 박혀 죽으신 그분의 부활과 함께 시작된 생명의 역사가 완성에 이를 것이다. 부활은 그분의 재림의 시작이요, 재림은 그분의 부활의 완성이다.

3. 바울에 의하면 주님께서 다시 오시는 날, 죄인들도 구원을 얻을 것이다(고전 5:5). 그날은 기쁨과 영광의 날이다(고후 1:14; 빌 2:16). 지금 감추어져 있는 것이 그날에 드러날 것이며, 지금 시작된 구원이 완성될 것이다(빌 1:6). 지금 불확실하게 믿는 것이 그날에는 눈으로 볼 수 있게 될 것이

며, 그리스도의 영광 속에서 사멸의 육체가 변화될 것이며(빌 3:21), 모든 피조물이 죽음의 세력에서 해방되어 "하나님의 자녀가 누릴 영광된 자유를 얻을 것이다"(롬 8:21).

바울에 의하면 그리스도의 십자가를 통한 불의한 죄인의 용서와 구원은 시작에 불과하다. 그러므로 바울은 모든 피조물의 보편적 구원을 기다린다(롬 8:21, "모든 피조물도 썩어짐의 종살이에서 해방되어…"). 모든 피조물의 보편적 구원은 그리스도의 재림, 곧 파루시아와 함께 일어날 것이다. 그날은 파멸과 재앙의 날이 아니라 구원의 날이다. 이날에 그리스도는 하나님을 대적하는 모든 악한 세력들을 물리치고 그의 나라를 아버지에게 바칠 것이다. 그리하여 하나님이 모든 것 안에서 모든 것이 되고(고전 15:28), 만물이 그리스도 안에서 하나로 통일될 것이다(엡 1:10).

그런데 바울은 그리스도께서 홀로 오시지 않고 그에게 속한 사람들과 함께 오실 것이라 기대한다. 지금 "그리스도 안에" 있는 자들이 그리스도와 함께 나타날 것이다. "이와 같이 하나님께서 예수 안에서 잠든 사람들도 예수와 함께 데리고 오실 것입니다"(살전 4:14). 지금 그리스도 안에 있고, 그리스도와 함께 고난을 당하는 자들이 그날에는 그리스도와 함께 영광스러워질 것이며 그와 함께 다스릴 것이다. 이것이 그들의 첫째 부활이다(고전 15:23). 지금 그리스도와 함께 하나님의 품 안에 있는 그리스도인들의 영원한 생명이 드러날 것이다(골 3:4). 이날에는 온 이스라엘이 구원을 받을 것이다(롬 11:26).

물론 예수의 재림에서 심판은 필수적 요소다. 하나님 나라의 완성은 불의한 자들에 대한 심판과 불의의 끝남을 전제한다. 따라서 심판을 누락시키거나 그것을 옛 묵시사상의 유산으로 보는 것은 옳지 않다. 구약의 예언자들에게서도 하나님의 구원은 불의에 대한 심판을 전제한다. 그러나 재림의 궁극적 목적이 인간의 행위에 따른 심판과 영원한 벌에 있다고 보는 것은 일면적이다. 그것은 죄인을 용서하는 십자가의 은혜와 사랑에 모순된다. 재림의 궁극적 목적은 심판의 과정을 거쳐 하나님의 정의를 회복하고 구원의 역사를 완성하는 데 있다. 죄인을 위하여 십자가에 달려 "심판을 받은 분"(der Gerichtete)이 "심판자"(Richter)이기 때문이다. "그는 상한 갈대를 꺾지 않고 꺼져가는 심지를 끄지 않을 것이다"(마 12:20). 따라서 심판은 일시적인 것이며, 재림의 궁극적 목적은 예수의 부활과 함께 시작한 구원 역사의 완성에 있다(이에 관해 아래 III.5.-6.의 "최후의 심판"과 "만유회복" 참조).

4. 신약학자 불트만이 말한 대로, 신약성서가 묘사하는 그리스도의 재림은 현대인들이 참으로 믿기 어려운 신화적 형태를 보인다(이에 관해 김균진 2014, 120 이하). 그리스도께서 구름을 타고 "호령과 천사장의 소리와 하나님의 나팔 소리와 함께 친히 하늘로부터 내려오실 것"이라는 말씀을 글자 그대로 믿을 사람은 극히 드물 것이다. 그래서 오늘날 그리스도의 재림은 무의미해진 것으로 보인다. 교회에서도 재림에 관한 설교 말씀을 듣기 어렵다. 한마디로 그리스도의 재림은 현대인이 믿기 어려운 것이기 때문이다. 그럼 우리는 재림 신앙을 버려야 하는가?

이 문제와 연관하여 우리는 어떤 이유에서 초기 그리스도인들이 그리스도의 재림을 믿고 기다렸는지 그 동기를 성찰할 필요가 있다. 그들이 그리스도의 재림을 기다린 것은 분명히 어떤 이유가 있었기 때문일 것이다. 무엇 때문에 그들은 주님의 재림을 기다렸던가? 이 문제를 우리는 교리적 문제로 다루기보다 초기 그리스도인들의 삶의 정황에서 파악해보기로 하자. 삶의 정황이 없는 교리는 추상적이기 때문이다.

1) 신약성서는 초기 그리스도인들의 삶의 정황에 대한 구체적 정보를 거의 얘기하지 않는다. 구체적 정보를 얻을 수 있는 많은 문서들, 예를 들어 막달라 "마리아의 복음서", "도마 복음서"는 외경으로 규정되어 신약성서 정경에서 제외되었다. 그러나 복음서와 사도행전 및 신약성서 후기 문서의 행간에서 우리는 다음의 사실을 엿볼 수 있다.

주님의 재림을 기다렸던 초기 그리스도인들 대부분은 그 사회의 하층 계급에 속한 사람들이었다. 그들은 로마 제국과 결탁한 지배층의 불의와 억압 속에서 포기할 것이 별로 없는 사람들, 삶다운 삶을 박탈당한 사람들이었다. 그들은 유대인들의 증오와 로마 황제의 박해 속에서 "조롱을 받기도 하고, 채찍으로 맞기도 하고, 심지어는 결박을 당하기도 하고, 감옥에 갇히기까지 하면서 시련을 겪었다.···학대를 받으면서, 양과 염소의 가죽을 입고 떠돌았다.···그들은 광야와 산과 동굴과 땅굴을 헤매며 다녔다"고 히브리서는 초기 그리스도인들의 삶의 상황을 보도한다(히 11:36-38).

이들이 그리스도의 재림을 기다릴 때 어떤 동기에서 그렇게 했을까? 그 동기는 인간으로서 인간답게 살 수 있는 세계, 하나님의 정의가 있는 새로운 생명의 세계에 대한 갈망에 있었다. 재림에 대한 그들의 기다림은 삶에의 목마름의 표현이요, "죽음과 슬픔과 울부짖음과 고통이 없는" 하나님의 새로운 생명의 세계를 향한 동경의 표시였다. 이 목마름과 동경을 초기 그리스도인들은 "마라나 타, 주님 오십시오"라는 형태로 나타낸다.

2) 사람의 눈으로 볼 때 하나님의 아들 예수는 실패한 사람이었다. 죽임을 당해도 그는 가장 고통스럽고 치욕스러운 죽임을 당하였다. 그 당시 십자가의 죽음은 로마 제국에 대한 정치적 반란자나 주인을 배반한 노예들이 당하는 형벌이었다(스파르타쿠스의 노예혁명 참조). "세리와 죄인들의 친구"였던 그분이 세상의 힘 있는 자들에게 힘없이 죽임을 당했다. 죄의 세력이 역사를 지배하는 것처럼 보였다.

그러나 역사는 이렇게 끝날 수 없다. 하나님이 지으신 세상이 이렇게 끝나서는 안 된다. "하나님이 어디 있느냐!"고 자만하는 자들이 세상을 지배하는 일이 계속 되어서는 안 된다. 십자가에 달려 죽은 예수는 "전능하신 아버지 하나님 오른편에" 계시다가, 하나님의 영광 속에서 "호령과 천사장의 소리와 하나님의 나팔 소리와 함께 친히 하늘로부터 내려오실 것"이다. 오셔서 그는 하나님의 정의와 주권을 회복할 것이다. "그때에 그리스도께서 모든 권력을 폐하시고 그 나라를 하나님 아버지께 넘겨드릴 것이다"(고전 15:24). 십자가에 달려 죽은 그분이 세계의 마지막 심판자이며, "만왕의 왕이시오 만주의 주"이심을(딤전 6:15) 나타내 보일 것이다. 하나님이 "역사의 흐름을 결정"하며, 역사의 "처음과 마지막"임을 증명할 것이다(사 41:4; 44:6).

그러므로 "우리 주 예수 그리스도께서 나타나실 때까지"(딤전 6:14), 끝까지 박해와 "모욕과 환란"(히 10:33)을 참고 기다려야 한다. "돌로 맞기도 하고, 톱질을 당하기도 하고, 칼에 맞아" 죽을지라도(11:37) 배교를 해서는 안 된다. "이제 아주 조금만 있으면, 오실 분이 오실 것이요, 지체하지 않으실 것이다"(10:37). 그러므로 "믿음에 굳게" 서야 한다, 용감해야 한다, 힘을 내야 한다고 바울은 권면한다(고전 16:13). 이러한 삶의 정황에서 초기 그리스도인들은 그리스도의 재림을 믿었다.

여기서 우리는 초기 그리스도의 재림 신앙은 생명에 대한 안타까운 갈망 및 하나님의 정의와 통치에 대한 갈망과 결합되어 있음을 볼 수 있다. 그러나 기독교가 로마 제국의 국가 종교가 되면서 재림 신앙은 제도 교회에서 사라진다. 그것은 제도 교회가 이단이라 정죄하는 소종파에 의해 명맥을 유지하였다.

현대인에게 그리스도의 재림은 고대인들의 믿을 수 없는 신화에 속한 것으로 보인다. 그러나 초기 그리스도인들에게 그것은 결코 포기할 수 없는 것이었다. 그것은 하나님의 정의와 통치에 대한 갈망의 표현이요, 삶을 상실당한 사람들의 삶에의 부르짖음이었다. 사회적 소외와 박해 속에서 믿음을 지키는 그리스도인들에게 그것은 위로와 인내의 힘을 주는 어둠 속의 등대와 같은 것이었다. 사회적 멸시와 환난 속에서 그들은 "생명이신 그리스도께서 나타나실 때에 여러분도 그분과 함께 영광에 싸여 나타날" 것이란 말씀을 굳게 믿었다(골 3:4).

이 세상은 악하고 교활한 자들이 지배하는 것처럼 보인다. 그러나 악인들의 죄악은 결코 없었던 것처럼 지나가버리지 않을 것이다. 세상이 이대로 끝나지 않을 것이다. 언젠가 주님이 다시 오셔서 불의한 자들의 불의와 죄악을 드러내고, 힘없는 자들의 눈물을 씻어주시며, 하나님의 정의와 주권을 회복하실 것이다. 이 같은 기다림이 초기 기독교 공동체의 재림 신앙 속에 숨어 있다.

3
천년왕국의 희망

천년왕국은 요한계시록 7장과 20장에 기록된 것으로, 세계의 종말이 오기 전에 재림하신 그리스도께서 천 년 동안 다스리는 그리스도의 왕국을 말한다. 곧 "궁극적 세계 완성이 시작되기 전에 하나님과 그의 메시아 통치의 현실이 현존의 세계 속에서 나타낼 '천년의 왕국'"을 뜻한다(Kraus 1983, 554). 기독교 역사에서 천년왕국에 대한 신앙만큼 많은 사람을 열광시키는 동시에 불행을 안긴 것은 없을 것이다. 하늘에서 내려오는 그리스도와 새 예루살렘을 맞이하기 위해 그리스도인들이 깊은 산과 광야로, 혹은 약속받은 땅으로 이주하는 일이 끊이지 않고 일어났다. 종교개혁 당시에 토마스 뮌처와 농민전쟁 지도자들 그리고 재세례파는 천년왕국의 꿈 때문에 박해와 추방을 당하고 죽임을 당하기도 하였다. 1800년에서 1820년 사이에 독일 남부 뷔르템베르크(Württemberg) 지역의 그리스도인들 20,000명 이상이 고향을 버리고 러시아로 떠났다. 독일 경건주의 대표자 알브레히트 벵겔(Albrecht Bengel)은 1836년 6월 18일 일요일에 천년왕국이 올 것이라고 믿었다(Moltmann 2005, 168).

로마 제국의 국가 교회가 된 기독교는 장차 올 천년왕국에 대한 미래의 희망을 배제하고, 죽은 영혼들이 죽지 않고 영원히 살게 될 피안의 세계에 대한 희망을 가르쳤다. 아우구스티누스는 로마 가톨릭교회를 가리켜 천년왕국이라고 가르쳤다. 이에 반해 천년왕국은 이 땅 위에서 이루어질 그리스도의 통치에 대한 미래의 희망을 이야기한다. 세계 모든 권력자들은 그리스도의 통치에 굴복해야 한다(고전 15:27). 세계를 지배하는 지금의 질서는 폐기되고, 모든 것이 새롭게 창조되어야 한다는 것을 천년왕국은 암시한다.

이런 생각을 좋아할 권력자는 세상에 아무도 없을 것이다. 그러므로 천년왕국의 희망은 기독교 소종파로 도피하든지 아니면 사회혁명적 이데올로기로 세속화되었다. 슈바이처가 말한 것처럼 이천 년의 기독교 역사는 그리스도의 "재림 지연"으로 인한 "실망"의 역사가 아니라 "천년왕국을 중심으로 한 투쟁"의 역사라고 말할 정도로 천년왕국의 희망은 기독교 역사에서 중요한 자리를 차지하였다. 제도교회에 등을 돌린 기독교의 소종파들, 예를 들어 발데스파, 재림교회, 몰몬교, 여호와의 증인, 박해의 역사에서 살아 남은 재세례파 등은 순수한 종교적 형태의 천년왕국 신앙을 지금도 보존하고 있다.

그러나 요한계시록의 천년왕국은 고대인들의 신화적 표상으로 묘사되어 현대인들이 수용하기 어렵다. 또 그리스도의 왕국이 왜 천 년으로 제한되는지도 이해하기 어렵다. 이 같은 어려움에도 불구하고 요한계시록의 저자가 천년왕국을 이야기하는 동기는 무엇인가? 오늘 우리에게 그것은 무엇을 말하고자 하는가?

A. 천년왕국론의 성서적 근거

1. 천년왕국론은 영어로 chiliasm 혹은 millenialism이라 불린다. Chiliasm은 1,000을 뜻하는 그리스어 *chilioi*에서 유래하며, mllenialism은 1,000을 뜻하는 라틴어 *mille*에서 유래한다(조현철 1997, 10 이하). 천년왕

국론에 대한 직접적 근거는 요한계시록 7장과 20장에 있다. 그 내용을 우리는 아래와 같이 기술할 수 있다.

- **요한계시록 7장**: "도장이 찍힌" 선택받은 사람들 곧 이스라엘 12지파에서 나온 144,000명과, 그 뒤에 "모든 민족과 종족과 백성과 언어에서 나온" "아무도 그 수를 셀 수 없을 만큼 큰 무리가" 천사들과 함께 하나님과 "어린양" 예수 그리스도를 경배할 것이다. "이 사람들은 큰 환난을 겪어낸 사람들", 곧 세상의 무신적인 세력들에게 끝까지 굴복하지 않고 사망의 짐승을 경배하지 않은 순교자들로서, "다시는 주리지 않고, 목마르지도 않고, 해나 그 밖에 어떤 열도 그들 위에 괴롭게 내리쬐지 않을 것이다.…하나님께서 그들의 눈에서 눈물을 말끔히 씻어주실 것이다."
- **요한계시록 20장**: 역사의 종말 곧 새 하늘과 새 땅이 오기 전에, 한 천사가 지옥(아비소스)의 열쇠를 가지고 하늘에서 내려와 그리스도인들을 박해하는 "용 곧 악마요 사탄인 그 옛 뱀을 붙잡아 결박하여" 지옥에 가두고 천 년 동안 민족들을 미혹하지 못하게 할 것이다. 그리스도께서 "예수의 증언과 하나님의 말씀 때문에 목이 베인 사람들", "짐승이나 그 짐승 우상에게 절하지 않고 그들의 이마와 손에 그 짐승의 표를 받지 않은 사람들"과 함께 천 년 동안 다스릴 것이다. 천 년이 끝나면 사탄이 옥에서 풀려나 "성도들의 진과 하나님께서 사랑하시는 도시를 둘러쌀" 것이다. 그리스도께서 모든 것을 다스리는 평화의 세계가 이루어질 것이다. "그러나 하늘에서 불이 내려와서 그들을 삼켜버릴" 것이다.

천년왕국의 개념은 어디에서 유래하는가? 그것은 하나님의 세계 창조의 7일과, 하루는 천 년과 같다는 시편 90:4의 말씀을 결합한 숫자풀이에서 유래한다(Kraft 1957, 1651). 창세기 1장에서 하나님은 7일 만에 천지창조를 완성한다. 그런데 시편 90:4에 의하면 하나님에게 하루는 천 년과 같다. 그러므로 지금의 세계는 7,000년 동안 존속할 것이다. 이제 종말의 시간이 시작하였으므로 지금까지의 세계사는 약 6,000년에 달한다.

창조의 일곱째 날 곧 안식일이 시작할 것인데, 이날에 하나님은 쉬고자 하신다. 그러므로 하나님은 사탄을 옥에 가두고 일곱째 날 곧 나머지 1,000년 동안의 통치를 메시아에게 맡긴다. 세계의 종말이 오기 전 메시아 왕국은 1,000년 동안 존속할 것이며, 이 기간 동안 사탄은 결박되어 있을 것이라는 생각에서 나온 것이 이른바 천년왕국의 비전이다(Kehl 1988, 170). 여기서 천년왕국은 하나님의 영원한 안식과 새 창조가 있기 이전의 마지막 시대를 가리킨다. 고대 시대에 이 같은 숫자풀이는 일반적 현상이었다. 이와 비슷한 숫자풀이는 다니엘 9:24-27의 70주, 에티오피아의 에녹서에 나오는 "10주의 묵시"에 이미 나타난다(Böcher 1981, 723-729).

2. 일반적으로 천년왕국론은 요한계시록 7장과 20장에만 기록되어 있다고 생각한다. 그러나 천년왕국에 대한 기다림의 정신적 뿌리는 성서 도처에서 발견된다(아래 내용에 관해 Böcher 1981, 723 이하). 그 뿌리를 우리는 먼저 다니엘 2장과 7장의 말씀, 곧 인간의 세계 제국들을 종식시킬 하나님의 왕국에 관한 말씀에서 볼 수 있다. 이 말씀에서 하나님의 왕국은 이스라엘을 넘어 모든 나라를 포괄하는 "사람의 아들"의 영원한 평화의 나라로 표상된다. 7:18과 7:27에서 우리는 보편적 천년왕국에 대한 명백한 근거를 발견한다. "가장 높으신 분의 성도들이 나라를 얻을 것이며, 영원히…그것을 누릴 것이다", "나라와 권세와 온 천하 열국의 위력이 가장 높으신 분의 거룩한 백성에게로 돌아갈 것이다. 그의 나라는 영원한 나라다. 권세를 가진 모든 통치자가 그를 섬기며 복종할 것이다."

다니엘서의 이 말씀에서 우리는 차안적인 메시아와 피안적인 "사람의 아들"이 결합되며, 이스라엘 중심의 메시아니즘과 모든 민족을 포괄하는 보편주의가 결합하여 보편적 메시아니즘으로 발전하는 것을 볼 수 있다. 이리하여 메시아 왕국은 포로 생활 가운데 있는 이스라엘을 해방시킬 뿐 아니라 세계 모든 제국을 종식시키고 모든 민족에게 하나님의 영원한 평화의 세계를 이룰 것으로 생각된다.

이사야서에 의하면 메시아 왕국은 시온에 중심을 둔, 그러나 모든 민족을 위한 메시아적 평화의 왕국으로 표상된다(사 2:3; 4:3; 12:6; 24:21 이하). 그것은 "하나님을 아는 지식"이 땅에 가득하며, 인간과 자연의 피조물들이 평화롭게 공존하는 하나님의 정의로운 세계로 생각된다(11:1-9).

이스라엘 중심의 메시아 왕국에 대한 생각은 이스라엘의 회복에 대한 에스겔 37장의 비전에 더욱 분명히 나타난다. 하나님은 이스라엘 백성을 "한 백성으로 만들고, 한 임금이 그들을 다스리게 하며"(37:22), "내 종 다윗이 그들을 다스리는 왕이 되어 그들 모두를 거느리는 한 목자가 될 것이다"(37:24). 그리고 "내 성소를 그들 한가운데 세워서 영원히 이어지게 하겠다"(37:26). 그다음 "마지막 때에"(38:16) 이스라엘을 치기 위하여 곡과 마곡의 마지막 싸움이 있을 것이며, 하나님의 궁극적 승리가 있을 것이다.

3. 하나님 나라에 대한 예수의 선포는 메시아적·천년왕국적 성격의 것이다. 하나님 나라가 올 때 예수의 오른편에 앉기를 원하는 제자들은 천년왕국의 기다림을 보여준다. 엠마오 도상의 두 제자는 이스라엘과 관련한 메시아적·천년왕국적 기다림을 다음과 같이 이야기한다. "우리는 그분이야말로 이스라엘을 구원하실 분이라는 것을 알고서 그에게 소망을 걸고 있었던 것입니다"(눅 24:21). 두 제자의 기다림은 예수의 예루살렘 입성을 영접하는 민중들의 환호에도 나타난다. "호산나 복되시다! 주의 이름으로 오시는 분!…다가오는 우리 조상 다윗의 나라여!"(막 11:9-10)

누가복음은 예수의 탄생을 하나님의 통치를 이루실 메시아의 오심으로 묘사한다. "그는 위대하게 되고, 더없이 높으신 분의 아들이라고 불릴 것이다. 주 하나님께서 그에게 그의 조상 다윗의 왕위를 주실 것이다. 그는 영원히 야곱의 집을 다스리고, 그의 나라는 무궁할 것이다"(눅 1:32-33). 예수의 수태를 통고받은 마리아의 "찬가"도 하나님의 통치에 대한 천년왕국적 기다림을 보여준다. "그는 그 팔로 권능을 행하시고,…제왕들을 왕좌에서 끌어내리시고, 비천한 사람들을 높이셨습니다…"(1:46-55).

바울은 천년왕국에 대해 직접 말하지 않는다. 그러나 천년왕국적 기다림은 그의 서신 도처에 나타난다. 모든 피조물이 사멸의 종살이에서 해방되어 하나님의 자녀가 누릴 영광스러운 자유를 기다리며 해산의 고통을 함께 겪고 있다는(롬 8:21-24) 바울의 말씀은 이를 나타낸다. 지금 그리스도와 함께 고난을 당하는 자들이 언젠가 그리스도와 함께 "이 세상을 심판할 것이다"(고전 6:2). "우리가 참고 견디면 또한 그와 함께 다스릴" 것이다(딤전 2:12). 세계의 종말은 그리스도의 통치와 함께 올 것이다(고전 15:23-25). 하나님이 "모든 정권과 권세와 능력과 주권 위에" 세우셨고(엡 1:21), "오직 한 분이신 통치자시오, 만왕의 왕이시오, 만주의 주"이신(딤전 6:15) "그리스도 안에서, 그분을 머리로" 하나님이 만물을 통일시킬 것이라는 말씀도 천년왕국적 기다림을 보여준다. 여기서 우리는 바울이 유대교의 뛰어난 랍비로서 구약의 메시아 대망을 잘 알고 있었음을 상기할 필요가 있다. 누가 문헌인 사도행전에 따르면 바울은 "하나님의 나라를 전하고, 주 예수 그리스도에 관한 일들을" 가르쳤다고 한다(행 28:31).

천년왕국적 기다림과 무관한 것처럼 보이는 요한 문서 역시 천년왕국적 기다림을 조심스럽게 보인다. "지금은 이 세상이 심판을 받을 때이다. 이제는 이 세상의 통치자가 쫓겨날 것이다"(요 12:31), 성령께서 오시면 "죄와 의와 심판에 대하여 세상의 잘못을 깨우치실 것이다.…심판에 대하여 깨우친다고 함은 이 세상의 통치자가 심판을 받았기 때문이다"(16:8-11), "진리의 영이 오시면 그가 너희를 모든 진리 가운데로 인도하실 것이다"(6:13), "내가 세상을 이겼다"(16:33)는 말씀에서 우리는 천년왕국적 기다림을 볼 수 있다.

하나님의 빛 안에서 죄를 짓지 않고 형제를 사랑하는 사람은 "이미 죽음에서 생명으로 옮겨갔다"(요일 3:14)는 말씀은 천년왕국의 현재성을 보여준다. 요한 문서가 강조하는 "빛"(요 1:5; 요일 1:5 등), "영원한 생명"(요 3:15; 요일 3:15 등)은 천년왕국적 개념으로 해석될 수 있다. 그것은 로마 제국의 통치자들이 지배하는 "어둠"의 세계에 대립하는 개념들이다.

유대교의 배경을 가진 베드로서는 한편으로 주어진 현실에 순응할 것을 가르치지만(벧전 2:13), 다른 한편으로 천년왕국적 기다림을 분명하게 보여준다. "만물의 마지막이 가까이 왔다"(4:7), "때가 되면, 하나님께서 여러분을 높이실 것입니다"(5:6), "믿음에 굳게 서서 악마를 맞서 싸우십시오"(5:9), "그날에 하늘은 불타서 없어지고, 원소들은 타서 녹아버릴 것입니다. 그러나 우리는 주님의 약속을 따라 정의가 깃들어 있는 새 하늘과 새 땅을 기다리고 있습니다"(벧후 3:12-13)라는 말씀에서 우리는 천년왕국적 기다림을 볼 수 있다.

신약성서는 천년왕국에 대해 직접 말하지는 않지만 천년왕국이 말하는 하나님의 차안적 통치에 대해 도처에서 암시하고 있다. 예수를 가리켜 "크리스토스" 곧 "메시아"라고 부르는 것은 이를 증명한다. 그러므로 우리는 천년왕국을 "본래 페르시아의 종교사상에서 유래하는 유산"으로 보는 알트하우스의 견해에 동의할 수 없다(Althaus 1922, 297). 오히려 그것은 구약 예언자들의 메시아 대망에서 발전한 예언자적·묵시사상적 유산이라 볼 수 있다.

B. 천년왕국론의 역사적 발전
– 피오레의 요아힘의 천년왕국론

1. 기원후 70년에 일어난 예루살렘 성전 파괴 전후에 천년왕국론은 주로 유대인 계통의 그리스도인들과, 예수의 인간적 본성을 강조하는 에비온주의자들 사이에 널리 유포되었다. 로마 제국의 지배를 거부했던 이들은 구약성서의 메시아적 희망에 뿌리를 둔 천년왕국론을 쉽게 수용할 수 있었다. 그리스도께서 다스리는 천년왕국은 자기를 신격화시킨 황제가 지배하는 로마 제국에 저항할 수 있는 정신적 힘이 되었기 때문이다. 그러

므로 천년왕국론은 로마 제국에 대립하는 "유대교의 잔재"라는 혐의를 받게 된다.

기독교가 로마 제국의 박해를 받던 시대에 천년왕국은 그리스도인들에게 큰 힘이 되었다. 2세기의 파피아스(Papias), 유스티누스(Justin), 이레나이우스(Irenaeus), 테르툴리아누스(Tertullian), 3세기의 히폴리투스(Hippolyt), 율리우스 아프리카누스(Julius Africanus), 몬타누스파는 천년왕국론을 기꺼이 수용하였다. 기독교가 로마의 공인을 받은 이후에도 천년왕국론은 당시의 대표적 신학자들의 인정을 받았다. 청년 아우구스티누스도 그중에 한 사람이었다. 그러나 영적·은유적 성서 해석을 주장하였던 오리게네스(Origenes) 중심의 북아프리카 알렉산드리아 학파는 천년왕국론을 유대교적이요 물질적인 것, 유치하고 감각적인 것이라 배척하였다.

기원후 380년 기독교가 로마 제국의 국가종교로 공인되면서 천년왕국론에 큰 변화가 일어난다. 지금까지 박해를 받던 기독교가 로마 제국의 국가종교가 됨으로써 로마 제국과 교회가 결합되었다. "로마 가톨릭교회"란 명칭은 이를 잘 나타낸다. 그것은 로마 제국의 유일한 보편적(가톨릭) 교회가 되었음을 보여준다. 이로써 "교회의 국가화", "국가의 기독교화"가 일어난다. 기독교를 국가종교로 채택함으로써 로마 제국은 기독교 국가가 된다. 그것은 세속적 국가가 아니라 종교적으로 "거룩한 로마 제국"(Romanum Sacrum)이 된다. 지금까지 기독교를 박해하던 황제는 하나님을 대리하는 거룩한 로마 제국의 통치자로 승화된다.

로마 제국이 "거룩한 제국"이 되면서 천년왕국에 대한 희망은 배척을 받게 된다. 로마 제국은 황제를 통하여 하나님이 다스리는 "거룩한 제국"이기 때문이다. 하나님이 통치하는 천년왕국의 현실이 거룩한 로마 제국 안에 있다. 그러므로 천년왕국에 대한 희망은 더 이상 필요하지 않다. 오히려 그것은 황제의 권위에 대한 방해물이 된다. 자기를 가리켜 "짐승"이라 부르는 요한계시록의 천년왕국을 황제는 수용할 수 없었다. 그러므로 431년 황제가 소집한 에베소 공의회는 천년왕국론을 거부하였다. 이로써 천년왕국은 거의 망각 상태에 빠지게 된다.

2. 망각 상태에 있던 천년왕국의 희망을 재활시킨 중세기의 대표적 인물은 피오레의 요아힘(Joachim von Fiore, 1145-1201)이었다. 중세기 로마 가톨릭교회의 부패와 타락은 천년왕국론이 등장할 수 있는 토양이 되었다. 이리하여 "중세기 유토피아적 르네상스의 가장 유명한 대표자"인 요아힘은 천년왕국론을 부활시키게 된다(Kehl 1988, 183).

요아힘은 지역 교회의 사제가 아니었다. 그는 시토(Citeaux) 수도회의 수도사로서 예언자요 성자로 존경을 받고 있었다. 일반적으로 지역 교회의 사제들과 수도원의 수도사들은 대립 관계에 있었다. 수도원은 지역 교회 사제들의 부패와 타락에 대한 대립으로 생성되었기 때문이다. 따라서 수도사였던 요아힘은 당시 가톨릭교회의 타락을 인정할 수 없었다. 이리하여 그는 이탈리아 남부 칼라브리아(Calabria)에 수도원을 세워 가톨릭교회의 개혁운동을 일으킨다. 이 같은 정황에서 그는 하나님의 삼위일체에 기초한 역사신학을 저술하게 된다. 그의 저서는 약 300년이 지난 1519년, 재세례파에 의해 이탈리아 베네치아(Venedig)에서 처음으로 인쇄되었다.

요아힘은 그의 삼위일체론적 역사신학이 근대 유럽의 정신사에 어떤 영향을 줄 것인지 상상하지 못했다. 그의 역사신학의 새로운 점은 아우구스티누스의 "하나님의 도성"에 나타나는 두 왕국설에 반하여, 세계사를 성부·성자·성령의 시대로 구성된 구원사로 보았고, 새로운 시대는 단순히 역사의 종말에 오는 것이 아니라 역사 내에서 오리라고 보았던 점에 있다. 여기서 요아힘은 구약 예언자들의 전통을 따른다. 서구의 정신사에 대한 요아힘의 영향을 뢰비트는 다음과 같이 평가한다. "13세기와 14세기의 이 논쟁은 오늘날 우리와 거리가 멀지만, 그것이 초기 기독교의 열광주의를 다시 불타오르게 했고, 근대의 진보신앙을 간접적으로 형성하였다는 것은 의심할 수 없는 사실이다"(Löwith 1953, 136).

3. 요아힘은 구약성서와 신약성서, 구원자 그리스도 이전의 역사와 이후의 역사가 연결된다는 사실에 착안하여 세계사 전체를 구원사로 보게

된다. 구원사는 삼위일체의 도식에 따라 성부, 성자, 성령의 시대로 구별된다. 옛 계약의 시대 곧 "성부의 시대"는 일곱 시대로 구성되는데, 일곱 시대는 각 여섯 시대로 구성된다(총 42세대). 마지막 일곱째 시대에 "성자의 시대"가 시작된다. "성자의 시대" 곧 새 계약의 시대도 일곱 시대로 구성되며, 일곱의 작은 시대들은 그리스도의 지상 생활의 연수였던 약 30년간 지속되는 각 일곱 개의 세대들(총 210년)로 이루어진다. 이리하여 세계사는 새 계약의 시대까지 1260년의 기간을 갖게 된다. 성자의 시대 마지막에 "성령의 시대"가 시작된다. "성령의 시대"도 일곱의 작은 시대들로 구성된다. 한 시대가 완전히 끝난 후 그다음 시대가 시작하는 것이 아니라 각 시대가 끝나기 전 마지막 시대에 시작된다.

각 시대의 특징을 요아힘은 다음과 같이 설명한다. 성부 시대의 특징은 "율법", "두려움", "종의 신분"에 있고, 성자 시대의 특징은 "은혜", "믿음", "자유인의 신분"에 있으며, 성령 시대의 특징은 "더 풍성한 은혜", "사랑", "친구의 신분"에 있다. 성부의 시대는 율법 아래 있는 결혼한 자들의 질서를 가지며, 성자의 시대는 성자의 은혜 가운데 있는 제사장들의 질서를 가지며, 성령의 시대는 성령의 자유 아래 있는 수도사들의 질서를 가진다. "첫째 시대에는 수고와 노동이, 둘째 시대에는 박학과 훈육이, 셋째 시대에는 명상과 찬양이 다스린다"(Löwith 1953, 139). 첫째 시대의 특징은 겨울에, 둘째 시대의 특징은 봄의 시작에, 셋째 시대의 특징은 여름에 비유할 수 있다. "첫째는 물을, 둘째는 포도주를, 셋째는 기름을 가져온다"(Joachim 1955, 83). 셋째 시대와 함께 성서의 천년왕국이 이루어진다.

세 가지 시대를 거치며 세계사는 문자에서 영으로 발전한다. 마지막 성령의 시대를 말하면서 요아힘은 로마 가톨릭교회에 대해 비판적으로 묘사한다. 성령의 시대에 교회는 제도적 기구와 성직자 제도를 갖지 않을 것이다. 교회의 계급 제도(Hierarchie)는 있겠지만 성령으로 충만하여 완전히 다른 모습을 할 것이다. 교회는 "성직자의 교회"에서 "요한의 교회", "영적 교회"로 변모할 것이다. 이 교회 안에서 신자들은 성직자의 중재 없이 하나님과 직접 교통할 것이며, 그리스도의 산상설교를 완전히 실천할 것이다. 성직자가 지배하는 지금의 교회와는 달리 성령 시대의 교회는 철저히 가난한 교회가 될 것이다. 전쟁이 더 이상 일어나지 않을 것이며(그 당시 교황들도 용병을 고용하여 전쟁을 일으켰음), 그리스도인들의 분열, 그리스도인들과 유대인들의 적대관계가 사라질 것이다. 유대인들은 더 이상 박해와 추방과 학살을 당하지 않고 본래 살던 땅에서 그리스도인들과 평화롭게 살 것이다.

요아힘의 이 같은 역사철학적 구상은 당시의 타락하고 부패한 교회와 기독교를 국가종교로 둔 사회에 대한 비판이었다. 그것은 성직자의 중재자 직과 특권이 존재하지 않으며 세속의 부와 권세를 추구하지 않는 "가난한 교회", 더 이상 사회계급이 존재하지 않는 평등한 사회를 향한 개혁의 요구였다. 요아힘은 이러한 일이 일어나기 시작한 새 계약의 49번째 세대에 살며 이 모든 것이 바로 지금, 곧 1260년에 임박하였다고 믿었다. 그가 세운 수도원이 성령 시대의 선구자라는 확신 속에서 그는 이 수도원을 중심으로 가톨릭교회의 개혁을 꾀하였다.

그러나 요아힘은 둘째 "성자의 시대"와 셋째 "성령의 시대"를 완전히 단절된 것으로 보지 않았다. 오히려 둘째 시대의 모든 것이 성령으로 충만하여 셋째 시대로 자연스럽게 변화될 것으로 보았다. 가톨릭교회의 외적이며 형식적인 모든 제도가 성령의 현존을 통해 내부에서부터 자연스럽게 영적인 것으로 변화될 것이라 생각하였다. 그러므로 요아힘의 천년왕국적 역사신학은 당시 가톨릭교회를 위협하는 것으로 보이지 않았다. 성령 시대로의 자연스러운 내적 자기변화에 대한 요아힘의 생각을 가톨릭교회는 용납할 수 있었다.

4. 그러나 요아힘이 죽은 후 13, 14세기의 프란체스코파 영성주의자들(Franziskaner-Spirituale)은 당시 가톨릭교회의 타락과 계급 제도를 비판하고, 요아힘의 역사신학 속에 숨어 있는 유토피아적 천년왕국 사상을 가톨릭교회에 대한 비판의 근거로 삼았다. 그들은 요아힘이 성령의 시대에 자

연적으로 이루어질 것으로 보았던 영적 교회의 이상을 당시의 타락한 제도교회 안에서 실현할 것을 요구하였다.

이들의 신념에 의하면 세속의 부와 영광을 누리는 가톨릭교회의 교황체제는 영적으로는 물론 사회적·정치적으로 막바지에 도달하였다. 성직자들의 부패와 타락은 극에 달하였다. 이제 교회는 세속의 부와 권세를 버리고 청빈을 이상으로 삼아야 하며 계급 제도를 철폐해야 한다. 계급 체제로서의 교회는 형제자매들의 영적 교회로 변화되어야 한다. 구원은 성직자들이 중재할 수 있는 것이 아니라 회개한 각 신자가 하나님에게서 직접 얻을 수 있는 것이다. 그러므로 성직자의 중재자 직은 철폐되어야 한다. 하나님에 관한 지식은 신학자들의 전유물이 될 수 없다. 오히려 명상을 통해 각자가 하나님 지식을 얻어야 한다. 성직자만이 행할 수 있는 성례와 설교도 철폐되어야 한다. 신성 로마 제국 황제인 프리드리히 2세(1194-1250)는 적그리스도다. 이와 같이 프란체스코파의 영성주의자들은 당시 가톨릭교회와 황제를 비판하면서 철저히 청빈하게 살았던 아시시의 성 프란체스코를 메시아적 지도자로, 새 시대의 "새 그리스도"로 삼고 새로운 교회질서를 요구하였다.

당시 가톨릭교회와 스콜라 신학은 그들의 요구를 수용할 수 없었다. 그들이 근거로 삼았던 요아힘의 천년왕국적 이상도 거부할 수밖에 없었다. 토마스 아퀴나스는 아우구스티누스의 입장을 따라 천년왕국론을 거부하고 이를 이단으로 정죄하였다. 이리하여 천년왕국론은 가톨릭교회의 공적 신학에서 사라져버렸다(Nocke 1992, 394). 세속의 부와 권력을 포기할 수 없었기 때문이다. 프란체스코파는 1348-1352년 사이에 일어난 흑사병으로 수도사들의 3분의 2를 잃고 끊임없는 박해를 당하게 된다.

블로흐는 그의 저서 『희망의 원리』에서 요아힘을 중세기의 가장 영향력 있는 사회-유토피아 사상가로 평가한다. 그에 따르면 얌불로스(Jambulos), 토마스 모어(Thomas More), 캄파넬라(Campanella)의 유토피아는 "오이토피아"(Eutopia)라 불리는 먼 섬에 있고, 아우구스티누스에게서 그것은 초월의 세계에 있는 것으로 생각된다. 이에 반해 "요아힘에게서 유토피아는 역사적 미래의 양태와 상태로(im Modus und als Status historischer Zukunft) 나타난다." 요아힘이 말한 제3시대는 사회 계급이 없는 시대일 것이다. 장차 있을 "수도사의 시대"는 "보편화된 수도원의 공산주의와 완성의 공산주의, '자유로운 영의 시대'일 것이다." 요아힘의 이론은 "하늘과 피안을 향한 세계 도피를 가르치지 않는다." 그가 말하는 "그리스도의 왕국은 원시 기독교 이후 가장 강력하게 이 세계에서 이루어져야 할 것으로 생각된다." "예수는 다시 새로운 땅의 메시아이며, 기독교는 제의와 거짓된 위로(in Kult und Verträstung)를 버리고 현실적으로(in Wirklichkeit) 일어난다. 그것은 지배자와 사유재산 없이…일어난다"(Bloch 1959, 592 이하).

5. 요아힘의 천년왕국 사상은 종교개혁 시대에 토마스 뮌처와 재세례파를 위시한 종교개혁 좌파에 큰 영향을 주었다. 뮌처는 하나님의 뜻을 철저히 실현하고자 했던 그 시대의 묵시사상적 유토피아 사상가로, "새 다니엘"로 알려져 있었다. 그는 자기의 혁명적 사상이 요아힘에게서 유래하지 않고 하나님의 말씀에서 유래한다고 주장하였다(1923. 12. 2. 세무사 H. Zeiss에게 보낸 뮌처의 편지에서, Müntzer 1968, 398). 그러나 블로흐에 의하면 뮌처는 프란체스코파 영성주의자들과의 관계를 통해 요아힘의 영향을 깊이 받았다. 뮌처가 주도한 독일 농민전쟁은 요아힘이 보여주는 "기독교적-혁명적 사회 유토피아 정신"에서 유래한다(Bloch 1959, 593 이하). "육적인 신학교사들"이 요아힘의 영원한 복음을 비판하는 것은 매우 웃기는 일이라고 뮌처는 지적하였다(Elliger 1976, 444).

청년 루터는 천년왕국에 대하여 침묵하지만, 부패와 타락에 빠진 가톨릭교회를 개혁하고자 하는 그의 마음속에는 천년왕국적 꿈이 살아 움직이는 것을 볼 수 있다. 그러므로 후대의 신학은 "마르틴 루터 박사의 소명"(vocatio Dr. Martini Lutheri)을 요한계시록 14:6에 기록된 천사의 파송으로 보았다. 그러나 토마스 뮌처의 천년왕국 사상이 무고한 사람들의 살인과 방화와 약탈을 동반한 농민전쟁과 결합하자, 루터는 "광신적 소종파들의 천년왕국 신앙을 단호히 거부하게 된다." 신학적 주요 이유는 "천년왕국 신앙은 그리스도의 이중재림을 말하기 때문"이었다(권득칠 2017, 261). 1534/35년, 천년왕국 사상에 심취한 재세례파의 "뮌스터의 하나님 나라" 운동이 시민의 재산을 탈취하는 등 광신적 운동으로 변하자 천년왕국에 대한 루터의 반대 입장은 더욱 굳어진다(이에 관해 김균진 2018, 542-544).

이리하여 멜란히톤을 위시한 종교개혁자들은 1530년 아우크스부르크 신앙고백(Confessio Augustana)에서 천년왕국론을 다음과 같이 거부한다. "죽은 자들의 부활 이전에 성자들과 경건한 자들이 (땅 위에) 세속적인 왕국을 가질 것이며, 하나님 없는 모든 자들을 제거할 것이라고 이제 다시 강조하는 일련의 유대교적 생각들을 배격한다"(CA 17조). 여기서 천년왕국론은 "유대교적 생각들"(iudaicas opiones)이라 규정된다. 제2스위스 신앙고백(Confessio Helvetica poterior)은 다음과 같이 천년왕국론을 배격한다. "그 밖에도 우리는 심판의 날 이전에 황금시대가 땅 위에 있을 것이며, 경건한 자들이 세상의 나라를 차지하고 그들의 무신적 적대자들을 굴복시킬 것이라는 유대교적 꿈들을 저주한다"(Moltmann 2005, 178에서 인용).

6. 17, 18세기에 천년왕국론은 개신교회에서 되살아난다. 장차 올 그리스도의 나라를 바라보며 세계를 개혁하려는 운동이 일어난다. 이 운동의 주요 인물은 체코의 코메니우스(Johann Amos Comenius, 1611-1670)였다. 그는 가톨릭교회에 의해 화형을 당한 얀 후스의 후계자들이 세운 보헤미아 형제단의 마지막 주교로서, 당대의 석학으로 존경받던 인물이었다. 그는 참된 천년왕국론을 기독교와 동일시할 정도로 천년왕국론을 중요시하였다. "참된 천년왕국은 참된 기독교이며, 반천년왕국론은 반기독교라고 나는 감히 설명하고자 한다.…세계의 모든 것을 보편적으로 개선하는 것은,…타락 이전의 상태로 혁신하는 그리스도의 사역일 것이다. 그럼에도 불구하고 그는 우리의 협동을 요구한다. 이 협동은 세상의 현 상태에서는 더 이상 어렵지 않을 것이다"(체코 출신의 신학자 Lochman 1982, 451에서 인용). 이 같은 확신에서 그는 청소년의 "연금술적 교육"을 통한 사회개조 및 변

혁을 꾀하였다.

슈페너(Ph. J. Spener, 1635-1705), 벵겔과 외팅거(Chr. Ötinger, 1702-1782)
가 대표하는 18세기의 경건주의는 세계선교를 통하여 천년왕국적 꿈을
이루고자 하였다. 19세기 독일의 블룸하르트 부자((아버지: J. Chr. Blumhardt,
1808-1880, 아들: Chr. Blumhardt, 1842-1919), 스위스의 헤르만 쿠터(Hermann
Kutter)와 레온하르트 라가츠(Leonhard Ragaz)의 종교사회주의 운동을 통
해 천년왕국의 희망이 되살아났다. "성령의 제3의 나라에 대한 요아힘의
역사신학적 사상은 레싱 이후 19세기의 역사인식 속에 유령처럼 퍼져 있
었고, 그것에 깊은 영감을 주었다"(Moltmann 1964, 242). 영국과 미국에서는
문자주의적 성서 해석에 기초하여 근본주의적 세대주의 천년왕국론이 등
장하였다. 세대주의 천년왕국론은 세계의 대파멸과 공중휴거를 세계의 종
말로 보기 때문에 세계의 현실에 대해 아무 의미도 가질 수 없었다.

7. 이에 반해 20세기 초 일련의 신학자들은 천년왕국의 참 의미를 재
발견한다. 칼 바르트에 의하면 "천년왕국론이 없다면,…도덕적 인격성의
이념이 없을 때나 마찬가지로 윤리가 없을 것이다." 요한계시록 20장이
말하는 천년왕국은 "결코 축복받은 자들의 외로운 섬이 아니라…늙은 용
이 옥에 갇혀 있는 심연 위에 세워진 성도들과 순교자들의 나라다." 천년
왕국의 희망은 "윤리적 투쟁의 끝이 아니라 목적을" 우리에게 제시한다.
즉 "사랑 안에 있는 자유와, 자유 안에 있는 사랑을 사회적 활동의 직접적
동기로 (제시하며),…사회계급들의 차이와 나라들의 경계와 전쟁과 억압과
모든 폭력의 폐기를, 물질적 문화 대신 정신의 문화를, 사실성(Sachlichkeit)
대신에 인간성을, 보편적 대립 대신에 형제애를 요구한다"(Barth 1924, 140
이하).

8. 1995년 몰트만은 그의 "메시아적 종말론"에서 천년왕국론을 적극
재활시킨다. 그에 따르면 천년왕국론은 "메시아니즘"으로 표현될 수 있다
(Moltmann 2005, 167 이하). 따라서 천년왕국론은 기독교 종말론의 틀에 속
한 "종말론적 천년왕국론"이어야 한다. 곧 "세계의 끝남과 새 창조의 종

말론적 연관 속에 있는 미래의 기다림"이어야 한다(217). 천년왕국론은 "종말론적 천년왕국론"이어야 하고, 종말론은 "천년왕국적 종말론"이어야 한다.

여기서 몰트만은 "역사적 천년왕국론"(historischer Chiliasmus)과 "종말론적 천년왕국론"(eschatologischer Chiliasmus)을 구별한다. "역사적 천년왕국론"은 천년왕국을 예수 그리스도와 관계없는 독립된 것으로 보며 특정한 정치 세력이나 교회 세력을 종교적으로 정당화시키고 메시아적 폭력성을 초래하든지, 아니면 역사에 대한 실망과 좌절을 초래한다. 이에 반해 그리스도의 죽음과 부활에 근거하는 "종말론적 천년왕국론"은 이 세계의 불의에 대한 저항과 고난 속에서 하나님 나라의 미래를 희망한다.

예수 그리스도는 "죽은 자들로부터" 부활하였다. 그의 뒤를 따라 그리스도인들도 "죽은 자들로부터" 부활하여 그리스도의 구원 역사에 참여하기를 희망한다. 이리하여 모든 "죽은 자들의 보편적 부활과 최후 심판이 있기 전에(vor) 그리스도의 왕국"이 있을 수밖에 없다. 곧 세계의 종말 이전의 역사 안에서 그리스도의 나라가 있을 것이다(220). 요한계시록의 천년왕국은 바로 이것을 가리킨다. 천년왕국은 몰트만의 신학에 결정적 영향을 준다.

C. 천년왕국의 희망, 그 역사적 형태들

기독교 역사에서 천년왕국의 희망은 다양한 형태로 표출되었다. 그 중요한 형태 몇 가지를 살펴본다면 아래와 같다.

1. "거룩한 제국"의 정치적 형태

4세기 초 로마 제국의 콘스탄티누스 황제가 기독교를 로마의 한 종교로 공인하면서 기독교의 "콘스탄티누스적 전환"이 일어난다. 지금까지 박해를 받던 기독교가 황제의 적극적 지지를 받는 공인 종교의 위치에 자리하게 된다. 이리하여 로마 제국과 기독교의 화해가 이루어진다. 이 화해는 380년 테오도시우스 황제가 기독교를 로마 제국의 제국종교 혹은 국가종교로 선언함으로써 법적·제도적으로 확정된다. 이제 로마 제국은 세속적 제국이 아니라 기독교를 국가종교로 가진 기독교적 제국(Romanum Sacrum)이 된다. 이 제국 안에서 그리스도인들은 더 이상 정치적 "짐승들" 때문에 고난을 당하지 않는다. 오히려 그리스도와 함께 정치적 승리자의 입장에서 종교적으로 다스리기 시작한다.

이로써 로마 제국은 요한계시록 13장이 묘사하는 반신적이며 적그리스도적인 성격을 벗어버리고, 그리스도의 메시아적 통치를 이루기 위한 하나님의 구원사적 도구로서의 성격을 갖게 된다. 반신적인 도시 로마는 하나님의 영원한 구원의 도시로 승화된다. 황제의 통치권이 종교적 정당성을 얻게 되고, 정치적 절대성을 요구할 수 있게 된다. 그의 통치권은 하늘에 계신 하나님의 통치권을 땅 위에서 대리한다. 그것은 땅 위의 모든 민족들을 포괄하는 보편적인 것이며, 보편적이기 때문에 한계를 갖지 않는다.

역사의 미래에 세워질 하나님의 메시아적 천년왕국은 이제 로마 제국에 있다. 로마 제국은 요한계시록 20장이 말하는 "그리스도의 천년왕국"이요, 다니엘 2장과 7장이 말하는 "신적인 세계 왕국"이다. 아우구스투스(Augustus) 황제가 시작한 "로마의 평화"(Pax Romana)는 "메시아의 평화(Pax Messianica)와 천년왕국의 실현"을 뜻하게 된다. 그러므로 초기 교회의 모든 공의회들은 황제의 이름으로 소집되었으며, 황제에 의해 회무가 처리되고, 모든 결정들은 황제의 이름으로 공포되었다. 황제의 이름으로 공포되는 공의회의 결정 사항을 부인하는 자는 "이단자"(Häretiker)요, 로마 제국에 대한 반역자로 간주되었다. 그는 황제의 이름으로 공포되는 것을 거부하기 때문이다. 황제는 그리스도의 천년왕국적 통치의 대리자다. 그리스도의 천년왕국적 통치는 이제 로마 제국의 황제를 통하여 이루어진다.

이리하여 십자가에 달린 예수의 모습은 사라지고, 만물을 다스리는 통치자(Pantokrator)의 모습이 등장한다. 그는 로마 제국의 황제와 비슷한 모습을 보인다. 골고다의 십자가는 순교의 십자가가 아니라 황제의 승리를 나타내는 십자가로 간주된다. 십자가에 달려 죽은 그리스도의 도움으로 콘스탄티누스 황제는 312년 그의 정적 막센티우스(Maxentius)를 무찌르고 하나님의 거룩한 제국의 평화를 회복하였기 때문이다. 오늘날 많은 유럽 국가들의 국기에 십자가가 그려져 있는 역사적 뿌리가 여기에 있다. 이 십자가는 골고다의 죽음을 상징하는 것이 아니라 모든 민족들에 대한 부활하신 그리스도의 승리를 상징한다.

기원후 476년 서로마 제국이 게르만의 서고트족에 의해 멸망한 후, 신성 로마 제국이 서로마 제국의 계승자로 등장한다. "신성 로마 제국"이란 명칭은 천년왕국의 정치적 형태를 다시 한번 보여준다. "신성 로마 제국"(das Heilige Römisches Reich)을 글자 그대로 번역하면 "거룩한 로마 제국"이다. 이 제국은 멸망한 서로마 제국을 로마 가톨릭교회의 체제 속에서 회복해야 할 사명을 가진 하나의 종교적 제국, 곧 하나님의 "거룩한 제국"이다. 제국의 황제는 땅 위에 있는 하나님의 천년왕국적 통치의 대리자라는 위상을 갖게 된다. 황제 즉위식에서 교황이 황제의 머리에 왕관을 씌워주는 것은 이를 상징적으로 나타낸다.

하나님의 "거룩한 제국"의 황제는 "기독교적 황제"로서 이슬람 세력 앞에서 교회를 보호하고, 모든 민족들에게 그리스도의 복음을 전해야 할 사도적 사명을 가진다. 다른 민족들에 대한 정복과 예속은 이들을 기독교화시키는 선교의 길로 인식된다. 로마 가톨릭교회의 바티칸이 위치한 로마를 중심으로 모든 민족들은 하나로 통일되어야 하며, 하나님이 다스리는 땅 위의 천년왕국이 되어야 한다. 이리하여 복음의 선교는 다른 민족들의 정복과 예속을 정당화시키는 수단이 된다(Moltmann 2005, 182 이하 참조).

이것을 우리는 근대사에서 분명히 볼 수 있다. 중세기에 스페인과 포르투갈은 신성 로마 제국 안에서 정치적으로 거의 의미가 없었다. 그러나

15세기에 콜럼버스가 아메리카 대륙을 발견하자 두 나라는 라틴 아메리카에서 착취한 금과 은을 통해 유럽의 강국으로 부상하여 프랑스와 영국에 맞먹는 열강이 된다. 두 나라는 수천만 명의 원주민들을 죽이고 이 땅을 로마 가톨릭교회화시켰다. 라틴 아메리카에서 로마 가톨릭교회가 지배 종교가 된 역사적 뿌리는 여기에 있다.

그러나 스페인과 포르투갈에 의한 라틴 아메리카의 기독교화는 순수한 복음 선교가 아니었다. 그것은 로마 교황의 지배 아래 있는 기독교 왕국이 파송한 정복자들의 무력과 정복을 통한 강제적 기독교화였다. 그들의 칼과 총 앞에서 원주민들은 기독교로 개종하든지, 아니면 더 깊은 원시림 속으로 도피하든지, 그것도 아니면 죽임을 당하는 길밖에 없었다. 스페인과 포르투갈에 의한 라틴 아메리카의 "정복"(conquista)은 이것을 말한다. 여기에는 가톨릭교회를 확장시키고자 하는 교황의 교회정치적 관심이 작용하였다.

천년왕국의 정치적 형태는 미국의 천년왕국적 이상에서도 나타난다(이에 관해 Moltmann 2005, 192 이하). 미국은 본래 유럽인들이 이주하여 그 땅의 인디언 원주민들을 몰아내고 세운 국가다. 그것은 유럽 계열, 라틴 계열, 아시아 계열, 그리고 노예로 끌려간 아프리카 계열의 이주민들로 구성된 복합민족 국가다. 그것은 세계 인류의 보편적 복합민족 국가를 세우고자 하는 최초의 시도라고 볼 수 있다. 영국의 청교도들이 이주한 이후부터 미국은 하나님의 통치 아래 있는 이상적 사회를 세우고자 하는 메시아적·천년왕국적 정신을 정치철학으로 삼았다.

이 정신은 미국 역대 대통령들의 취임 연설이나 국경일 축하 연설에 나타난다. 윌슨(W. Wilson) 대통령에 의하면 미국은 "그의 사명을 다하고 세계를 구원할 무한계의 특권"을 가진다. 루즈벨트(F. D. Roosevelt)에 의하면 미국은 "민주주의를 위해 세계를 구원해야" 한다. 케네디(J. F. Kennedy)와 존슨(L. B. Johnson)은 미국의 조상들이 가졌던 "메시아적 신앙"을 강조한다. "세계를 구원하고 자유를 위한 투쟁에서 승리하기 위해 우리의 믿음은 십자군의 열정으로 충만해야 한다"고 닉슨(R. N. Nixon)은 주장한다. 1993년에 클린턴(B. Clinton) 대통령은 이렇게 호소한다. "우리의 희망과 우리의 가슴과 우리의 손은 민주주의와 자유를 건설하는 모든 대륙의 사람들과 같이한다. 그들의 일은 곧 미국의 일이다"(Moltmann 2005, 193에서 인용). 이와 같은 미국 역대 대통령의 연설에서 우리는 세계사에 대한 미국의 메시아적·천년왕국적 사명의식을 볼 수 있다. 최근에 트럼프(Trump) 대통령이 외치는 "America First"의 이상도 이 같은 맥락에 속한다. 그러나 "the First"는 "the Last"가 된다는 성서의 말씀을 그는 유의해야 할 것이다.

2. 로마 가톨릭교회의 종교적 형태

아우구스티누스 황제 때 도나투스파였던 티코니우스에 의하면 천년왕국은 영적 현실로서 그리스도의 성육신에서 시작하여 그의 재림에 이르는 "교회의 시대"를 말한다. 아우구스티누스는 그의 생각을 한걸음 더 발전시켜 다음과 같이 말한다. 교회는 "지금 이미 그리스도의 왕국이요 하늘나라"다. "그 사이에 마귀가 천 년 동안 묶여 있기 때문에 성도들이 그리스도와 함께 천 년 동안 다스린다"(Duchrow 1970, 259 이하). 그리스도의 십자가 죽음과 부활을 통하여 사탄은 옥에 갇혔다. 그러므로 그리스도께서 승천하시고 하나님의 오른편에 앉았을 때 천년왕국은 이미 시작되었다.

아우구스티누스에 의하면 멸망할 수밖에 없는 세속의 왕국에 대립하는 천년왕국이 교회 안에 있다. 승천하신 그리스도는 성령의 능력을 통하여 교회 안에 있는 그의 나라를 다스린다. 교황을 머리로 한 사제들의 계급체제 질서를 가진 교회는 완전하지 못하지만 땅 위에 현존하는 하나님 나라다. 그러므로 교회는 보편적일 수밖에 없으며 교회 안에만 구원이 있다. "하나님과 그리스도의 사제들"이 백성을 심판하고 다스린다. 국가는 교회에 복종할 때에만 그의 상대적 권리를 가지며, 땅의 평화(pax terrena)에 이를 수 있다. 이제 로마 제국이 아니라 로마 가톨릭교회가 땅 위에 있는 천년왕국으로 생각된다.

아우구스티누스의 이러한 생각은 당시 서로마 제국의 정치적 상황과 결부되어 있었다. 아우구스티누스 당시 서로마 제국은 내적 부패 및 분열과 외적 침략으로 인해 점점 더 쇠퇴하고 있었다. 결국 "영원한 도시 로마"는 410년 8월 4일 게르만의 서고트족에 의해 함락되고, 로마 제국의 정치적·천년왕국적 이상은 무너지고 말았다.

기울어져 가는 제국의 운명을 바라보면서 로마의 민중들은 통치자 계급에 등을 돌리고, 순수한 믿음 속에서 사회의 약자들을 돌보는 그리스도인들의 교회에 희망을 갖게 된다. "기독교를 로마 제국의 종교로 공인한 콘스탄티누스 황제가 325년 검투사 싸움을 폐지한 사건은, 로마 제국의 민중들이 교회를 신뢰하게 된 중요한 계기가 되었다"(김균진 2018, 39). 부패하고 타락한 제국의 현실 속에서 교회는 정신적 보루가 되었다. 서로마 제국에서 기독교가 급속히 선교된 한 가지 원인은 여기에 있다.

서로마 제국이 476년 게르만의 장군 오도아케르에 의해 멸망하자 교회가 서로마 제국을 대신하게 된다. 교회는 종교적 형태의 로마 제국이요, 로마교회의 주교는 로마 제국의 전통을 이어가는 황제의 대리자의 위상을 갖게 된다. "거룩한 제국"의 천년왕국적 이상은 이제 황제로부터 교황으로 옮겨진다. 이제 땅 위에서 그리스도의 천년왕국적 통치를 이룰 자는 황제가 아니라 교황이다. 교황은 로마 황제들의 제사장적 기능을 넘겨받았다. 그는 베드로의 후계자로서 황제 위에 있다. 모든 민족들에게 구원을 가져올 자는 황제가 아니라, 교황이 다스리는 거룩한 교회다. 교회는 모든 "민족들의 어머니요 교사"다.

이리하여 로마 제국의 정치적 중앙집권제는 로마 가톨릭교회의 중앙집권제로 변모한다. 황제의 정치적 왕권체제는 종교적 "교황 왕권체제"(Papstmonarchie)로 변모한다. 황제가 아니라 교황이 대제사장(pontifex maximus)으로서 땅 위에 있는 그리스도의 나라를 대변한다. 다니엘 7장의 네 마리의 큰 짐승에 대한 환상에서 로마 제국은 결국 멸망해버릴 마지막 넷째 짐승, 곧 마지막 제국이다. 이 제국은 하늘에서 내려올 인자의 나라로 대체될 것이다. 이 나라는 영원히 멸망하지 않을 것이며, "권세를 가진 모든 통치자가 그를 섬기며 복종할 것이다"(단 7:27). 이 나라는 교황을 머리로 한 로마 가톨릭교회 안에 있다. 교황과 사제들의 계급체제를 가진 가시적 교회는 땅 위에 있는 그리스도의 천년왕국이다.

이리하여 교황의 권력이 막강해진다. 로마의 주교 레오 1세(Leo I, 440-461)는 처음으로 자기를 "교황"(Papa, πάπα)이라 부르면서 종교적 형태의 로마 제국을 이루고자 한다. 교황은 땅 위에 있는 "그리스도의 대리자"(Vicarius Christi)다. 따라서 그리스도의 통치는 교황이 다스리는 교회를 통하여 이루어진다. 교회는 땅 위에 있는 천년왕국의 현실이다. 서로마 제국의 수도였던 로마는 하나님 없는 죄악의 묵시사상적 도시가 아니라, 영원한 구원이 그곳에서 나오는 그리스도의 천년왕국적 세계통치의 중심지가 된다. 그러나 교회가 자기를 그리스도의 천년왕국이라고 생각할 때, 그리스도께서 다스리는 미래의 천년왕국을 허용할 수 없게 된다. 그러므로 교회는 천년왕국론자들을 박해하게 된다. 천년왕국에 대한 꿈을 가지고 있었던 중세기 소종파들은 끊임없는 박해와 추방의 대상이 되었다.

가톨릭교회의 천년왕국적 상징은 마리아 상(像)에 나타난다. 만국을 다스릴 그리스도의 어머니요(계 12:5) 땅 위의 교회를 대표하는 마리아 상 중에는 만국의 통치자처럼 보여주는 상들이 있다. 곧 요한계시록 12:1의 말씀에 따라 "해를 둘러 걸치고, 달을 그 발밑에 밟고, 열두 별이 박힌 면류관을 머리에" 쓴 마리아 상을 볼 수 있다. 이 마리아 상은 "비천한 여종"(눅 1:48)의 모습이 아니라 만국을 다스리는 "보편적"(가톨릭) 교회의 대표자 모습을 보여준다.

3. 토마스 모어, 캄파넬라, 베이컨의 고전적 유토피아니즘

근대의 고전적 유토피아 사상가들은 천년왕국론자였다고 말할 수 있다. 그들은 그리스도의 천년왕국적 통치가 이 땅 위에 세워질 것을 바라고 기다리던 사람들이었다. 토마스 모어(Thomas More)가 묘사하는 "유토피아

섬"(Insula Utopia, 1516), 이탈리아 남부에서 태어난 철학자 토마소 캄파넬라(Tommaso Campanella)의 "태양의 도시"(Civitas Solis, 1602), 영국의 철학자이자 정치가인 프랜시스 베이컨(Francis Bacon)의 "뉴 아틀란티스"(New Atlantis, 1626)는 일종의 메시아적 천년왕국을 묘사한다(아래 내용에 관해 김균진 1986, 5 이하).

토마스 모어는 영국 헨리 8세의 재상이었다. 그는 헨리 8세가 자신의 이혼 문제로 영국교회를 로마 가톨릭교회로부터 분리시키는 것을 끝까지 반대하다가 단두대의 이슬로 사라진 인물이다. 본래 그는 수도원에서 신학을 공부하다가 법학으로 진로를 바꾸어 정치에 참여한 탁월한 정치가 겸 신학자였다. 그는 성례론에 관한 책을 저술하기도 하였다. 그에 따르면 세계의 모든 악의 뿌리는 더 많은 부와 소유를 얻고자 하는 인간의 욕망과 사유재산 제도에 있다. 유토피아, 곧 땅 위에 있는 천년왕국에는 사유재산이 없을 것이다. 돈을 사용할 수 없기 때문에 돈에 대한 욕심이 사라질 것이다. 이로써 모든 범죄의 원인과 뿌리가 없어질 것이다. 불평등한 재산 분배가 없기 때문에 거기에는 가난한 사람들과 거지가 없다. 개인의 소유가 없음에도 불구하고 모든 사람이 부유하다. 이 세계는 제사장이 통치한다. 개인의 생활은 중앙 통치기관에 의해 계획된다. 카우츠키(K. Kautsky, 1854-1938, 독일 사회민주당원)에 의하면 모어의 유토피아는 일종의 공산주의 세계다(Kautsky 1947, 131).

캄파넬라의 "태양의 도시"도 일종의 기독교적 공산주의 국가다. 이 국가는 높은 교육을 받고 고상한 인격을 지닌 성직자들, 곧 힘의 집정관, 지혜의 집정관, 사랑의 집정관에 의해 통치된다. 세 집정관은 기독교의 삼위일체에 상응한다. 이 국가에도 사유재산이 없고 모든 것이 공동 소유다. 가정과 결혼생활도 없다. 가정에서 이기심이 생성되기 때문이다. 개인의 삶은 국가에 의해 계획된다. 옷과 음식은 물론 남녀의 성적 교제와 후손 양육도 국가의 계획과 규칙에 따라 이루어진다. 양질의 후손을 얻기 위해 이성 간의 성교 일시까지 국가에 의해 결정된다. 모든 옷이 같은 원단으로 제작되며, 동일한 색깔과 스타일을 띤다. 옷에 이르기까지 모든 사람의 평등이야말로 삶의 최고 원리다.

베이컨이 묘사하는 "새로운 아틀란티스"는 자연과학이 크게 발전한 세계다. 공중의 새처럼 하늘을 비행할 수 있는 기구와 보조수단이 있고, 바다 밑으로 다닐 수 있고, 바다의 폭풍을 이겨낼 수 있는 배와 보트가 있다. 인공원료에서 종이와 아마와 직물들이 생산되며, 인조금속과 인공비료가 제조된다. 바닷물을 여과하여 담수로 만들기도 한다. 이 세계도 기독교 성직자에 의해 통치되며 사유재산이 없다.

위에서 언급한 세 사람의 유토피아 사상가는 그리스도께서 다스리는 천년왕국을 제시하고자 한다. 그들은 현 세계의 모순과 부조리를 보면서 모든 인간이 평등한 메시아 왕국을 희망한다. 인간에 의한 인간의 억압과 착취 및 소유에 따른 인간 차별은 사라져야 한다. 사유재산이 철폐되고, 모든 사람이 균등하게 물질을 소비해야 한다. 개인의 삶은 공동체에 의해 계획되고 통제된다. 이 같은 세계를 바라는 유토피아 사상가들은 그리스도의 천년왕국적 통치를 희망하는 천년왕국론자들이었다고 말할 수 있다.

D. 천년왕국의 희망에서 시작된 근대 시대

1. 유럽의 근대 시대는 천년왕국적 희망의 정신에서 태어났다고 볼 수 있다. 거짓된 권위와 불의와 억압으로부터 인간의 해방과 자유, 교육을 통한 인간의 이성과 도덕성의 발전, 세계의 진보와 역사의 완성에 대한 근대 세계의 꿈은 천년왕국적 희망으로 가득하였다. 뢰비트에 따르면 근대의 진보사상은 기독교의 종말론적 희망의 세속화된 형태다. 근대를 형성한 몇 가지 요소를 우리는 아래와 같이 말할 수 있다.

1) 중세기를 끝내고 근대의 문을 연 가장 결정적 사건은 루터의 종교개혁이라 말할 수 있다. 종교개혁을 통해 중세기의 교황 독재체제와 획일

주의가 끝나고, 종교의 자유와 다양성의 시대가 시작된다. 종교의 자유는 정치적 자유로 확대되었고, 거짓된 권위에서 해방되는 시대가 열린다. 그러므로 헤겔은 근대의 역사를 가리켜 "자유의 역사"라고 말한다.

"자유의 역사"의 기초는 루터가 외친 그리스도인의 "자유의 정신"이었다. 루터는 다음과 같이 "자유의 정신"을 요약한다. "그리스도인은 모든 것에 대한 자유로운 주인이요, 그 누구에게도 예속되어 있지 않다"(Christianus homo, omnium dominus est liberrimus, nulli subiectus, 1520년 "그리스도인의 자유"에서). 1642-1660년의 영국 청교도 혁명과 1688년의 명예 혁명, 1778년 미국의 독립전쟁, 1789-1794년의 프랑스 혁명과 인권선언은 종교개혁의 "자유의 정신"에 기초한 근대 "자유의 역사"의 대표적 사건들이다.

2) 르네상스는 고대와 중세의 우주론적 시대를 끝내고 인간이 "만물의 척도"가 되는 인간 중심의 시대를 열었다. 데카르트가 그의 『방법 서설』에서 말한 것처럼 인간이 "자연의 주인과 소유자"가 되고, 자연은 인간의 노예가 되는 새로운 시대가 시작되었다. 중요한 것은 보편자가 아니라 자신의 가치와 존엄성을 가진 개체 인간이다. 인간의 교육을 통한 이성과 양심을 개발함으로써 도덕적이고 이상적인 세계를 이룰 수 있다는 진보적 시대정신이 근대를 구성한다.

3) 아메리카 대륙의 발견과 정복은 풍부한 자연자원의 착취를 통해 유럽이 세계사의 중심이 되는 새로운 시대를 열었다. 이에 앞장선 나라는 스페인, 포르투갈, 영국과 프랑스였다. 근대는 이 나라들에 의한 식민지화 시대라 말할 수 있다. 자연친화적 사고와 생활방식을 가지고 있었던 아프리카, 아메리카, 호주 대륙의 원주민들은 합리적 이성을 가진 유럽인들에 의해 "미개인"으로 규정되고 정복의 대상이 되었다. 식민지를 대상으로 한 중상주의·제국주의가 근대 시대에 꽃을 피웠다.

4) 중세 말기까지 유럽의 자연과학은 가톨릭교회의 교리적 제한으로 말미암아 자유롭게 발전할 수 없었다. 루터의 종교개혁이 거의 마무리되

었던 1600년 2월 17일, 지동설을 끝까지 주장하다가 로마에서 처형된 브루노(Giordano Bruno, 1548-1600)는 이를 예시한다. 그러나 계속되는 "자유의 역사" 속에서 근대 자연과학은 학문의 자유를 얻게 된다. 자연의 세계를 신화와 미신에서 해방하고 그것을 인간의 소유로 만드는 새로운 시대를 개척한다. 이와 함께 자연이 파괴되는 역사가 시작된다. 자연과학이 발견한 기술은 인간의 생명을 연장시키고 물질생활의 편리와 풍요를 가져오기만 한 것이 아니라 자연을 파괴하고 세계 원주민들의 땅을 정복하는 도구가 되기도 했다. 중세 말기에 이르기까지 세계사에서 별다른 의미를 갖지 못했던 유럽의 국가들은 자연과학의 힘을 통해 세계사의 주역이 된다. 한마디로 근대는 과학기술에 의한 자연 정복의 시대였다. 이 역사는 지금도 계속되고 있다.

5) 근대를 구성하는 또 하나의 중요한 특징은 무신론에 있다. 무신론은 근대 자연과학의 필연적 귀결이었다. 자연과학은 방법적 무신론을 전제하기 때문이다. 자연 현상을 설명할 때 하나님에 대한 신앙은 불필요하다. 하나님이란 작업가설은 배제되어야 한다. 자연과학의 방법적 무신론은 근대의 "보편적 세속주의"의 씨앗이 된다. 자연과학을 포함한 삶의 모든 영역에서 하나님이란 작업가설은 배제된다.

프랑스 혁명이 일어났을 때, 혁명 주체는 다음과 같은 반교회적 조치를 취한다. (1) 교회 행정체제를 국가 통치기구에 귀속시킴, (2) 지역 주민들의 선거를 통해 성직자를 세움, (3) 국가기관이 주교직을 결정함, (4) 교회력을 폐지함, (5) 기독교의 축제일을 금지함, (6) 교회와 기독교를 완전히 철폐함. 이로 인해 약 2,000개의 교회가 파괴되고, 교회의 값비싼 예술품들이 도적을 맞거나 파괴된다(Heussi 1971, 423). 이 같은 일들은 당시 제도교회에 대한 민중들의 적개심이 얼마나 강했는가를 보여준다. 제도교회에 대한 적개심의 여파로 무신론은 대중적 힘을 얻게 된다.

이리하여 근대는 하나님과 종교 없이 천년왕국의 세계를 이루고자 하는 무신론적 진보신앙에 빠진다. 하나님과 인간의 자유는 대립 개념으로 생각된다. 하나님이 있다면 자유가 없고, 자유가 있다면 하나님이 없다! 인간의 자율성과 자유를 실현하기 위해 하나님이란 존재는 폐기되어야 한다. 근대의 무신론적 분위기를 고가르텐(F. Gogarten)은 다음과 같이 묘사한다. "우리 시대의 무신론은…보편적으로 퍼져 있는 분위기, 다소간에 자명적인 생각이 되었다.…이 무신론은 일반적 생각보다 훨씬 더 광범위하게 퍼져 있다"(Kraus 1983, 303에서 인용).

6) 무신론과 더불어 경건주의 운동이 근대에 활발하게 일어났다는 사실을 우리는 유의할 필요가 있다. 루터의 종교개혁을 통해 생성된 개신교회가 무익한 교리 논쟁과 제도 및 형식주의에 빠지자, 교회의 외적 권위와 교리적 가르침 대신에 각 신자의 믿음의 결단을, 제도 대신에 성령을, 형식 대신에 경건을, 교리 논쟁 대신에 믿음의 윤리적 열매와 그리스도인의 완전성을, 칭의 대신에 다시 태어남(중생)과 성화를 중요시하는 경건주의 운동이 17세기 후반에 일어난다.

경건주의는 사도행전이 보도하는 최초의 그리스도인 공동체를 이상으로 가진다. 이 공동체는 제도와 형식이 없는 성령에 충만한 성도들의 모임이었다. 따라서 경건주의는 성령의 능력과 감화를 강조하며 신약성서와 찬송가를 애호한다. 교의학 대신에 성서학을, 제도와 교리 대신에 인격적 결단과 경건을, 강요 대신에 자발성을, 형식이 되어버린 전통 대신에 믿음의 생동성을, 신학자들 대신에 평신도의 권리를, 외적 권위를 가진 국가교회 대신에 형제자매들의 자발적 공동체를 이상으로 가진다.

그러나 경건주의는 개인의 변화에 머물지 않는다. 도리어 인간의 변화를 통한 세계의 변화를 기대한다. 그리스도의 복음으로 다시 태어난 "새로운 인간"을 통해 세계는 하나님이 통치하는 곳으로 변화되어야 한다. 영적인 것에서 시작하여 물질적인 것과 신체적인 것에 이르기까지 경건주의는 "하나님에게서 멀어진 '세계'의 혁명적 변혁"을 희망한다. 이리하여 경건주의는 유대인과 이방인의 회개를 넘어, 가톨릭교회의 교황제도를 극복하고 인류의 윤리적 진보를 희망하는 "천년왕국적 특징"을 갖게 된

다. 보다 나은 세계에 대한 기다림 속에서 경건주의는 세계선교에 열심이
다. 교회의 역사에서 경건주의는 "최초의 기독교(Urchristentum)를…회복하
려는 가장 크고 깊고 포괄적인 시도"로 평가된다(Stallmann 1965, 370 이하).

7) 온 세계에 대한 근대 유럽 문명의 정복과 지배는 성서의 천년왕국
적 꿈과 희망에 뿌리내리고 있다고 말할 수 있다. 20세기의 유명한 헤겔
연구자 카를 뢰비트가 말한 것처럼 근대 서구의 진보신앙은 기독교의 천
년왕국적 희망에서 유래한다. 이 시대는 피오레의 요아힘이 예언하였던
"영의 제3시대"다. 자연에 예속되어 있던 인간이 해방되어 자연을 지배하
게 되며, 인간이 세계의 중심이 되기 시작했다. 이제 인간은 "스스로 짊어
진 미성숙"에서 해방되어 "그의 이성을 자유롭고 공적으로 사용할" 수 있
는 존재가 되었다. 칸트의 "순수이성비판"이 말하듯이, 인간의 이성은 "그
자신의 기획에 따라" 세계를 형성할 수 있게 되었다. 그러나 근대는 하나
님 없이 인간 자신의 이성의 기획에 따라 세계를 새롭게 형성하고자 한다.
그러므로 근대의 시대정신을 가리켜 뢰비트는 "세속화된 종말론"이라 부
른다. 그것은 하나님 없이 새로운 세계를 추구하는 세속화된 천년왕국의
희망이라고 말할 수 있다.

2. 근대를 대표하는 계몽주의는 세속화된 천년왕국적 희망의 요약이
라고 말할 수 있다. 계몽주의의 선구자 레싱(G. E. Lessing)은 독일 루터교
회 목사의 아들이었다. 그가 쓴 『인류의 교육』(1770)은 인간의 인간성과 세
계의 진보를 믿는 근대 계몽주의의 대표적 저서다. 이 책에서 하나님의 구
원 계획 대신에 인간의 교육이 강조된다. 하나님의 계시는 인간의 이성과
도덕성을 향한 교육을 통해 대체된다. 인간의 이성이 참된 것과 선한 것을
인식할 때 계시는 필요하지 않게 될 것이다. 하나님의 계시된 진리는 이성
의 진리로 대체되어야 한다.

레싱에 따르면 천년왕국에서는 성직자의 말씀과 성례를 통해 진리를
중재하는 일이 더 이상 없을 것이다. 인간이 인간을 더 이상 가르치지 않
을 것이다. 각 사람이 진리를 직접 인식할 것이다. 레싱은 자기의 세계관

에 대한 근거를 피오레의 요아힘과 그의 추종자들에게서 발견한다. 요아힘이 말한 제3의 시대 곧 "성령의 시대"는 지금 이 시대다. 그것은 "새로운 영원한 복음의 시대"요, 선한 것이 선하기 때문에 인간이 선을 행하는 "완성의 시대"다. 그것은 교육을 통해 계몽된 인류의 시대요, 마음의 내적 순수함을 회복한 완전한 인간의 통일된 세계. 인류는 "세계연맹"(Weltbund)을 만들어 서로 투쟁하는 세계 제국들을 해체하고, 세계의 평화를 이루어야 한다. 레싱의 이 같은 진보사상을 가리켜 1793년 칸트는 "철학적 천년왕국론"이라 부른다.

어머니에게서 경건한 기독교 신앙을 배운 칸트는 인류의 진보에 대한 레싱의 생각을 자명한 것으로 수용한다. 프랑스 혁명에서 그는 보다 더 나은 미래를 향해 진보하도록 계획되어 있는 인류의 본성에 대한 역사적 징조를 발견한다. 인류에게는 보다 나은 세계를 향해 발전하도록 되어 있는 "자연의 계획"이 숨어 있다. 그러므로 "철학자들도 그들의 천년왕국론을 가질 수 있다." 자연의 이 계획은 "영원한 평화"가 있는 "민족연맹"(Völkerbund)으로 모든 인류가 연합되는 미래의 목적을 지향한다. 세계 시민들의 보편적 연합이 자연의 목적이자 세계사의 목적이며, "창조의 마지막 목표"다. 이 같은 진보적 역사철학이 천년왕국론적 구원사 신학에 뿌리를 가지며, 하나님의 구원 계획을 철학적으로 표현한 것임을 칸트는 잘 알고 있었다.

칸트에 의하면 하나님 나라는 인류 이성의 자율성과 도덕성이 완전히 실현된 인류의 연합을 말한다. 지금이야말로 하나님 나라가 실현될 시대다. 하나님 나라는 "교회의 신앙"을 통해 실현되지 않을 것이다. 그것은 교회의 신앙이 "이성의 종교", "도덕의 종교"로 변화됨으로써 실현될 수 있다. 하나님 나라는 인류의 이성과 도덕성이 개발됨으로써 이루어질 것이다(이에 관해 Moltmann 2005, 212 이하).

독일 관념주의 철학의 완성자 헤겔도 천년왕국적 꿈을 보여준다. 세계사는 "영으로서의 하나님"(Gott als Geist), 곧 "세계정신"으로 임재하는 하나님의 영(정신)의 변증법적 자기활동이다. 그것은 자기 자신(Geist an sich)을 대상 세계(Geist für sich)로 소외시킨 하나님의 영이 대상 세계의 "부정적인 것"을 부정하고, 자기 자신과 대상 세계가 일치하는(Geist an und für sich) 세계, 곧 하나님 나라로 향해 가는 과정이다. 이 과정은 "부정적인 것의 부정"을 통해 이루어진다.

변증법의 원리를 헤겔은 하나님의 삼위일체에서 발견한다. 성부 하나님은 자기 자신을 성자 하나님으로 대상화시키고, 성령 하나님을 통하여 성자의 제한된 요소들, 곧 부정적인 것을 부정하고, 자기 자신과 일치시켜 나가는 영적 활동 가운데 있다. 삼위일체 하나님은 이 영적 활동 자체다. 달리 말해 하나님은 자기의 즉자(an sich)와 대자(für sich) 간의 일치(an und für sich)를 추구하는 영(Geist) 자체다(참조. 요 4:24: "하나님은 영이시다"). 이것을 헤겔은 "사랑"에서 발견한다. 하나님은 사랑이다(요일 4:8, 16). 사랑은 사랑하는 자(an sich)와 사랑받는 자(für sich)가 서로의 일치(an und für sich)를 추구하는 변증법적 활동이다. 하나님의 삼위일체는 곧 하나님의 사랑을 말한다. 삼위일체는 세계사가 그 주위를 맴도는 "낚싯바늘", 곧 세계사의 원리다("세계사철학 강의" 마지막에서). 삼위일체 하나님, 곧 "영으로서의 하나님"의 변증법적 자기활동으로서의 세계사는 "부정적인 것의 부정"을 통해 일어나는 "자유의 역사"다. 그것은 "하나님 나라"를 향한 과정이다. 이런 점에서 헤겔의 신학적 철학 혹은 철학적 신학은 천년왕국적 꿈으로 가득하다.

3. 19세기 후반에 한국에서 일어난 동학사상과 동학혁명은 "영으로서의 하나님"으로 말미암은 천년왕국적 희망의 표출로 해석될 수 있다. 동학의 교조인 최제우의 시천주(侍天主) 사상, 2대 교주 최시형의 사인여천(事人如千) 사상, 3대 교주 손병희의 인내천(人乃天) 사상에서 우리는 기독교의 영향을 볼 수 있다. 19세기 후반에는 천주교회(로마 가톨릭교회) 선교가 한반도에서 진전되고 있었다. 비록 최제우는 천주교회를 반대했을지라도, 천주교회의 기독교 사상에 대해 상당한 식견을 가지고 있었던 것으로 보인

다. 이것을 우리는 최제우가 사용한 "천주"라는 용어에서 볼 수 있다. 천주교회는 지금도 하나님을 "천주"라 부르기 때문이다. 일본의 이토 히로부미를 중국 하얼빈에서 살해한 안중근 의사가 천주교회 신자였다는 사실은 조선왕조 말에 천주교회가 당시의 지식층에게 상당한 영향을 미치고 있었음을 암시한다.

천주교의 영향을 우리는 동학혁명 이전의 사회 지도층에서도 볼 수 있다. 조선왕조의 개혁을 희망했던 다산 정약용(1762-1836)은 천주교회 신자가 되지 않았지만, 그의 형 정약전은 천주교회 신자였다. 그는 형 약전을 통해 기독교 사상을 접했던 것으로 보인다. 1791년 서학 강독에 대한 왕의 문초를 받을 때, 그는 서학의 책을 읽었다고 시인했으나 서학을 믿지 않는다고 밝힘으로써 화를 면할 수 있었다. 그러나 1801년에 천주교회 신자라는 혐의를 쓰고 전남 강진으로 유배된다. 그의 형 정약전은 전남 흑산도로 유배된다.

유배 생활을 하던 1817년, 정약용은 국정개혁의 지침서인 『목민심서』를 집필하고, 자서(自序)에서 이렇게 말한다. "요즈음 백성 다스리는 목민관들은 이익을 좇는 데에만 얼이 빠져 있고, 목민을 어떻게 해야 할지 모른다. 이 때문에 백성들은 찌들고 병들어 줄줄이 진구렁으로 떨어져 죽는데도, 이자들은 고운 옷과 맛있는 음식으로 제 몸만 살찌우고 있으니, 어찌 슬프지 않겠는가." 다산의 이 글은 다음과 같은 예언서의 말씀과 일치한다. "그들은 힘없는 사람들의 머리를 흙먼지 속에 처넣어서 짓밟고, 힘약한 사람들의 길을 굽게 하였다"(암 3:7). "그들은 올바른 짓을 할 줄 모른다. 그들은 폭력과 강탈로 탈취한 재물을 저희들의 요새 안에 쌓아놓는다"(3:10). 『목민심서』의 내용은 예언자 아모스의 다음과 같은 말로 요약할 수 있다. "너희가 살려면, 선을 구하고, 악을 구하지 말아라", "너희는 다만 공의가 물처럼 흐르게 하고, 정의가 마르지 않는 강처럼 흐르게 하여라"(5:14). 여기서 우리는 정의가 살아 있는 새로운 세상을 향한 천년왕국적 희망의 영향을 엿볼 수 있다.

E. 포이어바흐, 마르크스, 블로흐의 무신론적 천년왕국 사상

1. 근대 천년왕국의 희망은 모든 인간의 자유와 정의로운 세계를 회복하고자 하는 정신으로 표출되었다. 근대 초기에 이 정신은 교회제도에 대해 비판적 입장을 취했지만 기독교의 기초를 떠나지 않았다. 17, 18세기에 일어난 자유운동과 인권운동에 나타나는 기본 정신, 곧 "모든 인간은 자유롭고 평등하게 태어났다"는 생각은 성서에 담긴 천년왕국의 희망과 열정을 나타낸다. 영국과 프랑스에서 기독교의 종교적 메시아니즘은 "정치적 메시아니즘"으로, 신학적 천년왕국 신앙은 "철학적 천년왕국 사상"으로 나타났다.

그러나 유럽의 제도교회(국가교회)는 근대의 자유운동과 인권운동을 거부하는 입장을 취하였다. 이를 사탄의 세력으로 규정하면서 통치권력과 결탁하였다. 그러므로 근대의 천년왕국적 희망은 차츰 반기독교적·무신론적 형태로 변모한다. 이것을 우리는 먼저 프랑스 계몽주의자들에게서 볼 수 있다. 이들의 주장에 의하면 종교와 형이상학의 시대는 끝나고 "이성의 시대"가 왔다. 역사의 마지막 시대인 제3시대는 모든 종교적·형이상학적 전제에서 해방된 실증주의 시대다. 이 시대는 인류 역사의 완성단계다(Comte, Saint-Simon).

2. 천년왕국적 희망의 무신론적 형태를 우리는 포이어바흐와 마르크스의 무신론에서 대표적으로 볼 수 있다. 저명한 법률가 파울 폰 포이어바흐(Paul von Feuerbach)의 아들로서 마르크스에게 깊은 영향을 준 포이어바흐는 본래 하이델베르크에서 신학을 공부하였으나 아버지의 반대를 무릅쓰고 베를린에서 헤겔의 신학적 철학을 충실히 배웠다. 헤겔의 논리학 강의를 그는 두 번이나 들었다. 그러나 통치권력에 의한 대학 교수직 거부, 지속적 감시와 사회적 소외 속에서 그는 기독교 종교와 하나님을 부인하는 무신론자로 변신한다. 그의 주요 저서 『기독교의 본질』에 따르면, 하나님은 인간의 모든 선한 본성을 초월적 존재로 투사시킨 것에 불과하다(포

이어바흐의 투사설). 인간은 단지 영적 존재가 아니라 감성적 존재다. 하나님의 영이 인간을 결정하는 것이 아니라 인간이 먹는 것이 그의 존재를 결정한다. "인간은 그가 먹는 바의 것이다"(Der Mensch ist, was er ißt). 하나님 없는 인간은 이제 자신의 이성으로 이상적인 사회를 이루어야 한다고 포이어바흐는 주장한다.

마르크스는 유대교 랍비 가문의 자손이었다. 그의 친할아버지와 외할아버지 모두 유대교 랍비였다. 변호사였던 아버지 하인리히(유대교 이름은 Heschel)가 유대인에 대한 탄압을 견디지 못해 유대교에서 개신교회로 개종하자, 마르크스도 형제들과 함께 1824년 8월 26일 기독교 세례를 받고 법적으로 개신교회 신자가 된다. 1891년에 네덜란드의 유명한 전자회사 필립스(Philips)를 세운 프레데릭 필립스(Frederik Philips)는 마르크스의 사촌이었다.

유대교 랍비 가문의 후손으로서 마르크스는 유럽 사회의 반유대인주의(Antisemitismus)를 잘 알고 있었다. 마르크스의 아버지는 물론 마르크스 자신도 어릴 때부터 사회적 차별을 당하였다. 이른바 기독교를 국가종교로 가진 기독교 사회가 종교적 차이 때문에 특정 민족을 차별하고 추방하며 죽이는 것은 있을 수 없는 일이었다. 그러므로 마르크스는 기독교가 유럽의 국가종교가 된 것은 기독교의 타락인 동시에 국가의 위선이라 비판하면서 기독교 종교와 하나님을 거부하고, 이른바 "기독교적" 국가체제에 대해 비판적 입장을 취한다.

현실에 대해 비판적인 사람은 현실로부터 배척을 당할 수밖에 없다. 이리하여 마르크스도 포이어바흐처럼 대학교수로 진출할 수 있는 길을 잃어버린다. 그는 헤겔 철학의 기독교 전통을 버리고, 하나님 없는 천년왕국적인 세계 곧 공산주의 사회를 꿈꾼다. 이 사회를 이루어야 할 주체는 헤겔이 말하는 "하나님의 영"이 아니라 무산계급 곧 노동자들이다. 역사의 주체는 "영으로서의 하나님"이 아니라 노동자 계급이다. 여기서 천년왕국 사상은 무신론적 공산주의 이데올로기로 변모한다.

3. 무신론적 천년왕국의 희망을 대변하는 20세기의 대표적 인물은 유대인이었던 에른스트 블로흐(1885-1977)라 말할 수 있다. 뮌헨 대학교와 뷔르츠부르크 대학교에서 철학, 물리학, 독문학, 음악을 공부한 그는 박사학위 논문에서 마르크스의 이론에 기초한 천년왕국적 유토피아 사상을 보이기 시작한다. 1913년 결혼 후에 그는 한동안 하이델베르크에 머물렀는데, 여기서 오토 베버(Otto Weber)와 친분을 맺었다고 한다. 베버에 따르면 블로흐는 자존심이 매우 강하였으며 자기를 "새로운 메시아의 예언자"로 인식하였다고 한다.

히틀러의 전쟁 정책을 반대한 그는 스위스를 거쳐 1939년 미국으로 도피하였다. 제2차 세계대전이 끝난 후 1948년에 그는 동독 공산정권에 의해 라이프치히 대학교 철학교수로 초빙되었다. 1955년 국가 유공자 상을 받은 그는 동독 정권의 "국가철학자"로 격상된다. 그러나 1956년 소련을 거부하는 헝가리 민중봉기가 민중에 대한 무자비한 학살로 끝나자, 블로흐는 공산주의 체제에 비판적 입장을 취한다. 그는 이 체제가 본래 마르크스가 꿈꾸었던 공산주의 사회와는 전혀 다르다고 비판한다. 이로 인해 1957년 라이프치히 대학교에서 강제 은퇴를 당한다. 1961년 서독의 몇몇 대학에서 강연 여행을 하고 있을 때, 블로흐는 동독 정권이 베를린 장벽을 쌓는다는 소식을 듣게 된다. 이에 인간의 기본 권리에 속한 통행의 자유를 금지하는 것은 마르크스 정신의 위배라고 비판한다. 동독 정권은 블로흐의 재입국을 금지한다. 이에 블로흐는 튀빙겐 대학교 철학부의 객원교수로 초빙되어 가르치다가 1977년 8월 4일에 사망한다. 3,000명의 대학생들이 횃불을 들고 그를 추모하였다고 한다.

4. 블로흐에 따르면 종교의 본질은 미래에 대한 희망에 있다. "희망이 있는 곳에 종교가 있다"는 말이 타당하다면, 그것은 먼저 기독교에 해당한다(Bloch 1959, 1404). 유대교에서 파생된 기독교는 메시아의 통치에 대한 천년왕국적 희망을 그의 본질로 가진다. 이에 대한 뿌리는 두 종교가 공통적으로 믿는 하나님 상에 있다. 두 종교가 믿는 하나님은 출애굽의 하나

님, 곧 노예가 된 이스라엘 백성을 이집트 땅에서 "젖과 꿀이 흐르는 땅"으로 인도하신 하나님이다(렘 16:14; 행 7:17-36). 그는 "위에 있는 하나님"이 아니라 "앞에 있는 하나님", 새로운 미래를 약속하는 하나님이다. 이 하나님에 대한 믿음은 그가 약속하는 메시아 왕국에 대한 천년왕국적 희망과 분리될 수 없다.

종교를 하나의 환상으로 보는 포이어바흐와 마르크스에 반해, 블로흐는 종교의 긍정적 요소를 인정한다. 곧 성서의 종교 안에 숨어 있는 천년왕국적·종말론적 희망의 요소를 그는 인정한다. 천년왕국적·종말론적 희망을 가리켜 블로흐는 "종교의 유산"(Religion im Erbe)이라 부른다. 하나님의 천년왕국적 통치에 대한 희망 속에서 불의한 현실의 "부정적인 것"을 비판하고, 하나님 나라의 현실을 앞당겨 오는 바로 여기에 "종교의 유산"이 있다.

그러나 블로흐는 기독교의 천년왕국적 희망이 기독교에 의해 이루어질 것이라고 기대하지 않는다. 그는 히틀러를 지지하며 유대인 학살(Holocaust)에 침묵하는 기독교에 대해 천년왕국적 희망의 실현을 기대할 수 없었다. 국가종교가 되어 국가의 시녀 역할을 하는 기독교에 그는 희망을 가질 수 없었다. 이 희망이 이루어질 수 있는 가능성을 블로흐는 먼저 인간 자신의 본성에서 발견한다.

5. 블로흐에 따르면 인간은 자기의 생명을 유지하고 자기를 실현하기 위해 가장 먼저 굶주린 배를 채우고자 한다. 굶주린 배를 채우려는 것이 인간의 가장 기본적 본능(Trieb)이다. 그는 자기의 생명을 위해 보다 더 많이, 보다 더 좋은 것을 추구하며 자유와 행복을 희망한다. 그는 지금 "주어져 있는 것"에 만족하지 않고, 언제나 "아직 주어지지 않은 것"을 바라고 희망한다. "생각한다"(Denken)는 것은 기존의 것을 버리고, 보다 더 나은 것, 보다 더 올바른 것으로 "넘어감"(Überschreiten)을 뜻한다. 인간은 그 본성에 있어 언제나 아직 주어지지 않은 것을 기다리고 희망하며, 그것으로 "넘어가는" 존재다. 블로흐의 주요 저서 『희망의 원리』는 인간의 이 같은

본성을 가리킨다.

"희망의 원리", 곧 보다 더 이상적인 것을 찾는 인간의 본성은 모든 사물들 속에 내재한다. 그것은 인간을 포함한 모든 사물의 존재론적 원리다. 모든 사물들 안에는 보다 나은 미래를 향한 해방과 자유를 꿈꾸며 동경하는 성향이 숨어 있다(Adorno 1969, 49 이하). 보다 나은 미래에 대한 기다림과 이를 향한 "넘어감"은 인간을 위시한 모든 사물의 내재적 본성(Natur)에 속한다. 죽을 날이 머지않은 양로원의 노인들은 물론 바닷가에 있는 조개들도 내일을 기다리며 희망한다. 이런 점에서 세계는 "희망의 원리"를 가진다(『희망의 원리』 제1권 참조). 인간과 모든 사물 속에 숨어 있는 "희망의 원리"로 말미암아 역사의 목적인 천년왕국적 세계가 이루어질 수 있다고 블로흐는 본다.

블로흐에 따르면 하나님은 하나님 나라에 대한 상징언어 내지 암호에 불과하다. "하나님의 현존, 고유한 존재로서의 하나님 일반은 미신이다. 신앙은 하나님이 없는 하나님의 메시아 왕국에 대한 신앙일 따름이다"(Bloch 1959, 1413). 하나님 나라가 이루어질 때, 이 상징언어는 더 이상 필요하지 않을 것이다. 그것은 저절로 사라질 것이다. "하나님은 하나님 나라가 되고, 하나님 나라는 더 이상 하나님을 포함하지 않는다. 달리 말해, 이 종교적 타율과, 하나의 물건처럼 되어버린(verdinglichte) 실체는…완전히 사라진다"(1408).

6. 하나님이란 상징언어는 하나님 나라를 실현하는 데 장애가 된다고 블로흐는 생각한다. 하나님이 하나의 인격적 실체로 생각되고 숭배될 때 하나님 나라에 대한 희망이 마비된다. "위대한 세계의 주가 계시는 곳에 자유는 설 자리를 갖지 못한다. 하나님 자녀들의 자유도 마찬가지다"(1413). 위대한 세계의 주는 자유로운 주체로서의 인간을 허용할 수 없기 때문이다. 태초에 있었던 것은 하나님의 천지창조가 아니라 "너희들이 하나님처럼 될 것이다"(Eritis sicut Deus)라는 약속이었다.

그러므로 역사의 마지막, 곧 종말에 인간이 되신 하나님이 있는 것이 아니라 "하나님처럼 된 인간"이 있을 것이다. 따라서 하나님 나라를 기다리는 메시아니즘은 그 본질에 있어 무신론이며, 무신론은 메시아니즘이다. "무신론 없이 메시아니즘은 아무 자리도 갖지 못한다"(Ohne Atheismus hat Messianismus keinen Platz, 1413). "한 무신론자만이 좋은 그리스도인일 수 있다"(Bloch 1964, 176). 하나님 나라에 대한 천년왕국적 희망은 "오직 무신론을 통해" 이루어질 수 있다.

그러나 과연 하나님 없는 무신론자가 천년왕국적 세계를 건설할 수 있는가? 여기서 블로흐는 인간의 자기중심적 본성을 충분히 고려하지 않는 것으로 보인다. 인간에게 보다 나은 미래를 지향하는 본성이 있음은 사실이다. 이와 동시에 그에게는 끝까지 "자기의 것"(ea quae sua sunt)을 추구하는 이기적 본성이 공존한다. 이웃과 함께 나누며 공존하고 싶어 하는 본성이 있는 동시에 자기가 모든 것의 중심이 되고, 자기를 위해 가능한 한 더 많이 소유하고자 하는 본성이 숨어 있다. 이로 인해 인간의 세계는 타락과 불의를 벗어나지 못한다. 아무리 좋은 제도와 질서를 만들어도 인간 세계는 또다시 타락한다.

루터에 따르면 인간의 의지는 죄의 노예 상태에 있다. 자신의 의지의 능력으로 완전한 선을 이루기란 불가능하다. 그러므로 하나님 없는 무신론자가 그 자신 안에 내재하는 "희망의 원리"를 통해 천년왕국적 세계를 이룬다는 것은 불가능하다. 달리 말해 인간 세계의 구원은 인간 자신에 의해서는 불가능하다. 만일 그것이 가능하다면 그것은 오직 인간 바깥에 있는 창조자 하나님으로 말미암아 가능할 것이다.

20세기에 우리는 하나님 없는 무신론자들이 세운 지상의 천년왕국이 어떤 것인지를 공산주의 국가에서 볼 수 있었다. 20세기의 공산주의 국가는 그리스도의 천년왕국이 아니라 인간 지옥과 같은 것이었다. 당(黨)의 목적을 위해 개인의 자유를 얼마든지 제한할 수 있고, 개인의 생명을 얼마든지 희생시킬 수 있는 세계였다. 이를 감지한 블로흐는 공산주의 체제에 등을 돌리고 말았다. 그러나 이것은 돈이 하나님처럼 되어버린 자본주의 체제에 면죄부를 주는 것으로 오해되어서는 안 될 것이다.

F. 천년왕국론의 종류

천년왕국에 대한 세속적 꿈과 희망이 근대 세계를 지배하고 있을 때 교회
의 영역에서는 다음과 같은 종류의 천년왕국론이 등장한다. 대표적 종류
는 전천년왕국론, 세대주의적 전천년왕국론, 후천년왕국론, 무천년왕국론
이다. "구분의 관건은 재림이다. 재림이 천년 앞에 오면 전천년설이요, 뒤
에 오면 후천년설이다. 무천년설은 '형식상' 후천년설에 속한다. 그리고
각양 변형들이 있다"(유해무 1997, 617).

1. 전천년왕국론

교회에 가장 큰 영향을 준 것은 전천년왕국론(Praemillenarismus)이다. 그것
은 그리스도의 재림이 있은 다음에 천년왕국이 올 것이라는 주장을 말한
다. 종말에 이르기까지의 과정은 다음과 같이 파악된다. 교회 시대와 대환
난 – 그리스도의 재림 – 성도들의 부활 – 천년왕국 – 불신자들의 부활 – 최후
심판 – 의인은 새 하늘과 새 땅으로 들어가고, 악인은 불못에 떨어짐(이범배
2001, 974). 전천년왕국론의 중요한 특징들을 살펴본다면,

    1) 전천년왕국론은 요한계시록 20장의 천년왕국을 문자적으로 이해한
다. 그리하여 천 년의 기간, 첫째 부활(20:4)과 둘째 부활(20:12), 완전한 평
화와 정의가 실현된 그리스도의 지상 통치가 글자 그대로 있을 것이라고
본다.

    2) 전천년왕국론은 후기 유대교의 묵시사상적 구조를 받아들인다. 세
계는 그리스도의 재림이 가까울수록 도덕적·영적으로 더욱 악화된다. 세
계사는 이런 방향으로 결정되어 있다. 그러므로 천년왕국은 인간의 노력
과 세계의 점진적 개혁이나 개선을 통해 이루어지는 것이 아니라 오직 그

리스도의 가시적 재림에 의해 돌발적으로 시작될 것이라고 주장한다.

3) 전천년왕국론은 첫째 부활과 둘째 부활을 동일한 유형의 육체적 부활로 해석한다. 첫째 부활은 천 년 동안 그리스도의 통치에 참여할 성도들의 육체적 부활을 말하며, 둘째 부활은 천년왕국이 끝난 후 있을 모든 불신자들의 육체적 부활을 말한다.

전천년왕국론은 그리스도의 재림과 관련된 사건들의 순서에 대한 견해 차이로 여러 가지 형태로 나누어진다. 이들 가운데 대표적인 것은 역사적 전천년왕국론과 세대주의적 전천년왕국론이다. 양자는 "그리스도의 재림 후에 그리고 세상의 종말 이전에, 이 땅 위에 천년왕국이 있으리라"는 주장에서 일치한다. 그러나 대환난과 휴거의 시기 문제에 대해 입장을 달리한다. "세대주의적 전천년왕국론은 휴거가 대환난 전에 있으며 교회는 대환난을 통과하지 않을 것이라고 주장하는 데 반해, 역사적 전천년설은 휴거는 대환난 끝에 있으며 교회는 환난을 통과할 것이라고 주장한다. 또한 전자는 천년왕국의 성서적 근거를 주로 구약성서에 두는 데 비해, 후자는 그것을 오직 신약성서에만 둔다"(목창균 1998, 274).

2. 세대주의적 전천년왕국론

세대주의적 전천년왕국론(Dispensationaler Praemillenarismus) 혹은 세대주의(Dispensationalismus)는 영국의 넬슨 다비(Nelson Darby, 1800-1882)에 의해 처음으로 제기되었다. 세대주의의 의미는 대변자들에 따라 다양하지만 다음과 같이 기술할 수 있다. 성서는 전체적으로 하나님의 구원사에 대한 증언의 책이다. 하나님의 구원사는 성서가 증언하는 여러 가지 시대들(dispensations)을 통하여 진행된다. "시대"는 "인간이 하나님의 뜻의 구체적 계시에 대해 그들의 순종을 시험받는 일정한 시기"를 말한다(Hoekema 1986, 258 이하).

각 시대마다 하나님은 그 시대에 성취되어야 할 특별한 목적 내지 자기의 뜻을 계시한다. 인간은 이에 믿음으로 응답함으로써 그들의 순종을 시험받는다. 이를 통해 하나님은 그의 구원사를 이끌어나간다. 각 시대들은 대략 다음과 같이 구별된다. 1) 무죄(innocency)의 시대: 타락 이전 아담의 시대, 2) 의식(conscience)의 시대: 곧 아담에서 노아 홍수까지의 시대, 3) 인간의 통치(human reign) 시대: 바벨탑 이후의 시대, 4) 약속(promise)의 시대: 아브라함에서 모세까지의 시대, 5) 모세 율법의 시대: 모세에서 그리스도까지의 시대, 6) 은혜의 시대: 그리스도 이후부터 공중휴거까지의 시대, 7) 천년왕국의 시대.

은혜의 시대 마지막 7년은 "야곱의 수고의 시간"으로 이스라엘 백성에게 심판의 벌로 선고된 490년(70×7)의 이집트 노예 기간 중, 실제로 노예 생활을 했던 483년을 제함으로써 나온 숫자다. 이 마지막 7년 중에 적그리스도가 나타나 자기가 메시아라고 자처한다. 그는 범세계적 경제체제를 세우며 자기를 경배하길 거부하는 유대인들을 박해한다. 이때 그리스도께서 그의 교회와 천사들을 데리고 나타나서 적그리스도를 무찌른다. 그는 사탄을 천 년 동안 묶어두고, 다윗과 교회의 보좌를 세움으로써 천년왕국을 건설한다. 천 년이 지난 다음 죄악된 인류는 평화와 행복의 시대를 거부하고, 옥에서 풀려난 사탄을 추종하며, 거룩한 도시 예루살렘을 정복하고자 한다. 그러나 그들은 결국 패망하고, 보편적 부활과 최후 심판, 새 하늘과 새 땅의 갱신이 일어날 것이며 하나님의 영원한 나라가 시작될 것이다.

세대주의 신학은 우리 시대의 세계사적 사건들이 성서에 문자적으로 예언되어 있고, 따라서 세계의 카오스적 상태는 예견될 수 있다고 본다. 타락과 파멸을 나타내는 모든 사건들은 종말의 징조로 간주되며, 그리스도의 재림을 한걸음 더 앞당겨오는 것으로 생각된다. 인간의 구원은 하나님의 은혜의 선택을 통해 결정되어 있는 것으로 생각하며, 장차 일어날 사건들의 과정을 이미 확정되어 있는 것으로 자세히 묘사한다.

세대주의 신학의 두 가지 중심적 사상은 "휴거"와 "환난"에 있다(McGrath 1994, 472 이하). "휴거"는 그리스도께서 재림하실 때 살아 있는 그리스도인들이 부활한 죽은 사람들과 함께 그리스도를 공중에서 영접하기 위해 땅에서 구름 속으로 이끌려 올라간다는 것을 말하는데, 데살로니가전서 4:16-17에 근거한다. "주께서 호령과 천사장의 소리와 하나님의 나팔 소리와 함께 친히 하늘로부터 내려오실 것이니, 그리스도 안에서 죽은 사람들이 먼저 일어나고, 그다음에 살아 남아 있는 우리가 그들과 함께 구름 속으로 이끌려 올라가서 공중에서 주님을 영접할 것입니다." 미국 달라스 신학교(Dallas Theol. Seminary)의 학장이었던 존 월부어드(F. J. Walwoord, 1910년 출생)에 의하면, 축자적 의미의 미래 사건으로서 공중휴거는 "교회의 희망의 가장 중요한 측면이다"(Walvoord 1957, 8). 공중휴거를 통하여 그리스도인들은 마지막 심판을 면할 것이며, "그리스도를 공중에서 만날 것이다." "환난"의 개념은 다니엘 9:24-27의 예언자적 환상에 기초하며, 하나님이 세계를 심판하는 7년의 기간을 가리킨다.

세대주의 신학은 미국의 장로교회 목사였던 스코필드(C. I. Scofield, 1843-1921)의 "스코필드 주석성서"(Scofield Reference Bible, 1909)에 의하여 널리 유포되었고, 달라스 신학교의 창설자 차퍼(L. S. Charfer)와 그의 후계자 월부어드가 출판한 달라스 신학교의 계간지 *Bibliotheca Sacra*를 통하여 널리 알려졌다. 미국의 많은 성경학교들은 오늘도 세대주의를 가르치고 있다. 세대주의 신학의 대표자는 달라스 신학교 졸업생인 핼 린지(Hal Lindsey)로 알려져 있다.

세대주의 신학은 두 가지 설로 나누어지는데, 휴거가 대환난 이전에 일어나서 그리스도인들이 환난을 피할 수 있다고 보는 전환난설 세대주의(pretribulational dispensationalism)와, 휴거가 대환난 이후에 일어나서 그리스도인들도 환난을 당한 다음 그리스도와 연합한다고 주장하는 후환난설 세대주의(posttribulational dispensationalism)로 나누어진다. 무디는 사람에 따라 해석이 다른 공중휴거설은 "아주 상징적인 이론들에 대한 비사실적 사변들이므로 배격되어야 한다"고 주장한다(Moody/2 1958, 1133). 1990년대 한국사회에 큰 폐해를 남긴 시한부 종말론과 공중휴거설은 위에 기술한 역사적 전천년왕국론과 세대주의적 전천년왕국론에 근거한다.

정일웅에 의하면 역사적 전천년왕국론과 세대주의적 전천년왕국론의 중요한 문제점은 천년왕국에 관한 성서의 기록들, 예를 들어 구원받을 사람의 수 144,000, 숫자 7, 666, 천 년, 열 뿔 등이 상징하는 의미를 찾지 않고 이들을 문자적으로 받아들이는 데 있다. 또 한 가지 중요한 문제점은 기독교의 종말신앙이 "이 땅의 인간적 삶과 문화에 대하여는 언제나 문화 비판주의적 입장을 벗어나지" 못하게 하며, "극단적으로는 삶과 문화를 부정적으로 보게 할 뿐 아니라 현실 문제에 무관심과 도피적 신앙의 모습을 지니게" 하는 점이다. "특히 이원론적 세계관(세상은 악하다는 이해)의 이해 속에서 세상 문화를 적대시하는 모습은 특이한 신앙 성격이라고 할 것이다"(정일웅 1992, 121).

3. 후천년왕국론

후천년왕국론(Postmillenarismus)은 먼저 천년왕국이 있은 후에 그리스도께서 재림한다는 주장을 말한다. 여기서 역사의 과정은 아래와 같이 생각된다. 교회 시대 – 천년왕국 – 그리스도의 재림 – 신자와 불신자의 부활 – 최후 심판 – 신자는 새 하늘과 새 땅으로 들어가고, 불신자는 영원한 벌을 받음(이범배 2001, 982).

세계사의 과정을 비관적으로 보는 전천년왕국론에 반해 후천년왕국론은 세계사의 과정을 낙관적으로 생각한다. 생명의 주이신 그리스도는 이미 지금 역사 안에서 활동하고 계신다. 그러므로 하나님 나라의 복음이 온 세상에 전파되고 교회가 점점 성장함에 따라 세계 인구의 대부분이 기독교로 개종할 것이다. 기독교의 영향 속에서 국제적 분쟁과 전쟁이 사라질 것이며 하나님의 정의와 평화가 있는 천년왕국의 상태가 이루어질 것이다. 그다음에 그리스도께서 재림하여 시간적으로 제한되지 않는 그의 영원한 나라를 세울 것이다. 후천년왕국론의 특징을 요약한다면,

　1) 전천년왕국론은 성서를 문자적으로 이해하는 반면, 후천년왕국론

은 성서를 상징적으로 또는 영적으로 이해한다. 천년왕국은 문자적으로 천 년 동안 지속되다가 끝나버릴 사실적 왕국을 말하는 것이 아니라, 역사의 과정을 통하여 발전되어가다가 예수의 재림 이전에 천 년 동안 지속될 하나님의 통치를 뜻한다.

2) 후천년왕국론은 "낙관주의적 세계관과 역사관"에 기초한다(목창균 1998, 277). 그리스도의 재림 이전에 복음의 성공적 전파, 모든 민족의 개종, 세계의 기독교화를 통하여 세계는 점점 더 개선될 것이다. 국가, 사회, 자연의 내적 법칙과 질서를 통하여 이 세계 안에 천년왕국의 상태가 이루어질 수 있을 것으로 본다.

3) 후천년왕국론은 천년왕국이 그리스도의 죽음과 부활을 통하여 이 세계 안에서 이미 시작하였다고 본다. 하나님 나라는 그리스도인들의 존재와 삶 속에 이미 지금 현존하며 점진적으로 확대된다. 따라서 천년왕국은 지금의 시대와 본질적으로 다른 것이 아니다. "양자의 차이는 질적인 차이가 아니라 양적인 차이다." 천년왕국에서도 "결혼, 출산과 같은 일상적인 가정생활이 지속되며, 경제, 사회, 교육 문제도 남아 있다. 그러나 모든 형태의 악과 불쾌한 것들이 무시해도 좋을 만큼 축소되거나 제거된다. 그러므로 천년왕국이 '완전한 또는 죄 없는 상태'를 의미하지는 않는다"(목창균 1998, 278 이하).

후천년왕국론의 중요한 문제점은 특정한 국가나 사회제도를 천년왕국과 동일시함으로써 그것을 정당화시킬 수 있는 위험성이 있다는 점이다. 국가와 사회의 법과 질서를 통해 천년왕국의 상태가 이루어질 수 있다고 생각할 때, 특정 국가나 사회제도를 천년왕국과 동일시하는 일이 일어날 수 있다. 이로 말미암아 후천년왕국론은 정치적 도구 역할을 할 수 있다.

또 하나의 문제점은 천년왕국을 이룰 수 있는 인간과 이 세계의 가능성에 대한 신뢰 속에서 하나님의 개입을 배제하며, 마지막 때의 징조를 과소평가할 수 있다는 점이다. 하나님 나라가 인간의 협동을 필요로 함은 사실이다. 그러나 하나님 나라는 인간의 노력에 의한 것이 아니라 성령의 능력에 의한 것임을 후천년왕국론은 간과한다.

후천년왕국론은 기독교가 로마 제국의 국가종교가 된 이후 로마 가톨릭교회의 주도적 이론이 되었다. 제3의 시대 곧 "성령의 시대"에 천년왕국적 세계가 이루어질 것으로 본 피오레의 요아힘의 역사철학적 구상도 후천년왕국론에 속한다고 볼 수 있다. 특히 17, 18세기에 후천년왕국론은 전성기를 누렸다. 18세기는 "후천년왕국론의 위대한 시대"였다(Bauckham 1977, 429). 이 시대에 일어나기 시작한 기독교의 부흥 운동과 세계 선교는 이 땅 위에 천년왕국적 세계를 이루고자 하는 후천년왕국론의 비전 속에서 일어났다. 그러나 후천년왕국론은 19세기의 세속적 진보신앙으로 기울어지고, 도덕적·사회적 진보를 하나님 나라와 동일시하였던 자유로운 신학(자유주의 신학)과 결부되어 쇠퇴하였다.

4. 무천년왕국론

무천년왕국론(Amillenarismus)은 천년왕국을 아예 부인한다는 인상을 준다. 그러나 이 인상은 잘못되었다. 그것이 의미하는 바에 비추어볼 때, 무천년왕국론이란 표현은 적절하지 않다. 무천년왕국론이란 요한계시록에 기록된 천년왕국이 역사의 미래에 올 것이 아니라 예수 그리스도의 초림으로부터 시작하여 지금 실현되고 있다는 것을 뜻한다. 그것은 "미래의 영화롭고 완전한 왕국이 장차 올 새 삶의 새 땅 위에 건설되리라는 것을 바라보면서도, 동시에 하나님의 왕국은 승리하신 그리스도가 말씀과 성령으로 자기 백성들을 통치하심으로써 지금 이 세상 속에 나타나고 있다고 주장한다"(Hoekema 1986, 240). 예수의 초림과 재림 사이에서 우리는 이미 천년왕국 안에서 살고 있다. 이 기간 동안 믿음 안에서 죽은 영혼들은 그들의 육체가 부활할 때까지 지금 영적으로 그리스도와 다스리고 있다고 무천년왕국론은 생각한다. 그러므로 아담스(J. Adams, 웨스트민스터 신학교 교수)는 무천년왕국론은 "실현된 천년왕국론"(realized millenarism)이라 표현되어야 한다고 주장한다.

무천년왕국론과 후천년왕국론은 하나의 통일된 이론이 아니라 주장하는 사람에 따라 유형이 다양하다. 그러나 양자는 아래와 같은 공통점을 가진다. 후천년왕국론과 마찬가지로 무천년왕국론도 성서의 말씀을 축자적으로 이해하지 않고 상징적·영적으로 이해한다. 요한계시록에 기록되어 있는 종말적 사건들은 역사의 마지막에 대한 객관적 보도가 아니라, 그리스도의 초림 이후 교회의 전 역사에서 일어나는 사건들로 이해되어야 한다는 것이다. 천년왕국이란 역사의 종말 이전에 천 년 동안 지속되다가 역사의 종말의 도래와 함께 끝나버릴 지상의 현실적 왕국을 가리키는 것이 아니라 그리스도의 초림과 함께 시작한 하나님 나라를 가리킨다. 천년왕국은 지금 실현과정에 있다는 점에서 무천년왕국론과 후천년왕국론은 공통점을 가진다. 따라서 무천년왕국론과 후천년왕국론의 차이는 분명하지 않다.

지금까지 우리는 천년왕국론의 네 가지 종류를 고찰하였다. 이를 요약한다면 전천년왕국론은 그리스도의 재림 후에 천 년 동안 그리스도의 지상통치가 있을 것이라고 믿는다. 후천년왕국론은 교회 시대의 마지막에 의와 평화의 황금 시대가 이루어진 다음에 그리스도의 재림이 있을 것이라고 믿는다. 무천년왕국론은 천년왕국이 그리스도의 초림과 함께 시작하여 재림 때까지 확대되며 재림과 함께 완성될 것이라고 믿는다. 세대주의는 전천년왕국론에 포함될 수 있다.

전천년왕국론은 이 세계에 대하여 아무런 희망도 보이지 않는 고난의 시대에 등장한다. 기독교가 유대인들과 로마 제국의 박해를 받던 사도 시대부터 3세기경까지 교회의 지배적 종말론은 전천년왕국론이었다. 이에 비하여 후천년왕국론은 기독교가 국가종교로서 그 사회를 지배하는 위치에 있을 때 등장한다. 기독교가 로마 제국의 국가종교의 위치에 있던 시대의 대표적 종말론은 후천년왕국론이었다. 무천년왕국론은 이 세계가 자신의 능력을 통해 이상적 세계로 발전할 수 있다고 생각되는 시대에 등장한다. 인간이 자신의 이성과 과학기술을 통하여 이 세계를 정복하고 이상적 세계를 이룰 수 있다고 생각되던 18, 19세기에 무천년왕국론이 힘을 얻을 수 있었다. 20세기의 많은 신학자들도 무천년왕국론을 주장한다. 베르크 호프(L. Berkhof), 카이퍼(A. Kuyper), 바빙크(H. Bavinck) 등이 그 대표적 학자들이다(목창균 1998, 280).

5. 위에서 기술된 네 가지 천년왕국론에 대해 우리는 어떤 입장을 취해야 하는가? 요한계시록 7장과 20장에 기술된 천년왕국의 이야기가 고대인들의 신화적 세계관과 결합되어 있음은 부인할 수 없는 사실이다. 그것은 후기 유대교 묵시사상과 고대 그리스 문화권의 신화적 요소들로 구성되어 있는데(Lohse/3 1974, 104 이하), 이 신화적 요소들을 변할 수 없는 절대 진리로 간주하고 오늘의 현대인들에게 그것을 글자 그대로 믿으라고 요구하는 것은 불가능한 일이다. 144,000명의 유대인들의 이마에 도장을 찍는다든지, 사탄을 붙잡아 감옥에 가두어두었다가 천 년이 지난 후 다시 풀어준다든지, 풀려난 사탄이 예루살렘을 빼앗기 위해 곡과 마곡과 싸운다든지, 사탄을 불과 유황의 바다로 던졌다는 이야기들은 현대인들이 받아들일 수 없는 신화적 표상들이다.

천년왕국의 1,000이란 숫자는 하나님의 창조의 7일에 기초하여 하루를 1,000년으로 계산하고, 요한계시록을 기록할 당시까지의 역사를 6,000년으로 볼 때 남은 1,000년을 가리키는 것인데, 이것도 근거 없는 숫자놀이에 불과하다. 우주의 나이가 130억 년이요, 지구의 나이가 약 40억 년이라는 오늘날 자연과학의 지식에 비추어볼 때, 이것은 고대인들의 신화적 상상에 불과하다. 이 같은 상상의 흔적은 그리스-로마의 이교에서도 발견된다(Böcher 1981, 724). 데살로니가전서 4장에 기록된 공중휴거에 관한 이야기도 그리스도의 초월적이며 영광스러운 재림을 기다리던 초기 그리스도인들의 희망의 상(像)이지, 종말에 일어날 객관적 사실에 대한 정보가 아니다.

요한계시록에 기록되어 있는 천년왕국론을 축자적으로 받아들일 수 없는 또 한 가지 이유는 이 이야기가 기록된 동기와 목적에 있다. 앞서 언급한 바와 같이 요한계시록은 로마 제국의 극심한 박해와 이단설로 인한 내적 분열 혼란 속에 신자들이 용기를 잃고 실의에 빠진 상황에서 기록되었다. 천년왕국에 대한 말씀도 마찬가지였다. 이 말씀들의 목적은 종말에 관한 객관적 정보를 주려는 것이 아니라, 추방과 박해와 순교와 내적 시련 속에서 용기를 잃고 배교를 하기도 하는 그리스도인들에게 그리스도와 성도들의 최후 승리와 통치를 약속하면서 끝까지 인내할 것을 권고하는 데 있었다. 이를 위해 요한계시록은 사탄, 감옥, 천 년, 곡과 마곡, 머리에 도장을 받은 144,000명 등의 신화적 상징언어 내지 위장언어를 사용하였다.

이 사실을 망각하고 천년왕국에 관한 요한계시록의 이야기를 종말에 관한 객관적 정보로 생각하여 천년왕국이 그리스도의 재림 후에 올 것이냐, 아니면 재림 전에 올 것이냐에 관한 끝없는 토론을 전개하는 것은 부질없는 일이다. 중요한 것은 천년왕국이라는 상징언어를 통하여 요한계시록이 오늘 우리에게 말하고자 하는 바를 파악하는 데 있다.

위에서 기술한 천년왕국론 가운데 어느 하나를 반드시 택해야 한다면 무천년왕국론을 택할 수 있을 것이다. 유해무도 "무천년설적 입장을 지지한다." "우리는 지금 여기서 종말론적 복락을 누리며, 동시에 죄와 죽음의 꺼져가는 공격과 전투 중에 있다.…우리는 교회를 관문으로 삼아서 이미 하나님 나라에 들어왔고, 또 들어갈" 것이기 때문이다. 요한계시록이 말하는 "'영원한 왕 노릇'(22:5)은 천년의 왕 노릇 기간과는 달리 기간이 없다"(유해무 1997, 625 이하).

G. 오늘 우리에게 천년왕국은 무엇을 말하는가?

요한계시록이 묘사하는 천년왕국은 현대인이 이해하기 어렵다. 사탄을 결박하여 천 년 동안 옥에 가두어두었다가 풀어주는 등 납득하기 어려운 내용들이 있다. 그러나 요한계시록 저자가 천년왕국을 이야기한 것은 분명히 말하고 싶은 무엇이 있었기 때문일 것이다. 이것을 찾아내어 그것이 오늘 우리에게 무엇을 암시하는가를 발견하는 것이 중요한 일이다.

1. 우리가 어떤 사물을 파악하고자 할 때 먼저 그 사물이 처한 상황을 고려해야 한다. 그래야 그 사물을 적절하게 파악할 수 있다. 천년왕국론도 마찬가지다. 천년왕국론이 기록된 시대적 상황을 고찰함으로써 우리는 요한계시록의 저자가 천년왕국을 통해 말하고자 하는 바를 적절하게 파악할 수 있다.

앞서 언급한 바와 같이, 천년왕국은 로마 제국이 그리스도인들을 극도로 박해하던 시대적 상황에서 기록되었다. 사도 바울을 통해 기독교가 로마 제국에 확산되면서 간헐적으로 있었던 로마 제국의 기독교 박해는 네로 황제 재위 기간에(54-68) 극에 달하였다. 네로 황제는 64년에 일어난 수도 로마시의 대화재를 그리스도인들의 소행으로 돌리고, 그리스도인들에 대한 대대적 박해를 자행하였다. 원형경기장에서 사자의 밥이 되게 하거나, 짐승의 가죽으로 싸서 개들에게 찢겨 죽게 하고, 십자가에 못 박아 죽이기도 하고, 화형에 처하여 밤의 어두움을 밝히면서 향연을 벌이기도 하였다. 그 광적인 잔인성 때문에 네로는 원로원에 의해 추방되어 도피 생활을 하다가 자살로 생을 끝낸다.

네로 황제가 퇴위된 후, 69년 한 해에 네 명의 황제가 교체되는 정치적 불안정과 혼란이 일어난다. 이때 유대인들의 제1차 반로마 혁명을 진압하기 위해 팔레스타인 지역으로 파견되었던 베스파시아누스(Vespasian) 장군이 갑자기 황제로 소환되면서 로마 제국은 안정을 회복한다. 베스파시아누스 황제의 치하에서 기독교는 평화를 누리게 된다. 이 평화는 베스파시아누스 황제의 아들 티투스(Titus) 치하에서도 유지되었다. 티투스는 아버지 베스파시아누스 장군과 함께 팔레스타인으로 파견되었다. 그 후 아버지가 원로원에 의해 갑자기 황제로 결정되어 로마로 돌아가자, 티투스가 군대를 이끌고 예루살렘을 공격하였다. 이때 티투스는 한 유대인 여자를 사랑하게 된다. 그러나 황제의 아들이 유대인 여자와 결혼할 수 없다는 여론 때문에 사랑을 이루지 못하고 죽을 때까지 독신으로 살다가 생을 끝낸다.

티투스 황제가 재위 2년을 넘기지 못하고 갑자기 열병으로 사망하자, 그의 동생 도미티아누스(Domitian)가 11대 황제로 등극한다. 아버지 베스파시아누스와 형 티투스의 그늘 속에서 그는 30년을 기다렸다가 80년에 황제가 된다. 그는 형 티투스와 달리 자기의 형제나 원로원 의원들까지 살해할 정도로 잔인한 성격의 소유자였다. 그는 자기를 신으로 선포하고, 수도 로마시에 금과 은으로 자기의 신상을 만들어 세웠다. 그리고 로마 제국 전역에 자기를 신으로 섬기는 황제 숭배 제의를 명령하였다. 제국 내의 모든 사람에게 1년에 한 번씩 황제를 위한 향을 태우면서 "카이사르는 주님이시다"라고 고백하도록 명령한 것이다. "그는 '우리의 주, 그리고 우리의 신이 명령하신다…'라는 양식으로 공식 문건들을 시작하라고 명령했다. 각 달에 자신들의 이름을 붙였던 율리우스 카이사르나 아우구스투스에게 (7월-Juli과 8월-August) 뒤지지 않기 위해서, 그는 10월을 자신의 이름을 따서 '도미티아누스'(Domitianus)라고 부르게 했다"(Clévenot 1993, 225).

그리스도인들은 도미티아누스가 시행한 황제 숭배를 거부하였다. 이리하여 그리스도인들에 대한 대대적인 박해가 일어난다. 도미티아누스는 자기의 조카이며 집정관이었던 플라비우스 클레멘스(Flavius Clemens)와 그의 두 아들이 그리스도인이라 하여 살해하고, 자신의 아내 플라비아 도미틸라(Flavia Domitila)를 유배할 정도로 그리스도인들을 철저히 박해한다. 요한계시록이 말하는 "그들이 말한 증언 때문에 죽임을 당한 사람들"(계 6:9), "큰 환난을 겪어낸 사람들"(계 7:14). "예수의 증언과 하나님의 말씀 때문에 목이 베인 사람들"(계 20:4)은 그 당시 순교한 사람들을 가리킨다. 요한계시록이 말하는 "짐승"은 도미티아누스 황제를 가리키는 것으로 추정된다. 그의 이름은 "사망"이요, "칼과 기근과 죽음과 들짐승으로써 사 분의 일에 이르는 땅의 주민들을 멸하는 권세를" 받은 자라고 요한계시록은 말한다(6:8). "여러분의 원수 악마가 우는 사자 같이 삼킬 자를 찾아 두루 다닙니다"라고 베드로전서는 당시의 상황을 묘사한다(벧전 5:8).

히브리서는 당시 그리스도인들이 당한 박해를 다음과 묘사한다. "어떤 이들은 조롱을 받기도 하고, 채찍으로 맞기도 하고,…감옥에 갇히기까지 하면서 시련을 겪었습니다. 또 그들은 돌로 맞기도 하고, 톱질을 당하기도 하고, 칼에 맞아 죽기도" 하고 "학대를 당하면서 양과 염소의 가죽을 입고 떠돌았습니다.…그들은 광야와 산과 동굴과 땅굴을 헤매며 다녔습니다"(히 11:36-38). 당시 그리스도인들이 박해를 피해 숨어 살던 동굴과 땅굴들이 옛날의 로마 제국 각지에 지금도 남아 있다.

신약성서에 의하면 당시 로마 제국은 도덕적으로 매우 타락한 상태에 있었던 것으로 나타난다. "로마의 국세청은 노예를 크게 가축들의 범주 안에 분류했는데, 그렇기는 해도 가격은 낙타 한 마리보다도 쌌다"(Clévenot 1993, 99). 검투사들은 대개 노예 출신들이었다. 검투사 양성소에서 함께 합숙 훈련을 받던 동료들끼리 목숨을 걸고 싸워야만 했던 검투사들의 처절한 싸움, 싸움에 이긴 검투사가 친구 검투사를 찔러 죽이는 것을 보며 열광하던 황제와 시민들의 모습은 로마 제국의 잔인성과 도덕적 타락을 반영한다. 기원전 73년 이탈리아 중부 카푸아에서 노예 혁명을 일으킨 스파르타쿠스(Spartacus)는 검투사 양성소에서 합숙 훈련을 받던 검투사였다. 당시의 원형경기장은 "피의 향연"의 현장이요, "그리스도인들의 순교의 장소"인 동시에 "음탕한 장소, 인간을 야만적으로 만드는 곳"이었다(배은숙 2013, 512).

성 도덕 역시 매우 문란하였다. 카이사르와의 혼외정사로 아들을 생산한 이집트 여왕 클레오파트라가 안토니우스와의 또 다른 혼외정사로 딸을 생산한 것은 당시 로마 제국의 타락상을 반영한다. 아래 신약성서의 말씀은 로마 제국의 도덕적 타락상을 암시한다. "여러분은 지난날에 이방 사람들이 하고 싶어 하는 일을 하였으니, 곧 방탕과 정욕과 술 취함과 환락과 연회와 가증스러운 우상숭배에 빠져 살아왔습니다"(벧전 4:3). 당시 로마인들은 "색욕에" 빠진 자요, "어둠에 속한 사람"이었다(살전 4:5; 5:5). 요한계시록은 로마 제국과 그 황제를 가리켜 "성도들의 피와 예수의 증인 들의 피에 취하여 있는" "창녀", "땅의 음녀들과 가증한 것들의 어미, 바빌 론"(계 17:1-6), "귀신들의 거처", "온갖 더러운 영의 소굴", "더럽고 가증한 온갖 새들의 집", 치부와 사치와 음행이 가득한 곳이라 부른다(18:2-3). "그 들은 배를 자기네의 하나님으로 삼고, 자기네의 수치를 영광으로 삼고, 땅 의 것만을 생각합니다"라고 에베소서는 당시 로마 제국의 도덕적 상황을 보도한다(엡 3:19). 클레멘스 제2서신은 로마 제국의 타락상을 다음과 같이 묘사한다. "현재의 세계와 미래의 세계는 서로 대립하는 적이다. 현재의 세계는 간음, 타락, 돈 욕심과 사기를 가르치는 반면, 미래의 세계는 이 모 든 것을 거부한다"(Dahlheim 2013, 378에서 인용).

2. 이 같은 역사적 상황에서 요한계시록이 천년왕국을 말하는 동기와, 오늘 우리에게 그것이 암시하는 바를 우리는 아래와 같이 기술할 수 있다.

1) 요한계시록의 저자가 천년왕국을 기록한 동기는 그리스도인들을 박해하는 악의 화신인 로마 황제에 대한 숭배를 끝까지 거부하고("그 짐승 이나 그 짐승 우상에게 절하지 않고…"), 끝까지 믿음을 지킬 것을 권고함에 있 다. 음녀 바빌론 곧 로마 제국은 멸망이 결정되어 있다(20:9). "무너졌다. 무너졌다. 큰 도시 바빌론이 무너졌다"(계 17:2). "그 도시에 재난 곧 죽음 과 슬픔과 굶주림이 하루 사이에 닥칠 것이요, 그 도시는 불에 타버릴 것 이다"(18:8). "그렇게도 많은 재물이 한순간에 잿더미가 되고" 말 것이다 (18:16). "하늘에서 불이 내려와서 그들을 삼켜"버릴 것이다(20:9). 한마디 로 "그들의 마지막은 멸망이다"(빌 3:19). 악의 세력이 온 세계를 지배하는 것 같지만, 그것은 결국 하나님의 능력 아래 있다. 하나님은 "하늘에서 불 이 내려와서", 사탄의 세력을 삼켜버리게 할 수 있고, "악마도 불과 유황 의 바다로" 던질 수 있다(20:8-9). 그는 "사망과 지옥"도 불바다에 던질 수 있다(20:14). 악한 자는 결국 망한다는 것이 역사의 법칙이다. 그러므로 그

리스도인들은 악에 굴복하거나 악과 타협하지 않고 끝까지 믿음을 지켜야 한다는 것을 천년왕국은 말하고자 한다.

2) 이와 연관하여 천년왕국은 역사의 주관자는 하나님이라는 것을 말하고자 한다. 천년왕국은 역사에 대한 하나님의 주권을 바라는 힘없는 자들의 기다림과 희망의 표현이었다. 이 희망과 기다림을 요한계시록은 시작 부분에서 다음과 같이 말한다. 하나님은 "지금도 계시고 전에도 계셨고 앞으로 오실 전능하신" 분이요, "알파와 오메가", 곧 세계의 시작과 목적이다(1:8). 하나님의 아들 그리스도는 "죽은 자들의 첫 열매이시오 땅 위의 왕들의 지배자"시다(1:5). 그는 아버지 하나님과 함께 "알파며 오메가, 곧 처음이며 마지막이요, 시작이며 끝이다"(22:13).

물론 그리스도께서 재림하실 때까지 세계는 악의 세력에 시달릴 것이다. 천 년이 끝난 후 사탄이 옥에서 풀려날 것이라는 이야기는(20:7), 역사의 마지막까지 세계는 악의 세력으로 고통을 당할 것임을 말한다. 그러나 하나님과 그의 아들 "어린양" 예수가 역사의 주관자이기 때문에 악의 세력은 결국 "불바다"에 던져질 것이며(20:14), 하나님의 "새 하늘과 새 땅", "새 예루살렘"이 올 것이다. "이전의 하늘과 이전의 땅이 사라지고, 바다도" 없어질 것이다(21:1-4). 모든 것이 새롭게 창조될 것이다(20:5). 하나님이 "알파와 오메가, 곧 처음이며 마지막"이란 사실이 증명될 것이다(21:6).

그러므로 그리스도인들은 하나님의 새 하늘과 새 땅을 희망하고 기다리면서 현재의 모든 시련과 고통을 끝까지 견디며 악의 세력에 저항할 것을 천년왕국은 말한다. 천년왕국의 희망은 이 땅 위에 이루어질 하나님의 통치에 대한 희망이요, 무신적 세력에 대한 저항의 표현이었다(Käsemann 1968, 137). 그것은 본래 "순교자들의 희망"이요, "순교자들의 종말론"이었다(Moltmann 2005, 174-175). 여기서 요한계시록의 저자가 암시하는 저항, 곧 "믿음에 굳게 서서 악마를 맞서" 싸우는 것은(벧전 5:9) 폭력을 동반하는 폭력적 저항이 아니다. 로마 제국에 대한 그리스도인들의 폭력적 저항은 바위에 달걀을 던지는 것과 같을 것이다. 기원후 67-70년에 일어난 유대인들의 제1차 반로마봉기, 132-135년의 제2차 봉기는 이를 증명한다.

요한계시록이 말하는 저항은 순교의 죽음 속에서도 땅의 "짐승", 곧 로마 황제에 대한 우상숭배를 거부하면서 그리스도에 대한 "처음 사랑"을 지키는 데 있다(2:4). 하나님의 말씀에 "죽도록 충성하는" 데 있다(2:10). 어둠의 세계 속에서 하나님의 빛의 자녀로 산다는 것 자체가 어둠의 세계에 대한 저항이다. 그러므로 천년왕국은 "생명책"에 이름이 기록되어 있는 사람, "거룩한 사람", "자기 옷을 깨끗이 빠는 사람"으로 살 것을 권유한다 (21:27; 22:11, 14). 폭력은 또 다른 폭력을 부르는 악순환을 지속시킨다. 결국 기독교가 로마 제국을 이긴 것은 폭력에 대해 폭력으로 응대하지 않고 오히려 폭력을 당하면서 끝까지 신실한 믿음을 지켰기 때문이다.

베드로전서도 무폭력의 저항을 가르친다. "만물의 마지막이 가까이 왔습니다. 그러므로 정신을 차리고, 삼가 조심하여 기도하십시오"(4:7). "때가 되면, 하나님께서 여러분을 높이실 것입니다"(5:6). "그날에 하늘은 불타서 없어지고, 원소들은 타서 녹아버릴 것입니다. 그러나 우리는 주님의 약속을 따라 정의가 깃들어 있는 새 하늘과 새 땅을 기다리고 있습니다"(벤후 3:12-13). "도둑같이 올" "주님의 날"을 기다리면서(3:10), 그리스도인들은 "왕과 같은 제사장"으로서 거룩하게 살며 "그리스도의 고난에 동참"할 것을 베드로서는 권고한다(벤전 2:9; 4:13).

3) 천년왕국은 죽은 다음에 갈 피안의 세계를 희망하지 않는다. 오히려 그것은 이 땅 위에 이루어질 하나님의 구원받은 세계를 희망한다. 마지막에 올 새 하늘과 새 땅은 인간의 영혼이나 죽음 후의 세계에 있지 않다. 그것은 이 땅 위에 세워질 차안의 것이다. 천년왕국은 하나님의 구원받은 세계의 차안성에 대한 희망의 표현이다. 천년왕국론에 대해 비판적인 알트하우스도 천년왕국이 시사하는 "기독교 신앙의 차안성"을 인정한다. "천년왕국론의 가장 중요한 신학적 근거는 기독교의 희망의 필연적 차안성에 대한 암시다"(Althaus 1922, 314).

이종성에 의하면 "환상적 천년왕국론은 거절되어야 한다." 그러나 하나님의 구원 역사의 차안성 내지 현세성을 상징한다는 점에서 천년왕국론은 옳다. "그것은 구체적이고 역사적 상황과의 관계를 말하며, 지상에 현재 여기에 있는 모든 것을 오고 있는 왕국과 연결시킬 것에 관심을 가진다.…이 점에서 알트하우스는 본회퍼와도 생각이 같다. 후자(본회퍼)는 그리스도인에게 근본적으로 중요한 것은 지구 위에서 평화의 통치가 있기를 원하는 현세적 신앙이라고" 보기 때문이다(이종성 1990a, 410). 천년왕국은 "종말론에서 땅을 포기하는 가현설을 방지한다"(Kreck 1966, 188). 그것은 새 하늘과 새 땅이 "우리의 현존하는 세계의 지상적·사회적·정치적 영역들" 안에 역동적으로, 그리고 끊임없이 침투해 들어가고자 한다는 점을 상기시킨다(Kraus 1983, 554).

또한 천년왕국은 기독교의 영혼주의(spiritualism)를 경계한다. 기독교 역사에서 천년왕국론이 사라지지 않고 유지되는 이유는 하나님의 구원 역사를 인간의 영혼이나 정신에 제한시키는 "정신주의에 대항하기 위함이다. 그리고 기성 교회가 역사적 통찰력이 없으며, 현 세계에 미래가 없다고 보며, 예언을 정신화하고, 하늘에서의 개인적 구원에 대한 기대가 너무도 제한되어 있음에 대한 반항으로 일어난 운동이다"(Berkhof, 이종성 1990a, 410에서 인용).

결론적으로 천년왕국은 "의에 주리고 목마른 자들", "예수를 제의의 주님(Kultheros)이 아니라 땅의 주님으로"(Kehl 1988, 172) 인식하고자 하는 그리스도인들의 믿음에서 나온 것이다. 죄와 죽음의 세력에 사로잡힌 세상 권세자들 대신에 주님께서 온 세계의 통치자가 되기를 바라는 기다림에서 나온 것이었다. 그것은 로마 제국에서 소외당한 힘없고 비참한 초기 그리스도인들의 새로운 생명의 세계에 대한 꿈과 희망을 상징으로 나타낸 것이었다. 천년왕국은 이 꿈과 희망을 회복할 것을 오늘의 그리스도인들에게 암시한다.

4

죽은 사람들의 부활

후기 유대교의 묵시사상에 의하면 메시아께서 이 세상에 오신 다음 최후의 심판을 내리기 위해 죽은 자들을 다시 살릴 것이다. 초기 그리스도인들의 사도신경은 묵시사상의 전통 속에서 죽은 자들의 보편적 부활을 고백한다. "몸이 다시 사는 것을"(*resurrectionem carnis*, 글자 그대로 번역하면 "육의 부활을") 믿사옵니다.

죽은 자들의 부활에 대한 고백은 성서의 인간관에 기초한다. 우리가 알고 있는 세계의 거의 모든 종교 사상들은 영혼과 육체의 이원론을 믿는다. 인간은 영혼과 육체의 두 부분으로 구성된다. 영혼은 사멸하지 않고 영원히 존속하는 신적인 것인 반면, 육체는 흙으로 돌아갈 수밖에 없는 허무하고 무가치한 것이다. 육체는 영혼의 완전함과 구원에 대한 방해물이다. 죽음과 함께 인간의 육체는 소멸하지만, 영혼은 자기의 본향으로 돌아가 영원히 불멸한다.

이 같은 이원론적 인간관에 반해 성서에 의하면 인간은 영혼과 육체가 하나를 이루고 있는 총체적 존재다. 인간의 육체는 허무하고 무가치한 것이 아니라 하나님이 "보시기에 좋은" 하나님의 피조물이다. 육체를 포함한 인간 전체가 하나님의 은혜와 사랑과 구원의 대상이다. 하나님은

"모든 육체의 하나님" 혹은 "모든 육체의 생명의 하나님"이다(렘 32:27; 민 16:22). 하나님의 성육신, 곧 하나님이 인간의 육(sarx)이 되었다는 것은 인간의 육 혹은 육체에 대한 하나님의 최고의 긍정이다.

그러므로 사도신경은 영혼불멸을 고백하지 않고 "육의 부활"을 고백한다. 여기서 "육"은 영혼에 대립하는 인간의 한 부분이 아니라 물질적·육체적 욕구와 감성을 지닌 생동하는 인간 자체를 뜻한다. 성서에서 "육"은 때로 인간 자체를 가리킨다(보다 더 자세한 내용에 관해 아래 E. 참조).

A. 부활신앙의 성서적 배경

1. 구약의 이스라엘 백성에게 가장 중요한 역사적 사건은 출애굽 사건이었다. 그것은 이스라엘 백성이 죽다가 살아난 사건과 같았다. 따라서 그들의 하나님 신앙은 출애굽 해방의 사건과 결부되어 있었다. 출애굽 사건이 그들의 하나님 신앙을 결정하였다. 따라서 죽은 자들의 부활신앙은 출애굽 사건 이후부터 명백하게 고백되기 시작한다.

출애굽 당시 이스라엘 백성은 400년 동안 이집트에서 노예 생활을 한 노예들이었다. 그들은 이집트 군대와 싸울 수 있는 무기와 군량미도 없고 훈련된 군대조직도 없는 오합지졸이었다. 이 같은 이스라엘 백성이 세계의 대제국 이집트를 탈출한다는 것은 사람의 눈으로 볼 때 불가능한 일이었다. 이것을 가능케 한 하나님, "바다를 갈라서 물을 강둑처럼 서게 하시고…반석에서 시냇물이 흘러나오게 하시며, 강처럼 물이 흘러내리게" 하신 하나님은 죽음의 한계도 넘어설 수 있는 분으로 경험되었다(시 78:13-16). 이리하여 구약 신명기는 사람을 살릴 수 있는 하나님의 능력을 고백한다. "나는 죽게도 하고 살게도 한다.…아무도 내가 하는 일을 막지 못한다"(신 32:39; 참조. 삼상 2:6; 왕하 5:7).

출애굽 사건을 계기로 눈을 뜨게 된 부활신앙은 이스라엘의 하나님 신앙에서 자명한 것으로 자리를 차지한다. 하나님은 예언자 엘리야를 통해 시돈에 있는 사르밧 과부의 아들을 다시 살리시며(왕상 17:6-24), 엘리사를 통해 수넴 여인의 아들을 살리신다(왕하 4:8-37). 죽은 사람의 시체가 죽은 "엘리사의 뼈에 닿자 그 사람이 살아"난다(왕하 13:21). 그는 죽을 수밖에 없는 히스기야 왕의 생명을 연장시킬 수도 있다(왕하 20:1-7). 이 이야기들은 하나님의 구원의 능력 앞에서 죽음도 한계가 될 수 없음을 말한다. 하나님은 "스올의 세력에서" 인간의 생명을 건져내실 수 있다(시 49:15). 하나님은 죽은 자를 되살릴 수 있다(85:6). 하나님이 "호흡을 거두어들이시면, 그들은 죽어서 본래의 흙으로 돌아간다. 주님께서 주님의 영을 불어넣으시면, 그들이 다시 창조된다"(시 104:29-30).

죽은 자를 살릴 수 있는 하나님의 능력을 가장 생생하게 보여주는 것은 예언자 에스겔의 "마른 뼈 환상"이다. 하나님의 생명의 기운이 죽은 자들 속으로 들어가자 죽은 자들이 "살아나 제 발로 일어나서 서는데, 엄청나게 큰 군대였다"(겔 37:1-12).

죽은 자의 부활은 개인의 삶 속에서도 경험된다. 하나님께서 "무덤으로 내려간 사람들 가운데서 나를 회복시켜주셨다"(시 30:3). "주님께서는 나를 다시 살려주시며, 땅 깊은 곳에서 나를 다시 이끌어내어 주실 줄 믿습니다"(71:20). 하나님은 "사람을 죽이기도 하시고 살리기도 하시며, 스올로 내려가 거기에서 다시 돌아오게도 하신다"(삼상 2:6).

이사야 24-26장의 소묵시록에서도 죽은 자의 부활은 하나님의 구원과 관련하여 고백된다. "주님께서 죽음을 영원히 멸하실 것이다. 주 하나님께서 모든 사람의 얼굴에서 눈물을 말끔히 닦아주실 것이다"(25:8). "무덤 속에서 잠자던 사람들이 깨어나서 즐겁게 소리칠 것입니다.…땅이 죽은 자들을 다시 내놓을 것입니다"(사 26:19-20).

2. 이스라엘의 부활신앙은 후기 유대교의 마카베오하에 다시 나타난다. 이 문서는 이스라엘 백성이 시리아 지역의 그리스 왕가(알렉산드로스 대왕이 죽을 때, 제국을 넷으로 나누면서 세운 것임)의 안티오코스 4세 에피파네스의

극심한 박해를 당하던 시대에 생성되었다. 순교의 죽음을 당하는 네 아들의 어머니는 죽은 자를 살릴 수 있는 창조자 하나님의 능력을 다음과 같이 고백한다. "너희들은 지금 너희들 자신보다도 하나님의 율법을 귀중하게 생각하고 있으니, 사람이 출생할 때에 그 모양을 만들어주시고 만물을 형성하신 창조자께서 자비로운 마음으로 너희에게 목숨과 생명을 다시 주실 것이다"(7:23). 마카베오서에서 죽은 자의 부활은 최후의 심판과 결부된다. 최후의 심판에서 각자는 자기의 삶에 대한 책임을 스스로 짊어져야 한다. 하나님의 율법을 지킨 의로운 자들과 순교자들은 영원한 생명의 상을 얻을 것이요, 불의한 자들과 배교자들은 영원한 벌을 받을 것이다. 이로써 하나님께서 의로우시다는 사실이 증명될 것이다.

마카베오서는 그 당시 유대인들 사이에 널리 유포되어 있던 묵시사상을 보여준다. 묵시사상에서 죽은 자들의 부활은 세계사적 틀 속에서 자리를 잡는다. 인간의 죄로 말미암은 세계의 종말에 메시아가 오셔서 모든 죽은 자들을 다시 살리시고, 살아 있는 사람들과 함께 최후의 심판대 앞에 세울 것이다. 그러므로 죽음은 하나님의 정의에 대해 한계가 될 수 없다. 여기서 죽은 자들의 부활신앙은 단순히 죽은 다음에 생명이 영원히 연장되기를 바라는 인간의 동경에서 나온 것이 아니라 "정의에 대한 목마름"(E. Bloch)에서 고백되었다는 사실이 나타난다.

묵시사상의 생각은 구약의 다니엘서에도 나타난다. 다니엘서의 묵시록에서 죽은 자들의 부활은 역사의 마지막에 올 최후 심판과 하나님의 정의의 문제와 결합된다. "그리고 땅 속 티끌 가운데서 잠자는 사람 가운데서도 많은 사람이 깨어날 것이다. 그들 가운데서 어떤 사람은 영원한 생명을 얻을 것이며…"(단 12:2). 여기서 죽은 자의 부활은 우주적 차원에서 하나님의 정의를 세우는 기능을 한다.

예수가 생존하던 당시 묵시사상은 유대인들 사이에 민속신앙처럼 널리 퍼져 있었던 것으로 보인다. "마지막 부활 때에 나사로가 다시 살아나리라"는 마르다의 말은 죽은 사람들의 부활에 대한 묵시사상의 믿음과 희망을 나타낸다(요 11:24). 이에 반해 사두개인들은 죽은 자의 부활을 거부하였다고 공관복음서는 보도한다(마 22:23).

죽은 사람들의 부활에 대한 묵시사상의 믿음은 신약성서에 깊은 영향을 준 것으로 나타난다. 그것을 우리는 다음과 같은 말씀에서 볼 수 있다. "산 사람과 죽은 사람을 심판하실 그리스도 예수 앞에서…"(딤후 4:1), "산 사람과 죽은 사람을 심판하실 분에게…"(벧전 4:5). 이 말씀들은 메시아의 오심, 죽은 사람들의 부활, 살아 있는 사람들과 죽었다가 부활한 사람들에 대한 최후 심판에 대한 묵시사상의 신앙을 그리스도론적으로 수정한 것이다.

3. 공관복음서에서 예수는 죽은 생명을 살릴 수 있는 자로 나타난다. 예수 당시에 병자와 장애인, 귀신들린 자는 죄 때문에 그렇게 되었다고 간주되어 죄인 취급을 받았다. 죄인은 사회에서 소외되었다. 거라사의 귀신들린 사람이 "무덤 사이에서" 살았다는 공관복음서의 보도는 이 같은 상황을 나타낸다(막 5:3). 예수께서 이들을 치유하였다는 것은 이들을 죄와 죽음의 지배에서 하나님 나라의 빛과 생명의 세계로 해방하였다는 것을 말한다. 예수는 신체적으로 죽은 자, 곧 회당장 야이로의 딸과 거지 나사로를 살리기도 한다. 이로써 그는 종말에 일어날 죽은 자들의 부활을 앞당겨온다. 요한복음은 예수를 가리켜 죽은 자들을 살리는 "생명" 자체라 부른다(요 14:6).

예수의 뒤를 이어 제자들은 "부활의 증인"으로서(행 1:22) 병든 자를 치유하고, 귀신들린 자를 고치며, 죽은 자를 살린다. 제자들의 이 모든 사역은 새 창조자 성령을 통해 일어난다(2:2 참조). 예수의 이름으로 성령을 통해 일어나는 부활의 역사는 소유를 함께 나누는 새로운 공동체의 형태로 나타나기도 한다(4:32-37). 죽음의 세력이 다스리는 세계 속에 하나님의 영원한 생명의 세계가 나타나기 시작한다. 하나님의 영광을 자기에게 돌린 분봉왕 헤롯은 갑자기 천벌을 받고 "벌레에게 먹혀서 죽고" 만다(12:23).

유대교 랍비로서 구약성서를 잘 알고 있었던 사도 바울은 구약성서의 전통에 따라 하나님을 죽은 자를 살릴 수 있는 분으로 알고 있었다. 그래서 그는 다음과 같이 고백한다. "죽은 사람들을 살리시며, 없는 것들을 불러내어 있는 것이 되게 하시는 하나님께서…"(롬 4:17). 이와 같은 하나님 신앙에서 바울은 그리스도의 부활을 굳게 믿었다. 그의 부활신앙은 고린도전서 15장에 가장 대표적으로 나타난다.

이 본문에서 바울은 고린도 교회에서 일어난 이단적 교설을 반박하기 위해 부활의 문제를 다루게 된 것으로 보인다. 당시의 이단적 교설을 요약한다면 1) 죽은 자들의 부활은 없다. 그러므로 그리스도께서 다시 오실 때, 살아 있는 자들만이 최후의 심판을 받을 것이다. 죽은 자들은 죽었기 때문에 최후의 심판을 받지 않을 것이라는 사두개파의 교설(행 23:8). 2) 그리스도인은 그리스도와 함께 이미 부활하였다. 그러므로 이미 완전한 구원에 도달하였기 때문에 어떻게 살든지 상관없다는 열광주의적 교설(고전 4:8). 3) 플라톤적이며 영지주의적 영혼불멸설에 근거하여 육체의 부활을 믿지 않고 영혼의 부활만을 믿는 이원론적 교설. 이 같은 잘못된 교설을 반박하면서 바울은 부활에 대한 자신의 믿음을 표명한다.

1) 먼저 바울은 죽은 자들의 부활이 없다는 사두개파의 교설을 반대한다. 다메섹 도상에서 부활하신 그리스도의 음성을 직접 들은 바울에게 그리스도의 부활은 의심의 여지가 없는 사실이었다. 그러므로 바울은 이렇게 말한다. 부활하신 그리스도는 12명의 제자들과 오백 명 이상의 형제자매들과 모든 사도들에게 나타나셨고, 바울 자신에게도 나타나셨다(15:5-8). "그리스도께서 살아나지 않으셨다면, 우리의 선포도 헛되고, 여러분의 믿음도 헛될 것입니다"(고전 15:14). "그리스도께서 살아나지 않으셨다면,… 여러분은 아직도 죄 가운데 있을 것입니다"(15:16).

2) 그리스도의 부활은 모든 죽은 자들의 부활의 틀 속에서 일어났다. "죽은 사람의 부활이 없다면, 그리스도께서 살아나지 못하셨을 것입니다"(고전 15:13). 그리스도의 부활은 모든 죽은 자들의 근거이며 시작이다. "이제 그리스도께서는 죽은 사람들 가운데서 살아나셔서 사람들의 첫 열

매가 되셨습니다. 한 사람으로 말미암아 죽음이 들어왔으니, 또 한 사람으로 말미암아 죽은 사람의 부활도 옵니다"(15:20-21). 여기서 바울은 묵시사상의 부활신앙을 수용하되, 이를 그리스도론적으로 수정한다. 묵시사상의 기다림 속에서 일어난 그리스도의 부활은 죽은 자들의 부활에 대한 출발점이 된다(Rahner 1964, 211). 그리스도는 모든 죽은 자들의 부활의 "첫 열매"다(15:20, 23). 그는 "죽은 사람들 가운데 제일 먼저 살아나신 분"이다(골 1:15; 행 26:23).

3) 그리스도께서 부활의 "첫 열매"요, "죽은 사람들 가운데 제일 먼저 살아나신 분"이라면, 그리스도와 함께 죽은 자들의 부활이 시작된다. 그리스도의 부활과 죽은 자들의 부활이 하나의 전체를 형성한다. "죽은 자들로부터 예수의 몸의 부활은…우리의 부활을 포함하기" 때문이다(Kreck 1966, 165). 그리스도와 함께 시작된 구원의 과정은 죽은 자들의 부활을 통하여 진행되고, 모든 죽은 자들의 부활과 함께 완성될 것이다. 이것을 바울은 아담-그리스도의 유형론을 통해 설명한다. "아담 안에서 모든 사람이 죽는 것과 같이, 그리스도 안에서 모든 사람이 삶을 얻을 것입니다"(고전 15:22). "우리는 예수께서 죽으셨다가 다시 살아나신 것을 믿습니다. 이와 같이 하나님께서 예수 안에서 잠든 사람들도 예수와 함께 데리고 오실 것입니다"(살전 4:14).

여기서 죽은 자들의 부활은 단지 역사의 마지막에 일어날 사건이 아니라 예수 그리스도를 주님으로 고백하는 신자들의 회개와 믿음 속에서 앞당겨 일어나는 현재적 사건으로 생각된다. 죽은 자들의 부활은 세례에서 일어난다. 세례를 받을 때 그리스도인들은 십자가에 달려 죽은 예수와 함께 죽고(mortificatio), 부활하신 그리스도와 함께 새 생명으로 다시 살아나서(vivificatio) 그의 부활에 연합한다. "그러므로 우리는 세례를 통하여 그의 죽으심과 연합함으로써 그와 함께 묻혔던 것입니다. 그것은, 그리스도께서 아버지의 영광으로 말미암아 죽은 사람들 가운데서 살아나신 것과 같이, 우리도 또한 새 생명 안에서 살아가기 위함입니다. 우리가 그의 죽으심과 같은 죽음을 죽어서 그와 연합하는 사람이 되었으면, 우리는 부활에 있어서도 또한 그와 연합하는 사람이 될 것입니다"(롬 6:4-5).

특히 바울은 그리스도의 재림이 지연됨으로 말미암아 회의와 실망에 빠진 사람들에게 죽은 자들의 부활과 새 창조의 현재성을 이야기한다. 죽은 자들의 부활과 새 창조는 단순히 먼 미래의 일이 아니라 지금 일어나고 있다. 예수의 부활을 통하여 죽음의 세력은 깨어지고(고전 15:54-55), 부활의 새로운 생명의 세계가 이미 지금 여기서 열린다. "이제는 한 사람의 의로운 행위 때문에 모든 사람이…생명을 얻었습니다"(롬 5:18). 우리는 세례를 통하여 예수와 함께 죽었다가 다시 살아나며 "새로운 피조물"의 세계에 참여한다(롬 6장). 우리는 아직도 옛 세계 안에 살고 있지만, 그리스도 안에서 새 세계의 시민이다(롬 7장).

또한 부활하신 그리스도께서 그리스도인들 안에 계시고, 그리스도인들이 부활하신 "그리스도 안에"(en Christo) 있을 때, 죽은 자의 부활이 그리스도인들 안에서 현재적으로 일어난다. 그리스도인들은 "그리스도의 몸"의 지체들이요, 그리스도는 모든 지체들의 "머리"다. 모든 인간이 첫 사람 아담과 결합되어 있는 것처럼 머리 되신 그리스도와 그의 몸의 지체들도 결합되어 있다. 그리스도에게서 시작된 죽은 자의 부활은 이 지체들 안에서 현재적으로 일어난다(Kreck 1966, 166).

요한 문서는 죽은 자들의 부활의 현재성을 강조한다. 부활하신 하나님의 아들 메시아 예수를 믿을 때 영원히 죽지 않는 생명으로 다시 태어난다. "이는 그를 믿는 사람마다 멸망하지 않고 영생을 얻게 하려는 것이다"(요 3:15). "살아서 나를 믿는 사람은 영원히 죽지 않을 것이다"(11:26). 그는 믿음을 통하여 그리스도의 영원한 생명에 참여하기 때문이다. 특히 요한1서는 형제자매를 사랑할 때 영원한 생명에로의 부활이 일어난다는 것을 강조한다. "우리가 이미 죽음에서 생명으로 옮겨갔다는 것을 우리는 압니다. 이것을 아는 것은 우리가 형제자매를 사랑하기 때문입니다. 사랑하지 않는 사람은 죽음에 머물러 있습니다"(요일 3:14-15).

몰트만에 의하면 죽음이 단지 삶의 마지막이 아니라 삶 전체의 한 사건인 것처럼 부활도 "죽음 후에 올 삶"으로 축소될 수 없다. 죽음과 마찬가지로 "부활 역시 삶 전체의 사건이다." 부활한 자의 영원한 생명은 사랑 안에서 사는 것을 말한다. 부활의 희망은 죽음 후 우리가 어떤 상태에 있을 것인가에 대한 사변이 아니다. 그것은 우리가 온전히 사랑 안에서 살고, 죽음을 향한 삶을 긍정하도록 한다. 부활의 희망은 우리의 물질적 육체에서 영혼을 빼내지 않고, 우리의 몸적인 삶을 무한한 기쁨으로 가득하게 한다(Moltmann 2005, 83).

4) 바울은 "첫 열매" 되신 그리스도의 부활과 함께 시작된 부활 과정의 현재성을 이야기하는 동시에, 고린도 교회의 열광주의자들에 반하여 죽은 자들의 부활의 미래성을 강조한다. 예수의 부활과 함께 시작된 죽은 자의 부활은 그리스도인들 가운데서 현재적으로 일어나고 있다. 믿음과 희망과 사랑 속에서 그들은 이미 영원한 생명에 참여하고 있다. 그러나 하나님이 지으신 피조물들은 아직도 죄와 죽음의 세력에 붙들려 신음하면서 "하나님의 자녀가 누릴 영광된 자유를" 기다리고 있다(롬 8:21). 피조물들이 이 자유를 누리게 될 때 죽은 자의 부활이 완성되고, 모든 피조물이 영원한 생명 가운데 있을 것이다. 이 목표에 이르기까지 죽은 자들의 부활은 역사의 미래로 머물러 있을 것이다.

그러므로 지금 그리스도인들 가운데서 일어나고 있는 부활은 아직 완성되지 않았다. 그것은 역사의 종말에 완성될 것이다. "첫째는 첫 열매이신 그리스도요, 그다음은 그리스도께서 재림하실 때에 그리스도께 속한 사람들입니다"(고전 15:23). 바울은 이미 그리스도의 부활의 삶에 참여하고 있다. 그러나 "그분의 고난에 동참하고, 그분의 죽으심을" 본받음으로써 "죽은 사람들 가운데서 살아나는 부활에 이르고 싶다"고 말한다. 그리고 "나는 이것을 이미 얻은 것도 아니며, 이미 목표점에 다다른 것도 아니다. 그리스도 [예수]께서 나를 사로잡으셨으므로 나는 그것을 붙들려고 좇아가고 있다"고 말한다(빌 3:10-12).

요한복음도 부활의 종말론적 미래성을 간과하지 않는다. "이 말에 놀라지 말아라. 무덤 속에 있는 사람들이 다 그의 음성을 들을 때가 온다. 선한 일을 한 사람은 부활하여 생명을 얻고, 악한 일을 한 사람은 부활하여 심판을 받는다"(요 5:28-29).

요한 서신에 의하면 사랑하는 자는 "영원한 생명" 가운데 있다. "하나님이 우리에게 영원한 생명을 주셨다"(요일 5:11). 그러나 이 세상에서 완전한 사랑(plena charitas)을 행한다는 것은 불가능하다. 루터가 말한 대로 비록 구원을 얻었다 할지라도 우리는 하나님처럼 완전하지 못하기 때문이다. 언제나 "자기의 것"을 먼저 추구하는 인간의 죄악된 본성이 우리 안에 남아 있다. 그러므로 영원한 생명에로의 완전한 부활은 미래로 머물러 있다.

B. "영적 몸"으로의 부활

1. 역사의 종말에 죽은 자들이 부활할 때 죽은 자들의 무엇이 부활하는가? 그들의 영혼만 부활하는가 아니면 그들의 육체도 부활하는가? 썩어 없어진 육체가 어떻게 부활할 수 있는가?

이 문제에 대해 예수의 부활은 영혼과 육체를 포함한 인간의 몸 전체가 부활한다는 것을 보여준다. 죽은 예수의 빈 무덤 이야기는 이를 가리킨다. 예수의 부활은 단지 영혼의 부활이 아니라 영혼과 육체를 포함한 몸 전체의 부활이었다. 이에 따라 바울은 "자연적인 몸"(sōma psychikon), 곧 썩을 "육적인 몸"이 "영적인 몸"(sōma pneumatikon)으로 부활한다고 말한다. "죽은 사람들의 부활도 이와 같습니다. 썩을 것으로 심는데, 썩지 않을 것으로 살아납니다.…자연적인 몸으로 심는데, 영적인 몸(sōma pneumatikos)으로 살아납니다"(고전 15:42-44).

"영적인 몸"으로 부활한다는 것은 무엇을 말하는가? 그것은 죽었던 육체가 재활하는 것을 말하는가? 만일 그렇다면 부활을 거부하는 사람도 있을 것이다. 예를 들어 인물이 추한 사람들, 얼굴에 심한 흉터가 있는 사람들, 나병 환자들, 전신 마비자들을 위시한 신체 장애인들은 죽기 전에 가지고 있었던 그들의 육체가 재활하는 것을 반대할 것이다. 또 대부분의 사람은 노인이 되어서 죽는데 이빨도 없고 얼굴에 주름살이 가득한 백발노인이나, 허리가 구부러진 대머리 노인으로 부활하는 것을 원하지도 않을 것이다. 또 야이로의 딸이나 나인성 과부의 아들이나 나사로의 재활한 육체와 마찬가지로 그것은 언젠가 또다시 죽어서 썩어져야 할 것이며, 현재의 육체처럼 시간과 공간의 제약을 받을 것이다. 고린도 교회에 있는 바울의 적대자들은 바로 이 문제를 바울에게 제기한다. "죽은 사람이 어떻게 살아나며, 어떤 몸으로 옵니까?"(고전 15:35)

이 문제를 쉽게 피할 수 있는 길은 영혼과 육체의 이원론에 근거하여 인간의 영혼만 부활한다고 보는 것이다. 영혼만 부활하기 때문에 죽을 때 육체가 어떤 모습을 갖든지 그것은 전혀 문제되지 않는다. 그러나 바울은 "영혼의 부활"을 말하지 않고 "영적인 몸"으로의 부활을 말한다.

2. 바울이 말하는 "영적인 몸"으로의 부활은 영혼과 육체를 포함한 전인적 부활이라 말할 수 있다. 부활하신 예수께서 베드로와 열두 제자와 오백여 명의 형제자매들과 바울 자신에게 자기를 "보이셨다"는 것은 예수의 부활이 육체를 포함한 "영적인 몸"의 부활임을 말한다(고전 15:5-8). 도마에게 옆구리 상처를 보이셨다는 것도 마찬가지다. 이로써 바울은 인간의 영혼만이 부활할 것이라는 플라톤적·영지주의적 이원론의 부활신앙을 거부한다. 육체를 빠져나온 인간의 영혼만이 부활하는 것이 아니라, 영혼과 육체를 포함한 인간의 "육적인 몸"이 "영적인 몸"으로 살아날 것이라고 그는 말한다(고전 15:42-44).

"영적인 몸"으로의 부활은 1) 부활 이전의 몸과 부활 이후의 몸 사이의 연속성과 정체성을 말하는 동시에, 2) 양자의 철저한 다름을 말한다. 부활 이전의 육적인 몸과 부활 이후의 영적인 몸은 동일한 인간의 "몸"이라는 점에서 인간의 연속성과 정체성을 유지한다. 그러나 육적인 것과 영적인 것이라는 점에서 양자는 철저히 다르다.

바울은 여러 가지 비유를 통해 죽음 이전의 몸과 부활한 몸, 곧 육적인 몸과 영적인 몸의 철저한 다름을 설명한다. 예를 들어, 땅에 심는 씨앗과 그 씨앗에서 나온 식물 사이에는 분명히 연속성이 있다. 씨앗의 정체성이 식물 속에서 유지된다. 그러나 씨앗과 씨앗에서 나온 식물은 전혀 다르다. "어리석은 사람이여! 그대가 뿌리는 씨는 죽지 않고서는 살아나지 못합니다. 그리고 뿌리는 것은 장차 생겨날 몸 그 자체를 뿌리는 것이 아닙니다.…죽은 사람들의 부활도 이와 같습니다. 썩을 것으로 심는데, 썩지 않을 것으로 살아납니다.…육적인 몸으로 심는데, 영적인 몸으로 살아납니다"(15:42-44).

3. 이 말씀에서 바울은 아래 몇 가지 대조를 사용한다.

첫째, 썩는 것과 썩지 않는 것의 대조를 사용한다. "썩는 것"은 단지 육체의 부패를 가리키는 것이 아니라 땅 위에 있는 인간의 죄악되고 허무한 존재를 가리킨다. 부활 이전의 몸은 죄의 세력과 삶의 허무함에 묶여 있다면, 부활한 몸은 이에서 해방된 몸을 말한다.

둘째, 욕됨(atimia)과 영광(doxa)의 대조를 사용한다. 부활 이전의 인간은 죄로 인하여 수치스러운 존재라면, 부활한 인간은 하나님의 거룩과 영광 가운데 있는 존재다. 그는 그리스도의 십자가 은혜로 모든 죄를 용서받았기 때문이다.

셋째, 약함과 강함의 대조를 사용한다. 여기서 약함과 강함은 신체적 약함(astheneia)과 강함(dynamis)을 말하는 것이 아니라 인간의 약함과 강함을 말한다. 부활 이전의 인간은 영원한 것, 곧 하나님 나라와 그의 정의를 추구하지 않고 자기 자신을 추구한다. 진리를 추구하기보다 자신의 이익과 영광을 추구한다. 영원한 것을 위해 정력을 사용하기보다 자신의 욕망을 위해 정력을 소모한다. 그는 강하게 보이지만 약하다. 이에 반해 부활한 인간은 하나님의 일을 그 자신의 일로 삼고, 그것을 위해 자기를 바친다. 그러므로 그는 창조적이고 생동하게 되며, 약하게 보이지만 강하다.

넷째, 육적인 몸과 영적인 몸의 대조를 사용한다. 육적인 몸은 단지 육체를 가리키는 것이 아니라 "육에 속한 사람", 곧 죄 가운데 사는 사람을 가리킨다. 영적인 몸은 비육체적·비신체적 몸을 가리키는 것이 아니라 죄의 예속에서 해방되어 성령의 인도함을 받는 사람을 가리킨다.

이러한 대조를 통해 바울은 부활의 몸을 정확히 묘사하기보다 땅 위에 있는 현재의 생명과 부활한 생명의 철저한 다름 내지 상이성을 나타내고자 한다. 땅 위에 있는 집과 영원한 집(고후 5:1-2), 새 옷과 헌 옷(5:3-4), 우리들이 찾아가고 있는 영원한 본향(고후 5:7-9), 하나님이 우리에게 주신 새로운 생명(5:5)의 상들도 부활한 인간의 새로운 생명을 나타낸다(Marquardt 1996, 449). 육과 피는 하나님 나라를 상속할 수 없으며, 썩어질 것이 썩지 않을 것을 상속할 수 없다는(고전 15:40) 바울의 말씀도 부활 이전의 인간과 부활 이후의 인간의 다름을 나타낸다.

지금까지의 내용을 종합한다면, 죽은 자의 부활은 죽은 자의 영혼과 육체를 포함한 인간 존재 전체의 전인적 부활 곧 "영적인 몸"으로의 부활을 말한다. 영적인 몸의 부활을 통해 죽기 이전의 인간과 부활한 인간의 동일한 정체성이 유지되는 동시에 양자의 철저한 다름이 유지된다.

C. 인간의 무엇이 부활하는가?

여기서 다음의 질문이 제기된다. 인간의 무엇이 "영적인 몸"으로 부활하는가? 죽은 자의 부활이 죽기 이전의 육체의 부활도 아니고, 영혼만의 부활도 아니라면, 죽은 자의 무엇이 잠자는 상태에 있다가 부활하는가?

1. 이 문제와 연관하여 오늘날 많은 신학자들은 인간의 영혼을 실체론적으로 이해하지 않고 인격적·관계론적으로 이해한다. 인간이란 존재는 단순히 육체와 영혼의 두 가지 요소의 결합체가 아니라 세계와 사회와 자

연의 제반 관계들 속에서 형성되는 삶의 역사다. 그것은 자신의 삶의 역사를 통하여 형성되는 자아 내지 인격이다. 이것을 가리켜 우리는 그 사람의 정체성이라 말할 수도 있다.

한 인간의 정체성이란 그의 육체나 영혼을 가리키는 것이 아니라 육체와 영혼의 통일체로서 그의 삶의 과정을 통해 형성된 그의 사람됨 곧 인격 내지 자아를 가리킨다. 그것은 삶의 꿈과 기다림, 기쁨과 슬픔, 고난과 행복, 진실과 거짓, 선함과 악함, 아름다움과 추함, 사랑과 미움의 갈등 속에서 형성된 한 인간의 삶의 역사를 가리킨다. 한 인간의 자아는 자신의 삶의 역사의 종합 내지 요약이라 말할 수 있다.

오늘날 많은 신학자들은 삶의 역사를 통하여 형성되는 인간의 내적 자아 혹은 인격을 영혼으로 파악한다. 교의학자 푈만(H. G. Pöhlmann)은 "영혼"을 "인간의 자아"(Ich des Menschen)와 동의어로 사용한다(Pöhlmann 1973, 272). 사실 성서도 영혼을 인격적·관계론적 개념으로 사용한다. 예를 들어, "내 영혼을 다하여 네 하나님 야웨를 사랑하라"(신 6:5; 새번역은 "뜻을 다하여"라고 번역함)는 구절에서 그것은 단순히 육체로부터 분리되는 인간의 한 부분을 말하는 것이 아니라 인간의 자아 내지 존재 전체를 가리킨다. 따라서 이 구절은 단지 영혼이라는 인간의 한 부분이 하나님을 사랑하라는 말이 아니라 자기의 존재 전체를 다하여 하나님을 사랑하라는 말이다.

시편에서도 영혼은 인간의 존재, 그의 자아를 가리키는 개념으로 사용된다. "야웨여, 나의 영혼을 건지소서"라는(시 6:4) 말은 육체에서 분리된 영혼만을 구하여 달라는 말이 아니라 자기의 존재 전체를 구하여 달라는 말이다. "환난 중에 있는 내 영혼을 아셨다"(시 31:7)는 말씀은 하나님께서 "나의 존재 전체, 나의 온 자아를 아셨다"는 것을 뜻한다. 하나님께서 "성도의 영혼을 보전하사 악인의 손에서 건지신다"(시 97:10)는 말씀도 마찬가지다.

신약성서에서도 영혼은 인간의 자아, 그의 존재 전체를 가리키는 개념으로 사용된다. 마리아가 "내 영혼이 주님을 찬양하며…"라고 말할 때(눅

1:46), 그것은 마리아의 존재 전체, 그녀의 온 자아가 하나님을 찬양한다는 말이다. 바울이 "악을 행하는 각 사람의 영혼에게 환난과 곤고가 있으리라"(롬 2:9)고 한 말씀에서도 영혼은 인간의 한 부분을 가리키는 것이 아니라 악을 행하는 인간 존재 전체, 그의 자아를 가리킨다. 사실 인간이 악을 행할 때 영혼이라는 한 부분이 악을 행하는 것이 아니라 영과 육을 포함한 인간 존재 전체, 그의 온 자아가 악을 행하기 때문이다.

또한 성서는 인간의 자아, 그의 존재 전체를 가리켜 육 혹은 육체라고 부르기도 한다. 예를 들어 시편 저자가 "주여, 모든 육체가 주께 나아오리이다"라고 말할 때(시 65:2), 육체는 영혼으로부터 분리될 수 있는 인간의 한 부분이 아니라 인간 자신 곧 그의 자아를 가리킨다. "내 육체가 주를 두려워함으로"(119:120), "모든 육체가 그의 성호를 영영히 송축하리이다"(145:21), "모든 육체를 심판하시며"(렘 25:31)라는 구절에서도 마찬가지다. 영혼과 육체가 하나로 결합된 총체적 인간 자아를 육체라고 부르는 구약성서의 전통은 신약성서에 계승된다. "모든 육체가 하나님의 구원하심을 보리라"(눅 3:6), "육체는 희망에 거하리니"(행 2:26), "아무 육체라도 하나님 앞에서…"(고전 1:29), "율법의 행위로서는 의롭다 함을 얻을 육체가 없느니라"(갈 2:16).

물론 성서에서 영혼과 육체는 상반된 개념으로 사용되기도 한다. 영 혹은 영혼은 하나님과 올바른 관계 속에 있는 인간을 가리킨다면, 육은 하나님 없는 인간의 죄악된 존재를 가리키는 개념으로 사용되기도 한다(참조. 약 2:11; "영혼을 거슬러 싸우는 육체의 정욕"). 여기서 영혼과 육체는 인간의 두 부분을 말하는 것이 아니라 인간 존재의 두 가지 측면, 곧 선한 측면과 악한 측면을 나타내는 개념으로 사용된다. 이와 동시에 성서는 인간 존재 전체, 그의 인격 내지 자아를 가리켜 영 혹은 영혼이라 부를 때도 있고, 육 혹은 육체라 부를 때도 있다. 종합적으로 말하여, 성서는 인간을 영과 육의 두 가지 다른 부분들로 나누어질 수 있는 존재가 아니라 양자가 하나로 결합된 전체적 존재로 파악하며, 이 총체적 존재를 가리켜 때로는 영

혹은 영혼이라 부르기도 하고, 때로는 육 혹은 육체라 부르기도 한다.

2. 바울은 인간의 전체적 존재를 몸(soma)이라는 독특한 개념으로 나타낸다. 몸은 육체 혹은 육(sarx)과 구별되는 개념으로서 영혼과 육체를 포괄하는 인간의 존재, 인간의 나(我) 혹은 인격을 나타낸다. 인간은 양자가 하나로 결합되어 있는 하나의 인격체, 곧 몸이다. "인간은 soma를 가진 것이 아니라 soma이다"(Bultmann 1968, 191).

따라서 인간의 모든 행위는 영적인 행위와 육체적인 행위로 나누어지지 않는다. 이른바 정신적 노동과 육체적 노동은 엄격히 구별될 수 없다. 영적·정신적 행위든, 아니면 육체적 행위든 간에 인간의 모든 행위는 인간의 영과 육체가 하나로 결합되어 이루어지는 전인적 행위다. 그러므로 한 인간의 행위와 삶에 대해 그의 영혼이나 육체만이 책임을 지는 것이 아니라 그의 존재 전체가 책임을 질 수밖에 없다. 그는 영혼과 육체가 결합하여 하나를 이루고 있는 전체적 존재다. 이를 가리켜 바울은 soma라 부른다.

그런데 인간의 몸은 언제나 사회적 관계 속에 있다. 그는 사회적 관계 속에서 태어나 사회적 관계 속에서 살다가 마지막 죽을 때도 사회적 관계 속에서 죽는다. 사회적 관계는 자연과의 관계도 포함한다. 이 같은 포괄적 의미의 사회적 관계를 벗어난 인간의 이른바 내적 자아란 존재하지 않는다. 그것은 하나의 상상물에 불과하다. "몸 안에서 우리는 언제나 다른 자들과 결합되어 있다. 아니, 몸 안에서 우리는 다른 자들에게 속한다. 이것이 몸의 사회적 기본 차원이다. 몸 안에서 우리는 우리의 개인적인 관계들은 물론 우리의 사회적 관계들을 살아간다"(Marquardt 1996, 451). 그는 철저히 관계적 존재다.

인간이 관계적 존재라는 말은 이웃과 교통하는 존재(kommunikatives Wesen)임을 말한다. 그런데 이웃과의 교통은 몸적으로 일어난다. 곧 전인적으로 일어난다. 인간의 존재, 곧 그의 자아 혹은 인격은 이웃과의 전인적 교통 속에서 형성된다. "나" 혹은 나의 "자아"라고 할 때, 그것은 이웃과의 교통 속에서 형성된 나의 존재 전체를 가리킨다. 나의 얼굴과 눈동자에 나의 존재 전체가 나타난다. 그래서 얼굴은 그 사람의 거울이라 말하며, 우리는 얼굴을 통해 그의 자아 곧 그의 인격을 식별한다. 그의 얼굴에는 이웃과의 교통 속에서 형성된, 그가 살아온 삶의 역사 곧 그의 자아가 나타난다. 이웃과의 교통 속에서 그가 경험한 기쁨과 슬픔, 실망과 희망, 환희와 좌절, 이 모든 것이 그의 얼굴에 결집되어 있다. "간단히 말하여 그의 얼굴은 그의 모든 전기(傳記)이다"(Bovet 1972, 139).

인간은 태어나면서부터 늙어가고, 언젠가 죽는다. 그러나 자신의 삶의 역사를 통하여 형성된 그의 자아, 그의 인격은 사라지거나 소멸되지 않는다. 최소한 그것은 이웃의 기억에 남는다. 죽음은 이미 일어난 삶의 역사를 없었던 것처럼 만들 수 없다. 그것은 우리 인간에게는 망각될 수 있지만, 하나님의 기억 속에서 영원히 남는다. 그러므로 "죽음 속에서 인간 전체가 소멸되어버린다"(Jüngel 1993, 145)거나, "죽음 속에서 인간의 정체성이 중지된다"(Elias 1982, 100)고 말할 수 없다. 인간은 죽을지라도 자신의 삶의 역사를 통해 결정된 자기의 인격, 자기의 자아는 폐기되지 않는다. 인간의 육체는 흙으로 돌아가지만 인간의 존재 자체, 그의 자아는 하나님의 영원 속에 남는다. 하나님의 영원 속에 남아 있는 인간의 존재 자체 내지 그의 자아가 잠자는 상태에서 부활할 것이다. 이를 가리켜 우리는 인격적·관계론적 부활이라 말할 수 있다.

3. 인격적·관계론적 부활을 우리는 다음과 같이 설명할 수 있다. 하나님은 단지 인간의 영혼이나 그의 근육이나 뼈를 사랑하는 것이 아니라 세계사 속에서 이웃과의 관계와 교통을 통해 형성된 인간 존재 전체 곧 그의 자아 내지 인격을 사랑한다. 인간의 손톱이나 발톱이 부활하는 것도 아니고, 영혼이라는 한 부분이 부활하는 것이 아니라, 다양한 관계 속에서 자신의 삶의 역사를 가진 인간의 인격적 자아가 잠자는 상태에서 부활하여 최후 심판을 받을 것이며, 하나님 앞에서 자기를 책임지게 될 것이다. 부활 이전의 인간과 부활 이후의 인간의 동일성 내지 정체성은 썩어 없

어졌다가 다시 있게 된 인간의 손톱이나 발톱, 그의 머리카락이나 세포에 있는 것이 아니라 자신의 삶의 역사를 가진 인간의 자아 곧 그의 인격에 있다.

요한복음에 따르면 부활한 예수는 제자들에게 자기의 "두 손과 옆구리를 보여주셨다"고 말한다(요 20:19-21). 이것은 예수께서 자기의 육체 일부를 보여주었다는 것을 말하는 것이 아니라 십자가의 고통이 각인되어 있는 그의 자아 내지 온 존재를 보여주었다는 것을 말한다. 제자들은 단지 예수의 "두 손과 옆구리를" 보는 것이 아니라 그가 당한 아픔과 상처, 곧 그가 당한 고난을 본다. 그들은 그들과 삶을 나누었던 예수의 삶의 역사를 본다. 그들은 예수의 되살아난 영혼이나 육체를 보는 것이 아니라 십자가의 죽음에 이르는 삶의 역사를 가진, 그러나 철저히 새로운 몸으로 변화된 예수의 존재 곧 예수의 "영적인 몸"을 본다. 예수의 새로운 영적 몸에서 제자들은 십자가에 달려 죽은 그 예수를 본다. 그의 삶의 역사가 그의 영적인 몸에 각인되어 있다.

"부활하신 그분은 (몸에서) 분리된 순수한 영혼으로 나타나지 않고, 몸으로 고양된 분(der leibhaftig Erhabene)으로서, 즉 새 창조의 원래적 상(Urbild)으로서 나타난다"(잘츠부르크 대학교의 가톨릭 신학자 Bachl 1980, 118). 부활은 언젠가 사멸할 수밖에 없는 육체로 되돌아가는 것도 아니고, 윤회의 법칙에 따라 다른 형태의 생명체로 넘어가는 것을 뜻하지도 않는다. 부활은 "지상의 실존이 그의 진리 내용에서 보존되는 동시에, 파괴될 수 없는 (새로운) 의미의 연관성으로" 승화됨을 말한다(Bachl 1985, 63 이하).

4. 부활하신 예수는 "잠든 사람들의 첫 열매"(고전 15:20)요, "가장 먼저 살아나신 분"이다(골 1:18). 예수의 부활을 기점으로 죽음의 상태에 있던 사람들의 부활이 일어난다. 이 부활은 "여기 땅 위의 모든 역사가 궁극적으로 포기되고, 다른 사람들과의 모든 관계들이 무의미해지는 것을 뜻하지 않는다. 몸의 부활은 삶의 역사와 이 역사 안에서 이루어진 모든 관계들이 함께 완성에 이르며, 부활한 인간에게 궁극적으로 속하게 되는 것을

뜻한다"(Nocke 1985, 123).

몰트만에 의하면 죽은 자들의 부활은 죽음을 전제하지만 죽은 자들의 정체성이 유지되는 것을 전제한다. 정체성이 유지될 때 누가 부활하는지 그 정체성을 확인할 수 있다. 몸의 부활은 "우리의 삶의 형태(Lebensgestalt)와 삶의 역사" 곧 "우리의 영" 혹은 "우리의 삶의 전체성"이 새로운 형식으로 철저히 변화되는 것을 말한다(Moltmann 2005, 92). "어떤 다른 자아가 나의 자아를 대체하는 것이 아니라,…하나님은 나의 자아를 완성시키기 위해 그것을 보존한다." 그는 나의 인격적 정체성도 보존하지만, "개인적인 성(性)의 특징들" 곧 남자의 존재와 여자의 존재도 보존한다. 한 인간의 이름과 관계된 모든 것, 그의 모든 특징들이 부활에서 보존되고 변화된다.

부활에 대한 인격적·관계론적 이해는 영혼의 재활이나 썩어 없어진 시체의 재활보다 훨씬 더 깊은 의미를 가지며, 보다 더 생동성 있게 부활을 묘사한다. 육체의 삶과 아무런 상관이 없는 고독한 영혼이나 썩어 없어졌던 시체의 재활(Wiederbelebung)이 아니라 진실과 거짓, 선함과 악함, 의로움과 불의함, 사랑과 미움, 자기희생과 자기추구의 갈등 속에서 이루어진 삶의 역사를 간직하고 있는 인간의 인격적 자아 곧 그의 몸이 부활할 것이다. 인간이 행한 모든 것이 망각되지 않고 하나님의 마지막 판단(최후심판)을 받을 것이다.

하나님은 인간의 육체를 구성하는 분자들이나, 영혼이라는 한 부분 이상의 것을 사랑한다. 그는 사회적 관계 속에서 이루어진 삶의 역사를 가진 인간 존재 전체 곧 그의 자아를 사랑하며, 그것을 완성된 형태로 부활시킬 것이다. "그는 모든 수고로 점철되었고, 또 순례자의 동경심으로 가득한 몸을, 순례자의 이 여정 속에서…이 세계에 많은 흔적들을 남긴 인간의 몸을 사랑하신다.…몸의 부활이란 하나님이 인간을 사랑하시기 때문에(인간 삶의) 그 무엇도 하나님에게서 사라져버리지 않음을 뜻한다. 그는 모든 눈물을 거두어들이며, 어떤 미소도 그에게 없어지지 않는다. 몸의 부활이란 인간이 하나님 안에서 단지 그의 마지막 순간을 다시 발견하는 것이 아니라 자기의 역사를 다시 발견하게 됨을 말한다"(Breuning 1976, 882).

5. 인간 존재에 대한 성서의 전체론적 이해에 반하여 기독교는 처음부터 고대 그리스 철학의 영혼과 육체의 이원론을 수용하였다. 그 영향으로 인해 영혼과 육체를 대립된 것으로 보는 구절들이 성서에서 발견된다. 영은 "살리는 것"이요, 육은 "무익하다"는 말씀은 이를 대변한다(요 6:63). 영혹은 영혼은 거룩한 것인 반면, 육 혹은 육체는 범죄의 온상으로 규정된다. "육체의 욕망은 성령을 거스르고"(갈 5:17). 가톨릭교회의 연옥설은 영혼과 육체의 이원론에 근거한다. 지금도 수많은 신학자들과 목회자들이 영혼과 육체를 서로 대립하는 인간의 부분들로 가르친다.

가톨릭 신학자요 교황이었던 라칭어는 영혼과 육체의 이원론이 성서의 전체론적 인간 이해에 어긋난다는 것을 간파하였다. 그리하여 그는 제2차 바티칸 공의회에 이르기까지 기독교 신학과 예배 의식이 사용한 영혼의 개념은 고대 플라톤적 전통과 무관하다고 주장한다. 그에 따르면 영혼은 "철저히 그리스도론적 개념이요, 기독교 신앙의 기초 위에서만 표현될 수 있었다"(Ratzinger 1990, 126). 즉 역사적으로 기독교가 사용한 영혼 개념은 육체로부터 분리될 수 있는 인간의 한 부분을 말하는 것이 아니라 "그리스도와 함께하는 존재, 죽음 속에서도 파괴될 수 없는 인간 인격의 존재의 담지자(Träger)"를 말한다는 것이다(124).

따라서 죽음 후 잠자는 상태에 있다가 부활하는 것은 이원론적 의미의 영혼이 아니라 사회적 관계들과 삶의 역사를 통하여 결정된 인간의 존재, 그 무엇으로 교체될 수 없는 인격적 자아를 말한다. 만일 우리가 영혼이란 개념을 사용한다면, 우리는 우리 자신의 삶의 역사를 통해 형성된 우리의 몸, 우리의 자아를 가리켜 영혼이라고 부를 수 있을 것이다. 이를 가리켜 우리는 영혼의 인격적·관계론적 이해라고 부를 수 있다. 자신이 속한 사회와 세계사의 관계 속에서 형성된 인간의 자아 내지 인격으로서의 영혼이 잠자는 상태에 있다가 "영적인 몸"으로(고전 15:44) 부활하여 그리스도의 최후 심판을 받을 것이라 말할 수 있다.

D. 불멸의 인격적 이해

1. 일반적으로 인간 생명의 불멸은 인간이 죽을 때 육체란 감옥을 떠난 영혼이 죽지 않고 영원히 사는 것으로 생각된다. 쉽게 말해 영생불멸은 "영혼의 불멸"로 이해된다. 그러나 부활을 인격적·관계론적 관점에서 이해할 때 우리는 인간 생명의 불멸을 새롭게 이해할 수 있다. 인격적·관계론적 관점에서 볼 때 인간 생명의 불멸은 사회적 관계 속에서 이루어진 삶의 역사를 통해 형성된 인간 자아의 불멸, 인격의 불멸을 말한다. 영혼과 육체의 통일체로서 인간의 외적 형태는 죽음과 함께 소멸된다. 그러나 생각하고 말하며 이웃과의 관계 속에서 형성된 인간의 자아, 그의 사람됨(인격)은 그리스도 안에서 영원히 보존되고 기억되며, 마지막 부활을 통하여 완성된다. 그의 신체적 형태는 없어지지만 그의 삶의 그 무엇도 없어지지 않는다. 그가 말한 참말과 거짓말, 그의 마음속에 숨어 있었던 미운 생각과 자비로운 생각, 이웃을 향한 도움의 손길과 이기적인 자기추구, 때로 영원한 것을 추구하기도 하지만 때로 세상적인 것, 육적인 것을 추구하였던 그의 삶의 길과 구체적 행위들, 선한 행위와 악한 행위, 모든 사회적 관계들이 없었던 것처럼 망각되지 않고, 하나님 앞에서 영원히 남아 있을 것이다. "호랑이는 죽어서 가죽을 남기고, 사람은 이름을 남긴다"는 격언은 이를 가리킨다.

다음의 신약성서 말씀에서 우리는 불멸의 인격적 이해에 대한 암시를 발견할 수 있다. 그리스도인들은 그들의 인격적 삶 속에 하나님의 영을 받아들인다(롬 5:5; 8:16 등). 그들의 영혼만이 하나님의 영을 받아들인 것이 아니라 그들의 몸 전체, 곧 그들의 자아가 그것을 받아들인다. "그들의 전 인격이 불멸의 영원한 생명을 가지고 있다. 그들은 죽음으로부터 생명으로 옮겨졌다"(요 5:24; 요일 3:14). 그러므로 예수를 믿는 사람은 "영원히 죽지 않을 것이다"(요 11:26; 참조. 8:51). 우리의 "겉 사람"은 나이를 먹으면서 낡아지고 죽음에 이르지만 우리의 "속 사람" 곧 우리의 인격적 자아는 나날이 새로워지고, 영원히 존속할 것이다(고후 4:16).

물론 신약성서에는 인간의 영 혹은 정신이 불멸의 생명을 얻는다는 구절도 있다. "또한 그리스도께서 여러분 안에 살아 계시면, 여러분의 몸은 죄 때문에 죽은 것이지만, 영(*pneuma*)은 의 때문에(*dia dikaiosunēn*, 의로 말미암아, 의를 통해) 생명을 얻는다"(롬 8:10). 그러나 신약성서 전체의 문맥에서 볼 때, 여기서 말하는 "영"은 인간의 육체로부터 분리된 인간의 한 부분이 아니라 그리스도의 의로 말미암아 하나님의 구원을 받은 인간의 영적 측면을 가리킨다. 따라서 "영이 의 때문에 생명을 얻는다"는 것은 그리스도의 의를 통해 구원을 받은 인간의 인격적·관계적 존재 전체가 불멸의 생명에 참여하게 된다는 것을 말한다.

2. 인간의 불멸을 이렇게 이해할 때 기독교의 부활신앙은 불멸에 대한 믿음을 포괄한다고 말할 수 있다. 20세기 변증법적 신학자들이 말하는 것처럼 부활신앙은 불멸에 대한 믿음과 대립하는 것이 아니라 불멸에 대한 믿음의 기독교적 형태다. 인간이 죽을지라도 그의 인격적 존재, 그의 자아는 하나님 안에서 영원히 보존되며, 마지막 부활 때 영적인 몸으로 되살아날 것이다. 그러므로 20세기 변증법적 신학자들이 말한 전적 죽음설은 타당하지 않다. "죽음과 함께 인간은 무로 폐기되는 것이 아니라 오히려 그리스도 안에 있으며(빌 11:23), 죽음도 그의 사랑에서 인간을 분리시킬 수 없다(롬 8:38 이하; 14:4)"(Pöhlmann 1973, 273).

알트하우스는 이것을 다음과 같이 설명한다. 인간의 육체와 영혼은 구별될 수 있지만 분리될 수 없다. 육체의 얼굴 표정과 몸짓 등은 "영혼의 표현"이요, "영혼의 형태"이기 때문이다(Althaus 1962, 158 이하). 플라톤에서 시작하여 오늘에 이르기까지 서구의 사고를 지배한 불멸의 영혼에 대한 신앙, 곧 영혼은 육체와 무관하며 육체 안에 머물다가 육체로부터 자기를 분리시켜 영생하는 "이원론적 생각"을 우리는 버려야 한다. 그러나 무에서 생명으로 부르신 하나님은 인간의 "인격"을 지키시며, 그에게 "새로운 현존의 형태(Daseinsgestalt)를, 여기 이 땅 위에서처럼 다시금 영적-정신적-육체적 형태"를 부여한다(167). 기독교가 수용한 고대의 "불멸"이란 개념은 "하나님은 인간을…자기와의 관계 속에 세우셨다는 것에 대한 표현이다. 그것은 인간은 하나님의 의지에 따라…인격이며, 하나님을 위한 그리고 하나님 앞에서의 인간이라는 것, 육체적 죽음도 인간 현존의 이 결정적 현실을 파괴하지 못한다는 것에 대한 표현이다"(Althaus 1972, 663).

E. 왜 사도신경은 "육의 부활"을 고백하는가?

초기 기독교는 그리스-로마의 문화권 속에서 형성되었고 또 발전되었다. 다른 문화권과 마찬가지로 고대 그리스-로마의 문화권에서도 영혼불멸설이 보편화되어 있었다. 그럼에도 불구하고 신약성서의 저자들은 영혼의 부활을 말하지 않고 몸의 부활을 말하였다. 왜 신약성서는 다른 종교사상들처럼 영혼불멸을 고백하지 않고 죽은 자의 몸의 부활을 고백했을까? 그 내적 동기를 우리는 고대 헬레니즘의 영혼불멸설과 부활신앙을 비교할 때 보다 더 분명히 파악할 수 있다.

1. 플라톤이 말하는 영혼불멸설은 "사회적 유기체"로서의 인간, 삶의 역사로서의 인간 존재를 보지 않고 물질적 세계와 사회적·역사적 관계로부터 추상화된 영원한 신적 실체로서의 영혼, 몸적 삶이 없는 영혼만을 본다(아래 내용에 관해 Marquardt 1996, 447 이하). 여기서 인간의 육체와 사회적 현실, 물질의 영역과 자연의 세계는 무가치한 것으로 포기된다. 이러한 것들은 인간의 영혼이 잠시 살다가 영원한 신의 세계로 돌아갈 일시적 무대 내지 감옥에 불과하다. 하나님은 인간의 영혼과만 관계하며, 인간의 사회적 현실과 자연의 세계와는 관계없는 존재로 생각된다. 인간의 육체는 영

혼의 감옥으로 생각되기 때문에 육체에 대한 자학적 태도가 형성되며, 인간의 생존을 위해 필요한 물질적·사회적·자연적 영역들에 대한 무관심이 조성된다.

이 같은 영혼불멸설에 반해 몸의 부활은 인간의 몸도 중요하다는 것을 말하고자 한다. 몸 없는 인간의 생명, 인간의 삶이란 있을 수 없다. 인간의 삶은 언제나 그의 몸과 함께 이루어진다. 그러므로 인간의 몸이 천시되어서는 안 된다. 그것은 인간의 삶의 구성요소다. 따라서 영혼만이 아니라 몸도 하나님의 구원을 받아야 한다. 영혼과 육체를 포함한 인간의 삶 전체가 구원을 받아야 한다. 인간의 영혼만이 하나님 앞에 서는 것이 아니라 삶의 역사의 결정체인 인간의 자아가 하나님 앞에서 자기를 책임져야 한다.

2. 이 세상에서 이루어지는 인간의 삶은 "영적 삶"이 아니라 언제나 "몸적인 삶"(Leibesleben)이다. 몸적인 삶은 물질적·사회적 관계 속에서 이루어지는 "물질적인 삶", "사회적인 삶"이다. 또 그것은 자연과의 관계에서 이루어진다. 물질과 사회와 자연이 없는 인간의 몸은 있을 수 없다. 따라서 물질과 사회와 자연의 영역도 중요하다. 인간의 삶의 바탕이 되는 물질과 사회와 자연도 하나님의 구원을 받아야 한다는 생각을 몸의 부활은 시사한다. "하나님은 새로운 생명을 전 인격에게 주기 원하시지, 단순히 몸과 분리된 영혼에게 주기를 원하지는 않으신다.…부활의 상징은 하나님의 총체적이고 포괄적이며 통전적인(holistic) 구원을 대담하게…확증한다.…만약 하나님의 약속이 몸을 포함한다면, 이 약속은 또한 사회, 정치 체계, 나아가서 우주 전체를 포함할 것이다"(Migliore 2012, 561).

부활신앙의 이러한 생각은 창조자 하나님의 총체성(Ganzheit)에 그 뿌리를 둔다. 이스라엘의 하나님은 단지 인간의 영혼과 관계하는 "영혼의 힘"(Seelenmacht)이 아니라 땅과 하늘을 지으신 창조자다. 세계의 모든 것이 그의 소유다. 따라서 하나님은 영혼과 육체, 인간과 자연 전체를 그의 통치 영역으로 삼고자 하며, 창조세계 전체를 구원하고자 하는 총체적 하나님이다.

3. 몸의 부활은 하나님의 능력과 의로우심이 죽음의 한계를 넘어선다고 말한다. 우리 인간에게 죽음은 우리 자신의 능력으로 넘어설 수 없는 삶의 마지막 한계요 끝이다. 그러나 무에서 만유를 있게 하였고 죽은 예수를 다시 살린 하나님에게(롬 4:17), 죽음은 한계가 될 수 없다. 따라서 우리가 죽을지라도 우리는 하나님의 능력 안에 있다. 선을 행한 자는 물론 악을 행한 자도 그의 능력의 범위 안에 있으며, 그의 의로운 심판을 벗어날수 없다. 억울한 고통과 죽음을 당한 사람들은 물론 그들에게 고난과 죽음을 야기한 자들, 모든 가해자들과 피해자들이 하나님의 손을 빠져나가지 못한다.

하나님이 죽음의 한계를 넘어선다면 죽음도 하나님의 능력 아래 있다. 그러므로 죽음은 하나님과 인간을 분리시킬 수 없다. 죽음은 우리를 하나님에게서 빼앗아갈 수 없다. 죽음은 하나님과 인간의 관계를 단절시키지 못한다. 우리가 어디를 가도 하나님은 거기 계시며, 우리와 함께 계시고, 우리를 붙들어주신다. 죽음 속에서도 그는 우리와 함께 계시며, 우리를 붙들어주신다. 그러므로 시편 저자는 이렇게 고백한다. "내가 주님의 영을 피해서 어디로 가며, 주님의 얼굴을 피해서 어디로 도망치겠습니까? 내가 하늘로 올라가더라도 주님께서는 거기에 계시고, 스올에다 자리를 펴더라도 주님은 거기에도 계십니다. 내가 저 동녘 너머로 날아가거나, 바다 끝 서쪽으로 가서 거기에 머무를지라도, 거기에서도 주님의 손이 나를 인도하여 주시고, 주님의 오른손이 나를 힘 있게 붙들어주십니다"(시 139:7-10).

4. 몸의 부활은 죽음과 함께 삶의 모든 것이 망각되지 않으며 무의 세계로 돌아가지 않을 것임을 말한다. 각자의 삶의 역사와 함께 우리의 자아, 우리의 존재가 사라지지 않고 다시 살아날 것이다. 아름답기도 하고 추하기도 하며, 참되기도 하고 거짓되기도 하며, 선하기도 하고 악하기도 한 우리의 모순된 모습들이 있는 그대로 나타날 것이다. 하나님 앞에서 우리는 우리의 그 무엇도 숨기지 못할 것이다. 작은 형제들에 대한 우리의

사랑이나 무관심, 우리 안에 숨어 있는 욕심과 자비로운 마음, 아무도 알지 못하는 우리의 숨은 생각들과 행위들, 이웃을 향한 따뜻한 미소와 인사한 마디 등 우리의 구체적 행위들과 마음가짐을 통하여 형성된 각자의 정체성이 하나님과 이웃 앞에서 숨김없이 되살아나며 하나님의 기억 속에서 보존될 것이다.

그러므로 우리는 "죽음과 함께 모든 것이 끝날 것이다"라고 생각하여 무책임하게 살아서는 안 된다. "내일 죽을지 모르니, 오늘 마음 놓고 먹고 마시고 즐기자"는 태도로 살아서는 안 된다. 오히려 하나님의 생명의 말씀을 지키며 살아야 한다. 그리스도께서 이 세계를 책임지신 것처럼 그리스도인들은 이 세계를 책임져야 한다는 것을 몸의 부활은 말한다.

5. 죽은 자들의 부활은 단순히 먼 미래의 일이 아니라 그리스도인들 안에서 지금 일어나고 있다. 세례를 통하여 십자가에 달린 그리스도와 함께 죽었다가 다시 살아날 때, 죽은 자들의 부활이 이미 일어난다(롬 6:4). 그것은 죽은 자들의 부활의 "첫 열매"이신 그리스도를 통하여 시작되었다. "죽음 이후의 생명이 있을 뿐 아니라 죽음 이전에도 생명이 있는 것처럼, 생명의 마지막에만 죽음이 있는 것이 아니라 생명 한가운데에도 인간의 죽음이 있다"(Küng 1982, 152). 죽음이 생명 한가운데 있는 것처럼, 죽은 자의 부활도 생명 한가운데 있다.

오늘 우리의 세계는 죄와 죽음의 세력에 붙들려 있다. 하나님을 알지 못하는 죄악된 인간들의 무덤과 같은 삶, 인간에 의한 인간의 소외와 억압과 착취로 인한 생명 파괴와 죽음, 미움과 증오로 인한 죽음, 무관심으로 인한 죽음, 무한한 소유욕과 향락과 소비로 말미암은 자연의 파괴, 이로 말미암은 자연 생물들의 죽음 등 갖가지 죽음의 현상들이 현대 사회 속에 독버섯처럼 만연해 있다. 밑 빠진 독과 같은 인간의 소유욕으로 인해 자연이 파괴되고 자연의 재난들이 세계 도처에서 일어나고 있다. 그럼에도 불구하고 더 많은 소유를 최고의 가치로 생각하는 것은 죽음과 같다. 그것은 자신의 죽음은 물론 무고한 생명들의 죽음을 초래한다.

이러한 세계 속에서 죽은 자들의 영과 몸을 포함한 몸의 부활이 그리스도를 머리로 하여 시작되었다고 신약성서는 말한다. "메시아 예수의 '죽은 자들로부터의 부활'은 죽음의 한계성이 극복된 새 창조의 사건"이다(박성권 2018, 271). 메시아 예수의 부활을 통해 시작된 하나님의 새 창조는 그리스도와 함께 죽었다가 다시 살아난 그리스도인들의 세례에서 계속된다. 무덤과 같은 세계 속에서 하나님의 새로운 생명의 역사가 일어난다. 그러나 이것은 시작에 불과하다. 참 생명으로 다시 살아난 그리스도인들은 하나님의 계명에 복종하는 삶을 통해 이 역사를 완성해야 한다. "옛 사람"의 모습을 버리고 "새 사람"이 되어야 한다(롬 6:6; 엡 4:22-24). 음행과 더러움과 방탕을 버리고 "사랑과 기쁨과 화평과 인내와 친절과 선함과 신실과 온유와 절제"의 "성령의 열매"를 맺어야 한다(갈 5:19-23).

이와 동시에 그리스도인들은 생명을 파괴하는 세력에 대항하고, 고난 속에 있는 피조물들의 생명을 보호해야 한다. 죄와 죽음의 세력을 물리치고, 하나님의 새 창조의 역사를 이루어야 한다. 그들의 기다림과 노력 속에서 부활의 새로운 생명의 세계가 이루어지며, 죽은 자의 부활에 대한 그들의 믿음이 참된 것으로 증명된다. 죽은 자의 부활에 대한 믿음은 하나님의 새로운 생명의 세계를 향한 희망과 용기를 주고, 죄와 죽음의 세력에 대항하도록 고무한다. 그것은 죽음 이후의 세계를 보여주면서 인간에게 "환상적 위로"를 제공하는 것이 아니라 "죽음에 대한 저항"의 기능, "비판적이며 해방하는 기능"을 가진다. 부활의 희망은 그 자체에 있어 불의한 세계에 대한 저항이다. 그것은 이른바 높고 힘 있는 자들이 낮고 힘없는 피조물들을 섬기는 하나님의 새로운 생명의 세계를 제시한다(이에 관해 Sölle 1980, 119 이하). 몸의 부활에 대한 기독교의 희망은 "현재에 대한 가장 날카로운 비판이다"(Kreck 1966, 175. 또한 위의 내용에 관해 II.3.A. 참조).

6. 사도신경의 라틴어 원문은 "몸의 부활"(resurrectionem corporis)을 고백하지 않고 "육의 부활"(resurrectionem carnis)을 고백한다. 소크라테스가 국가의 위험 인물로 정죄되어 사형된 것처럼, "육의 부활"이란 사도신경

의 고백 역시 매우 위험스러운 표현이었을 것이다. 그것은 헬레니즘의 세계를 혼돈스럽게 하는 이단으로 정죄될 수 있었을 것이다. 그것은 "영의 계급"에 맞서는 "육의 계급"의 편에 서기 때문이다. 왜 사도신경은 이런 위험스러운 히브리적 표현을 사용했을까? 그 숨은 의미를 우리는 아래와 같이 분석할 수 있다.

1) 헬레니즘의 이원론적 사고에 따르면 인간의 영은 신적 세계에 속한 반면 인간의 육은 흙에 속한다. 따라서 영적인 삶은 고상하고, 육적인 삶은 천하게 생각된다. 인간의 이성은 고상하고, 인간의 감성은 천한 것으로 간주된다. 그러나 인간의 삶에서 일차적으로 중요한 것은 인간의 육이다. 인간에게 가장 시급한 것은 굶주린 배를 채우는 것, 곧 육의 욕구를 충족시키는 일이다. 굶주린 배를 채워야 영적인 삶도 가능하고 섹스도 가능하다.

사도신경은 바로 이 육(히브리어 basar)과 육적인 삶의 중요성을 시사한다. 하나님은 인간의 영은 물론 인간의 육도 건강하고 행복하기를 원한다. 배부른 사람들에게는 영이 중요하다고 생각되겠지만, 굶주려 눈이 허옇게 된 사람들에게는 영보다도 먼저 육이 중요하다. 곧 굶주린 배를 채우는 것이 급선무다. 그래서 구약성서는 하나님을 가리켜 "모든 육체의 하나님"이라 부른다(렘 32:27). 하나님은 인간의 육적인 욕구를 귀중하게 여기신다.

2) 인간은 단지 영적·이성적 존재가 아니라 감성적 존재이기도 하다. 물론 영과 이성도 중요하지만, 눈과 귀와 코와 혀와 피부를 통한 감성이 없는 인간의 삶을 우리는 상상할 수 없다. 인간의 이성은 우리의 삶을 고독하게 만들지만 눈, 코 등의 육체적 감각기관을 통해 이루어지는 감성을 통해 우리의 삶은 풍요로워진다. 성서가 말하는 인간의 "육"은 감성을 가진 감성적 존재로서의 인간, 살아 생동하는 인간을 가리킨다. 사도신경의 "육의 부활"은 살아 생동하는 감성적 인간의 삶의 현실의 중요성을 시사한다.

3) 일반적으로 영적·정신적 노동은 고상하고, 육체적 노동은 천하다

고 생각된다. 따라서 정신 노동자는 높고 고상하고 육체 노동자는 낮고 천하다고 생각되며, 책상 앞에 앉아 정신 노동을 하는 자들이 사회와 국가를 지배하고 육체 노동자들은 그들의 지배를 받는다. 그런데 사도신경은 "육의 부활"을 고백한다. 이것은 무엇을 말하는가? 이것은 육체 노동을 하는 사람들, 이른바 그 사회의 낮고 천하다고 간주되는 사람들의 손을 들어주는 것이다. 그것은 이른바 높고 고상하다는 사회 지배층에 대한 저항의 표시다. 헬레니즘 세계에 대한 히브리들의 저항의 표시다.

4) "육"은 물질을 필요로 하고, 물질은 자연에서 나온다. 또 그것은 언제나 사회적 관계 속에서 실존한다. "육"을 뜻하는 히브리어 *basar*는 단지 인간의 고깃덩이를 가리키는 것이 아니라 육체적·물질적 욕구와 사회적 관계 속에서 살아 움직이는 인간, 그러나 흙으로 돌아갈 수밖에 없는 현실의 인간을 가리킨다. 달리 말해 "육"은 물질과 자연과 사회와의 관계 속에서 살아가는 현실의 인간을 가리킨다. 그는 단지 영적·정신적 존재가 아니라 육체적·물질적·자연적·사회적 존재다. 따라서 "육의 부활"은 인간의 다양한 관계의 중요성을 암시한다. 물질의 영역과 자연과 사회가 건강할 때 인간의 육도 건강할 수 있고 존엄성을 유지할 수 있다. 사도신경이 고백하는 "육의 부활"은 "한편으로 새 창조의 물질성(Materialität)을 시사하는 동시에, 하나님의 통치는 신체적인 것과 손으로 붙들 수 있는 것을 누락시키지 않고 오히려 그것을 변화시키면서 완성한다는 것을" 시사한다(Beisser 1993, 321).

5) 따라서 "육의 부활"은 인간 중심의 세계관을 거부하고 인간과 자연 만물이 평화롭게 공존하는 생명 공동체를 지향하며, 삶의 모든 영역이 하나님의 주권 속에서 새롭게 창조될 것을 요구한다. 신체적 활동과 정신적 활동, 먹고 마시는 것, 신체적 힘과 성(性), 굶주림과 억압과 불의를 포함하는 개인의 삶의 영역은 물론 공적 삶의 영역들이 장차 올 하나님 나라의 빛 속에서 새롭게 변화되어야 함을 암시한다. 이 모든 영역 속에서 그리스도인의 삶은 부활의 빛과 표징이 되어야 한다. 인간 사회와 자연 생태계를

파괴하는 악의 세력을 거부하고 모든 피조물들이 평화롭게 더불어 사는 새로운 창조의 공동체를 이루고자 노력해야 한다는 것을 육의 부활은 시사한다.

6) "육의 부활"은 인간의 육과 물질과 자연의 세계를 경시하는 영혼주의를 거부한다. 그것은 자연 없는 인간 중심의 부활을 거부한다. 인간의 육은 자연을 떠나 살 수 없는 자연의 일부이기 때문이다. 자연은 "만물의 척도", "세계의 중심"이라고 자처하는 인간의 지배에서 해방된 그 자신의 가치와 존엄성을 인정받아야 한다. "육의 부활"은 자연의 모든 생명들이 인간의 무한한 소유욕에서 해방되어야 함을 암시한다. 하나님은 단지 인간의 영혼만 사랑하는 영혼의 하나님이 아니라 "모든 육체를 위한 생명의 영의 하나님"이다(민 16:22).

이로써 "육의 부활"은 인격적 종말론을 생태학적 종말론과 우주적 종말론으로 확대시킨다. 하나님의 창조는 인간과 자연을 포함한다. 영혼과 육체, 정신과 물질의 적대관계가 끝나는 동시에 인간과 자연의 적대관계도 끝날 것이다. 인간을 포함한 "모든 육체"(*basar*, 새번역은 "사람"이라 번역함)가 하나님의 영광을 볼 것이다(사 40:5). 모든 육체가 하나님께 나아올 것이다(시 65:2). "몸과 영혼의 통일성 안에 있는 인간의 부활된 생명, 하나님의 길의 목적은 하나님 자신과 이웃 사람들과 온 우주의 깊은 사귐 속에 있는 젊은 육체다"(Boff 1993, 40).

7. 결론적으로 사도신경이 고백하는 "육의 부활"은 세계의 보편적 종교 현상인 영혼주의에 대한 반란이라 말할 수 있다. 그것은 육에 대한 천시와 학대의 거부인 동시에 모든 육의 존엄성에 대한 긍정이다. 하나님이 인간의 "육"(*carnis*)을 취하셨다는 성육신(*in*+*carnis*)과 마찬가지로, "육의 부활"은 천시당하고 학대당하는 육에 대한 하나님의 긍정이다. 그것은 내적으로 육적인 것을 탐하면서도 육을 천시하는 인간의 거짓에 대한 폭로이며, 육의 권리 회복의 선언이다.

죄악된 인간 사회에서 누구의 육이 천시와 학대를 당하는가? 가난하고 힘없는 자들의 육이 천시와 학대를 당한다. 그들의 육은 여름에는 더위에, 겨울에는 추위에 시달린다. 가난하고 힘없는 사람들의 육은 상품화되기도 하고, 부유한 사람들의 노리개가 되기도 한다. 로마 제국의 검투사들, 일제 식민지 시대 위안부들의 육이 인간의 즐거움과 쾌락을 위한 물건 취급을 당하고, 끝내 죽임의 대상이 되기도 한다. 그 반면, 힘있고 부유한 사람들의 육은 "귀하신 몸"으로 어디를 가도 존경을 받는다. 더운 여름이나 추운 겨울이나 "귀하게" 보호된다. 이 같은 인간 세상에서 사도신경은 모든 죽은 자들의 육의 부활을 고백한다. 모든 육이 부활하여 하나님의 최후 심판대 앞에 설 것이다. 아무것도 숨기지 못하고 자신의 벌거벗은 정체를 드러낼 것이다. 상처받은 육, 거짓으로 숨겨진 육들이 드러날 것이다. 하나님 앞에서 모든 육이 평등하고 소중하다는 사실이 드러날 것이다.

육의 부활은 "몸의 부활"을 한걸음 더 깊이 철저화시킨 것으로서 인간의 육적·물질적 삶에 대한 긍정이요, 육에 대한 착취와 학대가 없는 정의로운 세상을 향한 부르짖음이다. 그것은 삶다운 삶에 대한 목마름의 표식이요, 인간의 육을 착취하고 학대하는 불의의 세력에 대한 저항의 표시다. 이 같은 함축적 의미에서 사도신경은 이렇게 고백한다. "나는 육의 부활을 믿습니다"(*Credo in...resurrectionem carnis*).

5
최후의 심판

최후의 심판 혹은 보편적 세계 심판은 역사의 마지막에 있을 하나님의 궁극적 재판을 말한다. 신약성서는 많은 본문에서 최후 심판에 대하여 말한다. "심판 때에 니느웨 사람들이…"(마 12:3; 눅 11:32), "내가 말한 바로 이 말이 마지막 날에 그를 심판할 것이다"(요 12:48). "우리는 모두 다 하나님의 심판대 앞에 서게 될 것이다"(롬 14:10). 최후 심판에 대한 신약성서의 가장 대표적 본문은 세상의 "작은 형제들"에 대한 태도 여하에 따라 마지막 심판이 있으리라는 마태복음 25장의 말씀이다.

그런데 신약성서는 예수께서 마지막 심판을 내릴 것이라고 고백한다. "하나님께서는 자기가 정하신 사람을 내세워서 심판하실 터인데"(행 17:31). 그리고 예수께서 재림하실 때 살아 있는 사람들은 물론 이미 죽은 사람들까지 살리셔서 "산 사람과 죽은 사람을" 심판할 것이라고 말한다. "산 사람과 죽은 사람을 심판하실 그리스도 예수 앞에서…"(딤후 4:1), "산 사람과 죽은 사람을 심판하실 분에게…"(벧전 4:5), "이 예수께서 우리에게 명하시기를, '하나님께서 자기를 살아 있는 사람들과 죽은 사람들의 심판자로 정하신 것을 사람들에게 선포하고 증언하라'고 하셨다"(행 10:42). 이 말씀들에 근거하여 사도신경은 예수의 재림과 죽은 자들의 부활이 있은 다음에 최후 심판이 있을 것으로 고백한다.

그런데 최후 심판은 인간의 행위에 따라 일어날 것으로 신약성서는 이야기한다. 작은 형제들에게 자비를 베푼 자는 "영원한 생명으로 들어갈" 것이고, 그들을 냉정하게 대한 자는 "영원한 형벌로" 들어갈 것이다(마 25:46). 하나님은 "각 사람의 행위대로 심판하시는 분"이다(벧전 1:17). "나는 너희 각 사람에게 그 행위대로 갚아주겠다"(계 2:22).

여기서 다음과 같은 질문이 제기된다. 하나님이 각 사람의 행위대로 심판하실 경우 영원한 생명으로 들어갈 수 있는 사람은 몇 명이나 될까? 인간은 이기적 본성을 버릴 수 없는 존재이기에 거의 모든 사람이 "영원한 형벌"의 심판을 받을 수밖에 없지 않은가? 만일 그렇다면 예수의 십자가 죽음은 헛된 것이 되어버리지 않는가? 하나님의 구원 역사는 실패하였다고 말할 수밖에 없지 않은가? 이런 어려움에도 불구하고 초기 그리스도인들이 사도신경에서 최후의 심판을 고백한 동기는 무엇인가?

A. 최후 심판에 대한 고백의 역사적 배경과 동기

1. 최후 심판에 대한 신앙고백은 구약성서의 하나님의 의에 그 뿌리를 둔다. 구약성서에서 하나님은 자비로운 동시에 의로운 분이다. 그는 자비롭기 때문에 의로우며, 의롭기 때문에 자비롭다. 의가 없는 자비는 무질서한 편애이며, 자비가 없는 의는 냉혹하기 때문이다. 그러므로 구약성서에서 하나님은 인간에게 자비를 요구하는 동시에 의를 요구한다.

이것을 우리는 율법의 많은 계명에서 대표적으로 볼 수 있다. 예를 들어 안식일 계명에 의하면, 안식일에 남종이나 여종은 물론 집짐승과 집에 머무르는 나그네를 쉬게 함으로써 그들의 연약한 생명에 자비를 베풀어야 한다. 그들에게 자비를 베푸는 거기에 의가 있다. 의인, 곧 의로운 사람은 자비와 은혜를 베푸는 사람이다(시 37:21). 거꾸로 은혜와 자비를 베푸는 사람이 의로운 사람이다. "의인은 아끼지 않고 나누어준다"는 잠언 21:26의 말씀도 의와 자비의 분리될 수 없는 관계를 말한다.

하나님이 요구하는 의는 삶의 네 가지 영역에서 실천되어야 한다. 1) 법적 판결의 영역, 2) 통치자들의 통치 영역, 3) 이웃과 하나님과의 관계의 영역, 4) 피조물의 생명을 보호하고 장려하는 공적 질서의 영역 (Hossfeld 1995, 500). 이 네 가지 영역에서 행해야 할 의는 생명의 보호와 장려를 그 목적으로 가진다. 하나님의 의의 목적은 단순히 인간의 죄악된 행위에 대한 응징에 있는 것이 아니라 연약한 생명들을 보호하고 장려하며, 하나님의 의와 자비가 다스리는 삶의 공동체를 이루는 데 있다. 이 목적을 위해 법관은 정의롭게 재판해야 하며, 통치자들은 정의롭게 나라를 관리해야 하며, 하나님과 이웃과 정의로운 관계를 가져야 하며, 국가의 질서를 지키고 피조물의 생명을 돌보아야 한다. 생명이 보호되고 장려되는 곳에 의가 있다면, 생명의 가치와 권리가 파괴되는 곳에 불의가 있다. 하나님은 단순히 인간의 행위에 따라 적절히 갚아준다는 소극적 의미에서 의로운 분이 아니라 인간을 포함한 피조물들의 생명을 보호하고 장려하고자 하는 보다 적극적 의미에서 의로운 분이다.

구약성서에서 하나님은 생명을 파괴하는 자에 대한 응징을 요구한다. 이웃을 일부러 죽인 자는 죽임을 당해야 하며, 자기 부모를 때린 자는 사형에 처해야 한다(출 21:14-15). "눈은 눈으로, 이는 이로, 손은 손으로…갚아야 한다"(21:24-25). 이 하나님의 명령의 목적은 가해자에 대한 응징 자체에 있는 것이 아니라 연약한 생명을 보호하기 위함에 있다. 자기의 생명이 파괴되기를 원하지 않는다면, 다른 사람의 생명도 파괴하지 않아야 한다는 것이다.

의로운 자는 하나님의 법을 지키는 자, 하나님과 이웃과 올바른 관계를 맺으며 연약한 생명을 보호하는 자를 말한다면, 불의한 자는 하나님과 이웃과의 올바른 관계를 파기하고 다른 생명의 가치와 권리를 박탈하는 자, 다른 생명을 억압하고 착취하는 자를 가리킨다. 그러므로 포로기 이전의 예언자들은 "자기를 변호할 수 없는 무죄한 자에 대한 유죄 판결"을 "불의"라고 말한다(Vorgrimler 1960, 712). 그들은 "법과 정의의 실천"을 거듭 요구하는데(호 10:12; 렘 22:3 이하; 겔 45:9), 다윗과(삼하 8:15; 대상 18:14) 솔로몬의 행적이(왕상 10:9; 대하 9:8) 이에 대한 모범으로 제시된다.

2. 의에 대한 구약성서의 통찰은 행위와 결과의 인과론적 관계와 결합된다. 의로운 행위는 상을, 불의한 행위는 벌을 가져온다는 것이다. 이스라엘이 하나님의 율법을 잘 지키면 하나님이 그에게 선사하신 땅에서 행복하게 살 수 있다(출 20:12; 신 5:16). 하나님의 율법을 지키지 않을 때 그 땅에서 추방을 당할 것이다. 의로운 자에게는 모든 일이 형통하겠으나, 불의한 자는 바람에 나는 겨와 같이 사라지고 말 것이다(시 1편). 하나님은 그의 율법을 지키는 자를 지켜주시지만, 거만한 자는 가차 없이 벌하신다(31:23). "악을 뿌리는 사람은 재앙을 거두고"(잠 22:8), 의인의 길은 동틀 때의 햇살 같을 것이다(4:18). 의로운 자에게는 축복을, 불의한 자에게는 벌을 내리심으로써 하나님은 그의 의로우심을 나타내신다.

그러나 이스라엘은 행위와 결과의 인과론적 관계가 언제나 유효하지 않다는 사실을 경험한다. 하나님 없는 불의한 자들이 행복하게 사는 반면, 의로운 자들이 고난을 당하는 현실을 목격하게 된다. 그러므로 이스라엘은 하나님의 의가 미래에 올 "야웨의 날"에 일어날 것으로 기다리게 된다. 이날에 하나님은 그의 백성에게 불의를 행하는 이방 민족들에게 의로운 심판을 내릴 것이다(사 13-27장). 그날은 이스라엘 백성에게도 무서운 심판의 날이 될 것이다(암 5:16-20; 6장). 아무도 이 심판을 피할 수 없다. 각자가 행한 모든 행위들이 하나님 앞에 드러날 것이며, 모든 인간은 자신의 행위에 따라 보응을 받을 것이다. "그들이 한 일 그 어느 것도 내가 두고두고 잊지 않겠다. 그들이 이렇게 죄를 지었는데, 어찌 땅이 지진을 일으키지 않겠으며, 어찌 땅 위에 사는 자들이 모두 통곡을 하지 않겠느냐?"(암 8:7-8)

특히 예언자들은 "야웨의 날"에 있을 권력층의 불의와 착취에 대한 하나님의 심판을 강조한다. 권력층에 기생하여 사회의 특권을 누리는 거짓 종교 지도자들에 대한 심판도 강조된다. "예언자들은 거짓으로 예언을 하며, 제사장들은 거짓 예언자들이 시키는 대로 다스리며, 나의 백성은 이것을 좋아하니, 마지막 때에 너희가 어떻게 하려느냐?"(렘 5:31) 힘 있는 자들의 불의가 드러남으로써 힘없는 자들의 정당한 권리가 회복되고, 하나님의 의로우심이 그 땅에 세워질 것이다. 높은 자는 낮아지고, 낮은 자는 높아질 것이다. 그러므로 야웨의 날은 불의한 자에 대한 하나님의 심판의 날인 동시에 의로운 자들에게는 해방의 날이요, 연약한 자들의 생명의 권리와 존엄성이 회복되는 날이다.

그러므로 야웨의 날은 불의한 자들에게는 공포의 날이요, 의로운 자들 및 불의와 착취를 당하는 자들에게는 기쁨의 날이다. 전자에게는 거리낌의 대상이요, 후자에게는 기다림과 희망의 대상이다. 야웨의 날은 이스라엘은 물론 모든 민족에게 내리는 세계 심판의 날이다. 하나님을 대적하는 세계의 제국들과(단 7:9-12), 하나님을 섬기지 않는 민족들이 이날에 벌을 받을 것이다.

야웨의 날에 있을 하나님의 심판의 궁극 목적은 단지 인간의 불의에 대한 징벌 자체에 있지 않다. 오히려 그것은 이 징벌을 통해 연약한 자들의 생명의 가치와 권리를 회복하며, 모든 사람이 하나님의 의와 자비와 평화 속에서 더불어 사는 새로운 삶의 세계를 이루는 데 있다. 이로써 하나님의 의로우심이 나타난다.

3. 구약의 대예언자들은 "야웨의 날"의 심판이 역사 내에서 일어날 것으로 기대하였다. 홍수, 가뭄 등의 자연 재난들, 정치적·군사적 몰락, 외국군대의 침입과 약탈, 사회적 대혼란, 무자비한 지배와 추방 등을 통해 하나님의 심판이 집행될 것이다. 이를 통해 하나님은 이스라엘 백성을 시험하고 정화시켜 새로워진 이스라엘 공동체를 세울 것이다. 파괴와 몰락을 거쳐 하나님의 새로운 창조와 충만한 구원이 이루어질 것이다. 그러므로 예언자들은 이스라엘의 멸망과 파괴를 예언하는 동시에 "마지막 날에",

"그날 그때에", "끝날에", "날들의 마지막에" 올 야웨의 날과 그의 나라의 도래를 가리킨다(사 2:2; 렘 48:47; 33:15; 겔 38:16; 호 3:5 등). 하나님은 심판을 거쳐 구원을 이룰 것이다. 그의 심판은 벌인 동시에 구원이다(겔 22:18-22).

기원전 2, 3세기 후기 유대교의 묵시사상은 하나님의 심판이 역사 내에서 일어나지 않고 역사의 마지막에 일어날 것으로 기대한다. 곧 역사 내에서 일어날 "야웨의 날"을 묵시사상은 역사 마지막에 일어날 "최후의 심판"으로 파악한다. 그것은 보편적 세계 심판이다. 메시아가 올 그때에 살아 있는 사람들은 물론 이미 죽은 사람들도 부활시켜 각자의 행위에 따른 의로운 심판을 집행할 것이다.

후기 유대교의 묵시사상은 이스라엘 백성이 주변 강대국의 식민지가 되어 억압과 박해와 순교를 당하는 역사적 상황에서 생성되었다. 하나님의 율법에 끝까지 충성하여 고문과 죽임을 당하는 사람들이 있는가 하면, 외세에 영합하여 세속의 영화를 누리는 자들도 있었다. 이 같은 상황에 대해 묵시사상은 다음과 같이 말한다. 죽은 자들도 부활하여 심판을 받을 것이다. 그러므로 "최후 심판이 있을 때, 나는 이미 죽어서 무덤 속에 있을 것이므로 최후의 심판은 나와 관계없는 일이다"라고 생각해서는 안 된다. 하나님의 의 앞에서는 죽음도 한계가 될 수 없다. 역사상 존재하였던 모든 인간이 각자의 행위에 따라 심판을 받을 것이다. 악한 자들이 행복하게 살고, 의로운 자들이 희생과 고난을 당하는 세계의 역사가 이대로 끝나지 않을 것이다. 인간의 모든 거짓과 죄악이 하나님의 심판을 받을 것이다. 이로써 하나님의 정의가 회복되고, 하나님의 의로우심과 하나님 되심이 증명될 것이다.

초기 기독교 공동체는 최후의 심판에 대한 묵시사상을 수용한다. 그러나 이를 그리스도론적으로 수정하여 십자가에 달려 죽었고 부활하신 예수 그리스도가 최후의 심판자라고 증언한다. 유대교의 종교권력과 로마 제국의 정치권력에 의해 재판을 받은 자(der Gerichtete)가 재판자(der Richter)가 되실 것이며, 하나님의 의로우심을 회복할 것이다. 십자가에 달려 죽은 그분이 "왕들의 왕, 군주들의 군주"다(계 19:16).

여기서 우리는 다음의 사실을 볼 수 있다. 즉 초기 기독교 공동체가 최후의 심판을 고백한 동기는 하나님의 정의에 있다는 사실이다. 하나님 없는 악하고 불의한 자들이 세상의 영화를 누리고, 하나님의 율법에 끝까지 충성하는 의로운 자들이 고난과 죽임을 당하는 이 세상의 역사가 이대로 끝나지 않을 것이다. 하나님은 죽은 자들까지 다시 살리시고, 모든 인간을 재판하실 것이다. "우리는 모두 다 하나님의 심판대 앞에 서게 될 것이다"(롬 14:10). 이로써 하나님은 정의를 세우시고 자신의 의로우심을 회복할 것이다. 다음과 같은 요한계시록의 말씀은 기독교 초기의 이러한 정황을 반영한다. "거룩하시고 참되신 지배자님, 우리가 얼마나 더 오래 기다려야 지배자님께서 땅 위에 사는 자들을 심판하시어 우리가 흘린 피의 원한을 풀어주시겠습니까?"(계 6:10) "산 자와 죽은 자를 심판하러 오시리라"(venturus est iudicare vivos et mortuos)는 사도신경의 고백은 하나님의 정의와 의로우심에 대한 갈망의 표현이라 말할 수 있다.

B. 십자가에 달린 세계 심판자

1. 일반적으로 하나님의 심판은 인간의 행위에 따라 집행될 것으로 생각된다. 즉 악하고 불의한 자에게는 벌을, 선하고 의로운 자에게는 상을 내린다는 것이다. 여기서 인간의 행위가 심판의 기준이 된다. 구약성서에 따르면 하나님은 사람의 행위에 따라 갚으신다(욥 34:11). "각 사람의 행실과 행동에 따라 보상"한다(렘 17:10). "너희 행실에 따라 너희를 심판하며…"(겔 7:3).

심판의 기준에 대한 이 생각은 신약성서에도 나타난다. "선한 일을 한 사람은 부활하여 생명을 얻고, 악한 일을 한 사람은 부활하여 심판을 받는다"(요 5:29). "율법을 알고 범죄한 사람은 율법을 따라 심판을 받을 것이다"(롬 2:12). 최후의 심판 때에 사람들은 "자기들의 행위대로" 심판을 받을 것이다(계 20:12, 14). "그리고 겉모양으로 판단하지 않으시고, 각 사람의 행위대로 심판하시는 분을 여러분이 아버지라고 부른다면…"(벧전 1:17). "보아라, 내가 곧 가겠다. 나는 각 사람에게 그 행위대로 갚아 주려고 상을 가지고 간다"(계 22:12).

지상의 예수도 인간의 행위를 심판의 기준인 것처럼 말할 때가 있다. 특히 마태복음에서 우리는 그 흔적들을 자주 발견한다. 이웃에게 성내는 사람은 누구나 심판을 받을 것이다. 이웃을 바보라고 하는 사람은 누구든지 지옥불 속에 던져질 것이다(마 5:22). "너희가 남을 심판하는 그 심판으로 하나님께서 너희를 심판하실 것이오, 너희가 되질하여 주는 그 되로 너희에게 되어서 주실 것이다"(7:2). 하나님의 뜻을 행하는 자만이 하늘나라에 들어갈 것이라는(7:23) 예수의 말씀도 인간의 행위가 심판의 기준임을 시사한다.

마태복음 25:31-46의 "최후의 심판"에 관한 말씀에 따르면 심판의 기준은 이 세상의 "작은 형제들"에 대한 우리의 행위에 있다. 작은 형제들에게 자비를 베푼 사람은 하늘나라에 들어갈 것이요, 그들에게 냉정한 자는 영원한 불 속으로 들어갈 것이다. 마태복음 7:21-23에 따르면 마지막 심판 때에 하늘나라의 축복을 받을 수 있는 길은 "하늘에 계신 내 아버지의 뜻을 행하는" 데 있다. "내 아버지의 뜻"은 남에게 대접을 받고 싶은 대로 남을 대접하며(7:12), 재물을 땅에 쌓아두지 않고 하늘에 쌓는 데 있다(6:19-20).

이 같은 말씀에 근거하여 많은 사람들은 그리스도께서 인간의 행위에 따라 최후 심판을 집행할 것이라고 생각한다. 이 같은 통속적 생각을 이범배는 다음과 같이 요약한다. "최후의 심판의 실행 원칙은 하나님의 계시된 뜻에 의하여 세워진 것이다. 그리스도께서 재림하신 후에 모든 죽은 자들이 그리스도의 최후의 심판을 받기 위하여 부활되어 그들의 행위에 따라서 '책들'에 기록된 대로 심판을 받을" 것이다(이범배 2001, 991 이하). 여기서 최후의 심판은 인간의 행위에 대한 보응으로 생각된다. 죄에 대해서는 반드시 벌이 따른다는 "죄와 벌"의 냉정한 법이 적용된다.

그러나 다음과 같은 문제가 제기된다. 그리스도께서 이 세상에 재림하는 목적은 의로운 자들에게는 영원한 생명의 축복을, 불의한 자들에게는 영원한 지옥의 벌을 내리는 데 있는가? 인간의 행위에 따라 심판하는 심판자 그리스도의 모습은 십자가에서 모든 인간의 죄짐을 짊어지고 고난 당하는 구원자 그리스도의 모습에 모순되지 않는가? 그의 심판의 기준은 무엇인가? 만일 인간의 행위가 심판의 기준이라면 십자가의 고난과 죽음은 불필요하지 않은가? 하나님의 은혜도 불필요하지 않은가? 인간의 행위가 아니라 "오직 은혜로", "오직 믿음으로" 하나님의 칭의를 얻는다는 바울과 루터의 말씀은 틀린 것인가?

2. 최후 심판의 기준에 대한 통속적 생각은 심각한 문제가 있다. 그것은 죄와 벌의 응보의 원리(Vergeltungsprinzip)에 근거한 세속의 법적 사고에 묶여 있다. 죄는 그에 상응하는 벌을 받아야 한다! 이렇게 생각할 때 그리스도의 최후 심판은 세속의 재판과 다를 바가 없다. "하나님은 사랑이시다"(요일 4:8, 16)라는 성서의 말씀은 아무 의미도 갖지 못한다. 그리스도의 십자가 고난은 무의미해진다. 만일 인간의 행위가 최후 심판의 기준이라면 구원을 얻을 사람은 극소수일 것이다. 하나님의 구원 역사는 사실상 실패로 끝나고, 사탄이 승리하는 형국이 될 것이다. 바둑판의 마지막 승자는 하나님이 아니라 사탄일 것이다.

최후 심판의 기준에 대한 통속적 생각의 보다 더 깊은 문제점은 그리스도의 십자가 고난을 불필요한 것으로(überblüssig) 만들어버리는 데 있다. 만일 각 사람이 자신의 행위에 따라 심판을 받는다면 그리스도는 헛되이 죽은 형국이 된다. 최후 심판에서 인간은 단지 그의 행위에 따라 심판을 받기 때문이다. 여기서 하나님은 무한한 사랑을 베푸는 분이 아니라 인간의 행위에 따라 갚아주는 분으로 생각된다. 이러한 하나님의 모습은 떠나간 아들을 아무 조건 없이 용납하는 아버지 하나님의 모습과는 거리가 멀다. 결과와 원인, "죄와 벌"의 냉정한 법칙이 하나님과 인간의 관계를 지배한다.

　더 심각한 문제는 인간이 자신의 행위에 따라 심판을 받는다면 하나님의 구원은 인간이 자신의 행위로 얻어야 할 물건처럼 되어버린다는 점이다. 그것은 하나님의 값없는 은혜가 아니라 인간이 그의 행위로서 응당 받아야 할 물건이 된다. 여기에는 믿음도 필요 없고, 은혜도 필요 없다.

　이 문제의 심각성을 우리는 루터의 칭의론에서 볼 수 있다. 만일 인간이 자신의 행위를 통해 하나님의 구원을 얻을 수 있다면 그리스도의 십자가 고난은 있을 필요가 없다. 그는 하나님을 필요로 하지 않는다. 사실상 인간 자신이 자기의 심판자가 된다. 인간 자신이 자기의 구원자가 되든지, 아니면 스스로 멸망하는 자가 된다. 인간이 하나님의 자리를 대신 차지한다. 인간의 행위가 그의 구원과 멸망을 결정하기 때문이다.

　3. 이 문제와 연관하여 우리는 최후의 심판자가 누구인지 다시 성찰해볼 필요가 있다. 심판자에 대한 신약성서의 말씀은 다양하다. 산상설교(마 6:4, 15, 18), 바울 서신(롬 2:3 이하; 3:6; 14:10; 고전 5:13; 살후 1:5), 베드로전서는(4:5) 아버지 하나님이 심판자라고 전제한다. 이스라엘 12지파를 심판할 12제자들(마 19:28), 성도들, 천사들을 심판할 "우리"가(고전 6:2 이하) 심판자로 나타나기도 한다.

　본질적으로 중요한 것은 예수 그리스도가 장차 올 심판자로 고백된다는 사실이다(마 25:31-46; 7:22 이하; 13:36-43; 눅 13:25-27; 살전 4:6; 고전 4:4 이하; 고후 5:10 등). 사도행전 10장에 기록된 베드로의 설교는 그리스도께서 최후의 심판자라는 진술과 함께 정점에 도달한다. "이 예수께서 우리에게 명하시기를, '하나님께서 자기를 살아 있는 사람들과 죽은 사람들의 심판자로 정하신 것을 사람들에게 선포하고 증언하라'고 하셨습니다"(행 10:42). 요한복음 5:22, 27도 아버지 하나님께서 심판의 권세를 그의 아들 그리스도에게 넘겨주었다고 말한다. 따라서 예수 그리스도가 심판자라는 것이 신약성서의 중심적 진술이라 말할 수 있다(Ratzinger 1990, 168). 이에 근거하여 사도신경은 장차 오실 그리스도께서 산 자와 죽은 자들에 대한 심판자라고 고백한다. "산 자와 죽은 자를 심판하러 오시리라."

산상설교와 마태복음 25장의 "최후 심판"에 관한 말씀에 따르면 심판자 그리스도의 기능은 인간의 행위에 따라 상이나 벌을 주는 데 있다. 여기서 심판의 기준은 인간의 행위에 있다. 이에 반해 데살로니가전서 1:10에 따르면 심판자 그리스도의 기능은 "장차 내릴 진노에서 우리를 건져" 주시는 데 있다. 그것은 우리에게 "은혜"를 베푸는 데 있다(벧전 1:13). 세계를 심판하기 위함이 아니라 구원하기 위해 하나님의 아들이 이 세상에 오셨다는 요한복음 3:17, 12:47의 말씀은 재림하신 그리스도의 최후 심판에도 해당한다. 이 말씀에 따르면 그리스도의 최후 심판의 궁극적 목적은 구원에 있다.

4. 여기서 우리는 인과율에 기초한 세속의 기준과는 다른 새로운 심판의 기준을 볼 수 있다. 최후 심판의 기준은 십자가에 달린 그리스도의 삶과 죽음 속에 나타나는 하나님의 사랑에 있다. 세리와 죄인들의 친구로서 그들과 삶을 함께 나누며, 모든 인간의 죄를 짊어지고 대신 죽임을 당한 예수가 모든 인류와 역사를 심판하실 것이다. 그는 인간의 죄에 상응하는 벌을 주는 분이 아니라 일곱 번에 일흔 번이라도 용서하는 무한한 사랑이다. 그는 죄인을 벌하기보다 죄인이 당할 벌을 자기가 대신 당한다. 그의 의로우심은 죄에 대한 응징의 벌에 있는 것이 아니라 죄인의 구원을 위한 자기희생과 용서와 사랑에 있다.

그러므로 최후 심판의 궁극적 기준은 인간의 행위가 아니라 십자가에 달린 예수 안에 계시되는 하나님의 사랑에 있다. 십자가에 달린 그분이 최후의 심판자다. "우리의 구속주"가 우리의 "심판자"요, "우리의 심판자가 바로 우리의 구속주이다"(시 130:3-4; 유해무 1997, 635). 재림하신 그리스도는 십자가의 무한한 사랑 안에서 우리를 심판하실 것이다. 십자가의 무한한 사랑이 최후 심판의 기준이다.

그러므로 우리는 다음과 같이 추론할 수밖에 없다. 최후의 심판은 의로운 자에게는 하늘나라의 상을, 불의한 자에게는 지옥의 벌을 내리는 것으로 끝나지 않을 것이다. 오히려 최후의 심판을 통해 불의한 죄인이 하나님의 용서를 받고 바르게 회복될 것이다. 모든 사람이 하나님과 화해하고(골 1:20), 모든 것이 그리스도를 머리로 하여 하나로 연합될 것이다(엡 1:10). 십자가에 달린 그리스도의 빛에서 볼 때 하나님의 의로우심은 의로운 자에게는 영원한 천국의 상을, 불의한 자에게는 영원한 지옥의 벌을 내리는 데 있는 것이 아니라, 불의한 자를 용서하고 그를 바로 세우는 데 있다. 자기의 딸이나 아들이 최후 심판을 받을 경우 부모는 어떻게 생각할 것인가! 행위에 따라 심판 받기를 원하는 부모는 아무도 없을 것이다.

그러나 이것은 악인들이 행한 모든 죄악이 없었던 것처럼 되어버림을 뜻하지 않는다. 인간이 행한 모든 일이 하나님의 기억 속에 영원히 남아 있다면, 악인들의 죄악도 하나님의 기억 속에 영원히 남아 있을 것이다. 대한제국을 일본에 팔아버린 을사오적의 죄악은 하나님의 역사 속에 영원히 남아 있을 것이다. 그들과 그들의 후손들은 부끄러워 얼굴을 들 수 없을 것이다. 그러나 최후 심판 때에 하나님은 십자가의 사랑으로 이들을 용서하고 "완전한 사랑"의 나라를 세울 것이다. 인간이 저지른 죄의 행위는 영원히 기억에 남겠지만, 죄인은 용서를 받을 것이다. 예수 그리스도께서 인간의 모든 죄를 대신 짊어지셨기 때문이다.

구약성서에서 심판한다, 재판한다는 것은 무엇이 옳은지 법적 판단을 내리는 것을 말한다. 이것은 심판하고 벌을 내리는 측면과(Verurteilen, Bestrafen), 법을 세우고 해방하는(Recht verschaffen, Befreien) 두 가지 측면을 가진다. 즉 올바른 법적 판결을 통해 옳지 않은 것을 벌하고 정의를 세움으로써 옳지 못한 불의의 상황에서 인간을 해방하는 것, 그리하여 정의와 평화가 있는 공동체를 세우는 것을 말한다. 심판의 궁극적 목적은 바로 여기에 있다. 곧 하나님의 정의와 평화가 있는 새로운 세계를 이루는 데 있다. 십자가에 달린 예수는 이것을 계시한다. 여기서 우리는 아래 몇 가지 사항을 유의할 수 있다.

1) 십자가의 사랑이 최후 심판의 기준이기 때문에 불의한 죄인도 구원의 희망을 가질 수 있다. 십자가에 달린 예수는 세계를 벌하기 위해 이 세상에 오신 것이 아니라 구원하기 위하여 오셨다(요 12:47). 그의 심판의 궁극적 목적은 인간의 행위에 따라 보응하는 데 있지 않고 용서하고 구원하며, 모든 것을 회복하는 데 있다. 이런 점에서 심판자 예수는 "구원자"시다(Bultmann 1968, 79).

2) 세계사는 십자가에 달린 예수의 목적에 따라 결정될 것이다. 십자가에 달린 예수가 세계의 심판자요, 십자가의 사랑이 최후 심판의 기준이라면, 세계의 마지막은 인간의 죄에 대한 벌로 주어지는 우주적 대파멸이 아니라 성령의 새 창조와 만유의 회복일 것이다.

3) 십자가의 사랑이 최후 심판의 기준이라면 우리의 삶을 삶답게 하는 것, 곧 삶을 완성할 수 있는 길은 사랑을 행하는 데 있다. 의로운 사람은 자기의 소유를 베푸는 사람이다(잠 21:26). 예수의 심판에서 일차적으로 고려 대상이 되는 것은 신학적 지식이나, 신앙고백의 말이나, 수세(受洗) 여부에 있지 않다. 예수의 이름으로 귀신을 추방하고 기적을 행하는 것도 아니다. 그것은 하늘에 계신 아버지 하나님이 원하시는 일, 곧 하나님의 사랑을 행하는 것이다(마 7:21-23).

C. 구원의 약속과 심판의 경고는 모순이 아닌가?

1. 그런데 신약성서에는 하나님이 "각 사람의 행위대로"(벧전 1:17; 계 2:23) 심판할 것이라는 말씀이 거듭 나온다. 구원의 약속에 대한 말씀과, 행위에 따른 심판에 대한 경고의 말씀이 신구약 성서 안에 평행선을 이룬다. "예수 그리스도께서 나타나실 때에 여러분이 받을 은혜를" 약속하는가 하면(벧전 1:13), "경건하지 못한 자들이 심판을 받아 멸망을 당할" 것이라고 말한다(벧후 3:7). 이것은 하나의 모순이 아닌가?

이 문제에 대한 해답을 얻기 위해 우리는 지상의 예수의 삶을 살펴보고자 한다. 마태와 누가에 의하면 세례자 요한은 심판에 대한 묵시사상적 전제 하에서 이스라엘 백성의 회개를 요구하고 하나님 나라를 선포한다. 하나님이 그의 메시아를 통해 집행하게 될 심판이 곧 일어날 것이다. "도끼가 이미 나무 뿌리에 놓였으니…"(마 3:10). 각 사람은 그의 행위에 따라 심판을 받을 것이다. 아무도 이 심판을 면할 수 없다(3:7-9). 세례자 요한의 이 말씀에서 하나님은 인간의 행위에 따라 심판하는 분으로 나타난다(3:10, 12 참조).

세례자 요한의 친척으로 요한의 회개운동에 참여했던 것으로 보이는 예수는 요한의 표상을 부분적으로 수용한다. 그는 인간의 행위에 따른 하나님의 심판을 경고하며, 묵시사상적 의미에서 하나님의 승리를 확신한다. 작은 형제들에게 행한 바를 심판의 기준으로 제시하기도 한다(마 25장). 심판에 대한 묵시사상적 "위협의 표현들", 예를 들어 불, 어두움, 울부짖음, 이를 가는 일 등의 표현들이 예수의 선포에 나타난다(마 7:9; 22:13; 24:51).

이와 동시에 예수의 말씀에는 "용서와 초대의 표현들"이 나타난다. 모든 사람이 하나님 나라의 잔치에 초대된다. 우리는 잔치에 참여할 준비를 해야 하며, 혼인 잔치가 집안에서 진행되는 동안 길 밖으로 내쫓기지 않도록 해야 한다(마 25:1-13; 눅 14:16-24). 불의한 죄인도 하나님의 무조건적 용서를 받으며, 그의 잔치에 초대된다(눅 15:11-32). 예수는 간음을 하다가 붙들려 돌로 쳐 죽임을 당할 수밖에 없는 여인을 용서하고 새로운 미래를 열어준다(요 8:1-11).

심판의 경고와 위협에 대한 말씀들과, 용서와 초대에 관한 말씀들, 이 두 가지 가운데 어느 것이 예수의 본래 의도에 속한 것인가? 정말 그가 말하고자 하는 것은 무엇인가? 그가 이 세상에 오신 목적은 무엇인가? 최후 심판에 대해 경고하고 인간을 행위에 따라 심판하기 위해 오셨는가 아니면 죄인을 용서하고 하나님 나라의 자녀로 초대하기 위해서 오셨는가?

이 문제에 대한 대답을 우리는 예수의 십자가 죽음에서 찾을 수밖에 없다. 십자가 죽음은 예수의 지상의 삶의 완결이었기 때문이다. 예수의 십자가에서 하나님은 인간의 행위에 따라 심판하는 분이 아니라 인간의 모든 죄를 용서하는 무한한 사랑으로 나타난다. 인간이 받아야 할 하나님의 심판과 죽음을 그리스도에게 돌리고(imputare), 그리스도에게 있는 구원과 생명을 인간에게 돌린다. 곧 그리스도의 것과 우리의 것을 맞바꾼다(mutatio). 하나님의 아들 예수가 이 세상에 오신 것은 인간의 행위에 따라 심판하기 위함이 아니요, 모든 죄인을 용서하고 하나님 나라의 새 생명으로 인도하기 위함이었다. 로마서 3:26에 의하면 하나님의 의로우심은 죄에 대한 응징의 벌에 있는 것이 아니라 예수 그리스도의 희생의 죽음을 통해 불의한 죄인을 용서하고, 하나님 나라의 "새로운 피조물"로 다시 태어나게 하는 데 있었다. 이 예수의 빛에서 볼 때 최후 심판의 목적은 인간의 행위에 따라 천국의 상과 지옥의 벌을 주는 데 있는 것이 아니라 모든 사람을 구원하는 데 있다. 따라서 용서와 초대에 관한 말씀들이 예수의 본래 말씀이라고 말할 수 있다.

2. 그럼 우리는 심판에 대한 예수의 경고의 말씀을 어떻게 이해해야 하는가? 예수의 십자가 빛에서 볼 때 심판에 대한 예수의 말씀은 교육적 의미를 가진다. 그것은 인간을 새로운 결단과 회개로 부르기 위한 방편이다. 임박한 하나님 나라 앞에서 새로운 결단과 회개로 부르기 위한 목적으로 그는 심판을 경고한다. 따라서 "심판 선포는 신앙/회개로의 강한 초청"이라 말할 수 있다(유해무 1997, 635). 달리 말해 심판에 대한 경고는 회개 권유의 소극적 형태다.

본질적으로 예수는 인간을 행위에 따라 정죄하고 저주하는 분이 아니라 용서하고 새로운 미래를 향해 풀어주는 분이다. 그는 상한 갈대를 꺾지 않는 분이다(마 12:20). 그러므로 하나님 나라에 대한 예수의 선포는 세례 요한의 선포와는 달리 위협적 성격 대신에 용서하고 용납하는 성격을 가진다. 예수가 "세리와 죄인의 친구"였다는 말씀은 이를 증명한다. "예수의 메시아적 정점은 심판의 말씀에 있지 않고 기쁜 소식에 있다"(Finkenzeller 1995, 636).

이 사실을 우리는 바울 서신에서도 볼 수 있다. 그의 서신에서 우리는 먼저 심판에 대한 경고의 말씀을 발견한다. 모든 인간은 죄악된 아담의 후예들이다(롬 5:12 이하). 그들은 인간의 죄와 무절제에 대해 하늘로부터 계시될 하나님의 진노 아래 있다(1:18). 그들은 본성에 있어 진노의 자녀들이다(엡 2:3). 회개하지 않는 자는 하나님의 의로운 심판 때에 진노를 받을 것이다(롬 2:5). 모든 인간의 참 모습이 하나님의 심판대 앞에 숨김없이 드러날 것이며, 그가 땅 위에 사는 동안 행하였던 모든 선과 악에 대한 대가를 받을 것이다(고후 5:10). 하나님은 각 사람에게 그의 행위에 따라 보응할 것이다(롬 2:6). 각 사람은 심는 대로 거둘 것이다. "적게 심는 사람은 적게 거두고, 많이 심는 사람은 많이 거둡니다"(고후 9:6). "사람은 무엇을 심든지, 심은 대로 거둘 것입니다. 자기 육체의 욕망을 따라 심는 사람은 육체로부터 썩을 것을 거두고, 성령의 뜻을 따라 심는 사람은 성령으로부터 영원한 생명을 거둘 것입니다"(갈 6:6-9).

그러나 심판에 대한 경고가 바울의 마지막 말씀이 아니다. 바울은 심판을 경고하면서 하나님의 칭의와 구원과 화해를 선포하며 그리스도인의 회개와 성화를 명령한다. "율법의 행위로는 하나님 앞에서 의롭다고 인정받을 사람이 아무도" 없지만, "사람은 그리스도 예수 안에서 얻는 구원으로 말미암아, 하나님의 은혜로 값없이 의롭다는 선고를 받는다"(롬 3:20, 24). "하나님께서 사람들의 죄과를 따지지 않으시고…세상을 그리스도 안에서 자기와 화해하게" 하셨다(고후 5:19). 모든 그리스도인들이 장차 올 심판을 이미 면한 것 같은 인상을 줄 정도로, 바울은 최후의 심판을 낙관적으로 생각한다. 그리스도인들은 "장차 내릴 진노에서…건져주실" 예수가 "하늘로부터 오시기를" 기다린다(살전 1:10). 그들은 "그리스도의 피로 의롭게" 되었다. 그러므로 "하나님의 진노에서 구원을" 얻을 것이다(롬 5:9). "그리스도 예수 안에서 생명을 누리게 하는 성령의 법이…죄와 죽음의 법에서 해방하여 주었기 때문"에 그들은 "정죄를 받지 않는다"(롬 8:1-2). 이 같은 약속의 말씀에 대한 믿음 속에서 그리스도인들은 그들의 "몸을 하나님께서 기뻐하실 거룩한 산 제물로" 바쳐야 한다(롬 12:1).

요한복음은 예수의 궁극적 의도와 목적을 분명히 이야기한다. 예수의 궁극적 목적은 세상을 심판하지 않고 구원하는 데 있다. "하나님이 아들을 세상에 보내신 것은 세상을 심판하시려는 것이 아니라 아들로 세상을 구원하시려는 것이다"(요 3:17). "어떤 사람이 내 말을 듣고서 그것을 지키지 않을지라도, 나는 그를 심판하지 않는다. 내가 온 것은 세상을 심판하려는 것이 아니라 구원하려는 것이다"(12:47). "너희는 사람이 정한 기준을 따라 판단한다. 나는 아무도 판단하지 않는다"(8:15).

요한복음에 따르면 예수가 아무도 심판하지 않는 것은 그의 아버지 하나님이 아무도 심판하지 않기 때문이다(5:22). 하나님은 절대적 사랑이요, 무한히(일곱 번에 일흔 번이라도) 용서하는 분이기 때문이다. 그는 심판을 아들에게 맡기셨다. 그런데 아들은 모든 것을 자기의 뜻대로 하지 않고 아버지의 뜻대로 한다(5:30). 그의 심판은 불의한 죄인을 용서하고 의롭다 하시는 하나님 아버지의 의에 따른 "의로운 심판"이다. 그것은 인간의 행위에 따른 응징이 아니라 하나님의 자비하심을 따른 회복이다. 이것을 우리는 "돌아온 탕자의 비유", 간음하다 붙들린 여자에 관한 이야기에서도 볼 수 있다.

심판에 대한 경고는 심판 자체를 말하려는 것이 아니라 회개의 권유에 목적이 있다는 사실을 우리는 다음과 같은 요한계시록의 말씀에서 읽을 수 있다. "너희는 하나님을 두려워하고 그분께 영광을 돌려라. 하나님께서 심판하실 때가 이르렀다"(계 14:7).

그러나 최후 심판 때 끝까지 예수의 구원을 거부하고 하나님의 진노와 심판의 자리에 서는 사람이 있을 가능성을 우리는 부인할 수 없다. 그가 당하는 진노와 심판은 하나님이 그에게 내리는 하나님의 벌이 아니라, 예수의 구원을 거부하고 "옛 사람"의 길을 고수함으로써 자기가 자기에게 내리는 심판이다. 인간의 자기심판을 통해 하나님은 그를 심판한다. 그는 예수의 말씀에 순종하지 않음으로써 스스로 자신을 "하나님의 진노" 아래에 세운다(요 3:36). 하나님의 아들 예수를 믿는 사람은 빛 가운데 있으나, 믿지 않는 사람은 스스로 어둠 속에 있다(14:46).

3. 최후 심판 때 예수 그리스도가 이 세상에 오기 전에 죽은 사람들, 그리스도의 복음에 대해 들을 기회가 전혀 없었던 사람들은 지옥의 벌을 받을 것인가? 그리스도의 복음을 들을 기회가 전혀 없었던 사람들과, 그것을 들은 적이 있는 사람들을 동일한 기준으로 심판하는 것은 부당하지 않은가? 복음에 대해 들을 기회가 없었던 사람들은 어떤 기준에 따라 심판을 받을 것인가?

이 질문에 대해 우리는 다음과 같이 대답할 수 있다. 하나님은 모든 인간을 그의 형상으로 창조하였다. 인간의 타락 후에도 하나님의 형상은 완전히 없어지지 않고 남아 있다. 따라서 하나님의 뜻이 무엇인가에 대한 지식은 모든 사람에게 주어져 있다. 물론 타락한 세계 속에서 이 지식은 흐려지고 왜곡된 상태에 있지만, 이 지식이 전혀 없는 사람은 지구 위에 아무도 없다.

자연의 짐승들에게도 이 지식은 주어져 있다. 그래서 자연의 짐승들도 상호부조의 지혜를 알고 있다. 종을 유지하려는 짐승들의 의지와 사랑은 인간의 그것에 비해 조금도 부족하지 않다. 갓 태어난 생명을 결사적으로 보호하며, 종들끼리 협동하고 공생하는 짐승들의 모습은 하나님의 뜻에 대한 지식이 짐승들에게도 있음을 보여준다. 자연의 짐승들에게도 그들 나름의 언어가 있고, 삶의 기쁨과 슬픔을 나타내는 방법이 있다. 코끼리와 고래도 애도(哀悼)의 방법을 알고 있다. 어떤 고래(Buckelwale)는 10분 정도 노래를 부르며, 노래의 멜로디를 바꾸기도 한다.

자연의 짐승들은 배가 부르면 더 이상 욕심을 부리지 않는다. 먹다가 남는 것은 다른 짐승들에게 맡긴다. 그래서 자연 생태계가 유지된다. 이에 반해 인간의 욕심에는 끝이 없다. 그는 아무리 많이 비축해도 만족하지 않는다. 이로 인해 자연 생태계가 파괴되고, 자연의 생물들이 멸종되는 일이 일어난다. 자연 생물들의 짝짓기는 대개 후손을 얻기 위한 특정 시간에 제한되어 있다. 이에 반해 인간은 후손의 유지와 관계없이 시도 때도 없이 짝짓기를 원한다. 자기에게 주어진 삶의 영역을 지키는 짐승들에 반해, 국경을 넘어 짝짓기 원정을 가기도 한다. 이런 점을 감안할 때 올바른 삶에 대한 짐승들의 지식이 인간의 그것에 비해 매우 희미하다는 생각은 인간의 자기중심적 생각이요 자기교만일 수 있다. 정말 지혜로운 것은 자연의 질서를 지키는 자연의 생물들이 아닐까!

여하튼 하나님의 뜻에 대한 지식은 완전성과 명료성의 차이는 있지만 모든 피조물에게 주어져 있다. 이 지식은 타종교인이나 무종교인에게도 있다. 모든 인간이 하나님의 형상으로 창조되었고, 해와 물을 주시는 하나님의 은혜는 모든 사람에게 주어지기 때문이다. 그러므로 타종교인, 무종교인 중에 그리스도인들보다 더 선한 사람들, "법이 없어도 살 사람"들도 있고(조정래 2005b, 229), 그리스도인들보다 더 많은 선을 행하고(積善), 더 의롭게 사는 사람들도 많이 있다. 일제 시대의 수많은 독립운동가들, 자기의 생명을 위해 모아 두었던 귀금속을 팔아 국채보상운동에 바치기도 하고 독립운동가들의 "뒷바라지"를 했던 "독립기생들"도 이에 속할 것이다 (1919년 3.1운동의 열기를 타고 크게 번졌다고 함, 조정래 2005a, 216).

바울의 말씀에 의하면 이방 사람들이 "율법을 가지고 있지 않아도, 자기 자신이 자기에게 율법이다. 그런 사람은 율법이 요구하는 일이 자기의 마음에 적혀 있음을 드러내 보인다"(롬 2:14-15). 바울의 이 말씀은 하나님의 율법이 하나님을 알지 못하는 사람들의 마음에도 새겨져 있음을 말한다. 최후 심판 때 하나님은 모든 사람의 마음에 새겨져 있는 이 법에 따라 심판하실 것이다.

모든 사람의 "마음에 적혀" 있는 율법을 우리는 양심의 법이라 말할 수 있다. 아무리 미개한 종족일지라도 그 속에 나름대로의 양심의 법이 있다. 그리스도의 복음을 알지 못하는 사람들의 경우 하나님은 그들의 "마음에 적혀" 있는 양심의 법에 따라 최후 심판을 내릴 것이다. 비록 그리스도인이라 할지라도 양심의 법을 따르지 않는 자는 하나님의 벌을 받을 것이다. 반면에 그리스도의 복음을 알지 못하는 사람일지라도 양심의 법을 따르는 사람은 하나님 나라의 구원에 참여할 것이다. 판넨베르크에 따르면 기독교 문화권에 속하지 않은 사람들일지라도 산상설교의 팔복을 행하는 사람은 이에 포함될 것이다(Pannenberg 1993, 667). "많은 사람이 동과 서에서 와서, 하늘나라에서 아브라함과 이삭과 야곱과 함께 잔치자리에 앉을 것이다"(마 8:11)라는 말씀은 이를 시사한다(이에 관해 661-662). 그러나 양심의 법이 최후 심판의 기준이 될 경우 과연 몇 사람이나 하늘나라의 상을 받을 수 있을까? 여기서 우리는 다시 한번 십자가에 달린 그리스도를 바라볼 수밖에 없다.

D. 최후 심판의 다양한 측면

일반적으로 최후 심판은 인간에 대한 심판으로, 역사의 마지막에 일어날 미래의 것으로 생각된다. 그러나 성서 전체의 빛에서 볼 때 최후의 심판은 이를 넘어서는 보다 더 많은 측면들을 가진다.

1. 현재적 측면과 미래적 측면

요한 문서에 의하면 예수의 심판은 단지 역사의 종말에 일어날 것이 아니라 지금 일어나는 현재의 사건으로 생각된다. 그것은 그리스도를 자기의 구원자로 영접하느냐 아니면 거부하느냐, 빛이냐 아니면 어둠이냐, 신앙이냐 아니면 불신앙이냐를 결단하는 현재적 순간 속에서 일어난다. 예수를 거부할 때 인간은 스스로 심판의 자리를 택하며 어둠 속에 머물게 된다. 어둠 속에 머무는 것 자체가 심판이다. "심판을 받았다고 하는 것은 빛이 세상에 들어왔지만 사람들이 자기들의 행위가 악하므로 빛보다 어둠을 더 좋아하였다는 것을 뜻한다"(3:19). 그리스도의 복음을 접하는 순간은 하나님 나라의 축복인가 아니면 저주인가를 결단해야 하는 심판의 순간이다. 이러한 뜻에서 구원자 예수는 심판자이기도 하다. 하나님의 아들 예수를 거부하고 불신앙과 어둠을 선택하는 자는 스스로 "자기심판"을 내린 것이다. 그는 죄와 죽음의 세력에 붙들려 살게 되며, 하나님의 진노와 심판 아래 있게 된다. 그의 자기심판 속에서 그리스도의 심판이 앞당겨 일어난다. 형제를 미워하는 자는 이미 어둠 가운데 있다는 요한1서 2:9, 11의 말씀은 이를 가리킨다.

그리스도인들의 믿음은 하나님의 심판에 대한 현재적 경험이라고 말할 수 있다. 믿음은 세계 구원자와의 만남인 동시에 세계 심판자와의 만남이다. 그러나 세계 심판자는 인간을 행위에 따라 심판하지 않는다. 도리어 인간이 당해야 할 심판을 자기가 당하는 대신 인간에게 용서와 구원의 길을 열어준다. 인간에 대한 심판과 인간의 구원이 그리스도 안에서 일어난다. 신자들은 십자가에 달린 그리스도 안에서 죄에 대한 하나님의 진노와 심판을 보는 동시에 그의 용서를 경험한다. 이 예수를 자기의 구원자로 영접하고 그의 계명을 지키는 사람은 심판을 면하고 영원한 생명 가운데 있다. 그렇지 않은 사람은 하나님의 진노와 죽음과 심판을 스스로 택한다. 심판은 "지금 일어난다. 그것은 인간이 예수에 대해 취하는 태도에 달려 있다"(Walle 1986, 141).

요한 문서에 따르면 하나님의 심판은 이미 일어나고 있다. 죄인은 이미 하나님의 심판 아래 있다. 인간은 본래 하나님과 이웃과 더불어 살도록 창조되었다. 인간의 이 피조성을 거부하고 하나님도 이웃도 없이 자기를 추구하는 삶 자체가 하나님의 심판이다. 더 많은 소유와 정욕의 노예가 되어 허덕이며 살아가는 것 자체가 하나님의 벌이요 심판이다. 죄인의 삶 자체가 하나님의 벌이요 심판이다. 성서는 그것을 "어둠" 혹은 "죽음"이라고 부른다. 그것은 "무덤"이라 불릴 수도 있을 것이다.

죄의 행위는 그 자체 속에 하나님의 심판을 내포하고 있다. 죄인은 그의 죄로 말미암아 심판 가운데서 살아간다. 그의 얼굴에는 기쁨과 평화 대신에 불안과 두려움, 미움과 증오의 그림자가 스며 있다. 그의 눈동자는 욕심과 욕정으로 이글거린다. 지옥은 바로 그의 삶 자체 속에 있다. 그의 삶이 곧 무덤이요 지옥이다. 이웃의 고난을 보면서도 못 본 체하고, 사치와 허영, 소유욕과 색욕의 포로가 되어 살아가는 것 자체가 지옥이요 하나님의 심판이다. 사랑 대신에 미움과 증오가, 용서 대신에 정죄가, 화해 대신에 분열이, 진실 대신에 거짓이, 정의 대신에 불의가 있는 곳에 하나님의 심판과 지옥이 있다.

따라서 심판은 하나님이 인간에게 내리는 것 이전에 먼저 인간이 그리스도를 거부함으로써 스스로 초래하는 자기심판이라 말할 수 있다. 죄가 있는 곳에 이미 심판과 죽음이 있기 때문이다. 죄악된 인간은 스스로 심판받은 자로서 살아간다. 최후의 심판은 단순히 먼 미래의 일이 아니라 "인간의 타락한 헛된 진리와 영속적이며 개방적인 하나님의 진리 간에 참되고 궁극적인 부딪힘이 일어나는 사건의 시작이다. 이것은 인간이 땅 위에 사는 동안 하나님의 은혜로 말미암아 이러한 궁극적 부딪힘이 이미 일어날 수 있고, 이리하여 인간이 심판을 받았다는 것을 말한다"(Balthasar 1974, 433).

하나님의 심판의 현재적 측면은 구약성서로 소급된다. 악을 행하는 자는 자신의 악으로 말미암아 스스로 하나님의 심판과 징계를 받는다는 생각은 예언서의 기본 통찰에 속한다. 이스라엘 백성이 나라를 잃어버리고 바빌론의 포로가 된 것은 그가 행한 죄악의 열매다. 이스라엘이 범한 악행이 이스라엘 자신을 벌한다. 죄 속에는 이미 벌이 숨어 있기 때문이다. 그러므로 악인이 행하는 악행은 "불태우는 것"과 같다(사 9:18). 하나님은 "악을 일삼는 자의 집을 치시며, 악한 일을 돕는 자를 치실 것이다"(31:2). "네가 저지른 악이 너를 벌하고, 너 스스로 나에게서 돌아섰으니, 그 배신이 너를 징계할 것이다"(렘 2:19). "너의 모든 길과 행실이 너에게 이러한 재앙을 불러왔다. 바로 너의 죄악이 너에게 아픔을 주었고…"(4:18).

하나님의 심판의 현재적 측면은 구약의 성문서에도 발견된다. 하나님 없는 자처럼 판결하는 자는 이미 심판 가운데 있다(욥 36:17). 악인은 살아 있는 동안 자신의 악으로 말미암아 하나님의 심판을 받는다. 그는 "심판 받을 때에 몸을 가누지 못하며, 죄인은 의인의 모임에 참여하지 못한다." 악인의 길은 결국 망하고 만다(시 1:5-6). 사람의 모든 길을 살펴보시는 하나님 앞에서 악인은 자기의 악에 걸려 넘어진다(잠 5:22; 11:5). 그가 뿌린 악이 그를 벌하며 재앙을 거두기 때문이다(22:8). 죄인은 자기가 행한 악으로 인해 심판을 받고 패망한다(13:6). 이것은 하나님을 알지 못하는 인간의 삶의 법칙에 속한다.

이와 같이 성서는 하나님의 최후 심판의 현재적 측면을 말하는 동시에 미래적 측면을 간과하지 않는다. 그것은 현재적인 것으로 경험되는 동시에 미래의 사건으로 머물러 있다. 우리는 역사의 마지막에 하나님의 심판을 받을 것이다. 요한계시록은 심판의 미래적 측면을 과거형으로 표현한다. "나는 또 죽은 사람들이 큰 자나 작은 자나 할 것 없이 다 그 보좌 앞에 서 있는 것을 보았습니다. 그리고 책들을 펴놓고, 또 다른 책 하나를 펴놓았는데, 그것은 생명의 책이었습니다. 죽은 사람들은 그 책에 기록되어 있는 대로 자기들의 행위대로 심판을 받았습니다"(계 20:12). 심판의 현재성을 강조하는 요한복음도 묵시사상의 전통에 따라 미래의 사건으로서 최후 심판에 대하여 말한다. 무덤 속에 있는 자들이 사람의 아들의 음성을 듣고 부활할 것이며, "선한 일을 행한 자는 생명의 부활로, 악한 일을 행한 자는 심판의 부활로" 나올 것이다(요 5:28-29). "내가 한 이 말이 마지막 날에 그를 심판할 것이다"(12:48). 요한1서 4:17도 장차 올 "심판의 날"에 대해 말한다.

성서가 심판의 현재성을 말하는 동시에 미래성을 말하는 이유는 무엇일까? 그것은 하나님의 심판의 보편성을 말하기 위함으로 보인다. 모든 민족과 그들의 역사가 세계사의 연관 속에서 하나님의 판단을 받을 것이다. 지금 심판을 받지 않고 죽은 사람일지라도 역사의 마지막에 부활하여 하나님의 심판대 앞에 설 것이다.

하나님이 최후의 심판자라는 것은 하나님께서 인간과 세계의 모든 것을 아신다는 것을 전제한다. 만일 모든 것을 알지 못한다면 그는 심판을 할 수 없을 것이다. 하나님은 그의 피조물의 모든 것을 아신다. 우리의 그 무엇도 하나님의 눈길을 벗어날 수 없다. 우리가 어디를 가도 하나님은 거기 함께 계시며 우리의 모든 것을 보고 계신다.

악인에게 이것은 저주가 되지만, 신실한 하나님의 자녀들에게는 위로와 약속의 말씀이 된다. "내가 주님의 영을 피해서 어디로 가며, 주님의 얼굴을 피해서 어디로 도망치겠습니까?…내가 저 동녘 너머로 날아가거나, 바다 끝 서쪽으로 가서 거기에 머무를지라도, 거기에서도 주님의 손이 나를 인도하여 주시고, 주님의 오른손이 나를 힘 있게 붙들어 주십니다"(시 139:7-10). 최후의 심판, 그것은 악인에게는 두려움과 공포의 대상이요, 신실한 하나님의 자녀들에게는 세상 끝날까지 그의 함께하심과 붙들어 주심에 대한 약속을 함의한다. 악인에게 그것은 거부의 대상이요, 의인에게는 위로의 약속이다. 인간의 숨겨진 모든 거짓과 죄와 불의가 드러나고, 하나님의 심판을 받을 것이기 때문이다.

2. 공적·사회적 측면

구약성서는 공적·사회적 측면에서 하나님의 심판을 선포한다. "압제를 당하는 자의 산성"이신 하나님은 공의로 세계를 심판하실 것이며 정직으로 만민을 판단하실 것이다(시 9:8). 그는 "압박당하는 모든 자를 위해" 심판하실 것이다(103:6). 예언자들은 심판의 사회정의의 측면을 강조한다. "불의한 법을 공포하고 양민을 괴롭히는 법령을 제정하는 자들아, 너희에게 재앙이 닥친다! 가난한 자들의 소송을 외면하고, 불쌍한 나의 백성에게 권리를 박탈하며, 과부들을 노략하고, 고아들을 약탈하였다"(사 10:1-2). "그 도성 안에서 일어나는 저 큰 혼란과, 그 속에서 자행되는 억압을 보라고 하여라.…그들은 올바른 일을 할 줄 모른다. 그들은 폭력과 강탈로 탈

취한 재물을 저희들의 요새 안에 쌓아놓는다. 그러므로 나 주 하나님이 선고한다. 적군이 이 나라를 포위하고, 너의 방어막을 허물고, 너의 요새들을 약탈할 것이다"(암 3:9-11). 여기서 하나님은 백성을 억압하고 착취하는 불의한 지배층에 대한 심판을 선언한다. 예수도 심판의 공적·사회적 차원을 간과하지 않는다. 이제 세상의 심판이 이르렀다. 이 세상의 불의한 통치자들이 쫓겨날 것이다(요 12:31).

이스라엘 왕조 국가의 멸망과 바빌론 포로 생활은 하나님의 심판의 사회적·정치적 측면을 보여준다. 그것은 개인의 불의는 물론 불의한 통치체제와 사회체제에 대한 심판이기도 하다. 이것을 우리는 예언자들의 말씀에서 분명히 볼 수 있다. 하나님의 심판을 통하여 하나님의 법과 정의가 회복될 것으로 기대된다.

3. 보편적·세계사적 측면

신약성서는 세계 모든 민족과 세계사에 대한 심판을 선언한다. "인자가 모든 천사와 더불어 영광에 둘러싸여서 올 때에, 그는 자기의 영광스러운 보좌에 앉을 것이다. 그는 모든 민족을 자기 앞으로 불러 모아 목자가 양과 염소를 가르듯이 그들을 갈라서, 양은 그의 오른쪽에, 염소는 그의 왼쪽에 세울 것이다"(마 25:31-33). "주께서 호령과 천사장의 소리와 하나님의 나팔 소리와 함께 친히 하늘로부터 내려오실 것이니…"(살전 4:16).

하나님의 아들 메시아 예수는 단지 개인에 대한 심판자가 아니라 "세계의 심판자"다. 모든 민족들과 인종들의 행한 바가 드러날 것이며, 하나님의 마지막 판단을 받을 것이다. 다른 민족과 인종에 대한 모든 행위가 숨겨지지 않고 드러날 것이다. 일제가 한국인에게 행한 만행은 물론 한국 군인들이 베트남인에게 행한 만행도 모두 드러날 것이다. 세계사 전체가 하나님 앞에 드러날 것이며 그의 심판을 받을 것이다.

심판의 보편적·세계사적 측면은 구약성서에 그 뿌리를 둔다. 그것은 하나님의 보편성의 필연적 귀결이다. 하나님은 세계를 창조하신 보편적인 분이다. 온 세계가 하나님의 것이다. 따라서 그의 심판은 개인은 물론 모든 민족과 인종과 세계사를 포괄하는 보편적 심판일 수밖에 없다(블레셋, 이집트, 시리아, 바빌론 등에 대한 하나님의 심판을 참조; 사 14장 이하). 심판의 보편적·세계사적 측면은 다니엘서에 가장 분명히 나타난다. "그러나 심판이 내려서, 그는 권세를 빼앗기고, 멸망하여 없어질 것이다. 나라와 권세와 온 천하 열국의 위력이 가장 높으신 분의 거룩한 백성에게로 돌아갈 것이다. 그의 나라는 영원한 나라다. 권세를 가진 모든 통치자가 그를 섬기며 복종할 것이다"(단 7:26-27).

근대 독일의 시인 실러(F. Schiller, 1766-1826)에 의하면 "세계사가 곧 세계의 심판이다"(Weltgeschichte ist das Weltgericht). 세계사의 과정 자체가 세계에 대한 하나님의 심판이다. 실러의 이 말은 사필귀정(事必歸正)이란 한국의 사자성어와 일치한다. 선을 행한 자는 언젠가 상을 받고, 악을 행한 자는 언젠가 그의 악행에 대한 대가를 받는다는 것이다. 그것은 행위는 그에 상응하는 결과를 가져온다는 "행위와 결과의 인과론"에 기초한다.

그러나 행위와 결과의 인과론이 증명되기 어려운 경우가 허다하다. 의로운 자가 고난을 당하며, 불의한 자가 지상의 축복을 누리는 일이 많기 때문이다. 만일 행위와 결과의 인과론이 역사를 지배한다면 도저히 설명될 수 없는 일들이 너무도 많다. 백인들의 노예가 되어 인간 이하의 고난과 죽음을 강요당한 약 이천만 명의 흑인들의 고난을 어떻게 설명할 수 있을까? 36년간 한국인을 착취하고, 30만여 명의 젊은 여성들을 일본군 위안부로 전쟁의 최전선에 강제적으로 투입했으며 그 만행에 대한 증거를 소멸하기 위해 상당수의 위안부를 살해했음에도 불구하고 일본이 누리는 경제적 번영을 우리는 어떻게 설명할 수 있을까? 이 번영은 행위와 결과의 인과론에 모순되지 않는가?

"세계사가 곧 세계의 심판이다"라는 실러의 말은 역사의 강한 자들에게는 위협을, 약한 자들에게는 위로와 희망을 주는 것처럼 들린다. 그러나 그것은 강한 자들의 강함과 이들에 의한 약한 자들의 착취와 고난을 정당화하는 기능을 행사할 수 있다. 강한 자들의 강함과 약한 자들의 약함이 세계 심판의 결과로 풀이될 수 있기 때문이다. 윤회론의 심각한 사회적·정치적 문제점도 여기에 있다. 강한 자들의 부(富)도 전생의 업보의 열매요, 약한 자들의 가난도 전생의 업보의 열매라고 해석함으로써 그들의 부와 가난을 정당화시키며 이를 통해 사회의 기존 체제와 이 체제의 모순과 불의를 유지시키며, 약자에 대한 강자의 지배를 정당화시킨다.

기독교 종말론이 고백하는 "최후의 심판"은 하나님께서 이 역사를 그대로 내버려두지 않을 것이며, 언젠가 이 역사의 모든 모순과 불의가 하나님 앞에서 밝혀지고 하나님의 판단을 받을 것임을 말한다. 약한 자들에 대한 강한 자들의 횡포와 무자비가 밝혀질 것이며, 억울한 고난과 죽임을 당한 모든 약한 자들의 눈에서 눈물이 씻길 것이다. 결국 하나님의 정의가 세워질 것이며, 하나님의 완전한 사랑의 나라가 올 것임을 최후의 심판은 말한다.

그러므로 하나님의 최후 심판은 개인의 내면에서 지금 일어나는 현재적·개인적 심판으로 축소될 수 없다. 그것은 현재적·개인적인 동시에 미래적·보편적이다. 인간과 인간, 민족과 민족, 인종과 인종 사이에 일어난 모든 죄악과 불의가 하나님 앞에서 드러날 것이며, 하나님의 마지막 판단을 받을 것이다. 백인들에 의해 노예로 판매되었던 2000만 명의 아프리카 흑인들, 히틀러에 의해 수용소에서 살해당한 600만 명의 유대인들, 일제의 강제 일본군 위안부, 강제징용 노동자와 학병으로 끌려가 죽었거나, 만주에서 독립군을 도왔다는 이유로 일본군에 의해 무자비하게 죽임을 당한 수십만 명의 우리 조상들의 울부짖음을 하나님은 드러내실 것이다. 밤에 꿈을 꿀 때 수십 년의 삶의 과정이 한순간처럼 우리 눈앞에 나타나는 것처럼 역사의 전 과정이 한순간처럼 보일 것이다. 이 과정을 거쳐 하나님은 정의와 평화가 있는 새로운 생명 공동체를 이루실 것이다.

하나님의 "최후 심판"은 악인에게 영원한 지옥의 벌을 내리고, 의인에게 영원한 천국의 상을 내리는 것으로 끝나지 않고, 자연과 인간을 포함한 온 세계에 하나님의 정의와 평화와 영광이 가득한 하나님의 새로운 생명 공동체를 세우는 계기가 될 것이다. 이에 관해 우리는 아래에서 한 걸음 더 자세히 고찰하고자 한다.

6

만유의 회복인가, 아니면 천국과 지옥의 상벌인가?

최후의 심판은 어떻게 끝나는가? 그것은 영원한 하늘나라의 상과 영원한 지옥불의 벌을 선고하는 "심판의 두 가지 결말"(doppelter Gerichtsausgang)로 끝나는가? 아니면 그것은 알렉산드리아의 초기 교부 오리게네스가 말한 "만물의 회복"(*apokatastasis pantōn*)과 구원인가?

A. 토론의 역사와 성서의 근거

"만유의 회복"은 하나님이 지으신 세계 전체가 아담과 하와의 타락 이전의 완전한 상태로 회복될 것임을 말한다. 이 생각은 일반적으로 초기 교회 교부 오리게네스에게서 유래하는 것으로 알려져 있다. 그러나 그것은 먼저 오리게네스의 스승이었던 클레멘스(Clemens)의 문헌에서 발견된다(Finkenzeller 644 이하. 이 문제의 역사와 신학에 관해 Janowski 1993).

클레멘스에 의하면 인간이 최후 심판의 결과로 당하게 될 영원한 지옥불의 형벌은 일시적인 것이요, 구원의 수단에 불과하다. 선하신 하나님

이 영원한 지옥불의 형벌을 내린다는 것은 생각될 수 없다. 어두운 심연
(Tartarus)과 게헨나의 전통적 표상은 "훈육을 위한 교정의 고통"으로 생각
되어야 한다. "따라서 기독교의 '영지주의자들'은 죽은 다음에 권징을 받
고, 그들의 의지에 반하여 벌을 통해 회개에 이르는 사람들을 동정적으로
생각할 수 있다"(644). 죽은 자들의 영혼은 그들의 죄악된 본성에서 정화
된 다음에야 비로소 하나님을 영원히 직관할 수 있다. 이 직관을 클레멘스
는 "회복"이라 부른다. 여기서 클레멘스는 죽음 이후의 벌을 영원한 것으
로 보지 않고, 회복을 위한 일시적 권징과 정화의 과정으로 파악함으로써
연옥설의 기초를 세운다. 이와 동시에 그는 모든 영적 존재들의 구원과 창
조의 회복에 대한 통찰을 처음으로 제시한다.

1. 클레멘스가 말한 만유의 회복은 그의 제자 오리게네스에 의해 체계
화된다. 이리하여 오리게네스가 만유회복론의 대변자로 알려지게 된다.
그에 따르면 "끝(종말)은 시작과 언제나 비슷하다. 그러므로 모든 것의 종
말이 하나인 것처럼, 모든 것의 시작도 하나로 인정될 수밖에 없다. 모든
사물들이 하나의 끝을 가지고 있는 것처럼, 많은 차이들과 구별들도 하나
의 시작으로부터 생성된다.…(그러나 모든 것은) 하나님의 자비와 그리스도
에 대한 복종과 성령 가운데서의 일치를 통해 시작과 동일한 끝에 이를
것이다." 하나님은 그의 자비하심 때문에 그리스도를 통해 모든 피조물을
회복하실 것이며, 그의 적들도 마지막에 극복될 것이다. 각 사람은 성장의
여러 단계를 거친 후 천사들과 더 높은 권세들의 가르침을 통해, 그리고
자신의 자유로운 의지를 사용함으로써 새롭게 변화되고 회복될 것이다(오
리게네스의 "원리론" 참조).

오리게네스에 의하면 육체는 언젠가 소멸되고, 육체가 없는 존재들만
이 있을 것이다. "시작이 끝으로 돌아가고, 사람들의 끝이 시작과 일치하
며, '선과 악을 알게 하는 나무 열매를 먹고' 궁핍함이 없었던 그때의 이성
적 존재들이 가지고 있었던 상태를 회복할 때, 이를 통해 모든 악한 지각
이 제거되고 깨끗하게 정화되어 완전한 순수성에 이르며, 유일하게 선하

신 하나님만이 그에게 '모든 것'이 될 때, 그리고 모든 것 안에서 그분 자신이 모든 것일 때 어디에도 더 이상 '죽음'이 없고, 어디에도 더 이상 '죽음의 가시'가 없으며(고전 15:55-56), 어디에도 악한 것이 없을 때,…참으로 하나님이 '모든 것 안에서 모든 것'이 될 것이다."

오리게네스의 만유회복설은 초기 교회의 많은 신학자들에게 영향을 주었다. 니사의 그레고리오스(Gregor von Nyssa)에 의하면 하나님의 계획은 모든 피조물 안에서 실현될 것이다. 지옥의 벌을 받은 자들도 회복될 것이다. 죽은 자들의 부활은 회복을 뜻한다. 부활은 죽은 자들이 태초의 상태로 회복될 것을 약속하기 때문이다. 암브로시우스(Ambrosius)에 의하면 구원의 확실성은 모든 사람에게 확대된다.

히에로니무스(Hieronymus)는 그의 초기 저서에서 보편적 구원에 대한 오리게네스의 생각을 지지한다. 이성을 가진 모든 피조물이 장차 올 시대에 하나님의 영광을 볼 것이다. 모든 피조물이 그들의 본연의 자리와 기능으로 회복될 것이다. 이것은 타락한 천사들에게도 해당한다. 그의 후기 저서에서 히에로니무스는 마귀들과 그리스도의 적들이 받게 될 영원한 벌을 강조한다. 그러나 전 생애를 통해 그는 적어도 그리스도를 믿는 모든 사람들이 결국 하나님의 자비로 말미암아 하늘로 영접될 것이라고 확신하였다.

이에 반해 아우구스티누스는 심판의 두 가지 결말을 주장하였다. 그에 따르면 소수의 선택받은 자들(*numerus electorum*)만이 구원을 받을 것이다. 회개의 가능성을 거부하는 모든 죄인들과 천사들은 영원한 벌을 받을 것이다. 아우구스티누스는 오리게네스에 대한 정죄를 단호하게 찬성한다. "하나님의 자비에 대한 그의 이론은 모든 한계를 넘어서며 마지막에는 악의 원인자인 악마까지 (회복에) 포함시키기 때문이다"(위의 내용에 관해 Hattrup 1992, 194).

오리게네스의 만유회복설은 하나님의 의와 벌을 진지하게 생각하지 않으며, 하나님의 벌을 회복에 이르는 교육적 통과과정으로 생각한다는 이유로 543년 그가 속한 알렉산드리아 교구에서 이단으로 배척당하였고, 553년 제5차 콘스탄티노플 공의회에서 유스티니아누스 황제의 이름으로 정죄되었다. 그 이후로 만유회복설은 공적으로 사라지고 말았다. 종교개혁자들도 이를 배격하였다. 개혁자들의 아우크스부르크 신앙고백도 만유회복설을 거부하고, 이중의 심판을 말한다. "우리 주 예수 그리스도께서 마지막 날에 심판하러 오셔서, 모든 죽은 자들을 부활시키시고, 신자들과 선택된 자들에게는 영원한 생명과 영원한 기쁨을 주실 것이며, 하나님 없는 자들과 마귀들을 지옥과 영원한 형벌로 저주하실 것이다. 그러므로 마귀들, 그리고 저주받은 자들이 영원한 고통을 받지 않을 것이라고 가르치는 재세례파는 거부된다"(17조). 개혁교회의 스위스(Helvetia) 신앙고백과 하이델베르크 교리문답서도 만유회복설을 거부하였다.

2. 근대 경건주의는 만유회복설을 재활시킨다. 독일 남부 뷔르템베르크(Württemberg)주의 가장 영향력 있는 경건주의자 알브레히트 벵겔(Albrecht Bengel, 1687-1752)에 따르면, 최후의 심판과 하늘과 지옥이 있겠지만 모든 것은 보편적 하나님 나라를 위해 봉사할 것이다. 지옥의 고통은 영원하지 않고 시간적으로 제한되어 있을 것이다. 하나님이 "모든 것 안에서 모든 것"이 되실 때 지옥은 더 이상 있지 않을 것이다(이 내용들에 관해 Moltmann 2005, 265 참조).

벵겔의 제자 외팅거(Fr. Chr. Ötinger, 1702-1782)는 천년왕국설과 만유회복설을 한 걸음 더 발전시키고, 그리스도 안에서 모든 것이 하나로 통일될(엡 1장; 골 1장) 하나님의 계획에 따라 그의 종말론을 전개하였다. 은혜의 선택이 하나님의 모든 역사의 시작이라면 모든 사물의 회복은 하나님의 모든 역사의 목적이요 끝이라고 그는 말한다.

근대 "자유로운 신학"의 대표자 슐라이어마허도 만유회복설을 주장한다. 최후 심판을 통해 구원과 멸망의 두 가지 결과가 있다면 그리스도의 복음과 그의 교회는 불완전할 것이다. 멸망의 심판을 받은 자들이 지옥불의 고통을 당할 때, 구원받은 자들의 기쁨과 열락도 완전하지 못할 것이다

(Schleiermacher 1960b, 431). 만일 일군의 사람들이 영원한 지옥불에 타는 벌을 받는 것이 역사의 마지막이라면 그것은 악의 승리를 뜻할 것이며, 하나님의 승리는 부분적인 것으로 축소될 것이다. 하나님의 예정은 소수의 사람들에 대한 악의 승리를 거부한다. "구원의 능력을 통하여 모든 사람의 영혼들의 보편적 회복이 있을 것임에 대한 흔적들이 성서에서 발견된다"(439).

아버지와 아들 블룸하르트는 만유회복설은 "희망의 고백"이란 신념 속에서 뷔르템베르크 지역의 부흥운동을 일으켰다. 이들의 영향으로 스위스의 헤르만 쿠터와 레온하르트 라가츠는 종교사회주의 운동을 일으켰다. 이 운동은 장차 올 그리스도의 평화의 나라에 대한 희망 속에서 민주주의 운동, 사회주의 운동, 반식민주의 운동, 평화운동으로 확대되었다. 이들은 인간의 마지막 구원과 아울러 자연의 모든 피조물의 회복을 주장하였다.

칼 바르트는 블룸하르트의 영향으로 그의 신학 후기에 만유회복에 기초한 보편적 구원을 말하게 된다. "만유의 회복을 믿지 않는 사람은 황소이고, 그것을 가르치는 사람은 당나귀다"라는 말은 바르트의 말로 알려져 있다(Finkenzeller 1995, 651). 바르트의 친구 투르나이젠(E. Thurneysen)에 의하면 하늘나라와 지옥의 두 가지 결말로 끝날 심판과 만물의 화해(회복), 하나님의 무한한 사랑과 죄에 대한 분노, 심판과 은혜에 대한 말씀이 성서에는 공존한다. 이 두 가지는 하나의 조화된 이론으로 통일될 수 없다. 이들을 이론적으로 조화시키려는 것은 잘못이다. 그러나 만물의 화해를 하나의 이론으로 가르칠 수는 없지만, 그리스도는 "만물의 화해자"로 선포되어야 한다. 우리가 살고 있는 이 땅 위에 "화해자를 모든 사람을 위한 화해자로 크고 기쁘게, 충만한 희망 속에서 외칠지어다"(Thurneysen 1958, 46).

에밀 브루너는 그의 교의학 제3권에서 이 문제를 체계적으로 다룬다. 그에 따르면 하나님의 심판에 대한 생각과 모든 피조물을 향한 보편적 은혜에 대한 생각은 신앙에 있어서 아무런 모순이 아니다. 하나는 다른 하나 없이 이해될 수 없다(Brunner 1964, 471). 최후의 심판에 대한 말씀도 하나님의 말씀이요, 만유의 화해와 회복에 대한 말씀도 하나님의 말씀이다. 이 두 가지의 완전한 논리적 균형이나 일치를 시도해서는 안 된다. "최후의 심판과 만유의 화해라는 이 두 개념들"은 거룩한 자로서의 하나님과 사랑하는 자로서의 하나님의 영광을 완전하게 표현한다. "하나님을 두려워하기 위해 우리는 세계의 심판에 대한 말씀을 하나님의 음성으로 들어야 한다. 이와 동시에 우리는 하나님을 사랑하기 위해 모든 사람의 화해에 대한 말씀을 하나님의 음성으로 들어야 한다. 폐기될 수 없는 이 두 가지 요소들의 결합 속에서만이 우리는 하나님의 본질의 두 가지 측면, 곧 그의 거룩과 그의 사랑을 파악할 수 있다. 하나님에 대한 모든 '균형적'이며 논리적으로 만족케 하는 인식은 치명적 결과를 초래할 것이다"(474).

알트하우스에 의하면 기독교 종말론은 최후 심판의 두 가지 결말에 대한 생각을 포기할 수 없다. "하나님이 불신자들에 대하여 새긴 계획은 하나의 비밀이다"(Althaus 1922, 187). 그러므로 영원한 형벌에 대한 공포와 만물의 회복을 향한 하나님의 인도하심에 대한 두 가지 생각을 기독교 종말론은 함께 견지할 수밖에 없다. 그러나 하나님의 무한한 사랑과 성실하심을 믿는 사람은 기도하는 가운데 세계 심판의 두려움을 극복하고 만유의 회복을 희망할 수 있다(194). 보수 신학자로 알려진 퀸네트에 의하면 만유 회복설은 "시대들(Äonen)의 이론의 마지막 귀결로서의 신학적 필연성"이다(Künneth 1982, 296).

폴 틸리히에 의하면 최후 심판의 두 가지 결말설은 "피조된 모든 것이 존재의 영원한 근거에 뿌리박고 있다"는 기독교 진리에 모순된다(Tillich 1966, 469). 한 사람이라도 멸망의 벌을 받는 한 다른 사람의 구원의 열락도 완전할 수 없다. "그의 존재와 다른 사람의 존재는 서로 분리될 수 없기" 때문이다. "만유회복의 이론이 종교적인 그리고 윤리적인 결단의 진지성을 매몰시킨다"는 생각이 전혀 근거가 없는 것은 아니지만, 역사의 두 가지 결말은 인정될 수 없다. 그것은 삶의 목적을 성취할 수 없는 모든 유한한 존재들의 불가피한 역사적 조건들과 사회적 상황들, 그리고 삶의 모호성을 고려하지 않는다. 비록 죄의 용서를 거절한다 할지라도 "그의 거절은 모호한 것으로 존속한다. 그가 비록 절망에 빠진다 할지라도 하나님의 영이 그 사람 안에서 활동하기 때문이다"(461-470).

틸리히에 반하여 에벨링(G. Ebeling, 20세기 튀빙겐, 취리히 조직신학자)은 심판의 두 가지 결말을 주장한다. "성서는 하늘과 지옥의 상징을 가지고 마지막 사건의 두 가지 결과를 명확히 말한다.…만유의 구원, 만유의 회복에 관한 생각은 하나님 앞에 있는 상황으로부터 구체적으로 진술할 수 있는 것을…넘어선다. 악의 마지막이 무엇인가의 문제는 악의 근원에 대한 설명과 마찬가지로 우리가 대답할 수 없는 문제다"(Ebeling 1979, 527). 마르부르크 대학의 라초브(C. H. Ratschow)도 에벨링과 동일한 입장을 취한다. "심판으로서의 심판은 그로 말미암아 한편의 사람들이 하나님 나라의 영광으로 들어가고, 다른 한편의 사람들이 영원한 불로 저주를 받을 때에만 의미를 가진다"(Ratschow 1982, 357).

몰트만은 만유의 회복을 십자가 신학의 필연적 귀결로 보는 반면(Moltmann 2005, 279), 레겐스부르크(Regensburg)의 조직신학자 슈바르츠(H. Schwarz)는 최후의 심판과 만유의 회복 두 가지 가능성을 모두 열어둔다. "우리는 온 인류가 구원되기를 뜨겁게 희망하고 기도하지만, 그것이 일어날 것이라는 것을 자명한 것으로 생각할 수 없으며, 하나님이 이 목적을 이룰 수밖에 없는 길을 제시할 수 없다. 그렇지만 우리는 모든 사람이 그리스도 때문에 구원받을 수 있다는 것을 안다"(Schwarz 1991, 198). 밀리오리에 의하면 "성경에는 구원과 멸망이라는 이중 결과를 암시하면서 예리한 경고를 제시하는 구절이 있는 동시에…만물의 구원을 가리키는 구절도 있다.…이 둘 사이의 긴장은 신학적으로 해소하려고 시도하지 않는 편이 가장 좋다"(Migliore 2012, 567).

가톨릭 신학자 라너에 의하면 우리는 최후 심판의 두 가지 결말을 하나의 "가능성"으로 열어두어야 한다. 교회와 성서는 적어도 몇 사람이 저주를 받았다는 특정한 진술을 강조하지 않는다. "오히려 교회와 성서의 모든 종말론적 진술들은…저주(혹은 멸망)는 순례자가 간과할 수 없는 참된 가능성이라는 것에 대한 진술로 읽힐 수 있다"(Rahner 1964, 421 각주). 발타자르 역시 비슷한 입장을 취한다. 최후 심판의 두 가지 결말의 가능성과, 만물의 화해와 회복에 대한 희망이 성서에 공존한다. 이 두 가지를 조화시킨다는 것은 불가능하다. 심판을 부인할 때 회개와 믿음의 결단의 진지성이 사라진다. 만물이 회복되고 구원을 받는다면 회개할 필요도 없고, 애써 믿어야 할 필요도 없기 때문이다. 그러나 만유의 회복을 부인하고 최후 심판의 두 가지 결말을 인정할 때 하나님의 무조건적인 사랑과 은혜가 부인된다(Balthasar 1957, 413). 그러므로 우리는 양자를 조화시키거나, 어느 하나를 인정하고 다른 하나를 부인해서는 안 될 것이다. 오히려 양자를 아무 조화 없이 있는 그대로 두어야 한다.

이에 반해 어떤 신학자는 만유의 회복을 철저히 부인하고 천국과 지옥의 두 가지 결말을 주장한다. "성경은 어느 곳에서도 현세의 삶 이후에 믿음을 갖게 되거나 회개에 이르게 될 가능성이 있다고 암시해주지 않는다." "지옥은 하나님의 형벌이 최종적으로 집행되는 곳이다"(van Genderen/Velema 2018, 1474).

개신교회 신학자 트라웁(T. Traub)은 최후의 심판과 지옥도 부정하지만, 만유의 회복도 부정하면서 죽은 자의 "전적 폐기설"(Vernichtungshypothese)을 주장한다(Traub 1974). 하나님의 완성된 세계 속에 지옥은 있을 수 없다. 지옥이 존재하는 한 하나님의 세계가 완성되었다고 말할 수 없다. 하나님 없이 완전히 그릇된 삶을 산 자들은 죽음과 함께 하나님에 의해 완전히 폐기되어버린다. 만유의 회복에 대한 신약성서의 본문들은 회복의 의미로 이해될 수 없다. 예수의 말씀에는 만유회복에 대한 말씀이 전혀 없다. 지옥의 영원한 심판과 벌은 하나님의 의와 사랑에 모순된다. 신약성서의 많은 본문들은(마 10:28; 막 9:44, 46, 48; 계 20:14) 죽음과 동시에 일어나는 인간의 전적 폐기를 시사한다.

지금까지 논의한 학자들의 견해를 우리는 다음과 같이 요약할 수 있다. 1) 만유회복을 부인하고 천국과 지옥의 두 가지 결말이 최후 심판의 마지막이라는 두 가지 결말설, 2) 두 가지 결말로 끝나는 심판을 부인하거나 그것을 일시적인 것으로 간주하는 만유회복설, 3) 최후 심판의 두 가지 결말과 만유회복을 조화시킬 수 없기 때문에 양자를 성서에 있는 그대로 두어야 한다는 입장.

3. 이와 같이 최후 심판의 결과에 대한 신학자들의 생각이 일치하지 못하는 원인은 성서에 있다. 일부 신학자들이 말하듯이 성서에는 두 가지 생각이 아무 연관성 없이 공존하기 때문이다. 먼저 두 가지 결말설에 대한 성서의 근거를 찾아본다면,

- 하나님은 인간의 "행위대로" 혹은 "행위의 열매대로" 갚으신다, 벌하신다, 보응하신다, 심판하신다는 구약성서의 수많은 말씀들(시 28:4; 잠 24:12; 사 59:18; 렘 17:10; 21:14; 32:19; 겔 22:31; 36:19 등)
- "생명으로 인도하는 문"과 "멸망으로 인도하는 문"의 구별(마 7:13-14)
- "이 세상과 오는 세상에도 용서를 얻지 못할" "성령을 훼방하는 죄"(12:32)
- "솔로몬보다 더 큰 이"의 마지막 심판(12:38-42)
- 신랑의 혼인 잔치에 들어간 "슬기로운 처녀들"과 들어가지 못한 "미련한 처녀들"의 구별(25:1-13)
- 지옥과 지옥의 불(막 9:45, 48), 지옥에서 영원한 고통을 당하는 부자와, 아브라함의 품에 안겨 영원한 안식과 평화를 누리는 거지 나사로(눅 16:19-31)
- "그들의 마지막은 멸망이다"(빌 3:19), 십자가의 지혜를 믿지 않는 "멸망할 자들"(고전 1:19)
- "구원을 얻는 사람들"과 "멸망을 당하는 사람들", "죽음의 냄새"와 "생명의 향기"(고후 2:15-16)를 구별하는 바울의 말씀

- 그리스도를 믿는 자는 영원한 생명을 누리는 반면, 그를 믿지 않는 자는 멸망에 이를 것이다(요 3:16).
- 하나님은 인간을 그의 행위에 따라 심판하실 것이라는(벧전 1:17; 계 2:23; 20:12-14) 말씀은 최후 심판의 두 가지 결말설을 시사한다.

만유회복설에 대한 신약성서의 근거를 찾아본다면,

- 가장 고전적인 근거: "이 예수는 영원 전부터 하나님께서 자기의 거룩한 예언자들의 입을 통하여 말씀하신 대로 만물을 회복하실 때까지 마땅히 하늘에 계실 것입니다"(행 3:21).
- "엘리야가 와서 모든 것을 회복시킬 것이다"(마 17:11).
- 하늘과 땅에 있는 모든 것, 곧 만유가 그리스도 안에서 화해되고 하나가 될 것이다(엡 1:10).
- 하나님은 땅과 하늘에 있는 모든 것이 그리스도를 통하여 자기와 화해하기를 기뻐하셔서, 그리스도의 십자가의 피로 화해를 이루게 하셨다(골 2:10).
- "그리하여 하나님께서 하늘과 땅 위와 땅 아래에 있는 이들 모두가 예수의 이름 앞에 무릎을 꿇게 하시고, 모두가 예수 그리스도는 주님이시라고 고백하게 하셔서 하나님 아버지께 영광을 돌리게 하셨다"(빌 2:10-11).
- "하나님께서는 아무도 멸망하지 않고 모두가 회개하는 데에 이르기를 바라신다"(벧후 3:9).
- 역사의 마지막에 그리스도는 모든 정사와 권세와 능력을 멸하시고, 만물을 그의 발아래 둔 만물의 통치자가 되실 것이다. 그의 나라를 하나님 아버지께 바칠 것이다. 그리하여 하나님이 "만유의 주로서 만유 안에" 계실 것이다(고전 15:24-28).

만유회복설에 대한 구약성서의 근거를 찾아본다면,

- 하나님을 아는 지식이 온 세계에 충만하며, 모든 피조물이 하나님의 평화 안에서 공존하는 메시아 왕국에 대한 약속(사 11:6-9)
- 광야와 메마른 땅이 옥토로 변하며, 사막이 백합화같이 피어 즐거워할 것이며, 자연 세계 전체가 변화되어 하나님의 영광과 아름다움을 볼 것이다(35:1-2).
- "나는…한없이 분을 품지도 않는다.…내가 그들과…한없이 분을 품고 있으면, 사람이 어찌 견디겠느냐?"(57:16)
- 하나님은 "새 하늘과 새 땅"을 창조할 것이며(65:17), 하늘이 그의 보좌요, 땅이 그의 발등상이 될 것이다(66:11).
- 죄로 인해 멸망한 자들의 마른 뼈에 생기를 불어넣어 새로운 생명의 세계를 창조하는 "마른 뼈" 환상(겔 37장)
- 민족과 언어가 다른 뭇 백성이 사람의 아들을 경배하고, "권세를 가진 모든 통치자가" 하나님을 섬기며 복종하는 영원한 하나님 나라에 대한 다니엘의 환상(단 7:13-27)
- 하나님의 이름이 "온 땅에" 아름다우며, 주의 영광이 "하늘 위에" 가득한 미래의 비전(시 8편)
- 하나님이 만유를 다스리시며, 만유가 하나님을 찬양하고 그의 영광을 드러내는 미래의 비전(시 93편; 96편; 97편; 99:1-3; 148편)

위에 제시된 성서의 말씀에서 우리는 구원과 멸망, 천국과 지옥의 두 가지 결말로 끝나는 심판과 만유회복에 대한 생각이 아무런 조화 없이 평행선을 이루고 있다는 사실을 볼 수 있다. 따라서 우리는 특정한 성서 구절에 근거하여 이것은 복음적이고 저것은 비복음적이라고 말하는 것을 삼가야 한다. 이와 동시에 우리는 이것도 타당하고 저것도 타당하다며 양자의 종합을 포기하고 양자의 평행선을 내버려두어야 한다는 입장에도 동의할 수 없다. 여러 신학자들이 취하는 이 입장은 문제의 해결이라고 볼 수 없다. 양자 중에 어느 것이 진리인지, 양자가 어떤 관계에 있는지 우리는 찾아보아야 할 것이다.

B. 만유회복은 비성서적·비복음적인가?

1. 심판의 두 가지 결말설을 지지하는 신학자들은 다음과 같이 주장한다. 하나님은 인간을 기계나 인형으로 창조하지 않고 자유롭게 결단할 수 있는 의지의 능력을 가진 존재로 창조하였다. 그러므로 하나님은 인간을 그의 의지에 반하여 구원할 수 없다. 그는 은혜와 구원을 강요할 수 없다. 자유로운 결단에 기초한 인간의 회개와 믿음이 있을 때 하나님은 인간을 구원하신다. 그렇지 않은 사람은 하나님의 멸망의 심판을 받을 수밖에 없다. 하나님은 사랑인 동시에 의로운 분이다. 그러므로 인간은 의로우신 하나님 앞에서 그가 마땅히 받아야 할 바를 받아야 한다. 그러므로 최후의 심판은 천국과 지옥의 두 가지 결말로 끝날 수밖에 없다.

만일 모든 사람이 믿음 여부와 관계없이 구원을 받고 만유가 회복된다면 내가 반드시 믿어야 하거나, 의롭게 살고자 노력할 필요가 없을 것이다. 아무리 악하게 살아도 결국은 구원을 받을 것이며, 만물이 회복될 것이기 때문이다. 따라서 만유회복설은 인간의 도덕적 방종과 타락을 부추긴다. 또 회개와 선교를 불필요한 것으로 만든다.

하나님은 자유로운 분이다. 그는 인간을 구원할 수도 있고 버릴 수도 있다. 그러나 만유회복설은 하나님을, 인간을 구원할 수밖에 없는 분으로 고정시킨다. 이리하여 하나님의 자유를 폐기한다. 이 같은 신학적 성찰에서 일련의 신학자들은 심판의 두 가지 결말설은 성서적이요 복음적인 반면, 만유회복설은 비성서적이요 비복음적이라고 주장한다.

2. 심판의 두 가지 결말설은 매우 그럴듯하게 보이지만 심각한 문제점

이 있다. 만일 하나님이 인간의 행위에 따라 심판을 내린다면 하늘나라의 상을 받을 사람은 거의 없을 것이다. 죄를 짓지 않는다 할지라도 마음속에 숨어 있는 죄의 본성까지 없앨 수 있는 사람은 아무도 없기 때문이다. 하늘나라의 상을 받을 사람이 거의 없다면 하나님의 구원사는 실패로 돌아가게 된다. 기껏해야 그것은 반쪽짜리 성공에 불과할 것이다. 하나님은 인간을 지옥으로 보내고자 하는 사탄의 세력에 대해 무력한 분이 되어버린다. 그렇다면 하나님은 무에서 유를 창조할 수 있고 죽음의 한계를 넘어설 수 있는 전능한 하나님이 아닐 것이다. 두 가지 결말설은 사실상 하나님의 전능을 부인한다.

또한 인간이 자신의 결단과 행위에 따라 심판을 받고 구원을 받는다면 인간 자신이 자기의 구원자가 되어버린다. 인간의 구원과 멸망의 문제는 인간 자신이 그의 결단과 행위를 통해 결정하는 문제가 되어버린다. 그리스도의 십자가 고난은 불필요해져 버린다. 인간의 구원은 "자기구원"이 되어버린다.

만유회복인가 아니면 최후 심판의 두 가지 결말인가라는 문제의 핵심은 하나님에 대한 이해에 있다. 본질적으로 하나님은 자비롭고 은혜로운 분인가 아니면 인간의 행위에 따라 심판하는 법적인 분인가? 하나님은 그의 은혜와 자비에 따라 최후 심판을 집행하는가 아니면 법적 응보의 원리에 따라 그것을 집행하는가? 양편의 논리를 엄격히 따를 때 만유회복설은 하나님을 자비롭고 은혜로운 분으로 보는 반면, 두 가지 결말설은 하나님을 인간의 행위에 따라 심판하는 법적인 분으로 본다.

만유회복설은 예수의 십자가에서 계시되는 하나님의 자비로운 용서를 중요시하는 반면, 두 가지 결말설은 법적 응보의 원리를 중요시한다. 전자는 사랑의 하나님에 대한 신뢰에 근거한다면, 후자는 인간 자신의 믿음의 결단과 행위에 근거한다. 전자의 경우 하나님의 무한한 사랑과 은혜에 대한 신뢰가 출발점이라면, 후자의 경우 인간 자신의 결단과 행위가 출발점이 된다. 전자에서는 구원과 멸망의 문제가 하나님의 손에 있는 반면, 후자에서 그것은 인간 자신의 손에 있다.

3. 여기서 우리는 "십자가에 달린 그리스도"로 돌아가야 한다. 만유회복이 복음적인지 아닌지의 문제는 성서의 특정 구절에 근거하여 판단될 것이 아니라, 십자가에 달린 그리스도에 근거하여 판단되어야 한다. "십자가에 달린 그리스도 안에 참 신학과 하나님 인식이" 있기 때문이다(루터). 십자가에 달린 그리스도 안에서 하나님은 인간을 그의 행위대로 심판하지 않고 그를 용서하며 "새로운 피조물"로 회복한다.

십자가에 달린 그리스도의 죽음 속에서 하나님은 인간의 구원에 대한 결단을 내리셨다(롬 3:25). "우리가 한 의로운 일 때문이 아니라 그분의 자비하심을 따라"(딛 3:5) 그는 인간을 구원하기로 결단하였다. 마지막 세계의 심판 때에도 하나님은 그렇게 하실 것이다. 하나님이 그리스도의 십자가 죽음에서 행한 일과 마지막 세계의 심판에서 행할 일이 다르다면, 하나님은 야누스처럼 두 개의 얼굴을 가진 존재일 것이다. 곧 그리스도의 십자가에서는 모든 인간의 죄를 용서했다가 마지막 세계의 심판에서는 인간의 행위에 따라 심판하는 두 가지 얼굴을 가진 존재일 것이다. 하나님은 십자가에 달린 그리스도 안에 있는 그 은혜와 자비로 마지막 세계의 심판을 내릴 것이다. 이 심판의 마지막은 천국과 지옥의 두 가지 결말이 아니라 용서와 회복일 것이다. 그래서 신약성서는 "하나님은 사랑이다"라고 말한다(요일 4:8, 16).

두 가지 결말설을 주장하는 신학자들은 하나님은 의로운 분이라는 것을 강조한다. 하나님은 의롭기 때문에 인간의 행위대로 심판하시고, 그의 행위대로 보응하신다는 것이다. 여기서 하나님의 의는 응보의 원리에 근거한 세속의 법적 의미의 의에 불과하다. 악한 자는 쥐로 다시 태어나게 하고, 선한 자는 귀족으로 다시 태어나게 하는 응보적 의다. 이 의는 십자가에서 계시되는 "그리스도의 의"와는 무관하다.

십자가에 달린 그리스도 안에 있는 하나님의 의는 불의한 죄인을 의롭다 인정하시고 그의 죄를 용서하며 그를 회복하는 의다. 그것은 간음하다 붙들린 여인을 용서하며 회복하는 의다(요 8:1-11; 남자는 붙들리지 않고, 여인만 붙들려 돌에 맞아 죽게 되었음). 이 하나님의 의는 하나님의 무한한 사랑과 자비를 말한다. 마지막 세계의 심판 때에 하나님은 십자가에서 계시되는 바로 이 의에 따라, 곧 그의 무한한 사랑과 자비에 따라 인간을 심판할 것이다. 그는 "우리의 행위대로" 판단하지 않고 "오직 자기 뜻과 영원 전부터 그리스도 예수 안에서 우리에게 주신 은혜대로"(딤후 1:9) 판단하실 것이다. 이 심판은 "죄와 벌", "행위와 보응"의 법적 사건이 아니라 용서하고 회복하는 자비로운 사건일 것이다. 여기서 우리는 부모가 자식에게 마지막 심판을 내릴 경우 부모는 어떻게 할 것인지 상상해볼 수 있다.

4. 블로흐에 의하면 사회적·역사적 상황 때문에 죄를 짓는 경우가 허다하다. 불의하고 냉혹한 사회구조와 개인의 힘으로 어찌할 수 없는 역사적 상황 때문에 많은 사람이 죄를 짓는다. 6.25전쟁 직후의 절대빈곤 속에서 어쩔 수 없이 죄를 짓는 경우가 허다하였다. 따라서 죄에 대한 책임은 단순히 개인에게만 있는 것이 아니라 그 사회의 체제와 역사적 상황에 있다. 그러나 기독교는 죄에 대한 책임을 전적으로 개인에게 돌리며 그 죄에 대한 최후의 심판을 선언한다. 이에 대해 블로흐는 다음과 같이 말한다.

"이 잔인한 최후의 심판! 나무를 훔친 자가 이 땅 위의 법정에서 교수형을 선고받았다.…나무를 훔쳤다고 교수형을 당하는 것, 이것은 최후의 심판 때에도 계속되지 않는가? 다소간의 작은 실수도 가혹한 벌을 받지 않는가? 불쌍한 죄인 자신에게 책임이 있다기보다…사회적 상황에 책임이 있는 실수들에 대해 기독교는 지옥의 형벌을 예고하지 않는가? 사법개혁에 대해 거론하는 오늘날 우리는 하늘의 정의로운 사법개혁을 강력히 요구해야 하지 않겠는가? 거기서 심판하는 하나님은 도대체 어떤 하나님인가? 최후의 심판이란 무엇인가?"(Traub/Wieser 1975, 193 이하)

인간의 마음 깊은 데까지 아시는 하나님은 이 세계의 모든 것을 다 아신다. 탈북 청소년들이 가슴을 졸이며 중국 변방의 슈퍼마켓에서 빵을 훔치고, 거리의 여인들이 피눈물을 흘리며 자기 몸을 팔 수밖에 없는 인간 세계의 상황을 아신다. 이러한 세계에 대한 하나님의 마지막 심판은 죄의 행위에 대한 응보가 아니라 죄인을 용서하고 만물을 회복하는 형태를 보일 것이다.

그리스도께서 십자가 죽음 후에 죽은 자들의 세계로 내려가셨다면(벧전 3:19), 지옥에 있는 자들도 하나님과 화해하며 하나님이 기뻐하는 피조물로 회복될 것이다. 따라서 세계의 그 무엇도 파멸로 끝나지 않고 하나님의 새로운 생명의 세계로 회복될 것이다. 죽은 마른 뼈들이 되살아나서 새로운 생명의 세계를 이룰 것이다. 회복은 현존의 것을 보수 내지 갱신하는 정도가 아니라 완전히 새로운 것으로의 변화를 뜻한다. "내가 모든 것을 새롭게 한다"(계 21:5)는 하나님의 말씀은 이를 가리킨다.

유해무는 다음과 같이 결론을 내린다. "하나님은 피조물을 포기하지 않으신다. 처음과 마지막인 하나님에 의하여 (피조물의) 계속성이 보존된다. 우리는 재창조 사역의 완성을 고대한다. 재창조는 엄밀한 의미에서 회복이며 창조의 갱신이지, 두 번째 창조는 아니다. 그렇다 하여 회복을 복귀나 보수 정도로만 생각지 말라. 신천신지의 영광은 첫 천지를 능가할 것이다"(유해무 1997, 637).

C. 이중예정인가, 보편적 은혜의 선택인가?

만유가 회복될 것인가 아니면 천국과 지옥의 두 가지 결말로 끝날 것인가의 문제는 예정론의 문제이기도 하다(Kreck 1966, 274 이하). 천국과 지옥의 두 가지 결말로 끝나는 최후 심판은 이중예정설과 연결되는 반면, 만유의 회복은 하나님의 "보편적 은혜의 선택"과 연결된다.

1. 전통적 이중예정(*praedestinatio gemina*)에 의하면 하나님은 인간의 타락 이전에, 혹은 타락 이후에 일군의 사람들을 그리스도 안에서 선택하고(*electio*) 구원으로 예정한 반면, 다른 일군의 사람들은 그들의 죄 때문에

버리기로(*repudiatio*, 유기) 예정하였다는 것이다. 이렇게 "선택"과 "유기"의 두 가지로 예정하였다는 것을 가리켜 기독교 신학은 이중예정이라 부른다. 이중예정설은 하나님이 인간의 타락 이전에 예정하였다는 "타락 이전의 예정설"(Supralapsarismus 혹은 Antelapsarismus, 위 혹은 이전을 뜻하는 라틴어 *supra, ante*와 타락을 뜻하는 *lapsus*의 합성어)과 인간의 타락 이후에 예정하였다는 "타락 이후의 예정설"(Infralapsarismus 혹은 Postlapsarismus)로 구별된다.

이중예정설의 논리를 따르면 세계의 마지막은 구원으로 예정된 사람은 하늘나라의 상을 받고, 버림받을 것으로 예정된 사람은 영원한 지옥의 벌을 받는 데 있는 것으로 생각된다. 이것은 심판의 두 가지 결말설과 일치한다. 그러나 누가 선택받은 자이고, 누가 버림받은 자인지는 역사의 과정 속에서 감추어진 상태에 있다. 그러므로 하나님은 모든 사람에게 복음을 전하게 한다. 복음을 믿는 사람들에게는 하나님의 은혜로운 선택의 예정이 계시되고, 믿지 않는 사람들에게는 유기의 예정이 계시된다. 최후 심판 때에는 선택받은 자들과 버림받은 자들, 하늘나라의 상을 받을 자들과 지옥의 영원한 벌을 받을 자들이 누구인지가 궁극적으로 드러날 것이라고 생각된다.

2. 구원으로 예정된 자들과 유기로 예정된 자들이 미리 결정되어 있다는 이중예정설은 심각한 문제점을 가진다. 만일 두 부류의 사람들이 예정되어 있다면 그리스도의 십자가 죽음은 불필요하며 무의미하다. 하나님은 인간을 무한히 용서하는 자비로운 분이 아니라 모든 인간의 행위를 미리 내다보시고, 그들의 행위에 따라 구원받을 자들과 버림받을 자들을 둘로 나누어 예정하는 잔인한 율법적 존재가 되어버린다. 인간이 아무리 노력해도 그가 태어나기 전에 이미 일어난 하나님의 예정은 변경될 수 없다. 그렇다면 회개하고 바르게 살고자 노력할 필요도 없고, 복음을 전할 필요도 없어진다. 천국의 상을 받을 것인가 아니면 지옥의 벌을 받을 것인가의 문제가 이미 예정되어 있다고 생각되기 때문이다.

이중예정설의 문제점을 날카롭게 분석한 20세기의 대표 신학자는 칼 바르트다. 그는 베자(Th. von Beza), 고마루스(F. Gomarus), 칼뱅 등 개신교 회 신학자들이 주장하는 전통적 이중예정설의 문제점을 직시하고, 예정론을 "선택론"(Erwählungslehre)으로 전개한다(이에 관해 이종성 1980, 364-370, 김 영한 1982, 54-62).

바르트에 의하면 하나님의 예정은 그리스도의 존재를 무시하고 인간 에게 직접 적용되어서는 안 된다. 그리하여 일군의 사람은 구원으로, 다른 일군의 사람은 버림과 멸망으로 예정하였다는 것으로 생각되어서는 안 된다. 오히려 하나님의 예정은 하나님의 "자기결정"(Selbstbestimmung)으로 이해되어야 한다. 즉 죄로 인하여 하나님께 버림받아 멸망을 당할 수밖에 없는 인간의 자리에 하나님이 자신의 아들을 대신 세우시고, 인간이 당해 야 할 죄의 심판과 버림을 자신의 아들에게 돌리기로 결정하는 동시에, 아 들에게 있는 구원과 생명을 인간에게 돌리기로 결정한 것으로 이해되어 야 한다.

따라서 이중예정은 인간에 대해 일어난 것이 아니라 하나님 자신에 대 해 일어난 것으로 파악되어야 한다. "하나님의 영원한 의지이신 예수 그 리스도의 선택에서 하나님은 인간에게…선택(Erwählung)을, 축복과 생명 을 돌리셨고, 자기 자신에게는…버림(Verwerfung)을, 저주와 죽음을 돌리 셨다"(Barth 1959a, 177). 달리 말해 하나님의 예정은 예수 그리스도의 선택 을 말하며, 예수 그리스도의 선택은 다음과 같은 의미에서 이중예정으로 파악할 수 있다.

- 1) 하나님은 인간이 당해야 할 저주와 버림과 죽음을 죄 없는 하나 님의 아들 그리스도에게 돌리고, 2) 그리스도에게 있는 하나님의 축복과 생명을 인간에게 돌리기로 예정하였다.
- 그리하여 하나님은 1) 인간에게는 하나님과의 친교를 예정하는 한 편, 2) 하나님 자신에게는 인간과의 친교를 예정하였다.

- 달리 말해, 1) 모든 인간을 대리하여 하나님의 선택받은 예수 그리스도를 십자가의 죽음에 내어주기로("하나님의 선택된 자의 버림") 결정하는 동시에, 2) 하나님께 버림을 받을 수밖에 없는 인간을 그리스도의 고난을 통해 구원으로 선택하기로("버림받은 자의 선택") 예정하였다는 것이다(Barth 1960, 574).

바르트에 따르면 하나님은 "선택받은 자"인 예수 그리스도를 모든 인간이 서야 할 십자가의 자리에 대신 세우시고 죽음에 내어준다. 이리하여 예수 그리스도는 모든 인간을 대리하여 하나님의 "버림받은 자"가 된다. 그의 버림을 통하여 모든 인간은 구원으로 선택된다. 선택을 받은 자가 버림을 받고, 버림을 받을 수밖에 없는 자가 구원으로 선택된다. 하나님의 이 두 가지 예정을 우리는 이중예정으로 이해해야 한다. 이것이 "복음적"이라고 바르트는 주장한다. 그리스도는 온 세계의 죄와 버림을 십자가에서 대신 짊어지셨다. 그러므로 모든 사람은 그들이 알든 모르든 간에 그리스도 안에서 "객관적으로"(objektiv) 화해되어 있다. 이 객관적 사실을 믿을 때 인간은 그 자신을 하나님과 화해된 자로서 "주관적으로"(subjektiv) 경험한다. 하나님의 객관적 화해가 인간과의 주관적 화해로 현실화된다. 모든 인간을 대신하여 버림을 당하기로 예정된 그리스도 안에서 모든 인간은 구원으로 선택되어 있다. 십자가에서 일어난 그의 "버림"(유기)을 통하여 모든 죄인의 "선택"이 일어났다. 예수 그리스도가 선택의 본래적 "대상"인 동시에 "주체"다.

　3. 바르트가 그의 예정론과 화해론의 원리로 삼는 이 통찰은 루터에게서 발견된다. 루터에 따르면, 1) 하나님은 죄로 말미암아 우리 인간이 당해야 할 심판과 죽음을 그리스도에게 돌린다. 2) 그 대신 그리스도께서 이루신 그리스도의 의를 우리 인간에게 돌린다. 인간이 당해야 할 죽음을 그리스도에게 돌리고, 그리스도의 영원한 생명을 인간에게 돌린다. 곧 그리스도에게 속한 것과 인간에게 속한 것이 교환된다. 이 "교환"은 그리스도

의 십자가에서 일어난다. 그리스도는 자기의 의와 생명을 인간에게 내어주고, 인간의 죄와 죽음을 자기의 것으로 삼는다(Luther 2012, 124).

이 교환을 루터는 신랑과 신부의 결혼에 비유한다. 신랑 신부 두 사람이 결혼할 때 신랑의 모든 것이 신부의 것이 되고, 신부의 모든 것이 신랑의 것이 되는 맞교환이 일어난다. 이를 통해 두 사람은 모든 것을 함께 나눈다. "믿음의 결혼반지"를 통해 그리스도와 신자들 사이에 이와 같은 교환이 일어난다. 인간의 죄와 죽음과 지옥은 그리스도의 것이 되고, 그리스도의 의와 생명과 축복이 신자들의 것이 된다. "그리스도의 의와 그리스도인의 불의가 교환"된다(김선영 2014, 174). 인간이 당해야 할 죽음을 그리스도께서 십자가에서 대신 당하고, 인간은 그가 받을 자격이 없는 하나님의 칭의와 구원을 선물로 받는다.

루터의 이 통찰을 바르트는 그의 예정론과 화해론의 중심 원리로 수용한다. 그리하여 그리스도께 속한 것을 인간에게 돌리고, 인간에게 속한 것을 그리스도께 돌리기로 한 하나님의 결정을 그는 하나님의 이중예정으로 파악한다. 그리스도께서 모든 인류를 대신하는 유일한 "버림받은 자"라면, 모든 인류는 그리스도로 말미암아 구원으로 하나님의 선택을 받은 자일 수밖에 없다. 물론 이 세상에는 수많은 버림받은 자들이 있다. 그러나 하나님이 이들을 버린 것이 아니라 그리스도의 구원을 믿지 않는 그들의 불신앙 때문에 스스로 버림을 받은 것이다. 하나님은 십자가에 달린 그리스도 안에서 구원을 제시하지만 이 구원을 거절하는 자신의 교만 때문에 스스로 버림을 받은 것이다. "그리스도는 누구에게도 멸망을 내리지 않는다.…멸망은 그리스도에 의해 내려지는 것이 아니라 인간이 그리스도를 멀리 떠나 있는 데 있다"(Pannenberg 1993, 660). 최후 심판 때 모든 사람을 대신하여 하나님의 버림을 받은 그리스도 때문에, 그리스도를 멀리 떠나 있던 자들도 하나님의 용서를 받고 구원에 참여하게 될 것이다. 자비로우신 하나님은 그를 거역한 사람들도 품어주실 것이다. 하나님의 자비와 은혜 속에서 만유가 그리스도를 머리로 연합할 것이며(엡 1:10), 하나님이 만유 안에 계실 것이다(고전 15:28).

한국의 어떤 신학자는 바르트의 이 생각을 가리켜 "은혜의 보편주의"라고 비판한다. 그러나 이 신학자가 부정적 의미로 사용하는 "은혜의 보편주의"라는 말은 하나님의 은혜를 적절하게 묘사한다. 하나님은 모든 사람에게 은혜로우시다. 그는 죄인에게도 은혜로우시다. 그리스도의 십자가에서 그는 죄인도 구원으로 선택하신다. 하나님의 구원은 의로운 사람에게는 물론 불의한 죄인에게도 열려 있다. 하나님은 죄인에게도 해를 떠오르게 하며 비를 내려주신다(마 5:45). 그런 점에서 하나님의 은혜는 보편적이다. 하나님의 은혜가 보편적이지 않다면 이 땅 위에 구원받을 수 있는 사람은 아무도 없을 것이다. 어떤 사람도 하나님처럼 완전하지 못하기 때문이다.

그리스도의 십자가 죽음을 통해 모든 인간을 구원으로 선택하신 하나님의 보편적 은혜는 최후의 심판에서도 관철될 것이다. 최후 심판 때에 하나님은 의로운 사람에게는 물론 의롭지 못한 죄인에게도 은혜로우실 것이다. 그는 죄인까지도 사랑하실 것이다. 만일 그렇지 않다면 "하나님은 사랑이시다"라고 말할 수 없을 것이다. 따라서 최후 심판의 마지막 결과는 천국과 지옥의 두 가지 결말이 아니라 모든 인간의 용서와 화해와 만물의 회복이라고 말할 수밖에 없다.

4. 만유회복설의 궁극적 근거는 "하나님은 사랑이시다"라는(요일 4:8, 16) 성서의 기본 인식에 있다. 하나님은 무한한 사랑이시기 때문에 인간의 죄보다도 그의 은혜가 더 크다. 이것을 바울은 다음과 같이 말한다. "율법은 범죄를 증가시키려고 들어왔습니다. 그러나 죄가 많은 곳에 은혜가 더욱 넘치게 되었습니다"(롬 5:20). 이 말씀에 의하면 하나님의 진노보다 그의 사랑이 더 크다. 하나님은 인간을 사랑하기 때문에 인간의 죄에 대해 진노한다. 하나님의 진노는 사랑의 부정적 표현일 뿐이다. 사랑의 반대는 진노가 아니라 무관심이다. 그가 진노하고 심판하는 것은 멸망시키기 위함이 아니라 구원하기 위함이다.

흔히 말하기를 신약성서의 하나님은 사랑과 용서의 하나님이요, 구약성서의 하나님은 진노와 심판의 하나님이라고 한다. 전자는 복음의 하나님이요, 후자는 율법의 하나님이라고 한다. 그러나 이 같은 이분법적 사고는 잘못된 것이다. 구약성서에서도 하나님은 본질적으로 사랑이라는 사실을 우리는 수많은 본문을 통해 확인할 수 있다. 구약성서에서도 하나님은 죄인을 용서하고(참조. 시 32:1, "복되어라! 거역한 죄를 용서받고 허물을 벗은 그 사람!"), 연약한 생명들을 보호하고자 하는 사랑과 자비의 하나님으로 나타난다. 은혜로우시고 자비로우신 하나님의 마지막 목적은 인간의 행위에 따라 어떤 사람에게는 지옥의 벌을, 어떤 사람에게는 천국의 상을 내리는 데 있지 않다. 그것은 모든 피조물을 구원하고 회복하는 데 있다. 이를 위해 하나님은 율법을 주시고, 예언자 이사야를 통해 "새 하늘과 새 땅"을 약속한다.

바울에 따르면 율법의 목적은 죄를 깨닫게 하고 그리스도에 대한 믿음으로 인도하는 데 있다. 그러나 이것은 인간이 율법을 지키지 못함으로 인해 일어나는 율법의 소극적 기능일 뿐 율법의 본래적 목적이 아니다. 율법 본래의 목적은 하나님을 아는 지식과 하나님의 정의와 자비가 충만한 메시아의 세계를 이루는 데 있다. "살인하지 말라", "간음하지 말라", "도둑질하지 말라"는 계명을 주신 것은 죄를 깨닫게 하기 위한 것이 아니라, 하나님의 의지가 모든 것을 결정하는 새로운 세계를 이루기 위한 것이다. "네 이웃을 네 몸과 같이 사랑하라"는 "율법의 핵심"은 이것을 명백하게 보여준다.

물론 구약성서에서 하나님은 진노하며 심판하는 때도 있고, 인간을 벌하는 때도 있다. 그러나 하나님의 진노와 심판은 일시적이요, 그 마지막 목적은 회복에 있다. 이것을 우리는 이사야의 말씀에서 읽을 수 있다. "분노가 북받쳐서 나의 얼굴을 너에게서 잠시 가렸으나, 나의 영원한 사랑으로 너에게 긍휼을 베풀겠다"(사 54:8).

구약성서에는 하나님이 인간의 죄에 대해 벌을 내린다는 말씀도 있지만 인간의 죄가 인간의 벌을 초래한다는 말씀도 있다. 즉 인간이 당하는 벌은 반드시 하나님에게서 오는 것이 아니라 그의 죄가 스스로 초래하는 결과라는 뜻이다. "악인은 악을 잉태하여 재앙과 거짓을 낳는구나. 함정을 깊이 파지만, 그가 만든 구덩이에 그가 빠진다. 남에게 준 고통이 그에게로 돌아가고, 남에게 휘두른 폭력도 그의 정수리로 돌아간다"(시 7:14-16)는 말씀은 이를 가리킨다. 예레미야 22:22에 의하면 네가 수치와 멸시를 당하는 것은 반드시 하나님이 내리는 벌이 아니라 "너의 온갖 죄악"이 초래한 결과다. 너희가 죽임을 당하는 것은 너희가 지은 죄 때문이다(렘 31:30). "사람은 무엇을 심든지, 심은 대로 거둘 것이다"라는 말씀도 이를 암시한다(갈 6:7).

비록 하나님이 인간의 죄에 대해 분노하시고 그를 심판한다 할지라도 그의 진노와 심판은 구원 아래에 있다. 그의 마지막 목적은 진노와 심판에 있지 않고 구원에 있다. 그러므로 구약성서는 이스라엘 백성의 죄에 대한 하나님의 진노와 심판을 선포한 다음 거의 예외 없이 용서와 구원을 선포한다. "내가 이 백성을 그들이 살아갈 땅에 심어서, 내가 그들에게 준 이 땅에서 다시는 뿌리가 뽑히지 않게 하겠다"(암 9:15). 하나님의 진노는 일시적이요, 그의 은혜는 영원하다. "주님은 자비롭고 은혜로우시며, 노하기를 더디 하시며, 사랑이 그지없으시다. 두고두고 꾸짖지 않으시며, 노를 영원히 품지 않으신다. 우리 죄를 지은 그대로 갚지 않으시고, 우리 잘못을 저지른 그대로 갚지 않으신다"(시 103:8-10).

지승원(한동대학교 교수)은 최후 심판의 마지막이 만물의 회복에 있음을 다음과 같이 암시한다. "사람들은 예수께서 증인석에 학대 받은 사람들과 함께 계신 것을 보고 가난한 자와 애통하는 자와 의에 주리고 목마른 자들이 천국의 주인임을 깨닫는다.…그러나 이것이 끝은 아니다. 행악자들에게도 철저한 회개라는 한 가닥 회생의 길이 남아 있다. 정복전쟁으로 영웅의 칭호를 받은 이들, 힘만 믿고 사람을 억압했던 모든 자들은 미소 짓는 하나님의 사람들 앞에 무릎을 꿇어야 한다.…이 회개가 있을 때 고난

받은 이들이 성취한 저 궁극적 진리, 예수께서 가르치신 '원수 사랑'이 비로소 그들 마음에도 각인되고 얼굴에 웃음이 살아난다. 그때 천지도 감응한다. 전능하시고 거룩하신 하나님의 심판은 이처럼 모든 존재하는 것들의 웃음으로 귀결된다. 심판이 구원으로 반전되는 것이다. 그것은 끝임과 동시에 새로운 시작이다. 그 중심에 그리스도 예수께서 서 계신다"(지승원 91-92).

D. 최후 심판과 만유회복은 대립하지 않는다

1. 그러나 이것은 죄인에 대한 하나님의 심판이 없을 것임을 뜻하지 않는다. 최후의 심판 때 분명히 죄에 대한 하나님의 정의로운 판단이 있을 것이다. 하나님은 인간의 모든 죄를 따질 것이다. 마음속 깊이 숨어 있던 죄까지 하나님 앞에서 드러날 것이며, 자신의 죄에 대한 하나님의 문책과 부끄러움이 있을 것이다. 이와 동시에 죄에서 정화되는 과정이 있을 것이다. 이 과정은 "불 속을 헤치고" 나오는 것처럼 고통스럽다고 바울은 말한다. "그에 따라 각 사람의 업적이 드러날 것이다.…그것은 불에 드러날 것이기 때문이다.…그러나 그 사람은 구원을 받을 것이지만, 불 속을 헤치고 나오듯 할 것이다"(고전 3:13-15).

　　여기서 바울이 말하는 "불"은 죄를 씻는 정화의 불이라고 해석할 수 있다. 물론 우리는 이 불을 가톨릭교회가 말하는 연옥의 불(Fegefeuer)이라고 말할 수 없다. 바울이 말하는 "불"은 하나의 은유에 불과한 것으로, 죄에서의 정화를 가리킨다. 정화의 과정은 "불 속을 헤치고" 나오는 것 같은 고통스러운 과정일 것이라고 바울은 말한다. 새로운 생명이 태어날 때 산모와 유아가 엄청난 고통을 당하듯이, 죄에서의 정화도 엄청난 고통을 동반할 것이다. 자신의 모든 거짓과 위선과 죄악에 대한 후회와 부끄러움이 있을 것이며(참조. 고후 4:2, "우리는 부끄러워서 드러내지 못할 일들을…"), 수치가 따를 것이다(계 3:18, "네 벌거벗은 수치를…").

고통과 부끄러움을 동반한 정화의 과정을 우리는 회개의 과정에서 볼 수 있다. 1828년 러시아에서 태어난 세계적 문호 톨스토이는 부유한 백작이었다. 그는 자기가 낳은 수많은 사생아들을 양육할 고아원을 따로 지을 정도로 난잡한 생활을 하였다. 그러나 그리스도를 만나면서 자기의 과거를 후회하고 일평생 회개의 삶을 살게 된다. 그는 자기의 소유를 가난한 사람들에게 나누어주고 빈천한 생활을 한다. 전 재산을 가난한 사람들에게 나누어주고자 했으나, 가족의 요구에 굴복하여 영지를 가족에게 양도한다. 술과 담배를 끊고 채식주의가 되었으며, 농부처럼 옷을 입고, 가능한 한 타인의 노동에 의존하지 않는 자급자족의 생활을 한다. 이러한 생활을 반대하는 부인과 끊임없이 다투던 중 생애 마지막에 톨스토이는 집을 떠나 하나님을 섬기며 조용히 살 수 있는 피난처를 찾아 나선다. 집을 떠난 지 며칠 후인 1910년 11월 20일, 그는 러시아의 한 외딴 마을 아스타포보의 간이역에서 폐렴으로 사망한다. 톨스토이의 이러한 생애는 죄에서의 정화 과정을 보여준다. 최후 심판에서 인간의 정화 과정도 이와 비슷하지 않을까 상상할 수 있다.

2. 하나님은 사랑이다. 그러므로 하나님은 인간의 죄는 미워하되 인간은 사랑한다. 그의 심판은 죄와 인간을 분리시키며, 죄는 심판하되 인간을 죄에서 해방한다. 그의 진노와 심판의 개별주의(Partikularismus)는 구원의 보편주의(Universalismus) 아래 있으며 이를 위해 봉사한다. 진노와 심판, 정화의 과정은 구원에 이르는 잠정적 과정일 뿐이다. 이는 부모가 자녀를 벌할 때와 마찬가지다. 자녀가 잘못했을 때 부모는 자녀를 벌하지만, 그 벌은 자녀를 회복시키기 위한 잠정적 수단일 뿐이지 벌 자체가 목적이 아니다. 그것은 자녀를 바른 길로 인도하기 위한 일시적 방편일 뿐이다. 따라서 죄인에 대한 하나님의 진노와 심판은 구원을 위한 방편일 뿐이다. 만일 그렇지 않다면 하나님은 사랑이라고 말할 수 없을 것이다.

이것을 우리는 구약성서에서 볼 수 있다. 예언자 아모스는 하나님을 버린 이스라엘 백성에게 "야웨의 날"을 선언한다. 야웨의 날은 축복의 날이 아니라 무서운 심판의 날이다. 그러나 마지막 목적은 이스라엘 백성의 구원에 있다. "심판은 하나님이 자기의 구원을 일으키며, 결코 끝나지 아니할 새로운 구원의 시간의 시작이 열리는 방법이다(렘 3:21 이하; 4:1 이하; 31:2-5, 18-22; 겔 39:21; 사 40:1-9; 54:7-10). 야웨의 희망의 철저히 새로운 이 지평은 오직 새 창조의 범주로 표현될 수 있다"(Müller 2005, 534).

하나님의 심판이 구원을 위한 방편이라면 하나님의 심판과 만유회복은 대립하지 않는다고 볼 수 있다. 만유의 회복은 심판의 과정을 거쳐 이루어진다. 이 과정에서 인간은 뜨거운 유황불에 타는 것 같은 고통을 당할수 있다. 그러나 지옥의 형벌은 영원하지 않을 것이다. 그리스어 *aion*(긴 시간, 영원)은 히브리어 *olam*과 마찬가지로 세계의 긴 시간을 뜻하지만, 절대적 의미의 영원을 뜻하지 않는다. 하나님만이 절대적으로 영원하다. 그러므로 인간이 당할 지옥의 형벌은 시간적으로 제한되어 있을 것이다. 하나님이 모든 것 안에서 모든 것이 되실 때(고전 15:28), 지옥은 있을 자리가 없을 것이다. 베르크호프도 이와 동일한 생각에서 다음과 같이 말한다. 하나님에 대한 "거부와 불경건의 어둠"이 간과되어서는 안 된다. 그러나 "우리는 하나님의 이름으로 지옥이 일종의 정화의 형태이기를 희망한다"(Berkhof 1979, 536).

판넨베르크에 의하면 아버지 하나님의 "창조의 의지"와 그리스도의 구원의 의지의 빛에서 볼 때, "심판은 인간을 없애버리지 않을 것이다. 그러나 죄와 죄의 귀결에서의 정화를 집행할 수밖에 없을 것이며, 이 집행은 신자들에게도 있을 것이다. 예수 그리스도 자신이 심판자로 생각되든지, 아니면 단지 신적 심판의 기준으로 생각되든지 간에, 심판의 집행은…우리를 위해 죽으신 분의 손에 있을 것이다"(Pannenberg 1993, 663).

E. 에덴동산으로 돌아가는 것이 만유회복인가?

1. 일반적으로 하나님의 구원 역사는 태초에 있었던 에덴동산을 회복하는 데 있다고 생각된다. 에덴동산은 죄와 고난과 죽음이 없는 "완전성의 상태"(*status integritatis*), 아무것도 변화될 필요가 없는 낙원으로 표상된다. "하나님이 보시기에 좋았더라"는 말씀은 이를 가리킨다. 이 완전한 세계는 인간의 죄와 타락으로 파괴되었다. 그러나 하나님의 구원 역사가 완성될 때 에덴동산이 다시 회복될 것이다. 역사의 종말은 에덴동산의 회복에 있다. 죄는 하나님의 완전한 창조를 파괴하였고, 은혜는 파괴된 창조를 본래의 상태로 회복할 것이다. 여기서 만유의 회복은 에덴동산의 완전한 상태로 돌아가는 것으로 생각된다.

이러한 생각은 구약성서의 창조신앙에 상응한다기보다 고대 시대의 "영원한 회귀의 신화"에 상응한다(Mythos der ewigen Wiederkehr, Eliade 1953). 세계의 많은 종교에서 볼 수 있는 신화에서 시간은 새로운 미래를 향한 변화의 과정이 아니라 태초의 신화적 상태로 돌아가는 것으로 이해된다. 이 같은 생각은 기독교 신학에도 영향을 주었다. 아퀴나스에 의하면 "사물들의 마지막(종말)은 처음(태초)에 상응한다. 하나님은 사물들의 시작이요 끝이다"(Finis rerum respondet principio. Deus enim est principium et finis rerum, *S. theol.*, I.90.q3 ad 2). 모든 것이 한 분 하나님에게서 나온 것처럼, 한 분 하나님께로 돌아갈 것이다. 태초의 시작과 역사의 종말은 일치한다. 여기서 구원의 드라마는 시작으로부터 출발하여 다시 시작으로 돌아가는 하나의 원운동으로 생각된다.

2. 이러한 역사관은 헤겔의 역사철학에도 나타난다. "세계사의 목적은 정신이 그가 참으로 존재하는 바에 대한 앎에 도달하며, 이 앎을 대상화시키는 데 있다. 그리고 그 앎을 현존하는 세계로 실현하며, 자기 자신을 객관적으로 실현하는 것이다"(Hegel 1955, 74). 자기 자신을 객관적으로 실현하는 이 과정, 곧 세계사의 과정을 헤겔은 정신의 "자기 자신으로 돌아

감"(Rückkehr in sich selbst)이라고 정의한다(181). 곧 자기실현을 향한 정신의 변증법적 활동은 과거를 향한 "돌아감" 내지 회귀라는 것이다. 그의 대논리학에서 헤겔은 다음과 같이 말한다. 역사의 발전 과정을 과거에 있었던 시작으로 되돌아가는 것으로 보는 것과, 미래를 향하여 나아가는 것으로 보는 것은 동일하다(Hegel 1969, 570). 과거에 있었던 이 시작을 헤겔은 "새로움"으로 파악한다. 그러나 이 새로움이 과거에 있었던 것이라면, 새로움을 향한 역사의 발전 과정은 과거에 있었던 것을 향한 회귀를 뜻하게 된다.

역사의 미래의 목적이 과거에 있었던 시작이라면, 그런 의미에서 역사의 알파와 오메가, 태초(proton)와 종말(eschaton)이 동일하다면, 엄밀한 의미에서 역사의 새로움은 있을 수 없다. 새로운 것이 있다 할지라도 그것은 과거에 있었던 것으로 되돌아가는 계기에 불과하다. 역사의 마지막에 이루어지는 모든 것은 옛날 에덴동산에 있었던 것의 회복에 불과하다. 이러한 생각은 불트만에게서도 나타난다. "하나님의 의, 죄의 용서는 어떤 의미를 가지는가?…그것은 태초에 있었던 창조의 상태가 회복되는 데 있다"(Bultmann 1965, 26).

에른스트 블로흐는 역사를 과거에 있었던 정신의 즉자로 돌아가는 것(Rückkehr in sich selbst)으로 보는 헤겔의 생각을 비판한다. 여기서 역사의 목적 곧 오메가는 과거에 있었던 출발점, 곧 알파로 돌아가는 것을 말한다. 그렇다면 역사의 새로움을 말할 수 없게 된다. 헤겔에 대한 블로흐의 이 비판은 역사의 마지막에 이루어질 만물의 회복을 에덴동산으로 돌아가는 것으로 보는 기독교의 종말론적 사고에도 해당한다. "(역사의) 과정은 그것이 시작되기 전에 완성되어 있다. 만물을 내려 비추는 절대적 태양 아래에서는 참으로 새로운 것이란 발생하지 아니하며, 발생할 수도 없다." "변증법적 사상가"인 헤겔은 역사에서 일어나는 새로운 것을 "과거에 있었던 것으로" 제한시키는 "골동품 연구자"다(Bloch 1962, 228). 역사의 마지막이 태초의 회복에 불과하다면 에덴동산에서 일어났던 인간의 타락이 또다시 일어날 수 있을 것이다. 이리하여 "타락과 회복"의 드라마가 끝없이 반복될 것이다.

이 같은 역사관은 심각한 문제점을 가진다. 미래를 향한 역사의 발전 과정이 과거에 있었던 것으로 회귀하는 것에 불과하다면 보다 나은 미래를 향하여 노력할 필요성이 사라진다. 우리가 아무리 애쓰고 노력해도 결국 모든 것이 과거에 있었던 것으로 되돌아가기 때문이다. 이리하여 보다 나은 내일의 세계를 위한 창조적 노력들이 불필요하게 생각된다. "이 세상에 새 것이란 없다", "세상에서 벌어지는 온갖 일을 보니 그 모두가 헛되어 바람을 잡으려는 것과 같다"(전 1:9, 14)고 생각하게 된다.

종합한다면 역사에 대한 회귀론적 이해는 세계를 위한 인간의 창조적 잠재성을 마비시키고, 역사에 대한 허무감을 조성한다. 허무감은 삶의 생동성을 마비시키고, 공동체의 미래를 알지 못하는 개체적 쾌락주의를 야기한다. 세상만사가 "무상하다"는 말을 입에 달고 살면서 오히려 세상의 것을 추구하고, 숨어서 육을 즐기는 이중적 삶의 모습을 초래한다.

3. 이 문제와 연관하여 우리는 창세기 2장의 J문서가 묘사하는 에덴동산을 다시 한번 생각해볼 필요가 있다. J문서가 이야기하는 에덴동산 내지 낙원은 하나의 그림언어이지 사실언어라고 볼 수 없다. 그것은 약 6천 년 전 중동 지역 어디에 있었던 특정한 장소를 가리키는 것이 아니라, 인간의 세계가 지향해야 할 미래의 이상적 세계를 묘사한 하나의 상징이다. 선과 악을 알게 하는 나무(선악과) 역시 하나님과의 관계 속에 있는 인간의 존재를 가리키는 상징이지, 고대 근동 어디에 서 있었던 특정한 나무를 뜻하지 않는다. 따라서 중동 지역 어디에 있다는 에덴동산을 역사의 목적으로 보는 것은 J문서 저자가 말하고자 하는 본래의 의도와는 거리가 멀다. 여기서 J문서 저자는 고대 중동 어디에 있었던 에덴동산에 관한 객관적 정보를 주려는 것이 아니라 하나님과 인간의 관계, 그리고 이 관계 속에서 세계가 지향해야 할 미래를 말하고자 한다.

전체적으로 신구약 성서는 과거를 가리키기보다 새로운 미래를 가리킨다. 과거의 것으로 돌아가라고 말하지 않고 약속된 미래를 향해 나아가라고 이야기한다(창 12:1-4의 아브라함과 모세에 대한 하나님의 약속을 참조). 과거의 것을 잊어버리고 하나님의 약속된 미래를 향해 눈을 돌릴 것을 권고하며(사 48:6), "이전의 것"이 사라져버린 "새 하늘과 새 땅"을 가리킨다(계 20:1-4). "하나님 보시기에 좋았다"는 창세기 1장의 말씀은 고대 그리스 철학의 의미에서 완전성과 조화를 말하는 것이 아니라, 히브리적 의미에서 하나님의 뜻과 일치하며 미래의 새로움을 향해 열려 있는 세계를 가리킨다. 창조의 마지막에 나오는 "안식일"은 일주일 가운데 특정한 하루를 가리키는 것이 아니라 하나님과 모든 피조물이 쉼을 얻는 만유의 안식과 회복에 대한 약속으로 이해될 수 있다.

4. 역사는 시간의 변화를 전제한다. 만일 태초의 창조가 완결된 것이라면 거기에는 변화가 없을 것이며 변화를 통해 경험될 수 있는 시간 대신에 영원한 현재만이 있을 것이다. 그렇다면 시간과 역사는 아담의 죄의 타락을 통해 비로소 시작되었고, 태초의 에덴동산이 완전히 회복될 때 끝난다고 보아야 할 것이다. 종말에 이루어질 창조의 완성은 역사가 없는 무시간적 세계일 것이다.

아우구스티누스에 의하면 하나님은 세계를 시간 안에서 창조하지 않고, 시간과 함께(cum tempore) 창조하였다. 만일 그렇지 않다면 시간은 하나님의 창조가 아닐 것이다. 그것은 영원 전부터 하나님과 함께 있는 신적인 것일 것이다. 그러나 시간도 하나님의 피조물이다. 따라서 하나님은 시간과 함께 세계를 창조하였다고 말할 수밖에 없다.

하나님의 피조물인 시간은 변화 가운데서만 경험될 수 있다. 아무런 변화가 없는 절대적 정체와 정적 속에서 우리는 시간의 흐름을 경험할 수 없다. 시간과 함께 창조된 세계는 변화가 없는 완결된 세계가 아니라 새로운 미래를 향해 변화될 수 있는 창조(creatio mutabilis)일 것이다. 창조의 시작과 함께 시간도 시작되었다. 시간과 함께 창조된 세계는 변화를 향해 열려 있다. 그것은 무시간적인 것이 아니라 시간적인 것이다. 태초의 에덴동산은 무시간적인 세계가 아니라 시간적인 세계, 곧 새롭게 변화될 수 있는 세계였을 것이다. 만일 그렇지 않다면 우리 인간이 아무것도 할 것이 없는 참으로 지겨운 세계일 것이다.

태초에 창조된 세계가 새롭게 변화될 수 있는 세계, 새로운 미래를 향해 열려 있는 세계라면 만유의 회복은 태초에 있었던 에덴동산의 회복이 아니라 태초에 하나님을 통하여 시작된 창조의 완성이라고 볼 수밖에 없다. 종말에 있을 만유의 회복은 고대 중동 어디에 있었던 에덴동산으로 돌아가는 것이 아니라 하나님이 모든 것 안에 계신 새로운 세계로 변화되는 것을 말한다. 세계사는 미래의 새로운 세계를 향한 변화의 과정이지 과거로 되돌아가는 과정이 아니다.

이것을 우리는 "새 하늘과 새 땅"에 대한 요한계시록의 말씀에서 볼 수 있다. 만유의 회복은 "이전의 하늘과 이전의 땅"의 회복이 아니다. "이전의 하늘과 이전의 땅"은 사라질 것이다(계 21:1). 만유의 회복은 하나님이 "사람들 가운데" 계시며, "다시는 죽음이 없고, 슬픔도 울부짖음도 고통도 없을""새 하늘과 새 땅"이 이루어지는 데 있다. 그것은 이전에 있었던 에덴동산이 아니라 새로운 창조의 세계다.

새로운 창조의 세계 곧 새 하늘과 새 땅은 지금 우리가 살고 있는 하늘과 땅이 없어지고, 우리가 전혀 알지 못하는 새로운 하늘과 땅이 갑자기 하늘에서 내려오는 것을 뜻하지 않는다. 새 하늘과 새 땅은 "이전의 하늘과 이전의 땅"을 전제하며 그 속에서 일어난다. 그것은 "엄밀한 의미에서 회복이며 창조의 갱신"이다(유해무 1997, 637). 그러나 그것은 태초에 있었던 완전한 상태로의 회복(restitutio in integrum)이 아니라 모든 사물들의 새로운 변화(renovatio omnium)다. 그러므로 하나님은 "내가 모든 것을 새롭게 한다"고 말한다(계 21:5). 하나님은 이전에 있었던 것을 행하지 않고 "새로운 일"을 행하신다(사 43:19). 따라서 기독교 신앙은 과거에 있었던 것을 구하지 않고, 하나님이 약속하는 새로운 생명의 세계를 추구한다.

5. 만유의 회복은 예수 그리스도의 삶과 죽음과 부활을 통하여 시작되

었다. 그것은 단순히 역사의 먼 미래가 아니라 그리스도인들의 믿음과 공동체 안에서 현재화된다. 그리스도인들의 삶과 그들의 공동체는 만유의 회복이 일어나는 현장이다. 만유의 회복을 통해 이루어질 하나님의 새로운 생명의 세계가 그들 안에서 앞당겨 일어난다. 그러나 그것은 매우 불완전하다. 그것은 세계를 폐기시키려는 무의 세력과의 투쟁 속에 있다. 만유의 회복은 지금 투쟁 가운데 있는 하나님의 새로운 생명의 세계가 완전한 형태로 완성되는 데 있다. 이때 모든 것이 하나님의 사랑 안에서 새로운 형태로 철저히 변화될 것이다. 피조물들의 생명을 위협하는 세력들, 곧 "바다"가 없어지고 "새 하늘과 새 땅"이 이루어질 것이다.

새 하늘과 새 땅은 새로운 삶의 세계가 시작됨을 말한다. 곧 하나님이 모든 것 안에서 모든 것이 되시고, 모든 것이 그리스도 안에서 하나로 통일된 세계의 시작을 말한다. 따라서 만유의 회복은 "끝남"이 아니라 새로운 시작으로 파악되어야 할 것이다. 그것은 아무것도 할 일이 없는 세계가 이루어지는 것이 아니라 모든 것이 하나님의 뜻에 따라 이루어지는 새 창조의 시작이다. 이 시작을 가리켜 우리는 만유의 회복이라고 말할 수 있다.

7

지옥과 천국(하늘)은 무엇인가?

위에서 우리는 최후 심판의 마지막은 악한 자에게는 영원한 지옥의 벌을 내리고, 선한 자에게는 천국 곧 하늘나라의 상을 내리는 "심판의 두 가지 결말"이 아니라 하나님이 지으신 세계의 회복이라는 것을 고찰하였다. 그러나 많은 그리스도인들은 "심판의 두 가지 결말"을 믿는다. 즉 악한 자는 펄펄 끓는 지옥불에 타는 영원한 고통을 당할 것이고, 선한 자는 천국 혹은 낙원의 영원한 생명을 얻을 것이라는 것이다. 성서도 이에 대하여 말하고 있다.

먼저 지옥의 벌에 관한 성서의 증언들을 살펴본다면 인자가 보낸 천사들이 "불법을 행하는 모든 사람들을…불 아궁이에 처넣을 것이다. 그러면 그들은 거기서 울며 이를 갈 것이다"(마 13:41-42). "저주받은 자들아, 내게서 떠나서…영원한 불속으로 들어가라"(25:41). "그 부자도 죽어서 묻히었다. 부자가 지옥에서 고통을 당하다가…"(눅 16:22-24). "그들은…영원히 멸망하는 형벌을 받을 것입니다"(살후 1:9). "하나님께서 죄를 지은 천사들을…지옥에 던져서…심판 때까지 어두움 속에 있게 하셨습니다"(벤후 2:4). "그런 자는 거룩한 천사들과 어린양 앞에서 불과 유황으로 고통을 받을 것이다"(계 14:10). "이 생명책에 기록되지 않은 사람들은 누구나 다 이 불바다에 던져졌습니다"(20:15; 또한 20:8; 22:15).

천국 혹은 영원한 생명의 상에 관한 말씀 역시 성서 도처에 나타난다. "그때에 의인들은 그들의 아버지의 나라에서 해와 같이 빛날 것이다"(마 13:43). "의인들은 영원한 생명으로 들어갈 것이다"(25:46). "지금 이 세상에서는 박해도 받겠지만…오는 세상에서는 영원한 생명을 받을 것이다"(막 10:30). "그 거지는 죽어서 천사들에게 이끌려가서 아브라함의 품에 안기었고"(눅 16:22). "참으면서 선한 일을 하여 영광과 존귀와 불멸의 것을 구하는 사람에게는 영원한 생명을 주시고"(롬 2:7). "그 마지막은 영원한 생명입니다"(롬 6:22). "주님께서 나를 모든 악한 일에서 건져내시고, 또 구원하셔서 그분의 하늘나라에 들어가게 해주실 것입니다"(딤후 4:18). "죽도록 충성하여라. 그리하면 내가 생명의 면류관을 너에게 주겠다"(계 2:10).

그런데 최후 심판의 마지막은 천국과 지옥의 상벌이 아니라 하나님이 지으신 세계의 회복이라면, 성서가 말하는 지옥을 우리는 어떻게 이해해야 하는가? 성서가 말하는 지옥이란 무엇인가? 그것은 무엇을 말하고자 하는가?

A. 지옥, 하나님을 거부하는 인간 세계의 마지막

1. 지옥에 대한 성서의 증언

1) 초기 유대교에서 죽음 후에 인간이 벌을 받을 장소는 지하의 세계, 곧 "스올"이라 생각되었다. 구약성서에서 스올은 죽음의 영역을 가리킨다(시 86:13 등. 본래 스올은 어둠을 뜻하며, 무덤 혹은 죽음으로 번역될 수 있음). 그것은 선한 자나 악한 자나 구별 없이 모든 죽은 자들이 머물 영역을 말한다. 그러나 후기 유대교에서 스올은 상을 받는 영역과 벌을 받는 영역으로 나누어진다. 누가복음 16:19-31에서 죽은 다음 불쌍한 거지 나사로가 거하는 곳과 부자가 거하는 영역은 이를 반영한다.

복음서에서 예수는 악인이 죽은 뒤 징벌을 받는 장소를 가리켜 하데스(*hades*) 혹은 게헨나(*gehenna*)라 부른다. 하데스는 구약성서의 스올을 번역할 때 사용된 고대 그리스어이며, 한글 성서는 이를 음부, 지옥 혹은 죽음이라 번역한다. 일반적으로 그것은 죽은 자들이 징벌을 받는 영역을 뜻한다(마 11:23; 16:18; 행 2:27, 31; 계 1:18; 20:13-14).

게헨나는 아람어 *gebinnam*, 히브리어 *gebinnom*을 그리스어로 번역한 것이다. 이 단어는 어린이를 불에 태워 암몬의 신 몰렉에게 제물로 바쳤던 예루살렘 남쪽의 힌놈(Hinnom) 계곡의 이름에서 유래하는 것으로 추정된다(Küng 1982, 172). 남유다의 왕 아하스는 "힌놈의 아들 골짜기에서 분향을 하고, 자기 아들을 불에 태워 제물로 바쳤다. 이것은 주께서 이스라엘 자손이 보는 앞에서 쫓아내신 이방 민족들의 역겨운 풍속을 본받는 행위였다"(대하 28:3; 참조. 33:6).

하나님이 엄격하게 금지한 이 잔인한 일이 여기서 일어났기 때문에 예언자들은 힌놈 계곡에 대한 하나님의 심판을 선포한다. "그러므로 보아라, 그날이 오면 다시는 이곳을 도벳이나 '힌놈의 아들 골짜기'라고 부르지 않고, 오히려 '살육의 골짜기'라고 부를 것이다.…그때에는 매장할 자리가 더 이상 없어서, 사람들이 도벳에 와서 시체를 묻을 것이다"(렘 7:32; 참조. 19:6; 사 66:24). 후기 유대교 시대에 힌놈 계곡은 쓰레기 소각장이 되어 불길과 연기가 그치지 않았다고 한다.

이러한 역사적 배경에서 이스라엘은 기원전 2세기경부터 힌놈 계곡에 지옥이 있을 것이라고 믿었다. 예수가 태어나기 전부터 게헨나는 불이 타는 지옥으로 생각되었다. 후기 유대교 묵시사상에 의하면 게헨나 곧 지옥은 땅 아래 있는 심판과 저주이며, 어두움과(스올은 어두움을 뜻함) 불(몰렉에게 바치는 제물들과 어린이들의 시체를 태우는 불)이 있는 장소라고 생각되었다.

2) 게헨나, 곧 지옥을 묘사하는 가장 대표적 개념은 "불"이다. 지옥은 "꺼지지 않는 불"이다(마 3:12; 5:22; 18:8 등). 이 불은 영원히 꺼지지 않는다(마 3:12; 18:8; 25:41; 막 9:43). 불은 "풀무불", "불 아궁이"로 묘사되기도 한다

(마 13:42, 50). 울부짖음과 이를 가는 것에 비유되기도 하고(마 8:12; 13:42, 50; 22:13; 24:51; 25:30; 눅 13:28), 영원히 죽지 않고 사람의 살을 파먹는 "구더기들"이 우글거리는 곳으로(막 9:48), 캄캄한 어두움으로(마 8:12; 22:13; 25:30) 묘사되기도 한다.

베드로후서 2:4은 지옥을 "타르타로스"(tartaros)라 부른다. 타르타로스는 지하에 있는 어두운 세계를 가리킨다. 요한계시록은 초기 유대교의 표상에 따라 지옥을 아비소스(abyssos), 곧 "무저갱"이라 부른다. 무저갱은 타락한 자들과 사탄들이 벌을 받을 장소를 가리킨다. 베드로전서 3:19에서 지옥은 죽은 자들의 영이 갇혀 있을 감옥으로 생각된다.

요한계시록은 지옥을 불의 바다 혹은 유황불 연못으로 묘사한다(계 8:8; 14:10; 15:2; 21:8). 하나님께서 불과 유황을 가지고 소돔과 고모라의 죄를 벌하였다는 구약성서의 이야기가(창 19:24) 이 표상의 역사적 배경이 되는 것으로 추정된다. 적그리스도와 거짓 예언자들과 마귀들(계 19:20; 20:10) 및 생명책에 이름이 기록되지 않은 모든 사람들이(20:15) 불바다 속으로 던져질 것이다. 바다에서 올라오는 짐승으로 묘사되는 적그리스도는 지옥에서 나온다(계 11:7; 17:8). 여기서 유의할 점은 역사의 마지막에 죽음의 세력과 지옥마저 "불바다에" 던져질 것이라는 말씀이다(20:14). 위에서 기술한 신약성서의 진술들을 기초로 우리는 지옥에 대한 성서의 표상을 아래와 같이 정리할 수 있다.

- 뜨거운 불이 꺼지지 않고 영원히 타는 곳. 맹렬한 불(히 10:27), 풀무불, 유황불이 타는 곳으로 묘사되기도 한다. 여기서 불은 영원한 고통을 가리킨다.
- 캄캄한 어둠이 있는 곳. 여기서 빛과 어두움의 구도가 사용된다. 불이 타는 곳은 밝은 곳이어야 할 것이다. 그러나 불이 맹렬하게 탐에도 불구하고 지옥은 캄캄한 어두움으로 생각된다. 이것은 미래가 없는 절망의 상태를 가리킨다.

- 울부짖고 이를 가는 곳. 이것은 말할 수 없는 후회와 비탄을 나타 낸다.
- 구더기들이 죽지 않고 영원히 우글거리면서 인간을 괴롭히는 곳. 이것은 더러움과 역겨움과 무희망의 상태를 가리킨다.
- 감옥과 같은 곳(벧전 3:19). 이것은 탈출구가 없으며, 미래가 없는 절대적 폐쇄성을 가리킨다.
- 죽음(요 8:51) 혹은 두 번째 죽음(계 2:11; 20:6)이 있는 곳. 이것은 삶의 무의미와 절대적 좌절과 절망의 상태를 가리킨다.

2. 지옥에 대한 실존적 이해

많은 그리스도인들은 지옥을 공간적으로 생각하여 그곳이 캄캄한 지하, 곧 땅 아래에 있다고 생각하였다. 이러한 생각은 성서에 나타나는 고대인들의 삼층 구조의 세계관, 곧 세계는 하늘 – 땅 – 지하의 세 영역으로 구성되어 있다고 보는 세계관에 근거한다. 하늘에는 천국이 있고, 땅 위에는 선의 세력과 악의 세력이 싸우고 있으며, 땅 속에는 마귀가 득실거리는 지옥이 있다는 것이다.

그러나 과학적 사고에 익숙한 현대인에게 삼층의 세계관과 지옥에 대한 공간적 이해는 인정되기 어렵다. 땅 속 깊은 곳에는 용암이 있을 뿐이다. 여기서 중요한 문제는 지옥이 어디에 있느냐가 아니라 지옥에 관한 말씀을 통해 성서가 말하고자 하는 바가 무엇인가를 파악하는 것이다. 과연 성서는 지옥의 표상을 통해 무엇을 말하고자 하는가?

1) 이 질문에 대해 우리는 먼저 지옥보다 더 무서운 지옥이 바로 이 세계 안에 있다는 사실에 주목하고자 한다. 하나님 없는 인간의 세계야말로 지하에 있다고 하는 지옥보다 더 무서운 지옥일 것이다. 한 인간이 자기의 권력을 유지하기 위해 이천만 명이나 살해하고, 힘없는 어린 생명들과 부녀자들을 상품처럼 팔아먹고 마지막에는 죽여버리기도 하는 이런 잔인무도한 일은 지옥에서도 일어나지 않을 것이다. 하나님 없는 인간의 세계는

지옥보다 더 무섭고 잔인하다고 말하지 않을 수 없다.

이러한 관점에서 볼 때 지옥이란 하나님과 이웃에게서 단절되고 자기가 모든 것의 중심이 되어(하나님과 같은 인간, *homo sicut Deus*) 모든 관계에서 자기를 추구하는 하나님 없는 인간 세계의 무신적 상태를 가리킨다고 말할 수 있다. "죽음과 지옥은 단순히 미래에 제한되지 않는다. 이것들은 지금 오늘에도 이미 그들의 힘을 행사하고 있다"(Beisser 1993, 292).

본질적으로 기독교는 "사랑의 종교"다. 기독교가 믿는 하나님은 사랑이다(요일 4:8, 16). 하나님은 사랑으로 말미암아 세계를 창조하였다. 그는 세계의 모든 피조물이 서로 사랑하며 살도록 창조하였다. 세계를 유지하는 기초는 사랑이다. "사랑하는 자는 하나님 안에 거하고, 하나님이 그 안에 거하신다"(요일 4:16).

2) 사랑의 종교로서의 기독교는 "새로운 인간의 종교"다. 그것은 어떤 인간이 참 인간인가를 제시하며, 모든 인간에게 참 인간이 될 것을 요구한다. 하나님의 아들 예수는 참으로 인간다운 인간이다. 그는 하나님의 계시된 인간(*homo revelatus*)이요, 인간이 되신 하나님(*homo incarnatus*)이다. 그분 안에 참 인간됨이 있다. 죄인을 구원하고 새로운 생명의 세계를 이루고자 하는 하나님의 뜻에 순종하여 자기의 생명을 희생하는 그분 안에 "새로운 사람"이 계시된다. 그분 안에서 새 하늘과 새 땅 곧 하나님 나라가 열린다. 그분의 뒤를 따르는 사람들은 "새로운 사람", "새로운 피조물"(엡 4:24; 고후 5:17), 곧 참 인간으로 변화된다.

또한 기독교는 "자유의 종교"다. 사랑 안에서는 모든 자가 자유롭다. 자유 없는 사랑은 있을 수 없다. 참으로 상대방을 사랑하는 자는 상대방을 자유롭게 한다. 내 기준과 내 기대에 따라 상대방을 강요한다면 그것은 참 사랑이 아니다. 그러므로 사랑은 자유 가운데서만 가능하다. 사랑은 돈을 주고 살 수도 없고, 주문할 수도 없다. 그것은 자발적인 것이요, 값없고 자유로운 선물이다. 사랑은 너를 있는 그대로 받아주고, 너에 대한 책임과 함께 너와 삶을 나누는 것을 말한다.

하나님은 사랑이기 때문에 인간을 자유로운 존재로 지으셨다. 그러므로 인간은 하나님을 거부하고 하나님 없이 자기 뜻대로 행동할 수 있는 가능성을 갖기도 한다. 그는 짐승이 아니라 "하나님의 형상"으로 창조되었다. 그러나 그는 짐승이 될 수도 있다. "짐승보다 못한" 짐승이 될 수도 있다. 니체의 말대로 그는 "모든 짐승들 가운데 가장 비인간적인 짐승"이 될 수 있다. 그는 자기의 세계를 지옥보다 더 무서운 지옥으로 만들 수 있다.

이 지옥은 하나님이 만든 것이 아니라 인간이 만든 것이다. 한계를 알지 못하는 인간의 자기추구와 욕심으로 말미암아 지옥보다 더 무서운 지옥이 만들어졌다. 하나님 없는 인간이 만들 수 있는 절대적이며 궁극적인 것이 있다면 그것은 지옥이다. 지옥은 "하나님에 대한 거부, 부자유의 자유로운 선택, 생각될 수 없는 모순"이다(Hattrup 1992, 334). 지옥에 대한 성서의 모든 묘사들은 지옥과 같은 인간 세계에 대한 인간의 경험들을 나타낸 것이다.

3) 이 지옥의 현실을 우리는 다음과 같이 묘사할 수 있다.

- 인간의 욕망 세계는 뜨거운 유황불이 꺼지지 않는 큰 바다에 비교할 수 있다. 유황불보다 더 뜨거운 것이 인간의 욕망과 욕정이다. 이 욕망과 욕정은 국경을 초월한다. 그런 점에서 인간의 욕망 내지 욕정은 물질적 유황불보다 더 무섭다. 유황불은 자기 곁에 있는 것을 태울 뿐이지만, 인간의 욕망과 욕정은 국경을 초월하여 세계의 모든 것을 태울 수 있다. 욕망과 욕정이 지배하는 인간 삶의 세계야말로 유황불 바다보다 더 무서운 것이라 볼 수 있다.
- 하나님 없는 인간 세계는 미래가 없는 어두움의 세계다. 죄인은 어두움을 사랑한다(요 3:19). 그가 행하는 음탕한 일들도 대개 어두움 속에서 일어난다. 그는 온 세계를 어두움의 세계로 만들고자 한다. 어두운 지옥의 세계는 바로 이 세계 안에 있다.
- 하나님 없는 인간 세계는 울부짖음과 이를 가는 일이 가득하다. 개

인과 개인, 민족과 민족, 국가와 국가, 인종과 인종 사이에 서로 주고받는 억울한 일들과 분노, 고통과 절망으로 말미암아 울부짖고 이를 가는 일들이 도처에 있는 인간 세계가 바로 지옥이다.

• 하나님 없는 인간 세계는 무저갱 혹은 감옥과 같다. 거기에는 출구가 없다. 거기에는 구원의 가능성이 보이지 않는다. 과학기술이 발전하고 경제적으로 더 잘 살게 될수록 더 큰 죄악과 문제들이 일어난다. 인간은 출구가 보이지 않는 세계 안에 갇혀 있다. 그는 "죄와 벌"의 인과율의 감옥 속에서 살아간다.

• 하나님 없는 인간 세계는 인간 구더기들이 우글거리는 곳과 같다. 물론 아름다운 사람들도 많이 있지만 인간은 구더기보다 더 추하고 징그러운 존재가 될 수 있다. 자신의 어린 딸과 손녀까지 성욕의 대상으로 삼고, 서민들은 꿈도 꿀 수 없는 엄청난 뇌물을 받고도 수치스럽게 생각하지 않는 인간은 똥통 속에 있는 구더기보다 더 더러운 존재다. 똥통 속에 있는 구더기들은 단지 똥이나 먹지만, 인간 구더기들은 온 세계를 지옥으로 만든다. 인간 구더기들에게 가장 즐거운 일은 먹고 배설하는 일이다. 그러나 아무리 배설해도 만족이 없고, 남는 것은 삶의 허무감이다. 알콜 중독, 마약 중독에 빠져 허덕이며 사는 인간 세계야말로 바로 지옥이다.

• 이러한 인간의 세계는 죽음 내지 무덤과 같다. 복음서가 이야기하는 귀신들린 자들이 사는 무덤은 하나님 없는 인간의 세계를 상징한다. 그 속에는 죽은 자들의 뼈가 가득하다. 살아 있다고 하지만 죽은 뼈와 같은 인간들, 차라리 죽어 없어지는 것이 나을 인간들이 도처에 깔려 있다. 무덤과 같은 지옥은 먼저 하나님 없는 인간 세계 속에 있다. 그 안에는 참 생명이 없다. 거기에는 구원의 출구가 없다. 그것은 모든 피조물이 하나님의 진리와 평화 속에서 함께 살아가는 하나님의 뜻에 대한 대립이요 모순이다. 그것은 있어서는 안 될 실재이며, "불가능한 가능성"이다(K. Barth).

오리게네스, 니사의 그레고리오스, 히에로니무스, 암브로시우스 등 초기 교회의 교부들도 지옥을 실존적으로 파악하여 "불"을 하나님의 "분노"를 나타내는 상으로 이해하였다. 루터와 칼뱅을 비롯한 종교개혁자들도 지옥을 문자적으로 파악하기보다 실존적으로 파악하였다(목창균 1998, 253, 259). 루터에 따르면 지옥은 "돌이킬 수 없는 영원한 형벌의 느낌이 죽음을 동반하는 것(을 의미한다). 여기서 영혼은 사로잡힌 상태에서 너무도 무겁게 짓눌려 있기 때문에 영원히 저주받았다는 것 외에는 아무것도 생각할 수 없다"(Luther WA 5,497, 16-19).

3. 지옥에 대한 성서의 진술 목적

1) 성서가 지옥에 대해 말하는 목적은 무엇인가? 그 목적은 결코 지옥에 대한 객관적 정보를 제공하면서 인간에게 겁을 주거나 위협하고자 하는데 있지 않다. 오히려 하나님 없는 인간과 세계의 비참하고 희망이 없는 모습을 제시하면서 지옥과 같은 이 세계의 시민으로 살지 않고 하나님 나라의 자녀로서 살 것을 권면하는 데 있다. 지옥과 같은 이 세계를 빛의 세계로 바꾸고자 하는 하나님의 구원 역사에 참여케 하는 데 있다. 이를 위해 신자들은 어두움의 자녀가 아니라 "빛의 자녀"가 되어야 한다. 지옥에 대한 성서의 진술은 바로 이것을 말하고자 한다. "그리스도인들은 지옥을 믿지 않고 '죽은 자들의 부활과 영원한 생명'을 믿기 때문에 지옥은 그들에게 마지막 의미를 갖지 못한다. 그들이 그들의 궁극적 목적에 도달하도록 하기 위해 끊임없는 경고로서 봉사할 뿐이다"(Schwarz 1990, 290).

2) 물론 성서는 하나님이 창조하신 세계 속에 아름다운 것들이 있음을 간과하지 않는다. 성서에 따르면 세계는 하나님이 세우신 기초 위에 서 있다. 하나님이 "땅의 기초를 든든히 놓으셔서, 땅이 영원히 흔들리지 않게 하셨다"(시 104:5). "그 옛날 주님께서는 땅의 기초를 놓으시며, 하늘을 손수 지으셨다"(103:25).

하나님이 "땅의 기초를 세웠다"는 것은 무엇을 말하는가? 그것은 하나님이 피조물 세계의 삶의 법칙을 세웠다는 것을 말한다. 곧 모든 피조물이 하나님의 사랑 안에서 함께 살아가도록 창조하였다는 것을 말한다. 비록 인간의 죄악으로 말미암아 온 세계가 지옥과 같이 변했다 할지라도 이 기초는 무너지지 않는다. 하나님의 사랑이 이 땅을 유지하며 흔들리지 않게 하는 기초다. 이 사랑을 우리는 인간은 물론 자연의 짐승들도 상부상조하며 더불어 살아가는 모습에서 볼 수 있다. 또 후손의 생명을 위해 자기 생명마저 희생하는 자연의 생물들에게서도 볼 수 있다. 하나님의 사랑 안에서 상부상조하며 더불어 살아가는 것이 삶의 지혜요 참 지식이다. 세계의 역사 밑바닥에서 이 역사를 이끌어가는 것은 힘에 대한 인간의 의지(Wille zur Macht, 니체)나 인간의 욕망이 아니라 하나님의 사랑이다.

하나님의 "율법이 요구하는 일이 자기의 마음에 적혀" 있다는 바울의 말씀은(롬 2:15) 하나님의 삶의 기초에 대한 지혜와 지식이 모든 사람의 마음속에 주어져 있음을 말한다. 하나님은 이 "지혜로 땅의 기초를" 놓으셨다(잠 3:19). 피조물들의 생명 속에 남아 있는 이 지혜와 지식은 세대에서 세대로 전해진다. "낮은 낮에게 말씀을 전해주고, 밤은 밤에게 지식을 알려준다. 그 이야기 그 말소리, 비록 아무 소리가 들리지 않아도 그 소리 온 누리에 울려 퍼지고, 그 말씀 세상 끝까지 번져간다"(시 19:2-4).

3) 그러나 하나님의 삶의 법칙과 삶의 기초에 따라 살아야 할 피조물의 세계가 인간의 타락과 탐욕으로 인해 지옥과 같은 세계가 되었음을 우리는 부인할 수 없다. 구석구석마다 뇌물과 불의와 부패와 타락이 있고, 윤락녀들을 뜯어먹는 기생충들과 성폭행이 있다. 인간의 마음속에는 이기심과 자기중심적 욕심과 정욕과 미움과 증오가 끊이지 않는다. 인간은 끝까지 "자기의 것"을 추구한다. 지옥은 땅 아래나 하늘 어디에 있기 전에 먼저 하나님 없는 인간의 마음과 삶 속에 있다. 하나님을 부인하고 죄의 세력에 묶여 사는 바로 거기에 지옥이 있다. 하나님에게 일차적으로 중요한 문제는 바로 이 지옥을 극복하는 것이다.

성서가 지옥에 대해 진술하는 본래 목적은 지옥에 대한 객관적 정보를 주는 데 있는 것이 아니라 지옥처럼 되어버린 하나님의 창조세계를 본래의 모습으로 회복하고자 함에 있다. 모든 피조물이 이 세계의 기초, 곧 하나님의 삶의 법칙에 따라 살아가는 새로운 생명 공동체를 회복하는 데 있다. 하나님을 인정하고 구원과 생명의 길을 택할 것인가 아니면 하나님을 부인하고 멸망과 죽음의 길을 택할 것인가, 하늘나라를 택할 것인가 아니면 지옥의 나라를 택할 것인가를 요구하는 문맥 속에서 성서는 지옥에 대해 언급한다.

4) 공관복음서에서 예수도 지옥에 대해 말하였다. 그러나 그의 말씀의 주제는 결코 지옥이 아니었다. 그는 지옥 설교자나 연옥 설교자가 아니었다. 그는 지옥에 관한 객관적 정보를 말하지 않으며, 지옥이 어떤 곳인지, 어디에 있는지 자세히 묘사하지 않는다. 그는 지옥에 들어갈 수밖에 없는 기준은 무엇이며, 지옥이 어떻게 구성되어 있고 하나님과 어떤 관계에 있는지, 지옥의 형벌이 영원한 것인지 아니면 언젠가 끝날 것인지에 대해 아무것도 말하지 않는다. 그는 악한 자들이 지옥에서 당하는 고통이 어떤 것인지, 모든 악한 자들이 똑같은 형벌을 똑같은 기간 동안 당하는지 아니면 형벌의 종류와 기간에 등급 차이가 있는지에 대해 침묵한다. 한마디로 그는 지옥 자체에 대해 아무 관심도 갖지 않았다.

예수의 말씀 주제는 무엇인가? 바로 임박한 하나님 나라와 회개였다 (막 1:15). 그의 주요 관심은 지옥에 대한 객관적 정보나 협박에 있지 않고, 하나님 앞에서 자기의 죄를 깨닫고 회개하며 하나님 나라의 자녀로서 살아가도록 하는 데 있었다. 지옥에 관한 그의 말씀은 이 목적을 위한 보조 수단에 불과했다. 지옥은 하나님 나라에 대한 대칭 개념으로서 하나님 나라를 더욱 명료하게 나타내는 수단일 뿐이었다.

예를 들어, 마가복음 9:42-48에서 예수는 지옥에 대하여 말씀한다. 그러나 이 말씀의 주제는 지옥이 아니라 하나님 나라에 들어갈 수 있는 길을 제시하는 데 있다. "또 네 눈이 너를 죄짓게 하거든 그것을 빼어버려라. 네가 두 눈을 가지고 지옥에 들어가는 것보다 차라리 한 눈으로 하나님 나라에 들어가는 것이 낫다"(9:47).

좁은 문과 넓은 문에 대한 예수의 말씀에 의하면(마 7:13-14), 대부분의 사람은 지옥으로 들어갈 것으로 나타난다. 생명으로 인도하는 문은 좁고 길이 험하여 찾는 사람들이 적은 반면에, 멸망 곧 지옥으로 인도하는 문은 크고 그 길이 넓어 많은 사람이 지옥의 문으로 들어간다. 그런데 신약성서에는 모든 사람의 구원을 시사하는 말씀들도 있다. 하나님은 모든 사람이 구원받기를 원하신다. 그리스도는 모든 사람의 구원을 위하여 죽으셨다(딤전 2:4-6). 이와 같이 신약성서에는 모든 사람의 구원에 관한 말씀들과 지옥에 관한 말씀들이 병행하고 있다. 신약성서는 이 두 가지 표상을 조화시키려고 노력하지 않고 두 가지 가능성으로 열어둔다.

4. 지옥을 넘어서는 하나님의 사랑

1) 칼뱅주의자들이 작성한 "벨기에 신앙고백서"는 지옥의 영원함에 대해 다음과 같이 말한다. "그들의 양심에 의해서 유죄 판결을 받은 사람은 영원토록 죽지 않고 마귀와 마귀의 천사들을 위하여 준비해둔 영원한 불 안에서 고통을 당할 것이다"(이종성 1990a, 90에서 인용). 이 고백서에서 지옥의 벌은 영원한 것으로 생각된다. 1647년의 "웨스트민스터 신앙고백서" 33조 2항에 의하면 "악한 자들은…영원한 고통으로 던져지며 영원한 파멸로 심판을 받을 것이다." 여기서 지옥이란 단어 대신에 "영원한 고통", "영원한 파멸"이란 단어가 사용된다. 지옥에 대한 "가장 일반적이며 전통적인 견해" 곧 "지옥을 만인에 대한 영원한 형벌 장소와 조건으로 간주하는 영원 형벌설"이 여기에 나타난다(목창균 1998, 255).

지옥의 영원 형벌설은 다음과 같은 성서 본문에 근거한다. 예수는 지옥을 "영원한 불", "꺼지지 않는 불", "구더기도 죽지 않고 불도 꺼지지" 않는 장소(막 9:43, 48)로 묘사하며, 요한계시록은 지옥을 "세세토록 밤낮 괴로움"을 받는 곳으로 묘사한다(계 20:10). 또 신약성서는 영원한 기간을 뜻하는 그리스어 "아이오니오스"(aionios)를 의인과 악인의 마지막 운명에 대해 동일하게 사용함으로써 지옥과 천국의 기간이 동일하게 영원하다는 것을 시사한다. 불구자로 영생에 들어가는 것이 온전한 몸을 가지고 "영원한" 불 속에 던져지는 것보다 나으며(마 18:8-9), 의인은 영원한 생명을, 악인은 "영원한" 벌을 받게 된다는(마 25:46) 말씀에서도 지옥의 형벌은 영원하다는 생각을 볼 수 있다. "저주받은 자들아, 내게서 떠나서 악마와 그 졸개들을 가두려고 준비한 영원한 불 속으로 들어가라"(25:41).

2) 그러나 지옥의 형벌이 영원하다는 생각에 대해 많은 신학자들은 다음과 같은 문제점을 지적한다(이와 연관하여 위 III.6.B. 참조).

- 지옥에 관한 일반적 견해는 응보의 원리(Vergeltungsprinzip)에 근거하여 악인에 대한 영원한 벌을 선언한다. 그러나 이것은 하나님의 사랑과 일치하지 않는다. 무한한 사랑이신 하나님이 그의 피조물인 인간에게 영원히 불에 타는 형벌을 내린다는 것은 상상하기 어렵다. 만일 인간이 그의 행위에 따라 하나님의 심판을 받는다면 아마 대부분 지옥의 벌을 받을 것이다. 루터가 말한 바와 같이, 그 누구도 하나님처럼 완전하지 못하며, 완전한 사랑(*charitas plena*)을 행할 수 없기 때문이다.

  그러므로 한스 큉은 이 문제에 대해 다음과 같이 말한다. "희망이 없고 무자비하고 사랑이 없는 그리고 끝이 없는 그의 피조물들의 이 잔인한 신체적-심리적 고문을…사랑의 하나님은 하늘에 있는 그의 성도들과 함께 영원히 보고 계실 것인가?…평화가 없고 화해가 없는 상태를 영원히 지속시키는 하나님이 과연 평화의 하나님인가? 그의 적대자들에게 무자비하게 영원히 응보하는 하나님이 과연 은혜와 원수 사랑의 하나님인가?"(Küng 1982, 175 이하)

- 역사의 종말에 영원한 지옥이 있고, 이 지옥에서 영원히 벌을 받는 사람이 있다면 예수 그리스도를 통해 시작된 하나님의 구원 역사는 단지 부분적으로만 이루어졌다고 보아야 할 것이다. 기독교의 전통

적 지옥설은 천국과 지옥이 영원히 공존한다는 이원론에 기초하여 악과 고통이 지옥에서 영원히 계속된다고 주장함으로써 그리스도의 궁극적 승리와 구원의 의미를 반쪽으로 만들어버린다. 이에 반해 성서는 하나님이 예수 그리스도 안에서 만물을 자기와 화해시켰다고 증언한다(골 1:20). 역사의 마지막에 하나님이 모든 것 안에서 모든 것이 되실 것이라는 바울의 말씀도(고전 15:28) 지옥의 영원한 형벌설에 모순된다.

- 지옥의 영원한 형벌설은 하나님의 능력을 사실상 제한한다. 무한한 사랑이신 하나님이 그의 능력으로 해결할 수 없는 문제, 곧 지옥의 영원한 형벌이라는 문제가 역사의 종말에 남게 된다. 지옥의 영원한 형벌은 자비로우신 하나님의 능력에 모순된다. 성서는 하나님이 예수 그리스도의 부활을 통해 죽음의 한계를 깨뜨렸고(고전 15:54-55), 예수는 지옥에 내려가서 지옥에 있는 자들에게 복음을 전하였다고 증언한다.

- 수많은 사람이 지옥의 고통을 견디지 못해 울부짖고 이를 간다면 종말에 있을 하나님의 기쁨도 완전하지 못할 것이다. 하늘나라에 있는 성도들의 행복도 완전하지 못할 것이다. 한편에서는 불에 타는 고통을 당하는데, 다른 한편에서는 풍악을 울리며 영원히 잔치를 누린다면 이것은 참으로 비인간적인 일일 것이다. 따라서 지옥이 존재하는 한 하나님의 생명 공동체는 완성에 이를 수 없을 것이다.

3) 이 같은 문제점에 근거하여 우리는 아래와 같이 결론지을 수 있다. 무한한 사랑이신 하나님, 죄인을 구원하기 위해 자기의 아들을 내어주신 하나님은 영원한 지옥의 형벌을 허락하지 않을 것이다. 지옥도 자비로우신 하나님의 의지와 그의 은혜 아래 있다. 하나님이 궁극적으로 원하는 것은 지옥이 아니라 모든 피조물의 구원과 평화다. "하나님께서는 모든 사람이 다 구원을 얻고 진리를 알게 되기를 원하신다"(딤전 2:4). 무한한 사랑이신

하나님은 죄인을 지옥의 영원한 형벌로 응징하기보다 모든 사람에게 자비와 긍휼을 베풀기를 원하실 것이다. "하나님께서 모든 사람을 순종하지 않는 상태에 가두신 것은 그들에게 자비를 베푸시려는 것이다"(롬 11:32).

기독교 신앙의 본질은 죽은 다음 하늘나라에 들어갈 것인가 아니면 지옥의 영원한 형벌을 받을 것인가를 계산하면서 늘 불안한 마음으로 사는 데 있지 않다. 하늘나라에 들어가기 위해 더 많은 업적을 쌓으려고 진력하면서, 얼마나 더 많은 업적을 쌓아야 충분한지 계산하는 데 있지 않다. 기독교 신앙의 본질은 예수 그리스도 안에 계시되는 하나님의 자비와 용서를 믿으면서 이 땅 위에 하나님의 새로운 생명 공동체를 세우고자 하시는 하나님의 역사에 참여하는 데 있다. 몰트만은 이것을 다음과 같이 말한다.

"지옥의 고통은 더 이상 영원하지 않다. 그것은 마지막의 것이 아니다. '죽음이 승리에 삼켜졌다. 지옥아, 너의 가시가 어디에 있느냐'고 바울은 고린도전서에서 지옥의 가시에 대해 대항한다. 지옥은 열려 있다. 인간은 자유롭게 그 속으로 들어갈 수 있다. 이것은 그의 지옥에만 해당하는 것이 아니라 이 땅 위에 있는 모든 지옥에 해당한다. 하나님은 십자가에 달려 죽은 그리스도 안에서 그의 미래를 시작하였다. 이리하여 여명의 희미한 빛이 역사의 묘지 위에, 살해의 장소들 위에, 그리고 일상적 삶의 작은 지옥들 위에 비치기 시작한다.…그리스도께서 정말 부활하였다면 그것은 인간의 양심으로 하여금 땅 위에 있는 지옥과, 지옥을 더욱 뜨겁게 만드는 자들에 대한 대항으로 인도한다. 이 저주받은 자의 부활은 인간을 통한 인간의 저주에 대한 대항 속에서 증언되며 또한 실현되기 때문이다"(Moltmann 1970, 84 이하).

그러나 하나님의 사랑과 용서의 제안을 끝까지 거부하고 스스로 지옥에 머물고자 하는 인간의 가능성을 우리는 부인할 수 없다. 하나님은 인간을 사랑하시며 그의 자유로운 의사를 존중한다. 그는 인간에게 그 무엇도 강요하지 않는다. 사랑에는 강요가 없기 때문이다. 역사의 종말에 모든 인간의 용서와 구원이 있을 것이라고 생각하는 가톨릭 신학자 바흘(G. Bachl)

도 지옥의 가능성을 조심스럽게 열어둔다.

"하나님은 일군의 사람들을 하늘로 보내고, 다른 일군의 사람들을 지옥으로 보낼 두 가지 뜻을 가지고 죽은 자들을 부활시키지 않을 것이다. 하나님의 편에서 볼 때 부활은 근본적으로 궁극적 구원의 사건이다. 저주와 지옥은 죄의 상태에 머물고자 하며, 구원하는 하나님 앞에서 그의 구원을 스스로 거부하고 파멸적 분리를 추구할 수 있는 가능성을 뜻한다. 지옥은 죄악된 삶의 길을 떠나지 않고자 하는 거부이며…자기 고집을 말한다. 그것은 하나님과 살지 않고자 하며, 그러면서도 무 속으로 사라지지 않으려고 하는 죄악된 인간의 자기집착을 말한다"(Bachl 1985, 90 이하).

그러나 많은 신학자들이 주장하는 종말의 마지막인 지옥을 우리는 물질적·공간적인 것으로 생각할 수 없다. 곧 지하 깊은 곳이나 우주 어디에 있는 유황불이 펄펄 끓는 공간으로 생각할 수 없다. 가톨릭교회가 말하는 연옥과 마찬가지로 지옥을 우리는 하나님을 거부하는 인간의 마지막 영적 상태로 이해할 수 있다. "지옥은 하나님의 은혜와 분리되어 이웃과 소외된 채로 스스로 혼자이기를 원하는 곳이다.…이곳에서 개인은 하나님의 아가페적 사랑에 대립하고 상호 우정과 상호 섬김의 삶에 반대하여 타인이 자신에게 접근하지 못하도록 봉쇄한다.…지옥은 역사의 종말에 있을 하나님의 자의적인 처벌이나, 복수하는 하나님의 최종적인 보복이 아니다. 지옥은 하나님의 영원한 사랑을 반대하는 자기 파괴적인 저항의 논리적 귀결일 뿐이다. 지옥은 삶의 의미와 의도가 상실될 수도 있다는 진리를 상징한다. 그러므로 회개가 긴급히 요구된다"(Migliore 2012, 566).

B. 완성의 미래 차원으로서의 천국(하늘)

성서는 지옥에 대해 말하는 동시에 하늘 혹은 천국에 대해 말한다. 고대인들이 믿었던 3층의 세계관에 의하면, 땅 아래 있는 지옥은 마귀가 지배하는 영원한 형벌과 고통의 장소를 가리킨다면, 하늘 혹은 천국은 하나님이 그 안에 계시며 죽은 영혼들이 영원한 안식을 누리는 장소를 가리킨다. 그래서 많은 신자들은 지옥은 땅 아래에 있고, 천국은 우주 공간 어디에 있다고 생각한다.

그러나 성서가 말하는 하늘 혹은 천국을 우주의 특정 공간으로 생각할 경우 여러 가지 어려운 문제들이 일어난다. 만일 하나님과 천국이 우주 공간 어디에 있다면 우리는 언젠가 고도로 발전한 로켓을 타고 하나님이 계신 천국에 착륙할 수 있을 것이다. 그럴 경우 회개와 믿음이 반드시 필요하지 않을 것이다. 하나님과 천국은 우주선을 타고 도달할 수 있는 세계의 한 부분이 되어버릴 것이다. 우주선을 타고 도달할 수 있는 하나님은 더 이상 하나님이 아닐 것이다. 그럼 성서가 말하는 하늘 혹은 천국은 무엇을 말하는가?

1. 구약성서에서 하늘은 먼저 물리적 공간으로 생각된다. 그것은 "하늘의 새들"이 사는 "공기의 영역"(창 1:26, 28, 30), "하늘의 별들의 영역"을 말한다. 신약성서는 이 표상을 받아들여 "하늘의 새들"과 "하늘의 별들"에 대해 말한다(마 6:26; 8:20; 계 6:13).

창세기 1장에서 하늘은 고대 중동 지역의 세계관에 따라 그 끝 부분이 땅에 접하는 반원형의 천장 곧 "궁창"으로 생각된다. 하나님께서 달과 별들을 이 천장에 매달아놓은 것으로 표상된다. 타원형의 이 천장은 그 위에 있는 물과 그 아래에 있는 물을 가르고, 위에 있는 물이 아래로 쏟아져 내리지 않도록 막아주는 튼튼한 막과 같은 것으로 생각된다(창 1:6). 그것은 땅과 땅 위에 있는 모든 생명을 물로 인한 파멸에서 보호하는 기능을 한다. 여기서 물은 피조물의 생명을 위협하는 요소로 생각된다.

2. 하늘에 대한 자연적·공간적 이해는 종교적·상징적 이해로 발전한다. 고대인들에게 하늘의 공간적 개념은 종교적·상징적 개념과 분리될 수 없었다. 종교적·상징적 개념으로서의 하늘은 먼저 하나님과 천사들이 거하는 곳을 말한다. 하나님은 하늘에 계신다(신 26:15; 애 3:41; 시 2:4;

11:4; 115:3; 단 2:28). 하늘은 하나님의 "거룩한 처소"다(대하 30:27). 인간과 이 세계를 구원하기 위해 하나님은 하늘에서 내려오시고(출 19:11, 18, 20), 다시 하늘로 올라간다(창 17:22; 35:13). 하나님의 보좌는 하늘에 있다(시 11:4; 103:19; 사 66:1 등). 하나님의 능력이 하늘에 있다(시 68:34). 하늘은 하나님의 힘이 다스리고 활동하는 영역이다. "주의 거룩한 처소 하늘에서 굽어살피시고"(신 26:15), "주께서 계시는 곳, 하늘에서 들으시고, 들으시는 대로 용서해주십시오"(왕상 8:30 이하). "하늘 보좌에 앉으신 분이 웃으신다"(시 2:4).

신약성서는 구약성서의 이 표상을 받아들인다. 그리하여 하나님을 "하늘에 계신" 분으로 생각한다(마 5:16; 6:9, 45; 7:11, 21; 10:32-33; 18:10). 하나님의 보좌와 성전이 하늘에 있다(마 5:34; 히 8:1; 행 7:19; 계 4:2; 11:19). 하나님의 아들 그리스도는 하늘에서 내려오시고(요 3:31; 6:38, 42), 그의 사역을 완성한 후 하늘로 올라간다(눅 24:51; 행 1:9 이하; 히 9:24). 그는 하늘에 계신 하나님 오른편에 계시며(행 7:55; 엡 6:9), 하늘로부터 성령을 보내신다(행 2:1 이하). 세계의 종말에 사람의 아들은 능력과 영광 가운데서 천사들의 호위를 받으며 하늘로부터 구름을 타고 다시 내려오실 것이다(마 24:30 등).

여기서 하나님은 하늘에 머물러 있지 않고, 하늘로부터 땅을 향해 끊임없이 활동하는 분으로 생각된다. 그는 "하늘로부터" 뇌성을 발하시고 천둥소리를 내시며, 그의 목소리를 높이신다(삼하 22:14; 시 18:13). 그는 하늘로부터 도우시고, 그의 사랑과 성실하심을 "보내신다"(시 57:3). 하나님은 하늘로부터 말씀하신다(느 9:13). 하나님의 불이 하늘에서 내려온다(욥 1:16).

이 생각은 신약성서에서 계속된다. 하나님의 놀라운 능력으로 하늘이 떨리고(마 3:16; 요 1:51; 행 7:55; 계 19:11), 하나님의 음성이 하늘에서 내려온다(마 3:17; 계 11:15). 하나님은 하늘로부터 자비를 베푸시는 동시에 심판하시기도 한다. 그는 모든 사람에게 햇빛과 비를 주시는 동시에 하늘로부터 불과 유황을 내리신다(마 5:45; 눅 17:29). 하나님과 하나님의 아들은 하늘로부터 오신다(요 3:13, 31; 살전 1:10; 4:16; 계 21:2).

성서의 이 같은 증언에서 하늘은 "하나님의 창조적 가능성들의 영역", "하나님의 능력들의 영역"을 가리킨다(Moltmann 1985, 174). 하늘에 계신 하나님이 "하늘로부터" 활동하신다는 것은 하나님이 그의 신적 가능성으로부터, 그의 능력을 통하여, 이 세계의 새로운 가능성을 창조하신다는 것을 말한다. 그는 인간의 힘으로 도달할 수 없고 인식할 수 없으며 결정할 수 없는 그의 가능성과 능력의 영역으로부터 세계를 창조하시고, 형성하시며, 예기치 못하게 행동한다. 인간과 세계는 하나님의 가능성으로 말미암아 새로운 능력을 얻는다. 그러나 하나님의 능력은 소진되지 않는다. 그의 가능성과 능력은 인간이 지배할 수 없는 하늘에 있기 때문이다.

"하늘이 열린다"(겔 1:1)는 말씀은 하늘에 있는 하나님의 능력과 가능성이 땅으로 내려와 새로운 미래를 연다는 것을 가리킨다. 불가능해 보였던 것이 가능해지고, 미래적인 것이 현재가 되는 것을 말한다. 예수께서 세례를 받았을 때 "하늘이 열렸다"(마 3:16)는 말씀은 예수와 하나님의 영을 통해 하나님의 새로운 구원 역사가 열리게 되었음을 말한다.

3. 또한 하늘은 피조물의 세계에 대한 하나님의 질적 차이와 초월을 상징한다. 하나님은 "하늘에 계시고" 인간은 "땅에 있다"는 말은(시 115:16; 전 5:2) 하나님과 인간, 하나님과 피조물 세계의 엄격한 구별과 결코 소멸될 수 없는 하나님의 타자성을 나타낸다. 하나님의 보좌가 하늘에 있다는 말씀도 이를 나타낸다. 인간은 땅 위에 있고, 하나님은 하늘 위에 높이 들리어 계신다(시 57:3, 11). 하늘은 초월자 하나님의 이름을 나타내기도 한다. 그리하여 "하늘의 하나님"이란 용어가 등장한다(대하 36:23; 스 5:12; 6:9 이하). 마카비 시대에 하늘은 하나님을 대신하는 말로 사용된다(마카베오상 4:10, 24, 55; 단 4:23). 하나님에 대한 경외 때문에 그의 이름을 감히 부를 수 없다고 생각했기 때문이다.

신약성서에서도 하늘은 피조물에 대한 하나님의 질적 차이와 초월을 상징하는 개념으로 사용된다. 주기도문의 "하늘에 계신 우리 아버지"는 1) 하나님은 아버지처럼 우리에게 가깝고 은혜로운 분인 동시에, 2) "하늘에 계신"분 곧 우리와 구별되는 초월자임을 나타낸다. 그는 절대 초월 속에서 우리의 아버지가 되시고, 우리의 아버지처럼 은혜로우신 그분은 절대 초월 속에 있다. 절대 초월의 뜻에서 하나님은 "하늘의 하나님"이다(계 16:11). 하늘로부터 오신 하나님의 아들 그리스도는 이 세계와 만물 위에 계신다(요 3:31).

그러나 하나님은 이 세계로부터 분리되어 있지 않다. 그는 인간이 넘어설 수 없는 초월과 거룩하심 속에서 사람의 자녀들을 내려다보시며(시 14:2), 연약한 피조물을 돌보신다. "높은 곳에 계시지만 스스로 낮추셔서, 하늘과 땅을 두루 살피시고, 가난한 사람을 티끌에서 일으키시며, 궁핍한 사람을 거름더미에서 들어 올리셔서 귀한 이들과 한자리에 앉게 하시며, 백성의 귀한 이들과 함께 앉게 하시고…"(시 113:5-8). 인간에 대한 하나님의 자비와 자기 낮추심은 그리스도의 성육신과 자기 비우심(kenosis) 안에서 극단적으로 나타난다. "그는 하나님과 동등함을 당연하게 생각하지 않으시고, 오히려 자기를 비워서 종의 모습을 취하시고, 사람과 같이 되셨습니다"(빌 2:1, 6-7).

4. 고대인들은 하늘의 자연과학적 차원과 종교적 차원을 분리시켜 생각하지 않았다. 그들에게 이 두 가지 차원은 결합되어 있었다. 그리하여 하늘은 세계의 한 부분인 동시에 신적인 것으로 신격화되었다. 고대 중국, 이집트, 인도, 바빌론과 페르시아, 그리스의 종교사상들 내지 신화들에서 하늘은 신성을 가진 신적인 것으로 생각되었다. 땅은 유한하고 변화하며, 그러므로 무상하고 허무한 반면, 하늘은 무한하고 변화하지 않으며 영원히 존속하는 신적인 것으로 생각되었다. 그것은 땅 위에 있는 모든 생물들과 세계의 운명을 결정하는 초월적 힘을 가지고 있었다. 또한 고대의 신화들에서 하늘은 죽은 자들이 거하는 영역으로 생각되었다.

성서에서도 하늘은 하나님의 영광과 능력과 새로운 가능성이 가득한 하나님의 영역, 하나님의 처소로 생각된다. 그러나 고대 시대에 거의 보편화되어 있던 하늘의 신격화, 하늘 숭배는 성서에서 철저히 거부되고 하늘의 비신격화·탈신화화가 일어난다. "신성으로서의 하늘에 대한 고대의 표상들은 이로써 파괴된다. 하늘은 신이 아니라 피조물일 뿐이다"(Gloege 1960, 332). "하나님께서 태초에 하늘과 땅을 지으셨다"(창 1:1)는 말씀은 이를 분명히 나타낸다. 하늘은 하나님이 그의 "손으로" 만든 작품이다(시 102:25; 히 1:10). 그것은 하나님의 말씀을 통하여 지어졌다(시 33:6). 하나님께서 하늘을 지으셨고 그것을 펼치셨다(사 42:5). 하늘과 땅 곧 온 세계가 하나님의 것이다(신 10:14; 시 89:12). 그러므로 하늘과 하늘들의 하늘도 하나님의 뜻을 파악할 수 없다(왕상 8:27). 하나님은 하늘보다 더 높다는(욥 11:8) 말씀은 하나님과 하늘 사이의 엄격한 구별을 시사하며, 하늘의 신격화를 거부한다.

한 걸음 더 나아가 성서는 하늘을 죄악되고 깨끗하지 못한 것으로 본다. 하나님 앞에서 하늘도 깨끗하지 못하다(욥 15:15). 하늘도 죄악되다 (20:27). 그러므로 하늘도 하나님의 심판의 대상이다(암 8:9; 렘 4:23-26; 사 51:6; 참조. 욥 15:15; Rad 1990, 508 이하). 하늘의 심판에 대한 구약성서의 생각은 신약성서에도 나타난다. 마지막 날에 하늘도 불에 탈 것이다(벧후 3:12). 하나님의 심판을 받을 수밖에 없는 옛 하늘은 사라지고 새 하늘이 이루어질 것이다(사 65:17; 벧후 3:13; 계 21:1). 여기서 하늘의 신격화는 원천적으로 배제된다.

이로써 하늘은 인간과 세계의 운명을 결정하는 신화적 힘을 상실한다. 인간의 운명을 결정하는 것은 하늘이 아니라 하나님의 말씀과 법도에 대한 인간의 태도다. 인간과 역사의 운명을 결정하는 하늘의 영원한 법칙이나 원리는 존재하지 않는다. 운명이란 말 자체가 성립되지 않는다. 인간과 역사의 미래는 궁극적으로 하나님의 손에 있다.

5. 구약성서의 전통은 하나님이 창조하신 세계에 대해 세계, 만유, 우주 등과 같은 추상적이며 통일적 개념을 거의 사용하지 않고 "하늘과 땅"이란 개념을 즐겨 사용한다. P문서의 창조설화는 태초에 하나님이 세계나 우주를 창조하셨다고 말하지 않고 "하늘과 땅을 창조하셨다"고 말한다(창

1:1). 그리고 성서는 거의 예외 없이 "하늘과 땅"이라는 순서를 지킨다. 단지 J문서의 창조설화만이(창 2:4) "땅과 하늘"이라고 말한다. "주 하나님이 땅과 하늘을 만드실 때에…"(Jacob 1934, 23).

여기서 우리는 P문서와 J문서의 차이를 볼 수 있다. P문서는 먼저 하늘과 땅으로 구성된 세계 전체를 보고 이 세계 속에 있는 인간의 존재를 보는 반면, J문서는 인간의 삶에 일차적으로 필요한 땅을 먼저 보고 이 땅 위에서 이루어지는 인간의 삶을 기술한다. 하늘은 그다음 문제로 간주된다. 그래서 P문서는 "하늘과 땅"이란 순서를 따르는 반면, J문서는 "땅과 하늘"이란 순서를 따른다.

왜 성서는 "하늘과 땅"이라는 용어를 사용하는가? 땅과의 관계에서 하늘은 무엇을 말하는가? 땅과의 관계에서 하늘은 인간이 자신의 능력으로 파악할 수 없고 지배할 수 없는 영역이 있다는 것을 가리킨다. 창세기 1, 2장에서 땅은 인간에게 맡겨진다. 그것은 인간이 파악할 수 있고 다스릴 수 있는 영역으로 규정된다. 인간이 짐승들의 이름을 부르는 대로 짐승들은 이름을 갖게 된다(창 2:19-20). 그러나 하늘은 그가 파악할 수 없고 지배할 수 없는 영역에 속한다.

그런데 성서는 하늘을 단수로도 표현하고 복수로도 표현한다. "그렇다. 하늘과 하늘 위의 하늘들, 땅과 땅 위의 모든 것이 다 주 너희 하나님의 것이다"(신 10:14; 참조. 왕상 8:27; 느 9:6). 바울도 하늘을 복수로 사용하여 "셋째 하늘"에 대하여 말한다(고후 12:2). 첫째 하늘과 둘째 하늘은 무엇이며, 그가 말하는 "셋째 하늘"이 공기와 별들의 영역 저편에 있는 천사들의 영역을 가리키는지는 분명하지 않다. 유대교의 영향을 받은 일부 초기 교부들은 "일곱 하늘"에 대하여 말한다. 이 같은 하늘의 복수형은 인간의 힘으로 파악할 수 없는 초월의 영역이 있다는 것을 시사한다.

이것을 우리는 성서가 사용하는 하늘의 개념에서도 발견할 수 있다. 땅은 인간에게 맡겨져 있다. 인간은 하나님을 대리하여 땅을 관리하고 땅에서 나오는 것을 먹고 살아야 한다. 그는 땅 위에 있는 모든 짐승의 이름을 지어줄 수 있다. 그러나 인간은 하늘을 자기 마음대로 처리할 수 없다. 하늘은 인간에 의해 결정되거나 지배될 수 없다. 하늘은 하나님의 보좌가 있는 하나님의 처소이기 때문이다.

이로써 하늘은 인간의 제한성을 나타낸다. 인간에게는 자기 이성의 힘으로 지배할 수 없는 영역 곧 하늘의 영역이 있다. "누가 바닷물을 손바닥으로 떠서 헤아려 보았으며, 뼘으로 하늘을 재어 보았느냐?"(사 40:12) 욥기는 인간의 제한성을 다음과 같이 묘사한다. "네가 북두칠성의 별 떼를 한데 묶을 수 있으며, 오리온 성좌를 묶은 띠를 풀 수 있느냐?…하늘을 다스리는 질서가 무엇인지 아느냐? 또 그런 법칙을 땅에 적용할 수 있느냐?"(욥 38:31-33)

성서의 창조설화가 말하는 땅은 인간과 땅의 짐승들의 삶의 영역을 가리킨다. 또 그것은 별들의 영역과 구별되는 공기와 바다를 포함하는 하늘 "아래의 영역"을 가리킨다. 하나님의 영광이 그 안에 있는 하늘은 눈에 보이지 않는 영원한 것을 상징한다면 땅은 눈에 보이는 시간적 세계를 가리킨다. 그것은 단지 지구를 가리키는 것이 아니라 지구도 그 속에 포함되는 물질의 영역을 가리킨다. 한마디로 땅은 "우리가 알고 있는 모든 물질의 체계들과 생명의 체계들의 총괄 개념"이라 말할 수 있다(Moltmann 1985, 169. 아래 내용에 관해 이 책 183 참조).

땅에 비하여 하늘은 "위의 영역"을 가리킨다. 여기서 "위"는 공간적 의미의 "위"가 아니라 눈에 보이는 이 세계의 한계를 넘어서는 미래 개방성과 새로움의 차원을 가리킨다. 곧 창조 공동체의 완성의 차원을 가리킨다. "하늘"과 "하늘들" 그리고 "하늘의 하늘들"이 있다는 것은 이 세계가 아직 도달하지 못하였고 경험하지 못한 새로운 생명 공동체의 미래와 새로운 영의 차원이 있으며, 세계는 이 차원을 향해 열려 있음을 뜻한다. 따라서 지금 우리가 눈으로 보는 세계가 전부가 아니다. 이 세계에는 하늘과 하늘들 그리고 하늘의 하늘들이 있다. 세계는 모든 부정적인 것들이 사라진, 하나님의 새로운 생명 공동체의 미래를 향한 개방성 자체다. 그것은 완결된 것이 아니라 미완결된 것이다. 그것은 예수 그리스도의 부활을 통해 하나님이 새롭게 시작한 새로운 생명의 세계를 향한 과정이다.

6. 궁극적으로 하늘은 하나님을 향한 세계의 개방성과 초월을 가리킨다. 세계는 하늘에 계신 하나님을 향해 열려 있다. 눈에 보이는 것이 전부가 아니다. 세계의 모든 한계들, 죽음의 한계마저 넘어서는 초월의 차원, 곧 "하늘에 계신 하나님"이 있다. 그러므로 세계는 언제나 하나님을 바라고 기다려야 하며, 하나님 나라의 미래를 지향해야 한다. 하나님 나라의 미래가 이 세계의 미래다. 이 미래 앞에서 인간과 세계의 모든 것은 언제나 다시금 자기의 부정적인 것을 부정하고 하나님 나라의 미래를 향해 자기를 개혁해야 한다. 자기 절대화, 자기폐쇄는 멸망을 가져온다. 생명은 자기를 절대화시키고 폐쇄하는 데 있는 것이 아니라 자기개방과 타자와의 교통 속에서 유지될 수 있다.

만일 하늘이 없다면 이 세계는 폐쇄된 체계가 될 것이다. 그것은 질적 초월이 없는 세계, 새로움이 없는 세계, 언제나 동일한 것이 반복되는 다람쥐 쳇바퀴와 같은 것이 될 것이다. 곧 "동일한 것의 영원한 반복"일 것이다. 그 속에서 일어나는 모든 자기초월은 새로운 미래가 없는 초월, 이미 주어져 있는 것의 영원한 "되어감"(werden)에 불과할 것이다. 그것은 "끝이 없는 우주"(end-loses Universum)에 불과할 것이다.

여기서 우리는 "무한성"(Unendlichkeit)과 "끝없음"(Endlosigkeit)을 구별하고자 한다. 무한성은 새로움을 향한 질적 변화의 끝없는 개방성을 가리킨다면 "끝없음"은 되어감과 확장의 시간이 양적으로 끝이 없음을 가리킨다. 성서가 말하는 하늘은 양적 끝없음을 가리키는 것이 아니라 질적 변화의 무한한 개방성을 가리킨다.

그러나 인간에게는 새로운 것을 거부하고 기존의 것에 안주하려는 본성이 있다. 예술의 영역에서 우리는 이것을 분명히 볼 수 있다. 이 본성 때문에 수많은 예술가의 새로운 창조적 작품이 빛을 보지 못하고 죽을 때까지 감춰져 있다가 죽은 후에 빛을 보는 경우가 허다하다. 미술가 반 고흐, 음악가 비발디와 모차르트가 그 대표적 예다. 비발디의 작품은 약 300년간 수도원 도서관에서 먼지가 쌓인 채 묻혀 있다가 한 음악학자에 의해 발견되었다고 한다.

새로운 것을 거부하고 기존의 것에 안주하려는 인간의 본성은 어디에서 오는가? 이 본성의 뿌리는 자기를 폐쇄하고 자기를 주장하려는 인간의 깊은 본성에 있다. 새로운 것은 우선 불편하게 느껴진다. 그것은 나에게 익숙한 것, 지금 내가 안주하고 있는 것을 상대화시키며 그것을 위험스럽게 만든다. 그것은 내가 지금까지 쌓은 것을 허물어버릴 수 있다. 그러므로 인간은 나이가 들수록 새로운 것을 거부하는 태도를 취한다. 그는 자기 폐쇄성 속에서 자기를 추구하고 자기를 유지하고자 한다. 자기의 노력으로(?) 거대하게 만든 교회를 타인에게 넘겨주지 못하고 갖가지 핑계를 붙여 자기 아들에게 세습하는 추태를 보이기도 한다. 교회를 세습 받은 아들 속에서 그는 사실상 자기 자신을 추구한다. 그는 자기가 이룬 것을 하나님에게 맡기지 못한다.

경제계에서도 우리는 인간의 이 같은 본성을 볼 수 있다. 자기의 힘으로 이룬 기업을 전문 경영인에게 맡기지 못하고 기업 경영 경험이 거의 없는 자기의 자녀나 부인이나 며느리, 손자 손녀에게 맡기는 현상을 볼 수 있다. 이 같은 현상은 끝까지 자기 자신을 추구하는 인간의 이기적이고 폐쇄적인 본성을 보여준다. 이 본성을 우리는 가정의 영역에서도 볼 수 있다. 시어머니가 결혼한 아들의 가정 생활에 끝까지 간섭하고 심지어 실권을 쥐고자 하는 모습들을 볼 수 있다. 며느리와 갈등에 갈등을 거듭하다가 며느리를 쫓아내버리는 시어머니들도 있다.

이 같은 인간의 세계에 대해 하늘은 "하나님의 창조적인 가능성의 영역"을 제시한다. 하나님이 성령의 능력 속에서 "하늘을 여시고" 새롭게 활동할 때 세계는 자신을 개방하고 하나님 나라의 새로운 세계를 향해 나아갈 수 있다. 구체적으로 이것을 행할 수 있는 자는 인간이다. 자기의 죄를 깨닫고 하나님 앞에서 회개하며, 하나님의 "새 피조물"로 살고자 하는 인간을 통해 세계는 개방될 수 있다. 그러므로 교회는 하늘을 향해 기존의 세계를 개방할 수 있는 인적 자원을 개발해야 한다.

이에 대한 근거를 우리는 사도행전에서 볼 수 있다. "예수께서 올라가실 때에 그들이 하늘을 쳐다보고 있는데 갑자기 흰옷을 입은 사람들이 그들 곁에 서서 '갈릴리 사람들아, 어찌하여 하늘을 쳐다보면서 서 있느냐? 너희를 떠나서 하늘로 올라가신 이 예수는 하늘로 올라가시는 것을 너희가 본 그대로 다시 오실 것이다' 하고 말하였다"(행 1:10-11). 이 말씀에 따르면 예수는 하늘 곧 하나님의 무한한 창조적 가능성의 영역으로 올라가셨다. 인간과 이 세계의 새로운 가능성, 새로운 미래의 궁극적 가능성은 하늘에 있다. 하늘의 이 새로운 가능성은 회개한 신자들을 통해 이 땅 위에서 실현될 수 있다는 것을 사도행전은 보여준다. 하나님의 오심으로 말미암아 "하늘이 열리고" 땅이 새로운 가능성을 실현할 수 있는 길은 하나님 앞에서 진심으로 회개한 하나님의 자녀들의 기도와 노력에 있다. 이것을 우리는 사도 바울의 삶에서 볼 수 있다.

7. 성서의 말씀에 따르면 하늘은 하나님의 영광이 그 속에 충만하며, 하나님의 뜻이 완전히 이루어진 이상적인 곳으로 이해된다. 그것은 하나님의 미래 세계를 가리킨다. 아래의 성서 말씀들은 미래의 세계에 대한 종말론적 진술들이다. 하나님은 그의 영광을 하늘 위에 두셨다(시 8:1). 하나님의 보좌와 영광이 하늘에 있다(시 33:13; 103:19; 사 6:1). 하나님의 인자하심이 하늘에 있다(시 36:5). 인간을 참으로 만족시킬 수 있는 양식과 신령한 복이 하늘에 있다(시 105:40; 엡 1:3). 이러한 말씀에서 하늘은 인간과 이 세계를 구원할 수 있는 하나님의 영원한 진리가 있는 곳을 뜻한다. 또한 하늘은 성도들이 영원히 살 영역을 뜻하기도 한다. 예언자 엘리야는 더 이상 죽음이 없는 하늘의 삶의 영역으로 들리워졌다(왕하 2:11).

구약성서의 이 생각은 신약성서에 계승된다. 하늘은 하나님의 뜻이 이루어져 있는 곳이다. 하늘에서 이루어져 있는 하나님의 뜻이 땅 위에서도 이루어져야 한다(마 6:10). 땅 위에 오신 그리스도는 하늘에서 내려온 생명의 떡이다(요 6:32-35, 41). 거기에는 하나님의 자녀들이 영원히 거할 집과 그들의 시민권이 있다(요 14:2; 고후 5:1; 빌 3:20). 새 예루살렘은 하늘에서 내려올 것이다(계 21:2). 여기서 하늘은 "하나님께로부터" 내려올 "거룩한 도성 새 예루살렘"이 있는 곳으로 전제된다.

이러한 의미의 하늘은 이 세계가 도달해야 할 종말론적 미래를 가리킨다. 곧 하나님께서 시작한 창조 공동체의 완성의 차원을 뜻한다. 성서가 말하는 "영원한 집", "새 예루살렘"은 플라톤 철학이 말하는 피안의 세계가 아니라 이 세계가 도달해야 할 미래를 가리킨다. 그것은 더 이상 죄가 없으며 억압과 착취와 차별과 생명의 파괴가 없는 하나님의 평화와 일치와 조화가 있는 종말론적 미래를 가리킨다. 증오와 미움 대신에 사랑이 있고, 거짓 대신에 진리가, 불의 대신에 정의가 있는 세계, 상품처럼 되어버린 인간이 자기의 정체성을 발견하는 "정체성의 본향"을 가리킨다.

보프(L. Boff)에 의하면 "하늘은 하나님의 영역을 형성하며, 인간이 꿈꾸며 추구할 수 있는 위대한 것, 아름다운 것, 화해적인 것, 이 모든 것을 무한히, 충만히 그리고 최고로 실현하는 초지상적 현실이다. 하늘이란 말은 무한한 것에 대한 인간의 갈증을 해소하는 것으로서, 인간의 절대적 실현을 감각적으로 나타내고자 한다." "하늘은 세계의 불가사의적인 한 부분이 아니라 세계 자체다. 곧 그의 총체적 완전성, 하나님과의 공동의 삶의 비밀 속으로 받아들여짐의 양태 속에 있는 세계 자체다"(Boff 1993, 67). 그것은 완성된 것이 아니라 완성을 향해 되어가는 것, "성장하는 것"이다 (Vorgrimler 1980, 161).

그러나 성서는 하늘을 단지 미래적인 것으로 이해하지 않고 현재적인 것으로 이해한다. 그리스도인들에게 하늘은 미래적인 동시에 현재적이다. 십자가에 달린 그리스도와 함께 죽고, 부활하신 그리스도와 함께 다시 살아난 그리스도인들은 그리스도와 함께 이미 하늘에 있다고 에베소서는 말한다. "하나님께서 그리스도 예수 안에서 우리를 그분과 함께 살리시고, 하늘에 함께 앉게 하셨다"(엡 2:6). 그들은 "하늘에 속한 그분과 같이, 하늘에 속한 사람들"이다(고전 15:48). 그들은 "하늘에 속한 온갖 영적 복을" 받고(엡 1:3), "하늘의 은사를" 맛본다(히 6:4). 그들은 "땅에 있는 것들을 생각하지" 않고, 하늘에 있는 것 곧 "위에 있는 것들을" 생각한다(골 3:2). 여기서 하늘은 이 세상에 속하지 않고 하나님께 속한 그리스도인들의 새로운 삶의 현실을 가리킨다.

우리는 하늘을 구원받은 성도들만 거하는 곳으로 생각하기 쉽다. 그러나 성서의 말씀에 의하면 하늘은 자연의 영역도 포함한다. 그것은 인간과 자연 만물이 하나님의 평화 속에서 공존하는 새로운 생명 공동체의 현실을 가리킨다. 이 공동체에서 자연은 더 이상 상품 가치로 생각되지 않고 삶을 함께 나누는 한 형제자매로 생각된다. 사람과 마찬가지로 자연도 하나님이 사랑하는 하나님의 피조물이요, 하나님의 것이기 때문이다(시 24:1).

C. 하늘에 대한 동경은 땅에 대한 관심을 마비시키는가?

1. 일반적으로 하늘은 땅에 대립하는 것으로 생각된다. 땅은 아래에 있고, 하늘은 위에 있다. 땅은 허무하고 변화무쌍한 반면, 하늘은 영원하고 변함이 없다. 땅은 죄와 고난과 죽음으로 가득한 반면, 하늘은 영원한 생명과 기쁨과 행복이 있는 곳이다. 땅은 인간이 잠깐 머물다가 떠날 곳이라면, 하늘은 인간이 그 안에 영원히 거할 본향이다. 그러므로 우리는 땅에 집착하지 말고 하늘에 있는 영원한 본향을 동경해야 하며 "저 높은 곳을 향하여 날마다" 나아가야 한다고 생각한다.

근대 무신론자들과 종교 비판가들에 의하면 하늘과 땅에 대한 이러한 생각은 땅 위에서 이루어지는 삶과 역사를 무가치한 것으로 보게 하며, 땅에 대한 무관심을 조장한다. 땅 위의 현실적인 행복을 찾지 않고 하늘의 세계에서 누릴 환상적이고 비현실적인 행복을 찾게 한다. 그는 땅 위의 행복을 하늘에게 빼앗겼다. 하늘에 빼앗긴 행복을 되찾기 위해 하늘을 땅으로 끌어내려야 한다.

포이어바흐는 이 같은 생각의 대표자다. 그는 본래 신학을 공부했으나 비판적 사회개혁 사상을 가진 그의 형으로 말미암아 공직에 진출할 수 있는 길을 상실하고, 결국 기독교 비판가가 되었다. 하이델베르크와 베를린에서 신학을 공부하는 동안 그는 신비주의 신학을 통해 하나님과 하늘의 동일화를 배우게 되는데, 이것을 그는 하늘에 대한 비판의 전제로 삼는다. 그에 따르면 하나님은 곧 하늘이다. "인간은 하늘을 생각하는 것처럼 그의 하나님을 생각한다. 그가 생각하는 하늘의 내용은 하나님의 내용과 동일하다. 단지 하나님에게서 기획과 구상으로 생각했던 것이 하늘에서는 감각적으로 묘사되고 서술될 뿐이다"(Feuerbach 1967, 191 이하).

여기서 포이어바흐는 그의 투사설을 다시 한번 적용한다. 하나님은 인간의 모든 완전한 본성을 초월적 대상으로 투사시킨 존재인 것처럼, 하늘은 완성의 상태에 있는 땅을 하나의 환상적 공간으로 투사시킨 것에 불과하다. 그러므로 하늘 곧 "피안은 환상의 이론 속에 있는 차안이다." 그것은 "모든 조야한 물질에서 정화되고 미화된 차안이다"(194). 이제 피안의 하늘을 차안의 땅으로 끌어내려 역사의 미래로 전환시켜야 한다.

마르크스는 포이어바흐의 생각을 수용한다. 그러나 포이어바흐와는 달리 마르크스에게서 인간은 "세계 바깥에 있는 추상적 존재"가 아니다. 인간은 어디까지나 구체적 사회 안에 있는 사회적 존재다. "인간의 세계는 국가, 사회다. 이 국가, 이 사회가 종교의 전도되어버린(verkehrtes) 세계의식을 생산한다. 이들은 전도되어버린 세계이기 때문이다." 그러므로 종교가 말하는 하늘은 자기의 동일성을 회복한 개체로서의 인간으로 환원될 것이 아니라 모든 인간을 포괄하는 올바른 사회로 환원되어야 한다. "진리의 피안이 사라진 다음, 차안의 진리를 세우는 것이 역사의 과제다. 인간의 자기소외의 거룩한 형태들이 벗겨진 다음, 이제 역사를 위해 봉사하는 철학의 과제는 거룩하지 못한 형태들 속에 있는 자기소외의 껍질을 벗기는 데 있다. 이리하여 하늘의 비판은 땅의 비판으로, 종교 비판은 법의 비판으로, 신학 비판은 정치의 비판으로 변화되어야 한다"(Marx 2004, 274-275). "땅의 비판"이란 땅 위의 현실들에 대한 비판, 곧 사회와 정치와 경제 등에 대한 비판을 말한다. 이러한 비판과 무산계급 혁명을 통하여 하늘을 땅 위에 세워야 한다. 공산주의 사회는 "땅 위에 있는 하늘"이다. 그러나 마르크스가 예언한 "땅 위에 있는 하늘"은 "땅 위에 있는 지옥"으로 변하였다.

니체(F. Nietzsche)에 따르면 기독교는 하늘에 있는 피안의 세계를 가치 있는 것으로 생각하고 피안의 세계를 동경하게 한다. 그리하여 기독교는 이 땅 위에 있는 삶의 힘과 역동성을 마비시킨다. 이제 인간은 이 힘과 역동성을 되찾아야 한다. 하늘에 충성할 것이 아니라 땅에 충성해야 한다. "사랑하는 형제들이여, 나는 너희에게 맹세한다. 너희들은 땅에 충성하여라. 그리고 피안의 희망에 대하여 너희에게 말하는 자들을 믿지 말아라. 그들이 알든 모르든 간에, 그들은 독을 섞는 자들(Giftmischer)이다. 그들은 삶을 멸시하는 자들이요, 죽어가는 자들이며, 그들 자신이 독에 취한 자들이다. 땅은 그들 때문에 지쳐 있다. 그들은 사라지는 것이 좋을 것이다"(Nietzsche 1975, 9).

2. 땅에 충실해야 한다는 기독교 비판가들의 주장에 우리는 충분히 동의할 수 있다. 하늘을 동경하는 나머지 땅에 대하여 무관심하고 땅의 현실에 등을 돌린 삶의 태도는 옳지 않다. 그것은 성서의 가르침에 모순된다. 하나님의 아들 예수는 결코 땅의 현실에 무관심하지 않았고 땅에 등을 돌린 자세로 살지 않았다. 그는 이 땅 위에 하나님 나라를 세우고자 하였고, 땅을 위해 자기의 생명을 바쳤다. 땅은 하늘의 현실이 구체적으로 실현되어야 할 장소다. 하나님의 구원은 바로 이 땅 위에서 완성되고자 한다. 땅은 하나님의 구원 역사가 이루어지는 무대인 동시에 하나님의 구원의 대상이다. 그러므로 예수는 이렇게 기도하라고 가르친다. "뜻이 하늘에서 이루어진 것 같이 땅에서도 이루어지이다."

땅은 인간을 포함한 모든 생명의 삶의 장(場)이다. 땅 없이 피조물의 생명은 생존할 수 없다. 비록 인간이 우주 공간에 체류한다 할지라도 그는 땅을 필요로 한다. 그의 몸은 땅에 속하며, 땅 위에서 살다가 땅으로 돌아간다. 땅은 인간의 삶을 가능케 하는 물질적 기반이다. 그것은 하늘 아래 있는 모든 현실을 포괄하는 총괄 개념이다. 인간의 행복한 삶은 땅의 기본 조건들, 곧 물질적 기본 조건들이 갖추어질 때 가능하다. 하나님의 말씀은 물론 굶주림을 채울 수 있는 양식과 맑은 물, 맑은 공기, 밝은 태양, 아름다운 자연환경이 있을 때 인간은 건강한 삶을 누릴 수 있다. 땅은 인간의 본향이요, 어머니의 품과 같다. 그래서 나이가 들수록 인간은 땅에 대한 애착을 느낀다.

땅도 하나님의 피조물이다. 그러므로 하나님은 땅도 사랑하신다. 땅은 인간이 버려야 할 대상이 아니라 가꾸고 보존해야 할 대상이다. 땅 자체는 허무하고 무가치한 것이 아니다. 하나님 없는 죄악된 인간에게 그것은 허무하고 무가치한 것으로 보이지만, 땅 자체는 본래 "하나님이 보시기에 좋은" 하나님의 피조물이다. 그러므로 우리는 땅을 사랑하고, 땅에 충실해야 한다. 인간의 이기적 욕심으로 인해 오염되고 파괴된 땅을 회복하기 위해 노력해야 한다.

3. 그러나 땅에 충성하기 위해 하늘을 부인하는 것은 옳지 않다. 만일 우리 인간에게 땅만 있고 하늘이 없다면 땅은 초월의 차원을 상실할 것이다. 초월의 차원을 갖지 못한 세계는 미래가 없는 세계가 될 것이다. 미래가 없기 때문에 인간이 그 안에 갇혀서 질식할 수밖에 없는 감옥과 같은 세계가 될 것이다. 마르크스는 공산주의 사회가 "땅 위에 있는 하늘"이라 보았다. 그러나 하늘의 차원이 결여된 공산주의 사회는 "땅 위에 있는 하늘"이 아니라 인간 지옥이었다는 사실을 우리는 경험하였고, 지금도 경험하고 있다.

오늘 우리가 살고 있는 땅의 세계는 우리 자신의 노력으로 해결하기 어려운 문제들로 가득하다. 경제가 발전하여 더 잘 살 수 있을 것 같은데,

오히려 사람들의 표정은 더욱 어두워지고 사납게 보인다. 사회범죄와 자살자 수는 더욱 증가한다. 만일 하늘이 없고 이 땅이 전부라면, 우리는 땅의 세계에 대해 좌절하고 체념에 빠질 수밖에 없을 것이다.

그리스도인들에게는 땅의 세계 외에 하늘의 세계가 있다. 그들에게는 하나님이 약속하는 미래의 세계가 있다. 성서가 말하는 하늘은 단순히 눈에 보이는 저 하늘을 가리키는 것이 아니라 땅의 세계가 지향해야 할 초월적 차원, 곧 하나님이 약속하는 미래의 새로운 세계를 가리킨다. 이 세계 곧 하늘이 있기 때문에 땅은 미래를 가지며, 우리는 좌절하지 않고 땅에 충실할 수 있다.

하늘은 땅에 대한 인간의 관심을 마비시키는 것이 아니라 오히려 땅에 대한 관심을 불러일으킨다. 그것은 땅의 새로운 미래를 동경하고 희망하게 한다. 하늘에서 이루어진 하나님 아버지의 뜻이 바로 이 땅 위에서 이루어져야 하기 때문이다. 하늘은 땅의 미래이기 때문에 하늘이 있을 때 땅에 대한 관심이 살아난다. 그러므로 사도신경은 하나님을 "하늘에 계신" 분이라 부른다.

인간 자신이 결정할 수 없는 하늘의 창문이 있기 때문에 땅은 그 자체 속에 폐쇄되거나, 주어진 상태에서 정체될 수 없다. 땅을 포함한 하나님의 창조 공동체는 새로운 가능성들을 향해 열려 있다. 그것은 "초월적 개방성"을 그의 본질로 가진다. 그것은 언제나 새로운 가능성을 가진다. 이를 가리켜 판넨베르크는 "세계 개방성"(Weltoffenheit)이라 부른다(Pannenberg 1995, 5 이하).

4. 기독교가 로마 제국의 국가종교가 되면서 하나님 나라의 미래를 기다리는 메시아적 종말론이 사라지고, 하늘은 하나님과 구원받은 영혼들이 거하는 피안의 장소로 생각되었다. 곧 천당이나 낙원으로 생각되었다. 하나님 나라의 미래가 오기를 간구하는 기도는 "하늘로 가기를" 바라는 종교적 동경으로 변질되었다. 하나님의 구원과 영광의 나라가 저 위에 있는 하늘로 밀려남으로써 땅은 하늘로부터 분리된 하나님 없는 허무한 영역

으로 생각되었다. 하늘의 현실을 향해 땅을 변화시키고자 하는 노력은 무신론자들의 관심사가 되었다.

다른 한편 하늘이 하나님과 동일시될 때 하늘은 하나님처럼 영원한 것이 되어버리며, 신적 힘을 가진 신적인 것으로 신격화된다. 하늘이 신격화될 때 하늘에 있는 별들과 천체의 운행 질서가 신적인 것으로 생각되며, 창조의 가능성을 가진 동시에 파괴의 가능성을 가진 것으로 생각된다. 별들과 천체의 질서가 인간과 세계의 운명을 결정할 수 있는 힘을 가진다고 생각된다. 이리하여 이른바 운명철학이 발전하게 된다.

거꾸로 하늘이 사라지고 땅이 하늘과 동일시될 때 땅은 초월의 차원을 잃어버리고, 하늘 대신에 초월 없는 역사적 미래가 등장한다. 곧 인간이 상상한 이데올로기적 미래의 세계가 등장한다. 그러나 이데올로기적 미래의 세계는 하늘의 초월을 알지 못하기 때문에 폐쇄된 세계가 되어버린다. 그 속에는 하늘의 새로운 개방성과 가능성이 없기 때문이다.

하늘과 땅은 구별되어야 하지만 분리되어서는 안 된다. 양자는 하나님이 지으신 세계의 초월적 차원과 내재적 차원을 가리키며, 하나님이 지으신 세계를 함께 구성한다. 양자의 관계성을 부인하고 하늘에 절대적 가치를 부여할 경우 하늘은 땅에 대한 충성을 마비시키고, 땅을 비참하게 만드는 결과를 초래한다. 그 반면 땅에 절대적 가치를 두고 하늘을 부인할 경우 땅은 초월의 차원을 결여한 폐쇄적 세계가 되며, 인간이 살 수 없는 감옥과 같은 세계가 되어버린다.

하늘은 "하나님의 창조적 가능성과 능력의 영역"을 가리킨다면 땅은 "피조된 현실과 그 속에 내재하는 가능성들의 영역"을 가리킨다. 땅의 가능성들은 하나님의 창조적 가능성과 능력을 통해 역동성을 얻게 된다. 하나님의 창조적인 가능성과 능력이 땅의 세계를 새롭게 열어주며, 미래를 향한 개방성을 유지한다. 하늘이 있기 때문에 땅은 미래를 가진다. 하늘은 땅의 미래를 열어주는 창문이다.

5. 현대 물질문명은 하늘을 망각한 세계라고 말할 수 있다. 물질이 넘

쳐나고, 돈이 하나님처럼 생각된다. 땅에 있는 것만 생각하다가 하늘을 보지 못하게 된다. 하늘에 대해 얘기하는 것은 쓸데없는 것으로 간주된다. 정의도 사라지고, 사랑도 사라지고, 돈과 더 많은 소유를 최고의 가치로 여기는 분위기가 사람들의 의식과 삶을 지배한다. 참으로 바라고 기다려야 할 하늘의 미래를 알지 못한다. 세계의 목적이 무엇인지, 대관절 우리는 어떤 세계를 우리의 후손들에게 물려주고자 하는지 생각하는 사람은 많지 않은 것 같다. 이 세계는 한마디로 미래가 보이지 않는 세계라 말할 수 있다. 그것은 하늘의 미래를 향해 개방된 세계가 아니라 땅에 속한 것밖에 모르는 단세포들의 세계로 보인다. 이를 극복하기 위해 오늘 우리의 세계는 하늘의 차원을 회복해야 한다. "하늘에 계신 하나님"을 보아야 한다.

하나님 나라를 우리는 하늘과 동일시하기 쉽다. 마가복음이 선포하는 "하나님 나라"가 마태복음에서는 "하늘나라"로 선포되기 때문이다. 그러나 하늘과 하나님 나라는 구별되어야 한다. 하늘은 하나님 나라의 미래를 가리키는 은유로 사용할 수 있지만 하나님 나라 자체는 아니다. 장차 올 하나님 나라는 하늘과 땅을 포괄하며, 새 하늘과 새 땅의 창조를 전제한다. 고통과 울부짖음과 죽음이 도처에 있는 이 땅은 물론 우주 쓰레기장으로 변해가는 하늘도 새롭게 창조되어야 한다. 지금 지구 주변의 우주 공간을 떠돌아다니는 우주 쓰레기는 7,600톤에 달한다고 한다.

새 창조를 기다리면서 하늘과 땅은 서로 구별되는 동시에 교통 속에 있다. 땅 위에서 일어나는 일은 하늘과 무관하지 않다. 오히려 그것은 하늘을 움직일 수 있다. 땅 위에서 풀리면 하늘에서도 풀리고, 땅 위에서 매면 하늘에서도 매인다(마 16:19). 아벨이 당한 죽음은 땅에서 하늘을 향하여 울부짖는다(창 4:10). 땅 위에서 기뻐하면 하늘에서도 기뻐한다. 회개하는 한 사람의 죄인에 대한 기쁨이 하늘에서도 크다. 이와 같이 하늘과 땅은 상호 구별 속에서 교통하면서, 그리스도의 부활을 통해 하나님이 시작하신 새로운 생명 공동체의 완성을 기다린다.

8

세계 대파멸이 세계의 종말인가?

– 세계 대파멸의 묵시적 종말론

A. 오늘의 묵시적 세계 현실과 종말의 예언들

1. 오늘 우리의 세계는 인류 역사에서 유례를 찾을 수 없는 과학기술의 급격한 발전을 거듭하고 있다. 과학기술의 발전을 통해 인류의 물질생활은 과거와 비교할 수 없는 편리함과 풍요로움을 누린다. 이제 세계는 인간의 지능을 능가하는 인공지능의 발전과 함께 인류 문화의 새로운 혁명기에 이르렀다고 학자들은 말한다. 앞으로 인공지능이 어떤 세계를 초래할지는 우리의 상상을 초월한다.

   이 같은 눈부신(?) 발전 속에서 오늘날 인류는 총체적 위기에 처하였다고 많은 학자들은 말한다. 이 위기를 우리는 먼저 핵무기에서 볼 수 있다. 아인슈타인(A. Einstein)은 이미 1946년에 다음과 같이 말하였다. "속박을 벗어난 핵의 힘은 우리의 사고방식 외의 모든 것을 변화시켰다. 인류가 살아남고자 한다면 우리에게는 본질적으로 새로운 사고가 필요하다." 그러나 70여 년이 지난 오늘날에도 인류는 아직 "새로운 사고"에 이르지 못하였고, 세계는 더 깊은 위기 속에 있다. 지금 인류가 보유한 핵무기는 온 세계를 몇 번이나 파괴할 수 있는 무서운 위력을 가지고 있다. 오늘날 세계는 적어도 5만 5천여 대의 핵무기를 보유하고 있고, 그 파괴력은 약 2만 메가톤으로 추정된다. 1메가톤은 히로시마를 80번 파괴할 수 있는 위력을 가지고 있다. 생화학무기의 양은 파악조차 되지 않고 있다.

오늘날 세계는 국경을 초월하는 자본의 이동, 다국적 기업, 디지털 문화를 통해 하나의 마을처럼 되었다. 온 세계가 하나의 시장처럼 되었다. 자본주의 자유시장경제 질서와 핵무기의 위협을 통해 하나의 운명 공동체로 결속되었다. 판넨베르크가 말하는 "보편사"(Universalgeschichte)는 핵무기와 자유시장경제 질서를 통해 형성되었다. 여기에 가해자와 피해자가 나누어질 수 없다.

2. 세계의 모든 인류를 하나의 운명 공동체로 결속시키는 또 하나의 요소는 자연 파괴로 인한 기후변화와 생태계의 위기다. 학자들이 오래전부터 경고했던 생태계의 위기는 오늘날 현실이 되었다. 이 위기의 근본 원인은 가능한 한 더 많은 소유를 얻고자 하는 인간의 무한한 욕심과, 이 욕심의 실현을 가능케 하는 자본주의 자유시장경제 질서에 있다. 더 큰 이윤과 자기팽창을 목적으로 하는 인간의 욕망으로 인해 지구의 생태계는 계속 파괴되고 있다. 매년 한반도 면적의 4분의 3 정도의 열대림이 벌목되며, 극지대의 빙하, 고산지대의 빙판이 녹아내리고 있다. 빙판이 녹아내림으로 인해 산의 지형이 바뀐다. 화학비료와 제초제 사용으로 인해 토지의 생명력이 약화되고, 자연 생태계를 유지하는 곤충들이 사라지고 있다. 그래서 지금 유럽에서는 "벌 살리기" 운동이 일어나고 있다(벌이 사라지면 꽃의 교배가 불가능해지기 때문이다). 미국 샌프란시스코 해안에서 약 200km 떨어진 태평양 해상에는 한반도 면적의 7배 크기(약 155만km²)에 이르는 거대한 "쓰레기 섬"이 형성될 정도로 지구의 생태계는 오염 및 파괴되고 있다.

지구의 온난화는 심각한 문제를 일으킨다. 해수면의 상승으로 인해 남태평양의 작은 섬들은 사라질 위기에 처해 있다. 이미 물속으로 사라져버린 섬들도 있다. 지금 인도네시아 자카르타는 해수면 상승과 지하 생수의 무계획적 채취로 인해 매년 25cm 정도 침하되고 있는데, 특별한 변동이 없으면 2050년경에는 완전히 침하되어 사라질 것이라고 한다. 지구의 온실화는 엘니뇨와 라니냐 현상을 초래하여 지구의 한편에서는 홍수, 폭풍, 해일이 일어나는 반면, 다른 한편에서는 가뭄과 식수 부족, 원시림의 화재, 무서운 위력을 가진 토네이도가 일어난다.

인간이 파괴한 자연은 이제 인간 자신의 생명을 위협한다. 인간이 바다에 버린 폐기물들이 생선의 몸속에 쌓이고, 그 폐기물은 인간 자신의 몸속으로 들어온다. 여름의 폭염으로 어린이들과 노약자들이 생명을 잃어버린다. 오염된 물과 공기로 인해 많은 사람들이 암이나 폐병에 걸려 생명을 잃기도 한다. 끝없는 경제성장을 위해 지금처럼 지구 생태계를 계속 파괴할 경우, 우리가 살고 있는 이 지구는 사람이 더 이상 살 수 없는 곳이 되어 달나라로 이사를 가야 할 것이라고 예언하는 과학자도 있다.

3. 한때 세계 각국의 대도시는 경제와 문화발전의 상징처럼 보였지만, 오늘날 그것은 세계의 내일을 어둡게 만드는 또 하나의 요인이 되고 있다. 대도시는 얼굴 없는 대중들의 사회, 익명성의 사회다. 자기의 뿌리를 알지 못하는 사람들이 고립된 개체로서 살아간다. 같은 아파트 건물 안에 살아도 서로 인사를 나누지 않으며, 이웃 사람이 죽은 지 몇 달이 지나도 그것을 알지 못하는 일이 일어난다. 이웃과의 교통의 단절, 이웃에 대한 무관심 속에서 사람들은 "창문이 없는 단자"처럼(Leibniz) 살아간다. 극단적 개인주의 속에서 윤리와 가치관이 상대화되어버린다. "내 인생 내가 사는데, 당신이 무슨 상관이냐"는 분위기가 사회를 지배한다.

이로 말미암아 도덕적 타락과 사회범죄가 증가한다는 것을 우리는 지금 눈으로 보고 있다. 미국을 위시한 세계 많은 도시에서는 날이 어두워지면 밖으로 외출할 수 없을 정도다. "묻지마" 폭력과 살인과 테러, 인신매매와 신종 노예화가 끊이지 않는다. 사람들의 얼굴 표정은 더욱 어두워지고, 눈동자에 살기가 보이기까지 한다. "기업은 망해도, 기업가는 망하지 않는다"는 말이 떠돌 정도로 자기 이익 챙기기에 바쁘다. 정치인들도 자기 이익을 먼저 생각한다. 국회의원들에게 뇌물을 바치지 않으면 아무리 법 개정을 요청해도 끄떡도 하지 않는다는 얘기가 들릴 정도다. 나라를 위해 정치하는 정치가를 더 이상 찾을 수 없다고 한다.

옛날에 비해 물질생활은 비교할 수 없을 정도로 풍요로운데, 삶의 무의미와 좌절감이 사람들의 의식 속에 확산되고 우울증 환자가 점증한다. 이를 피하기 위한 표피적 쾌락주의와 알콜 중독과 마약 중독이 암버섯처럼 늘어난다. 사회 한편에서는 거리의 노숙자들이 굶주림과 질병, 찜통 같은 무더위와 강추위로 생명을 잃는 반면, 자기 수입이 없는 20대 젊은이들이 억대가 넘는 수입 스포츠카를 타고 광란의 질주를 벌이며 "내 돈 내가 쓰는데, 네가 무슨 상관이냐!"라는 안하무인의 태도를 보인다. 오늘 우리의 세계는 내일이 무엇인지 알지 못하는 방향 상실과 좌절과 광란의 세계라 해도 과언이 아닐 것이다.

4. 오늘날 세계 어느 나라를 막론하고 빈부격차와 사회양극화는 심각하다. 지구 북반구의 이른바 제1세계와 지구 남반부의 제3세계 사이의 빈부격차도 커지기만 한다. 15, 16세기에 이르기까지 유럽은 세계사에서 큰 힘을 갖지 못하였다. 거대한 문명권은 아프리카 북부의 이집트와 인도와 중국에 형성되어 있었다. 유럽이 세계사적 힘을 갖게 된 것은 아메리카 대륙의 발견 이후부터였다. 아메리카 대륙의 착취, 아프리카 흑인들의 노예매매를 통해 스페인, 포르투갈, 영국, 프랑스, 네덜란드는 산업혁명에 필요한 자원과 자본을 획득하였다.

당시 스페인인과 포르투갈인들이 아메리카에서 원주민을 동원해 사탕수수, 담배, 커피 등을 경작했는데, 유럽인이 전염병을 옮기면서 원주민 수가 급격히 감소하였다. 그들은 일손이 모자라자 아프리카인을 노예로 끌어와 노동력을 보완하였다. 이렇게 시작된 아프리카 흑인 노예매매는 16세기에서 19세기 말까지 이어졌으며, 희생자의 수는 약 2,000만 명에 달하였다. 그 가운데 약 500만 명은 노예사냥과 노예수송선에서 목숨을 잃었다. 노예매매 회사들이 벌어들인 막대한 돈은 유럽의 산업혁명에 필요한 자본이 되었다. 그 반대급부로 아프리카에 주어진 것은 기초경제의 파탄, 사회적 비참과 혼란이었다.

아메리카 대륙에 대한 유럽인들의 착취는 "금에 대한 열병"과 함께 시작되었다. 아메리카에 도착한 유럽인들은 인디언들에게 하나님을 전하는 동시에 금을 찾았다. 인디언들에게 "하나님과 금"(God and Gold)은 거의 하나로 생각될 정도였다. 이러한 상황에서 금으로 된 산과 도시가 있다는 "엘도라도(Eldorado)의 신화"가 탄생하였다.

금을 착취한 다음에 은의 착취가 시작되었다. 17세기에 이르러 아메리카에서 유럽으로 수송된 은의 양은 금의 양보다 더 많았다고 한다. 1503년과 1660년 사이에 스페인으로 수송된 은의 양은 유럽 전체의 은 보유량의 3배를 넘었다. 그 당시 볼리비아의 포토시(Potosi)는 세계에서 가장 부유한 은광의 도시로, 보도블록을 은으로 만들 정도로 부유하였다. 은광으로 가득한 높이 5,000미터의 산은 500년이 지난 오늘 벌집을 연상케 하는 쓰레기 퇴적장이 되어버렸다(인터넷에서 볼 수 있음). 금과 은의 수탈은 설탕, 면화, 코코아, 커피, 고무, 육고기의 수탈로 이어졌다. 수탈을 통해 제1세계가 형성되었다. 엄청난 자연자원이 쌓인 아메리카 대륙을 인디언에게서 빼앗은 미국은 세계 제1의 경제대국이 되었다. 최소한 2,000만 명의 인디언이 죽임을 당하였다고 한다. 라틴 아메리카에서는 스페인과 포르투갈 군대에 의해 수천만 명의 인디오들과 아즈텍인들이 죽었다. 군대에 의해 죽임을 당한 숫자보다 침략자들이 전파한 전염병으로 죽은 원주민들의 수가 더 많았다. 원주민들은 유럽 침략자들의 병균에 대해 면역이 되어 있지 않았기 때문이다. 원주민들에게는 로마 가톨릭교회의 신앙이 강요되었다. 라틴 아메리카에 로마 가톨릭교회가 지배종교가 된 역사적 배경이 여기에 있다.

오늘날 제3세계에 대한 제1세계의 착취는 새로운 형태를 보인다. 노예와 값싼 자연자원과 상품 판매를 통한 착취는 자본투자와 대여, 기술 및 상표 대여, 지적 재산권, 각종 특허권 등 무형의 상품을 통한 착취로 대체되고 있다. 경제력이 약한 제3세계의 나라들은 이자와 원금을 갚기 위해 각종 자연자원을 제1세계에 수출하거나, 선진국의 생활 쓰레기와 방사능 폐기물을 수입한다. 이리하여 제3세계의 자연이 파괴되고, 파괴된 자연으로 말미암아 자연재해가 일어난다. 자연재해는 제1세계와 제3세계의 국경을 초월한다.

선진국의 무기매매 중개인들은 무기를 팔아먹기 위해 제3세계에 전쟁을 부추기기도 한다. 수많은 국민이 기아 상태에서 허덕이고 있는데, 독재자들은 자신의 권력 유지를 위해 제1세계의 무기를 국민 세금으로 수입한다. 선진국의 대여를 받아 무기를 수입하기도 하는데, 이에 대한 이자부담은 국가 경제를 더욱 피폐시키고, 선진국에 대한 의존을 악화시킨다. 이리하여 빈곤과 굶주림을 견디지 못한 아프리카 난민들이 지금도 목숨을 걸고 지중해를 건너고 있다. 2018년 전반기에 지중해를 건너다가 빠져 죽은 아프리카 난민들의 수가 1,500명에 달한다고 언론은 보도한다. 2020년 현재의 코로나 팬데믹 현상은 자연 적대적, 자연 파괴적 현대 문명이 더 이상 계속될 수 없다는 묵시적 상황을 보여준다. 그것은 인간의 이기적 본성에 기초한 악성 자본주의 사회가 지속될 수 없다는 경고장이다.

5. 이러한 상황 속에서 묵시론적 세계 대파멸의 종말 신앙이 나타나는 것은 아주 자연스러운 일이다. 어느 시대를 막론하고 그 사회의 현실이 절망 상태에 이르렀을 때 세계의 대파멸을 예고하는 묵시적 종말론자들이 나타난다. 1970년대 미국의 헬 린지(Hal Lindsey)는 그 가운데 한 사람이다. 지구의 종말에 관한 그의 책『대유성 지구의 종말』(The Late, Great Planet Earth)은 1970년대에 출판되었는데, 10년이 채 안 되어 약 1,000만부나 판매될 정도로 많은 사람의 관심을 받았다.

린지에 의하면 제3차 세계대전과 함께 지구의 종말이 올 것인데, 네 개의 정치 세력권이 대립할 것이다. 남쪽의 왕 이집트가 이끄는 아랍-아프리카 연방이 이스라엘에 대한 공격을 준비할 것이다. 이 기회를 이용하여 소련과 그의 종주국들이 중동 지역을 공격할 것이다. 소련의 세력권이 짧은 시간에 중동 지역을 정복하고 모리아산에 지휘 본부를 세우거나, 아니면 예루살렘 성전 가까운 곳에 세울 것이다. 마침내 10개국으로 구성된 유럽의 로마 제국이 다시 일어날 것이다. 여기에 미국이 가세하여 이스라엘에 주둔하는 소련군을 제압할 것이다. 마지막으로 "아마겟돈의 마지막 싸움에서 서로 대결하는 두 개의 세력권만이 남을 것이다. 즉 로마의 독재자가 영도하는 서방의 연합세력과, 공산주의 국가 중국이 영도하는 연합 세력을 형성한 아시아 세력권이 남을 것이다"(Lindsey 1974, 194).

이에 대한 근거를 린지는 성서에서 발견한다. 특히 이사야, 예레미야, 다니엘, 에스겔 등 구약성서의 예언서들과 신약성서의 요한계시록에 근거하여 그는 세계의 종말과 예수의 재림을 예언한다. 그에 따르면 성서에 기록되어 있는 예언들의 70%는 지금까지의 역사에서 이미 이루어졌고, 나머지 30%는 20세기 후반기에 이루어질 것이라고 한다.

린지의 이 같은 예언은 하나의 공상에 불과하다. 중동 지역을 정복할 것이라고 린지가 예언한 구소련은 이미 몰락하였다. 성서 어디에서도 우리는 역사의 종말에 서방 연합세력과 중국이 영도하는 아시아 세력권이 대결하리라는 증거를 발견할 수 없다. 그가 주장한 세계의 종말은 20세기 후반기에 일어나지 않았다. 린지의 성서 해석은 성서 본문의 역사적 배경을 무시한 완전히 주관적 공상이며, 서방과 동방의 대립을 조장하였다.

한국에서도 1970년, 80년대에 묵시론적 대파멸의 종말론이 등장하였다. 그 가운데 대표적인 것은 이장림이 세운 "다미선교회"의 시한부 종말론과 공중휴거설이다. "다미"는 "다가올 미래를 준비하라"는 말의 약자다. 그의 주장에 의하면 1992년 10월 28일에 그리스도의 공중재림이 있을 것이다. 죽은 성도들은 부활하여 살아 있는 성도들과 공중으로 들려 올라가 구름 속에서 그리스도를 영접할 것이며, 7년간 이 땅 위에 있을 대환난을 면하게 될 것이다. 7년의 환난이 끝난 1999년 10월에 예수의 지상 재림이 있을 것이다. 재림하신 그리스도는 천년왕국을 세우고, 성도들과 함께 천 년 동안 다스릴 것이다. 천년왕국이 끝나면 악인들은 부활하여 최후 심판을 받고 지옥으로 가는 반면, 성도들은 신천신지로 들어갈 것이다. 그러나 이장림이 예고한 그리스도의 공중재림과 성도들의 휴거는 일어나지 않았다. 1992년 9월 24일 이장림은 사기 및 외환관리법 위반으로 검찰에 구속되어, 동년 12월 4일 징역 2년을 선고받는다. 항소심에서는 징역 1년과 26,000달러 몰수형을 선고받는다.

이장림 이전에도 많은 거짓 예언자들이 세계 대파멸의 종말을 예고하였다. 동방교주 노광공은 1965년 8월 15일을, 장막성전의 유재열은 1969년 11월 1일을, 일월산 기도원의 김성복은 1971년 8월 15일을, 팔영산 기도원의 전병도는 1972년 8월 25일을, 천국복음 전도회의 구인회는 1973년 11월 10일을 세계 종말의 날이라 예고하였다.

B. 세계의 파멸에 대한 공상들과 물리학의 가설들

1. 현대 문학가들 중에도 지구의 묵시론적 대파멸의 종말에 대해 이야기하는 인물들이 있다. 뒤렌마트(F. Dürrenmatt)는 그의 드라마 〈물리학자〉에서 이렇게 말한다. "우리의 길은 이제 끝에 이르렀다.…우리는 앞장서서 싸웠지만, 이제 우리를 따르는 사람은 아무도 없다. 우리에게 남은 것은 공허뿐이다. 우리의 과학은 무서운 것이 되었고, 우리의 연구는 위험해졌으며, 우리의 인식은 치명적인 것이 되었다. 우리 물리학자들에게 남은 것은 우리의 현실에 대해 항복하는 것뿐이다. 우리의 현실은 우리들만큼 성장하지 못하였다. 그것은 우리로 말미암아 몰락할 것이다"(Dürrenmatt 1970, 342).

일련의 공상과학 소설가들과 역사철학자들도 세계의 멸망을 예고하였다. 슈펭글러(O. Spengler)는 20세기 초에 "서구의 몰락"을 예언하였다 (Spengler, *Der Untergang des Abendlandes*, 1918, 1922). 이 저서에서 그는 문화의 생성과 쇠퇴 과정을 자연의 과정에 비유하면서 서구문화의 멸망을 예언하였다. 그는 서구의 진보신앙의 문제성을 지적하고, 세계의 대재난과 파멸의 가능성을 암시하였다. 일련의 지성인들은 서구의 진보신앙을 대변하는 "타이타닉"(Titanic) 호의 침몰(1918)을 가리켜 세계 멸망의 전조라고 말하였다(Körtner 1988, 16). 조지 오웰(George Orwell)의 『1984년』, 올더스 헉슬리(Aldous Huxley)의 『멋진 신세계』(Brave New World), 레이 브랜버리 (Ray Brandbury)의 『화씨 491도』(Fahrenheit 491), 스타니스와프 렘(Stanislaw Lem)의 『솔라리스』(Solaris), 『에덴』(Eden) 등의 작품들은 인간의 능력으로 이룩한 세계의 무서운 파멸을 예고하였다.

그러나 이 공상과학 소설가들이 말하는 세계의 종말 역시 하나의 공상이다. 이들은 정말 세계의 종말에 대해 이야기하기보다 계몽주의 이후로 진보신앙에 취해 있던 서구 문명권의 위기와 몰락의 가능성에 대해 이야기한다. 세계 파멸의 시나리오를 이야기하는 인물들도 있지만, 인류와 우주의 마지막을 증명할 수 있는 객관적 분석이나 진단은 아직까지 존재하지 않는다. 우주가 시작할 때의 일들 곧 "태초의 시간"(Urzeit)이 우리의 경험 영역 바깥에 있듯이 우주의 "마지막 일들"과 "마지막 시간"(Endzeit)도 우리의 경험 영역 바깥에 있다. 태초의 일들과 마지막 일들은 인간에 의해 경험될 수 없다. 이에 대한 증인들도 없다. 세계의 종말에 관한 문학작품들은 인간이 희망하는 것과 두려워하는 것에 대한 공상적 이야기일 뿐이다.

2. 우주는 언제 어떻게 시작되었고, 언제 어떻게 끝날 것인가, 곧 우주의 시작과 마지막(종말)의 문제를 다루는 우주학은 자연과학에서 오랫동안 경시되었다. 그러나 천체물리학의 놀라운 발전과 함께 우주학은 물리학의 중요한 관심사가 되었다. 우주의 시작과 마지막에 대한 문제, 곧 대우주(makrokosmos)의 문제를 다루는 천체물리학과 소우주(mikrokosmos)의 문제를 다루는 소립자 물리학은 오늘날 경이롭게도 서로 만나고 있다.

1929년 미국의 물리학자 허블(E. P. Hubble)은 은하계를 연구하던 중 은하계에서 발견되는 반사광 중에 붉은 반사광이 연장되는 현상을 오랫동안 연구한 끝에 우주가 지금도 계속 확장되고 있다고 추리하였다(Hubble, *The Realm of the Nebulae*, 1936). 그리고 지구가 속한 은하계 외의 다른 은하계들이 지구로부터 빠른 속도로 멀어지고 있다고 발표하였다. 즉 우주는 계속 확대되고 있다는 것이다.

그럼 우주는 어떻게 시작되었을까? 지금부터 약 130억 년 전에 모든 빛과 물질이 불덩어리처럼 응집되어 있다가 섭씨 1,000억 도의 온도와, 물보다 40억 배 이상의 짙은 농도로 일어난 태초의 우주적 대폭발(Big Bang)과 함께 시작되었다고 허블은 발표하였다. 우주가 빅뱅과 함께 시작되었고, 빅뱅 이후로 계속하여 확대되고 있다는 이론은 오늘날 우주학에서 거의 정설로 인정되고 있다(Heckmann 1971, 796-892).

그럼 우주는 계속 확대될 것인가 아니면 언젠가 끝날 것인가? 오늘날 일단의 물리학자들은 지금의 우주는 언젠가 끝날 것이라고 주장한다. 시작이 있었던 것처럼 마지막 곧 종말이 있을 것이다. 그럼 우주는 어떻게 끝날 것인가? 이에 대해 물리학자들은 정반대되는 두 가지 가설을 제시한다.

1) 첫째 가설은 우주 축소와 새로운 확장설이다. 즉 우주가 확대되는 속도가 점점 줄어들 것이며, 수억 년의 과정 속에서 우주는 점점 더 작아질 것이다. 은하계들은 그들의 별들과 함께 점점 더 빠른 속도로 가까워질 것이며, 태초의 빅뱅이 일어난 지 약 800억 년 후에 원자들과 원자핵들이 해체되면서 마지막 빅뱅이 일어날 것이다. 그다음 우주는 새로 확장되면서 새로운 우주가 생성될 것이다. "약동하는 우주" 혹은 "움직이는 우주"에 대한 가설은 이것을 말한다. 그러나 이 가설은 증명되지 않고 있다.

2) 오늘날 많은 물리학자들의 지지를 받고 있는 둘째 가설은 핵 겨울에 관한 이론이다. 즉 우주는 작아지지 않고 오히려 계속 확대될 것이다. 별들도 더 많아질 것이다. 태양은 얼마 동안 점점 더 밝아진 후 꺼져버릴 것이다. 별들의 수가 점점 더 많아지다가 마지막 단계에는 별무리들이 크기에 따라 섬광이 약한 "흰색의 난쟁이들" 혹은 "중성자 별들" 혹은 "블랙홀들"(black holes)이 생겨날 것이다. 별들의 내부에서 변화되었고 배제되

어버린 물질로부터 새로운 별들과 별무리가 생성될 수 있지만, 새로운 별들 안에서 다시 핵분열 과정이 일어날 것이며, 핵분열의 과정 속에서 별들은 재로 타버릴 것이다. 이리하여 온 우주 안에 무서운 추위를 동반한 "핵 겨울"이 올 것이다. 죽음과 정적, 곧 무의 상태가 올 것이다(이에 관해 H. Küng 1982, 262 이하).

3. 그러나 일련의 물리학자들은 우주의 궁극적 시작과 궁극적 마지막의 문제는 물리학의 연구 범위를 넘어서는 문제라고 주장한다. 함부르크의 우주과학자 헤크만(Otto Heckmann)에 의하면 우주가 무한히 높은 밀도의 상태에서 태초의 빅뱅으로 인해 특정한 시점에 시작되었다는 것은 거의 정설로 인정되고 있다. 어떤 학자들은 우주는 유한한 나이를 가지며, 일정한 시간 후에 멸망할 것이라고 말한다. 그러나 헤크만은 우주가 시작되기 전에 무엇이 있었는지, 우주의 마지막 다음에 무엇이 있을 것인가의 문제는 우주과학이나 물리학이 대답할 수 없는 문제라고 주장한다. 지금까지 발표된 학자들의 이론들은 가설의 범주를 벗어나지 못한다는 것이다.

한스 퀑에 의하면 우주의 시작과 마지막에 관한 질문은 우주학이나 물리학이 해결할 수 없는 문제에 속한다. 이 문제는 단순히 자연과학의 문제로 끝나지 않고 인간의 삶과 세계의 의미 문제, 가치의 문제와 연결되어 있다. 참 의미와 참 가치가 무엇인가의 문제는 인간과 이 세계가 어떻게 시작되었고, 무엇을 지향하고 있는가의 문제에 따라 결정된다. 인간의 삶과 세계의 참 가치와 의미가 무엇인가의 문제를 결정하는, 우주의 시작(*proton*)과 마지막(*eschaton*)에 관한 문제는 우주과학이나 물리학에 의해 해결될 수 없다. 이 문제는 인간의 공간적·시간적 경험의 한계를 넘어서며, 물리학과 우주과학의 능력 밖에 있는 일이다(Küng 1982, 301 이하).

인간이 해결해야 할 문제들 중에는 자연과학이 해결할 수 있는 문제도 있고, 해결할 수 없는 문제도 있다. 예를 들어 철학적이며 신학적인 문제들, 인간의 선한 본성과 악한 본성의 출처, 삶의 목적과 의미와 참 가치의 문제 등은 자연과학이 해결할 수 없는 문제에 속한다. 양자론의 대표자 하이젠베르크(W. Heisenberg)의 제자인 빌더무트(K. Wildermuth, 튀빙겐 대학교) 교수에 의하면 인간의 사고 능력과 지구 중력의 출처는 물리학이 해결할 수 없는 신비에 속한다.

20세기 삶의 철학자 딜타이(W. Dilthey)에 의하면 자연과학적 "분석"의 방법을 통해 파악할 수 있는 문제들이 있는가 하면, "이해"의 방법을 통해 파악할 수 있는 문제들이 있다. 객관적 분석과 계산을 통해 대상을 파악하는 "기술적 이성"(technical reason)의 문제들이 있는가 하면, 참여하고 이해함으로써 대상을 파악하는 "존재론적 이성"(ontological reason)의 문제들이 있다(P. Tillich). 인간과 이 세계가 어디로부터 오고 어디로 가는가, 그것의 시작과 마지막은 무엇인가의 문제는 분석과 계산을 통하여 대상을 파악하는 자연과학의 방법으로 해명할 수 있는 문제가 아니라 궁극적으로 종교적·신학적 문제에 속한다.

다양한 법칙성과 불확실성·우연성이 복합적으로 결합되어 있는 이 세계가 그 자신으로부터 연역될 수 없는 궁극적 의미를 가지며 하나의 완성을 지향하고 있는가 아니면 파멸되기로 결정되어 있는가의 문제는 과학으로 해결할 수 없고, 인간의 이성에 의존하는 철학으로도 해결할 수 없다. 그것은 하나님의 인격적 결단으로 말미암은 세계의 시작과 세계의 마지막 완성을 믿는 종교적·신학적 문제에 속한다. 인간의 삶과 세계의 의미가 무엇이며, 참 가치는 무엇인가의 문제도 이 범주에 속한다.

C. 묵시적 종말신앙에 대한 오늘의 해석

기독교 역사에서 언제나 다시금 있었던 묵시적 종말신앙 내지 말세신앙의 뿌리는 후기 유대교의 묵시사상에 있다. 묵시사상의 영향은 구약성서는 물론 신약성서에서도 발견된다. 하나님의 심판과 파멸에 대한 후기 예언자들의 말씀, 공관복음서의 소묵시록(막 13:3-27; 마 2:3-44; 눅 21:7-28), 도둑처럼 올 수 있는 사람의 아들(인자)에 대한 예수의 말씀, 요한계시록, 특히 데살로니가전서 4:13-18, 베드로후서 3:10-13에서 묵시사상의 흔적들이 발견된다. 이에 근거하여 종말론자들은 점증하는 인간의 죄로 말미암은 세계의 대파멸과 소멸(annibilatio)이 세계의 종말이라는 묵시적 종말신앙 혹은 시한부 종말론을 주장한다. 그리고 적지 않은 사람들이 이에 현혹되어 사회적 혼란을 일으키기도 한다.

그러나 우리는 묵시적 종말신앙 내지 시한부 종말론을 단지 부정적인 것으로 처리할 수 없다. 그 속에는 많은 사람들이 동의할 수 있고, 또 그들을 현혹시킬 수 있는 그 무엇이 있을 것이다. 그러므로 우리는 묵시적 종말신앙의 긍정적 측면을 파악하고, 그것이 오늘 우리의 시대에 어떤 의미를 갖는지를 발견하고자 한다. 이와 동시에 묵시적 종말신앙의 문제점이 무엇인가를 파악하고자 한다.

1. 묵시적 종말신앙의 긍정적 측면

1) 묵시적 종말신앙은 인간이 가장 안전하고 행복하다고 느끼는 바로 그때, 대파멸의 종말적 위기가 도사리고 있음을 상기시킨다. 우리는 이 위기에 대해 경각심을 가져야 한다. 대파멸의 가능성은 어느 시대, 어느 사회에나 있었다. 그것은 세계의 대제국 로마가 멸망할 때도 있었고, 제1, 2차 세계대전 때도 있었다. 그것은 과학기술을 통하여 전대미문의 발전을 거듭하는 오늘 우리의 시대에도 잠재하고 있다. 풍요롭고 아무것도 염려할 필요가 없다고 생각되는 바로 그 시간에 예기치 못한 파멸의 위기가 올 수 있다. 발전의 가능성이 클수록, 파멸의 가능성도 크다는 것을 묵시적 종말신앙은 상기시킨다.

2) 묵시적 종말신앙은 하나님 없는 인간의 역사와 사회 발전에 대한 진보신앙과 낙관주의를 경고한다. 기술적 이성과 과학기술의 발전을 통해 무한히 진보할 수 있다는 생각에 반해, 묵시적 종말신앙은 이들의 한계를 암시한다. 하나님이 함께하지 않는 인간의 이성과 기술은 파멸의 위

기에 직면할 수 있다. 묵시적 종말신앙은 하나님 없는 인간의 이성과 기술의 한계에 대한 경고다. 그것은 죄와 허무 속에서 허덕이는 인간에게 새로운 방향 정립을 요구한다. 그것은 하나님 없는 인간 세계에 대한 부정의 몸짓이다.

3) 묵시적 종말신앙은 하나님 나라의 단순한 발전에 대한 경고이기도 하다. 예수께서 선포한 하나님 나라는 아무런 장애물 없이 자동적으로 시작되지 않았다. 그것은 십자가의 고난과 죽음의 과정을 거쳐 시작되었다. 신생아의 생명이 죽음에 견줄 수 있을 만한 산모의 고통 속에서 태어나듯이, 하나님의 새로운 생명의 세계도 "불붙는 못"(계 20:9)과 같은 묵시적 재난과 고통을 거치면서 일어날 것이다. 따라서 그리스도인들은 열 처녀처럼 깨어 있어야 함을 묵시적 종말신앙은 암시한다. 하나님 나라에 대한 그리스도인들의 기다림과 희망은 "묵시론적 파멸과 종말론적 새 창조를 동시에" 보아야 한다. "새 창조만 바라보는 자는 고난과 눈물을 모르는 낙천주의자가 되고, 파국만 바라보는 자는 매일의 새로운 은총을 경시하는 염세주의자가 되기 때문이다"(박성권 2018, 274).

4) 묵시적 종말신앙은 역사의 완성이 하나님 없는 인간 자신의 능력만으로 이루어질 수 없다는 점을 상기시킨다. 하나님 없는 인간이 자신의 능력만으로 이룬 세계는 묵시적 대파멸로 끝날 수 있다. 하나님 없는 인간이 자신의 능력으로 이룬 것이 세계를 구원할 수 없다. 이 세상의 그 무엇도 우리의 생명을 보장할 수 없고, 안전한 삶을 보장할 것으로 보이는 직장도, 가정도, 소유도 우리의 삶에 대한 궁극적 보장이 될 수 없다. 하나님이 진노하실 때, 인간이 자신의 능력으로 이룬 모든 것이 파멸로 끝날 수 있다는 것을 묵시적 종말신앙은 암시한다.

5) 후기 유대교의 묵시사상은 고대인들의 신화적 표상을 사용하여 세계와 인간 실존에 대한 불안을 나타낸다. 이 불안은 종교적 환상이 아니라 세계와 역사와 인간의 실존에 대한 그 시대인들의 경험에 근거한다. 오늘 우리 시대의 묵시사상도 마찬가지다. 그것은 역시 종교적 환상에 불과한

것이 아니라 세계와 인간의 실존에 대한 우리 시대인들의 불안을 우리 시대의 형태로 나타낸다. 고대인들과 현대인들의 묵시적 종말신앙은 형태는 다르지만, 그 내용에서 일치점을 가진다. 그것은 종교적 공상이나 환상에 불과한 것이 아니라 그 시대인들의 세계와 인간 실존에 대한 불안과 희망을 나타낸다는 점에서 일치한다. 한 신학자는 이것을 다음과 같이 말한다.

> 핵무기로 인한 대학살을 두려워하는 현대인들의 세계 불안은 유대교 묵시사상이나 초기 기독교 시대에 있었던 세계 불안에 비하여 결코 가벼운 것이라 말할 수 없다. 핵무기로 인한 대학살은…초기 기독교나 유대교 묵시사상이 가지고 있었던 세계 불안에 비하여 결코 더 가벼운 것이거나 비현실적인 것이 아니다.…고대 시대와 현대 묵시사상의 이 두 가지 형식들은 현존에 대한 비슷한 이해를 보여준다. 이 두 가지 경우에서 종말에 대한 생각의 결정적 뿌리는 이 세계의 객관적 위험에 있는 것이 아니라 인간의 주관적 체험에 있다. 묵시사상의 두 가지 형식은 과학적으로 검증될 수 있는 진술의 차원에 속한 세계에 대한 객관적 기술(記述)의 표현이 아니라, 세계에 대한 실존의 경험을 표현한 것이다.…핵무기로 인한 대량학살의 묵시사상의 특징을 우리는 다음과 같이 말할 수 있다. 변화된 역사적 조건들 속에서 그것은 현존의 옛 가능성을 반복한다(Körtner 1988, 276 이하).

후기 로마 제국의 정치적·사회적 혼란과 불안의 상황 속에서 초기 기독교 공동체들이 종말이라고 기술하였던 것을 우리는 오늘 우리 시대의 상황에 글자 그대로 적용할 수 없다. 곧 성서의 묵시론적 예언들을 오늘의 상황에 짜 맞추는 게임을 해서는 안 된다. 그러나 초기 기독교 신자들이 가지고 있었던 묵시적 세계 불안은 오늘날 새로운 형태로 등장하고 있다. 우리 시대의 묵시적 종말신앙은 우리 시대의 세계와 인간 생명에 대한 불안을 나타내는 동시에, 새로운 생명의 세계에 대한 기다림과 동경을 나타낸다.

6) 후기 유대교 묵시사상가들은 제도종교를 버리고 사해 서북쪽의 쿰

란 지역에서 공동체 생활을 하였다. 당시의 묵시사상은 외세와 야합하여 영화를 누리는 제도종교에 대한 비판과 부정이었다. 현대의 묵시적 종말신앙도 마찬가지다. 그것은 제도교회의 안일과 타락에 대한 부정을 뜻한다. 묵시적 종말신앙의 시각에서 제도교회는 어두운 세상을 밝히는 희망의 빛이 아니라 어두운 세상의 연장에 불과해 보인다. 교회 세습, 교회 판매, 총회장 돈선거가 일어나는 제도교회는 세상과 다를 바가 없다. 묵시적 종말신앙은 타락한 제도교회에 대한 거부인 동시에 제도교회 성직자들의 회개에 대한 요구이기도 하다. 기독교 역사에서 묵시적 종말신앙이 끊임없이 제도교회의 배척을 받은 원인이 여기에 있다.

2. 묵시적 종말신앙의 신학적 오류

1) 묵시적 종말론자들은 천지 창조와 세계의 종말에 관한 성서의 말씀을 객관적 정보(information)로 생각한다. 그래서 에덴동산을 중동 지역에서 찾고자 하거나, 요한계시록의 종말에 관한 말씀은 우리 시대에 일어날 일들을 나타낸다고 주장한다. 그러나 성서의 언어는 과학적 사실의 언어(Faktensprache)가 아니라 진리의 내용을 묘사하는 상징언어 내지 그림언어(Bildersprache)다. 그것은 진리의 내용을 마치 그림 그리듯이 묘사한다.

그림언어는 객관적 사실을 말하기보다 인간의 존재와 이 세계의 궁극적 일들이 문제될 때 그것을 적절히 묘사할 수 있는 표현 방법이다. 성서 저자들은 과학적으로 증명될 수 있고 숫자화시킬 수 있는 객관적 일들을 보도하는 것이 아니라 고대인들의 표상을 통해 하나님과 세계와 인간에 대한 그들의 믿음을 나타낸다. 그 대표적인 것이 창세기 1, 2장의 천지 창조에 관한 말씀이다. 이 말씀은 객관적으로 증명할 수 있고, 수학 공식을 통해 표현할 수 있는 성격의 것이 아니다. 양자물리학의 대표 하이젠베르크는 이것을 다음과 같이 말한다.

이 언어(곧 성서의 언어)는 정확성을 지향하는 자연과학의 언어에 가깝기보다시적 언어에 더 가깝다. 그러므로 두 가지 언어가 사용하는 단어들의 의미는 다를 때가 많다. 성서가 말하는 하늘은 우리가 비행기나 로켓을 날게 하는 하늘과 아무 관계가 없다.…자연과학은 그의 개념들을 가지고 객관적 의미를 부여하고자 한다. 그러나 종교적 언어는 우리의 세계가 그의 객관적인 면과 주관적인 면으로 분리되는 것을 피해야 한다. 객관적인 면이 주관적인 면보다 더 사실적이라고 누가 주장할 수 있겠는가! 우리는 두 가지 언어를 혼합시켜서는 안 될 것이다(Heisenberg 1973, 348).

묵시적 종말론자들은 지상의 예수와 신약성서의 저자들이 종말에 대한 객관적 지식을 가지고 있었다고 생각한다. 그래서 종말에 관한 이들의 말씀을 세계의 종말에 대한 객관적 정보로 간주한다. 그러나 한스 큉에 따르면 이른바 세계의 종말에 관한 성서의 말씀들은 세계사의 마지막 일들에 관한 객관적 정보나 연대기적 계시가 아니다(Küng 1982, 266). 이 말씀들은 이미 결정되어 있는 인류와 지구와 온 우주의 미래에 대한 과학적 설명도 아니고, 영원히 변할 수 없는 예보도 아니다. 하나님이 세계를 창조하실 때 일어난 일들 곧 "태초의 일들"과 마찬가지로 세계 종말의 "마지막 일들"은 인간의 직접적 경험 대상이 아니다. 이 일들은 인간의 시간적·공간적 경험 영역에 속하지 않는다.

태초의 일들을 다루는 원초론(Protologie)과 종말의 일들을 다루는 종말론(Eschatologie)은 인간의 경험의 영역에 속하지 않은 일들을 다룬다. 이 이론들이 말하는 것을 객관적으로 증명할 수 있는 사람은 아무도 없다. 지금까지 그 누구도 하나님이 인간을 창조하기 전에 혹은 창조하실 때 살지 않았고, 세계의 종말에도 살지 않았기 때문이다. "성서의 원초론이 시작의 사건들에 대한 보도(Reportage)가 아닌 것처럼, 성서의 종말론도 종말의 사건들에 대한 (객관적) 예보(Prognose)가 아니다. 하나님의 창조 사역에 대한 성서의 이야기들이 당시의 주변 세계로부터 취하여진 것처럼, 하나님의 종말의 사역에 대한 성서의 이야기들도 당시의 묵시사상에서 취하여

진 것이다"(265).

　이른바 세계의 종말에 관한 성서의 말씀들은 성서 저자들이 경험한 세계에 대한 경고인 동시에 세계의 궁극적 방향과 목적에 대한 신앙의 진술(Glaubensaussage)이다. 이 말씀들은 인간의 삶과 세계의 의미가 무엇인가의 문제와 결합되어 있다. 따라서 이 말씀들은 자연과학에 의해 수학 공식적으로 증명될 수도 없고, 부인될 수도 없다. 그러므로 종말에 대한 성서의 말씀들을 우주의 마지막에 대한 객관적·과학적 정보로 생각해서는 안 된다. 천지창조와 종말에 관한 성서의 말씀을 자연과학의 이론들과 일치시키려는 시도 역시 포기되어야 한다. 양자가 일치될 수 있다면 믿음은 더 이상 필요하지 않을 것이다. 자연과학적 지식과 수학 공식은 믿음을 필요로 하지 않기 때문이다.

　2) 세계의 대파멸과 소멸을 예언하는 묵시적 종말신앙은 이른바 종말에 관한 성서 말씀이 진정으로 말하고자 하는 바를 놓치는 오류를 범한다. 구약의 예언자들과 신약성서 저자들, 특히 요한계시록의 저자 요한은 역사의 종말에 대한 객관적 정보를 가진 사람들이 아니었다. 그들은 종말 예언가들이 아니었다. 그들은 이러한 사람이 되기를 원하지도 않았다. 그들은 하나님에 대한 깊은 믿음 속에서 그 시대를 통찰하고, 하나님에 대한 불신앙과 죄악이 어떤 결과를 초래할 수 있으며, 하나님에게서 무엇을 기대할 수 있는가를 선포한 사람들이었다.

　또한 그들에게 중요한 문제는 박해와 순교를 당하는 기독교 공동체에게 끝까지 인내할 수 있는 희망과 용기를 주는 데 있었다. 구약 예언자들의 예언의 중심은 세계의 종말에 관한 객관적 정보가 아니라 "이스라엘 백성이 그들의 대적의 압제로부터 벗어나 회복을 한다는 비전"에 있었다. "이사야 56-66장도 하나님의 간섭에 의해 적이 섬멸되고 이스라엘은 회복될 것이라는 종말론적 예언"이었다(강사문 1991, 89).

　이것은 예수에게서도 마찬가지였다. 예수의 주요 관심은 세계의 종말이 언제, 어떻게 일어날 것인가에 대한 객관적 정보를 주는 데 있지 않았다. 예언자들과 묵시사상가들처럼 예수도 종말 예언자가 아니었다. 그의 주요 관심은 모든 피조물이 기다리는 하나님 나라를 선포하고, 이를 앞당겨오는 데 있었다.

이른바 종말에 관한 예수의 말씀들은 예수를 통해 지금 일어나고 있는 하나님 나라의 현실 앞에서 우리가 무엇을 해야 하고, 어떻게 살아야 하는가를 가르쳐주고자 하는 목적을 가진다. 예를 들어 마태복음 25:31-46의 "최후 심판"에 대한 예수의 말씀은 하나님 나라의 미래를 앞당겨와야 하고, 또 그것을 몸으로 살아야 할 그리스도인들의 삶의 태도를 이야기하고자 하는 것이지, 종말에 대한 객관적 예보 내지 정보를 주는 것이 목적이 아니다. 그러므로 복음서에 기록되어 있는 묵시들은 그 자체로서 의미를 가진 독립된 것이 아니라 하나님 나라의 복음 속에서 그들의 자리와 의미를 가진다.

3) 하나님 나라의 기쁜 소식(복음)과 연관하여 묵시적 종말신앙은 다음의 사실을 말하고자 한다.

• 하나님 나라 앞에서 지금의 세계는 허용될 수 없다. 그것은 부정되어야 한다. 악한 자들이 행복하게 살고, 의로운 자들이 고난을 당하는 현재의 상태가 계속되어서는 안 된다.
• 하나님 없는 이 세계의 마지막은 대파멸이다. 하나님 앞에서 모든 인간은 자기의 행위와 삶에 대한 책임을 져야 하며, 하나님의 심판을 받아야 한다.
• 그러므로 아무리 악하게 살아도 죽으면 그만이니까 책임적으로 살 필요가 없다는 태도로 살아서는 안 된다. "하나님이 어디 있느냐?"는 교만한 태도로 살아서는 안 된다. 예수는 세계의 심판자로 다시 오실 것이며, 각 사람에게 그의 행위를 추궁할 것이다. 그러므로 예수의 복음을 믿고 하나님의 법을 지켜야 한다. 이러한 생각을 나타내기 위해 공관복음서 저자들은 그 당시 널리 유포되어 있던 묵시

사상을 표현의 틀로 사용한다.

그러나 신약성서 저자들은 사해 서북쪽 쿰란 지역에 은거하고 있던 묵시사상가들처럼 세계를 포기하지 않는다. 그들은 종말이 언제 올 것인지 시간 계산을 허락하지 않는다. 오히려 세속 안에서 항상 "깨어" 있어야 하며, 시대의 징조들을 구별하면서 하나님 나라와 하나님의 정의를 구해야 한다고 가르친다. 이 점을 간과하는 데 묵시적 종말신앙의 오류가 있다.

   4) 묵시적 종말신앙은 기본 내용에 있어 후기 유대교의 묵시사상과 일치한다. 그 내용은 아래와 같이 요약할 수 있다.

- 세계의 종말을 기점으로 한 이 시대와 저 시대의 이원론
- 이 시대는 더욱더 깊어가는 죄의 타락으로 인해 파멸에 이를 수밖에 없다는 비관적 세계관
- 하나님의 구원받은 세계는 이 시대의 역사 속에서 이루어질 수 없고 저 시대에 있는 것으로 보는 피안의 희망(Jenseitshoffnung)
- 역사의 과정은 죄의 타락과 이로 인한 마지막 대파멸을 향하여 진행되도록 결정되어 있으며, 이 과정은 변경될 수 없는 것으로 보는 결정론적 역사 이해. 곧 "묵시라는 운명의 바퀴는 자체적인 힘으로 움직이며 어느 것도 이를 정지시킬 수 없다"는 생각(Migliore 2012, 549)
- 세계사를 내적 연관성을 가진 하나의 전체로 보는 보편사적 역사 이해(W. Pannenberg)
- 집단이 아니라 각 사람이 자신의 행위에 대해 책임을 져야 하며, 이에 대해 하나님의 심판을 받을 것으로 보는 개인주의
- 역사의 종말에 대한 직접계시 혹은 묵시를 하나님에게서 받았다고 하는 계시의 직접성
- 종말이 언제 올 것인가에 대한 정확한 시간 계산

- 종말의 과정에 대한 환상적이며 객관적인 예언과 묘사(강사문 1991, 100 이하 참조). 이에 첨가하여 묵시적 종말신앙은 그리스도의 재림과 그리스도 안에서 죽은 자들의 부활, 부활한 자들과 살아 있는 자들의 공중휴거를 예언한다.

그러나 예수의 말씀과 사역의 중심인 하나님 나라의 빛에서 볼 때 위의 내용 가운데 여러 내용은 타당하지 않다.

첫째, 이 시대와 저 시대의 이원론은 예수가 선포한 하나님 나라를 통하여 극복된다. 하나님 나라는 이 시대가 대파멸로 끝난 다음에 올 저 시대에 있는 것이 아니라 예수를 통하여 이미 이 땅 위에서 시작되었고, 그리스도인들의 존재와 그들의 공동체를 통하여 가시화되기 시작하였기 때문이다. 그리스도인들과 그들의 공동체는 "땅 위에 있는 하나님 나라"의 현실이다.

둘째, 현실의 세계를 비관적으로만 보는 세계관도 타당하지 않다. 강사문에 의하면 말세론자들은 "현실을 암담한 세계로 보고, 소돔과 고모라와 같은 곳으로 간주하므로 지상에 소망이 없다고" 생각한다. "세상은 악의 소굴이고, 악한 자들의 독무대이어서 선한 자를 찾기가 어렵다고 그들은 말한다. 오늘의 현실을 보는 그들의 시각에 긍정이 가는 면도 없지는 않으나 우리 현실이 완전히 소망이 없고 부패한 것만은 아니다"(강사문 1991, 110).

셋째, 묵시적 종말신앙은 예수께서 이 시대와 아무 관계없이 이 시대 바깥에 계시다가 역사의 종말에 재림할 것으로 생각한다. 이 생각 역시 타당하지 않다. 신약성서에 의하면 부활하신 예수는 단순히 이 세계의 바깥에 있지 않다. 그는 이 세계로부터 단절되어 있지 않다. 그는 은폐된 가운데서 그리스도인들의 믿음과 공동체 안에 현존한다. 그는 두세 사람이 그의 이름으로 모이는 바로 거기에 계신다. 세상 끝날까지 제자들과 함께 계시며, "교회의 머리"로서 교회 안에 계신다. 그는 예배와 성례와 성도들의 친교 안에 계신다. "이미 오신 그분"은 "장차 오실 분"이요, "장차 오실 그분"은 성령의 능력 가운데서 지금 "오시는 분"이다.

따라서 예수 그리스도를 단지 역사의 종말에 오실 분으로 보고, 현재는 그리스도에게서 완전히 단절된 것으로 보는 묵시적 종말신앙의 이원론적 관점은 타당하지 않다. "신약성서에 의하면 하나님의 오심과 세계의 완성은 역사 안에서 예수 그리스도의 부활과 함께 이미 일어났다." 바울에 의하면 우리가 기다리는 것은 "주의 '재림의 나타나심(Epiphanie; 살후 2:8)' 혹은 '주 예수의 계시(Apokalypse; 살후 1:7)'다. 이미 현존하는 주께서 완전히 보일 때, (역사의) 목적이 이루어질 것이며, 모든 것 안에서 모든 것이 되신 하나님의 사역이 완성될 것이다"(Boff 1993, 110).

넷째, 역사의 비관주의적 결정론 역시 타당하지 않다. 물론 악의 세력이 지금도 세계 모든 곳에서 죄악과 파괴를 일으키고 있지만, 그렇다 하여 이 세계가 파멸로 결정되어 있는 것은 아니다. 예수 그리스도의 삶과 죽음과 부활을 통하여 죄와 죽음의 세력이 깨어지고 하나님 나라가 먼저 그리스도인들과 그들의 공동체 안에서 시작되었기 때문이다. 그러므로 바울은 이렇게 말한다. "여러분은 이 시대의 풍조를 본받지 말고 마음을 새롭게 함으로 변화를 받아서…"(롬 12:2).

다섯째, 예수는 묵시적 종말론자들이 행하는 종말의 시간 계산을 거부하며, 종말의 과정에 대한 객관적·환상적 묘사를 거부한다. "그날과 그때는 아무도 모른다. 하늘의 천사도 모르고, 아들도 모르고, 오직 아버지만 아신다"(마 24:36). 예수가 종말의 시간 계산을 거부하는 이유는 무엇인가? 종말, 곧 하나님 나라의 완성은 예수를 통하여 이미 시작되었기 때문이다. 그러므로 이제 중요한 것은 시간 계산이 아니라 성령의 역사에 동참하여 하나님 나라를 확장시키며, 항상 깨어서 기다리는 일이다. "그러므로 깨어 있으라. 너희는 그날과 그 시각을 알지 못하기 때문이다"(마 25:13).

이 세계는 파멸로 결정되어 있다고 믿는 사람, 파멸이 언제 일어날 것인지 시간 계산에 열중하는 사람은 이 땅에 충성할 수 없다. 그는 이 세상 안에 살지만, 이 세상을 떠난 마음으로 파멸의 종말을 기다리며 살아간다. 그는 자기가 속한 공동체와 세계를 위해 자기를 헌신하기보다 최후의 심판에서 자기의 행위에 따라 영원한 생명의 상을 받을 것인지, 아니면 지옥 불의 벌을 받을 것인지를 계산하는 율법주의에 붙들려 있다. 그러므로 예수는 종말과 재림의 시간 계산을 거부하고 하나님 나라의 역사에 관심을 돌린다. "너는 나를 따르라!" "그리스도의 뒤를 따름"(Nachfolge)은 세속 안에서 일어나야 한다(D. Bonhoeffer).

5) 성서에는 세계의 파멸에 관한 말씀도 있지만, 창조의 완성을 세계의 종말로 보는 말씀도 있다. 바울에 의하면 예수의 부활을 통해 죽음의 세력이 깨어지고 하나님의 새 창조가 시작되었다(고전 15:54-55). 죽은 자들의 부활이 예수의 부활을 통하여 시작되었다(15:20-21). 만물이 그리스도를 통하여, 그리스도 안에서, 그리스도를 향하여 창조되었고, 하나님은 그리스도 안에서 만물을 자기와 화해시켰다(골 1:15-20). 세계의 종말은 세계의 대파멸이 아니라 하나님과 화해된 만물이 그리스도 안에서, 그리스도를 머리로 하여 하나가 되는 데 있다(엡 1:10). 죄와 죽음의 세력을 극복하고, 결국 하나님이 만유 안에서 만유가 되실 것이다(고전 15:28). 묵시적 종말신앙은 세계의 완성에 대한 성서의 말씀은 무시하고 세계 파멸에 관한 말씀만을 취하여, 그것을 자신의 주장에 대한 근거로 삼는다. 인간의 삶과 세계에 대해 긍정적 의미를 가진 성서의 말씀들은 무시된다. 성서의 말씀을 전체적으로 보지 않고, 자기가 보고 싶은 말씀만 본다.

6) 성서에는 인간의 행위에 따라 심판하는 하나님 상이 있는가 하면, 생명을 사랑하고 보호하며 인간을 무한히 용서하는 하나님 상도 있다. 아주 엄격한 모습도 나타나지만, 한없이 인자하고 무한히 용납하는 모습도 나타난다. 하나님의 이 두 가지 모습 가운데 묵시적 종말신앙은 인간의 행위에 따라 심판하고 응징하는 하나님 상을 선택한다. 하나님은 인간의 죄악에 대한 응징으로서 이 세계를 대파멸로 넘겨주는 분으로 생각된다.

만일 이 하나님 상이 타당하다면 예수 그리스도의 십자가의 자기희생은 사실상 무의미하다. 그의 십자가 죽음은 기껏해야 극소수의 사람들을 파멸에서 구하는 효력을 가질 뿐이다. 인간의 죄에 대한 벌로서 하나님이 집행하는 세계의 대파멸은 예수의 십자가 고난과 관계없이 하나님의 영원한 섭리에 따라 일어나도록 계획되었고, 성서에 예언되어 있는 것으로 생각된다.

묵시적 종말신앙의 더 중요한 문제점은 하나님의 능력에 대한 불신앙에 있다. 성서의 하나님은 무에서 만유를 있게 하였고, 죽은 예수를 살리신 분이다(롬 4:17). 그의 능력은 세계의 모든 세력보다 더 크다(시 93:1). 죽음도 하나님의 능력 앞에서 한계가 될 수 없다는 것을, 그는 예수의 부활을 통해 보여주었다. 그러므로 이 세계가 아무리 악할지라도 하나님은 예수의 부활과 함께 시작된 구원의 역사를 완성하실 것이며 새 창조를 이룰 것이다. 물론 여기에는 하나님의 약속의 말씀에 대한 믿음이 필요하다. 묵시적 종말신앙은 하나님의 능력과 그의 약속을 믿지 않고 악이 승리하리라고 믿는다. 재림주 예수는 인간을 그의 행위에 따라 심판하는 자로 간주된다. 여기서 묵시적 종말신앙은 십자가에 계시되는 하나님의 무한한 은혜와 사랑을 거절한다.

7) 묵시적 종말신앙은 다음과 같은 삶의 태도를 초래한다.

첫째, 묵시적 종말신앙은 신자들로 하여금 이 세계 안에 살고 있음에도 이 세계와 역사를 포기하게 한다. 세계와 역사는 대파멸로 결정되어 있다고 믿기 때문이다. 따라서 묵시적 종말신앙은 세계 도피를 초래한다. 파멸될 것으로 결정되어 있는 이 세계에 등을 돌리고, 종말론적 소종파 내지 소집단에 들어가는 세계 도피 현상이 일어난다.

둘째, 묵시적 종말신앙은 세상사에 대한 무관심과 무감정을 초래한다. 세계의 모든 일은 파멸을 향한 하나님의 역사적 계획에 따라 일어나는 것이라 믿기 때문에 자연의 피조물이 떼죽음을 당해도 마음의 아픔을 느끼지 않는다. 그는 마음의 아픔과 상처를 받지 않도록 내적으로 마음의 문을 닫아버린다. 모든 것이 죄로 말미암은 당연한 결과요, 하나님의 섭리 안에서 일어나는 것으로 간주된다. 이에 반해 예수는 다음과 같이 말한다. "슬퍼하는 사람은 복이 있다. 하나님이 그들을 위로하실 것이다"(마 5:4). 이웃의 슬픔을 함께 슬퍼하지 않는 사람은 비인간이다.

셋째, 묵시적 종말신앙은 공동체적 연대성, 공동체에 대한 책임의식의 마비를 초래한다. 멸망으로 결정되어 있는 이 세계에 대해 그는 책임감이나 사명감을 느낄 필요가 없다. 그의 사명은 하나님의 구원 역사에 참여하는 데 있지 않고, 임박한 대파멸의 종말을 전하면서 소수의 사람들의 영혼을 건지는 데 있다고 생각된다. 인간의 행위에 따라 인간을 심판하실 하나님 앞에서 자신의 행위에 따른 자기구원을 추구하는 데 관심한다(묵시사상의 개인주의).

넷째, 묵시적 종말신앙은 개혁의식의 마비와 지배 세력에의 동조를 초래한다. 현 상황을 있는 그대로 방치하면서 대파멸의 종말을 기다릴 뿐이다. 현 상황을 방치할 때 세계는 현 상황을 지배하는 세력에게 맡겨져 버린다. 이는 결국 지배 세력에 동조하는 결과에 빠진다. 방치는 악의 세력에 대한 간접적 동조다. 그것은 상황을 더욱 악화시킨다.

강사문에 의하면 묵시적 종말신앙 곧 "시한부 종말론자들은 현 세상을 부정적인 안목으로만 보는 이원론적 사고구조를 가진 자들이기 때문에 현실을 도피할 뿐, 현실 참여와 현실 개혁을 위한 책임을 지지 않는다. 또한 그들은 오늘의 문제에 대한 책임의식이 없고 모두를 남의 탓으로만 돌리는 자들이다. 또 극단의 시한부 종말론자들은 소외층에 속하는 자들로서 비소외층을 질시하고 저주의 대상으로 보기 때문에 이웃을 사랑하고 이웃과 함께 살아가려고 하는 공존의식이 희박하다. 그뿐 아니라 그들은 마지막 시대의 파수꾼으로 자처하기 때문에 그들의 신앙은 독선적이고 교만하다"(강사문 1991, 113).

D. 요한계시록에 대한 올바른 이해

묵시적 종말신앙의 중요한 신학적 근거는 요한계시록에 있다. 그들은 세계의 파멸에 관한 요한계시록의 말씀들이 이 시대에 일어날 종말의 예언들이라 생각하고, 그 말씀들을 이 시대의 사건들과 짜 맞춘다. 예를 들어 『유럽 통합과 세계총통』이라는 책을 쓴 처치(R. Church)는 요한계시록 13:1에 나오는 열 뿔 짐승을 1990년대에 이루어질 유럽 공동체의 10개국 통합에 대한 예언이라고 해석한다. 그에 따르면 유럽 공동체는 말세에 나타날 적그리스도다. 그러나 이 해석은 전혀 근거 없는 자의적 해석이다. "처치의 말이 사실이라면, 1981년 1월 1일에 그리스가 10번째 EC 회원국으로 가입했을 때 그리스도의 재림이 있어야만 했을 것이다"(김명용 1991a, 139).

또 묵시적 종말신앙은 요한계시록 13:18의 666이란 숫자를 신용카드나 만국 상품부호인 바코드에서 발견할 수 있는데, 컴퓨터와 신용카드와 바코드가 적그리스도의 상징이요 짐승의 표라고 주장한다. 그러나 666이란 숫자는 종말에 나타날 적그리스도를 가리키는 것이 아니라 초기 그리스도인들을 철저히 박해하였던 로마 제국의 네로 황제를 가리킨다. 네로 황제의 아람어 표기인 "네론 케사르"(נרון קסר)의 각 자음의 숫자값을 합하면 666이 나온다. 그런데 네로는 이름의 마지막 N이 없이 많이 불리었다. 이때 숫자의 합은 616이 되는데, 요한계시록의 고대 사본들 가운데 666 대신에 616이 표시된 사본들이 많다. 666이든 616이든, 이 숫자는 네로 황제를 상징했다(김명용 1991b, 263).

요한계시록의 저자는 왜 네로 황제를 666 혹은 616이란 숫자로 표시하는가? 그것은 네로 황제에 의한 죽음을 피하기 위함이었다. 만일 요한계시록의 저자가 666 혹은 616 숫자 대신에 네로의 이름을 부르면서 그를 "짐승"이라고 기록한다면 로마의 원형경기장에서 사자들에게 찢겨 죽었을 것이다.

강사문은 묵시적 종말론자들의 자의적·공상적 성서 해석에 대한 여러

가지 예를 소개한다. 요한계시록 16장에 나오는 일곱 대접을 가리켜 이들은 다음과 같이 해석한다. 첫째 대접을 땅에 쏟으니 악인들의 몸에서 독하고 악한 흠집이 생겼다고 하는데, 이는 앞으로 일어날 가능성이 있는 화학전을 예언한 것이다. 둘째 대접을 바다에 쏟으니 바다가 죽은 자의 피 같이 되고 모든 생물이 죽었다고 하는데, 이는 페르시아만의 석유 유출을 예언한 것이다. 셋째 대접을 강과 물의 근원에 쏟으니 피가 되었다고 하는데, 이는 함포 사격에 피바다가 될 것임을 예언한 것이다. 넷째 대접을 해를 향해 쏟으니 불이 되어 땅에 떨어져 불로 사람을 태웠다고 하는데, 이는 스커드 미사일을 예언한 것이다. 다섯째 대접을 짐승의 보좌, 즉 악인의 중심부에 쏟으니 온 나라가 캄캄하고 아비규환이라 했는데, 이는 B-52 폭격기의 바그다드 중심부 폭격을 예언한 것이다. 여섯째 대접을 유브라데스강에 쏟으니 강들이 말랐다고 하는데, 이는 이 강의 상류인 터키에서 단수의 수공(水攻) 작전이 계획되고 있음을 예언한 것이다. 마지막 일곱째 대접을 공기 중에 쏟으니 온 땅에 뇌성 번개가 치고, 사람을 죽이는 우박이 쏟아지고, 지진이 계속되었다고 하는데, 이는 다국적 군대의 융단폭격을 예언한 것이다.

강사문에 의하면 요한계시록의 이 같은 해석은 요한계시록이 기록된 역사적 배경과 동기를 완전히 무시한 채 현재의 상황에 대한 "억지로 짜 맞추기 식의 성서 해석"의 예를 보여준다. "말세론자들은 성서를 국부적으로만 해석하고 자기들에게 필요한 성구만을 조합해서 성서를 주관대로만 해석"한다(강사문 1991, 113). 이 같은 자의적 해석에 반해 우리는 요한계시록이 말하고자 하는 바가 무엇인지 바르게 파악하고자 한다.

1. 요한계시록의 문학적 형식의 유래와 구성

1) 요한계시록은 로마 제국의 도미티아누스(Domitian, 81-90) 황제가 통치하는 동안, 요한이라 불리는 초기 기독교 공동체의 한 예언자가(1:9 참조) 소아시아에서 기록한 것으로 보인다. 요한계시록의 저자 요한이 요한복

음의 저자 요한과 동일 인물이 아님은 신학계의 일반적 의견이다(Kümmel 1972. 227). 요한계시록의 문학적 형식은 후기 유대교 묵시사상에서 유래한다. 이 세계와 저 세계의 이원론적 세계관, 이 세계를 지배하는 사탄의 세력, 세계의 도덕적 타락과 우주적 재난, 죽은 자들의 부활, 인간의 행위에 따른 하나님의 심판, 새 하늘과 새 땅 등은 후기 유대교 묵시사상과 요한계시록의 공통된 요소들이다. 그러나 요한계시록은 후기 유대교 묵시사상과 다음과 같은 점이 다르다.

첫째, 자기의 정체성을 숨기는 묵시사상가들에 반해 요한계시록의 저자는 자기의 정체성을 나타낸다. 그는 자기가 쓴 문헌을 모세, 에녹, 에스라 등 과거의 권위 있는 인물들의 이름으로 발표하지 않고, 그 당시 기독교 공동체들이 잘 알고 있는 자신의 이름으로 발표한다.

둘째, 요한계시록은 당분간 봉인 상태에 있어야 할 비밀문서가 아니라 당시의 기독교 공동체들을 위한 예언자적 메시지요 "위로와 권고의 책"으로, 지금 시련과 박해를 당하고 있는 기독교 공동체들에게 직접 주어진다. 그것은 봉인되지 않는다(Lohse/2 1971, 3 이하).

셋째, 요한계시록은 후기 유대교 묵시사상처럼 신비한 상들로 묘사된 과거의 역사를 풀이하지 않고, 마지막 시대의 사건들만 묘사한다. 이 사건들이 일어나는 순서는 하나님의 영원한 뜻에 따라 결정되어 있는 것으로 생각되기 때문에, 요한계시록은 구약성서의 언어를 적절하게 사용한다.

넷째, 요한계시록은 거듭하여 예언자들의 언어와 표상을 사용하며, 히브리어로 기록된 예언자들의 말씀을 글자 그대로 그리스어로 옮긴다. "새 하늘과 새 땅"은 이에 대한 대표적 예다(사 65:17 참조). 이로써 요한계시록은 구약 예언자 전통에 깊이 뿌리내리고 있다는 것을 보여준다. 요한계시록은 예언자들의 약속의 전통에 기초하며, 약속의 성취요 완성이신 예수 그리스도의 계시를 증언한다는 점에서 후기 유대교 묵시사상과 차이점이 있다.

2) 요한계시록은 아래와 같은 내용으로 구성된다(Lohse/2 1971, 8 이하).

인사말	서론: 1장	
제1부	2–3장	일곱 교회에 보내는 그리스도의 말씀
제2부	4:1–8:1	일곱 봉인의 비전
제3부	8:2–11:19	일곱 나팔의 비전
제4부	12–14장	용과 어린양, 구원받은 144,000명의 비전
제5부	15:1–16:21	일곱 대접의 비전
제6부	17:1–19:10	음녀 바빌론/로마의 심판과 멸망, 어린양의 혼인 잔치에 대한 비전
제7부	19:11–22:5	그리스도의 오심과 승리, 천년왕국과 마지막 심판, 새 하늘과 새 땅, 새 예루살렘의 비전
제8부	22:6–21	계시의 내용에 대한 보증, 그리스도의 오심의 약속, 마지막 위로와 권고

2. 요한계시록의 역사적 배경과 목적

1) 요한계시록의 수신자는 현재 터키의 영토인 소아시아 지역의 기독교 공동체들이었다. 이 공동체들은 매우 어려운 상황에 있었다. 내적으로는 거짓 사도와 거짓 예언자들의 그릇된 가르침으로 간음을 하고, 우상의 제물을 먹으며(2:2, 20), 유대인들의 비방을 당하였다(2:9). 예언자로 자처하는 "이세벨이라는 여자"가 하나님의 "종들을 가르치고, 그들을 미혹시켜서 간음하게 하고, 우상의 제물을 먹게" 하였다(2:20).

외적으로 기독교 공동체들은 로마 제국의 박해를 당하고 있었다. 유대인들과 그리스도인들은 황제를 신으로 숭배하는 로마 제국의 황제 숭배를 거부하였다. 당시 황제 숭배는 로마 제국의 국가종교로서, 국가제의로 제도화되어 있었다. 따라서 황제 숭배의 제의는 모든 시민이 지켜야 할 의무사항이었다. 이를 거부하는 자는 제국에 대한 반역자로서 처형 대상이었다. 유대인들은 오랜 투쟁 끝에 황제 숭배 제의를 면제받았으나 기독교는 공인을 받지 못한 지하종교였기 때문에 면제를 받지 못했다. 따라서 그리스도인들은 제국의 반역자로서 처형 대상이었다. 그리스도인들은 지하로 숨어들 수밖에 없었다. 붙들린 자는 십자가 처형을 당하거나, 노예가 되거나, 로마 원형경기장에서 "들짐승"(맹수, 6:8)의 밥이 되었다.

다음과 같은 요한계시록의 말씀들은 당시의 상황을 반영한다. "또 우상에게 경배하지 않는 사람은 모두 죽임을 당하게도 하였습니다"(13:15). "예언자들의 피와 성도들의 피와 땅에서 죽임을 당한 모든 사람의 피가 이 도시에서" 발견되었다(18:24). "거룩하시고 참되신 지배자님, 우리가 얼마나 더 오래 기다려야 지배자님께서 땅 위에 사는 자들을 심판하시어 우리가 흘린 피의 원한을 풀어주시겠습니까?"(6:10)

계속되는 박해와 환난 속에서 믿음과 사랑이 식어지고, 심지어 배교하는 일이 일어났다. 이 같은 상황을 요한계시록은 다음과 같이 묘사한다. "너는 참고, 내 이름을 위하여 고난을 견디어내고, 낙심한 적이 없다. 그러나 너에게 나무랄 것이 있다. 그것은 네가 처음 사랑을 버린 것이다"(2:3-4). "그러나 나는 네게 몇 가지 나무랄 것이 있다. 너희 가운데는 발람의 가르침을 따르는 자들이 있다"(2:13-14). "나는 네 행위를 안다. 너는 차지도 않고 뜨겁지도 않다"(3:15).

이 같은 상황에서 요한계시록은 그리스도인들을 위로하고 권면하기 위한 목적으로 기록되었다. 그것은 "십자가에 달린 그분의 뒤를 따르면서, 로마의 정치적 우상숭배에 저항하고, 순교의 죽음을 당하는 그리스도인들"을 위한 위로와 격려와 권면의 편지였다(Moltmann 2005, 338). 이것을 우리는 다음의 구절에서 볼 수 있다. "네가 장차 받을 고난을 두려워하지 말아라. 보아라, 악마가 너희를 시험하여 넘어뜨리려고 너희 가운데서 몇 사람을 감옥에다 집어넣으려고 한다. 너희는 열흘 동안 환난을 당할 것이다. 죽도록 충성하여라. 그러면 내가 생명의 면류관을 너에게 주겠다"(2:10). 여기서 "면류관"은 로마 제국의 황제들이 개선행진을 할 때 쓰던 면류관을 상기시킨다.

2) 당시 로마 제국의 빈부격차는 심각한 상태였다. 황제와 원로원 의원들을 위시한 귀족 계급이 땅을 사들임으로 인해 수많은 농민이 소작농으로 전락하였다. 2세기에 이탈리아, 북아프리카, 서유럽 지역에서 황제가 소유한 재산은 로마 제국의 모든 속주의 재산과 맞먹을 정도였다. 원로원 의원들을 위시한 귀족 계층의 대농장들이 도처에 산재하였다. 농장 유지에 필요한 노예를 소유하는 것은 사회적 권세와 명예의 상징이었다. 황제가 임명한 공직자들과 제국의 군대와 도시민들이 농부들의 수확을 갈취할 때, 농민들이 할 수 있는 일이라곤 바지 주머니 속에 있는 두 주먹을 불끈 쥐는 것뿐이었다. 조선 시대의 농민들처럼 그들도 춘궁기에는 나뭇가지와 뿌리와 풀을 삶아 먹어야 했다. 로마 제국의 속주였던 그리스의 어떤 지역에서는 가난한 사람들이 굶주림을 견디지 못해 죽은 짐승의 내장을 먹었다고 한다(Dahlheim 2013, 266). 기원전 73년에 일어난 스파르타쿠스 노예 반란이 맹위를 떨치며 2년 이상 지속될 수 있었던 것은 그 당시 사회 빈민층에 대한 억압과 착취와 극심한 빈부 차이 때문이었다.

지배층에 대한 사회 빈민층의 불만과 분노를 해소하기 위한 해방구로서, 로마 제국은 각지에 원형경기장을 만들고 각종 향연과 경기를 벌였다. 영화 〈쿼바디스〉(Quo vadis, 주여 어디로 가시나이까?)에 나오는 전차 경주와 검투사 싸움이 이에 속한다. 대부분의 검투사는 노예였다. 동일한 검투사 양성소에서 훈련을 받고 삶을 함께 나누던 검투사들은 최후의 시간에 자기의 동료를 죽여야만 했다. 이 비참한 광경을 보면서 로마인들은 열광하였다. "로마인들에게 경기장은 연애 장소였다." 그곳은 "애인을 얻을 수 있는 기회의 장소"이기도 했다. "어떤 여성은 잘생긴 검투사를 사서 집안의 노예로 삼아 부리는 동시에 밤마다 성욕을 해소하는 도구로 이용했다." "상류층 여성들은 허름한 검투사 막사도 개의치 않고 들락거렸다"(배은숙 2013, 363 이하).

십자가 형벌은 로마 제국의 가장 잔인한 형벌이었다. 죄수를 십자가에 달기 전에 먼저 태형을 가했는데, 태형을 통해 그는 이미 반송장이 되었다. 근육이 헤집어지고, 뼈가 부러지기도 하였다. 십자가 형벌은 로마 제국에 대한 정치적 선동자나 반란자, 도망치다가 붙들린 노예가 당하는 형벌이었다. 그것은 많은 속주(屬州)를 거느린 로마 제국의 정치체제 및 속주에 대한 착취와 노예제도에 기초한 경제체제를 유지하기 위한 수단이었다.

그 당시 로마 제국은 죄악이 가득하였다. "목욕탕과 포도주와 사랑이 우리의 육체를 파괴한다. 그러나 이것들, 곧 목욕탕과 포도주와 사랑이 삶을 이룬다"는 말이 나올 정도였다(Dahlheim 2013, 272). 그 죄악상을 요한계시록은 다음과 같이 묘사한다. "귀신들에게나…금이나 은이나 구리나 돌이나 나무로 만든 우상들에게 절하기를" 그치지 않으며, "살인과 점치는 일과 음행과 도둑질을 회개하지" 않으며(9:20-21), "하나님을 모독하는 말을" 한다(13:5). 로마는 "자기 음행으로 빚은 진노의 포도주를 모든 민족에게 마시게 한 도시다"(14:8). 그 속에는 "개들과 마술쟁이들과 음행하는 자들과 살인자들과 우상 숭배자들과 거짓을 사랑하고 행하는 자들"로 가득하다(22:15). 한마디로 로마 제국은 "음행으로 땅을 더럽게 한 큰 음녀"요(19:2), "땅의 음녀들과 가증한 것들의 어미, 큰 바빌론"이다(17:5). 통치자들과 백성들이 "음행의 포도주에 취하였다"(17:2). "불의한 행위"와 "사치바람"과 의롭지 못한 "치부"와 "방탕"이 가득하다. 로마 제국은 "더러운 영의 소굴"이다. 그의 "죄는 하늘에까지" 닿았다(18:2-5).

이 같은 나라가 언젠가 망한다는 것은 역사의 진리에 속한다. 이에 요한계시록은 로마 제국의 멸망을 다음과 같이 예언한다. "그렇게도 많던 재물이 한순간에 잿더미가" 될 것이다(18:8, 17). "그 도시는 불에 타버릴 것이다"(18:8). "하늘에서 불이 내려와서 그들을 삼켜"버릴 것이다(20:9). "바닷물이 죽은 사람의 피처럼 되고, 바다에 있는 모든 생물이" 죽을 것이며, 물이 피처럼 될 것이다(16:3-4). 그것은 "불과 유황으로 고통을 받을 것이다"(14:10). "화를 입었다. 화를 입었다. 큰 도시야! 이 강한 도시 바빌론아! 너에게 심판이 한순간에 닥쳤구나"(18:10).

요한계시록은 로마 제국의 멸망을 내다보면서 그리스도인들은 주님의 오심을 끝까지 기다리며, 믿음을 지키고, 인내할 것을 권면한다. "하나님의 계명과 예수를 믿는 믿음을 지키는 성도들에게는 인내가 필요하다"(14:12). 주님께서 다시 오셔서 사탄과의 투쟁을 끝낼 것이며, 세계를 심판하실 것이다. "보아라, 그가 구름을 타고 오신다.…땅 위의 모든 족속이 그분 때문에 가슴을 칠 것이다"(1:7). 사탄의 세력이 아직도 강하지만, 하나님이 "사망과 지옥"을 불바다에 던지시고 "새로운 하늘과 새로운 땅", "새 예루살렘"을 세울 것이다. 하나님이 그들의 눈에서 "눈물을 닦아주실" 것이니, 다시는 죽음이 없고, 슬픔도 울부짖음도 고통도 없을 것이다. 이전 것들이 다 "사라져버렸기 때문이다"(21:1).

3) 요한계시록에 의하면 역사의 주관자는 로마 제국의 황제가 아니라 하나님이다. 하나님이 세계사의 "알파요 오메가" 곧 "시작과 마지막"이다 (1:8, 17). "사망과 지옥의 열쇠"가 하나님에게 있다(1:18). 그러므로 싸움의 결과는 이미 결정되어 있다. 하나님의 어린양 예수가 승리자이며 역사의 주이시다. 그는 곧 오실 것이며, 교회를 대적하는 사탄과의 투쟁을 끝낼 것이다. "보아라, 그가 구름을 타고 오신다.…땅 위의 모든 족속이 그분 때문에 가슴을 칠 것이다"(1:7). "어린양이 그들을 이길 것이다. 그것은 어린양이 만주의 주요, 만왕의 왕이기 때문이며…"(17:14). 결국에 하나님이 모든 것을 다스리는 "새 하늘과 새 땅", "새 예루살렘"이 세워질 것이며, "죽음과 슬픔과 울부짖음과 고통"이 더 이상 있지 않을 것이다(21:1-4). "하나님께서 하나님의 종 예언자들에게 전하여 주신 대로 하나님의 비밀이 이루어질 것이다"(10:7). "주님께서 영원히 다스리실 것이다"(11:15). 그러므로 그리스도인들은 어떤 시련과 박해에도 굴하지 말고 끝까지 믿음을 지켜야 한다. "도적 같이" 오시겠다고(16:17) 약속하신 주님을 끝까지 기다려야 한다고 요한계시록은 권면한다. "'그렇다, 내가 곧 가겠다.' 아멘, 오십시오, 주 예수님!"(22:20)

요한계시록이 기록된 동기와 목적은 바로 여기에 있다. 일련의 묵시적 종말론자들 내지 시한부 종말론자들의 주장과는 달리, 요한계시록은 역사의 종말에 대한 객관적 정보를 주려는 책이 아니다. 그것은 기원후 1세기 네로 황제와 도미티아누스 황제의 박해 속에 있는 신자들을 위로하고 격려하며, 하나님의 역사 경륜과 약속에 대한 믿음 속에서 끝까지 인내할 것을 권고하는 일종의 지하문서였다. 따라서 지금 우리 시대에 일어나고 있는 재난의 사건들을 요한계시록이 이야기하는 사건들과 짜 맞추어 세계의 종말이 임박하였다고 말하는 것은 타당하지 않다.

3. 요한계시록의 중심 사상

요한계시록에는 그 핵심을 파악하기 어려운 많은 환상적 이야기들이 기록되어 있다. "두루마리와 어린양"(5장), "일곱 봉인에 담긴 심판"(6장), 일곱 천사와 일곱 대접(8-17장), "천년왕국"(20장) 등이 이에 속한다. 이 이야기들 속에 숨어 있는 요한계시록의 중심 사상을 우리는 다음과 같이 기술할 수 있다.

1) 로마 황제의 총독 필라투스에게 힘없이 "죽임을 당한 어린양" 예수가 역사의 주이시다. 그는 "그리스도", 곧 하나님의 아들 메시아다. 하나님을 대적하는 사탄의 활동으로 말미암은 대재난과 파멸에도 불구하고 역사는 결국 예수의 주권과 통치 아래 있게 될 것이다(5:9-14). 예수는 아무힘 없이 십자가의 죽음을 당했지만, 바로 이 죽음과 부활을 통해 죄와 죽음의 세력을 이겼다. 그가 역사의 "알파와 오메가, 곧 처음이며 마지막이요, 시작이며 끝이다"(22:13). 이 예수는 "유다 지파에서 나오는 사자"로 비유되기도 한다(5:5).

메시아 예수의 통치는 두 가지 영역에서 이루어진다. 첫째, 그것은 하늘에서 이루어진다. 하늘은 하나님의 영원한 역사 계획을 뜻하는 동시에 하늘의 도시를 말한다. 여기서 그리스도는 "높임을 받은 어린양", 말을 탄 메시아적 존재로서 다스리시며, 역사를 승리의 종말로 이끌어간다(19:11

이하).

　둘째, 예수의 통치는 땅 위에서도 이루어진다. 그것은 새로운 하나님의 백성인 교회를 참 이스라엘로 세우심으로 시작되며(14:1 이하), 교회를 통해 모든 민족으로 확대된다. 어린양의 공동체와 사탄의 세력 간의 싸움은 점점 더 심해진다. 그러나 역사의 과정은 예수의 죽음과 부활을 통해 이미 시작된, 모든 민족에 대한 예수의 통치를 지향한다.

　2) 요한계시록의 둘째 중심사상은 천년왕국 사상에 있다. 천년왕국은 21장의 "새 하늘과 새 땅", "새 예루살렘"의 비전에 대한 "서곡"으로 제시된다. 천년왕국은 단순히 역사의 과정에 대한 사색에서 나온 것이 아니라, 박해와 환난과 순교의 죽음을 당하는 그리스도인들에게 그리스도의 궁극적 승리와 통치를 약속함으로써 그들을 위로하고 격려하기 위한 동기에서 생성된 종말론적 표상이다. 천년왕국은 피안의 세계에 있는 것이 아니라 로마 제국의 사탄적 세력에서 해방되었고, 그리스도께서 통치하는 이 땅 위에 세워질 것으로 묘사된다.

　따라서 천년왕국은 철저히 차안적인 것이다. 그것은 악의 세력에 대한 하나님과 그의 순교자들의 승리, 역사에 있어서 하나님의 옳으심 곧 신정(Theodizee)에 대한 믿음과 희망의 차안적·메시아적 성격을 나타낸다. "예수의 증언과 하나님의 말씀 때문에 목이 베인 사람들", "그 짐승(로마 황제)이나 그 짐승 우상(로마 황제의 상)에게 절하지 않고 그들의 이마와 손에 표를 받지 않은 사람들"이 죽음에서 부활할 것이며 "그리스도의 제사장이 되어서" 그와 함께 천 년 동안 다스릴 것이다. 이로써 로마 제국의 박해와 순교를 당한 사람들의 옳음과 하나님의 의로우심이 입증될 것이다. 고난과 박해를 당하는 그리스도인들에게 천년왕국의 비전은 무신적 로마 제국에 대립하는 희망의 상으로 제시된다(자세한 내용에 관해 위 III.3. "천년왕국의 희망" 참조).

　3) 요한계시록의 셋째 중심 사상은 "새 하늘과 새 땅", "새 예루살렘"의 비전이다. 이 두 가지 비전은 이사야 65:17에서 유래하는 예언자적 표

상에 속한 것으로 그 내용은 다음과 같다. 천년왕국 다음에 일어날 종말의 마지막 싸움에서 사탄의 세력은 멸망하고, 사탄이 다스리는 지금의 땅과 하늘은 사라진다. 둘째 부활 곧 모든 "죽은 자들의 부활"이 일어나며, 모든 인간에 대한 하나님의 심판이 집행된다. 하나님은 "생명의 책"에 기록된 인간의 행위에 따라 심판한다(20:12). 마지막으로 죽음과 지옥이 불바다 속으로 폐기되고, 생명책에 기록되지 않은 사람들도 함께 불바다 속으로 던져진다(20:14-15).

그다음에 "새 하늘과 새 땅", "새 예루살렘"이 하늘에서 내려온다. 사탄의 세력이 지배하던 "이전 것들"은 사라지고 하나님 나라의 새로운 세계가 시작된다. 하나님이 모든 것 안에서 모든 것이 되시고, 하나님의 뜻이 모든 것을 다스리게 된다. 이로써 하나님과 이스라엘이 맺은 계약이 성취된다. "보아라, 하나님의 집이 사람들 가운데 있다. 하나님께서 그들과 함께 계실 것이요, 그들은 하나님의 백성이 될 것이다"(21:3). "나는 그의 하나님이 되고, 그는 내 자녀가 될 것이다"(21:7). "다시는 죽음이 없고, 슬픔도 울부짖음도 고통도 없을" 새로운 세계가 이루어질 것이다(21:4).

"새 예루살렘"은 "음녀 바빌론"에 대립하는 것으로 제시된다. "음녀 바빌론"은 사탄의 세력 곧 로마 제국의 세계 도시 로마를 가리키는 암호 문자다(아래 내용에 관해 Bauckham 1993, 126 이하). 로마는 "세상의 임금들을 다스리는 통치권을 가진 큰 도시"(17:18), 땅 위의 왕들을 지배하는 "큰 창녀"라 불린다(17:1). 로마는 "하나님을 모독하는 이름들" 곧 자기를 신으로 숭배케 하는 로마 제국 황제들의 이름들로 가득한 "빨간 짐승" 위에 앉아 있는데(17:3), "금과 은과 진주로" 장식되어 있다(18:16). 그것은 불의와 사치와 향락과 죄악이 가득한 "귀신들의 거처"요, "온갖 더러운 영의 소굴"이다(18:2). 그것은 "성도들의 피와 예수의 증인들의 피에 취하여" 있다(17:6). 그것은 언젠가 멸망하여 "그 흔적도 찾을 수 없을 것이다"(18:21).

하나님의 도시 "새 예루살렘"은 "어린양의 신부"로 묘사되기도 한다(19:7; 21:2). 이 여자는 "태양을 둘러 걸치고, 달을 그 발밑에 밟고, 열두 별이 박힌 면류관을 머리에 쓰고 있다"(12:1). 그녀는 예수와 그리스도인들의 어머니요, 땅 위의 이스라엘이며, "위에 있는 예루살렘" 곧 "하늘에 있는 예루살렘"(갈 4:26)을 가리킨다. 로마와 새 예루살렘은 다음과 같은 차이를 보인다.

(1) 로마: 땅 위의 왕들과 간음한 창녀와 같다(17:2).
　　새 예루살렘: 어린양의 정결한 신부와 같다(21:2).

(2) 로마: 땅 위의 왕들을 지배하며(17:18), 상인들은 땅 위의 권세자로 행세한다(18:23).
　　새 예루살렘: 민족들이 빛 가운데 다니며, 땅 위의 왕들은 그들의 영광을 그 도성으로 들여온다(22:24, 26).

(3) 로마: 착취를 통하여 얻은 물질적 부와 풍요가 그의 자랑이다 (18:17).
　　새 예루살렘: "하나님의 영광"이 그의 자랑이다(21:23).

(4) 로마: 독한 술과 포도주를 가지고 모든 민족을 취하게 만든다(18:3).
　　새 예루살렘: 그 안에 "생명의 물"이 있다(22:1).

(5) 로마: 그 안에 피와 죽음이 있다(17:6; 18:24).
　　새 예루살렘: 생명을 치료하는 "생명수의 강"과 "생명나무"가 그 안에 있다(22:1-2).

(6) 로마: 그들의 이름이 "생명책에 적혀 있지 않다."
　　새 예루살렘: 그들의 이름이 "생명책에 적혀 있다"(21:27).

(7) 로마: 귀신들과 더러운 영의 소굴이다(18:2).
　　새 예루살렘: 하나님이 거하는 거룩한 곳이다(21:3).

(8) 로마: 사치스럽고 찬란한 것이 가득하지만, 고통과 슬픔과 죽음과 울부짖음과 굶주림이 있는 곳이다(18:17-18).
　　새 예루살렘: 하나님이 그들과 함께 계심으로, 죽음과 슬픔과 울부짖음과 고통과 굶주림이 없는 곳이다(21:3-4).

(9) 로마: 결국 하나님의 심판을 받고 멸망하여 그 흔적도 찾을 수 없
　　　을 것이다(17:16; 18:2 이하). 모든 사람이 유황불 속에 던져질
　　　것이다.

　　새 예루살렘: 하나님이 모든 사람의 하나님이 되시며, 하나님의 새
　　　창조의 영원한 생명의 빛이 그 안에 있을 것이다(21:5-6, 25).

(10) 로마: 황제 숭배 제의를 거행하는 신전들이 있다.

　　새 예루살렘: 그 안에 성전이 없다. 하나님과 어린양 자신이 성전
　　　이다(21:22).

4. 요한계시록의 가르침

요한계시록은 현대인들이 도저히 수용할 수 없는 고대 시대의 신화적 표
상과 상징적 표현을 사용한다. 그래서 현대인에게 무의미한 고대인들의
신화적 책으로 생각되기 쉽다. 또 그 속에 기록된 일들을 세계 종말의 사
건과 일치시키는 "짜 맞추기식 성서 해석"의 희생물이 되기도 한다. 그러
나 요한계시록 속에는 기독교 신앙이 결코 포기할 수 없는 중요한 가르침
이 숨어 있다. 이 가르침을 간과하고 "짜 맞추기" 놀이를 하는 것은 어리
석은 일이다.

　1) 사람의 탈을 쓴 악한 짐승들의 세력이 아무리 강할지라도 그것은
언젠가 망할 수밖에 없다. 그것은 악하기 때문이다. 악한 자들은 언젠가
망한다는 것이 역사의 법칙이란 사실을 요한계시록은 보여준다.

　2) 악한 짐승들이 역사를 지배하는 것처럼 보이지만 결국 하나님이 그
의 목적을 이루신다. 역사의 알파와 오메가, 시작과 마지막은 악한 짐승들
이 아니라 하나님 아버지와 어린양 예수다. 마지막에 웃을 자는 악의 세력
이 아니라 하나님과 그의 신실한 자녀들이다.

　3) 하나님의 구원사는 이스라엘 백성이나 그리스도인들에게 제한되지
않는다. 그것은 모든 민족을 포괄한다. 모든 민족이 하나님의 계약의 백성
이 될 것이다. 새 예루살렘은 하나님의 구원의 생태학적 차원을 보여준다.

자연 생태계도 하나님의 구원의 대상이다.

4) "하늘에서 불이 내려와" 모든 것을 삼켜버리는 대재난이 언제라도 일어날 수 있다. 20:14이 말하는 "불바다"는 지금 우리 시대에 일어날 수도 있다. 지구 곳곳에서 일어나고 있는 대형 산불은 불바다의 전조라고 볼 수 있다. 그러나 우주적 대파멸이 세계의 종말이 아니다. "하나님의 집이 사람들 가운데" 있고, "다시는 죽음이 없고, 슬픔도 울부짖음도 고통도 없을" "새 하늘과 새 땅", "새 예루살렘"이 이루어지는 것이 세계의 종말이다. 여기서 종말은 *finis*가 아니라 *telos*로 밝혀진다.

5) 인간의 탐욕과 죄악으로 인해 더 이상 희망이 보이지 않을지라도 그리스도인들은 참고 견디며 하나님의 약속을 믿고 기다려야 한다. 신실한 믿음과 기다림 속에서 하나님 나라와 하나님의 정의를 추구해야 한다. 박해를 당할지라도 순결한 믿음을 지켜야 한다.

6) 초기 기독교 공동체는 약 300년간 박해를 당한 후 로마 제국의 공인 종교로서 자유를 얻었다. 로마 제국의 박해를 받던 종교가 로마 제국의 국가종교가 되었다. 그 후 기독교 공동체는 살아남았지만, 대제국 로마는 망하고 말았다. 여기서 우리는 예측할 수 없는 역사의 새로운 가능성과 하나님의 섭리를 볼 수 있다.

양자물리학이 말하듯이 우리의 세계는 확정되어 있지 않다(불확정성의 원리, Prinzip der Unbestimmtheit). 그것은 우리 인간이 예측할 수 없는 새로운 가능성으로 가득하다. 세계를 구성하는 입자가 언제 파장이 될지, 또 파장이 입자가 될지 예측할 수 없고, 수학 공식으로 나타낼 수 없다. 그러므로 우리 민족은 끝까지 희망을 가져야 한다. 부정적인 것만 보지 말고, 긍정적 가능성을 함께 보아야 한다. 하늘에서 불이 땅에 떨어지는 일이 있을지라도(계 13:13; 6.25전쟁에서 우리는 이것을 경험하였다), 낮은 자를 높이시는 하나님의 역사 경륜을 믿어야 한다.

믿음을 포기하고 "오른손이나 이마에 짐승의 표"를 받는 자, 나라를 팔아먹은 을사오적처럼 악의 세력과 타협하는 자는 잠시 세상 권세를 누리다가 영원히 수치를 당할 것이다. 이에 반해 그리스도인들은 "자기 겉옷을 깨끗이 빠는 사람"이 되어야 한다(22:14). 음녀 바빌론에 굴종하지 않고 "새 하늘과 새 땅"을 바라며 올곧게 살아야 한다고 요한계시록은 권면한다.

E. 그릇된 종말신앙의 원인과 극복의 길

1. 최근 한국사회에 등장한 시한부 종말론, 말세론, 공중휴거설 등의 그릇된 묵시적 종말신앙은 복합적 원인들을 가진다. 이 원인들을 우리는 크게 나누어 신학적·종교적 원인, 사회적·정치적 원인, 심리적 원인으로 분류할 수 있다.

1) 먼저 한국 개신교회의 신학적 빈곤이 근본 원인으로 지적될 수 있다. 한국 개신교회는 근본주의 계통의 선교사들에 의해 선교되었고, 이로 말미암아 학문적 신학을 멀리 하고 신학적 폐쇄성에 빠졌다. 학문적 신학은 "신신학"으로 정죄되었다. 지금도 이와 같은 경향이 강하다. 그 결과 많은 문제점을 갖게 되었다. 영과 육, 정신과 물질, 차안과 피안의 이원론, 피안 지향의 영혼주의적·개인주의적 구원관, 하나님 나라에 대한 예수의 선포를 간과하고, 죽은 다음에 천당 가는 것을 신앙의 목적으로 삼는 신앙형태, 교리적 독단주의로 말미암은 끝없는 이단 시비와 교파 분리, 성직자들의 권위주의와 횡포, 교회 내의 계급화, 교회 장로들의 전횡 등을 들 수 있다.

종말론에 있어서 개신교회는 전체적으로 역사적 전천년왕국설과 세대주의적 전천년왕국설을 추종하였다. 정일웅(총신대)에 의하면 평양신학교(장로회)의 조직신학 교수 이눌서(W. D. Raynolds) 선교사, 한국 장로교회 보수주의 신학의 거장 박형룡 박사는 역사적 전천년왕국설을 가르쳤다. 그 뒤를 이어 현재 총회신학원의 조직신학 교수들의 종말론적 입장은 전천년왕국설에 머물고 있다(정일웅 1992, 121). 침례교회와 오순절 계통의 교회들은 세대주의적 전천년왕국설을 추종한다. 그 외에 많은 개신교회 교파들도 전천년왕국설을 믿는다. 이로 인해 한국 개신교회 신자들은 쉽게 시한부 종말론 등 그릇된 종말신앙에 빠지게 된다.

2) 신학적 빈곤은 그릇된 성서 해석과 직결된다. 한국 개신교회는 일찍부터 선교사들에게서 배운 성서의 축자영감설과 무오설을 지금까지 주장하며, 문자주의적 성서 해석을 절대적인 것으로 생각한다. 문자주의적 성서 해석의 오류는 아래와 같은 형태로 나타난다. (1) 성서 본문의 역사적 배경을 고려하지 않고, 본문의 묘사를 이 시대의 특정한 사건과 직결시킴, (2) 성서 본래의 의도를 간과하고, 특정 본문의 글자 자체를 기독교의 진리로 간주함, (3) 상충되는 본문들을 상호 연관 속에서 파악하지 않고, 자기 입에 맞는 본문들만 골라 자신의 주장에 대한 근거로 채택함, (4) 성서 본문들을 자신의 의도에 따라 자의적으로 접합시키는 소위 "짜 맞추기식 성서 해석" 등이다. 내가 어릴 때 독사의 굴에 손을 넣어도 독사가 물지 않을 것이라는 성서 말씀을 글자 그대로 믿고 어느 여성 신자가 독사의 굴에 손을 집어넣었다가 독사에 물려 죽은 일이 있었다. 이같이 어처구니없는 일은 축자영감설과 무오설, 문자주의의 문제성을 나타낸다.

신학적 빈곤은 그릇된 신비주의의 원인이 되며, 그릇된 신비주의는 그릇된 종말관을 초래한다. 이른바 영계의 신비적 체험이나 "직통계시"를 통해 세계 대파멸의 종말에 관한 하나님의 계시를 직접 받았다고 하는 허무맹랑한 주장들로 말미암아 신자들이 그릇된 종말신앙에 빠진다. 다미선교회는 "끊임없이 하늘의 메시지를 받고 있다는 '진군'(김현진)의 계시"를 다음과 같이 소개한다. "진군은 1992년 5월 9일에 북한에 가서 복음을 전하다가 8월 26일에 순교할 것이라는 메시지를 받았으며, '세상 땅끝' 북한에 복음이 전해지고 순교가 있은 후 그리스도가 공중 재림하는 환상을 보았다. 이장림은 이에 근거하여 1992-3년경 성도의 휴거가 있을 것으로 전망했다"(목창균 1998, 326 이하).

3) 그릇된 종말신앙은 사회적-정치적 원인을 갖기도 한다. 지난 40여 년 동안 한국사회는 급격히 변화되었다. 서구사회가 수백 년에 걸쳐 이룩한 경제발전과 정치적 민주화를 불과 30여 년 만에 이루었다. 농업사회에서 산업사회를 거쳐 고도의 정보기술사회로 발전하였다. 이 과정에서 대도시들이 형성되었다. 대도시의 문화는 개체성과 익명성의 문화다. 개체성과 익명성은 가치 기준의 혼돈과 도덕적 타락, 사회 범죄의 증가를 초래한다.

한국의 급격한 경제성장은 소수의 부유층과 다수의 소외 계층 사이의 경제적·사회적 괴리를 초래하였다. 소외 계층의 입장에서 볼 때 부유층의 부는 정당한 방법으로 형성된 것이 아니라 상당 부분 불의한 경제활동, 뇌물수수, 근로자 착취, 부정축재, 불의한 재산상속, 공금횡령 등을 통해 형성된 불의한 것으로 보인다. 그들에게 이 사회는 경제발전의 열매가 소수의 부유층에 독식되며 유전무죄(有錢無罪), 무전유죄(無錢有罪)라는 말이 떠돌 정도로 불의한 사회, 모든 것이 돈의 가치에 따라 평가되는 비인간적인 사회로 느껴진다. 거짓과 불의와 부패와 타락이 사회에 만연하다. 사회 지도층에게 가정의 경조사는 떼돈을 버는 수단이 되기도 한다(몇억 원을 버는 자도 있다고 함). "흙수저"와 "금수저"라는 말은 오늘날 한국사회의 내적 분열상과 사회에 대한 저주를 반영한다.

국가의 운명을 결정하는 것은 정치인과 경제인이다. 이들이 부패하고 타락하면 국가 전체가 멸망의 길을 걷게 된다. 더구나 민족의 양심이어야 할 대형교회 목사들이 세상 욕심에 빠져 신자들의 헌금을 총회장 선거에 유용하고 교회를 아들에게 세습하며, 대학 교수들이 자신의 논문에 미성년 자녀를 공동 저자로 올려 대학 입학전형에 논문 실적으로 반영시키고, "최근 5년간 교수 473명이 세금 수십억 원을 받아 650회 넘게" 외국 가짜 학회에 참석하여 "마치 권위 있는 해외 학술지에 논문을 발표한 것처럼 포장"하는 현실을 보면서, 이 사회 소외 계층의 마음속에는 절망과 저주가 쌓이게 된다.

더구나 국경을 초월하는 환경 파괴와 자연재난, 더욱더 영악해지기만 하는 인간의 욕심과 도덕적 타락, 인종차별, 선진국과 후진국의 빈부격차는 소외 계층의 사람들에게 더 큰 절망감과 세계에 대한 거부감을 안겨준다. 이 세계는 구원의 탈출구가 없는 세계, 멸망할 수밖에 없는 세계로 생각된다. 이 같은 상황에서 세계의 대파멸을 예언하는 시한부 종말론, 공중휴거 등의 그릇된 종말신앙이 등장하는 것은 매우 자연스러운 일이다. 묵시적 종말신앙은 단지 신학적·종교적 문제에 불과한 것이 아니라 정치, 경제, 교육 등 사회 모든 분야와 개인의 심리에 원인이 있는 매우 복합적 문제임을 우리는 볼 수 있다.

2. 여기서 우리는 그릇된 묵시적 종말신앙을 한 걸음 더 깊이 파악할 수 있다.

1) 묵시적 종말신앙은 세계의 현실에 대한 좌절과 저주와 포기의 표현이다. 그것은 불의하고 비인간적인 현실에 대한 실망과 저주의 마음을 종교적 형식으로 표출한 것이다. 이와 동시에 그것은 세계에 대한 애착과 사랑의 부정적 표현 혹은 소극적 표현이다. 이 세계의 것을 사랑하지만 그것을 얻을 수 없기 때문에 이 세계를 부정하고 포기하게 된다. "내가 사랑하지만 얻을 수 없는 것, 그러므로 내가 증오하며, 그러므로 나를 위협하는 것은 존재하지 않을 것이다"라는 심리가 그 속에 작용한다(Arlow/Brenner 1960, 409).

2) 묵시적 종말신앙은 세계의 현실에 대한 불안과 절망감의 표출인 동시에 세계의 미래에 대한 불안을 극복하는 수단이며, 좌절과 절망 속에서 자기를 유지하고 자기 자신으로 존재하고자 하는 욕구의 소극적 표현이다. 그것은 세계와 자신의 실존에 대한 절망을 견디게 해주는 환기통에 비유할 수 있다.

3) 묵시적 종말신앙은 "세계에 대한 거부"(Weltverweigerung)의 형식이다. 묵시적 종말론자들 혹은 시한부 종말론자들은 그리스도의 임박한 재림, 세계의 대파멸과 종말을 예언함으로써 세계의 현실에 대한 부정과 거

부를 나타낸다. 그러나 이것은 세계에 대한 긍정의 소극적 표현이다. 묵시적 종말론자들은 사실상 이 세계를 사랑하고 긍정하는 자들이다. 그들은 정의롭고 인간성 있는 세계를 동경한다. 그러나 현실의 세계는 그들의 동경과는 너무도 다르기 때문에 그들은 세계에 대한 긍정을 세계에 대한 부정으로, 세계에 대한 사랑을 세계에 대한 저주로 나타낸다.

4) 묵시적 종말신앙은 절망적으로 보이는 세계와의 교통의 단절이요, 세계 도피의 종교적 형식이다. 이와 동시에 그것은 참으로 이 세계와 교통하며, 거기에 참여하고 싶은 갈망의 소극적 표현이다. 그러므로 묵시적 종말론자들은 세계의 종말 다음에 올 신천신지에서 그리스도와 함께 이 세계를 영원히 다스릴 것이라고 믿는다.

5) 묵시적 종말신앙은 이상적 세계를 갈망하는 인간의 유토피아적 성향의 소극적 표현이다. 인간에게는 보다 나은 내일을 기다리고 갈망하는 본성이 있다. 그러나 세계의 현실은 이 기다림과 갈망을 역행한다. 그러므로 묵시적 종말론자들은 세계의 대파멸을 예언하면서, 이 기다림과 갈망이 신천신지에서 이루어질 것이라 믿는다. 그들의 기다림과 갈망은 이 세계에서 성취될 수 없다. 그것은 이 세계가 파멸로 끝난 다음에 올 신천신지에서 성취될 것이다. 그래서 묵시적 종말론자들은 신천신지를 기다린다. 신천신지에 대한 그들의 기다림은 보다 나은 내일을 동경하는 모든 인간의 보편적·유토피아적 성향의 표출이다.

이 같은 묵시적 종말신앙을 극복하기 위해 한국 개신교회는 성직자들과 평신도에게 올바른 신앙교육을 실시하는 동시에 그릇된 종말신앙을 초래할 수 있는 원인들을 극복하고자 노력해야 할 것이다. 먼저 신학적 빈곤을 극복함으로써 그리스도인들의 올바른 사고와 신앙 형태를 조성하며, 올바른 성서 해석에 기초한 성서 공부를 시행해야 할 것이다. 그릇된 신비주의, 환상, 예언 등을 경계하고, 성서의 가르침의 본질이 무엇인가를 신자들이 깨닫고 실천하도록 인도해야 할 것이다. 목창균에 의하면 "체험적인 신앙은 필요하나, 성서에 근거한 체험이라야 한다. 성서를 능가하거나 역사를 외면하는 신비 체험은 위험할 뿐 아니라 공허하다. 환상이나 직통 계시를 좇다 성결을 버리는 어리석음을 범해서는 안 된다"(목창균 1998, 333).

또한 교회는 정치, 경제, 교육 등 모든 분야에서 하나님의 정의를 요구해야 하며, 불의한 사회의 개혁에 관심을 가져야 한다. 상대적 박탈감과 소외감과 피해의식에 빠진 사람들, "될 대로 되라"는 마음으로 살아가는 사람들에게 희망의 빛을 보여야 한다. 강사문은 교회의 이 같은 책임을 다음과 같이 적절하게 말한다.

> 잘못된 종말론을 찾아가는 자는 사회에서 열외된 자, 피해를 받은 자, 서민대중들이므로 우리들은 그들에게 소망과 희망을 찾아 돌려주어야 한다. 오늘날 우리 사회에서 학식, 돈, 권력을 가진 지도층에 기독교인들이 많다면 그 기독교인들이 자신의 풍요로움을 유지하기 위하여 자연발생적으로 생겨난 소외자, 열외자, 서민대중의 고뇌에 대해 책임지고 삭개오와 같이 회개하고 재산의 반을 가난한 자에게, 불의로 얻은 재산은 그것의 4배를 사회에 환원해야 한다. 즉 소외자의 소망을 박탈한 자들이 소외자들에게 소망을 돌려주는 일이다. 교회는 사회 개혁의 책임적 존재가 되고 사회 개혁의 주체가 되어야 한다. 이웃에 대한 무관심이나 방관이 이런 혼란을 야기시킨 것이다. 사회의 불안 요인을 만드는 데 우리 기독교인들도 일익을 담당했다는 것을 깨닫고 회개하는 태도와 삶의 개선이 요청된다(강사문 1991, 114 이하).

IV
우주적 종말론 2

– 역사의 목적은 무엇인가?

목적과 방향을 상실한 오늘의 세계

1. 오늘 우리의 세계는 "경제 성장"을 최고의 목적으로 둔다. "경제 성장"이라는 호랑이 등에 앉아서 이 호랑이가 내달리는 대로 끌려가는 형국에 있다. 이 호랑이가 계속 앞을 향해 달릴 것인지, 아니면 언젠가 깊은 절벽 아래로 추락할 것인지 아무도 예측할 수 없다. 한마디로 오늘 우리의 세계는 목적이 없는 세계, 경제 성장과 고용 창출과 더 많은 돈의 노예가 되어 버린 맹목성의 세계다. 대관절 우리의 세계가 어떤 세계가 되어야 할 것인지, 우리의 후손들에게 어떤 세계를 물려주고자 하는지 그 방향과 목적에 대해 사람들은 관심을 갖지 않는다.

그 주요 원인은 자본주의 경제질서에 있다. "하나님 없는 하나님 나라"를 세우고자 했던 20세기의 공산주의 실험이 실패로 끝나자 자본주의가 세계를 지배하게 되었다. 그런데 자본주의는 세계사의 궁극적 목적을 알지 못한다. 기껏해야 자유로운 경쟁과 자유로운 시장경제를 통해 모든 사람이 잘 살게 될 것이라는 목적을 제시할 뿐이다. 잘 살 수 있는 기본 조건인 돈이라는 유물론(물질주의, materialism)이 그 속에 숨어 있다. 자본주의 사회는 돈을 "모든 사물의 보편적 가치"로 생각한다. 그것은 돈을 하나님처럼 모시는 철저히 유물론적 사회다. 돈이 온 세계를 지배하는 "세계의 하나님"(Weltgott)이다(Marx 2004, 271, "유대인의 문제"에서).

그러나 돈이 세계의 궁극적 목적이 될 수 없다는 것을 우리는 잘 알고 있다. 돈은 우리에게 삶의 편안함을 줄 수 있지만 행복을 주지 못하기 때문이다. 마르크스의 분석에 따르면 돈은 인간을 "소유의 노예"로 만들고, 인간과 인간, 인간과 공동체, 인간과 자연을 분리시키며, 세계의 모든 것을 상품 가치로 만들어버린다. 그것은 인간을 비인간화시키며, 고독한 개체로 만들어버린다. "남자와 여자의 관계"마저 "장사 품목"(Handelsgegenstand)이 되어버린다. 인간은 돈밖에 모르는 "돈인간"(Geldmensch)이 되어버린다(Marx 2004, 271). 유대인들을 가리켜 "돈밖에 모르는 민족"이라 비웃지만, 현대 자본주의 사회의 인간이야말로 "돈밖에 모르는 사람들"이라 해도 과언이 아닐 것이다.

경제가 발전하면 "모든 사람이 잘 살게 될 것"이라는 자본주의의 약속이 허황된 것이란 사실을 우리는 지금 눈으로 보고 있다. 더욱 악화되는 빈부격차, 사회양극화, 상대적 박탈감 속에서 사람들의 얼굴 표정은 더욱 어두워지고 우울증 환자가 점증한다. 자살과 "묻지마" 폭력과 살인이 증가한다. 자본주의 체제가 약속하는 평등은 정치, 경제, 사회적 차원에서의 현실적 평등이 아니라 "자기 자신에게 근거하는 단자"(auf sich ruhende Monade)로서의 똑같음을 뜻할 뿐이다. 또 그것이 보장하는 자유는 "영리활동의 자유"(Gewerbefreiheit), "소유의 자유"(Freiheit des Eigentums)다(Marx 2004, 259, 264). 더 많은 소비와 향유와 쾌락의 자유다. 더 많은 소유와 향락과 쾌락이 삶의 최고 목적과 최고 가치가 된다. 그러나 이 같은 사람들이 모여 사는 공동체는 결국 멸망한다는 것이 세계사의 보편적 진리다. 그러므로 베를린 자유대학교 교수 마르크바르트(F.-W. Marquardt)는 이렇게 질문한다. "만일 우리가 희망할 수 있다면 우리는 무엇을 희망할 수 있는가?"

2. 인류의 정신사에서 많은 학자들은 역사의 목적을 부인하였다. 역사

를 일정한 법칙의 반복적인 과정으로 생각했던 고대 그리스 철학자들을 위시하여 수많은 학자들이 이를 인정하지 않았다. 염세주의자로 알려진 쇼펜하우어(A. Schopenhauer)에 따르면 세계는 목적이 없는(맹목적인) "생명에의 의지"(Wille zum Leben)일 뿐이다. 가장 강한 삶에의 의지는 자기의 종을 유지하기 위한 번식 의지다.

허무주의자로 알려진 니체에 따르면 역사는 생성과 소멸, 창조와 파괴가 반복되는 "영원한 회귀"(ewige Wiederkehr)다. 모든 유한한 것이 형태를 얻었다가 다시 사라지는 일을 반복하는 큰 바다와 같다. 세계가 하나의 이름을 가진다면 그 이름은 "힘에의 의지"다. 거기에는 목적이 없다. 여기서 니체는 고대 그리스 철학의 회귀적 역사 이해를 수용한다. 이런 점에서 그는 "최근 시대의 철학자일 뿐 아니라 가장 오래된 시대의 철학자요, 그런 점에서 그 시대의 철학자"였다(Löwith 1941, 208).

근현대의 다윈주의자들은 생물학 차원에서 역사의 무목적성을 주장한다. 그들에 의하면 세계는 자기의 생명과 종을 유지하려는 생물들의 경쟁과 투쟁의 장(場)이다. 헉슬리(Th. H. Huxley)에 의하면 삶은 자기의 생명을 유지하기 위해 끝없이 계속되는 싸움이다. 세계는 만인에 대한 만인의 투쟁의 장이다. 환경에 가장 잘 적응하며 가장 강하고 영리한 종자들이 살아남는다. 자기의 생명 유지 외의 다른 목적은 존재하지 않는다.

일단의 사회 생물학자들에 의하면 세계는 자기의 유전자를 유지하고 더 넓게 번식하려는 이기적 유전자들의 경쟁과 투쟁의 장이다. 역사에 목적이 있다면 그것은 자기를 번식하려는 이기적 유전자들의 번식(자기복제) 의지가 있을 뿐이다(이에 관해 아래 1.D. 참조). 다윈주의에 따르면 진화 과정으로서 생물계의 역사는 "맹목적이고, 방향성이 없이 더듬는 마구잡이 걸음의 특성을 가진다." 그것은 모든 "생명의 무의미함"으로 귀결된다 (Davies 2000, 314, 318; 데이비스 자신은 이와 "다른 의견"의 가능성을 열어둠). 모든 생명의 무의미함은 세계사의 무의미함으로 이어진다.

영국의 유명한 역사학자 토인비(A. Toynbee)에 따르면 역사는 도전과

응전, 흥망성쇠를 영원히 반복하는 수레바퀴와 같다. 20세기의 역사철학자 뢰비트(K. Löwith)는 역사의 목적 자체를 거부하고 불교의 윤회론적 역사관에서 세계 구원의 길을 찾는다. 기독교 종말론의 세속화를 통해 등장한 근대의 목적론적 역사관은 세계대전의 대참극을 초래했다는 것이 그의 지론이다.

3. 세계사의 무목적성을 말하는 학자들에 반해 일부 다른 학자들은 세계사의 목적을 설정하고, 인간의 힘으로 이 목적을 이루고자 한다. 고대 시대부터 있었던 유토피아 사상가들과 근대 진보주의자들이 이에 속한다. 이들은 인간의 교육, 이성과 지성과 도덕성의 개발, 감성과 정서의 개발, 사유의 패러다임 변경, 과학기술의 발전 등을 통해 이상적 세계를 이룰 수 있다고 확신한다. 20세기의 뉴에이지 운동도 이에 속한다. 역사의 주체는 인간이다. 그러므로 인간의 힘으로 역사의 목적을 성취해야 한다고 이들은 생각한다.

그 대표적 사상은 사유재산을 철폐하고 모든 소유를 공유하며 사회계급이 없는 공산주의 사회를 역사의 목적으로 보는 공산주의 내지 사회주의 이데올로기다. 특정 국가나 인종의 세계 지배를 통해 이상적 세계에 이르고자 하는 정치적 제국주의와 인종주의적 제국주의는 그 나름의 역사 목적을 전제하고, 인간의 힘으로 이 목적을 실현코자 한다. 자본주의는 경제 성장을 통해 이상적인 세계에 이르고자 한다.

그러나 인간의 노력을 통해 세계의 이상적인 목적에 도달할 수 없다는 것을 지금 우리는 눈으로 보고 있다. "역사의 해결되지 않은 수수께끼"를 해결하려고 했던 마르크스의 공산주의/사회주의 실험도 실패로 끝나고 말았다. 각 분야의 학문들과 과학기술과 경제와 문화가 인류 역사상 유례를 발견할 수 없을 정도로 발전하고 있다는데, 세계는 "죽음과 슬픔과 울부짖음과 고통"을 벗어나지 못하고 있다.

양자물리학의 선구자 하이젠베르크가 일찍 그의 자서전에서 말한 내용은 오늘 우리의 세계에도 해당한다. 현대 세계는 거대한 바다 위에서 목적과 방향을 잃어버리고 이리저리 표류하는 한 척의 작은 배와 같다. 나침반이 고장 났기 때문에 이 배의 마지막이 무엇인지 아무도 모른다 (Heisenberg 1980, 177). 물리학자 폰 바이체커에 의하면 이 세계의 "마지막 은 멸망일 뿐이라는 비관주의"와 "허무주의"가 "현대 세계의 가장 정직한 자기 판단"이다(Weizsäcker 1992, 113, 126).

1
역사의 궁극적 목적인 하나님 나라

목적과 방향을 잃어버리고 이리저리 표류하는 세계에 대해 기독교 종말론은 이 세계가 지향해야 할 목적과 방향을 제시한다. 이 세계는 인간의 소유물이 아니다. 그것은 하나님으로 말미암아 있게 된 하나님의 것이다(시 24:1). 그러므로 세계는 하나님이 바라는 목적을 그 자신의 목적으로 가진다. 성서의 첫 책에서 마지막 책에 이르기까지 하나님은 세계사의 새로운 목적을 약속하는 "약속의 하나님"이다. 성서는 하나님의 역사적 목적에 대한 "약속의 책"이다.

　성서는 역사의 목적에 관한 다양한 개념과 표상들을 보여준다. 하나님을 아는 지식과 하나님의 자비와 정의와 영광이 충만하며 자연과 인간이 공존하는 메시아 왕국(사 11:9), 하나님과 피조물의 안식이 있는 세계(창 2:2; 출 20:10), 모든 사람에게 하나님의 영이 부어진 세계(욜 2:28), 새롭게 창조된 생태계(사 35:1-7), 율법이 완성되는 곳(마 5:17; 롬 13:10), 음식을 나누며 굶주림이 없는 곳(요 6:5-13), 사회 계급의 차별이 없는 곳(마 20:26; 23:11), 인간에 의한 인간의 차별과 억압과 소외가 없고 모든 인간의 존엄성이 존중되는 곳(눅 7:36-50; 마 18:3), 더 이상 죄가 없는 곳(눅 9:47), 소유를 함께 나누는 곳(눅 18:18-30; 행 4:32-37), "육의 행실"이 사라지고 "성령의 열매"가 가득한 곳(골 5:16-24), 영원한 생명(요 3:15; 롬 6:22), 빛과 진리와 생명의 세계 (요 1:4; 14:6; 고후 5:4), 하나님이 모든 것 안에서 모든 것이 되심(고전 15:28), 그리스도 안에서 만물의 연합과 통일(엡 1:10), 하나님과 만물의 화해(골 1:20), "다시는 죽음과 슬픔과 울부짖음과 고통이 없는" "새 하늘과 새 땅"(사 65:17; 계 21:1-4), "새 예루살렘"(계 21:9 이하), 영원한 "본향"(히 11:15-16) 등이 이에 속한다. 앞서 고찰한 "만유의 회복", "우주적 생명 공동체", 많은 신학자들이 말하는 "하나님의 통치", "하나님의 주권" 역시 역사의 목적을 가리키는 신학적 개념에 속한다.

이 모든 개념과 표상 가운데 가장 중심적인 개념은 "하나님 나라" 혹은 "하늘나라"다. 하나님의 아들 메시아 예수의 말씀과 사역의 중심이 여기에 있기 때문이다. "그리스도인들이 간구하는 하나님 나라의 미래는 기독교 희망의 총괄 개념이다"(Pannenberg 1993, 569). 하나님 나라는 세계의 역사에 대한 하나님의 목적을 가리키는 성서의 모든 개념과 표상을 요약한다. 그럼 역사의 목적인 하나님 나라는 구체적으로 어떤 세계인가?

A. 하나님 나라는 상상할 수 없는 것인가?

1. 많은 신학자가 하나님 나라는 구체적으로 묘사될 수 없다고 말한다. 심지어 상상조차 할 수 없다고 말하는 학자도 있다. 구약학자였던 크라우스는 하나님 나라는 "어떠한 표상도 도달할 수 없고, 어떠한 상상력(Phantasie)도 묘사할 능력이 없는 하나님의 세계"라고 말한다. "하나님의 새로운 세계는…측량할 수 없는 창조적 자유와 파악할 수 없는 창조적 풍요의 표징 속에 있기 때문이다"(Kraus 1983, 562).

20세기 신약학자 프리드리히(G. Friedrich, 키일 대학교)에 의하면 하나님 나라는 "이 세계의 상황과 비교될 수 없다.…하나님 나라와 이 세계는 동일시될 수 없다. 신약성서는 장차 올 하나님 나라를 구체적으로 묘사하는 일을 피한다. 모든 구체적 표현은 잘못된 표상으로부터 오며, 그러므로 또한 잘못된 표상으로 유도하기 때문이다"(김균진 1986, 47 이하).

불트만도 하나님 나라에 대한 구체적 묘사는 불가능하다고 말한다. "기독교의 희망은 그것이 희망한다는 것을 알지만, 무엇을 희망하는지 알지 못한다"(Bultmann 1965, 58). 오직 사랑이 있을 뿐이라고 불트만은 말한다. 이처럼 많은 신학자들이 하나님 나라에 대한 구체적 묘사를 거부하는 것은 아래 세 가지 이유 때문이다.

1) 지금 우리가 경험하는 이 세계 속에서 완전한 하나님 나라를 표상하는 것은 불가능하다. 전혀 죄악이 없고, 아무런 갈등도 없고 관심의 충돌이 없는 새로운 인간들의 세계, 죄와 죽음의 세력이 전혀 없고 죽음을 알지 못하는 인간의 삶, 하나님이 "모든 것 안에서 모든 것"이 되시는 세계가 어떤 것인지 우리는 표상할 수 없다. "하나님 나라의 완성 안에 있는 생명은 인간을 통해 일어날 수 있는 모든 것뿐만 아니라, 이 땅 위에서 가능한 것으로 생각될 수 있는 상태와 일어나는 모든 것을 사실상 초월한다"(Joest 1986, 640).

2) 우리는 어떤 대상을 묘사할 때 이 세계에서 우리가 경험한 것을 기반으로 묘사한다. 이 세계로부터 얻은 언어와 표상들과 개념들과 논리 체계를 사용한다. 그러나 하나님 나라는 이 세계를 초월하는 완전히 다른 것, 새로운 것이다. 따라서 이 세계로부터 얻은 표상과 언어와 논리로 하나님 나라를 완전하게 묘사하는 것은 불가능하다.

3) 하나님 나라를 구체적으로 묘사할 경우 특정한 사회 형태와 질서를 하나님 나라와 동일시할 수 있다. 예를 들어 토마스 모어, 토마소 캄파넬라의 고전적 유토피아니즘에서 볼 수 있는 성직자가 통치하는 종교적 사회체제나 공산주의적 사회체제를 하나님 나라와 동일시할 수 있다. 이리하여 무서운 독재체제가 등장할 수 있는 위험 때문에 많은 신학자들은 하나님 나라에 대한 구체적 묘사를 거부한다.

2. 그러나 우리는 아래와 같이 질문할 수 있다. 만일 하나님 나라가 전

혀 상상할 수 없고 구체적으로 묘사될 수 없는 것이라면 하나님 나라는 우리에게 공허한 것이 아닌가? 우리가 "전혀 표상할 수 없는 다른 것에 대한 희망은" 우리가 지금 경험하는 역사에 대해 아무 "구체적 의미를 가질 수 없지" 않은가?(Joest 1986, 640) 만일 하나님 나라가 전혀 상상할 수 없고 구체적으로 묘사할 수 없는 것이라면, 그것은 우리의 삶과 세계의 역사 과정에 대해 아무런 목적도 방향도 제시할 수 없을 것이다. 그것은 우리에게 무의미할 것이다.

예수는 하나님 나라가 이 땅에 오기를 간구하고, 하나님 나라의 기쁜 소식(복음)을 온 세상에 전해야 한다고 명령한다(마 6:10, 30; 막 16:15). 예수의 이 명령은 하나님 나라가 구체적으로 무엇인지 우리가 알고 있다는 것을 전제한다. 구체적으로 알지 못하는 것이 이 땅 위에 오기를 구하며, 그것을 온 세상에 전하기란 불가능하기 때문이다. 그리스도인들은 예수와 함께하는 하나님 나라의 약속을 기업으로 물려받은 "상속자들"이라는 바울의 말씀도, 우리가 하나님에 대한 지식을 가지고 있음을 전제한다(롬 8:17; 엡 5:5; 히 6:12). 전혀 상상할 수 없고 묘사할 수 없는 것을 상속으로 받는다는 것은 불가능하다.

칼 바르트가 말하듯이 예수 그리스도는 하나님의 "자기계시"다. 그리스도는 아버지 하나님과 완전히 하나이기 때문이다. 아버지 하나님이 계신 곳에 하나님 나라가 있다. 그렇다면 그의 아들 그리스도 안에 하나님 나라가 있다. 그리스도 안에서 우리는 하나님 나라가 무엇인지 구체적으로 볼 수 있다.

물론 인간의 모든 생각과 언어와 논리 구조는 제약되어 있다. 따라서 우리는 하나님 나라를 인간의 언어로 완전히 묘사할 수 없는 제약성을 가진다. 그러나 이 제약성에도 불구하고 기독교 신학은 하나님 나라가 무엇인지 구체적으로 이야기해야 한다. 그래야 우리는 하나님 나라를 간구할 수 있고, 하나님 나라를 위해 일할 수 있다. 상상조차 할 수 없는 것을 위해 삶을 바친다는 것은 상식적으로 불가능하다.

위에 기술한 "역사의 목적", 곧 하나님 나라에 대한 성서의 다양한 개념들과 표상들은 하나님 나라가 무엇인가를 매우 구체적으로 묘사한다. 하나님의 아들 예수도 그 자신의 삶과 말씀과 죽음을 통해 하나님 나라를 계시한다. 하나님 나라에 관한 예수의 비유들도 그것을 감각적으로 보여준다. 따라서 하나님 나라는 "어떠한 표상도 도달할 수 없고, 어떠한 상상력(Phantasie)도 묘사할 능력이" 없다, "신약성서는 장차 올 하나님 나라를 구체적으로 묘사하는 일을 피한다"는 신학자들의 주장은 한마디로 타당하지 않다. 예수가 하나님의 "자기계시"라면, 그는 "하나님 나라의 자기계시"다. 이에 대해 우리는 아래에서 자세히 볼 수 있다.

3. 공관복음서가 말하는 하나님 나라(*basileia tou theou*)는 메시아 왕국에 대한 하나님의 약속에서 유래한다. 이사야서에 의하면 메시아 왕국은 하나님을 아는 지식과 자비와 정의와 평화 속에서 모든 피조물이 더불어 사는 세계를 말한다. 그것은 하나님의 뜻이 모든 것을 결정하고, 모든 것이 하나님의 뜻에 따라 이루어지는 현실을 말한다. 이 현실을 가리켜 마가복음은 "하나님 나라"란 개념을 사용하고, 마태복음은 "하늘나라"(*basileia tou ouranou*)란 개념을 사용하는데 그 의미는 동일하다. 마태복음은 하나님을 직접 부르지 않는 당시 유대교의 관습에 따라 "하나님" 대신에 "하늘"이란 표현을 사용할 따름이다.

예수가 생존할 당시 유대인들 사이에 널리 유포되어 있었던 묵시사상은 세계사의 마지막에 대파멸과 최후 심판을 거쳐 하나님 나라가 올 것이라 주장했다. 세계사의 마지막에 하나님은 불의한 이 세계의 역사 과정을 끝내시고 세계를 심판하실 것이다. 믿음을 지키기 위해 고난과 박해를 당한 자들은 영원한 생명의 상을 받을 것이고, 하나님을 배반하고 외세에 영합하여 세속의 영광을 누리는 자들은 영원한 지옥의 벌을 받을 것이다. 하나님은 이방 통치자들의 권세를 폐하고 그의 나라를 세울 것이라고 묵시사상은 주장했다.

묵시사상의 믿음은 다니엘서에도 나타난다. 다니엘서에서 세계의 제국들은 짐승에 비유된다. 이 짐승들이 모두 멸망한 다음 하나님은 하늘에서 내려올 "사람의 아들"(인자)을 통해 세계의 권세들을 폐하시고 그의 영원한 나라를 세울 것이다. "살아 계신 하나님이 영원히 다스리신다. 그 나라는 멸망하지 않으며, 그의 권세 무궁하다"(단 6:26; 참조. 7:27).

공적 활동을 시작할 때 예수는 당시 유대인들 사이에 널리 퍼져 있었던 묵시사상을 잘 알고 있었던 것으로 보인다. 그러므로 예수의 말씀에도 묵시사상적 요소들이 나타난다. 그러나 묵시사상과 달리 예수는 하나님 나라가 올 날짜를 계산하지 않으며, 그것이 어떻게 올 것인지 환상적으로 묘사하지 않는다. 예수와 묵시사상의 결정적 차이점은 하나님 나라는 지금 예수 자신을 통하여 일어나고 있다는 점에 있다(참조. 눅 11:20).

바울에 따르면 하나님 나라는 부활하신 그리스도 안에서 새롭게 시작된다. 예수를 죽인 죄와 죽음의 세력이 깨어지고 새로운 생명의 세계가 시작된다. "잠든 사람들의 첫 열매"이신 예수로 말미암아 죽음 속에 있는 자들이 부활하는 하나님 나라의 새 창조가 새롭게 시작된다. 하나님의 왕적 주권은 예수의 왕적 주권과 동일시된다(엡 5:5; 골 1:13). 이리하여 예수가 하나님 나라에 대한 기다림의 근거가 된다.

4. 북아프리카 알렉산드리아의 초기 교부 오리게네스는 예수가 "하나님 나라 자체"(autobasileia)라고 말한다. 이 말의 뜻을 우리는 아래와 같이 설명할 수 있다. 하나님의 아들 예수는 그의 아버지 하나님과 하나였다. 예수가 아버지 하나님 안에, 아버지 하나님이 예수 안에 있었다. 예수의 의지는 곧 아버지 하나님의 의지였다. 그가 행하는 일은 그 안에 계신 아버지 하나님의 행위였다. 그러므로 예수는 인격화된 하나님 나라의 현실이었다. 그는 "하나님 나라 자체"였다. "하나님으로부터 버림받은 모든 자와 하나가 되신 예수"가 바로 하나님 나라였다(Bauckham 2019, 450).

예수가 "하나님 나라 자체"라면 우리는 하나님 나라가 무엇인지를 예수 안에서 구체적으로 볼 수 있다. 물론 완벽하게 보는 것은 불가능하지만, 최소한 부분적으로는 볼 수 있다. 따라서 역사의 목적에 대한 그리스도인들의 희망은 "전혀 구체적 내용을 갖지 못한 것이 아니다. 장차 올 것에 대한 희망에 대해 방향을 제시하는 것은 이미 오신 분, 곧 예수 자신이다. 그것은 이 세계 안에서 살았던 인간 존재인 예수 안에서 이 세상으로 들어온 하나님의 사랑의 힘이다"(Joest 1986, 640). 그러므로 기독교 신학은 예수의 삶의 역사에 근거하여 하나님 나라를 구체적으로 묘사해야 한다. 그리하여 그리스도인들과 교회와 세계가 지향해야 할 목적과 방향을 제시해야 할 책임이 있다.

B. 예수 그리스도 안에 나타나는 하나님 나라

많은 신학자들에 의하면 공관복음서에 기록된 예수의 비유들이 하나님 나라를 묘사한다. 그 가운데 대표적인 것은 씨 뿌리는 자의 비유(마 13:3-8), 떡 그릇에 넣은 누룩의 비유(마 13:33), 밭에 감춘 보물, 상인이 구입한 진주, 고기를 잡아 올리는 그물의 세 가지 비유(마 13:44-48), 잔치/혼인 잔치의 비유(마 22:1-14; 눅 14:16-24), 주인이 청지기에 맡긴 달란트 비유(마 25:14-30; 눅 19:11-27), 돌아온 탕자의 비유(눅 15:11-32), 포도원 일꾼의 품삯 비유(마 20:1-16) 등이다.

그러나 성서에는 예수의 비유들 외에도 하나님 나라에 관한 수많은 구체적 말씀들이 기록되어 있다. 성서는 전체가 하나님 나라에 관한 책이기 때문이다. 그런데 "인격화된 하나님 나라의 현실" 혹은 "하나님 나라 자체"이신(Origenes) 예수가 "성서의 중심"이라면, 우리는 하나님 나라의 구체적 모습을 먼저 예수에게서 파악해야 할 것이다. 모든 내용이 결합되어 있지만, 보다 더 명료하고 구체적으로 파악하기 위해 항목별로 기술한다면

1. 메시아 예수는 하나님의 아들이었다. 예수가 하나님의 아들이라는 것은 성령 안에서 아버지 하나님과 구별되는 동시에 아버지 하나님과 하

나임을 말한다(요 17:11, "우리가 하나인 것 같이"). 예수가 행하는 일은 아버지 하나님께서 행하는 일이다(14:10). 예수의 것이 아버지의 것이고, 아버지의 것이 예수의 것이다(17:10).

이 예수가 "하나님 나라 자체"라면 하나님 나라는 모든 사람이 삼위일체 하나님과 하나가 된 세계, 곧 삼위일체 하나님이 모든 사람 안에 계시고, 모든 사람이 삼위일체 하나님 안에 있는 세계를 말한다. 그것은 하나님의 뜻과 사람들의 뜻, 하나님의 마음과 사람들의 마음이 하나인 세계, 하나님의 마음과 뜻이 인간 세계의 모든 것을 결정하는 세계를 말한다.

2. 예수는 "하나님의 형상"이요(고후 4:4) 하나님의 "자기계시"였다. 이 예수가 하나님 나라 자체라면, 하나님 나라는 모든 사람 안에 하나님의 형상이 나타나는 세계다. "우리는 또한 하늘에 속한 그분의 형상을 입을 것이다"(고전 15:49). 하나님이 "모든 것 안에서 모든 것"이 되심으로(고전 15:28), 모든 것 안에 하나님이 계신 세계, 모든 것 안에 하나님이 계시되는 세계를 말한다. 삼위일체 하나님의 영광과 거룩함이 모든 피조물 안에 나타난다(시 8편 참조). 하나님의 계시는 하나님의 형상으로 창조된 인간에게서 가장 분명히 나타난다.

3. 예수는 죄가 없는 분이었다. 이 예수가 "하나님 나라 자체"라면, 하나님 나라는 더 이상 죄가 없는 세계다. 죄로 인한 "죽음과 슬픔과 울부짖음과 고통이" 더 이상 일어나지 않는 세계 곧 "새 하늘과 새 땅"이다(계 21:1-4). "음행과 더러움과 방탕과 우상숭배와 마술과 원수 맺음과 다툼과 시기와 분냄과 분쟁과 분열과 파당과 질투와 술 취함과 흥청망청 먹고 마시는 놀음과" 같은 "육체의 행실"은 사라지고 "사랑과 기쁨과 화평과 인내와 친절과 선함과 신실과 온유와 절제"의 "성령의 열매"가 있는 곳이다 (갈 5:19-23).

4. 하나님 없는 사람은 자기의 소유를 "나의 것"이라 생각한다. 자기의 생명도, 자기의 배우자나 자녀들도 "나의 것"이라 생각한다. 내가 내 생명과 소유의 주인이다. 이렇게 생각하면 자기의 생명과 소유에 대한 감사

가 있을 수 없다. 이에 반해 아버지 하나님과 하나인 예수에게 그의 생명은 하나님의 것으로 생각된다. 하늘에서 내리는 비와 매일 먹는 음식도 하나님께서 주시는 것이다(마 5:45; 6:11, 25-32). 하나님이 자기의 생명과 모든 소유의 주인이 되신다. 이 예수가 "하나님 나라 자체"요 하나님의 "자기계시"라면, 하나님 나라는 하나님이 각 사람의 생명과 소유의 주인이 되시고 그의 생명과 소유를 다스리는 세계를 말한다.

5. 예수는 율법을 폐하러 온 것이 아니라 율법을 완성하기 위해 오셨다고 말한다(마 5:17). "십자가에 달린 예수"는 율법의 완성이었다. 이 예수가 바로 하나님 나라 자체라면, 하나님 나라는 율법이 완성되는 곳을 말한다(마 5:17-19; 롬 8:4). 율법이 완성되는 거기에 하나님 나라가 있다. 율법의 핵심은 하나님과 이웃에 대한 "완전한 사랑"과, 그 완전한 사랑 안에서 하나님처럼 "완전한 사람"이 되는 데 있다(마 5:48).

하나님은 완전한 "사랑"이다(요일 4:8, 16). 그렇다면 예수도 완전한 사랑이다. 그는 "인격 안에 있는 사랑"(Liebe in Person)이었다. 그는 완전한 사랑이신 아버지 하나님과 하나인 "하나님의 아들"이기 때문이다. 이 예수가 "하나님 나라 자체"라면, 하나님 나라는 죄악된 인간의 본성이 예수 안에서, 예수를 통해 하나님의 완전한 사랑으로 변화된 곳이다. 예수의 산상설교는 그 본성이 하나님의 완전한 사랑으로 변화된 새로운 인간의 세계, 하나님처럼 완전해진 인간의 세계를 묘사한다. "하늘에 계신 너희 아버지께서 완전하신 것 같이, 너희도 완전하여라"(마 5:48). 하나님 나라는 죄악된 인간의 본성이 하나님의 완전한 사랑으로 변화되어 "완전한 사람"으로 변한 곳이다.

"완전한 사람", "완전한 사랑"은 이웃을 "내 자신의 몸처럼" 사랑하는 데 있다(레 19:18; 마 19:19; 롬 13:9; 갈 5:14). 이웃을 내 자신의 몸처럼 사랑하기 때문에 이웃이 나에게 해주기를 바라는 대로 이웃에게 행하는 데 있다(마 7:12). 이웃을 내 자신의 몸처럼 사랑할 때 이웃과 정의로운 관계를 맺을 수밖에 없다. 사랑은 정의를 내포한다. 하나님 나라는 하나님의 완전한 사랑과 정의가 충만한 곳이다.

6. 하나님의 "완전한 사랑"이 있는 곳에는 인간에 의한 인간의 차별이 있을 수 없다. 사회계급에 따른 차별이 있을 수 없다. 그러므로 예수는 사회계급을 무시한다. 예수의 공동체에서는 가장 작은 사람이 가장 큰 사람으로 존중된다(눅 9:48). 이른바 "위에" 있다고 하는 사람은 아래에서 섬기는 사람이 되어야 한다. 여기서 하나님 나라는 사회계급의 차별이 없는 곳, 곧 "계급 없는 사회"로 밝혀진다. 하나님의 아들 예수께서 "세리와 죄인의 친구"였다는 말씀은 이를 예시한다(마 11:19; 눅 7:34). 이 말씀에서 인간 사회의 계급적 차별은 완전히 무너진다. 남녀의 차별도 무너진다. 예수의 공동체에서는 여자도 하나님 나라의 일꾼으로 적극 참여한다(참조. 눅 8:3).

또 하나님의 "완전한 사랑"과 "완전한 사람"이 있는 곳에는 소유의 나눔이 있을 수밖에 없다. 하나님 나라는 소유를 함께 나누며 함께 사는 곳이다. 그곳은 "자기를 위하여 보물을 땅에다 쌓아두지" 않고 "하늘에 쌓아"두는 곳이다(마 6:19). "부자가 하나님의 나라에 들어가는 것보다, 낙타가 바늘귀로 들어가는 것이 더 쉽다"(눅 18:25)는 예수의 말씀도 이를 시사한다. 그러나 소유의 나눔은 법적 제도를 통해 강제적으로 이루어지는 것이 아니라 하나님의 사랑 안에서 자발적으로 이루어진다. 자발적인 사랑이 참 사랑이다. 사도행전이 보도하는 최초의 그리스도인 공동체는 이것을 시각적으로 보여준다(행 4:32-37).

7. 예수는 제자들과 모든 것을 함께 나누었다. 그러므로 예수의 공동체 안에는 빈부격차와 굶주림이 없었다. "완전한 사랑"이 있는 곳에 빈부격차와 굶주림이 있을 수 없다. 빵 다섯 개와 생선 두 마리의 이야기는(마 14:13) 생명에 필요한 가장 기본적인 것, 곧 먹을 것을 함께 나누며, 빈부격차와 굶주림이 없는 하나님 나라를 보여준다. 인간의 생명에 가장 기본적인 것은 굶주린 배를 채우고 건강을 유지하는 일이다. 하나님 나라는 인간 생명의 가장 기본적 욕구가 충족되는 세계다. 그것은 굶주림이 없고, 모든

피조물이 건강하고 평화롭게 사는 곳이다. 한마디로 그것은 하나님의 "샬롬"(평화, 건강, 기쁨, 충만함)이다. 예수의 치유의 기적은 하나님의 샬롬을 계시한다.

자연의 짐승들은 비축을 알지 못한다. 도토리를 숨겨두는 다람쥐류는 예외지만, 다람쥐의 비축은 겨울을 나는 데 필요한 것으로 그친다. 그런데 인간은 무한히 비축하고자 한다. 그의 소유욕에는 끝이 없다. 여기서 인류의 비극이 시작된다. 삶의 이 진리를 우리는 출애굽기의 메추라기 이야기에서 읽을 수 있다. "각자 먹을 만큼씩만 거두고", "아무도 아침까지 그것을 남겨 두지 말라"는 하나님의 명령은(출 16:16-19) 자기의 생명을 위해 비축하지 말고 똑같이 나누라는 것을 말한다. 이 명령을 어기고 자기를 위해 비축하면 거기에 "벌레가 생기고 악취가 풍겼다"(16:20). 곧 인류의 비극이 시작된다.

하나님 나라는 무한한 비축과 소유의 욕망에서 해방된 세계다. 내일의 염려를 하나님께 맡기고 오늘 주시는 것에 감사하며, 공중의 새와 들의 백합화처럼 하나님께서 매일 주시는 것으로 살아가는 세계다(마 6:25-32). 그곳에는 무한한 소유에 대한 욕망으로 인한 범죄와 자연의 파괴가 일어나지 않는다.

8. 예수는 그의 제자들을 "친구"라 부른다(눅 12:4; 요 15:15). 하나님 나라는 모든 사람이 예수 안에서, 예수를 머리로 하여 친구가 된 세계, 하나님의 자녀가 된 세계다. 그들은 한 하나님의 자녀로서 형제자매요 친구다. 형제자매와 친구 사이에 차별과 소외가 있을 수 없다. 하나님 나라는 출신 성분과 남녀의 성별과 직업과 소유에 따른 인간 차별이 없는 곳이다. 그곳은 "계급 없는 사회"다. "완전한 사랑"이 있는 곳에 계급적 차별이나 인간 차별이 있을 수 없다.

긍정적으로 말하여 하나님 나라는 모든 사람의 자유와 평등이 있는 세계, 모든 사람의 존엄성이 인정받는 세계다. 섬김을 받지 않고 도리어 섬기며(마 20:26; 23:11), 모든 사람이 예수처럼 자기를 낮추고 자기를 비우는 세계다. 사도신경이 고백하는 "성도가 서로 교통하는 것" 곧 "거룩한 사람들의 친교"(communio sanctorum)는 자발적으로 이웃을 섬기는 하나님 나라의 현실을 가리킨다.

9. 예수 당시에 경건한 유대인들은 이방인들과의 교통을 거부하였다. 이에 반해 예수는 이방인들과 교통한다. 그는 로마 제국의 백부장의 종과 그리스인 여인의 딸을 고쳐준다(마 8:5-13; 막 7:26). 부활하신 예수는 제자들을 이방인의 세계로 파송한다(마 28:19). 이 같은 예수의 삶과 역사는 모든 민족과 인종과 남녀를 포괄하는 하나님 나라의 보편성을 계시한다. 하나님 나라에는 온 인류가 "하나님의 가족"(familia Dei)이다. 하나님 나라는 인종차별주의, 폐쇄적 민족주의, 제국주의, 성차별주의가 없는 세계다. 온 인류가 한 분 하나님의 자녀가 된다. 모든 민족이 "칼을 쳐서 보습을 만들고, 창을 쳐서 낫을 만들 것이며, 나라와 나라가 칼을 들고 서로를 치지 않을 것이며…"(사 2:4; 참조, 욜 3:10; 마 4:3-4). "침략자의 군화와 피묻은 군복이 모두 땔감이 되어서 불에 타 없어질 것이다"(사 9:5).

10. "그리스도"(Christos)는 히브리어 "메시아"를 그리스어로 번역한 것이다. 그러므로 주는 "하나님의 그리스도이십니다"라는 베드로의 고백은 (눅 9:20) 주는 "하나님의 메시아십니다"를 뜻한다. 예수는 이스라엘 백성이 기다리던 메시아였다. 메시아 예수가 "하나님 나라 자체"라면, 하나님 나라는 구약의 메시아 왕국의 빛에서 파악되어야 한다.

• 메시아 왕국의 빛에서 볼 때, 하나님 나라는 하나님을 아는 지식과 하나님의 정의와 자비가 충만하며 인간과 자연의 피조물이 평화롭게 더불어 사는 곳으로 밝혀진다. "그때에는 이리가 어린양과 함께 살며…"(사 11:6 이하), "나의 거룩한 산에서는 서로 해치거나 상하게 하는 일이 전혀 없을 것이다"(사 65:25). 하나님 나라는 예수 안에서, 예수를 통하여 모든 피조물이 하나님과 화해되고 하나로 통일되어 있는 세계(엡 1:10; 골 1:20), 인간과 인간, 인간과 자연 만물이 하나

576

로 연합된 세계다. 그것은 모든 피조물이 "사멸의 종살이에서 해방되어 하나님의 자녀가 누릴 영광된 자유를" 누리는 곳이다(롬 8:21). 인간에 의한 자연의 파괴가 더 이상 있지 않을 것이며, 인간과 자연만물이 친구처럼 공생할 것이다. 자연에 대한 인간중심주의는 사라진다.

후기 유대교의 묵시사상은 자연과 인간이 공생하는 하나님 나라를 다음과 같이 묘사한다. "땅은 다양한 소출을 낼 것이다. 한 그루의 포도나무에는 천 개의 가지가 있고, 각 포도 가지는 천 개의 포도송이를 맺을 것이다. 각 포도송이는 천 개의 포도알을 가질 것이며, 한 개의 포도알은 40리터의 포도주를 낼 것이다(바룩 29:5). 모든 것이 풍족할 것이며, 노동을 하되 땀을 흘리고 고통을 당하는 일이 없을 것이다.…사람은 늙는 일이 없을 것이며, 인간을 위협하는 자연의 재난들이 더 이상 일어나지 않을 것이다"(김균진 1986, 46에서 인용. 묵시사상의 비전을 우리는 구약 예언자의 종말론에서도 볼 수 있음. 사 65:17-25).

- 메시아 왕국의 빛에서 볼 때, 예수의 하나님 나라는 인간 왕이 다스리는 불의한 정치체제의 변혁을 요구하는 정치적 측면을 가진다. 하나님이 다스리는 하나님 나라는 인간이 다스리는 불의한 정치체제를 거부하고 하나님의 정의가 다스리는 정의로운 정치체제를 요구한다. 그러므로 예수는 "하나님 나라와 하나님의 정의"를 구하라고 명령한다(마 6:33). 구약의 전통에 의하면 통치자들은 하나님과 아들 관계에 있는 "하나님의 아들"이다(왕상 16:1; 삼하 7:14). "하나님의 아들"이기 때문에 그들은 하나님의 아들답게 정의로 나라를 다스려야 한다. 이 전통은 신약성서에 계승된다. "다스리는 사람은 섬기는 사람과 같이 되어야 한다"(눅 22:26). 그는 "각 사람에게 유익을 주려고 일하는 하나님의 일꾼(*diakonos*, 봉사자, 섬기는 자)"일 뿐이다(롬 13:4).

11. 인간의 세계는 죄로 인한 부끄러움과 치욕이 있는 반면, 예수 그리스도에게는 하나님의 영광이 있었다. 그것은 "아버지께서 주신 외아들의 영광이었다"(요 1:14; 참조. 17:22, 24). 이 예수가 하나님 나라 자체라면, 하나님 나라는 하나님의 영광이 가득한 세계를 말한다. 모든 사람이 하나님의 어린양 예수의 이름 앞에 무릎을 꿇고 그를 주님이라 고백하며 하나님 아버지께 영광을 돌린다(빌 2:10-11). 온 세계가 하나님의 영광으로 가득하다(계 21:11).

왜 하나님 나라는 하나님의 영광으로 가득한가? 더 이상 "죽음과 슬픔과 울부짖음과 고통이 없고" 모든 피조물이 평화롭게 상생하는 하나님의 뜻과 목적이 이루어졌기 때문이다. 그 속에는 어둠이 없고 빛으로 가득하다(계 22:5, "다시는 밤이 없고"). 틸리히에 의하면 하나님 나라는 "신적인 영의 현존"으로 충만하다(Gegenwart des göttlichen Geistes, Tillich 1966, 407).

12. 예수는 성전을 짓지 않았다. 예수 자신의 몸이, 하나님이 그 안에 거하는 성전이었다(요 2:21). 이에 상응하여 요한계시록이 묘사하는 "새 예루살렘"에도 성전이 없다. 성직자와 평신도를 중재하는 성직자 계급과 종교 제도가 없다. 모든 사람이 하나님을 얼굴과 얼굴로 보기 때문이다(아래 D항 참조). 하나님 나라는 모든 사람이 삼위일체 하나님과 직접 교통하는 곳이다.

C. 혼인 잔치, 하나님의 안식, 새 하늘과 새 땅, 새 예루살렘의 비전

1. 예수의 비유들 가운데 중요한 것은 잔치 혹은 혼인 잔치의 비유다. 공관복음서에서 예수는 하나님 나라의 비유들에 대해 단 한 번 이야기하는 반면 잔치/혼인 잔치에 대해서는 거듭 이야기한다(마 22:1-14; 25:10, 21; 눅 14:15-24 등). 하나님 나라는 아브라함과 이삭과 야곱이 함께하는 "잔치 자리"와 같다(마 8:11). "사람들이 동과 서에서, 또 남과 북에서 와서, 하나님

나라 잔치 자리에 앉을 것이다"(눅 13:29). 예수는 자기를 혼인 잔치를 베푸는 신랑으로 비유하기도 한다(마 9:15; 막 2:19; 눅 5:34; 12:36). 예수 자신도 크고 작은 잔치 자리에 참여하였다(참조. 눅 7:34, 36; 10:38-42; 14:8). 요한복음은 예수가 혼인 잔치에 필요한 포도주를 마련해주었다고 보도한다(요 2:1 이하). 요한계시록 19:7은 "어린양의 혼인 잔치"를 종말론적 완성으로 제시한다. 초기 기독교의 전승에서 잔치/혼인 잔치가 중요한 위치를 차지하고 있었다는 사실을 우리는 여기서 볼 수 있다.

잔치/혼인 잔치에 관한 신약성서의 말씀들은 구약의 메시아적 약속의 전통으로 소급된다. "만군의 주께서 이 세상 모든 민족을 여기 시온산으로 부르셔서 풍성한 잔치를 베푸실 것이다"(사 25:6-9). "큰 잔치를 준비할 터이니, 너희가 사방에서 몰려와서 고기도 먹고 피도 마셔라"(겔 39:17-20). 잔치/혼인 잔치의 비유는 하나님 나라의 여러 가지 모습을 보여준다.

- 잔치/혼인 잔치 자리는 먹을 것이 충분한 곳이다. 참여한 모든 사람들이 음식을 함께 나눈다. 여기에는 기쁨과 감사와 평화가 있다. 굶주리는 사람이 없다. 하나님 나라는 굶주린 배를 채우고 자기의 생명을 유지하고자 하는 인간의 기본 욕구가 충족되는 곳이다. "주님께서는 목마른 사람에게 물을 실컷 마시게 하시고, 배고픈 사람에게 좋은 음식을 마음껏 먹게 해주셨다"는 시편 말씀은(시 107:9) 굶주림이 없는 하나님 나라를 암시한다. 예수의 오병이어(빵 다섯 개와 생선 두 마리)의 기적도 마찬가지다.

  예수가 가나의 혼인 잔치에서 포도주를 마련해주었다는 이야기는(요 21:1 이하), 피조물들의 생명에 필요한 물질을 공급해주시는 이는 하나님의 아들 예수임을 시사한다. 예수는 영적 세계의 주님일 뿐 아니라 물질 세계의 주님이기도 하다. 인간의 몸과 영혼은 물론 물질도 그리스도의 통치 아래 있다. 하나님 나라는 모든 피조물이 생명에 필요한 물질을 그리스도에게서 하나님의 값없는 은혜로 받는 곳이다.

- 배가 부른 다음에 오는 인간의 또 한 가지 기본 욕구는 이웃과 더불어 살고자 하는 사회적 욕구다. 이 욕구를 우리는 이웃 친구들과 함께 놀고자 하는 어린이들의 성향에서 쉽게 발견할 수 있다. 인간의 성욕도 사회적 욕구와 결합되어 있다. 하나님이 아담과 하와를 지으셨다는 것은 인간이 이웃과 더불어 살아가는 사회적 존재로 창조되었음을 가리킨다. 인간은 본성적으로 상부상조하며 살아가는 공동체의 존재다. 인간은 단일자가 아닌 삼위일체 하나님의 형상으로 창조되었기 때문이다.

  잔치 자리는 인간의 사회적 욕구가 성취되는 장소다. 거기에는 인간에 의한 인간의 소외와 차별이 없다. 인간적·사회적 차이를 초월한 즐거운 친교가 있고, 불완전한 형태지만 사랑과 자유와 평등이 있다. 레위가 베푼 잔치 자리에서 예수께서 "세리들과 죄인들과 어울려서" 먹고 마셨다는 이야기는(눅 5:29-30) 인간에 의한 인간의 차별과 소외가 없는 모든 인간의 존엄성이 존중되는 하나님 나라의 현실을 보여준다. 교회의 성만찬은 모든 인간적·사회적 차이를 벗어나 사랑과 친교를 나누는 하나님 나라를 예시한다.

- 혼인 잔치는 한 여자와 한 남자가 한 몸으로 결합되는 것을 축하하는 자리다. 그것은 두 사람이 삶을 함께 나누는 공동체적 삶이 시작되는 자리다. 사랑의 영 안에서 성부와 성자가 하나인 것처럼, 두 사람은 하나가 된다. 내가 네 안에 있고, 네가 내 안에 있다. 하나님의 삼위일체는 인간의 공동체적 삶의 원형을 보여준다. 그것은 바로 하나님 나라를 보여준다. 삼위일체 하나님이 계신 곳에 바로 하나님 나라가 있다. 하나님 나라는 하나님의 삼위일체가 인간의 삶 속에서 구체화되는 곳이다.

2. P문서의 창조설화에서 하나님의 천지창조는 인간의 창조로 끝나지 않

고, 하나님의 안식과 함께 끝난다. "하나님이 지으시던 일이 일곱째 날이 이를 때에 마치니, 그 지으시던 일이 다하므로 일곱째 날에 안식하셨다"(창 2:2). "주가 엿새 동안 하늘과 땅을 만드시고, 이렛날에는 쉬면서 숨을 돌리셨기 때문이다"(출 31:17). 이 말씀에 의하면 창조의 완성은 인간 창조에 있는 것이 아니라 하나님의 안식에 있다. 이 말씀은 종말에 올 하나님 나라를 가리키는 종말론적 의미를 가진다.

P문서에 의하면 하나님은 이날을 축복하시고 "거룩하게 하셨다"(2:2-3). 여기서 축복을 받는 것은 인간이 아니라 하나님이 안식하시는 일곱째 날, 곧 안식의 시간이다. 하나님의 안식은 모든 생명의 안식을 전제한다. "이렛날은 주 너희 하나님의 안식일이다. 너희는 어떤 일도 해서는 안 된다. 너희와, 너희의 아들이나 딸이나, 너희의 남종이나 여종만이 아니라, 너희 집짐승이나, 너희의 집에 머무르는 나그네라도 일을 해서는 안 된다"(출 20:10). 이 계명에서 우리는 다음과 같은 하나님 나라의 면모를 볼 수 있다.

- 하나님 나라는 자연에 대한 인간의 개입이 중지된 곳이다. 모든 생명이 생명의 평화를 누리며, 자연의 평화가 있는 곳이다. 자연은 인간의 본향, 인간의 안식처 위치를 되찾는다. 하나님 나라는 자연과 인간 사이에 화해와 평화가 이루어진 곳이다.
- 하나님 나라는 인간 자신의 생명도 노동의 억압에서 해방되어 안식과 평화를 누리는 곳이다. 안식일에 인간은 노동을 중단하고 생명의 원천이신 하나님의 말씀으로 돌아간다. 그는 하나님과 화해한다. 그는 하나님의 자녀로서 자기 정체성을 확인한다. 하나님 나라는 이와 같은 곳이다.
- 하나님 나라는 하나님도 안식과 평화를 얻는 곳이다. 사람과 사람, 사람과 자연이 평화와 안식을 얻을 때, 하나님도 안식과 평화를 얻는다. 역사의 목적인 하나님 나라는 하나님과 모든 피조물의 평화

와 안식이 있는 곳이다.

3. "새 하늘과 새 땅"은 하나님 나라를 묘사하는 신약성서의 중요한 개념
이다(벧후 3:13; 계 21:1-4). 이 개념의 뿌리는 후기 유대교의 묵시사상을 넘
어 구약의 메시아 왕국의 약속으로 소급된다. 메시아 왕국은 한마디로
"새 하늘과 새 땅"으로 묘사될 수 있다(사 65:17; 66:22). 이사야서와 요한계
시록에 기록된 "새 하늘과 새 땅"에서 우리는 다음과 같은 하나님 나라의
면모를 볼 수 있다.

- 하나님 나라는 하나님이 모든 사람의 하나님이 되시고, 모든 사람
  이 하나님의 자녀가 되는 세계다(계 21:3, 7). 그것은 하나님이 삶의
  중심이 되는 곳이다(참조. 사 66:23). "내가 살 집이 그들 가운데 있을
  것이며, 나는 그들의 하나님이 되고, 그들은 내 백성이 될 것이다"
  라는 에스겔 37:27의 계약 양식이 요한계시록에서 반복된다. 그러
  나 하나님의 계약은 이스라엘의 범위를 넘어 "사람들"(anthropoi)
  일반으로 확대된다. 하나님 나라는 사람들 일반, 곧 모든 민족들
  (ethnē)이 하나님의 백성(laoi)이 된 세계다. 폐쇄된 민족주의, 인종차
  별주의, 제국주의는 여기서 사라진다.
- 하나님 나라는 "죽음이 없고, 슬픔도 울부짖음도 고통"도 없는 세
  계다. 곧 "이전 것들이" 다 사라져버린 세계다(계 21:3-4). "자비하신
  하나님", "공의의 하나님", "생명의 하나님"의 뜻에 따라 모든 것이
  이루어지기 때문이다(신 4:31; 사 30:18; 시 42:8). 여기서 "죽음"은 단지
  모든 생물의 신체적 죽음을 뜻하는 것이 아니라 세계를 파멸시키려
  는 죄와 죽음의 세력을 내포하는 포괄적 개념이다. "이전 것들이 다
  사라져버렸다", "이전의 하늘과 이전의 땅이 사라져"버렸다는 것
  은 지금 우리가 살고 있는 세계 자체가 폐기되었다는 말이 아니라
  죄와 죽음의 세력이 지배하는 현실, 죽음과 슬픔과 울부짖음과 고

통에 찬 현실이 더 이상 존재하지 않음을 가리킨다. "새 하늘과 새 땅"은 세계의 모든 것이 새롭게 창조된(계 21:5) 새로운 삶의 현실, 세계의 새로운 형태를 말한다(참조. 사 65:19).

- 하나님 나라는 기쁨과 행복이 충만한 곳이다. 그곳에는 수(壽)를 다 채우지 못한 조기 사망이 없을 것이다(사 65:20). 불의와 착취와 헛된 수고가 없을 것이다(65:21-23). 그것은 인간과 자연이 평화롭게 공존하는 세계, "서로 해치거나 상하게 하는 일이 전혀 없는" 세계다 (65:25).

4. 요한계시록 21-22장의 "새 예루살렘"도 생태학적 측면에서 하나님 나라를 시사한다. 본래 새 예루살렘의 비전은 에스겔 40-48장에서 유래한다. 그런데 에스겔의 새 예루살렘은 이스라엘 민족에게 제한되어 있는 반면, 요한계시록의 새 예루살렘은 모든 민족과 자연을 포함한다. "새 예루살렘"이 시사하는 하나님 나라의 면모를 찾아본다면(이와 관련하여 위의 III.7.D. 참조),

- 하나님 나라는 "어린양의 보좌"가 그 안에 있고, "그의 종들이 그를 예배하며, 하나님의 얼굴을" 직접 볼 수 있는 세계다(22:3-4). 하나님과 그의 어린양과 그의 종들, 곧 순교자들이 함께 다스릴 것이다 (22:5). 하나님 나라에는 호위병들의 보호를 받는 황제의 보좌 대신에 "하나님의 보좌"가 있다. 호위병이 없기 때문에 누구나 하나님의 보좌에 접근할 수 있다. 보좌에 계신 하나님은 예속과 억압으로 다스리지 않고, 진리와 공의로 다스린다.
- 하나님 나라는 어둠이 없는 세계, 곧 "다시는 밤이 없고, 등불이나 햇빛이 필요 없는"(22:5; 20:25) 세계다. "그것은 하나님의 영광이 그 도성을 밝혀주며, 어린양이 그 도성의 등불이시기 때문이다"(21:23; 22:5). 그러므로 하나님 나라에는 더 이상 죄악이 없다. 모든 민족이

"그 빛 가운데로 다닐" 것이다(21:24). 그것은 "하나님의 영광"으로 가득하다(21:11).

- 하나님 나라는 "맑은 수정과 같은 순금으로" 되어 있는 세계, 곧 물질적 풍요가 있는 세계다. 거기에는 자발적 나눔이 있기 때문에 물질적 결핍과 굶주림이 없다. 착취하거나 도적질하는 일이 없기 때문에 "온종일 대문을 닫지" 않는다(21:25). 거기에는 공금횡령, 분식회계, 뇌물수수와 같은 "저주를 받을 일이라고는 아무것도…없을 것이다"(22:3).

- 하나님 나라에는 성전이 없다. "그것은 전능하신 주 하나님과 어린양이 그 도성의 성전이시기 때문이다"(21:22). 성전은 거룩한 것과 세속적인 것을 분리시키기 위해 언제나 제한된 구역(temenos)에 서 있는 반면, 종말론적 하나님의 도성에서는 이 분리가 폐기된다 (Moltmann 2005, 345). 세계 전체가 하나님이 그 안에 계시며 모든 것을 다스리는 "거룩한 도성"이다(21:2). 성전이 없다는 것은 종교와 제의와 성직자 계급이 없음을 말한다. 모든 사람이 하나님과 직접 교통하기 때문이다. 하나님 나라는 종교의 성취요 끝마침이다.

- 하나님 나라는 문화와 자연이 조화를 이루는 곳, 질병의 치료제가 자연 안에 있는 곳이다. "생명수의 강"이 도시 한가운데를 흐르고, 강 "양쪽에는 열두 종류의 열매를 맺는 생명나무가 있어서 달마다 열매를 내고, 그 나뭇잎은 민족들을 치료하는 데" 쓰인다(22:2). "하나님의 보좌와 어린양의 보좌로부터" 생명수가 흘러나와 모든 생명을 살린다(21:6; 22:1; 참조. 겔 47:12). 삼위일체 하나님이 "생수의 근원"(렘 17:13)이 되신다. 요한계시록의 이 비전은 구약 에스겔서로 소급된다. "이 강물이 흘러가는 모든 곳에서는 온갖 생물이 번성하며 살게 될 것이다"(겔 47:9-12).

위에 기술한 네 가지 비전은 모두 하나님 나라의 사회적·정치적 측면을 암시한다. 그들은 거짓과 불의, 인간에 의한 인간의 차별과 착취와 뇌물과 성상납이 도처에 있는 사회·정치 체제와 대립하면서 하나님의 정의가 살아 있는 새로운 생명의 세계를 요구하기 때문이다. 빛이 어둠에 대립하듯이(요한복음 서론) 하나님 나라는 불의한 세계에 대립하며 이 세계의 변화를 요구한다. 틸리히의 종말론은 많은 문제점이 있지만 하나님 나라의 인격적·생태학적 측면과 더불어 사회적·정치적 측면을 나타낸다. 곧 (1) 기존 세계의 정치적 변혁을 요구하는 "정치적 의미", (2) 평화와 정의의 이념을 포괄하는 "사회적 의미", (3) 개인의 영원한 가치를 인정하는 "인격주의", (4) 모든 인류와 자연을 포괄하는 "보편성"(Tillich 1966, 408-409), 이 점에서 틸리히는 종말론 토론에 크게 기여한다.

지금까지 우리는 하나님 나라의 모습들을 묘사하였다. 이러한 모습들을 가진 하나님 나라가 역사의 궁극적 목적이다. 인간의 삶과 세계는 이 목적을 향해 변화해야 한다. 그러나 우리가 아는 모든 것은 부분적이다(고전 13:12). 우리가 행하는 일들도 모두 부분적이다. 그러므로 위에 기술한 내용은 절대화될 수 없다. "하나님의 나라는 눈으로 볼 수 있는 모습으로 오지 않는다"(눅 17:20).

2
하나님 나라의 새로운 생명 공동체

오늘 우리의 세계에서 하나님 나라는 인간과 자연의 피조물이 공존하는 새로운 생명 공동체라 말할 수 있다. 하나님의 통치, 하나님의 주권이라는 개념에 비해 "하나님의 새로운 생명 공동체"라는 개념이 하나님 나라를 보다 더 현실감 있게 묘사하는 것으로 보인다. 역사의 목적은 인간의 죄악으로 인해 파괴된 하나님의 창조세계가 새로운 생명 공동체로 회복되는데 있다. 이 공동체의 특징을 우리는 아래와 같이 요약할 수 있다.

- 삼위일체 하나님이 모든 피조물 안에 계시고 세계의 중심이 되는 세계
- 모든 피조물이 하나님의 "완전한 사랑" 안에서 평화롭게 공존하는 세계
- 인간과 자연의 피조물이 친구 관계, 형제자매의 관계 속에서 상생하는 세계
- 인간과 인간, 민족과 민족, 인종과 인종, 여자와 남자 사이의 평화와 공존이 완성된 세계
- 하나님의 기쁨과 영광이 모든 것 안에 나타나는 세계

A. 종말의 완성의 인간학적 축소의 전통

1. 전통적으로 기독교 신학은 종말의 완성은 "하나님의 관조"(visio dei)에 있다고 가르쳐왔다. 즉 인간의 영혼이 하나님을 얼굴과 얼굴로 관조하며, 영혼의 영원한 안식과 열락을 누리는 데 종말의 완성이 있다는 것이다. 여기서 종말의 완성은 하나님을 관조하는 인간의 영적인 일로 축소된다. 세계의 완성은 하나님을 관조하는 인간의 완성으로 축소된다. 인간이 하나님의 구원의 중심 대상이 된다.

하나님의 구원의 인간 중심성은 그 나름대로 성서적 근거를 가진다. 성서에 따르면 타락한 인간으로 말미암아 온 세계가 부패하고 파괴된다. 에덴동산에서 일어난 죄의 타락의 장본인은 인간이다. 마르크스가 말한 것처럼 문제의 뿌리는 인간에게 있다. "땅이 사람 때문에 더럽혀진다"(사 24:5). "만물보다 더 거짓되고 아주 썩은" "사람의 마음"(렘 17:9)이 온 세상을 파괴한다. 그러므로 하나님의 구원 역사에서 사람이 중심 대상이 될 수밖에 없다.

예수 그리스도의 구원도 인간과 함께 시작한다. 예수의 복음을 듣고 회개할 수 있는 존재는 인간뿐이다. 개나 고양이가 회개할 수는 없다. 하나님 나라는 회개한 인간과 그의 공동체, 곧 교회로부터 시작된다. 종말에 하나님의 최후 심판을 받을 자도 인간이다. 이러한 근거에서 기독교 신학은 종말의 궁극적 완성을 인간 존재로 국한시키고, 하나님에 대한 인간 영혼의 관조와 이를 통한 인간 영혼의 영원한 안식과 열락을 종말의 완성으로 생각하였다.

2. 신학의 역사에서 인간 중심성, 영혼 중심성은 일찍이 초기 교회 시대부터 시작된다. 헬레니즘의 영혼과 육체의 이원론의 영향 속에서 초기 교부들은 인간의 영혼을 신학의 주요 대상으로 삼았다. 인간의 정체성은 모든 사람에게 동일한 인간의 육에 있지 않고 영혼에 있다고 생각되었다. 하나님의 구원은 인간의 영혼이 육의 감옥을 벗어나는 데 있다고 생각되

었다. 하늘나라는 육이 없는 영혼들의 세계로 표상되었다. 초기 교회를 크게 위협한 영지주의의 구원관은 이를 예시한다. 이에 저항하여 사도신경은 "육의 부활"을 고백했지만, 영혼주의의 거대한 흐름을 막기에는 역부족이었다.

초기 교회의 대표적 신학자 아우구스티누스에 의하면 신학의 주요 문제는 "하나님과 영혼"의 문제다. 하나님 앞에서 인간은 자기 자신에게 답변될 수 없는 하나의 문제가 된다. "나는 내 자신에게 문제가 되었습니다. 해결할 수 없는 수수께끼의 영역이 되었습니다"(Quaestio mihi factus sum, terra difficultatis). 그러므로 인간의 영혼은 늘 불안하고 동요하며 안식을 얻지 못한다. 늘 동요하는 영혼은 하나님 안에서 참된 자기를 발견할 수 있고, 안식을 얻을 수 있다. "당신 안에서 안식을 발견하기까지 나의 마음은 내 안에서 불안합니다", "당신은 우리를 당신을 향해 지으셨기 때문입니다"(Confessiones I.1: quia fescisti nos ad te et in quietum est cor nostrum, donec requiescat in te).

아우구스티누스에 의하면 인간은 언제나 행복을 찾는다. 그러나 이 세계의 유한한 것은 그에게 참 행복을 줄 수 없다. 하나님만이 참 행복을 줄 수 있다. 그러므로 인간의 영혼은 하나님을 찾는다. 그는 하나님 안에서 참 행복을 얻으며, 참된 자기를 발견한다. 하나님과 자기의 영혼을 인식하는 것이 기독교 신앙의 중심 문제다. "나는 하나님과 (나의) 영혼을 인식하고자 한다. 그밖에 아무것도 인식하고자 하지 않는가? 그렇다! 그밖에는 아무것도 인식하고자 하지 않는다"(Soliloquien II.1).

여기서 인간의 육체와 자연과 세계는 설 자리를 상실한다. 헬레니즘의 이원론의 영향 속에서 인간의 육체와 육체적 감성, 물질과 자연과 세계의 경험은 무가치한 것으로 간주된다. 하나님의 구원과 종말의 완성은 인간 영혼의 구원과 인간의 자기완성으로 축소된다(Moltmann 1969b, 18 이하).

인간 중심성과 영혼 중심성은 중세기 신학에서도 계속된다. 수도원 경건에 깊은 영향을 준 중세기 신비주의 신학은 하나님과 인간 영혼의 만남,

양자의 신비적 결합을 주요 문제로 삼는다. 가톨릭교회가 교리로 결정한 연옥설도 인간 중심성과 영혼 중심성에 기초한다. 하나님의 구원은 남은 죄를 씻기 위해 연옥의 불 속에서 고통을 당하는 인간의 영혼이 하늘나라로 해방되는 데 있는 것으로 생각된다.

종교개혁자들도 인간 중심성과 영혼 중심성의 전통을 벗어날 수 없었다. 루터의 신학에서는 인간의 죄와 죄에서의 구원이 중심 문제로 다루어진다. "종교개혁의 무기"로 알려진 루터의 칭의론의 중심 문제도 바로 여기에 있었다. 루터의 두 왕국설은 루터 자신의 의도는 아니었지만, 하나님의 영적 나라와 세속의 나라를 엄격히 구별함으로써 기독교 신앙의 인간 중심성과 영혼 중심성을 강화한다.

칼뱅의 『기독교 강요』 첫 문장은 다음과 같이 시작한다. "우리의 모든 지혜는…하나님 인식과 우리의 자기인식, 이 두 가지만을 포함한다. 이 두 가지는 여러 면으로 결합되어 있다. 그러므로 어느 것이 처음이고, 어느 다른 것이 나중인지 말하기 어렵다." 그의 신학에서 "그리스도의 영적 나라와 시민사회의 질서는 두 개의 완전히 다른 일들"로 나누어진다(*Inst.* IV.20.1). 그러나 "이미 지금 땅 위에 있는 우리 안에서"(auf Erden in uns) 그리스도의 나라가 시작되었음을 칼뱅은 간과하지 않는다(IV.20.2). 이에 근거하여 칼뱅은 겐프(영어로 제네바)에서 그리스도의 나라를 세우고자 하였다. 칼뱅의 영향 속에서 개혁교회 신학자들과 근대 경건주의자들은 이 땅위에 하나님의 새로운 생명의 세계를 지향하게 된다. 이리하여 근대 경건주의의 세계 선교, 하나님 나라 신학과 종교사회주의 운동이 일어난다.

3. 그러나 기독교 신학의 인간 중심성, 영혼 중심성은 여전히 계속된다. 근대 "자유로운 신학"의 대표자 슐라이어마허와 리츨(A. Ritschl)에 의하면 기독교 신학의 중요한 문제는 인간의 윤리적 가치 판단에 있다. 교의학의 중심 과제는 절대자에 대한 인간의 "절대의존의 감정"을 성찰하는 것이다. 여기서 세계와 역사의 문제는 배제되어버린다.

19세기의 "자유로운 신학"을 극복하고자 했던 20세기 초반 신학자들도 이 문제를 완전히 극복하지 못했다. 히틀러 정권을 지지하는 "독일 그리스도인들"(Deutsche Christen) 운동은 창조신학에 근거하여 노란색 머리카락과 파란색 눈동자를 한 아리안족의 순수성을 보존하고, 그들을 세계 지배민족으로 세우려는 히틀러의 인종주의를 지지하였다. 그리스도의 구원 대신에 창조와 창조질서가 강조되었다.

이에 반해 히틀러에 비판적인 신학자들은 창조 대신에 구원을 신학의 주제로 삼았다. 이것을 우리는 유명한 구약학자 폰 라트(Gerhard von Rad)의 구약신학 저서에서 볼 수 있다. 이 책에서 그는 출애굽에 대한 구원 신앙을 이스라엘 백성의 본래적 신앙으로 간주하고, 창조 신앙은 출애굽의 구원 신앙에서 발전된 것으로 본다.

바르트에게서도 창조 대신에 구원이 신학의 주제가 되었다. 그의 저서 『교회교의학』 III/1, 창조론에서 하나님이 지으신 창조의 세계는 하나님의 "구원사의 틀"에 불과한 것으로 생각된다. 세계와 인간은 예수 그리스도 때문에, 예수 그리스도를 위하여 창조되었다(Barth 1970, 82). 예수 그리스도가 "창조의 비밀 열쇠"다. 모든 것이 그리스도에게로 돌아가며, 모든 것이 그리스도부터 이해되어야 한다. 창조의 근거와 목적은 "예수 그리스도 안에 시작과 중심과 마지막을 가진, 하나님과 인간의 계약의 역사를 가능케 함"에 있다(19). 창조는 "계약의 형식적 전제"다. 창조는 "하나님이 자기의 자유로운 사랑의 의지를 자기의 목적을 향해 이끌어가는 계약의 형식적 전제"이고, 계약은 "창조의 내적 근거(Grund)"다(261).

『교회교의학』 III/3에서 바르트는 창조를 하나님의 구원사의 드라마가 전개되는 무대에 비유한다. 하나님을 계시하고 인간을 하나님과 화해시키는 예수 그리스도의 구원 역사가 드라마의 주제이고, 창조의 세계는 이 드라마가 전개되는 "무대와 틀, 장소와 배경"이다(Barth 1961, 154 이하). 무대와 드라마는 구별된다. 창조의 영역은 하나님의 구원사에 속하지 않은 구원사의 드라마가 전개되는 "무대"에 불과한 것으로 간주된다. 이리하여 하나님의 구원사는 인간의 구원으로 축소된다.

4. 근대 자연과학의 발흥에 직면하여 기독교 신학은 신학과 자연과학을 분리시키는 데 힘을 기울였다. 인간과 인간 영혼의 문제를 중심 대상으로 하는 신학은 자연과학이 다루는 자연의 영역과는 무관한 것으로 생각되었다. 이 같은 추세 속에서 20세기 변증법적 신학과 구속사 신학은 세계사에서 눈을 돌리고, 실존의 "역사성"으로 퇴각하였다(불트만의 경우). 혹은 세계사와 관계없는 이른바 "원역사"(Urgeschichte)로 퇴각하였다 (Pannenberg 1967, 22).

이로 인해 역사와 자연의 영역은 종말의 완성과 무관하게 생각하는 경향이 지배했다. 이것을 우리는 불트만의 신학에서 대표적으로 볼 수 있다. 종말은 세계의 미래에 있는 것이 아니라 예수 그리스도의 복음 앞에서 신앙의 실존을 택하느냐, 아니면 불신앙의 실존을 택하느냐를 결단하는 "순간"에 있다. 신앙의 실존을 결단한 사람은 탈세계화된다(entweltlicht, Bultmann 1972, 134 이하).

불트만의 실존론적 사고는 초기 바르트의 신학에서도 나타난다. 그에 따르면 죽은 자들의 부활은 역사의 미래에 일어날 사건이 아니다. 그것은 세계에 속하지 않고 하나님께 속함으로써 하나님이 나의 주가 되는 것을 말한다. "실제적인 종말의 역사"는 세계사의 마지막에 오는 것이 아니라 각 사람이 신앙의 결단을 내리는 "모든 시간에"(zu jeder Zeit) 있다(Barth 1926, 60). 여기서 종말의 완성은 세계사적·우주적 차원을 상실하고, 각 사람이 신앙의 결단을 내리는 "순간" 혹은 "시간"으로 축소되어버린다.

많은 신학자들의 종말론에서 우리는 종말의 완성이 인간의 문제로 축소되는 현상을 볼 수 있다. 이범배의 『조직신학』은 "개인적 종말론"과 "우주적 종말론"을 구별한다. 그러나 그의 "우주적 종말론"이 다루는 "일반적 종말론"의 주제들, 곧 그리스도의 재림, 부활, 천년왕국, 최후의 심판, 최후의 상태에서 하나님이 지으신 세계와 역사의 문제는 전혀 다루어지지 않는다. 그의 종말론은 인간의 문제, 곧 "신자 혹은 의인의 최후의 상태", "불신자 혹은 악인의 최후의 상태"에 관한 내용으로 끝난다(이범배

2001, 918 이하).

가톨릭 신학계에서 상당한 권위를 가진 뮐러(G. L. Müller, 뮌헨 대학교)의 종말론은 인간의 구원 문제와 연관하여 삼위일체 하나님의 자기계시를 중점적으로 다룬다. 종말론의 과제는 "인간의 구원에 대한 결정적 결단의 관점에서 삼위일체 하나님의 자기계시를 드러내는 것"에 있다고 그는 말한다(Müller 2005, 516).

하이델베르크의 개신교회 조직신학 교수 헤를레의 종말론 역시 종말의 완성을 인간의 문제로 축소시킨다. 그의 종말론은 "완성된 세계"를 주제로 삼지만, 인간의 심판, 죽음, 영원한 생명의 문제를 다루는 것으로 그친다. 『교의학』의 종말론 마지막 페이지에서 그는 로마서 8:18-25에 근거하여 "영원한 생명의 우주적 차원"을 간단히 언급할 뿐이다(Härle 2001, 648). 루터 신학 전문가로서 그는 세계에 대한 기독교 종말론의 연관성을 의도적으로 회피하고, 인간의 문제에 집중한다. 그는 골로새서 1장의 "만유 화해"를 "모든 사람의 구원"(Allerlösung)으로 바꾸어버리고 "심판의 두 가지 결과"에 많은 지면을 할애한다.

이 같은 인간학적 축소의 전통에 반해 틸리히는 종말론의 세계사적 지평을 회복한다. 그는 하나님 나라를 "역사의 목적"이라 규정하고, 세계사에 대한 종말론의 의미를 드러내고자 한다. 그가 미국으로 이주하기 전에 참여했던 종교사회주의가 그의 종말론에 영향을 준 것으로 보인다. 판넨베르크와 몰트만은 종말론의 인간학적 축소를 극복하고자 했던 20세기 신학의 가장 대표적 인물이라 평가할 수 있다. 두 사람 모두 "하나님 나라"를 역사의 목적으로 파악한다(이에 관해 위의 I.4.F.G. 참조). 고려신학대학원 유해무 교수는 세계의 종말을 "새 하늘과 새 땅"으로 파악한다. 이를 통해 그는 종말론의 인간학적 축소를 극복할 수 있는 전망을 열어준다(유해무 1997, 636).

B. 자연을 포함한 우주적 생명 공동체

종말의 완성을 인간이나 인간 영혼으로 축소시키는 것은 비성서적이다. 인간은 하나님의 창조의 한 부분이지, 전부도 아니고 정점도 아니다. 그는 천지창조의 마지막에 창조되었고, 자기 앞서 창조된 피조물에 의존하는 창조세계의 한 부분이다. 따라서 인간 존재의 완성은 종말의 완성의 한 부분에 불과하다. 따라서 종말의 완성은 인간을 넘어 하나님이 지으신 온 우주의 차원으로 확대될 수밖에 없다. 종말의 완성은 태초에 하나님께서 지으신, 그러나 인간의 탐욕과 죄악으로 인해 파괴되어버린 우주적 생명 공동체의 회복에 있다. 역사의 목적인 하나님 나라는 자연을 포함한 하나님의 우주적 생명 공동체가 회복되는 세계를 가리킨다. 이에 대한 수많은 근거 가운데 몇 가지를 찾아본다면,

1. 구약 율법의 본래 목적은 단지 인간의 행동을 규제하기 위한 것이 아니라 하나님의 뜻이 모든 것을 결정하는 새로운 생명 공동체를 회복하기 위함이다. 따라서 율법은 피조물의 생명 보호를 기본 정신으로 한다. 그 가운데 대표적인 것은 안식일, 안식년, 희년 계명이다. "네 이웃을 네 몸과 같이 사랑하라"(레 19:18)는 계명은 새로운 생명 공동체를 세우고자 하시는 하나님의 의지를 요약한다. 이 계명은 땅과 땅 위의 모든 생물들에게도 해당한다는 사실을 우리는 구약성서에서 발견한다(땅의 안식에 대한 계명 등).

모든 생명이 평화롭게 공존하는 공동체의 기본 조건은 자비와 정의에 있다. 그러므로 구약성서 도처에서 우리는 자비와 정의를 행하라는 하나님의 명령을 발견할 수 있다. 너희들이 사는 곳에 울부짖는 소리가 들리지 않도록 해야 한다! "구약성서에 의하면 하나님은 가난하고 궁핍한 자들을 강한 자와 노략하는 자에게서 건지시고(시 35:10), 하소연하는 궁핍한 자와 도움받을 데 없는 가난한 자들을 불쌍히 여기사 구해주시며, 가난에 허덕이는 자들의 생명을 구원하시는 분이다(시 72:12-14)"(곽혜원 2009, 195).

2. 신구약을 망라하여 하나님의 약속의 본질은 새로운 생명 공동체에 대한 약속의 성격을 띤다. 아브라함과 모세에게 주어진 "젖과 꿀이 흐르는 땅"에 대한 약속은 사실상 하나님의 새로운 생명 공동체에 대한 약속이다. "젖과 꿀이 흐르는 땅"은 모든 생명의 생명 유지에 필요한 먹거리가 충분히 있는 세계, 먹거리를 함께 나누는 자비와 정의가 있는 세계, 먹거리를 제공하는 자연의 기초가 보호되는 세계를 가리킨다.

메시아 왕국에 대한 하나님의 약속은 이 땅 위에 새로운 생명 공동체를 회복코자 하는 하나님의 의도를 매우 분명하게 나타낸다. 메시아 왕국은 인간과 자연 생물들이 평화롭게 공존하는 세계를 말한다(사 11:1-9). "울음소리와 울부짖는 소리가 들리지" 않으며, "이리와 어린양이 함께 풀을 먹으며,…서로 해치거나 상하게 하는 일이 전혀 없을" "새 하늘과 새 땅"에 대한 약속은(65:17-25) 새로운 생명 공동체에 대한 하나님의 의지를 다시 한번 나타낸다. 이 공동체의 미래를 시편 저자는 이렇게 묘사한다. "하늘은 하나님의 영광을 드러내고, 창공은 그의 솜씨를 알려준다"(시 19:1-4). "사랑과 진실이 만나고, 정의와 평화가 입을 맞춘다. 진실이 땅에서 돋아나고, 정의가 하늘에서 굽어본다. 주께서 좋은 것을 내려주시니 우리의 땅이 선물을 낸다"(85:10-12; 참조. 17:35-38). "주님은 그 보좌를 하늘에 든든히 세우시고, 그의 나라는 만유를 통치하신다"(103:19). 하나님의 이 약속은 신약성서 요한계시록의 "새 하늘과 새 땅", "새 예루살렘"에 대한 약속으로 이어진다.

3. 인간의 육 혹은 육체(히브리어 *basar*, 그리스어 *sarx*)는 인간 생명의 구성적 요소다. 육 없는 생명은 있을 수 없다. 따라서 성서는 인간을 육 혹은 육체와 동일시하기도 한다. "모든 육"(*pasa sarx*, 새번역은 "모든 사람"이라 번역함)이 하나님의 구원을 볼 것이다(눅 3:6). 그럼에도 불구하고 세계 대부분의 종교 사상들은 육을 천하게 본다. 그런데 성서의 하나님은 육을 자기의 것으로 취하신다. 하나님의 성육신은 육에 대한 하나님의 긍정이요, 육으로 구성된 새로운 생명의 세계를 회복코자 하는 하나님의 의지를 보여

준다.

역사의 예수는 하나님의 생명 공동체를 회복하는 분으로 나타난다. 그는 질병에 걸린 사람들, 정신적·신체적 장애가 있는 사람들, 귀신들린 사람들의 생명을 회복한다. 그 당시 이런 사람들은 죄 때문에 그렇게 된 것으로 간주되어 "죄인" 취급을 당하였다. 죄인은 사회적 소외와 멸시와 차별 속에서 살아야만 했다. 예수는 이들을 멸시와 차별에서 해방한다. 그는 당시 종교 지도자들의 거짓과 위선을 폭로함으로써 하나님의 정의가 있는 공동체를 이루고자 한다(마 23:28, "겉으로는 사람에게 의롭게 보이지만, 속에는 위선과 불법이 가득하다"). 이혼장 하나 써주고 여자를 내쫓는 일을 금한다. 간음한 남자는 풀어주고, 여자만 붙잡아 돌로 쳐 죽이는 잔인함을 금하고, 여자의 죄를 용서함으로써 여자의 존엄성을 회복한다. 사람으로 간주되지 못하는 어린이를 그는 구원의 모범으로 세운다. 이 같은 예수의 활동은 새로운 생명 공동체를 이루고자 하는 그의 의지를 보여준다.

예수의 십자가 죽음은 하나님의 새로운 공동체의 깊이를 보여준다. 죄 없는 자가 죄인들의 짐을 짊어지고 대신 죽음을 당함으로써 그들에게 새로운 생명 공동체의 길을 열어준다. 하나님의 새로운 생명 공동체는 "완전한 사랑"(charitas plena)이 있는 곳이다. 어린 생명이 어머니의 깊은 사랑과 고통 속에서 태어나듯이 예수의 십자가 고통과 죽음 속에서 하나님의 새로운 생명 공동체가 탄생한다.

예수의 부활은 죄와 죽음의 세력이 지배하는 세계 속에 하나님의 생명 공동체가 새롭게 시작됨을 계시한다. 살아 있다고 하지만 죽은 것과 같은 생명들이 "새 생명"으로 살아나는 부활의 역사가 시작되었다. "죽음을 삼키고서 승리를 얻었다"(고전 15:54). "그리스도께서는 죽음을 폐하시고, 복음으로 생명과 썩지 않음을 밝히 보이셨다"(딤후 1:10).

4. 부활하신 예수를 가리켜 요한복음은 "생명" 자체라 부른다(요 14:6; 골 3:4; "생명이신 그리스도"). 그는 "생명의 주"다(행 3:15). 신약성서의 이 말씀은 예수와 함께, 예수를 통해 새로운 생명의 세계가 시작되었음을 말한다.

그는 죽어가는 생명들을 살려 새로운 삶의 세계를 이루는 "생명의 떡"이요 "생명의 물"이다(요 6:35; 4:14).

로마서 8:18-25에 의하면 모든 피조물이 "썩어짐", 곧 죄와 죽음의 세력에 묶여 신음하고 있다. 모든 피조물이 구원을 기다리며 "해산의 고통을 겪고 있다." 피조물의 고통은 인간의 죄로 말미암은 것이다. 그러므로 그리스도인들은 인간의 죄의 극복을 희망하는 동시에 모든 피조물을 지배하는 죄와 죽음의 세력의 극복을 희망한다. 인간은 물론 자연의 모든 피조물이 "썩어짐의 종살이에서" 해방된 새로운 생명의 세계를 기다린다.

종말에 다시 오실 주님은 개인의 영혼은 물론 이 세계의 모든 것을 심판하고, 그의 주권을 온 세계 안에 세울 만물의 구원자로 오신다. 그분의 다시 오심(재림)은 "세계사의 우주적 과정 속에서 일어나는 사건"이다(Kraus 1983, 558). 그러므로 바울은 종말의 완성을 "하늘과 땅에 있는 모든 것을 그리스도 안에서 그분을 머리로 하여 통일시키는" 것으로 묘사한다(엡 1:10). 종말의 완성은 그리스도의 주권이 인간을 넘어 세계 만물 안에 세워지는 데 있다. "모든 정권과 권세와 능력과 주권 위에, 그리고 이 세상뿐만 아니라 오는 세상에서 불릴 모든 이름 위에 뛰어나게 하셨다. 하나님께서는 만물을 그리스도의 발아래에 굴복시키시고, 그분을 만물 위에 교회의 머리로 삼으셨다"(1:21-23).

창조된 만물이 그분으로 말미암아 하나님과 화해되어 있다(골 1:20). 때가 차면(곧 종말이 오면), 모든 것이 하나님의 경륜을 따라 "그리스도 안에서 그분을 머리로 하여" 하나로 통일된 새로운 생명의 세계가 이루어질 것이다(엡 1:10). "그리스도께서 모든 통치와 권위와 권력을 폐하시고, 그 나라를 하나님 아버지께" 바치며, 하나님이 "모든 것 안에서 모든 것"이 되시는 새로운 생명의 세계가 올 것이다(고전 15:28).

5. 하나님의 새로운 생명 공동체에 대한 근거를 우리는 창조론에서 발견할 수 있다. 하나님은 인간은 물론 땅과 하늘의 창조자다. 태초의 "하늘과 땅"은 종말에 올 "새 하늘과 새 땅"과 상응관계에 있다. 온 세계가 하

나님으로 말미암아 있게 되었다면 종말의 완성은 모든 피조물을 포함한 온 세계의 완성일 수밖에 없다. "그가 시작한 것을 그는 또한 완성할 것이다. 그는 하나님이기 때문이다"(Beisser 1993, 327). 온 세계가 하나님이 지으신 하나님의 것이라면, 온 세계가 하나님의 새로운 생명 공동체로 완성될 것이다.

성령론도 세계의 종말을 생명 공동체의 회복으로 파악한다. 구약성서에 의하면 성령, 곧 하나님의 영은 창조의 영이다. 하나님의 말씀으로 하늘이 창조되었고, 그의 입김(루아흐)을 통하여 별들이 생겨났다(시 33:6; 욥 33:4). 루아흐, 곧 하나님의 영은 모든 생명 안에서 "생명의 힘"으로 활동한다(창 2:7; 전 12:7; 3:21). 이 힘이 끊어지면 모든 생명은 사멸한다. 그는 "땅의 모습"도 변화시킬 수 있는 창조적인 힘이다. "주께서 주의 영을 불어넣으시면, 그들은 다시 창조됩니다. 주께서는 땅의 모습을 다시 새롭게 하십니다"(시 104:29-30).

하나님의 영은 새로운 생명의 세계를 이루는 힘이다. "광야에서 물이 솟겠고, 사막에 시냇물이 흐를 것이다. 뜨겁게 타오르던 땅은 연못이 되고, 메마른 땅은 물이 쏟아져 나오는 샘이 될 것이다. 승냥이 떼가 뒹굴며 살던 곳에는 풀 대신에 갈대와 왕골이 날 것이다"(사 35:6-7). 예언자 요엘은 하나님의 영이 사람들 안에 충만한 새로운 생명의 세계를 보여준다. "그런 다음에 내가 모든 사람에게 나의 영을 부어주겠다. 너희의 아들딸은 예언을 하고, 노인들은 꿈을 꾸고, 젊은이들은 환상을 볼 것이다. 그때가 되면 종들에게까지도 남녀를 가리지 않고 나의 영을 부어주겠다"(욜 2:28-29). 사사들과 예언자들 안에서 하나님의 영은 이스라엘 백성을 죄와 죽음의 세력에서 해방하고 하나님의 진리와 자유와 평화가 있는 새로운 생명의 세계로 인도하는 생명의 영으로 활동한다.

신약성서에서도 하나님의 영은 하나님의 새로운 생명 공동체를 세우는 힘으로 나타난다. 예수 그리스도는 성령을 통해 수태되고, 성령에 붙들려 행동한다. 그는 성령의 힘으로 마귀를 쫓아내고 병든 사람을 고친다.

그리스도 안에 있는 하나님의 영 안에서 죄인이 용서를 받고 하나님의 새로운 피조물로 다시 태어난다. 이를 통해 하나님의 새로운 생명 공동체가 세워진다(마 12:28; 오늘의 영-그리스도론 참조). 바울에 의하면 성령이 있는 곳에는 자유가 있다(고후 3:17). 성령은 죄와 거짓에서 인간을 해방하고 참 자유가 있는 새로운 생명의 세계를 창조하는 새 창조의 힘이다.

하나님의 삼위일체는 교리의 차원에서 하나님의 새로운 생명 공동체에 대한 근거를 제시한다. 삼위일체는 성부, 성자, 성령의 구별 속에서의 하나됨(일치)과, 하나됨 속에서의 구별을 말한다. 상호 구별 속에서 자기의 정체성을 유지하면서, 타자의 존재에 참여하여 모든 것을 함께 나누는 사랑의 공동체를 계시한다. 삼위일체 하나님의 공동체 안에는 자유와 평등과 자발적 봉사와 헌신이 있다. 곧 "완전한 사랑"이 있다. 그 속에는 하나님의 뜻이 완전하게 실현되어 있다. 그래서 예수는 이렇게 기도하라고 가르친다. "그 뜻을 하늘에서 이루심 같이, 땅에서도 이루어주십시오"(마 6:10). 삼위일체 하나님이 역사의 알파요 오메가라면 역사의 종말, 곧 오메가는 하나님의 뜻이 이루어진 세계일 수밖에 없다. 삼위일체 하나님의 의지 속에서 피조물의 생명 공동체가 시작되었다면 또한 그의 의지 속에서 이 공동체가 회복될 것이다.

6. 에밀 브루너에 따르면 성서는 죄를 용서하는 예수 그리스도를 세계의 근거로 생각한다. 인간의 죄를 용서하는 그리스도는 태초에 계셨고, 온 세계가 그리스도 안에서, 그리스도를 통하여, 그리스도를 향하여 창조되었다(골 1:16). 이것은 요한복음 서론에도 나타난다. 구원자 그리스도는 태초에 하나님과 함께 계셨던 "말씀"(Logos)이다. 모든 것이 그를 통해 생겨났다. 우리는 구원자 그리스도 안에서 세계의 근거를 보는 동시에 "세계의 목적"을 본다. "세계의 근거이신 예수 그리스도 안에서 우리에게 계시되는 하나님의 의지는 그분 안에서 또한 세계의 목적으로, 곧 *telos*로 계시된다"(Brunner 1964, 476 이하).

그러므로 그리스도의 구원은 세계의 완성으로 확대될 수밖에 없다. 그의 죽음을 통한 죄인의 칭의와 구원은 모든 피조물의 구원과 완성을 향한 시작이다. 그리스도 안에서 우리는 죄의 용서자, 곧 구원자를 보는 동시에 세계의 근거와 목적을 본다. 이것은 이스라엘 백성이 하나님을 먼저 "그의 주로 인식하였으며, 나중에야 비로소 세계의 창조자로 인식한 사실"에 상응한다(478).

보수적 성향의 바이서(F. Beisser, 마인츠 대학교 교수)도 종말의 완성의 인간학적 축소를 거부하고 보편성을 주장한다. "주 하나님은 세계의 창조자요, 모든 것의 구원자시며, 또 그렇게 되고자 하기 때문에 세계의 완성이 있을 수밖에 없다." 그리스도의 영원과 선재에 대한 신약성서의 증언은 단지 그의 구원과 인간의 믿음의 절대성을 나타내려는 것이 아니라 이를 넘어 "우주론적 의미"를 가진다. "만일 하나님의 구원이 현실적인 것의 변두리에서 일어난 특수한 사건(Sonderereignis)에 불과하다면 또 만일 그것이 모든 것을 위한, 세계 전체를 위한 구원을 가져오지 않는다면 하나님은 하나님이 아닐 것이며, 하나님은 만물의 주가 아닐 것이다"(Beisser 1993, 328).

7. 몰트만에 의하면 기독교 종말론은 우주적 종말론으로 확대될 수밖에 없다. 만일 그렇지 않을 경우 기독교의 종말론은 영지주의적 구원론으로 변할 것이다. 그것은 더 이상 "세계의 구원"을 가르치지 않고 "세계로부터의 구원"을 가르칠 수밖에 없을 것이다. "몸의 구원"을 가르치지 않고 "몸으로부터 영혼의 구원"만 가르치게 될 것이다. "기독교적 이해에 의하면 구원자는 곧 창조자다. 그가 지으신 모든 것을 구원하지 않는다면 그는 자기 자신에게 모순될 것이다. 만유를 지으신 하나님이 언젠가 '모든 것 안에서 모든 것'이 될 것이다(고전 15:28). 만일 그렇지 않다면 그는 무엇 때문에 모든 것을 창조하였겠는가?"(Moltmann 2005, 285)

몰트만에 의하면 "사적 실존"의 영역과 "현실 역사"의 영역, "인간 역사"의 영역과 "인간 아닌 자연"의 영역을 분리시키는 것은 옳지 않다. 그것은 현실적으로 있을 수 없다. 왜냐하면 인간의 실존은 몸적 실존이며,

자연 세계와 결합되어 있고, 자연의 세계에 의존하기 때문이다. "몸으로부터 분리되어 있는 영혼이 없고, 생명과 땅과 우주의 자연으로부터 분리되어 있는 인류는 존재하지 않는다.…그러므로 '새 하늘과 새 땅' 없는 인간의 구원은 생각할 수 없다"(286).

8. 자연과학의 유기체적 세계관에 의하면 세계의 모든 부분은 한 유기체의 부분들로서 연결되어 있다. "부분들"이 전체를 이루고, "전체"가 부분들 안에 있다. 상호 연결 속에서 그들은 다른 부분들의 생명을 가능케 한다. 한 부분에서 일어나는 것은 다른 부분들에 파급된다(나비효과 참조).

이 같은 유기체적 세계에서 인간이라고 하는 어느 한 부분만 구원을 받는다는 것은 불가능하다. 인간의 구원은 지구 유기체의 한 부분의 구원에 불과하다. 인간의 완전한 구원은 유기체 전체가 구원을 받을 때 가능하다. 그러므로 기독교 종말론은 유기체 전체를 포괄하는 새로운 생명 공동체를 지향할 수밖에 없다.

근대 이후 자연과학이 발흥하면서 우주의 미래에 대해 말하는 것은 매우 어려워졌다. 우주와 그 안에 있는 모든 것이 자연과학의 탐구 대상이 되었다. 인간의 지능과 감정과 심리작용까지 자연과학의 탐구 대상이 되어 수학 공식으로 나타낼 수 있게 되었다. 그런데 자연과학의 연구는 종교적·신학적 전제와 간섭을 거부한다. 어떤 종교적·신학적 전제도 자연과학의 연구에 개입되어서는 안 된다. 따라서 자연과학은 우주의 시작과 종말에 대한 신학적 진술을 인정하지 않는다.

이러한 상황에 직면하여 근대신학은 자연의 영역에서 역사의 영역으로, 역사의 영역에서 인간 실존의 영역으로 퇴각하였다. 이리하여 창조론과 구원론, 우주론과 종말론이 분리되었다. 구원론은 자연의 영역에서 인간 영혼의 문제로 퇴각하였고, 우주론에서 분리된 종말론은 불트만의 실존론적 신학이 보여주는 것처럼 영지주의적 구원론으로 변하였다.

그러나 인간의 영혼과 실존과 역사와 자연은 분리될 수 없다. 인간의 영혼은 어디까지나 역사와 자연 안에 실존하며, 역사는 자연 안에서, 자연과 함께 이루어진다. 자연은 역사가 그 위에서 이루어지는 무대에 불과한 것이 아니라 역사의 구성요소이며 역사 자체에 속한다. 따라서 자연도 하나님의 생명 공동체에 속한다. 자연의 구원 없는 인간 구원, 우주적 생명 공동체의 완성 없는 인간의 완성은 있을 수 없다. 새 하늘과 새 땅 없는 인간의 구원은 생각할 수 없다. 인간의 구원의 완성은 하나님이 시작하신 우주적 생명 공동체의 완성과 함께 가능하다.

9. 위에서 우리는 하나님 나라의 새로운 생명 공동체에 대한 성서적·신학적 근거를 고찰하였다. 여기서 우리는 아래 두 가지 전제를 제시하지 않을 수 없다. 첫째, 메시아 왕국에 대한 구약의 약속에 따르면, 메시아 왕국은 하나님을 아는 지식이 충만한 세계다. 따라서 하나님의 우주적 생명 공동체의 기본 조건은 하나님을 아는 지식이다. 우주적 생명 공동체는 진화의 과정을 거쳐 이루어질 수 있는 생물학적인 공동체가 아니라 하나님의 뜻이 이루어진 하나님의 공동체다. 에덴동산의 생명 공동체처럼 역사의 종말에 올 하나님 나라의 생명 공동체도 하나님의 뜻이 이루어진 하나님의 공동체다. 그러므로 하나님을 아는 지식이 이 공동체의 기본 전제다. 이 전제가 없을 때, 우리는 하나님의 새로운 생명 공동체를 이루어야 한다는 당위성과 책임성을 상실할 수 있다.

둘째, 하나님이 창조하신 태초의 생명 공동체는 인간의 죄악으로 말미암아 파괴되었다. 그 장본인은 인간이다. 따라서 종말에 올 하나님 나라의 새로운 생명 공동체를 건설해야 할 자도 인간이다. 하나님 나라의 새로운 생명 공동체는 인간으로부터 시작되어야 한다. 우선 인간 자신이 멸종시킨 생물의 종들을 회복해야 한다. 이런 점에서 인간은 우주에서 "특별한 위치"에 있는 존재다.

역사적으로 기독교는 인간의 "특별한 위치"를 자연을 정복하고 지배할 수 있는 인간의 권리에 있다고 생각하였다. 인간만이 가지고 있다는 하나님의 형상, 인간의 자기의식, 이성과 정신, 고도의 의사소통 능력, 인간의 주체성과 인격성, 책임성 등 자연의 생물들에게서 볼 수 없는 요소들에 근거하여 인간의 특별한 위치를 파악하였다. 그러나 이것은 지극히 인간 중심적인 생각이다. 우리는 자연에 대한 인간의 "특별한 위치"를 전혀 다른 관점에서 파악할 수 있다.

첫째, 인간의 특별한 위치는 그의 무한한 탐욕에 있다. 자연계의 다른 짐승들은 배가 부르면 더 이상 욕심을 부리지 않는다. 그들은 비축을 알지 못한다. 먹다가 남은 것은 다른 짐승들에게 준다. 그러나 인간은 아무리 배가 불러도, 아무리 소유가 많아도 만족할 줄 모른다. 가지면 가질수록 더 가지고자 한다. 땅 위의 생물들 중에 가장 탐욕스럽고, 가장 이기적이고, 가장 악한 존재는 인간이다. 성욕도 인간이 가장 강하다. 자연의 생물들은 종족 번식을 위해 번식기에만 성관계를 갖는데, 인간은 시도 때도 없이 성적 쾌락 자체를 위해 성관계를 갖고자 한다. 이런 점에서 인간은 자연의 아주 특별한 존재다.

둘째, 인간의 죄의 타락으로 말미암아 죄와 죽음의 세력이 피조물의 세계 전체를 지배하게 되었다. 인간의 죄는 자연 피조물들의 죄들과는 비교할 수 없을 정도로 크고 무겁다. 또 그것은 매우 간교하고 교활할 때도 있다. 죄의 타락의 장본인은 인간이다. 모든 문제의 뿌리는 인간이다. 따라서 가장 먼저 구원받아야 할 존재는 인간이다. 이런 점에서 인간은 자연의 아주 특별한 존재다.

셋째, 하나님의 창조세계에서 인간의 특별한 존재는 피조물의 세계에 대한 인간의 책임에 있다. 그의 탐욕과 죄로 말미암아 자연의 피조물들이 총체적 죽음을 당하게 되었으므로, 이제 인간이 자연 피조물들의 구원에 대한 책임을 짊어져야 한다. 하나님이 먼저 인간을 구원하는 것은 단순히 인간을 특별히 사랑하기 때문이 아닐 것이다. 그것은 다른 피조물들의 고난에 대한 책임이 인간에게 있기 때문이요, 이 책임을 다할 수 있는 능력 또한 인간에게 있기 때문이다.

3

역사의 목적에 대한 마르크스의 꿈

1918년 제정 러시아의 공산주의 혁명과 함께 시작된 20세기 공산주의 실험은 실패로 끝나고 말았다. 그럼에도 불구하고 마르크스의 공산주의 이론은 기독교 종말론에 대해 여전히 강력한 도전이 되고 있다. 세계사에서 그것은 기독교 및 종교 일반에 대한 가장 강력한 도전이라 말할 수 있다. 마르크스의 공산주의 이론만큼 역사의 목적을 구체적으로 제시한 이론은 없기 때문이다. 여기서 우리는 마르크스의 물질론적·무신론적 종말론을 고찰하고, 이에 대한 기독교 신학의 입장을 정리하고자 한다.

A. "역사의 해결된 수수께끼"인 공산주의 사회

마르크스에 따르면 기독교 종말론이 말하는 역사의 목적 곧 "하나님 나라"는 현실성과 구체성이 없는 추상적인 것이다. 그것은 기독교를 국가종교로 하는 이른바 "기독교 국가"와 "국가화된 기독교 종교"에 의해 실현될 수 없다. 그것은 피안의 세계를 동경하게 함으로써 현실의 불의와 고난을 견디게 하는, 그러나 현실의 불의와 고난을 더욱 악화시키는 "민중의 아편"과 같은 기능을 한다.

마르크스의 소책자 『유대인의 문제』(*Zur Judenfrage*)에 의하면 "이른바 기독교 국가는 국가의 기독교적 부인(Verneinung)이요, 결코 기독교의 국가적 실현이 아니다." "종교적 형식을 가진 기독교를 고백하는 국가는… 종교의 인간적 기초의 현실적 실현(Ausführung)이 아니다." 이 국가에서 기독교 종교는 "국가의 불완전함에 대한 보충이요 성화(Heiligung, 거룩하지 못함에도 불구하고 거룩하다고 정당화시켜주는 것)이다. 따라서 종교는 국가에게 하나의 필연적 수단이요, 국가는 위선의 국가(Staat der Heuchelei)이다"(Marx 2004, 250).

이 책에서 마르크스는 "기독교의 인간적 기초(menschliche Grundlage)"와 종교적 형식을 구별한다. 그에 따르면 "기독교의 인간적 기초"는 모든 인간은 "인간에 대해 가장 높은 존재"이며, 어떤 인간도 다른 인간에 의해 억압과 착취를 당할 수 없다는 점에 있다. 성서는 바로 이것을 말한다. 이런 점에서 성서는 "글자 한 자에 이르기까지 거룩하다"고 마르크스는 말한다(252). 그러나 "종교적 형식"으로서의 기독교, 곧 국가교회로서 정치화된 기독교는 자신의 "인간적 기초"를 실현하지 못하고 오히려 인간이 인간을 차별하고 억압하며 착취하는 국가의 현실을 방조한다. 그것은 불의한 현실에 대한 부정이 아니라 불의한 현실의 일부에 불과하다. 이러한 기독교가 역사의 목적을 이룬다는 것은 불가능하다고 마르크스는 판단한다.

이에 마르크스는 기독교 종말론이 역사의 목적으로 제시하는 하나님 나라를 공산주의 사회로 대체한다. 역사의 목적은 공산주의 사회의 실현에 있다. 공산주의 사회의 실현이 역사의 종말, 곧 목적(*telos*)이다. "기독교의 인간적 기초"는 공산주의 사회를 통해 실현될 수 있다. "역사의 해결되지 않은 수수께끼", 곧 하나님 나라는 하나님과 종교 없는 공산주의 사회에서 실현될 것으로 그는 기대한다. 그에게 공산주의 사회는 "역사의 수수께끼가 해결된 사회"다. 그럼 공산주의 사회는 어떤 사회인가? 그 중요한 면모를 살펴본다면 아래와 같다.

1. 마르크스가 말하는 공산주의 사회의 가장 중요한 면모는 "사유재산의 폐지"(Aufhebung des Privateigentums)다(Marx 2004, 609, 『공산당 선언』에서). 바로 여기에 공산주의 이론의 핵심이 있다. 여기서 마르크스는 "사유재산 일반의 폐지"(Abschaffung des Eigentums überhaupt)를 주장하는 것이 아니라 19세기 시민사회에서 노동자 계급의 노동 착취를 통해 축적한 "현대 시민사회적 사유재산의 폐지"(Abschaffung des modernen bürgerlichen Privateigentums)를 주장한다(609). 노동자들이 노동을 통해 얻은 이익 중 그들이 받는 평균임금은 노동자의 "벌거벗은 생명"을 유지하는 데 필요한 "최소 임금"(Minimum)에 불과하고, 이익의 큰 덩치는 유산 계급의 더 많은 자본 형성에 사용된다. 이렇게 형성된 자본은 유산 계급의 사적 소유가 된다. 이리하여 유산 계급과 무산 계급으로 구성된 계급 사회가 형성된다. 소규모 자영업자들, 상인들, 이자 소득자들, 수공업자들과 농업인들은 무산 계급으로 전락한다. 이들의 작은 자본은 대기업의 거대 자본의 경쟁 상대가 되지 못하며, 그들의 손재주(Geschicklichkeit)는 대기업의 새로운 생산방식을 필적할 수 없기 때문이다(603).

이 사회에서 노동자는 자기의 노동을 상품으로 팔아 목숨을 유지하는 노예와 같은 존재로 전락한다고 마르크스는 분석한다. 소수의 유산 계급은 호화찬란한 삶을 누리는 반면, 다수의 무산 계급은 지하 단칸방에서 생활하며 가정의 딸이 몸을 팔아야 생계를 유지할 수 있는 비참한 상황이 벌어진다(여기서 자본주의 사회에 대한 마르크스의 비판은 근대 초기 자본주의 사회에 대한 비판임을 고려할 필요가 있음).

2. 자본주의 사회의 이 같은 상황을 극복하기 위해 마르크스는 무산 계급, 곧 노동자 계급의 혁명을 주장한다. 무산 계급이 사회의 지배 계급이 되어 생산과 관계된 모든 체제(Produktionsverhältnisse)를 사회화해야 한다. "자본은 사적인 힘이 아니라 사회적 힘이다." 그것은 생산과 관계된 모든 사람들 "공동의 산물(gemeinschaftliches Produkt)이요…오직 사회 모든 구성원들 공동의 활동을 통해서만 사용될 수 있다"(610). 그러므로 무산 계급

은 "점차 유산 계급에게서 모든 자본을 빼앗고, 모든 생산도구를 국가 곧 지배 계급으로 조직화된 무산 계급의 손에 중앙집권화하는 일에 그의 정치적 통치권을 사용해야"한다(616). 모든 생산 수단은 국유화되고, 생산활동은 공공의 계획에 따라 조정된다. 생산활동을 통해 얻은 이익은 모든 사람에게 공유된다.

따라서 공산주의 사회는 빈부격차가 없고 굶주림이 없는 사회다. 그것은 더 많이 소유하고자 하는 인간의 욕망이 제도적으로 차단된 사회다. 그것은 가난한 사람들이 "적대적인, 그 자체에 있어 낯선 힘으로 유지되는" 것으로 느끼는 "지하 셋방"(Kellerwohnung)이 없는 사회(356), 생계유지를 위해 여성이 몸을 파는 일이 없는 사회다.

3. 마르크스가 예언하는 공산주의 사회의 또 한 가지 중요한 면모는 "계급 없는 사회"(klassenlose Gesellschaft)다. 역사를 "영이신 하나님"(Gott als Geist, 철학자들은 "영"을 "정신"으로 번역함)의 변증법적 자기활동으로 보는 헤겔에 반하여, 마르크스는 "지금까지 모든 사회의 역사는 계급투쟁의 역사다"라고 주장한다(『공산당 선언』에서). 달리 말해, 지금까지의 세계사는 "계급투쟁의 역사"다. 역사는 "자유인과 노예, 세습귀족과 평민, 남작과 농노, 조합원(Zunftbürger)과 도제(Gesell), 간단히 말해 억압자 계급과 피억압자 계급의 대립과 투쟁, 이로 말미암은 "사회 전체의 혁명적 변혁 혹은 투쟁하는 계급들의 공동 멸망"의 과정이다. 현대 시민사회에서 계급 간의 대립은 유산 계급과 무산 계급의 대립으로 나타난다. 산업혁명을 통해 생성된 근대의 산업(Industrie)이 세계시장을 개척함으로 말미암아 이 대립은 국가의 범위를 넘어 세계 전체로 확대된다(594 이하).

마르크스에 따르면 사회 계급들 사이의 대립과 투쟁의 근본 원인은 "노동의 나눔"(Teilung der Arbeit), 곧 사회적 분업에 있다. 그것은 "물질적 노동과 정신적 노동"이 나누어지는 순간에 시작된다. "정신적 활동과 물질적 활동, 향유와 노동, 생산과 소비가 다양한 개인들에게 귀속되면서", "생산력과 사회적 상태와 의식(Bewußtsein)이 서로 대립에" 빠진다(426, 『도

이체 이데올로기』에서). 나아가 "각 개인이나 가족의 관심과 공동체의 관심이" 대립하게 된다. 공동체의 관심의 마지막 형태는 "국가"다. 국가는 "각 사람과 (공동체) 전체의 현실적 관심에서 분리된 독자적 형태"다(428). 그것은 각 사람들에 대해 "'낯설고' 그들에게서 '독립된', 또다시 특수하고 독특한 '보편적' 관심"으로 자기를 주장한다(여기서 무정부주의의 이론적 근거를 볼 수 있음).

이 같은 체제에서 개인의 노동 내지 활동은 "그에게 대칭하는 낯선 것, 그를 예속시키는 힘"이 되어버린다. 그가 자기의 노동을 지배하는 것이 아니라 노동이 그를 지배한다. 그는 "자기에게 요구되는 특수한 활동의 배타적 범위(Kreis, 고정된 직업을 말함)"를 가지며, 이 범위를 벗어날 수 없는 노예와 같은 존재가 되어버린다. 생계 수단을 잃지 않기 위해 자기에게 주어진 직업에 종속된다(428). 지배자는 지배자로, 피지배자는 피지배자로, 착취자는 착취자로, 피착취자는 피착취자로 머물게 된다. 이로써 인간에 의한 인간의 소외와 비인간화가 일어난다. 그는 자기의 정체성과 본래성을 상실한 존재로 전락한다.

4. 이 같은 문제를 해결하기 위한 방법으로 마르크스는 "노동의 나누어짐", 곧 분업을 반대한다. 공산주의 사회는 고정된 노동의 나눔이 없는 사회다. 공산주의 사회에서 "각 사람은 활동(노동)의 배타적 영역을 갖지 않는다. 오히려 자기가 원하는 영역에서 교육을 받을 수 있고, 사회는 공동의 생산을 조정한다. 이를 통해 오늘은 이것을, 내일은 저것을 할 수 있고, 아침에는 사냥하고 오후에는 고기를 잡으며, 저녁에는 목축을 할 수 있고, 저녁을 먹은 후에는 담론을 할 수 있는 것을 가능케 한다." 그때그때 내가 하고 싶은 것을 하지만, 사냥꾼, 어부 등의 특정한 직업을 가질 필요가 없다(429, 『도이체 이데올로기』에서).

이와 같이 마르크스가 꿈꾸는 공산주의 사회는 각 사람이 특정한 직업에 얽매이지 않는 사회, 자기가 원하는 대로 직업을 수시로 바꾸어가며 살수 있는 사회다. 이 사회에서 노동은 하나의 상품이 되지 않고 "노동자들의 삶의 과정을 확대하고 풍요롭게 하며, 그것을 장려하는 수단이 될 뿐"
이다(610, 『공산당 선언』에서).

그러므로 공산주의 사회는 직업에 따른 사회계급이 없는 사회, 곧 "계
급 없는 사회"다. 그것은 모든 인간의 자유와 평등이 있는 사회, 인간의 정
체성과 본래성이 회복된 사회다. 그것은 "인간이 인간에게 가장 높은 존
재인" 사회(283, 290, 「헤겔 법철학 비판 서론」에서), 곧 "인간이 단지 인간으로
존중받을 뿐 아니라 각 사람이 가장 숭고한(souverän) 존재, 가장 높은 존
재로 인정받는" 사회다. 이는 "정치적 민주주의"가 있는 사회다. 어떤 인
간도 다른 인간에게 예속되거나 억압과 착취를 당할 수 없다는 성서의 기
본 정신이 실현된 사회다(254). 공산주의는 "인간의 해방과 재획득의 참
된…계기"다(321, 『경제학-철학 초고』에서).

이 사회를 가리켜 마르크스는 인간의 "자연적 현존과 그의 인간적
현존이" 일치하며, 인간과 그의 자연(본성)이 통일된 사회(die vollendete
Wesenseinheit des Menschen mit der Natur), "자연의 참된 부활, 인간의 완
성된 자연주의, 자연의 완성된 휴머니즘"(wahre Resurrection der Natur, der
durchgeführte Naturalismus des Menschen und der durchgeführte Humanismus
der Natur)이 실현된 사회로 파악한다(311).

5. 공산주의 사회의 또 한 가지 특징은 종교가 없는 사회라는 점이
다. 여기서 마르크스가 말하는 종교는 종교 일반이 아니라 유럽 국가들
의 국가종교인 기독교를 말한다. 마르크스에 따르면 "종교가 인간을 만
드는 것이 아니다." "인간이 종교를 만든다." 이 세상에서 인간은 참된 자
기를 발견할 수 없기 때문에 종교적 환상의 세계를 설정하고, 이 세계 속
에서 참된 자기를 발견한다. 그는 "하늘의 환상적 현실 속에서…단지 자
기 자신이 반사된 상(Widerschein)을 발견할 뿐이다." 종교는 "자기 자신
을 아직 획득하지 못했거나, 자기 자신을 다시 잃어버린 인간의 자기의
식(Selbstbewutsein)이요 자기느낌(Selbstgefühl)이다." 그것은 "인간 본질
의 환상적 실현이다. 인간의 본질은 참된 현실을 갖고 있지 않기 때문이

다"(Marx 2004, 274, 「헤겔 법철학 비판 서론」에서).

"종교적 비참은 현실의 비참의 표현인 동시에 현실의 비참에 대한 저항이다. 종교는 고통을 당하는 피조물의 탄식이요, 비정한 세계의 정서(Gemüt)다." 현실의 세계에서 위로를 받을 수 없기 때문에 인간은 자신이 만든 "하늘의 환상적 현실 속에서" 위로를 발견한다. 이를 통해 그는 현실의 고통을 참고 견딜 수 있는 힘을 얻는다. 이런 점에서 종교는 "보편적인 위로의 근거(Trostgrund)"가 된다. 그러나 이 위로는 거짓된 위로, 곧 "환상적 위로"다. 그것은 아편 주사를 맞은 자가 아편의 힘으로 현실의 고통을 참고 견디는 것과 같은 기능을 가진다. 그러므로 종교는 "민중의 아편"(das Opium des Volkes)이요, "민중의 거짓된(illusoriosch) 행복"이다(위의 책 275). "거짓된 행복"을 제공하는 아편은 현실의 개선에 아무 도움이 되지 않는다. 도리어 현실을 악화시키며 결국 죽음으로 인도한다.

마르크스는 국가종교로서의 기독교를 날카롭게 비판한다. 기독교가 국가종교가 됨으로써 "종교의 인간적 기초" 곧 "인간은 인간에 대해 가장 높은 존재다"라는 성서의 거룩한 가르침을 실현하지 못하고, 국가의 시녀 역할을 하기 때문이다. 기독교 종교는 국가의 불완전함을 보완해주며, 국가의 불완전함을 거룩하게 하는 기능을 가진다(als Ergänzung und als Heiligung seiner Unvollkommenheit, 250, 『유대인 문제에 관하여』에서).

B. 왜 마르크스의 꿈은 이루어질 수 없는가?

1. 인류의 정신사에서 마르크스의 공산주의 이론은 기독교 종말론에 대한 가장 심각한 도전이라고 말할 수 있다. 그 이유는 무엇인가?

첫째 이유는 마르크스가 제시하는 역사의 종말, 곧 역사의 목적의 구체성에 있다. "하나님 나라가 무엇인지, 우리는 구체적으로 묘사할 수 없다"는 기독교 신학의 일반적 추세에 반해, 마르크스는 인류가 지향해야 할 역사의 목적을 구체적으로 제시한다. 곧 모든 소유를 함께 나누는 사회, 직업과 소유에 따라 인간을 구별하지 않는 "계급 없는 사회", "비천하게 되었고, 노예가 되었고, 버림을 받았고, 멸시받는 존재"(ein erniedrigtes, ein geknechtetes, ein verlassenes, ein verächterliches Wesen)인 인간이 "인간에 대해 최고의 존재"로 인정받는 사회, 곧 "기독교의 인간적 기초"가 실현된 사회, 모든 인간의 자유와 평등이 있고 굶주림이 없는 사회를 이루는 데 역사의 목적이 있다고 구체적으로 제시한다.

둘째 이유는 마르크스가 하나님 없는 하나님 나라를 이루고자 한다는 점에 있다. 달리 말해, 하나님 없이 역사의 목적을 이루고자 한다는 점이다. 마르크스가 제시하는 역사의 목적, 곧 공산주의 사회는 사실상 성서가 이야기하는 하나님 나라다. 유대인 태생으로 개신교회 신자가 된 마르크스는 신구약 성서를 잘 알고 있었다. 또 그는 하나님 나라를 역사의 목적으로 보는 헤겔의 신학적 역사철학도 잘 알고 있었다. 따라서 마르크스의 공산주의 이론의 뿌리는 성서가 증언하는 하나님 나라에 있다. 그러나 마르크스는 하나님 없이, 기독교 종교 없이 하나님 나라를 이루고자 한다. 그는 하나님과 기독교 종교를 "민중의 아편"으로 간주하기 때문이다. 이것은 하나님 신앙을 통해 역사의 목적에 이를 수 있다고 보는 기독교 종말론에 대한 정면 도전이라고 말할 수 있다. 이보다 더 심각한 도전은 없을 것이다. 이에 대해 기독교 종말론은 질문하지 않을 수 없다. 인류는 하나님 없이 역사의 목적을 이룰 수 있는가? 하나님 없이 이상적인 세계에 도달할 수 있는가?

2. 그런데 1917년 러시아 혁명 이후로 인류가 경험한 공산주의 사회는 마르크스가 기대하였던 것과는 전혀 다른 사회였다. 그것은 모든 소유를 함께 나누고, 모든 사람의 자유와 평등과 존엄성이 보장되는 사회가 아니라 무서운 독재사회였다. "계급 없는 사회"가 아니라 공산당원과 인민 간의 철저한 계급사회였고, 공산당원의 특권사회였다. 빈부 차이가 없고 굶주림이 없는 사회가 아니라 수많은 인민이 굶주림과 영양 결핍과 질병으

로 죽음을 당하는데, 당수와 당원들은 비만증을 염려하는 사회, 인간의 기본 권리인 거주 이전의 자유마저 박탈된 사회였다. "인간이 인간에 대해 가장 높은 존재"가 아니라 "위대하신 영도자 동무"의 위대한 목적을 위해 얼마든지 희생당할 수 있는 "목적을 위한 수단"에 불과한 사회임을 우리는 지금도 눈으로 보고 있다.

한국의 한 언론인은 공산주의 사회의 모순된 모습을 다음과 같이 소개한다.

> 스탈린의 "대숙청" 시기에 소련 당국이 만든 선전 영상이 있다. 흰색 작업복을 입은 여성이 "버려진 개처럼 무자비하게 처단해야 한다"고 소리친다. 주위의 대중들이 "처단하라"고 동조한다. 당시 소련에서 "버려진 개"는 스탈린의 특정 정적(政敵)을 가리켰다. 하지만 점점 범위가 늘어나 권력 냄새도 맡은 적 없는 보통 지식인까지 개처럼 끌려가 죽었다.
>
> "살찐 돼지"로 지목된 사람들도 있었다. 처음엔 "쿨라크"라고 부르는 부농(富農)을 가리켰다. 하지만 "버려진 개"처럼 "살찐 돼지"의 범위도 가축 몇 마리, 땅 몇 평을 소유한 자영농으로 확대됐다. "내 땅" "내 가축"이라며 소비에트 권력의 사유재산 강탈에 반항하는 모든 사람이 돼지로 찍혔다.
>
> 스탈린의 "버려진 개"와 "살찐 돼지"는 세 갈래 길을 걸었다. 학살당하거나 강제수용소로 끌려가거나 시베리아에 버려졌다. 얼마나 죽었는지 모른다.… 1000만이란 주장도 있다. 김단야·박진순 등 공산혁명을 동경해 소련에 머물던 한국인 사회주의자도 예외가 아니었다(「조선일보」 2018.12.19., 34쪽).

1937년 9월 중순에서 11월 말 사이에 일어난 조선인 중앙아시아 강제 이주는 공산주의 체제의 잔인함을 예시한다. 연해주에서 농업에 종사하던 20만 명의 조선인들이 중앙아시아로 강제 이송되었다. 명령자는 스탈린이었다. 침대, 화장실, 취사 시설이 전혀 없는 화차에 짐승떼처럼 실려 운송되던 중 수많은 사람이 굶주림과 추위로 죽었다. 목적지 중앙아시아에

도착해서도 주거 시설이 전혀 준비되어 있지 않아 땅에 구덩이를 파고 겨울을 지내야만 했다. 20만여 명 중 절반이 죽었다. 강제 이주의 첫째 목적은 일본에 대한 "조선 사람들의 첩자행위 방지, 둘째는 중앙아시아와 카자흐스탄의 농업인력 공급"이었다(자세한 내용에 관해 조정래 2005a, 249-278). 이 같은 역사적 사건들은 "하나님 없는 하나님 나라"의 실상을 예시한다.

3. 중국의 공산주의 지도자 마오쩌둥은 중일전쟁 때 일본과의 충돌을 피할 뿐 아니라, 도리어 국민당 정부군과 공유했던 군사 정보를 일본군에게 빼돌렸다고 한다. 장제스가 이끄는 국민당과의 내전 때에 마오쩌둥은 창춘을 포위해 최대 60만 명의 인민을 굶겨 죽였다고 한다. 그래서 비판가들은 마오쩌둥을 "인민의 배신자"라 부른다(엔도 호마레, 『모택동 인민의 배신자』에서).

『대륙의 딸』(Wild Swans: Three Daughters of China, 1991)의 작가로 유명한 중국의 장융(張戎, Chang Jung)은 1952년 생으로, 공산당원으로 쓰촨성(四川省) 이빈시의 시장이었던 장쇼유의 딸이다. 이 책에서 그녀는 청조(淸朝) 관리의 소실이었던 외할머니, 외할머니의 외동딸이었던 어머니, 그리고 자기 자신의 삶을 기술한다. 이 책은 출판된 그해(1991) 영국 최고의 논픽션으로 뽑혔고, 32개국의 언어로 번역되어 천만 부가 팔리는 대성공을 거두었다. 그 후 그녀는 약 10년간 남편과 함께 자료를 수집하고 수백 번의 인터뷰를 통해『마오: 알려지지 않은 이야기들』(MAO: The Unknown Story, 2005)을 출판하였다.

이 책에 따르면 "'마오쩌둥은 히틀러와 스탈린과 꼭 같이 사악했고 인류에게 끼친 해악이 꼭 같다.' 마오쩌둥은 전쟁도 없는 시기에 최소한…7천만 명을 죽인 인물로 역사상 유례가 없는 일이라고" 한다.『대륙의 딸』, 『마오: 알려지지 않은 이야기들』두 책 모두 중국에서는 금지도서라고 한다(이장원 2018, 131).

6.25전쟁 때 1950년 9월 인천에 상륙한 유엔군이 파죽지세로 북한 전역을 점령하자, 마오쩌둥은 동년 10월 25일 450,000명의 중공군을 "인해

전술"(Human wave tactics)에 투입하였다. 인해전술이란 무기다운 무기도 없는 병사들이 바다의 파도(人海)처럼 계속 밀려들어 고지를 점령케 하는 전술을 말한다. 여기서 병사들의 목숨은 고지를 점령하기 위한 총알받이에 불과하다.

1950년 12월 19일, 조-중 연합군 사령관이었던 중국의 펑더화이는 인해전술에 투입된 중공군 병사들의 참혹한 희생을 차마 볼 수 없어 마오쩌둥에게 다음과 같이 보고한다. "영하 30도의 혹한에 모두 동상이 걸리고 방한복도 방한화도 없이 노지에서 잔다. 미군의 네이팜탄 투하로 다 타버려 신발이 없는 병사도 있다." 마오쩌둥에게 충성했던 펑더화이는 결국 "반공산당, 반사회주의, 반마오쩌둥"의 "3반분자"(3反分子)로 몰려 무기징역을 선고받고 복역하던 중 1974년 옥중에서 사망하고, 2년 뒤 1976년에 마오쩌둥도 사망하였다(144).

공산주의 체제의 이 같은 모습은 역사의 목적에 대한 마르크스의 꿈이 실패로 돌아가고 말았음을 보여준다. 우리가 경험했던 20세기의 공산주의 체제는 "역사의 해결된 수수께끼"(das gelöste Rätsel der Geschichte)가 아니라 또 하나의 역사의 수수께끼가 되고 말았다. 현재의 북한 사회도 이같은 현상을 보이고 있다. 만일 죽었던 마르크스가 다시 태어난다면 이를 보고 대노할 것이라고 학자들은 말한다.

4. 사실 마르크스의 꿈은 위대했다. 이 위대한 꿈이 실패로 돌아간 이유는 무엇인가? 그 원인은 먼저 마르크스가 역사의 목적으로 제시한 공산주의 체제는 현실적으로 공의롭지도 못하고 정의롭지도 못하다는 사실에 있다. 인간의 능력과 생활 방식에는 차이가 있다. 부지런하고 근검절약하는 사람이 있는가 하면, 나태하고 낭비하는 생활 습관을 가진 사람도 있다. 똑같은 조건에서 노동을 시작했는데, 받은 월급을 술과 여자에 탕진하는 사람이 있는가 하는 반면, 근검절약하여 재산을 형성하는 사람도 있다(이것은 내가 외국인 노동자를 고용한 어느 기업인에게서 직접 들은 얘기다). 그럼에도 불구하고 노동의 결과물을 모든 사람이 강제적으로 공유하는 것은 불공

평하고 불의한 일이다. 공산주의가 제시하는 사유재산의 폐기와 모든 소유의 공유는 매우 인간적으로 들리지만 정의롭지 못하다.

개인의 능력과 생활 방식의 차이를 무시한 모든 소유의 공유는 모든 사람을 나태하게 만들고, 국가의 경제를 파탄시킨다. 땀 흘리며 열심히 일해도 그 열매가 자기의 것이 되지 않고 공동의 소유가 된다면 땀 흘리며 열심히 일하지 않게 된다. 열심히 일하는 사람이나 게으른 사람이나 동일한 임금을 받는다면 열심히 일하지 않게 된다. 결국 경제가 파탄에 빠진다.

124년 전 유길준이 쓴 『서유견문』에 의하면 혁명으로 어지럽던 1848년에 프랑스 정부가 군복 만드는 재봉사 1,500명을 직접 고용하고서 숙련도나 기술 차이를 따지지 않고 모두 똑같은 공임을 주겠다고 약속하였다. 그런데 재봉사들이 처음 공임을 받았을 때 모두 아연실색하였다고 한다. 모든 재봉사들이 똑같이 받은 그 공임은 하급 기술자의 반나절치에도 미치지 못할 정도였다. 재봉사들이 만들어 납품한 군복이 예상보다 너무 적었고, 품질 또한 형편없었기 때문이었다. 그 까닭을 유길준은 다음과 같이 말한다. "그 까닭은…재봉사들의 게으름 때문인 것이 분명하다. 게으르게 일하고도 그 공임을 부지런히 일한 자들과 같이 받는다면 어느 누가 게으르지 않겠는가. 또 부지런히 일하고도 그 공임을 게으른 자들과 같이 받는다면 어느 누가 부지런히 일하겠는가." 마르크스의 꿈이 실패로 끝날 수밖에 없었던 원인은 여기에 있다.

5. 마르크스의 꿈이 실패로 끝난 근본 원인은 인간의 본성을 깊이 성찰하지 못한 점에 있다. 인간의 가장 기본적인 욕구는 자기의 생명을 유지하고자 하는 것이다. 이 욕구를 충족시키기 위해 그는 자기의 이웃을 희생시킬 수 있고, 소유에 소유를 쌓고자 하는 이기적 본성을 가지고 있다. 누구를 막론하고 인간은 이기적 본성을 버릴 수 없다. 성서에 의하면 "만물보다 더 거짓되고 아주 썩은 것은 사람의 마음"이다(렘 17:9). 이 썩은 마음, 곧 죄의 본성은 무산 계급자도 벗어날 수 없다는 사실을 마르크스는 충분히 고려하지 않았다.

물론 마르크스는 인간 세계의 모든 문제의 뿌리가 인간에게 있다는 것을 알고 있었다. 그래서 인간 자신의 변화가 필요함을 그는 다음과 같이 시사한다. "상황의 변화와 인간 활동의 변화 혹은 (인간의) 자기변화가 함께 일어나야 한다는 것은 오직 혁명의 실천으로서만 파악될 수 있고 합리적으로 이해될 수 있다"(403, 『포이어바흐에 관한 테제』 제3항). 그러나 마르크스는 인간 내면에 깊이 숨어 있는 죄악된 본성에 대해 침묵한다. 그는 단지 무산 계급에 의한 공산주의 혁명을 통해 역사의 목적이 이루어질 것으로 기대했다. "마르크스가 구상한 사회는 인간이 천사일 때만 가능할 수 있다. 그 구상이 실패한 것은 인간이 야수이기 때문이다. 인간의 본성은 전혀 변하지 않았다"(Ridley 2001, 358).

인간에게는 "이기적 유전자"가 있는 동시에 "사회적 유전자"가 있다. 그러나 타락한 인간의 세계에서 인간에게 더 큰 힘을 가진 것은 이기적 유전자다. 이기적 유전자로 말미암아 인간은 먼저 자기 자신을 추구하는 이기적 경향성을 가진다. 인간의 이기적 경향성 내지 본성이 변화되지 않는 한 마르크스가 꿈꾸는 공산주의 사회는 실현될 수 없다.

위에 언급한 장융의 자서전 『대륙의 딸』은 "공산주의가 실패한 이유는 인간의 본성을 바꾸지 못했기 때문이라는 것을" 보여준다. 쓰촨성 이빈시의 시장이었던 그녀의 아버지 장쇼유는 참으로 청렴결백한 공산당원이었다. 그는 먼 거리를 갈 때 아내를 자기 차에 태우지 않고 걸어서 따라오게 했다. "또 그는 아내의 생명을 구해준 반혁명게릴라 혐의자를 원칙대로 처벌해버렸다.…또 그는 자기 형이 차(茶) 판매 사업에 추천되었을 때에도 앞장서서 반대했다." 그러나 현실적으로 장쇼유 같은 사람은 공산주의 사회에 거의 없다. "일단 비판에 대한 면역이 생기고 나자 공산주의 관료들은 자본주의 관료들보다 모든 면에서 훨씬 더 부패했고 관료 세계에는 정실이 판을 쳤다"(Ridley 2001, 357-358).

청년 마르크스가 철저히 연구했던 헤겔은 "영(정신)으로서의 하나님"(Gott als Geist)이 역사의 궁극적인 주체라고 보았다. 역사를 이끌어나가는 것은 영이신 하나님의 변증법적 자기활동이 아니다. 마르크스는 헤겔의 생각을 현실의 바탕을 결여한 추상적인 것이라 반대한다. "영"이라고 하는 "귀신"(Gespenst)이 역사의 주체가 되는 것은 불가능하다. 역사의 주체는 "영으로서의 하나님"이 아니라 무산 계급자들 곧 노동자들이다. "노동자 혁명의 첫 단계는 무산 계급을 지배 계급의 자리에 높이 세우고 민주주의를 쟁취하는 데 있다"(Marx 2004, 616, 『공산당 선언』에서). 무산 계급은 유산 계급이 소유한 자본을 빼앗고, 모든 생산 수단을 국가 곧 공산당에게 맡겨 생산력을 가능한 한 속히 증대시키는 데 통치권을 사용해야 한다(616).

여기서 마르크스는 무산 계급자들도 이기적 본성을 버릴 수 없는 인간이란 사실을 간과한다. 끝까지 "자기의 것"을 먼저 챙기려는 인간이 권력을 장악하면 부정과 부패에 빠지기 마련이다. 무산 계급자들도 마찬가지다. 이것은 모든 인간의 피할 수 없는 속성이다. 노동자들의 권익을 옹호하기 위한 노동조합의 간부들이 수억 원의 뇌물을 챙기는 현실은 이를 증명한다(부산항운노조의 경우). 정치와 경제 운용에 전혀 경험이 없는 무산 계급자들이 국가 권력을 쥐면 수많은 실수 및 시행착오로 국가 경제가 파탄에 빠지며 결국 독재체제로 변모한다는 사실을 우리는 20세기의 모든 공산주의/사회주의 국가에서 경험하였다.

6. 마르크스의 이 같은 문제점은 많은 진보주의적 사상가들에게서 나타난다. 인간의 교육, 이성과 도덕성과 감성의 개발, 사고의 패러다임 변경 등을 통해 역사의 목적에 도달하려는 진보주의가 실패로 끝날 수밖에 없는 원인도 인간의 깊은 이기적 본성을 간과한 데 있다. 기독교적으로 말한다면 인간의 뿌리 깊은 죄성을 간과한 데 있다.

칸트에 의하면 하늘에 수많은 별을 가진 거대한 천체가 있다면 인간의 마음속에는 "도덕법"이 있다. 거대한 천체 앞에서 그는 자연에 의존하는 한 미물에 불과한 반면, 마음속에 있는 도덕법을 통해 그는 거대한 천체에 대해 자유로운 존재로 자기를 인식한다. 그는 도덕법의 명령에 따라 자기의 "의지의 최고치(Maxime)"가 "보편적 법의 원리"와 일치하도록 행동할 수 있는 능력을 가진다. 그래서 칸트는 "너의 의지의 최고치가 항상 보편적 법의 원리가 될 수 있도록 행동하라"고 권유한다(Handle so, daß die Maxime deines Willens jederzeit zugleich als Prinzip einer allgemeinen Gesetzgebung gelten könne. 『실천이성 비판』에서). 그러나 하늘의 무수한 별들의 천체와 인간의 도덕법 외에 칸트는 인간 마음속 깊이 숨어 있는 이기적 본성도 보았어야 했다. 도덕법을 통해 인간은 "동물의 세계와 모든 감성의 세계에서 독립된 생명"을 영위할 수 있는 동시에, 이기적 본성으로 말미암아 동물보다 더 악한 존재가 될 수 있음을 그는 고려해야 했다.

물론 인간의 양심과 지성과 감성과 도덕성의 개발도 필요하다. 강력한 법질서도 필요하다. 그러나 아무리 많은 교육을 받고 이성과 양심과 감성과 도덕성을 개발해도, 아무리 강력한 법질서를 만들어도 인간의 이기적 본성은 극복되지 않는다. 참으로 위대했던 마르크스의 꿈이 실패로 끝난 근본 원인은 이 사실을 충분히 고려하지 않은 데 있다. 정치는 실종되고 권력욕이 난무하는 오늘날 정치 현실의 원인도 인간의 이기적 본성에 있다.

7. 마르크스의 공산주의 사회의 꿈은 실패로 끝났지만, 기독교 신학은 마르크스에게서 많은 것을 배울 수 있다. 첫째, 기독교 신학은 역사의 목적에 대한 분명한 자기인식을 가져야 한다. 그리고 마르크스처럼 이 목적이 무엇인지 구체적으로 말해야 한다. 마르크스가 역사의 목적으로 제시하는 공산주의 사회에 비해 "하나님의 통치", "하나님의 주권"은 너무도 막연하고 추상적이다. 구체성을 갖지 못한 역사의 목적은 역사의 현실에 대해 무의미하다. 그것은 구체적 방향을 보이지 않기 때문이다.

이에 대한 중요한 원인은 기독교의 영혼주의에 있다. 영혼주의에 빠지면 구체적으로 생각하지 못하게 된다. 하나님 나라를 흰옷 입고 풍악을 울리는 영혼들의 세계로 생각하게 된다. 역사의 목적인 하나님 나라는 영혼이라는 고독한 단자들의 영적 세계가 아니라 영과 물질과 사회적 관계와 자연을 포함하는 현실적 세계다. 이 세계가 어떤 세계인지, 그리스도인들과 교회와 세계가 지향해야 할 방향과 목적이 무엇인지를 기독교 신학은 구체적으로 제시해야 한다. 그래야 하나님 나라가 현실 삶의 세계에 대해 의미를 갖게 된다.

둘째, 기독교 신학은 마르크스를 무신론자·이단자라고 비난하기 전에, 왜 그가 하나님과 종교를 거부했는지 반성해야 한다. 중요한 원인은 하나님에 대한 기독교 신앙은 역사의 목적을 이루고자 하는 모든 실천을 약화시키는 "민중의 아편" 역할을 한다고 생각되었기 때문이다. 유럽에서 기독교는 국가종교가 되어 정치 권력자의 시녀와 같은 역할을 하였기 때문이다. 기독교는 이 점을 진지하게 반성해야 한다.

그러나 하나님과 종교를 거부할 때 노동자들은 하나님 없이 자기 홀로 역사의 목적을 이루어야 하는 상황에 처한다. 이것은 노동자들, 아니 인간 일반에 대한 너무 과도한 기대다. 죄악된 본성을 벗어날 수 없는 인간에게 이것은 불가능한 일이다. 그것은 쇠사슬에 묶인 자가 자신의 힘으로 쇠사슬을 벗어나야 한다고 기대하는 것과 마찬가지다.

셋째, 마르크스의 공산주의/사회주의 이론은 자본주의 체제에 대한 반대 명제로 제시되었다. 그러므로 자본주의 체제의 문제들이 극복되지 않을 때 공산주의/사회주의 이론은 다시 머리를 들게 된다. 구소련 연방의 공산주의 체제가 무너진 후, 한동안 공산주의/사회주의 이념은 잠잠한 상태였다. 자본주의 체제가 거의 온 세계를 지배하였다. 그러나 오늘날 공산주의/사회주의 이념이 다시 고개를 들고 있다. 그 원인은 자본주의 체제가 초래한 문제들 때문이다. 빈부격차, 사회양극화, 새로운 형태의 사회계급화, 자연파괴와 생태계 위기, 지구 온난화와 기후 변화 등으로 인해 세계의 미래가 더욱 어두워졌기 때문이다. 그러므로 공산주의/사회주의 이념을 극복할 수 있는 길은 단지 그것이 무신론·유물론이라고 비방만 하는 것이 아니라 자본주의 체제의 문제점을 해결하는 데 있다. 이 문제점을 해결하지 못하면 공산주의/사회주의 이념은 언제나 다시금 고개를 들 것이다. 그것은 언제나 다시금 기독교의 역사 목적에 대한 강력한 도전으로 등장할 것이다.

여기서 유의해야 할 문제점은 공산주의/사회주의 사상가들은 그들의 이념을 반드시 실현해야 할 지상명령으로 여긴다는 점이다. 그러므로 이들은 강력한 흑백논리 속에서 대화와 타협을 거부한다. 그들은 어떤 방법으로든지 자기의 이념을 실현코자 한다. 이를 위해 여론 조작과 선거 조작과 독재도 불사할 수 있다. 지금까지 생과 사를 함께했던 동지들을 하루아침에 제거할 수도 있고(공산당원들 사이의 알력과 테러와 숙청), 어린 자녀들 앞에서 부모를 고사총으로 즉사시킬 수도 있다. 모든 범죄와 모순이 이념의 이름으로 정당화된다. 권력의 세습도 정당화되고, 최고 권력자의 성적 타락도 정당화된다. 그들의 이념이 양심과 인간성을 마비시킨다. 이런 인간이 역사의 목적을 실현한다는 것은 애초부터 틀린 얘기다.

4
하나님의 사랑 안에 있는 수수께끼의 열쇠

A. 회개와 사랑 안에서 풀리기 시작하는 역사의 수수께끼

1. 공산주의 체제의 문제성에 대한 위의 지적이 오늘의 자본주의 체제를 인정하는 것으로 오해되어서는 안 된다. 자본주의 체제 역시 역사의 목적에 이를 수 없다는 사실을 우리는 지금 눈으로 보고 있다. 끝없는 경제성장과 더 많은 돈을 최고의 가치로 꼽는 자본주의 사회는 목적이 없는 사회, 곧 맹목적인 사회다. 이 사회의 미래가 어떻게 될지 누구도 예측하기 어렵다. 그것은 지속적 자연 파괴로 인한 생태계의 대파멸일 수 있다. 결론적으로 자본주의도 공산주의도 진보주의도 역사의 수수께끼를 풀 수 없다. 이 수수께끼를 풀 수 있는 열쇠는 무엇인가? 인간의 지능을 능가하는 인공지능인가? 아니면 더 많은 돈과 물질적 풍요인가?

문제의 뿌리는 인간 자신에게 있다. 그렇다면 문제의 해결도 인간에게서 시작되어야 한다. 먼저 인간의 악한 본성이 변화되어야 한다. 아무리 좋은 사회 제도와 질서를 세운다 해도, 인간의 이기적 본성이 변하지 않는 한 역사의 수수께끼는 풀리지 않을 것이다. 그러므로 예수는 산상설교에서 우리 인간의 본성의 변화를 요구한다. "하늘에 계신 너희 아버지께서 완전하신 것 같이 너희도 완전하여라"(마 5:48)는 말씀은 너희들의 악한 본성을 버리고 하나님의 "완전한 사랑"의 본성을 취하라는 것이다. 하나님처럼 완전한 사람이 되고자 할 때 이런저런 선한 일을 행하는 것으로 부족하다. 부자 청년처럼 구약 율법의 계명들을 모두 지키는 것으로 부족하다. 근본적으로 우리의 이기적이고 악한 본성이 하나님의 신적 사랑의 본성으로 변화되어야 한다. 동방 정교회의 "신성화"(deificatio) 개념이 말하는 것처럼, 하나님의 성품을 가진 사람이 되어야 한다(장현승 2013, 88).

우리의 이기적 본성이 하나님의 사랑으로 완전히 변화될 때, 아마도 세계의 모든 문제들이 저절로 해결될 것이다. 인간의 끝없는 이기주의, 미움과 증오, 성폭력, 맘몬 숭배, 권력 암투, 사회양극화, 인간차별, 인종차별, 폭력과 테러, 독재체제, 제국주의, 인간 자신의 생명을 위협하는 자연파괴와 지구온난화 등 지금 우리 세계가 직면하고 있는 거의 모든 문제들이 해결될 것이다. 인간이 "인간에 대한 최고의 가치"로 인정받으며, 소유를 함께 나누는 세계가 이루어질 수 있을 것이다.

"하나님은 사랑이다"(요일 4:8, 16). 그는 세상의 모든 짐을 대신 짊어지고 자기 자신을 희생하는 사랑이다. 저주와 죽음을 당할 수밖에 없는 자에게 구원과 생명을 가져다주고 인간이 당해야 할 저주와 죽음을 자기가 감당하는 사랑, 곧 인간의 것이 하나님의 것이 되고, 하나님의 것이 인간의 것이 되는 "맞바꿈" 혹은 교환의 사랑이다. 하나님의 완전하심은 자기를 희생하는 무한한 사랑에 있다. "역사의 목적", 곧 역사의 수수께끼는 끝까지 "자기의 것"을 챙기는 인간의 이기적 본성이 하나님의 완전한 사랑으로 변화될 때 풀릴 수 있다.

2. 마르크스의 공산주의 사회는 하나님의 완전한 사랑을 하나님 없이(!) 법적 제도를 통해 실천하고자 한다. 그런데 법적 제도는 강제성을 띤다. 소유의 나눔이 강제성을 띤 법적 제도를 통해 집행될 때 사랑과 자유가 사라진다. 사람들은 하기 싫은 것을 억지로 하게 된다. 억지로 하는 것은 사랑이 아니다. 그것은 법을 통해 강요된 것에 불과하다. 따라서 그것

은 개인의 자유에 대한 억압으로 느껴진다. 역사의 목적은 강요와 억압을 통해 이루어질 수 없다. 법적 구속력을 가진 제도와 질서는 인간의 악한 본성을 억제할 수 있지만, 악한 본성 자체를 변화시킬 수는 없다. 물론 인간의 악한 본성을 제어하는 법적 제도와 질서도 필요하다. 그러나 "역사의 풀리지 않은 수수께끼"는 인간의 악한 본성이 하나님의 "완전한 사랑"으로 철저히 변화될 때 저절로 풀릴 것이다. 그것은 자유로운 사랑을 통해 가능하다. 이 길 외에 어떤 다른 길이 있을까?

20세기에 등장한 혁명의 신학, 해방신학과 민중신학은 불의한 사회 제도와 구조를 변혁함으로써 보다 더 정의로운 세계를 이루고자 하였다. 물론 이것은 필요한 일이다. 불의한 제도와 사회 구조는 변화되어야 한다. 이와 동시에 하나님의 정의로운 세계는 인간에게서 시작되어야 한다. 이기적인 인간의 본성이 무한한 사랑이신 하나님의 본성으로 변화되어야 한다. 이것은 결코 인간의 신격화를 뜻하지 않는다. 인간은 아무리 노력해도 하나님과 동일한 존재가 될 수 없기 때문이다.

세계의 거의 모든 국가들은 부유층에서 더 많은 세금을 거두어 가난한 사람들의 복지를 꾀하는 조세정책을 통해 보다 나은 세계를 이루고자 한다. 그러나 여기에는 부작용이 따른다. 부유층에게 더 많은 세금을 요구하면 자본과 기업을 외국으로 옮기고 새로운 투자를 피한다. 이리하여 국가 경제가 위축되고, 실업자와 신용불량자가 양산된다. 이것은 좌파 정부가 통치하는 모든 나라의 공통된 현상이다. 이 같은 현상의 원인은 인간의 이기적 본성에 있다. 모든 문제의 뿌리는 "만물보다 더 거짓되고 아주 썩은" "사람의 마음"에 있다(렘 17:9). 그러므로 하나님 나라의 역사 목적은 "사람의 마음"에서부터 시작되어야 한다. "만물보다 더 거짓되고 아주 썩은" 인간의 마음이 "그리스도 예수의 마음"으로(빌 2:5) 변화되어야 한다.

그러나 자기의 생명 유지를 기본 욕구로 가진 모든 인간의 본성이 하나님의 완전한 신적 사랑의 본성으로 변화된다는 것은 불가능하지 않은가? 부자 청년처럼 "네가 가진 것을 모두 팔아 가난한 사람들에게 나누어주라"는 예수의 마지막 권고를 거부하지 않겠는가? 모든 인류의 본성이 변화되어 하나님 나라가 이루어진다는 것은 유토피아적 공상이 아닌가?

물론 이것은 까마득한 일로 보인다. 그러나 이 길밖에는 다른 길이 보이지 않는다. 교육도 필요하고 인간의 양심과 도덕성의 개발도 필요하다. 민주주의 제도와 엄격한 법질서도 필요하다. 그러나 교육을 통한 양심과 도덕성의 개발, 사회 제도의 개혁은 인간 본성 속에 깊이 숨어 있는 사탄의 세력을 극복하기에는 역부족이다. 민주화가 이루어져도 인간의 이기적 본성은 변하지 않는다. 루터가 말한 것처럼, 그리스도의 죄 용서를 받고 세례를 통해 "새 피조물"로 다시 태어난다 해도 인간의 자기중심적 본성은 없어지지 않는다. 이것은 인간이 벗어날 수 없는 한계상황이다.

그러나 우리가 성령을 통해 "새로운 영"과 "새로운 마음"을 가질 때, 우리의 자기중심적 본성은 힘을 잃어버린다. "죄의 몸을 죽여야 한다"는 로마서 6:6의 말씀에서 "죄의 몸"(soma tēs hamartias)은 인간의 죄악된 본성을 가리킨다. 이 본성을 "죽인다"는 그리스어 καταργέω는 "파괴하다", "무력하게 하다", "제거하다", "멸하다"를 뜻한다. 히브리어 2:14은 이 개념을 다음과 같이 사용한다. "죽음의 세력을 쥐고 있는 자 곧 악마를 멸하시고…."

그리스도께서는 십자가의 자기희생을 통해 인간의 죄악된 본성을 꺾으셨다. 이것을 믿고 성령을 받을 때 인간의 죄악된 본성은 힘을 잃어버린다. 그것은 남아 있지만, 힘을 쓰지 못하게 된다. 힘을 쓰지 못하는 상태에서 인간의 죄악된 본성은 성화의 과정을 통해 차츰 하나님의 본성을 닮게 된다. 어둡게 보이던 사람의 얼굴 표정이 밝아지기 시작한다. 돌처럼 굳은 마음이 부드럽게 변화된다. 더 많이 움켜쥐려고 했던 손을 풀게 된다. "하나님처럼 너희도 완전하여라"는 말씀을 위시한 산상설교의 계명들은 인간의 본성이 하나님의 완전한 사랑의 본성으로 변화될 수 있음을 전제한다. 그러므로 하나님은 이렇게 말한다. "너희에게 새로운 마음을 주고 너희 속에 새로운 영을 넣어주며, 너희 몸에서 돌같이 굳은 마음을 없애고 살갗처럼 부드러운 마음을 주며…"(겔 36:26).

3. 타락한 인간의 악한 본성이 하나님의 완전한 사랑의 본성으로 변화될 수 있는 첫걸음은 십자가에 달린 예수 앞에서 자기의 죄를 통회 자복하고 회개하는 데 있다. 자기의 죄를 깨닫지 못하고 이를 자복하지 않는 한 역사의 수수께끼는 풀리지 않을 것이다. 죄를 깨닫고 회개할 때 성령께서 우리에게 오시고, 우리는 "새로운 마음과 새로운 영"을 얻을 수 있다. "너희가 지은 죄를 너희 자신에게서 떨쳐내 버리고 새로운 마음과 새로운 영을 얻으라"(겔 18:31). 회개를 통해 악한 인간은 하나님의 "새로운 피조물"로, "새 사람"으로 변화될 수 있다. 톨스토이는 그 가능성을 보여준다. 회개는 "완전히 새로운 마음의 선물에 이르는 문"이다(Mason 2018, 36). 그러므로 예수는 "하나님 나라가 가까이 왔다"고 선포하면서 "회개하라"고 요구한다. 회개하는 사람에게서 "하늘 문"이(시 78:23; 말 3:10) 열린다. 곧 역사의 수수께끼가 풀리기 시작한다.

그러나 죄의 세력은 그리스도인들을 계속 자신의 노예로 삼고자 유혹한다. 그리스도인들 속에 숨어 있는 악한 본성을 활성화시키고자 한다. 그리스도인들은 이에 저항해야 한다. 죄의 노예가 되지 않아야 한다. "죄가 여러분의 죽을 몸을 지배하지 못하게 해서, 여러분이 몸의 정욕에 굴복하는 일이 없도록" 해야 한다(롬 6:12). "그들의 입에서는 거짓말을 찾을 수 없고,…흠잡을 데가" 없는 사람이 되어야 한다(계 14:5). 각 신자들의 인격과 삶 속에서 "그리스도의 형상"을 볼 수 있어야 한다(롬 8:12; 갈 4:19; 산상설교의 팔복 참조).

"그리스도의 형상"을 보일 수 있는 길은 하나님의 계명을 지키는 데 있다. 모든 계명의 중심은 무아적 사랑에 있다. 무아적 사랑은 무아적 용서와 소유의 나눔으로 구체화된다. 각 사람이 각 사람에게 최고의 가치가 되는 공동체, 곧 "계급 없는 사회", "형제자매들의 공동체"로 나타난다. 마르크스가 꿈꾸었던 역사의 목적이 여기서 이루어지기 시작한다. 모든 것이 "그리스도 안에서 그분을 머리로 하여" 하나로 통일되는 현실이 앞당겨온다(엡 1:10). 이것을 우리는 세계 곳곳에 있는 그리스도인들의 소규모 공유 공동체에서 볼 수 있다(예를 들어 메노나이트 공동체, 한국 포천의 사랑방공동체).

4. 성서는 사유재산을 부인하지 않는다. 자기 재산을 다 내어놓고 다른 사람과 공유하라고 명령하지 않는다. 그러나 성서는 소유를 끝없이 비축하려는 인간의 욕망을 경고하고(광야의 메추라기 이야기 참조; 출 16:13-21), 그리스도의 사랑 안에서 소유의 자발적 나눔을 요청한다. 안식년이 되면 노예를 풀어주어야 한다(출 21:2; 고대 시대에 노예는 사유재산이었음). "황금도 티끌 위에다가 내버리고, 오빌의 정금도 계곡의 돌바닥 위에 내던져라"(욥 22:24). 이 전통은 신약성서에 계승된다. "네가 완전한 사람이 되려고 하면, 가서 네 소유를 팔아 가난한 사람에게 주어라." 그래야 하나님 나라에 들어갈 수 있다(마 19:21-24). "남에게 주어라. 그리하면 하나님께서도 너희에게 주실 것이니…"(눅 6:38). "행함이 없는 믿음", 곧 형제의 고통을 보고도 자기의 소유를 나누지 않는 믿음은 죽은 믿음이다(약 2:13-26).

십계명의 제1계명은 "다른 신들을 섬기지 못한다"고 명령한다. 오늘 우리 세계의 "다른 신"은 무엇인가? 그것은 돈이다. 사람들이 돈을 하나님처럼 모신다. 십계명은 돈을 하나님처럼 섬기지 말 것을 명령한다. 인간을 "돈의 노예"로 만드는 "돈의 마성"에서 자유로워야 한다는 것이다. 예수도 돈에서의 자유를 명령한다. "너희는 하나님과 재물을 아울러 섬길 수 없다"(마 6:24).

일반적으로 돈이 많으면 자유로워질 수 있다고 생각한다. 돈은 자유롭게 한다! 그래서 다들 돈을 얻으려고 애쓴다. 그런데 돈은 인간을 자기의 노예로 만들어버리는 마성을 가진다. 돈에 대한 만족이란 존재하지 않는다. 얻으면 얻을수록 더 많이 갖고 싶어 한다. 그래서 돈의 노예가 되어버린다. 결혼할 신랑 신부를 찾을 때에도 돈을 생각한다. 자유인이 되는 길은 더 많은 돈을 쌓는 데 있지 않다. 자유인이 되는 길은 의롭고 선한 일을 위해 돈을 쓰는 데 있다. 곧 사랑을 행하는 데 있다. 성령이 계신 곳에 사랑이 있고, 사랑이 있는 곳에 참 자유가 있다 "주님의 영이 계신 곳에는 자유가 있다"(고후 3:17). 사랑이 없으면 "산을 옮길 만한 믿음"도 헛것이다 (고전 15:2). 아니 그것은 거짓된 믿음, 곧 불신앙이다. 그것은 생명의 주님 이신 그리스도의 명령에 복종하지 않기 때문이다. 진실로 믿지 않기 때문 에 불복종한다(Bonhoeffer, 『나를 따르라』에서). 그리스도의 사랑 안에서 이루 어지는 자발적 나눔과 용서와 위로와 상부상조 속에서 역사의 수수께끼 가 풀리기 시작한다.

"역사의 풀리지 않은 수수께끼"를 풀 수 있는 궁극적 열쇠는 유산 계 급에 대한 무산 계급의 증오와 공산주의 혁명에 있는 것이 아니라 십자가 에 달린 삼위일체 하나님의 사랑에 있다. 하나님의 삼위일체는 "하나님은 사랑이다"를 교리적으로 표현한 것이다. 완전한 사랑이신 삼위일체 하나 님에 대한 믿음과 희망과 사랑 속에서 역사의 수수께끼가 풀릴 수 있다. 연약한 생명들에게 손길을 내미는 사랑 안에 역사의 목적이 보이기 시작 한다. 인간의 힘으로 이룰 수 없는 마르크스의 위대한 꿈이 해결될 수 있 는 길은 십자가에 달린 삼위일체 하나님의 사랑에 있다. 사랑 안에 "생명" 이 있다(요일 3:14). 생명이 살 수 있는 길은 이기적 욕망과 경쟁과 투쟁이 아니라 사랑에 있다. 갓 태어난 어린 생명도 부모의 깊은 사랑을 통해 살 아남는다.

B. 역사의 목적이 가시화되는 "성도의 공동체"

1. 하나님 나라는 이 세상에 속한 것의 연장이 아니라 이 세상에 속하지 않은 "새로움"(Novum)이다. 그것은 "죽음과 슬픔과 울부짖음과 고통"이 어디에나 있는 "이전의 하늘과 이전의 땅"이 아니라 "새 하늘과 새 땅"이 다. 그것은 "썩을 것"에 대칭하는 "썩지 않을 것"이다(고전 15:19, 42). 따라 서 하나님 나라는 이 세상에 대칭한다. 빛이 어둠에 대립하고, 진리가 거

짓에 대립하듯이, 하나님 나라는 이 세상의 나라에 대립한다. "빛이 어둠 속에서 비치니 어둠이 그 빛을 이기지 못하였다"(요 1:5)는 요한복음의 말씀은 이를 나타낸다.

에를레만(K. Erlemann, 부퍼탈 신학대학)에 의하면 구약성서와 묵시사상과 초기 기독교에서 하나님 나라에 대한 기다림은 의롭지 못한 현실 세계에 대한 대응으로 등장하였다. 시편 저자들, 예언자들과 묵시사상가들은 불의하고 고통스러운 현실에 결정적 변화를 가져올 새로운 세계를 희망하였다. 시편의 기도자들, 예언자들과 묵시사상가들은 "자기를 정치적·사회적 혹은 종교적 소외 계층에 속한 것으로" 인식하는 사람들이었다 (Erlemann 1996, 136). 그들은 주어진 상황을 수납하지 않고, 이 상황을 결정적으로 변화시킬 하나님의 예기치 못한 개입을 기다린다. 불의한 현실 속에서 그들은 하나님의 도우심을 간구하며, 하나님이 약속한 새로운 세계를 기다리며 이를 희망한다.

후기 유대교 묵시사상은 이스라엘 민족의 정치적·종교적 재난 속에서 등장하였다. 묵시사상가들은 세계 강대국들의 정치적·종교적 억압에 대해 굴복하지 않고, 현 상황의 극적 변화를 가져올 하나님 나라를 기다리며 희망한다. 율법에 충성하면서 그들은 마지막 시간까지 참고 견딘다. 젤롯 당원처럼 불의한 현실에 적극적으로 대항하든지, 아니면 쿰란 공동체처럼 수동적으로 맞서든지 간에, 그들이 기다리는 하나님 나라는 현재의 불의한 세계에 대한 대립과 모순의 성격을 띤다. 예수가 선포하였고 스스로 앞당겨온 하나님 나라도 마찬가지였다. 그것은 죄와 어둠의 세계에 대한 대립과 모순 자체였다.

대립과 모순은 저항을 뜻한다. 하나님 나라는 죄악된 인간의 세계에 대한 모순과 저항이다. 하나님 나라와 하나님의 정의에 대한 그리스도인들의 기다림과 희망은 불의한 뇌물과 성상납과 억울한 고통과 신음이 도처에 있는 어둠의 이 세상에 대한 부정과 거부의 표식이다. 그것은 이 땅의 비참한 현실의 표현인 동시에 이 현실에 대한 저항의 표시다. 예수께서 가까이 올 때 사탄이 동요하는 것처럼, 하나님 나라의 빛이 비칠 때 세상의 어둠은 편안하지 못하게 된다. 그것은 세상의 부정적인 것에 대한 부정이기 때문이다.

2. 대립과 부정의 성격을 가진 하나님 나라는 세상의 부정적인 것을 부정함으로써 하나님의 목적을 이루고자 한다. 어둠의 세계를 빛의 세계로, 무덤 속에 있는 세계를 생명의 세계로 바꾸고자 한다. 이를 위해 하나님은 그리스도인들을 부르시고 교회를 세우신다. 교회는 회개하고 하나님 나라의 자녀로 새롭게 태어난 사람들의 공동체 곧 "성도의 공동체"(communio sanctorum)다. 그것은 땅 위에 있는 "하나님 나라의 장(場)"이요(이종성), "공동체로서 실존하는 하나님 나라"다(K. Barth. 김균진 2017, 109에서 인용). 그것은 땅 위에 있는 하나님 나라의 거울이다.

성서의 말씀에 따르면 그리스도인들은 하나님 나라를 유업으로 물려받은 사람들, 곧 하나님 나라의 상속자들이다(참조. 고전 6:9; 15:50; 갈 5:21). 하나님 나라가 그들 가운데 있다(눅 11:20). 이 하나님 나라가 역사의 목적이라면, 역사의 목적은 그리스도인들과 그들의 공동체인 교회 안에 현존한다. 그것은 그리스도인들과 교회를 통하여 이루어지기 시작한다.

이 말은 교회가 땅 위에 있는 하나님 나라의 현실로 "변화되어야 한다"는 당위성을 뜻한다. 교회는 "그리스도의 몸"이고, 그리스도는 "하나님 나라 자체"다. 그렇다면 교회는 땅 위에 있는 하나님 나라를 반사하는 하나님 나라의 거울이어야 한다. 역사에 대한 하나님의 목적이 교회 안에서 눈으로 볼 수 있게 나타나야 한다.

그리스도인들은 "세상의 빛"이다(마 5:14). 그들은 "어둠의 세상"에 속한 어둠의 자녀들이 아니라 "빛의 자녀들"이다(엡 6:12; 5:8). 그들은 이 세상 안에 살지만 "이 시대의 풍조"를 따르지 아니하고 "하나님의 선하시고 기뻐하시고 완전하신 뜻"에 따라 살며(롬 12:2), 이 세상에 속하지 않은 하나님 나라를 바라고 기다린다(요 15:18). 아브라함과 모세의 삶이 보여주듯이 그들은 역사의 목적인 하나님 나라를 향한 도상에 있다. 그들은 약속의 땅을 향해 나아가는 "도상의 존재" 곧 "길 위에 있는 존재"다(창 23:4; 벧전 2:11).

성서의 이 말씀은 교회에도 해당한다. 그리스도인들이 모인 공동체, 곧 교회 역시 "도상의 존재"다. 그것은 역사의 목적인 하나님 나라를 향해 나아간다. 교회는 역사에 대한 하나님의 목적이 현재화되는 장소다. 그러나 이 장소는 매우 불완전하다. 그것은 의인들의 공동체인 동시에 죄인들의 공동체이기 때문이다. 그러므로 교회 안에 현존하는 역사의 목적은 교회가 장차 도달해야 할 미래로 머물러 있다. 교회는 이 미래를 향해 끊임없이 변화되어야 한다. 이를 위해 교회는 아래 사항을 실천해야 한다.

1) 먼저 많은 사람이 "모이는 교회"가 되어야 한다. 이른바 "흩어지는 교회"가 되기 위해서는 먼저 많은 사람이 모여야 한다. 죄를 자복하고 회개하며 하나님 나라의 "새로운 피조물"로 성화되는 일이 선행되어야 한다.

2) 교회도 "그리스도의 형상"으로 변화되어야 한다. 밖에서 교회를 볼 때, 그리스도의 형상을 볼 수 있어야 한다. 모든 신자들이 그리스도의 사랑 안에서 한마음이 되며 용서와 평화와 거룩함이 있는 공동체를 이루어야 한다. 교회의 내적 분열과 싸움은 교회를 파괴하려는 사탄의 역사다. 교회 내의 음란과 헌금 유용 및 횡령을 일체 피해야 한다. 교회는 글자 그대로 "거룩한 사람들(성도)의 공동체"(communio sanctorum)가 되어야 한다.

3) 교회는 "사랑의 공동체"가 되어야 한다. 사도행전이 전하는 최초의 기독교 공동체처럼, 소유의 나눔이 있는 공동체가 되도록 노력해야 한다. 하나님의 "완전한 사랑" 안에서는 소유의 자발적 나눔이 있을 수밖에 없다. 하나님의 완전한 사랑 안에서 역사의 목적이 이루어질 수 있음을 교회는 보여야 한다.

4) 예수 그리스도처럼 교회는 돈에서 자유로워야 한다. 필요 경비를 제외한 교회의 돈은 세상을 섬기는 일에 지출되어야 한다. 거액의 돈을 쌓아두는 것을 피해야 하며, 수입과 지출은 정직하게 공개되어야 한다. "돈 때문에 교회 나가기 어렵다"는 얘기가 들리지 않도록 해야 한다. 십

일조를 낸 다음 매주 주일헌금, 각종 감사헌금, 선교헌금, 건축헌금, 절기헌금, 구제헌금, 교회 내의 각종 회비와 명목헌금 등을 내야 한다면 대관절 신자들은 얼마나 많이 교회에 바쳐야 하는지 생각해보아야 한다. 목회자의 우상화, 교회세습과 교회매매, 교단 내의 돈 선거는 하나님의 진노의 대상이다.

5) 개신교회의 교회관에 의하면 교회의 모든 신자들은 성직자와 동등한 "영적 신분"을 가진다(Luther). 따라서 목회자가 교회의 전권을 쥐어서도 안 되지만, 특정 장로가 수십 년 동안 교회 재정권을 독점해서도 안 된다. 만 70세까지의 장로들로 구성된 "당회" 대신에 교회 각 기관의 대표들로 구성된 "교회운영위원회"가 목회자와 함께 교회를 관리하며, 교회 모든 직분의 임기제를 도입하여 교회를 민주화해야 한다. 이와 동시에 올바른 목회자 양성과 목회자의 재교육이 필요하다.

6) 교회는 목회자 - 장로 - 권사 - 안수집사 - 집사의 계급체제(Hierarchie)가 아니라 목회자와 평신도, 여성과 남성, 청년층과 장년 및 노년층이 함께 참여하는 "형제자매들의 공동체"가 되어야 한다. 교회 직분에 따른 차별, 남성과 여성의 차별이 있을 수 없다. "계급 없는 사회"가 먼저 교회 안에서 이루어져야 한다. 그리스도의 사랑 안에는 계급적 차별이 있을 수 없다. 교회 직분은 사회적 출세를 보여주는 명함이 아니라 봉사직에 불과하다는 사실을 인식해야 한다.

7) 평신도는 사회 각 영역에서 하나님 나라를 확장할 수 있는 인적 자원이다. 교회는 인적 자원을 양성해야 한다. 기독교 신자들이 감소하는 것이 사회적 추세라는 이유로 전도와 인적 자원 양성을 포기하는 것은 직무 태만이다. 이런 교회는 쪼그라들 수밖에 없다. 하늘나라는 그것을 위해 힘을 쓰는 사람들의 것이다(마 11:12).

8) 분리된 교단들의 연합이 이루어져야 한다. 교회들이 정말 그리스도의 사랑 안에 있다면 분리된 교회들의 연합은 저절로 이루어질 수밖에 없다. 연합과 상부상조가 있는 곳에 하나님 나라가 있고 역사의 목적이 있

다. 교단 분열은 하나님의 역사의 목적에 역행한다. 그것은 사탄이 바라는 일이다.

9) 그리스도인들과 마찬가지로 교회 역시 하나님 나라의 역사의 목적을 이룰 시대적 사명이 있다. 사회 정의와 기업윤리와 정치윤리의 결핍, 악화일로에 있는 빈부격차와 사회 양극화, 핵무기의 위협, 강대국들의 군비경쟁, 정치경제적 제국주의, 인종차별주의 등 수많은 문제가 역사의 목적을 가로막고 있다. 전문 인력을 가진 교단 총회나 세계교회 연합기관들이 이 문제들을 감당할 수 있을 것이다.

오늘날 생태계 파괴와 기후변화는 모든 사람이 피부로 느끼는 위급한 문제가 되었다. 말레이시아, 인도네시아, 서아프리카의 원시림들이 벌목되고, 아마존의 원시림을 불에 태워버린 자리에 목초지를 만드는 일이 계속되고 있다. 동식물의 종(種)들 가운데 1/4이 멸종되었다. 생물의 종들은 자연 생태계의 기초다. 기초가 무너지면 생태계 전체가 무너진다.

역사의 목적인 하나님 나라는 인간과 자연의 피조물이 공존하는 세계다. 인간의 존엄성은 물론 자연의 존엄성도 존중되는 세계다. 자연은 인간이 없어도 생존할 수 있다. 그러나 인간은 자연 없이 생존할 수 없다. 우리는 인간을 "자연 위에" 있는 존재로 인식하지만, 인간은 자연에 속한 자연의 일부다. 자연은 인간의 "환경"(Umwelt)이나 경제성장에 필요한 "자원의 보고"에 불과하지 않다. 그것은 인간의 본향이요, 인간의 생존을 가능케 하는 기초로서 존엄성을 가진 생명체다. 이 같은 인식의 변화와 함께 다음과 같은 실천이 절실하다.

- 인구조절 정책을 통해 급속한 인구 증가를 막아야 한다.
- 생물의 종들을 보호해야 한다. 먼저 벌을 보호해야 한다. 이를 위해 무분별한 방제 소독과 농약 사용을 억제해야 한다.
- 자본주의는 끝없는 경제 성장의 꿈을 버려야 한다.
- 더 많이 소유하고, 더 많이 소비하며, 더 많이 버리는 현대 사회의

"더 많이 트렌드"(Trend zum Mehr)를 버리고 단순하게 사는 생활양식을 습득해야 한다.

- 무절제한 육식을 피해야 한다. 더 많은 육류 생산을 위해 원시림을 파괴하고 목초지를 확대하기 때문이다. 소가 방기하는 메탄가스는 대기오염의 한 주범이다.
- 범세계적 에너지 정책의 전환이 필요하다.
- "자연은 지구의 절반을 필요로 한다." 생물의 종들은 물론 인간 자신의 생명을 보호하기 위해 자연보호 지역의 네트워크를 범세계적으로 구축해야 한다. "자연에 투자하는 것은 미래를 위해 현명한 길일 뿐 아니라 인간적인 길이기도 하다"(위 내용에 관해 Spiegel, 2019, 19호, 101-102). 하나님의 역사의 목적은 건강한 생태계의 회복과 함께 이루어질 수 있다. "모든 피조물이…함께 신음하며", "하나님의 자녀가 누릴 영광된 자유를" 기다리고 있다(롬 8:21-22).

3. 오늘 한국 개신교회의 현실에서 위에 기록한 말들은 꿈같은 얘기가 아닌가? 수많은 신자들은 생활고에 지쳐 있고, 목사들은 "감정 관리"에 지쳐 있다. 도시교회를 제외한 70% 정도의 교회들이 자기 유지에 급급하다. 한국 개신교회 90%가 내분으로 홍역을 치르고 있다고 한다. 이런 교회를 통해 하나님 나라의 역사의 목적이 이루어지기를 기대하는 것은 하나의 공상이 아닌가?

오늘 우리 세계의 현실을 바라볼 때에도 하나님 나라의 역사의 목적이 이루어진다는 것은 헛된 꿈으로 보인다. 그리스도의 부활을 통해 죄와 죽음의 세력이 꺾어졌다고 성서는 말하지만, 사탄의 세력이 온 세계를 지배하는 것처럼 보인다. 과학기술과 경제가 발전한다고 하지만 사람들의 표정은 더 어두워지고, 세계는 더 깊은 혼란에 빠지고 있지 않은가? 오죽하면 젊은이들이 결혼과 출산을 포기하겠는가! "나는 무엇을 희망할 수 있는가?"(Was darf ich hoffen?)라는 칸트의 질문은 오늘 우리 자신의 질문이기도 하다. 우리는 무엇을 희망할 수 있는가?

이에 대해 성서는 이렇게 말한다. 하나님은 "죽은 사람들을 살리시며, 없는 것들을 불러내어 있는 것이 되게 하시는" 분이다(롬 4:17). 그는 죽은 예수를 다시 살리신 분이다. 그는 "구원의 요새"시요(시 28:8), 역사의 "알파와 오메가"다(계 1:8). 인간의 눈으로 볼 때 불가능한 것을 그는 이루실 수 있다. 400년 넘게 노예 생활을 하던 이스라엘 백성을 해방시킬 것이라고는 아무도 상상할 수 없었을 것이다. 그래서 모세도 "내 백성을 이끌어 내라"는 하나님의 명령을 세 번이나 거절하였다.

키에르케고르에 의하면 믿음은 "어처구니없는"(absurd) 것을 믿는 역설적 성격을 가진다. 100세가 된 아브라함에게 하늘의 별과 바다의 모래처럼 많은 후손을 주겠다는 하나님의 약속은 도저히 믿을 수 없는 어처구니없는 것이었다. 미디안 광야에서 목자 신세로 전락한 모세에게 "젖과 꿀이 흐르는 땅"으로 그의 백성을 해방하겠다는 하나님의 약속도 어처구니없는 것이었다. 예수의 십자가 죽음을 보고 달아나버린 제자들에게 죽은 예수가 부활하였다는 여자들의 소식도 어처구니없는 것이었다. 믿음은 인간의 계산으로 도저히 믿을 수 없는 것, 어처구니없는 것을 믿는 것이다. 만일 인간의 계산으로 믿을 만한 것을 믿는다면 그것은 믿음이 아닐 것이다. 믿음은 인간의 합리적 계산과 사고가 중지하는 곳에서 시작한다 (Kierkegaard 1950, 56).

헤겔은 튀빙겐 슈티프트(Ev. Stift, 신학생 양성기관)에서 횔덜린(Hölderlin) 이란 친구와 함께 공부하였다. 나중에 시인이 된 횔덜린은 이렇게 말한다. "위험이 있는 곳에 구원의 길도 함께 자란다"(Wo Gefahr ist, wächst das Rettende auch). 거꾸로 "구원이 가까울 때, 위험도 자란다"고 블로흐는 말한다. 위험과 구원, 구원과 위험, 이 두 가지는 인간의 역사 속에 언제나 공존한다. 위험 때문에 구원의 희망을 포기하는 것은 어리석은 일이다. 희망을 버린다는 것은 구원의 가능성을 포기함을 뜻하기 때문이다.

이것은 한국의 상황에도 해당한다. 1945년 8월 15일 일본의 식민지 통치에서 해방되었을 때, 한국은 세계에서 가장 가난한 나라 중 하나였다. 약간의 산업시설도 6.25전쟁을 통해 파괴되어버렸다. 이런 나라가 오늘날 세계 10위권의 경제대국이 된 것은 그 누구도 상상할 수 없는 "어처구니 없는" 일이라 말하지 않을 수 없다.

물론 오늘의 한국사회에는 수많은 문제들이 있다. 서구사회가 수백 년에 거쳐 이룩한 민주주의와 산업화를 한국은 불과 30여 년 만에 이루었기 때문이다. 대기업 위주의 경제력, 기초과학기술의 결핍, 사회 곳곳에 숨어 있는 불의와 비합리성, 비민주적 권위주의 등 수많은 문제들이 있다. 가장 큰 문제는 공직자들의 부패다. 그러나 문제가 없는 나라는 이 세계 어디에도 없다. 그러므로 우리는 "한국인은 어쩔 수 없어!"라는 자기 조롱과 자포자기에 빠지지 않아야 한다. 우리 자신을 조롱하는 것은 우리의 미래를 포기하며, 우리에게 주어진 잠재력과 가능성을 부인하는 일이다. 그것은 과거 일본인들이 우리에게 깊이 심어주려고 했던 열등의식에 빠지는 일이다. 우리는 자비와 은혜의 하나님, 능력의 하나님을 믿는 믿음 속에서 끝까지 희망을 가지며 각자의 사명에 충실해야 한다.

기독교 종말론은 세계의 대파멸과 폐기에 관한 이론이 아니라 예수 그리스도를 통하여 약속되었고 시작된 하나님 나라의 목적(telos)에 관한 이론이다. 그것은 좌절과 절망에 관한 이론이 아니라 역사의 목적인 하나님 나라의 꿈과 기다림에 관한 이론이다. 꿈과 기다림이 있는 곳에 새로운 가능성이 있다. 마귀는 우리에게 좌절과 절망을 주고자 하지만, "희망의 하나님"(ὁ θεὸς τῆς ἐλπίδος, 롬 15:13)은 꿈과 희망을 주신다. 하나님을 믿는 사람은 하나님의 약속을 믿고 기다린다. 기다림과 희망은 믿음의 "분리될 수 없는 동반자"다. "신앙의 핵심은 그 약속을 성취하실 하나님에 대한 소망(희망)이다"(유해무 1997, 586).

C. 무행동의 거짓된 겸손과 행동주의적 교만을 넘어

1. 우리는 역사의 목적에 대한 두 가지 상반된 태도를 발견할 수 있다. 첫째 태도는 역사의 목적에 대한 체념과 포기다. "나사렛 예수 안에서 정말 하나님의 그리스도(메시아)가 나타나셨다면 왜 세계는 이천 년의 세월이 지났음에도 여전히 구원을 받지 못했는가?…예수를 죽은 자들로부터 살리셨고 이를 통해 악의 세력에 대한 승리를 외친 하나님이 왜 이천 년이 지난 오늘에 이르기까지 파괴적 세력들이 계속하여 활동하도록 허용하는가?"(Joest 1986, 642)라고 질문하면서 역사의 목적을 포기한다.

역사의 목적을 포기하면 역사의 목적을 이루기 위한 행동은 불필요해진다. 그것은 하나님에 대한 교만과 불신앙으로 간주된다. 만일 하나님 나라의 역사의 목적이 이루어질 수 있다면 그것은 오직 하나님 자신의 행위를 통해 이루어질 것이라고 많은 신학자들은 말한다. 그리스도의 화해를 하나님 자신이 이루었듯이, 하나님 나라의 완성도 오직 하나님 자신을 통해 이루어질 것이라고 생각한다. 그래서 아무것도 하지 않는 것, 곧 무행동을 하나님에 대한 겸손과 동일시하면서 안일함에 빠진다.

역사의 목적에 대한 둘째 태도는 인간 자신의 기획에 따라, 인간 자신의 노력과 행동을 통해 역사의 목적을 이루고자 하는 행동주의적 교만이다. 이것을 우리는 기독교 내의 행동주의자들과 무신론적 혁명가들에게서 대표적으로 볼 수 있다. 역사의 목적은 오직 인간의 행위를 통해 이루어질 수 있다고 이들은 확신한다. 이를 위해 혁명가들은 독재와 대량 학살도 불사한다.

여기서 우리는 "체념과 포기", "행동주의적 교만" 모두 하나님에 대한 불신앙임을 볼 수 있다. 포기하는 자나 교만한 자나 모두 하나님의 능력을 믿지 않는다. 하나님의 능력을 믿지 않기 때문에 체념 속에서 포기하거나, 아니면 자신의 행동을 통해 하나님 나라를 세우겠다는 교만에 빠진다. 그러나 역사의 목적인 하나님 나라가 자신의 행동을 통해 가시화되지 않을 때, 그의 교만은 체념과 포기로 변할 수 있다.

2. 이 문제에 관한 예수의 비유는 역사의 목적인 하나님 나라의 양면 성을 보여준다. 한편으로 하나님 나라는 "밭에 감추인 보화"나 "매우 값 진 진주"와 같다. 신자들은 "자기의 소유를 다 팔아" 이 보화를 얻어야 한 다(마 13:44-46). 다른 한편으로 하나님 나라는 저절로 자라나는 "겨자씨 한 알"과 같다(마 13:31-32). 또 가루 속에 있는 "누룩"과 같다. 가루 속에서 누 룩이 저절로 부푸는 것처럼 하나님 나라는 저절로 커질 것이다.

여기서 예수는 상반되는 것처럼 보이는 두 가지 태도를 요구한다. 한 편으로 그는 인간의 노력과 행동을 요구한다. 하나님 나라를 얻기 위해 우 리는 최선을 다해야 한다. 다른 한편으로 하나님 나라를 하나님에게 맡기 고, 저절로 자라기까지 기다려야 한다. 여기서 우리는 딜레마에 빠진다. 하나님 나라의 오심을 위해 우리의 최선을 다해야 하는가 아니면 아무것 도 하지 않고 기다려야 하는가? 행동주의는 전자를 주장하고, 무행동의 겸손은 후자를 주장한다. 이 문제를 우리는 어떻게 풀어야 하는가?

이 문제에 대해 예수는 하나님 나라를 얻기 위해 우리의 최선을 다해 야 한다고 분명히 말한다. "자기의 소유를 다 팔아" 하나님 나라의 보화를 차지해야 한다. 주머니에 손을 넣고 가만히 앉아 기다리기만 해서는 안 된 다. "하늘에 계신 내 아버지의 뜻을 행하는 사람이라야" 하늘나라에 들어 갈 수 있다(마 7:21). 하나님 나라는 그것을 얻기 위해 힘을 쓰는 사람들의 것이다(마 11:12).

이것을 우리는 구약성서의 "카두쉬 하솀"(Kaddush haSchem, 이름을 거룩 하게 함) 사상에서 볼 수 있다. 이 개념은 글자 그대로 구약성서에 나타나 지 않지만 많은 구절이 이를 시사한다. 레위기 22:32에 의하면 이스라엘 백성은 하나님의 "거룩한 이름을 욕되게 해서는 안 된다." 긍정적으로 말 하면 "하나님의 이름을 거룩하게 해야 한다." "하나님의 이름을 욕되게" 해서는 안 된다(잠 30:9). "나의 거룩한 이름을 더럽히지" 말아야 한다는(겔 20:39; 39:7) 구절도 "하나님의 이름을 거룩하게 해야 한다"는 것을 시사한다. 하나님의 이름을 거룩하게 하는 길은 하나님의 율법을 지키는 행위에 있다. 율법을 지키지 않으면 하나님의 이름을 욕되게 한다. 하나님의 뜻을 따르지 않는 모든 인간의 행위는 하나님의 이름을 부끄럽게 한다(chillul haShem, desecration of the Name). 여기서 하나님은 그의 이름을 거룩하고 영광스럽게 하는 인간의 행위를 요구한다.

그러나 겨자씨와 누룩의 비유는 달리 말한다. 하나님 나라는 인간의 행위를 통해 오는 것이 아니라 하나님 자신에 의해 자라난다. 하나님 나라의 오심을 위해 인간이 무엇을 행한다 할지라도, 그 행위는 언제나 이중적이다. 인간의 모든 행위는 이기적 본성에서 완전히 자유롭지 못하기 때문이다. 가장 깊은 사랑의 순간에도 그는 자기를 추구한다. 그러므로 그리스도인들은 자기의 행위를 통해 하나님 나라를 이루고자 하는 교만에 빠져서는 안 된다.

거꾸로 아무리 노력해도 하나님 나라가 오지 않는다고 실망과 좌절에 빠져서도 안 된다. "하나님이 모든 것을 이루신다"는 생각에서 아무것도 행하지 않는 무행동의 거짓된 겸손에 빠져서도 안 된다. 우리는 하나님 나라의 오심을 위해 최선을 다하지만, 마지막 결과를 하나님께 맡기고 기다려야 한다. "경성하면서 농부의 인내를 취하는 종말론적 태도"를 가져야 한다(유해무 1997, 590).

3. 곽혜원에 따르면 하나님 나라가 하나님 자신으로 말미암아 온다는 것은 "우리 인간이 아무것도 행할 필요가 없다는 것을 의미하는 것이 결코 아니다.…'하나님 나라'에 대한 기다림과 희망, 세계의 모든 영역에 있어서 좀 더 나은 상황을 만들기 위한 인간의 실천적 노력은 서로 모순되지 않는다. 우리는 성서 안에서 하나님께서 언제나 인간과 함께, 인간을 통해 그의 구원 역사를 이끌어가셨던 것을 잘 알 수 있다"(곽혜원 2009, 194).

그리스도인들은 하나님 나라를 "상속"으로 받은 "하나님의 동역자들"이다(엡 5:5; 고전 3:9). "동역자"는 "함께 일하는 사람"을 말한다. 따라서 그리스도인들은 성령 안에서 하나님과 함께 일하는 "하나님의 동역자들"이어야 한다. 세상의 불의와 어둠을 거부하고 하나님의 정의를 세우는 "빛의 자녀들"이어야 한다(엡 5:8). 그러므로 부활하신 예수는 제자들에게 하나님 나라의 사명을 맡긴다. "너희는 가서 모든 민족을 제자로 삼아서, 아버지와 아들과 성령의 이름으로 세례를 주고, 내가 너희에게 명한 모든 것을 그들에게 가르쳐 지키게 하여라"(마 28:19-20).

예수의 제자들은 소외와 박해를 당하면서 그들에게 주어진 사명을 다한다(사도행전 참조). 제자들의 뒤를 이어 신자들은 "돌로 맞기도 하고, 톱질을 당하기도 하고, 칼에 맞아 죽기도" 하고, "학대를 받으면서 양과 염소의 가죽을 입고 떠돌아"(히 11:36-37) 다니며, 지하동굴 속에서 숨어 사는 고난 속에서도 체념하거나 절망하지 않는다. 무에서 유를 창조하고, 죽은 자를 살릴 수 있는 구원의 하나님에 대한 믿음 속에서 그들은 주님의 오심을 참고 기다린다. 그들은 그들이 행하는 선한 일들은 그들 자신이 행한 것이 아니라 그들 안에 계신 성령과 그리스도께서 행하시는 것이라고 믿는다. "말하는 이는 너희가 아니라 너희 안에서 말씀하시는 아버지의 영이시다"(마 10:20; 참조. 고전 3:16; 고후 13:5; 골 1:27). 그러므로 그들은 영광을 자기 자신에게 돌리지 않고 삼위일체 하나님께 돌린다.

하나님 나라에 대한 그리스도인의 태도를 우리는 예수 자신에게서 볼 수 있다. 젤롯당원들은 검을 통해, 바리새인들은 율법을 완전하게 지킴으로써 하나님 나라를 앞당겨오고자 했다. 그러나 예수는 한 알의 겨자씨처럼 눈에 보이지 않는 작은 일로부터 시작한다. 그는 죄인을 용납하고, 연약하고 병든 생명들을 회복한다. 소외된 사람들, 곧 "세리와 죄인들의 친구"가 되셔서 그들의 상실된 존엄성을 회복한다. 이 작은 일들 속에서 하나님 나라가 누룩처럼 퍼진다. 그러나 예수는 영광을 자기에게 돌리지 않고 아버지 하나님에게 돌린다. 이 모든 일을 행하는 것은 자기가 아니라 자기 안에 계신 아버지 하나님이라고 말한다. "아버지께서 내 안에 계시면서 자기의 일을 하신다"(요 14:10).

십자가에 달린 예수를 통해 하나님은 어떤 인간의 열정도 이룰 수 없는 일을 시작하시고 이를 자라게 하신다. 어떤 인간도 행할 수 없는 일, 곧 하나님과 인간의 화해, 죄의 세력에서의 해방을 하나님 자신이 이루신다. 바로 여기에 하나님 나라의 시작이 있고, "하나님의 새로운 인간성의 시작"이 있다. 이 시작은 오직 하나님 자신을 통해 일어난다. 따라서 죄와 죽음의 모든 세력이 폐기되고 하나님 나라가 완성되는 것도 오직 하나님 자신으로 말미암아 이루어질 것이다. 그것은 "오직 하나님의 행위"일 것이다.

"새 것을 창조하는 하나님의 행위"는 화해의 말씀과 성령의 능력으로 감화를 받은 사람들을 통하여 일어난다(Joest 1986, 639). 그러나 하나님 나라의 완성을 이루는 것은 죄의 본성을 버릴 수 없는 사람이 아니다. 그것은 신실한 신자들 안에 계신 하나님이다. 신실한 믿음과 희망과 사랑 안에서 하나님의 자녀들은 자기의 사명을 다한다. 그들은 영광을 하나님께 돌리고, 겸손한 마음으로 그 마지막을 하나님께 맡긴다. 하나님 나라가 눈에 보이도록 나타나지 않을지라도 그들은 실망하지 않는다. 하나님 나라는 오직 "부분적으로" 올 수 있다. 그 까닭은 예수의 부활을 통해 죄악의 세력이 꺾어졌지만 아직 완전히 제거되지 않았으며 여전히 하나님 나라의 오심에 강력히 저항하기 때문이다. 또 예수의 하나님 나라의 기쁜 소식을 아는 사람의 수는 아직도 소수에 그치기 때문이다(Härle 2007, 602).

5

역사의 목적을 향한 종말론적 시간 이해

일반적으로 시간은 과거에서 시작하여 현재를 거쳐 미래를 향해 흘러간다고 생각된다. 고대의 신화에서는 태초의 영원한 시간이 동일하게 반복되는 것으로 생각되기도 하고, 역사의 사건들이 그 안에서 일어나는 비어 있는 형식으로 생각되기도 한다. 또 영원이 그 안에 숨어 있는 현재적 순간으로 생각된다. 이 같은 생각의 공통점은 시간은 언제 어디서나 동질적인 것, 특정한 목적 지향성과 역사성이 없는 것으로 이해된다는 점이다. 이에 반해 기독교 종말론은 시간을 하나님이 약속한 미래의 목적을 향한 역사적 과정으로 이해한다. 그것은 "보아라, 내가 곧 가겠다"(계 22:12-20)고 약속하신 주님의 오심과 함께 오는 것으로 이해된다.

A. 무역사적 시간 이해의 형태

1. 20세기의 유명한 종교학자 엘리아데(M. Eliade)의 고대 종교사 연구에 의하면 고대인들은 시간을 영원 전에 있었던 신화적이며 근원적인 시간의 끝없는 반복으로 보았다(이종성 1990b, 248 이하). 그들의 믿음에 의하면

세계가 있기 이전에 영원한 신들의 근원적 시간이 있었다. 이 근원적 시간은 주기적으로 거행되는 종교적 축제 혹은 제의 속에서 현재화된다. 허무한 일상의 시간은 축제 속에서 경험되는 태초의 근원적 시간을 통해 새롭게 된다. 일상의 시간 속에서는 허무와 카오스가 경험되는 반면 축제에서는 우주의 근원적 시간이 다시 경험되며 반복된다. 세계의 창조에 관한 고대 바빌론의 에누마 엘리시(Enuma-Elish) 신화는 이 같은 시간 이해를 보여준다. 세계는 남신 마르두크(Marduk)와 여신 티아마트(Tiamat)의 신화적 투쟁을 통해 생성되었다. 태초에 일어난 이 투쟁과 승리는 축제 속에서 반복되며, 현재적인 것으로 경험된다.

종교적 축제 내지 제의는 다음과 같은 기능을 한다. (1) 그것은 시간을 주간과 달(月)과 계절과 년(年)으로 구별하며, 일상의 허무한 시간을 그의 영원한 근원으로부터 새롭게 한다. (2) 일상의 시간을 중단시키고, 이 시간의 허무함을 폐기한다. (3) 일상의 시간의 유일회성을 폐기하고, 시간을 영원한 근원적 시간의 반복으로 인식케 한다. 이러한 시간 경험은 무역사적·반역사적 경향을 띤다. 역사의 모든 시간은 영원 전에 일어난 신들의 신화적 시간의 반복으로 생각된다. 이로써 시간은 역사성을 상실한다. 시간의 되돌릴 수 없는 성격 곧 불가역성(不可逆性)과 유일회성을 상실하고, 영원히 동질적인 것으로 생각된다.

시간을 영원히 회귀하는 것으로 인식하면 시간 속에서 일어나는 모든 사건은 유일회성을 상실한다. 시간이 돌고 도는 것이라면, 현재와 미래의 모든 것은 과거에 있었던 것의 변형이나 연장에 불과하다. 그러므로 이 세계에는 새로운 것이 있을 수 없다. 영원한 현재 속에서 모든 사건의 유일회성과 개체성과 불가역성은 무시간성 속으로 폐기된다.

2. 플라톤에 의하면 시간은 영원의 모상이다(*Timaeus* 37 D). 그것은 영원한 것의 원운동이기 때문이다. 원운동은 시작도 없고 끝도 없으며, 원주(圓周)의 모든 점(點)들은 원의 중심점과 동일한 간격을 갖는다. 따라서 원운동은 영원한 것, 무한한 것, 끝이 없는 것의 모상이 된다. 그래서 많은

사람들이 원을 좋아한다. 아리스토텔레스 역시 시간의 과정을 원운동과 같은 것으로 생각한다(*Physik* 223.6.29). 따라서 시간은 물론 시간 속에서 일어나는 사건들과 상황들도 원운동처럼 주기적으로 반복되는 것으로 생각될 수밖에 없다.

이것은 존재의 변할 수 없는 통일성을 구성한다. 세계의 유한한 사물들은 다양하지만, 그들의 존재는 변할 수 없는 통일성 안에 있다. 이 통일성은 세계의 유한성 속에 나타난다. 시간은 무한한 것이 유한한 존재 안에 나타나는 매체다. 유한한 세계의 시간성 안에 무한하고 영원한 것이 있다. 시간의 과정은 영원한 것이 그 속에 현존하는 원운동이다. 이 원운동에서 모든 사건은 원의 중심점 곧 영원한 것에서 동일한 간격을 가지며, 영원한 것은 모든 시간 속에 현존한다. 영원은 시간의 원운동을 통해 유한한 존재 안에 나타난다. 그것은 모든 시간에 대해 현재적이요 동시적이다. 그것은 시간의 원운동 속에 언제나 동시성으로서 현존한다. 영원은 영원한 현재로서 시간의 모든 순간 속에 있다. 그러므로 아리스토텔레스에게서 영원과 시간의 "질적 차이가 부인되었다"(이종성 1990b, 247). "제우스는 영원하다. 그는 과거에도 있었고, 현재에도 있으며, 미래에도 있을 것이다"라는 말은 질적 차이가 없는 시간의 무시간적 동질성을 가리킨다.

3. 칸트의 시간 개념에서도 시간은 무역사적 동질성을 가진 영원한 현재로 생각된다. 칸트에 의하면 인간의 감각기관들이 감각적 소재들(길다, 짧다, 빨간색, 초록색, 맵다, 짭다 등)을 받아들일 때, 이 기관들은 시간과 공간이라는 미리 주어진(선험적) 형식들을 통해 받아들인다. 이런 뜻에서 시간은 공간과 함께 영원히 불변하는 감각적 "직관의 선험적 형식"이다. 그것은 감각적 직관의 가능성을 위한 초월적 조건으로서, "시작도 없고 끝도 없다"(Brunner 1965, 63). 사물들의 현상들(나타나는 모습들)은 시간의 과정 속에서 변천하지만, 시간 자체는 변하지 않는다. 그것은 "순수한 형식"으로서 언제나 동일하게 존속한다. "시간은 지나가지 않는다. 오히려 변천될 수 있는 것의 현존이 시간 속에서 지나간다. 변천될 수 없으며 동일하게 존속

하는 시간은 현상 속에서 현존 안에 있는 변천될 수 없는 것 곧 실체에 상응하며, 오직 시간에서 현상들의 연속과 동시성이 시간에 따라 규정될 수 있다"(Kant 1956, 202).

칸트에 따르면 모든 사건이 시간 안에서 발생한다. 그러나 시간 자체는 발생할 수 없다. 그것은 직관의 순수한 형식으로서 모든 변천을 벗어나 있다. 그것은 비어 있는 순수한 형식으로서 언제나 있다. 시작도 없고, 끝도 없다. 시간 속에서 발생하는 모든 것은 지나가지만, 시간은 지나가지 않는다. 그것은 무시간적으로 존재하며, 언제나 현존하며, 영원히 변하지 않고 동일하게 존속한다. 그러므로 칸트에게서 시간은 영원의 범주에 속한다. 시간 자체에 대해서 모든 것은 현재적이다. 과거와 현재와 미래의 시간 양태들을 구별하는 것은 시간 자신에 대해서는 무의미한 일이다. 과거, 현재, 미래의 모든 양태에 있어서 시간은 현재적이기 때문이다. 따라서 시간의 유일회성과 불가역성은 칸트의 시간 개념에서 인정되지 않는다. 직관의 선험적 형식으로서의 시간은 무역사적이다.

B. 새로운 미래의 도래로서의 종말론적 시간 이해

1. 성서에서 비어 있는 시간, 직관의 순수한 형식으로서의 시간은 존재하지 않는다. 이른바 시간의 무역사적 동질성, 동질적 시간이란 인정되지 않는다. 오직 사건들로 채워진 시간, 사건을 통해 결정되는 역사적 시간이 있을 뿐이다. 시간과 사건은 언제나 결합되어 있다. "사건은 그의 시간 없이 생각될 수 없으며, 시간은 사건 없이 생각될 수 없다." 사건 없는 영원히 동질적인 시간, 비어 있는 순수 형식으로서의 무역사적 시간이란 존재하지 않는다. 따라서 이스라엘 백성에게 시간은 사건으로부터 추상화될 수 없다. "특수한 사건 없는 시간은 생각될 수 없었다"(Rad 1968, 109). 하나님 앞에서 모든 시간은 역사적 특수성을 가진다. 특수한 사건들을 통해

규정되어 있는 시간이 있을 뿐이다. "태어날 때가 있고, 죽을 때가 있다. 심을 때가 있고, 뽑을 때가 있다"(전 3:2 이하)는 말씀은 이를 가리킨다. 출생의 시간이 있는가 하면(미 5:2), 짐승떼를 거두어들이는 시간이 있다(창 29:7). 하나님은 "그의 시간에" 피조물에게 먹을 것을 주신다(시 104:77).

시간에 대한 이 같은 생각을 우리는 일상의 경험 속에서 쉽게 발견할 수 있다. 시간 자체는 동일한 것으로 전제될 수 있지만, 시간에 대한 사람의 경험은 모두 다르다. 똑같은 시간이지만 그것은 어떤 사람에게는 매우 늦게 흐르는 것으로 경험되고, 어떤 사람에게는 매우 빨리 흐르는 것으로 경험된다. 의미가 있는 것으로 경험되기도 하고, 무의미한 것으로 경험되기도 한다. 하나님의 은혜와 축복으로 생각되기도 하고, 저주스러운 것으로 생각되기도 한다. 기쁜 것으로 생각되기도 하고, 슬픈 것으로 생각되기도 한다. 아인슈타인이 말하는 시간의 상대성은 이를 가리킨다.

그러므로 이른바 영원히 동질적인 시간, 무역사적인 영원한 형식으로서의 시간이란 현실적으로 존재하지 않는다. 이 세계의 사건들과 결합되어 있고 사람에 따라 다르게 경험되는 특수한 역사적 시간, 구체적 시간이 있을 뿐이다. 그러므로 위에 인용한 전도서 3:2은 복수형의 "시간들"에 대해 말한다. "나의 시간들은 당신의 손 안에 있습니다"(시 31:16)라고 시편 저자가 고백할 때, 인간의 생명은 "많은 시간들의 연속 과정으로 구성된다"는 것을 말한다(Rad 1968, 110). 시간을 가리키는 히브리어 "에트"('et)는 특수한 사건들의 "시점(Zeitpunkt), 시간의 단락(Zeitabschnitt)"이란 의미의 "시간"을 뜻한다(109). 따라서 성서는 시간의 추상적 동질성·통일성을 알지 못한다. 성서에서 시간은 하나님의 약속의 사건들을 통해 규정되며, 이 사건들을 통해 과거와 현재와 미래가 구별된다. 그것은 아무 내용이 없는 중성적인 것, 비어 있는 것이 아니라 하나님의 은혜와 축복이다. 사람은 시간을 창조할 수 없기 때문이다.

예수의 십자가와 부활을 통해 시간은 죄와 죽음이 다스리는 과거와, 은혜와 자유가 있는 현재와, 죽은 자들의 부활과 영원한 생명이 있는 미래로 구별된다. 그것은 영원의 회귀, 영원한 현재로 경험되지 않고, 예수 그리스도를 통해 약속되었고 시작된 새로운 미래가 "오는 것"(advenire)으로 인식된다.

예수의 십자가 고난과 죽음이 옛 시간의 종식을 뜻한다면 그의 부활은 새로운 생명의 새 시간의 시작을 나타낸다. 이러한 의미에서 예수는 "역사의 종말" 곧 죄와 죽음이 지배하는 역사의 종식을 뜻하며, 그의 부활은 새로운 시대의 열림을 뜻한다. "누구든지 그리스도 안에 있으면, 그는 새로운 피조물입니다. 옛것은 지나갔습니다. 보십시오, 새것이 되었습니다"(고후 5:17). 죄와 죽음의 운명 아래 있던 인간의 옛 존재는 그리스도와 함께 그의 죽음 속으로 묻혀버리고, 의와 영원한 생명의 약속 아래 있는 새로운 존재가 태어난다. 죄와 죽음의 세력이 다스리던 과거와, 은혜와 사랑과 영원한 생명이 있는 미래 곧 죽음과 생명, 과거의 옛 존재와 미래의 새 존재는 질적으로 다르다.

여기서 옛 시대의 시간과 새 시대의 시간은 질적 차이가 있다. 옛 시대의 시간이 죄와 죽음을 특징으로 한다면 새 시대의 시간은 은혜와 사랑과 영원한 생명을 특징으로 한다. 따라서 오스카 쿨만이 말하는 "선적 시간 이해", 곧 옛 시대의 시간과 새 시대의 시간의 질적 차이가 인정되지 않는 동질적 선(線)으로서의 시간 이해는 성서적 시간 이해가 아니다(Brunner 1965, 47). 성서에서 시간은 과거와 미래의 질적 차이가 없는 동질적 선이 아니다. 그것은 과거와 미래의 질적 차이를 가지며 따라서 비동질성을 가진다. 죄와 죽음의 세력이 지배하는 옛 시간 속에서, 은혜와 사랑과 영원한 생명이 있는 새 시간이 예수 그리스도를 통해 시작된다.

그러나 새 시간은 시작에 불과하다. 부활한 예수는 단지 그의 제자들에게만 나타났기 때문이다. 새 시간은 부활한 예수를 통해 시작되었지만, 그의 충만함 속에서 완전히 나타나지 않았다. 그것은 옛 시대의 그림자 속에 가려진 상태에 있다. 그것은 성령의 능력 속에서 지금 우리에게 오시는 메시아 예수와 함께 오고 있다.

2. 여기서 우리는 새로운 의미의 미래를 발견한다. 일반적으로 시간은 과거로부터 출발하여 현재를 거쳐 미래를 향해 진행하는 과정으로 생각된다. 미래는 과거에 있었던 것으로부터 "되어가는 것"(becoming)으로 생각된다. 영어의 "future"는 이러한 의미의 미래를 가리킨다. 앞서 기술한 바와 같이, 영어의 future는 라틴어 *futurum*에서 왔으며, *fieri*(to become)에서 유래한다. 여기서 future 곧 미래는 지금 있지 않은 새로운 것(novum)이 아니라, 과거에 있었던 것에서 "되어가는 것"에 불과하다. 그러므로 그것은 우리에게 궁극적 희망의 대상이 될 수 없다. 과거의 것에서 "되어가는" 미래는 이 세계의 계획과 예보와 프로그램과 발전에 대한 근거와 동기가 될 수 있지만, 죽음을 넘어서는 궁극적 희망에 대한 근거와 동기를 부여할 수 없다. 그것은 새로운 가능성들의 개방된 장(場)이 아니라, 과거와 현재를 통해 본질적으로 변화될 수 없는 과거로부터 "되어가는 것"에 불과하다. 그러므로 바울은 이렇게 말한다. "눈에 보이는 소망은 소망이 아닙니다. 보이는 것을 누가 바라겠습니까?"(롬 8:24)

이에 반해 역사의 목적에서 출발하는 종말론적 사고에 의하면 미래는 "되어가는 것"이 아니라 미래의 목적으로부터 "오는 것"으로 파악된다. 미래에 해당하는 독일어 "Zu-kunft"는 이를 잘 나타낸다. 이것은 라틴어 *adventus*(그리스어 *parousia*)에서 유래하는 것으로, *ad*(~로)와 *venire*(오다)의 합성어다. 이것은 하나님과 그의 나라의 오심을 가리킨다. 여기서 미래는 과거로부터 되어가는 것, 연장되는 것이 아니라 이 세계의 밖으로부터 오는 것, 다른 것, 새로운 것, 그러므로 주어진 현재를 변화시키는 것의 도래를 가리킨다. 그리스어 *parousia*는 임재, 현존, 혹은 도래를 뜻한다. 신약성서에서 그것은 그리스도께서 약속하였고 공동체가 기다리는 그의 영광 가운데서의 오심을 가리킨다. "지금도 계시고 전에도 계셨고 또 장차 오실 그분이…"(계 1:4). 이 같은 종말론적 의미의 시간 이해는 "강림절"(Advent)이란 용어에 잘 나타난다. 강림절은 죄와 죽음의 세력이 지배하는 이 세계 속에 하나님의 의와 사랑과 영원한 생명의 세계를 가져올 그리스도의 "오심"(강림)을 나타낸다. 여기서 시간은 하나님의 미래로부터 현재 속으로 오는 것으로 생각된다.

3. 이와 같은 종말론적 시간 이해는 하나님의 존재에 대한 이해에서 유래한다. 고대 그리스적 사고에 의하면 신(神)은 시간의 모든 양태 곧 과거와 현재와 미래에 현존하며, 그의 현존은 무시간적이며 언제나 동시적인 영원의 현재를 가리킨다. 신들은 존재의 영원한 현재 안에 있다. 과거에 있었고, 미래에 있을 모든 것이 신들에게는 현재적이다.

이에 반해 성서에서 하나님은 오시는 분으로 나타난다. 그는 운명에 묶여 있는 영원한 현재가 아니라 이 세계의 바깥으로부터 인간의 모든 예측을 벗어나서 자유롭게 오시는 분이다. 그는 아브라함과 모세와 사사들과 예언자들에게 예고 없이 오신다. 그는 예수 그리스도를 통하여 이 세상 안으로 성육신하여 오신다. 그는 부활의 영 속에서 지금도 그리스도인들과 그들의 공동체 안으로 오신다.

구약성서에서 오시는 하나님은 이동하는 분으로 나타난다. 그는 인간이 특별히 거룩하다고 정한 어느 특정한 곳에 묶여 있는 존재 곧 "장소의 신"이 아니라 그의 백성과 함께 이동하는 신이다. 그는 이집트를 탈출하여 자유의 땅을 향해 가는 그의 백성을 낮에는 구름 기둥으로, 밤에는 불기둥으로 인도한다. 그는 그의 거룩한 땅을 버리고 그의 백성과 함께 바빌론으로 간다. 출애굽기 3:14에서 하나님은 자기의 이름을 가리켜 "나는 있을 자로 있을 것이다"(I will be that I will be)라고 말한다. "I will be"는 자기 자신에게 성실한 하나님의 신뢰성을 가리킨다면 "that I will be"는 그의 미래를 가리킨다. 그러므로 미래가 하나님의 "존재규정"(Seinsbestimmung)이라고 말할 수 있다(Bloch 1959, 1457).

하나님의 오심은 그의 주권과 결합되어 있다. 하나님이 오실 때 그의 주권이 이 세계 안에 세워진다. "만군의 주 하나님께서 오신다. 그가 권세를 잡고 친히 다스리실 것이다"(사 40:10). 그의 오심은 죄와 죽음의 세력에 묶인 세계의 끝남(종말)을 가져오는 동시에 하나님의 뜻이 다스리는 새로운 세계를 가져온다. 죄인들이 회개하고(*metanoia*, 삶의 방향 전환), 회개한 인간을 통해 하나님의 주권이 세워진다. 하나님의 빛과 영광이 세상에 나타나기 시작한다. 예언자 이사야는 이것을 다음과 같이 말한다. "주님의 영광이 나타날 것이니 모든 사람이 그것을 함께 볼 것이다"(사 40:5). "일어나서 빛을 비추어라. 구원의 빛이 너에게 비치었으며, 주의 영광이 아침 해처럼 너의 위에 떠올랐다"(60:1).

자기의 주권을 세우기 위해 영광 가운데서 오시는 하나님과 함께 시간은 미래로부터 오는 것으로 경험된다. 그것은 영원히 회귀하는 것, 과거로부터 되어가는 것이 아니라 하나님 나라의 미래로부터 새로운 존재의 세계를 가져오는 것으로 이해된다. 그것은 흐르는 강물처럼 과거로부터 미래를 향해 흐르는 것이 아니라 하나님의 새로운 미래의 도래로 경험된다.

이것은 이해하기 어려워 보이지만, 일상생활에서 쉽게 경험할 수 있다. 진실로 무엇을 간절히 바라고 기다리는 사람에게 시간은 그가 바라고 기다리는 미래로부터 "오는 것"으로 경험된다. 참으로 어떤 사람을 사랑하고 그를 간절히 기다릴 때, 기다리는 그 사람과 함께 시간이 미래로부터 "오는 것"으로 경험되는 것과 마찬가지다. 새벽을 기다리는 파수꾼에게 시간은 그가 기다리는 새벽과 함께 오는 것으로 경험된다. 그는 시간에 떠밀려 사는 것이 아니라 시간을 앞질러 산다. "내 영혼이 주님을 기다림이 파수꾼이 아침을 기다림보다 더 간절하다"(시 130:6).

하나님은 공간에 묶여 있는 "공간의 신"이 아니라 시간이 있는 곳에는 어디에나 계신 "시간의 신"이다. 시간은 하나님의 존재 양식에 속한다. 이 하나님이 "오시는 하나님"이라면, 시간도 하나님과 함께 "오는 것"으로 생각될 수밖에 없다. 따라서 시간의 근원과 새로운 가능성은 과거에 있지 않고 미래에 있다. 우리의 과거가 현재와 미래를 결정하는 것이 아니라, 우리가 바라는 미래가 우리의 현재와 과거를 결정한다. 가능성이 현실성보다 더 큰 힘을 가진 것처럼, 하나님이 약속한 미래가 현재와 과거보다 더 큰 힘을 가진다. 오시는 그리스도와 함께 도래하는 미래는 새로운 시간을 열어주는 시간의 힘이다. 그러므로 그리스도인들은 그리스도의 오심을 간구한다. "마라나 타, 우리 주님, 오십시오!"(고전 16:22)

6
역사의 폐기를 거부하는 변증법적 역사 이해

A. 영원한 법칙의 반복으로서의 역사 이해

1. 고대 그리스 철학에서 세계는 만물의 근원자(*archē*)이신 신의 존재로부터 파악된다. 세계의 모든 유한한 것은 신의 존재로부터 나온다. 따라서 그것은 유한성을 가진 동시에 신적 본성을 가진다. 플로티노스(Plotin)에 의하면 빛이 태양에서 나오는 것처럼, 세계의 모든 사물은 신의 존재로부터 유출되어 형성되었다. 따라서 모든 사물은 "그 본성이 신적이다"(Aristoteles, *Ethica Nicomahea* 1153 b 321). 그들은 유한하지만, 그들 속에 있는 신적 본성을 통해 신의 존재에 참여되어 있고, 신의 존재를 비추어준다. 세계는 신적 질서와 법칙성을 가지며, 합목적성을 가진 "우주"(*kosmos*)로 생각된다.

스토아 철학에 의하면 세계 곧 우주는 단 하나의 통일된 질서 혹은 원리를 가지며, 영원히 자신 안에서 활동하는 신적 힘의 구체적 형태들이다. 이 신적인 힘을 스토아 철학은 이성(*nous*), 영 혹은 정신(*pneuma*), 필연성, 섭리라 부른다. 또 신이라 부르기도 한다. 신은 "합목적적으로 활동하며 인도하는 이성"이요, "만유를 다스리는 섭리"다. 모든 것이 신의 섭리에 따라 일어난다. 그러므로 세계는 신적 질서와 조화를 이룬다. 모든 것이 신적 질서에 따라 일어난다. 따라서 세계의 모든 것은 고정된 신적 질서, 곧 운명(*fatum*)에 묶여 있다. 운명에 대한 복종은 신에 대한 복종이다. 따라서 인간이 지켜야 할 최고의 윤리는 운명에 대한 사랑(*amor fati*)과 복종이다.

2. 여기서 세계는 영원한 신적 질서 내지 법칙이 반복되는 원운동 내지 회전운동(Kreislauf)으로 생각된다. 새로운 사건들이 일어나는 것 같지만, 그들은 단지 구도 내지 판도(Konstellation)가 다를 뿐 일정한 법칙에 따라 일어난다. 그러므로 엄밀한 의미에서 새로운 것이 일어날 수 없다. 동일한 법칙이 반복될 뿐이다. 따라서 세계의 과정, 곧 역사는 동일한 법칙의 반복이다. 이 원운동 내지 회전운동에는 출발점도 없고 종점도 없다(원이기 때문에). 여기서 미래의 목적과 완성에 대한 생각은 배제된다. 역사에 대한 이러한 이해를 가리켜 우리는 회귀적 역사 이해 혹은 윤회적 역사 이해라고 말할 수 있다.

회귀적 역사 이해를 우리는 고대 그리스의 수학자 피타고라스(Pythagoras)에게서도 발견한다. 그에 따르면 태양 아래에는 새것이 없다. 모든 사건은 "주기적으로" 일어나기 때문에 "절대적으로 새로운 것은 없다"(이종성 1990b, 398). 모든 것이 수학적 법칙에 따라 주기적으로 일어나기 때문에 결단과 선택의 자유가 불가능하다. 인간이 자발적으로 무엇을 행한다 해도 그는 전에 있었던 것을 되풀이할 뿐이다. 수적 배열만 다를 뿐 질적으로 동일한 것이 일정한 연수를 지나면 반복된다. 역사의 모든 구체적 활동들, 변화들, 위기들은 영원히 변하지 않는 신적 질서로 소급된다. 이로써 역사는 폐기된다.

이러한 역사 이해는 고대 그리스와 로마의 역사가들에게서도 나타난다. 투키디데스(Thukydides)에 의하면 역사의 사건들은 자연의 사건들과 마찬가지로 일정한 질서와 법칙에 따라 일어난다. 역사는 과거의 것이 새로운 구도 속에서 일어나는 과정에 불과하다. 그것은 자연과 구별되는 특별한 삶의 영역이 아니라 자연의 삶에 속한 한 영역에 불과하다. 따라서 역사는 자연의 법칙과 같은 일정한 법칙에 따라 일어난다. 자연을 관찰함으로써 자연의 고정된 법칙을 찾아낼 수 있듯이 역사를 관찰함으로써 역사의 고정된 법칙을 찾아낼 수 있다. 이 법칙에 따라 역사의 미래를 예측하고, 미래에 대한 가르침을 얻을 수 있다.

플라톤에 의하면 국가의 삶의 역사도 일정한 법칙에 따라 반복되는 원운동이요, 문화도 하나의 원운동이다. 이 원운동 속에는 엄밀한 의미의 새로움이 없다. 역사의 모든 사건은 "동일한 것, 반복되는 것의 새로운 경우(Fall)"에 불과하다. 그러므로 고대 그리스-로마의 역사가들에게서 자연과 역사는 엄밀히 구별되지 않는다. 역사는 봄-여름-가을-겨울과 같은 회전운동이므로, 엄밀한 의미의 새로운 미래가 인정되지 않으며, 새로운 미래를 위한 인간의 책임은 불필요하다. 허무하고 무의미한 시간의 연속과 동일한 것의 반복, 이것이 역사다(Bultmann 1979, 15 이하).

3. 회귀적 역사 이해는 고대 그리스 신화에 감각적 형태로 나타난다. 시시포스의 신화에 의하면 시시포스는 제우스의 명령을 어기고 불을 훔쳐서 인간에게 가져다준다. 이 불을 통해 인간은 문명을 발전시키고, 투쟁과 전쟁이 일어나게 된다. 격노한 제우스는 시시포스의 두 눈을 뽑고, 그의 발목에 쇠사슬을 채운 다음, 크고 무거운 바위들을 높이 쌓아 올리게 한다. 일정한 높이에 도달한 바위들이 무너져 내리면 시시포스는 그것을 피할 수 없다. 두 눈알을 잃어버렸기 때문이다. 그의 발은 쇠사슬에 묶여 있기 때문에 달아날 수도 없다. 무너져 내리는 바윗덩어리에 맞아 피를 흘리며 시시포스는 바윗돌을 다시 쌓아올린다. 바윗돌은 또다시 무너지고, 시시포스는 또다시 피를 흘리며 바위들을 쌓아올리는 일을 반복한다.

이 신화에 의하면 인간의 삶과 역사는 바위를 쌓아올리고, 쌓아올린 바위가 무너지고, 다시 쌓아올리고 무너지는 무의미한 반복의 과정이다. 그것은 무의미한 고난의 반복이다. 한마디로 건설과 파괴와 고난의 반복 과정이다. 역사는 이 법칙에 따라 반복되는 원운동과 같다. 영원히 반복되는 원운동 속에는 미래가 없다. 인간에게 삶의 의미를 줄 수 있는 새로운 미래에 대한 희망도 있을 수 없다. 이 역사의 법칙을 변경할 수 있는 능력이 인간에게는 없다. 그는 운명의 쇠사슬에 묶여 있기 때문이다. 건설과 파괴와 고난의 이 영원한 회전운동 속에는 새로운 것이 없다. 지금 일어나는 것은 과거에 일어난 것의 변형과 연장이요, 미래에 있을 것은 지금 있는 것의 변형과 연장일 뿐이다. 동일한 본질의 영원한 연장이 있을 뿐이다. 그러므로 주어진 운명과 법칙에 대한 순응이 가장 지혜로운 일로 여겨진다. 주어진 현실의 새로운 변화를 위해 노력하고 투쟁할지라도 그것은 아무 효과가 없는 일이다. 현실은 인간의 힘으로 바꿀 수 없는 운명의 법칙에 의하여 내적으로 결정되어 있기 때문이다. 미래에 대한 희망과 삶의 의미와 기쁨 대신에 삶과 역사의 무의미와 좌절과 절망감이 인간의 의식을 지배한다. 죽음이 유일한 탈출구로 생각된다.

그러므로 고대 그리스 사상에서 인간의 죽음은 축제와 같은 것으로 여겨진다. 죽음은 삶과 역사를 지배하는 운명의 수레바퀴를 벗어나는 해방의 사건이기 때문이다. 소크라테스가 감옥을 탈출하라는 친지들의 권유를 뿌리치고 유유히 독배를 마실 수 있었던 이유가 여기에 있다. 무거운 병에서 치유되었을 때, 아테네의 신 아스클레피오스(Asklepios)에게 제물을 바치는 당시의 관습에 따라 그는 닭 한 마리를 바쳐달라고 그의 친구에게 간청한다. 죽음은 삶과 역사의 무거운 짐과 운명의 쇠사슬에서 벗어나는 해방과 자유의 축제였기 때문이다.

4. 일정한 법칙이 반복되는 윤회적 역사 이해는 고대의 많은 종교 사상에 나타난다. 먼저 우리는 그것을 구약 시대의 가나안족 신화에서 발견할 수 있다. 가나안족이 살고 있던 팔레스타인 땅의 기후는 건기와 우기로 나누어진다. 우기가 되면 만물이 소생하고 번창한다. 우기가 끝나고 건기가 되면 땅이 마르고 모든 식물이 시들어버린다. 고대 가나안족은 건기가 되어 모든 식물이 시드는 것은 풍요와 다산의 남신인 바알(Baal)이 죽음의 신 모트(Mot)와 싸우다가 패배하여 지하의 감옥에 갇혀버렸기 때문이라

믿었다. 그래서 여신 아세라(Asera)는 애곡하면서 바알 신을 찾아 나선다. 지하 세계에 들어간 아세라는 지하의 신 모트를 만나 싸운다. 아세라는 모트를 죽이고, 그의 몸을 토막으로 잘라 가루로 만들어 뿌린 후 지하의 감옥에 갇힌 바알을 구출한다. 그리고 바알과 성적 결합을 취한다. 이때 우기가 찾아와 만물이 다시 소생하고 풍성한 수확을 얻게 된다. 만물의 소생과 다산과 풍요는 바알과 아세라의 성적 결합의 결과라고 생각된다. 이를 축하하는 행사로 가나안족은 신전에서 혼음을 하였다.

여기서 역사는 바알과 모트의 싸움, 바알의 패배, 아세라에 의한 바알의 구출, 바알과 아세라의 재결합의 질서가 반복되는 것으로 표상된다. 역사는 이러한 질서의 영원한 반복이다. 엄밀한 의미의 새로운 미래가 생각될 수 없다. 모트에 의한 바알의 패배, 바알의 구출, 바알과 아세라의 재결합의 질서에 따라 만물이 소멸했다가 다시 소생하는 자연의 질서가 반복할 뿐이다.

5. 힌두교에 의하면 역사는 네 단계의 바퀴 곧 "유가"(yuga)가 반복하여 굴러가는 과정이다(이에 관해 이종성 1990b, 409 이하). 첫째 바퀴(kirta yuga)는 4,400년의 기간에 달하며 황금시대를 나타낸다. 여기서는 모든 것이 완전하다. 둘째 바퀴(treta yuga)는 3,000년에 달하며 여기서는 모든 것이 도덕적으로 후퇴한다. 셋째 바퀴(dvapara yuga)는 2,000년에 달하며 질병과 죄로 인한 외식적인 의식이 많아지며, 많은 법을 만들어내는 시대를 가리킨다. 넷째 바퀴(kali yuga)는 1,000년에 달하며 환난이 심하고 종교가 무시당한다. 마지막에 모든 것이 "브라만"에게 흡수된다. 마지막 "칼리 유가" 곧 1,000년의 바퀴가 끝나면, 첫째 바퀴인 "키르타 유가"가 다시 돌기 시작한다. 역사는 이 네 바퀴가 반복하여 무한히 돌아가는 과정이다. 황금시대, 후퇴시대, 타락시대, 멸망의 시대가 영원히 반복된다.

영혼 윤회설은 힌두교의 윤회적 역사 이해의 인간학적 형태다. 인간의 삶은 세계사와 마찬가지로 고정된 법칙에 따라 결정된다. 이 법칙은 인과율 곧 원인과 결과의 법칙에 따른 응보(Vergeltung)의 법칙이다. 선한 사람의 영혼은 귀족으로 다시 태어나고, 악한 사람의 영혼은 쥐로 태어난다. 이 생물의 영혼에서 저 생물의 영혼으로 영원히 윤회하는 영혼의 삶 속에는 새로운 미래가 보이지 않는다. 자신이 남긴 삶의 업(원인)에 따라 보응을 받는(결과) 인과의 법칙과, 이 법칙에 묶여 영원히 윤회하는 인간의 삶이 있을 뿐이다. 인간이 자기의 업에서 완전히 자유로워져 윤회의 사슬을 벗어나는 것은 현실적으로 불가능하다. 인간은 죄악된 본성을 벗어날 수 없기 때문이다. 또 이 죄를 용서받을 수 있는 길도 없다. 윤회론에는 용서가 없다. 자기가 행한 대로 응보를 받는 냉혹한 응보의 법칙이 있을 뿐이다.

"서구 문화의 몰락"을 예언했던 슈펭글러(O. Spengler, 1880-1936)는 문화사 영역에서 역사를 고정된 법칙이 반복되는 과정으로 이해한다. 인류의 모든 문화는 하나의 유기체다. 그것은 가장 높은 단계의 생물과 같다. 따라서 인류의 문화는 생물적 유기체처럼 생성 – 성장 – 쇠퇴 – 멸망의 법칙을 반복한다. 역사는 이 법칙의 반복 과정이다. 각 문화는 하나의 독특한 유기체이므로 다양한 문화들 사이에 하나의 공통된 목적이란 존재하지 않는다. 문화사로서의 세계 역사는 목적을 갖지 않는다. 그것은 목적이 없는 생성과 멸망의 법칙이 반복되는 과정이다. 서구의 문화도 이 법칙에 따라 언젠가 멸망할 것이라고 슈펭글러는 예언한다.

고대 그리스 철학의 영향을 깊이 받은 영국 역사학자 토인비(Arnold Toynbee, 1889-1975)의 역사관은 슈펭글러와 대동소이하다. 그에 따르면 인류의 역사는 외부로부터 오는 "도전"과 이에 대한 인간의 "응전"이 반복되는 과정이다. 이 과정 속에서 문명이 생성하여 정점에 도달하고, 새로 일어나는 문화와 갈등을 일으키다가 쇠퇴한다. 이 갈등에서 이긴 새 문화가 다시 정점에 도달하였다가 쇠퇴한다. 바닷가의 파도가 밀려왔다가 물러나고, 새 파도가 밀려왔다가 다시 물러나는 것처럼 인류의 문화도 생성과 발전과 쇠퇴의 과정을 반복한다. 생성, 발전, 쇠퇴가 역사의 내적 법칙이요, 이 법칙에 따라 일어나는 세계사 속에 참으로 새로운 것은 일어나지 않는다고 토인비는 말한다(Toynbee 1962, 244 이하).

B. 역사의 목적을 향한 변증법적 과정으로서의 역사

1. 성서에서도 우리는 인간의 삶과 역사의 변하지 않는 법칙을 발견할 수 있다. 첫째 법칙은 모든 피조물은 "땅의 기초"(욥 38:4; 시 102:25) 위에서 살아야 할 존재라는 법칙이다. 곧 하나님의 사랑과 자비 속에서 살도록 창조되었다는 법칙이다. 그래서 하나님을 알지 못하는 사람일지라도 이웃에게 선과 의를 행하며 심지어 자기의 생명을 바치기도 한다.

둘째 법칙은 심는 대로 거둔다는 인과응보의 법칙이다. 하나님의 법을 지키는 사람은 "하는 일마다 잘 될 것이다." 그 반면 "악인의 길은 망할 것이다"(시 1편). "악인에게는 두려워하는 일이 닥쳐오지만, 의로운 사람에게는 바라는 일이 이루어진다.…의로운 사람은 영원히 흔들리지 않지만, 악인은 땅에서 배겨내지 못한다"(잠 10:24-30). 그러므로 인간은 하나님의 법을 지켜야 한다는 법칙을 우리는 성서에서 발견한다.

그러나 인간이 하나님의 법을 완전히 지키기란 불가능하다. 자기중심의 악한 본성이 그에게 숨어 있기 때문이다. 간음을 행하지 않을 수 있지만, 음심을 한 번도 갖지 않는다는 것은 불가능하다. 이웃을 사랑할 수 있지만, 정말 자기 자신처럼 사랑하는 것은 불가능하다. 정도의 차이가 있을 뿐 인간은 언제나 "자기의 것"을 찾는다. 따라서 하나님 앞에서 완전히 의로운 사람은 아무도 없다(시 143:2). 모든 인간은 모태에서부터 죄를 타고 나온다. 그러므로 정말 자기가 행한 대로 거둔다면 거의 모든 사람이 지옥을 면할 수 없을 것이다. "하나님처럼 완전한"(마 5:48) 사람은 아무도 없기 때문이다.

자비로운 하나님은 "심는 대로 거둔다"는 인과응보의 법칙을 깨뜨린다. 그는 인간이 행한 대로 갚지 않고, 예수의 십자가에서 그를 용서한다.

죄를 용서함으로써 그는 죄의 세력을 깨뜨린다. 죄 용서를 믿고 하나님의 뜻을 행하며 살고자 하는 사람에게 하나님은 구원과 번영을 약속한다. 이로써 하나님은 응보의 법칙을 깨뜨린다. 그는 인과응보의 운명에서의 해방을 선언한다. "진리가 너희를 자유롭게 할 것이다"(요 8:32). "주님의 영이 계신 곳에는 자유가 있다"(고후 3:17). 그러므로 루터는 그리스도인의 삶의 제1법칙으로서 자유를 선언한다. 그리스도인은 그 누구에게도, 그 무엇에도 예속되어 있지 않다(Luther, 『그리스도인의 자유』에서).

2. 그러므로 기독교는 세계의 고정된 질서나 법칙을 인정하지 않는다. 세계의 역사는 반복되는 고정된 질서나 법칙에 따른 원운동이 아니라 하나님의 약속의 성취를 향한 미래지향적 과정으로 생각된다. 그것은 하나님이 예수 그리스도 안에서 시작하였고 약속하신 하나님 나라를 향한 과정이다. 헤겔에 따르면 세계사는 모든 사람의 자유의 실현을 향한 과정이다. 그것은 하나님의 영(정신) 혹은 "영으로서의 하나님"(Gott als Geist)에 의한 "자유의 역사"다. 판넨베르크가 말하듯이 세계사는 하나님 나라에 대한 "약속과 성취의 구조"를 가진다. "약속과 성취의 긴장(Spannung)이 역사를 구성한다"(Pannenberg 1967, 25).

인간 삶의 모든 현실 속에는 언제나 "부정적인 것"이 숨어 있다. 곧 진실하지 못하며 의롭지 못한 것, 거짓되고 악한 것이 숨어 있다. 하나님 나라는 죄와 죽음의 세력이 다스리는 이 세계에 대한 "새로움"이다. 그것은 "부정적인 것"에 대한 "부정"이다. 여기서 참된 의미의 역사가 시작된다. 엄밀한 의미에서 역사는 강물처럼 과거로부터 흘러가는 것이 아니라, 하나님이 약속한 하나님 나라의 미래를 향해 세계의 모든 것이 언제나 다시금 부정되고 변화됨으로써 하나님 나라에 가까워지는 과정이다.

여기서 세계의 모든 사물은 부정적이며 잠정적인 성격을 띤다. 그것은 영원히 변하지 않고 있는 그대로 존속할 수 있는 궁극적인 것이 아니다. 그것은 자신 안에 있는 부정적인 것이 부정되고, 보다 더 높은 하나님의 진리의 세계를 향해 지양되어야 할 부정성(Negativität)과 잠정성

(Vorläufigkeit)을 본질로 가진다.

이런 뜻에서 존재는 비존재라고 말할 수 있다. 이 세계의 모든 존재는 본래적 자기가 아니다. 그것은 본래적 자기에게 모순되는 것, 부정적인 것을 담지하고 있다. 그의 참 존재, 본래적 존재는 그가 도달해야 할 미래로 머물러 있다. 존재는 이 미래를 향해 끊임없이 변화되어야 한다. 존재는 변화의 과정 자체다. 이런 뜻에서 그의 존재는 비존재다.

존재가 지금의 자기가 아닌 존재, 곧 비존재로 변화되는 과정 속에서 일어나는 위기는 위험스러운 동시에 새로운 역사의 계기가 될 수도 있다. 그러므로 "위기의식"은 "역사의식"이기도 하다. 위기 속에서 인간은 지금의 현실을 버리고 새로운 삶의 현실을 창조할 수 있다. 세계의 역사는 현재의 달팽이집을 벗어버리고 하나님 나라를 향해 새로운 삶의 세계를 세우는 끊임없는 자기부정의 과정이다. 역사는 끊임없는 자기부정의 변증법적 과정이다(Hegel). 이를 가리켜 우리는 변증법적 역사 이해라고 부를 수 있다.

3. 변증법적 역사 이해의 근원은 구약성서의 하나님 이해에 있다. 고대 이스라엘 민족은 끊임없이 그 주변에 있는 다신론의 유혹을 받았지만, 그들 조상의 하나님 야웨를 잊지 않았다. 예언자들은 언제나 다시금 야웨 하나님이 그들의 참 하나님이란 사실을 환기시켰다. 다른 종교의 신들은 인간이 이상적이라고 생각하는 것을 초월적 존재로 투사한 것에 불과하다(포이어바흐의 투사설). 그들의 상(像), 곧 우상들은 "은덩이나 금덩이일 뿐 사람이 손으로 만든 것"이다(시 135:15).

이에 비해 이스라엘 백성의 야웨 하나님은 상이 없는 신이다. 십계명의 제2계명에서 그는 자신에 대한 모든 상을 금지한다. 왜 상을 금지하는가? 그는 이 세상에 속하지 않는 분이므로, 이 세상에 있는 그 무엇의 상으로 나타낼 수 없기 때문이다. 자신에 대한 상을 만들어 그것을 섬기는 것을 금지하면서, 하나님은 율법을 주신다. 하나님을 섬기는 길은 하나님의 상이 아니라 율법을 지키는 데 있다. 그러므로 이스라엘 백성은 주변의 다른 민족들처럼 신의 상을 모시지 않고, 십계명이 그 안에 들어 있는 언약궤를 지성소 안에 모신다. 신의 상 대신에 율법을 주시는 이 하나님 외에는 다른 신이 없다(삼하 7:22; 사 45:5, 21).

율법의 궁극적 목적은 무엇인가? 율법의 궁극적 목적은 하나님의 자비와 정의가 충만한 거룩한 삶의 세계를 이루는 데 있다. 굶주림과 울부짖음이 들리지 않는 세상을 세우는 데 있다. 그러므로 하나님은 아브라함과 모세에게 새로운 땅을 약속하면서 지금의 땅을 떠나라고 명령한다. 곧 하나님의 자비와 정의가 있고, 울부짖음이 더 이상 들리지 않는 새로운 땅, "젖과 꿀이 흐르는 땅"으로 떠나라는 것이다. 불의와 억압과 울부짖음이 있는 지금의 현실을 부정하고, 하나님이 약속하는 세계 곧 하나님의 자비와 정의가 있는 새로운 삶의 세계를 취하라는 것이다. 메시아의 통치에 대한 약속에서도 하나님은 지금의 주어진 현실에 머물지 말고 메시아께서 다스리는 정의로운 세계를 지향하라고 암시한다. 예수 그리스도의 죽음과 부활을 통해 하나님은 더 이상 죽음과 슬픔과 울부짖음과 고통이 없는 새로운 생명의 세계를 약속한다.

하나님이 약속하는 새로운 생명의 세계는 죄와 죽음의 세력에 묶여 있는 이 세상에 대립한다. 그것은 옛것에 대립하는 "새로움"이다. 죄와 죽음의 세력에 묶여 있는 이 세계에 반해, 하나님이 약속하는 "약속의 땅"은 하나님의 진리와 생명이 충만한 세계다. 그것은 하나님의 뜻, 곧 하나님의 자비와 정의가 다스리는 세계다.

변증법적 역사 이해의 뿌리는 바로 여기에 있다. 하나님이 약속하는 하나님 나라 앞에서 이 세계의 현실은 부정되어야 할 것으로 드러난다. 곳곳마다 이기심과 탐심과 거짓과 불의와 죄가 독버섯처럼 숨어 있다. 이 모든 "부정적인 것"은 부정되어야 한다. 끊임없는 "부정적인 것의 부정"을 통해 이 세계는 하나님의 뜻이 다스리는 하나님 나라의 현실로 변화되어야 한다. 세계사는 세계의 부정적인 것이 언제나 다시금 부정됨으로써 하나님의 구원받은 세계를 향해 변화되는 변증법적 과정이다. 그것은 영원한 법칙이 반복되는 원운동이 아니라 예수 안에서 계시되었고 약속된 역사의 목적, 곧 하나님 나라를 향한 부정과 변혁의 과정으로 규정된다.

세계사의 변증법적 성격은 인간 삶의 역사에도 해당한다. 인간의 삶속에도 부정적인 것들이 있다. 하나님의 의롭다 하심(칭의)과 구원을 받고 선한 일을 행할지라도 그 속에는 옳지 못한 일들이 있다. 따라서 이 세계와 마찬가지로 인간의 삶도 하나님 나라의 미래를 향한 변증법적 성격을 가진다. 그것은 자신 안에 숨어 있는 부정적인 것들을 끊임없이 부정하면서 하나님 나라의 더 높은 진리로 변화되어야 한다. 하나님 나라에 속한 "새로운 피조물"(고후 5:17)로 고양되어야 한다.

여기서 한 인간의 삶은 자신이 도달한 현재를 떠나 끊임없이 하나님 나라의 미래를 향해 나아가는 변증법적 역사로 파악된다. 인간의 삶에 어떤 법칙이나 원리가 있다면 그것은 우주의 어떤 영원한 원리나 운명의 법칙이 아니라, 죄와 죽음의 세력을 물리치고 하나님 나라의 미래를 자신 속에 앞당겨오는 변증법적 활동이다. 이리하여 인간의 삶은 이른바 운명철학의 운명론과 결정론을 거부하고 역사의 목적인 하나님 나라를 향한 새로운 가능성과 미래의 지평을 갖게 된다.

C. 역사의 내적 동인은 무엇인가?

1. 역사에 대한 질문에서 가장 중요한 것은 역사를 이끌어나가는 동인 내지 원동력은 무엇인가에 대한 질문이다. 그런데 역사의 동인을 질문할 때 거의 모든 학자들은 역사를 하나의 전체로 전제한 다음, 이 역사를 이끌어나가는 하나의 통일된 동인이 무엇인가를 질문한다. 이른바 "보편사"를 전제한 다음, 이 보편사를 추진하는 동인이 무엇인가를 묻는다.

그러나 우리는 역사를 분석적으로 파악해야 한다. 역사 속에는 세계를 파괴와 죽음으로 이끌어가는 사건들이 일어나는가 하면, 세계를 건설과 생명으로 이끌어가려는 사건들도 일어난다. 한 인간의 삶에서도 마찬가지다. 생명으로 인도하는 삶의 사건들이 있는가 하면, 파괴와 죽음으로 인도하는 삶의 사건들도 있다. 따라서 역사는 동질적인 전체가 아니다. 이른바 "보편사"(Universalgeschichte, Pannenberg)라는 것은 존재하지 않는다. 생명을 살리는 생명의 역사와 생명을 죽이는 죽음의 역사가 있다. 세계사는 이 두 가지 역사로 구성된다. 따라서 역사의 동인도 분석적으로 파악되어야 한다. 곧 세계를 생명으로 이끌어가는 역사의 동인과, 세계를 파괴와 죽음으로 이끌어가는 동인을 구별하여 파악해야 한다.

2. 수많은 학자들은 세계를 파괴와 죽음으로 이끌어가는 역사의 동인을 세계사 전체의 동인으로 파악한다. 대표적인 예를 우리는 쇼펜하우어에서 볼 수 있다. 그에 따르면 개인의 삶과 세계사를 이끌어가는 동인은 맹목적인 "생명에의 의지"다. 곧 자기의 생명을 유지하고자 하는 의지가 개인의 삶과 역사의 동인이라는 것이다. 생명에의 의지는 자기의 종을 유지하기 위한 번식 의지에 가장 강하게 나타난다. 니체(F. Nietzsche)에 의하면 역사의 동인은 목적을 알지 못하는 "힘에의 의지"(Wille zur Macht)다. 목적을 알지 못하는 단순한 힘에의 의지, 생명에의 의지는 경쟁과 투쟁으로 발전할 수밖에 없다. 어떤 학자는 경쟁을 역사 발전의 중요한 동인으로 파악하지만, 오늘날 한국의 치열한 경쟁사회가 어떤 결과를 초래하고 있는지 우리는 눈으로 보고 있다.

블로흐에 의하면 인간의 가장 기본적 욕구는 굶주린 배를 채우고자 하는 욕구다. 먹지 못하면 죽는다. 굶주린 배를 채우고자 하는 생물적 욕구는 성적 욕구보다 더 강하다. 성관계도 우선 배가 불러야 가능하다. 굶주린 배를 채우고자 하는 욕구, 자기의 생명을 유지하고 이에 필요한 물질적 기반을 얻고자 하는 경제적 욕구가 인간의 삶을 이끌어가는 기본 동기요, 역사의 동인으로 설명된다. 경제적 욕구 속에서 인간은 언제나 보다 더 나은 내일을 기다린다. 이 기다림은 모든 생물에게 있다. 땅 위의 모든 생물은 보다 나은 내일을 기다리며 지금의 상태를 넘어가고자(überschreiten)

한다. 모든 사물은 "넘어감" 속에 있다. 지금의 상태를 벗어나 보다 나은 내일로 "넘어가고자" 하는 모든 생물의 욕구가 삶과 역사의 동인이다. 매우 타당성 있는 이론이지만 일면적이다.

3. 일단의 생물학자들, 특히 생물학적 진화론자들도 이와 유사한 입장을 취한다. 진화론자들에 의하면 인간을 포함한 땅 위의 모든 생물의 삶을 이끌어가는 동인은 "생존을 위한 투쟁"과 "경쟁"에 있다. 환경에 빨리 적응할 수 있고 남들보다 먹이를 먼저 취하기 위한 경쟁에서 승리하는 자들만이 살아남을 수 있고, 자기의 종족을 번식할 수 있다. 그렇지 못한 자들은 도태된다. 다윈의 추종자인 헉슬리와 스펜서(H. Spencer)는 생물학적 진화론을 사회진화론으로 발전시킨다. 이들에 의하면 "생존을 위한 투쟁"과 "만인에 대한 만인의 투쟁"이 생물들의 세계를 이끌어가는 동인, 곧 역사의 동인이다. "동물들의 세계는 검투사들이 보여주는 쇼와 거의 같은 수준이다.""삶은 끝없이 계속되는 싸움"이다(Kropotkin 2005, 29, 30에서 인용). 이 싸움에서 패배하는 자들이 역사의 무대에서 사라지는 것은 극히 자연적인 일로 정당화된다.

최재천 교수의 스승 윌슨(E. O. Wilson)도 생물학적 진화론의 입장을 취한다. 인간을 포함한 모든 생물은 자기의 생명을 유지하고자 하는 이기적 존재다. 이타적으로 보이는 행동은 사실상 그 속에 "이기적 속성"을 가진 이기적 행동, 곧 자기 자신과 자기 종족을 지키려는 "자기중심적" 행동이다(Wilson 2006, 215). 생물들의 이기적 행동은 이기적 유전자에 기인한다. 유전자가 이기적이라면 개체 생물들은 이기적으로 행동하도록 결정되어 있다. 이를 가리켜 윌슨은 "유전자 결정론"을 말한다(90). "이타주의는 유전자의 생존과 증식이라는 목표를 달성하기 위한 고귀한 수단"이다(289). 여기서 생물들의 세계를 이끌어가는 동인, 곧 역사의 동인은 자기의 유전자를 번식시키려는 이기적 욕구에 있는 것으로 나타난다.

옥스퍼드 대학교의 사회생물학자인 도킨스(R. Dawkins)에 따르면 생명체를 구성하는 기본 단위체는 유전자다. 세계는 유전자의 화학공장이다.

인간을 포함한 모든 생물은 "유전자를 전파하기 위해 만들어진 유전자 기계"다(Dawkins 2006, 117). "유전자로 알려진 이기적인 분자들을 보존하기 위해 맹목적으로 프로그램이" 만들어져 있는 "생존 기계"다(7).

유전자는 자기를 번식하려는(도킨스의 표현을 따르면, "자기를 복제하려는") 이기성을 본질로 가진다. 그것은 "맹목적인 자연 선택의 작용에 의해 마치 목적을 가지고 행동하는 존재인 것처럼 만들어져 있다"(314). 유전자의 우수성의 기준은 이기성에 있다(78). 따라서 모든 생물은 자기 복제를 최대 목적으로 가진 "기본적으로 이기적 존재"다(49, 321). 세계는 "시간이 지남에 따라…가장 강하고 재주 있는 자기 복제자로 채워져 나가게 된다"(414). 세계는 자기 유지와 번식을 위해 서로 싸우고 투쟁하는 불멸의 이기적 유전자들의 싸움터다. 이것을 우리는 자기의 영역을 지키고 암컷을 차지하기 위해 치열하게 싸우는 동물들의 삶에서 볼 수 있다.

그러나 유전자는 서로 협력하고 공존할 때 자기를 보다 더 잘 증식(복제)할 수 있다는 것을 배운다. 그리하여 협력과 공존을 위한 질서를 갖추게 된다. 이를 가리켜 도킨스는 "밈"이라 부른다. 인간은 "유전자 기계로서 조립되어 밈 기계로 교화되어 있다"(322). 그러나 사실은 밈도 이기적 유전자의 자기 증식을 도와주기 위한 수단일 뿐이다. 결국 세계는 자기를 증식시키려는 이기적 유전자의 싸움터다.

물론 도킨스는 인간은 이기적 유전자들에 대항할 수 있는 능력을 가지고 있다고 말한다. "이 지구에서는 우리 인간만이 유일하게 이기적인 자기 복제자들의 전제에 반항할 수 있다"고 그는 말한다(322). 그러나 인간의 생명을 구성하는 가장 작은 단위체인 유전자가 자기 증식을 최대 목적으로 한 이기성을 본질로 가진다면 인간이 "이기적인 자기 복제자들의 전제에" 얼마나 반항할 수 있는지는 매우 의심스럽다. 자기 유지와 자기 증식의 욕구 앞에서 유전자가 만들어낸 밈도 힘없이 무너지고 만다는 것이 우리의 역사적 경험이다.

약한 자는 도태되어버리고(자연도태) 강한 자만이 살아남는다. 마지막에 살아남는 것은 가장 강한 자일 것이다. 그러나 모두 도태되고 가장 강한 자 홀로 생존한다는 것은 불가능하다. 땅 위의 모든 생명은 서로 의존하며 살도록 되어 있기 때문이다.

4. 역사의 동인에 관한 위 학자들의 이론은 매우 그럴듯하게 보인다. 이들의 이론에 따르면 역사의 동인은 자기의 생명을 유지하고 자기를 증식하려는 맹목적 이기성과 경쟁과 투쟁에 있다. 이기성과 경쟁과 투쟁이 역사를 이끌어간다. 세계는 서로 살아남기 위한 경쟁과 투쟁의 장에 불과하다. 약한 자는 도태되고 강한 자만이 살아남아 자기의 종을 번식하는 것이 역사의 법칙으로 설명된다.

이에 반해 다른 학자들은 긍정적 측면에서 역사의 동인을 주장한다. 러시아 귀족 출신으로 무정부주의자였던 크로포트킨(P. A. Kropotkin)에 따르면 "동물이든 인간이든 동종끼리 생존 수단을 놓고 벌이는 투쟁"이 역사의 동인이라는 견해는 타당하지 않다. "왜냐하면 각각의 종 내부에서 생존을 위해 벌어지는 무자비한 싸움을…진보의 조건으로 이해하는 것은 아직 입증되지도 않았을 뿐만 아니라 직접적인 관찰을 통해 확인되지도" 않았기 때문이다(Kropotkin 2005, 12-13). "수많은 다윈 추종자들은…동물의 세계를 반쯤 굶어 서로 피에 주린 개체들이 벌이는 끝없는 투쟁의 세계로 여기게 되었다"(29).

이에 반해 진화론의 아버지 다윈은 그의 저서 『인간의 유래』에서 다음의 사실을 암시한다. 환경에 가장 잘 적응하고 살아남은 생물의 종들은 "육체적으로 가장 강하거나 제일 교활한 종들이 아니라 공동체의 이익을 위해…서로 도움을 주며 합칠 줄 아는 종들"이다. "가장 협력을 잘하는 구성원들이 가장 많은 공동체가 가장 잘 번창하고 가장 많은 수의 자손을 부양한다"(27). 동물학자 케슬러(K. F. Kessler)는 "더 많은 개체들이 함께 모이면, 서로 더 많이 도울 수 있고, 지능적으로 더욱더 발달할 수 있을 뿐만 아니라 그 종들이 살아남을 기회를 더 많이 갖게 된다"(33).

자기의 생명과 종을 유지하기 위한 이기적 욕구가 인간을 포함한 모든 생물에게 있음은 사실이다. 이와 동시에 모든 생물에게는 상부상조하면서 상생하고자 하는 욕구가 있다. 혹한 속에서 펭귄들은 무리를 지어 새끼들을 함께 지키며 추위를 극복한다. 떼를 지어 상부상조하며 더불어 살 때 환경의 혹독함을 이길 수 있다는 사회적 유전자 정보를 그들은 가지고 있다. "같은 종의 다른 족(族)들 사이에서 무수한 전쟁이 벌어진다고 하더라도 평화와 상호지지가 족이나 종들 내에서는 철칙이고, 서로 결합해서 경쟁을 피하는 방법을 가장 잘 아는 종들이 살아남거나 더 점진적으로 발전할 최상의 기회를 얻는다.…비사회적인 종들은 사라져가지만 사회적인 종들은 번성한다"(108). 인간도 공동체(예를 들어 길드)를 만들어 상부상조하며 살고자 하는 본성을 가진다.

월슨과 도킨스가 대변하는 "이기성의 생물학"에 반해, 영국의 동물학자 매트 리들리(Matt Ridley)는 "협동의 생물학"을 주장한다. 그에 따르면 모든 생물은 협동을 삶의 원칙으로 가진다. "유전자는 협동해서 염색체를 만들고, 염색체는 협동해서 게놈(genom)이 되고, 게놈은 협동해서 세포를 형성하고, 세포는 협동해서 복합세포를 이루고, 복합세포는 협동해서 개체를 만들고, 개체는 협동해서 군체를 이룬다. 한 마리의 꿀벌조차도 겉보기와는 달리 아주 높은 수준의 협동을 하며 산다"(Ridley 2001, 30). 인간도 서로 협동하며 살아간다. 인간의 "사회는 이성에 의해 고안된 것이 아니다. 그것은 (서로 협동하면서 살고자 하는) 인간 본성의 일부로서 진화되어왔다"(17).

여기서 우리는 적어도 동일한 종 내에서 상부상조하며 살고자 하는 사회적 연대성 내지 공동체성, 곧 사랑의 본성이 생물 개체의 삶과 역사를 이끌어가는 동인임을 볼 수 있다. 이 본성으로 말미암아 생물계에는 생명의 역사가 이어진다. 생물의 한 종은 다른 종에게 의존하는 동시에 또 다른 종에게 의존의 대상이 된다. 모든 생물의 종들은 의존의 그물망 속에 얽혀 서로 도움을 주고 도움을 받는다. 물론 동물들은 자기의 생명을 유지하기 위해 다른 생명을 잡아먹는다. 그러나 그것은 굶주림의 극복에 그친다. 그러므로 동물의 세계에서 종의 멸종은 거의 일어나지 않는다.

인간의 세계에서 연약한 이웃과 자연의 생물들을 보호하려는 법적·제도적 장치가 끊임없이 세워지고 언제나 다시금 생명 보호운동이 일어나는 것 역시 더불어 살고자 하는 공동체적 본성에 기인한다. 인간의 세계가 유지되는 것은 이기적 본성과 이 본성으로 말미암은 경쟁과 투쟁 때문이 아니라 서로 교통하고 도와가며 함께 살고자 하는 사랑의 본성 때문이다. 이 본성으로 말미암아 자기의 생명을 희생하거나, 자기의 거의 모든 재산을 사회에 헌납하는 일도 일어난다.

이 모든 현상을 가리켜 "이타주의로 가장된 이기주의"라고 보는 것은 타당하지 않다. 자기의 이기성을 이타적으로 포장하기 위해 죽음을 당하는 바보는 없을 것이다. 화재 현장에서 자기의 생명을 희생하는 소방관들, 전쟁에서 동료의 생명을 구하기 위해 자기의 생명을 내던지는 군인들에게 이런 얘기는 삶의 현실을 알지 못하는 학자들의 궤변으로 들릴 것이다. 만일 자신의 생명 유지를 위한 경쟁과 투쟁이 역사의 유일한 동인이라면 이 세계는 벌써 파멸로 끝났을 것이다. 인간의 탐욕으로 인해 수많은 생물의 종들이 멸종 상태에 이르렀지만, 이 종들을 살리려는 노력이 세계 각지에서 일어나고 있다. 이 노력도 "가장된 이기주의"라고 말하는 사람은 아무도 없을 것이다.

수많은 생물의 종들에게서 볼 수 있는 상부상조의 사회적 본성, 사랑의 본성은 어디서 오는가? 그것은 우연히 생긴 진화의 산물인가? 자기의 생명을 내걸고 자식의 생명을 지키려는 암컷들의 무서운 사랑은 어디서 오는가? 기독교 신학의 관점에서 볼 때 이 본성은 하나님의 창조에서 온다. "완전한 사랑"이신 하나님이 "땅의 기초"를 세우셨기 때문이다(욥 38:4; 시 102:25; 사 51:13; 히 1:10). 모든 생명이 하나님의 사랑 안에서 서로 의존하며 더불어 살아가는 삶의 질서를 세우셨기 때문이다.

이것은 창조론과 성령론을 통해 근거될 수 있다. 성령 곧 하나님의 영은 그리스도인들의 공동체 안에서 새 창조의 능력으로 작용한다. 성령의 창조의 능력 안에서 성부 하나님은 성자 "그리스도를 통해" 만물을 창조한다(골 1:16). 성령은 피조물의 생명의 힘과 새 창조의 힘으로서 피조물 안에 거하며 그들의 생명을 유지한다. "주님께서 호흡을 거두어들이시면 그들은 죽어서 본래의 흙으로 돌아갑니다. 주님께서 주님의 영을 불어넣으시면 그들이 다시 창조됩니다. 주님께서는 땅의 모습을 다시 새롭게 하십니다"(시 104:29-30). 피조물 안에서 생명의 힘으로 작용하는 성령의 능력으로 말미암아 피조물은 상부상조하며 상생하고자 하는 사랑의 마음을 갖게 된다.

5. 그러나 피조물 속에 있는 상부상조와 상생의 본성, 사랑의 본성은 크게 약화되었다. 인간의 죄의 타락으로 인해 땅 위의 모든 생물이 이기적 본성을 갖게 되었다. 이리하여 모든 생물에게는 이기적 본성과 이타적 본성이 공존한다. 그래서 선을 행하면서도 자기 자신을 추구하며, 자기 자신을 추구하면서도 선을 행한다. 죽음의 역사와 생명의 역사가 교차하게 된다. 오늘의 자본주의 사회는 이기적 본성이 상부상조와 사랑의 본성을 압도하며, 죽음의 역사가 생명의 역사를 압도하는 사회로 보인다. 돈과 권력과 쾌락 앞에서 사람들의 눈이 멀어버린다. 인간의 이기적 탐욕으로 인해 지구의 생명체계가 파괴될 위험 속에 있다.

이 같은 세상에 대해 하나님은 그의 나라의 완성을 약속한다. 이 세계는 어둠의 세계라면, 하나님 나라는 빛의 세계다. 그것은 역사의 새로움(Novum)이다. 빛이 어둠에 대립하듯이, 하나님 나라는 죄와 죽음의 세력에 묶여 있는 이 세계에 대립한다. 대립한다는 것은 세계의 모든 현실의 자기 부정과 변화를 요구함을 말한다. 이 같은 하나님 나라를 제시하면서 하나님은 현실의 자기 부정과 변화를 요구한다. 역사의 내적 동인은 여기에 있다.

마르크스는 생산 수단의 변화로 말미암아 일어나는 경제적·사회적 관계들의 변화로 인해 역사의 변화가 일어난다고 설명한다. 여기서 역사의 동인은 생산 수단의 변화로 말미암은 경제적·사회적 관계들의 변화로 설명된다. 마르크스의 이 설명은 매우 일면적이다. 세계사를 조망할 때 수많은 세계사적 사건들은 생산 수단의 변화로 말미암은 경제적·사회적 관계들의 변화로 인해 일어나지 않았다. 그것은 인간의 권력욕이나 자기 집단의 생명을 유지하기 위한 욕구로 말미암아 일어나는 경우가 많았다. 고대시대 게르만 민족의 대이동은 이를 예시한다. 1917년의 러시아 혁명은 마르크스의 공산주의 이데올로기로 말미암아 일어났다. 6.25 한국전쟁도 마찬가지다.

앞서 기술한 바와 같이 역사는 생명에 이르는 역사와, 파괴와 죽음에 이르는 역사, 두 가지로 구성된다. 인간의 이기성과 경쟁과 투쟁이 파괴와 죽음에 이르는 역사의 동인이라면, 생명에 이르는 역사의 동인은 삼위일체 하나님이 약속하는 하나님 나라에 있다. 메시아 예수를 통해 계시되었고 새롭게 시작된 하나님 나라는 생명의 역사를 일으키는 동인으로 작용한다. 그것은 파괴와 죽음의 역사에 대립하는 생명의 역사의 궁극적 동인이다.

하나님 나라는 그리스도인들의 공동체 속에 현존하는 현재적인 것인 동시에 역사의 미래에 올 미래적인 것이다. 미래가 현재 속에 현존하면서, 현재를 미래의 목적을 향해 개방하는 역사의 동인으로 작용한다. 그것은 미래에 머물러 있는 무역사적인 것이 아니라 파멸과 죽음의 역사에 대립하는 생명 역사의 내적 동인으로 작용한다.

생명의 역사의 동인으로서 하나님 나라는 먼저 한 인간에게서 새로운 역사를 일으키고자 한다. 생명의 역사는 먼저 인간에게서 일어나야 한다. 인간이 파멸과 죽음의 역사를 일으키는 장본인이기 때문이다. 생명의 역사는 죄에 대한 통회와 회개를 통해 시작된다. 회개한 인간을 통해 삶의 각 영역에 생명의 역사가 일어날 수 있다. 그러므로 예수는 "하나님 나라가 가까이 왔다"고 선포하면서 "회개하라"고 요구한다(막 1:15).

이것을 최대열은 다음과 같이 말한다. 삼위일체 하나님 나라는 "하늘에서처럼 이 땅에도 임하고, 인간의 내면을 넘어 온 세상에 이루어지고,

현세를 넘어서 내세의 영원한 나라에까지 이르기를 소망한다. 그래서 하나님 나라는 이 땅에서 인생과 사회와 세계의 삶의 지표이며 모델이 된다. 하나님 나라는 죄 사함을 받고 악으로부터 해방되고, 하나님과 나 그리고 나와 이웃 사이에 사랑이 회복되고, 사회에 정의와 평화가 이루어지고, 생태계를 포함하는 온 세계에 하나님의 샬롬이 이루어질 것을 바라며, 그래서 오늘도 성령 안에서 기도하며 나를 개선하며 세상을 개혁해 나아가게 한다"(최대열 2018, 155).

7

하나님 나라 안에 있는 영원한 생명(영생)

땅 위에 있는 모든 생명은 시간의 한계를 가진다. 어떤 생명도 죽음의 문턱을 넘어설 수 없다. 전도서의 말씀대로 "태어날 때가 있고, 죽을 때가 있다"(전 3:2). 또 세상의 모든 생명은 죄와 죽음의 세력에 붙들려 있다. 이로 인해 땅 위의 어떤 생명도 완전한 삶을 살지 못한다. 그들의 삶은 이지러진 상태, 결핍된 상태에서 끝난다. 한평생 가난과 고난 속에서 살다가 끝나는 생명도 있고, 폭력과 테러와 전쟁과 자연재난과 사고로 인해 강요된 죽음을 당하기도 한다. 이 세상에 충만한 만족과 기쁨 속에서 자기의 수를 다하고 죽음을 맞이하는 생명은 아마도 전혀 없을 것이다. 이 세계의 역사는 상처받은 생명, 굶주림과 질병과 갖가지 삶의 고통과 무의미 속에서 죽지 못해 사는 생명, 파괴되고 이지러진 생명으로 가득하다. 한마디로 인간의 역사는 죄와 죽음의 역사다.

그러나 역사가 그의 목적에 이를 때 죽음은 더 이상 있지 않을 것이라고 성서는 증언한다(계 21:4, "다시는 죽음이 없고"). 역사의 목적인 하나님 나라가 이루어질 때 완전하고 충만한 생명, 영원한 기쁨이 있는 생명, 죽음으로 제한되지 않은 영원한 생명이 있을 것이다. 한마디로 역사의 목적인 하나님 나라는 영원한 생명이 있는 곳이다. 이 믿음을 사도신경은 다음과 같이 고백한다. "나는…영원한 생명을 믿습니다." 이에 근거하여 기독교 종말론은 영원한 생명을 마지막 부분에서 다룬다.

A. 영원한 생명의 성서적 배경

1. 우리가 알고 있는 세계의 모든 종교는 영원한 생명을 믿는다. 이 땅 위의 생명은 죽음으로 제한되어 있지만, 죽음 후에 영원한 생명이 있을 것이라는 믿음은 세계 모든 종교의 보편적 요소라 말할 수 있다. 여기서 출발점이 되는 것은 인간 삶의 유한함과 허무함에 있다. 인간은 죽음으로 말미암은 인간 삶의 유한성과 허무성에 대한 부정으로서 영원한 생명, 곧 시간적으로 제한되지 않은 생명을 기대한다. 피안의 세계에서 얻을 영원한 생명은 이 땅 위의 유한하고 허무한 삶에 대한 위로와 보상의 성격을 띤다.

이에 비해 구약성서에서 영원한 생명에 대한 고백은 독특한 출발점을 가진다. 그것은 인간의 차안적 삶의 유한성과 허무성에 대한 종교적·철학적 성찰에서 출발하지 않고, 출애굽의 역사적 사건에서 출발한다. 영원한 생명에 대한 구약성서의 믿음과 기다림은 이스라엘 백성이 출애굽 사건에서 보게 된 하나님의 구원의 능력에 대한 성찰에서 귀결된 것이다.

구약성서에서 하나님은 끊임없이 출애굽의 하나님 곧 "이스라엘 백성을 이집트 땅에서 이끌어내신 주"로 고백된다(렘 16:14). 앞서 기술한 대로 출애굽 당시 이집트는 세계의 대제국이었다. 나일강의 풍요를 바탕으로 뛰어난 경제력과 군사력과 문화를 이루고 있었다. 이에 비해 이스라엘 백성은 400년 동안 이집트에서 노예 생활을 하던, 아무 힘이 없는 노예들이었다. 그들에게는 경제력도 없었고, 이집트의 군대에 필적할 만한 우수한 무기와 군대 조직과 전투 경험과 병참체계가 있을 리 없었다. 탈출을 예상하고 저장해둔 양식도 없었다("그들은 이집트에서 급히 쫓겨나왔으므로, 먹거리를 장만할 겨를이 없었다." 출 12:39).

이스라엘 백성이 출애굽할 때 "장정만 해도 육십만가량"이었다고 한다(출 12:37). 여자와 어린이들과 노인들을 합하면 약 120만 명이었을 것이다. "그 밖에도 다른 여러 민족들이 많이 그들을 따라" 나섰다는 말씀을 고려할 때, 그 수는 약 150만으로 추산할 수 있다. 이 많은 사람이 "양과 소 등 수많은 집짐승 떼"를 이끌고(출 12:38) 대제국 이집트를 탈출한다는 것은 하나님의 기적이 아니고서는 도저히 상상할 수 없는 일이었다.

이집트를 탈출한 이스라엘 백성이 홍해 바다에 이르렀을 때 그들은 또다시 인간의 힘으로 극복할 수 없는 위기에 처한다. 뒤에는 이집트의 정예부대가 추격하고, 앞에는 홍해 바다가 가로막고 있는 진퇴양난에 빠진다. 그러나 하나님의 놀라운 능력으로 이스라엘 백성은 이 위기를 벗어난다. 그것은 죽었다가 다시 살아난 것과 같았을 것이다. 40년 동안 광야를 유리하던 이스라엘 백성이 가나안 땅을 차지한다는 것도 상상하기 어려운 일이었다. 이 극적인 사건들 속에서 이스라엘 백성은 죽음의 한계를 넘어서는 하나님의 놀라운 능력을 보게 된다. 그리하여 생명을 죽일 수도 있고 살릴 수도 있는 하나님의 능력을 고백한다(신 32:39; 삼상 2:6; "사람을 죽이기도 하시고 살리기도 하시며").

이 하나님의 능력을 이스라엘 백성은 하나님의 천지창조에서 확인한다. 하나님은 "말씀으로" 무에서 만유를 있게 하실 수 있는 능력을 가진 분이다. 그는 말씀으로 하늘을 지으셨고(시 33:6), "땅의 기초를 튼튼히 놓으셔서 땅이 영원히 흔들리지 않게 하셨다"(104:5). 그는 자기의 호흡을 불어넣어 죽은 생명을 살릴 수도 있고, 자기의 호흡을 거두어들여 흙으로 돌아가게 할 수도 있다(104:29-30). 따라서 죽음은 "모든 육체의 생명의 하나님"(민 16:22; 27:16)에게 한계가 될 수 없다. 죽음의 한계를 넘어서는 "생명의 하나님"(시 42:8)은 우리의 생명을 붙들어주시는 분이다(54:4). 하나님은 "사람의 생명을 무덤에서 다시 끌어내셔서 생명의 빛을 보게" 할 수 있다(욥 33:30). 그는 의로운 자의 기도를 들으시고, 죽은 생명을 살릴 수 있다(왕하 4:31-37).

기원전 587년 이스라엘 백성은 바빌론 제국에게 나라를 빼앗기고 70여 년간 포로가 된다. 이 백성을 다시 회복하는 하나님의 놀라운 구원에서 이스라엘 백성은 죽은 자를 살릴 수 있는 하나님의 능력을 다시 한번 보게 된다. 하나님은 마른 뼈들을 다시 살려 새로운 생명의 세계를 이루신다(겔 37장). "죽은 사람들이 다시 살아날 것이며, 그들의 시체가 다시 일어날 것이다"(사 26:19). "주님께서 죽음을 영원히 멸하신다"(25:8). 여기서 영원한 생명에 대한 믿음이 귀결된다. 이리하여 시편 저자는 영원한 생명에 대한 하나님의 약속을 고백한다. "주님께서 그곳에서 복을 약속하셨으니, 그 복은 영원한 생명이다"(시 133:3). 잠자던 사람들 가운데 많은 사람이 깨어날 것이며, 그들 가운데 어떤 사람은 영원한 생명을 얻을 것이다(단 12:2).

2. 후기 유대교 묵시사상은 하나님의 정의와 연관하여 영원한 생명을 고백한다. 여기서 하나님의 정의가 영원한 생명에 대한 믿음과 고백의 출발점이 된다. 박해와 고난 속에서 하나님의 율법에 충성하며 의롭게 산 자들은 역사의 마지막에 영원한 생명을 상으로 받을 것이다. 이에 반해 하나님과 자기 민족을 배반하고 외세에 영합하여 부와 권세를 누리며 살던 자들은 영원한 수치를 당할 것이다. 안티오코스(Antiochus) 왕에게 죽임을 당하는 일곱 아들을 보면서 어머니는 영원한 생명을 고백한다. "너희들은 지금 너희들 자신보다도 하나님의 율법을 귀중하게 생각하고 있으니, 사람이 출생할 때에 그 모양을 만들어주시고 만물을 형성하신 창조주께서 자비로운 마음으로 너희에게 목숨과 생명을 다시 주실 것이다"(마카베오하 7:23).

죽음을 앞둔 마지막 아들은 다음과 같이 영원한 생명을 고백한다. "우리 형제들은 잠깐 고통을 받은 후에 하나님께서 약속해주신 영원한 생명을 실컷 누리겠지만, 당신은 그 교만한 죄에 대한 하나님의 심판을 받아서 응분의 벌을 받게 될 것이오"(7:36). 이 고백을 우리는 다니엘서에서 다시 발견한다. "그들 가운데서 어떤 사람은 영원한 생명을 얻을 것이며, 또 어떤 사람은 수치와 함께 영원한 모욕을 받을 것이다"(단 12:2). 여기서 영원한 생명은 하나님의 율법을 위해 기꺼이 죽음을 당하는 순교자들의 의로움에 대한 약속으로 고백되고 있음을 볼 수 있다.

3. 영원한 생명에 대한 구약성서와 묵시사상의 믿음은 신약성서에 계승된다. 의로운 사람들은 영원한 생명으로 들어갈 것이다(마 25:46). 하나님은 "모든 사람에게 생명과 호흡과 모든 것을 주시는 분이다"(행 17:25). 예수께서 이 땅에 오신 것은 "그를 믿는 사람마다 영원한 생명을 얻게 하려는 것이다"(요 3:15; 참조. 17:2). "우리 주 예수 그리스도로 말미암아 얻는 영원한 생명에 이르게 하려는" 것이다(롬 5:21). 복음서에서 예수는 죽음의 한계를 깨뜨리고 죽은 생명을 살리는 분으로 나타난다. 그는 죽은 나사로와 백부장의 딸을 다시 살린다. 죽음도 그에게는 한계가 될 수 없다. 정의롭게 살다가 십자가의 죽음을 당한 예수는 "생명" 자체다(요 14:6). "불멸의 생명(죽지 않는 생명)의 능력"이 그에게 있다(히 7:16). "생명의 약속"이 그 안에 있다(딤후 1:1).

영원한 생명에 대한 고백의 궁극적 근거는 예수 그리스도의 부활에 있다. 하나님은 세상의 힘 있는 자들, 곧 유대교 지도자들과 로마 총독 본디오 빌라도(폰티우스 필라투스)에게 죽임을 당한 예수를 다시 살린다. 불의한 자들에 의해 죽임을 당한 의로운 자를 다시 살림으로써 하나님은 그의 의로우심을 나타낸다. 하나님의 영원한 생명이 "죽음을 삼키고서 승리를 얻었다.…죽음아, 너의 독침이 어디에 있느냐?"(고전 15:54-55) 이로써 하나님은 죽음의 영원한 생명의 세계를 열어주셨다.

바울에 의하면 부활하신 예수는 "잠든 사람들" 가운데서 영원한 생명으로 다시 살아나신 "첫 열매"다(고전 15:20, 22). 그는 영원한 생명을 주는 "생명의 떡"이다. 이 떡을 먹는 자, 곧 예수 그리스도를 하나님의 아들로 믿는 자는 영원한 생명을 얻을 것이다(요 6:58; 8:51-52; 10:28; 11:26). 한 사람 아담을 통해 죄가 세상에 들어왔고, 죄를 통하여 죽음이 들어왔다면 죽음의 세력을 깨뜨린 예수 그리스도를 통해 모든 사람이 "영원한 생명"을 얻게 되었다(롬 5:21). 요한계시록 21:4은 하나님 나라를 더 이상 죽음이 없는 곳, 달리 말해 영원한 생명이 있는 곳으로 묘사한다.

이 같은 성서의 말씀에 근거하여 기독교 종말론은 영원한 생명(영생)을 역사의 목적으로 다룬다. 역사의 종말에 만물이 본래의 상태로 회복될 때 "모든 시간적인 것은 그의 출처인 영원한 것으로 돌아올 것이다"(Tillich 1966, 469). 더 이상 "죽음과 슬픔과 울부짖음과 고통이 없는" 영원한 생명의 세계가 이루어질 것이다.

B. 영원한 생명이란 무엇인가?

영원한 생명은 어떤 생명인가? 그것은 흰옷을 입고 끝없이 풍악을 울리는 삶을 말하는가? 초기 교회 시대와 중세기의 신비주의 신학은 영원한 생명을 "하나님의 관조"(visio Dei)라고 말한다. 인간의 영혼이 삼위일체 하나님의 임재(현존) 속에서 하나님을 얼굴과 얼굴로 바라보며 하나님을 찬양하고 하나님의 영광에 참여하는 삶을 가리킨다는 것이다. 이 생각을 아우구스티누스는 다음과 같이 말한다. "거기서 우리는 자유로울 것이며 볼(관조할) 것이다. 보면서 사랑할 것이다. 사랑하면서 찬양할 것이다"(Ibi vacabimus et videbimus, videbimus et amabimus, amabimuset laudabimus, Küng 1982, 275).

여기서 영원한 생명은 하나님과 각 사람의 영적 관계로 생각된다. 이웃과의 교통과 친교, 인간의 몸과 구체적인 삶은 고려의 대상이 되지 않는다. 자연의 세계도 간과된다. 영적인 눈으로 하나님을 보는 것만이 문제된다. 영원한 생명은 삶의 모든 현실에서 분리된 인간의 영혼과 하나님의 직접적 관계로 축소된다.

이와 같이 성서는 많은 구절에서 영원한 생명에 대해 말하지만, 정작 영원한 생명이 무엇인가에 대해 직접적으로 묘사하지 않는다. 그러나 성서에서 우리는 영원한 생명에 관한 많은 간접적 암시를 발견할 수 있다.

영원한 생명은 우리가 지금 경험하고 있는 이 땅 위의 생명과 반대되는 개념이다. 이 땅 위의 생명은 시간적으로 제한된 반면 영원한 생명은 시간의 끝이 없다. 한마디로 영원한 생명과 이 땅 위의 생명은 반대 개념이다. 이 땅 위의 생명은 "이전 것"이라면(계 20:4), 영원한 생명은 "이전 것들이 다 사라진" 새로운 것(Novum)이다. 따라서 성서가 암시하는 영원한 생명은 이 땅 위의 생명과 반대되는 면모를 가진다. 그 면모를 우리는 다음과 같이 정리할 수 있다.

1. 땅 위에 있는 우리의 생명은 시간적으로 제한되어 있다. 그것은 언젠가 끝날 수밖에 없는 제한성을 가진다. 이에 반해 영원한 생명의 가장 중요한 특징은 영속성에 있다. 이 영속성은 질적 영속성인 동시에 시간적 "지속과 영속성"(Dauer und Beständigkeit)으로 이해되어야 한다(Küng 1982, 279). 곧 시간적으로 제한되어 있지 않음으로 이해되어야 한다. 그러므로 요한계시록은 새 하늘과 새 땅에는 죽음이 없을 것이라고 말한다(계 20:4). 또 요한복음은 그리스도의 말씀을 지키는 사람은 "영원히 죽음을 겪지 않을 것이다"라고 말한다(요 8:51). 앞서 기술한 대로 로마 제국의 박해와 순교의 죽음을 당하던 초기 그리스도인들에게 요한복음과 요한계시록이 말하는 "영원"은 삶의 질을 가리키는 것이 아니라 글자 그대로 시간적 영속성을 뜻하였을 것이다. 영원한 생명은 시간의 끝이 없는 생명, 죽음으로 말미암아 단절되지 않는 생명을 말한다.

우리의 생명이 언젠가 죽음으로 단절될 수밖에 없고, 그 단절로 말미암아 모든 것과 작별할 수밖에 없다는 것은 생명의 결핍성을 가리킨다. 단절과 작별은 슬픈 것이다. 단절과 작별과 슬픔은 삶의 결핍을 말한다. 땅 위의 모든 생명은 결핍과 불완전 속에 있다. 이에 반해 영원한 생명은 단절과 작별이 없는 영속적 생명, 충만함 속에 있는 완전한 생명을 말한다.

2. 이 땅 위의 생명은 하나님이 부재한 세상에서 이루어진다. 그것은 죄 가운데서 이루어진다. 이에 반해 영원한 생명은 삼위일체 하나님의 충만한 현존(임재) 안에 있는 생명, 하나님과 완전히 하나 되어 있는 생명을

말한다. 틸리히가 말하는 "신적 생명에의 참여"는 바로 이 같은 생명을 가리킨다고 이해할 수 있다(Tillich 1966, 450). 영원한 생명은 "언제나 다시금 우리를 하나님에게서 분리시키는 우리 안에 있는 모든 것에서 해방된 생명, 그 무엇을 통해서도 흔들릴 수 없는 아버지와의 완전한 친교 속에 있는 생명", 예수의 뒤를 따르며 우리의 생명이 그와 동일한 형태를 갖게 되는 것을 우리 안에서 방해하는 모든 것에서 해방된 생명, "우리의 주님이신 그와 완전히 하나 되어 있는 생명"을 가리킨다(Joest 1986, 653).

3. 이 땅 위의 생명은 슬픔과 울부짖음과 고통을 벗어날 수 없다. 아무리 행복해 보이는 사람일지라도 남모르는 슬픔과 고통이 있기 마련이다. 이에 반해 영원한 생명은 "슬픔과 울부짖음과 고통이 없는" 생명이다. 긍정적으로 말하여 영원한 생명은 끝없는 기쁨과 감사와 환희 속에서 사는 생명을 말한다. 모든 사람이 한 하나님의 자녀들이요 형제자매들로서 삶의 모든 것을 함께 나누기 때문이다. 인간에 의한 인간의 비인간화, 억압과 착취와 모욕과 소외가 더 이상 일어나지 않으며, 직업에 의한 인간 차별이 더 이상 일어나지 않는다.

4. 이 땅 위의 생명은 항상 무엇인가를 욕구하며, 그것을 얻기 위해 애쓴다. 더 많은 소유, 더 큰 권세와 명예, 더 확실한 안전을 얻기 위해 끊임없이 노력한다. 그러므로 이 땅 위의 생명은 참된 안식과 평화를 알지 못한다. 그것은 항상 불안과 동요와 근심과 걱정 가운데 있다. 이에 반해 영원한 생명은 참 안식과 평화 속에 있는 생명이다. 그것은 "하나님의 백성에게 올 안식이요(히 4:9), 수고를 그침이고(계 14:13)…눈물, 애통함, 곡함, 사망이 다시 없고, 아픈 것도, 밤도 없다(계 21:4, 25)"(유해무 1997, 636). 하나님은 신자들에게 "안식에 들어가리라는 약속"을 주셨다(히 4:1; 참조. 4:5). 하나님께서는 평화가 없는 세계 속에 그리스도의 "십자가의 피로 평화를" 이루셨기 때문이다(골 1:20).

5. 이 땅 위의 생명은 언제나 결핍과 결함 속에 있다. 영적·정신적 차원, 물질적·신체적 차원에서 아무 결핍과 결함이 없는 생명이란 존재하지

않는다. 따라서 땅 위의 모든 생명은 완전한 만족을 알지 못한다. 왜 만족함을 느끼지 못하는가? 그 원인은 인간의 욕구에 있다. 인간의 욕구에는 만족이 없기 때문에 아무리 부유한 사람일지라도 자기가 가진 것에 만족하지 못한다. 부유한 사람일수록 영적·정신적 불만족, 곧 결핍과 결함이 더 큰 경우가 많다. 이에 반해 영원한 생명은 모든 차원에서 결핍과 결함이 없는 생명, 만족함 속에 있는 생명이다. 인간의 생명이 가장 먼저 원하는 만족은 위(胃)의 만족함, 곧 배부름이다. 굶주리지 않고 배부르게 먹을 수 있는 것이 인간 존엄성의 가장 기본적 조건이다. 영원한 생명은 인간의 가장 기본적 욕구가 해결된 생명을 말한다. 하나님은 "굶주릴 때에 살려주신다"(시 33:19).

6. 이 땅 위의 생명은 죄의 세력을 피할 수 없다. 비록 하나님의 구원을 받았다 할지라도 그것은 죄의 세력을 완전히 벗어날 수 없다. 루터가 말한 대로 세례를 통하여 죄 용서를 받았다 할지라도 인간의 죄악된 본성은 남아 있기 때문이다(김균진 2018, 270). 언제나 "자기의 것"을 최대한 더 많이 확보하려는 욕심은 사라지지 않는다. 이에 반해 영원한 생명은 죄의 세력에서 해방된 생명이다. 따라서 그것은 탐욕과 죄가 없는 생명이다. 죄는 인간을 먼저 자기 자신에게서 분열시킨다. 죄인은 자기 자신에게서 분열된 인간이다. 그러므로 죄인에게는 마음의 평화가 없다. 죄를 많이 짓는 사람들의 얼굴이 어두운 이유는 여기에 있다. 이에 반해 영원한 생명은 자기 자신과의 갈등이 없는 생명, 곧 참된 자기 자신과 일치하는 생명을 말한다.

7. 아무리 부유한 사람일지라도 인간은 영적·정신적 갈등 속에서 살아간다. 아무리 좋은 것을 가져도 오래가지 않아 싫증을 느낀다. 안정된 삶 속에서 걱정할 것이 아무것도 없을 때 삶의 지루함과 공허함이 찾아온다. 말할 수 없이 좋았던 시간이 끝나면 공허감을 느끼고, 배우자에게 싫증을 느낀다. 지루함과 공허함은 지겨움으로 발전한다. 지루함과 공허감과 지겨움을 이기지 못해 쾌락과 마약을 찾는다. 그러나 그것이 궁극적 해

결책이 되지 못하기 때문에("너는 네 마음껏 즐겨라. 그러나 이것도 헛된 일이다"; 전 1:18), 더 깊은 쾌락을 찾는 악순환에 빠지고, 자살로 삶을 끝내는 사람들도 있다.

그 이유는 무엇일까? 그 이유는 근본적으로 있어야 할 것이 없기 때문이다. 곧 하나님이 그들의 삶 속에 없기 때문이다. 하나님이 없기 때문에 새로움이 없고, 참 가치가 무엇인지 알지 못하며, 더 많은 소유와 정욕의 노예가 되어 있기 때문이다. 해 아래 새것이 없고 모든 것이 헛되다는 전도서 저자의 고백은 하나님 없는 인간 세계의 실존을 가리킨다(전 1:1-11).

영원한 생명은 하나님이 모든 것 안에서 모든 것이 되시며, 모든 사람이 성부 성자 성령 삼위일체 하나님 안에서, 하나님과 함께 사는 생명이다. 그것은 "그리스도 안에 있는 하나님과의 교제의 완성이다. '주와 항상 함께 있음'(살전 4:17)이요, '그리스도와 함께 영광을 받음'(롬 8:17)이다. 또 '하늘에 간직된 기업을 받음'(벧전 1:14)이다"(유해무 1997, 635). 하나님이 함께하시기 때문에 영원한 생명들이 사는 곳에는 하나님에 대한 참 지식과, 하나님의 자비와 정의가 충만하다. 참된 가치가 있다. 하나님 나라 안에 있는 영원한 생명은 공허함과 지루함을 알지 못한다.

8. 이 땅 위의 생명은 이웃과 사랑을 나누고자 하는 본성을 가진다. 사랑이신 하나님이 세계의 기초를 세웠기 때문이다. 어린아이들이 태어나면서부터 친구를 찾는 것은 이 본성에 기인한다. 그러나 인간의 사랑은 불완전하다. 이웃과 사랑을 나누면서도 그는 "자기의 것"을 추구한다. 자기를 상대방에게 완전히 내맡기는 순간에도 그는 자기의 즐거움을 추구한다. 즐거움을 얻지 못하면 짜증을 내고 실망한다. 이에 반해 영원한 생명은 예수께서 산상설교에서 가르친 "완전한 사랑", 무아적인 사랑이 있다. "너희는 무엇이든지 남에게 대접을 받고자 하는 대로 너희도 남을 대접하여라"(마 7:12). 사랑에는 정의와 공평이 필연적으로 따른다. 정의와 공평이 없는 사랑은 참 사랑이 아니기 때문이다. 따라서 영원한 생명은 불의와 불평등이 없는 생명, 완전한 정의와 공평 안에서 사는 생명이다. "정의와 공

평이 하나님의 보좌의 기초다"(시 97:2).

9. 땅 위에 있는 인간의 생명은 부자유 속에서 이루어진다. 그는 자신이 세우지 않은 수많은 법적·제도적 제약 속에서 살아간다. 이 제약은 자신의 자유를 제한하는 타율로 생각된다. 여기서 자율과 타율은 모순되는 것으로 경험된다. 이 모순 때문에 땅 위에 있는 모든 인간의 생명은 완전한 자유를 알지 못한다. 그가 누리는 자유는 타율의 제약 속에 있는 자유일 뿐이다. 이에 반해 영원한 생명은 자율과 타율이 일치하는 생명, 곧 완전한 자유가 있는 생명일 것이다. 그것은 하나님의 영으로 충만하기 때문이다. "주님의 영이 계신 곳에는 자유가 있다"(고후 3:17). 그러나 하나님 나라 안에서 인간 생명의 자유는 결코 이웃에게 악을 행하지 않는다. 그것은 악에의 자유가 아니라 선에의 자유다. 그것은 하나님 나라의 "완전한 사랑" 안에 있기 때문이다.

C. 예수 그리스도 안에 있는 영원한 생명

위에서 기술한 영원한 생명은 이 세상 안에 있는 인간 삶의 부정적인 것을 부정함으로써 추론되었다. 이 세상 안에 있는 인간의 현세적 삶이 출발점이 된다. 그러나 영원한 생명은 이 땅 위에서 우리가 경험하는 생명과 전혀 다른 것, 새로운 것이기 때문에 그것을 완전하게 묘사하기란 불가능하다. 그것은 우리가 경험하는 이 땅 위의 삶에서 출발하여 이 삶과 반대되는 것으로 묘사될 수 있을 뿐이다. 따라서 이 묘사는 제약성을 벗어날 수 없다.

성서는 영원한 생명에 대한 전혀 다른 출발점을 제시한다. 그 출발점은 예수 그리스도에게 있다. 예수 그리스도가 참 생명 곧 영원한 생명이다(요 11:25; 14:6; 요일 5:20). 그는 영원한 생명이 그 안에 있는 생명의 떡이다(요 6:33, 35, 48). 예수 그리스도 안에 영원한 생명이 있다(롬 6:23). 우리는 예수 그리스도에게서 영원한 생명을 얻을 수 있다(요 10:28; 롬 5:21; 6:22; 요일 5:11). 그의 말은 영원한 생명의 말씀이다(요 6:68). 그것은 곧 생명이다(요 6:63). 그러므로 우리는 예수 그리스도의 삶과 말씀에서 영원한 생명이 무엇인지 찾아보고자 한다.

1. 영원한 생명은 예수 그리스도와 그를 보내신 아버지 하나님을 믿는 믿음에 있다. "아들을 믿는 사람에게는 영원한 생명이 있다. 아들에게 순종하지 않는 사람은 생명을 얻지 못한다"(요 3:36). "나의 말을 듣고 또 나를 보내신 분을 믿는 사람은 영원한 생명을 얻고, 심판을 받지 않는다. 그는 죽음에서 생명으로 옮겨갔다"(5:24). "나를 믿는 사람은 죽어도 살고, 살아서 나를 믿는 사람은 영원히 죽지 않을 것이다"(11:25-26; 참조. 12:25; 20:31).

그리스도를 믿을 때 그리스도가 신자들 안에, 신자들이 그리스도 안에 있게 된다. 신자들은 그리스도와 연합하여 그와 하나가 된다. 영원한 생명은 그리스도께서 주시는 "생명을 떡"을 먹고 그와 연합하여 하나가 되는 데 있다. "예수 자신을 가리키는 떡을 먹는 자는 그를 통하여 살 것이요"(8:12), 죽지 않을 것이다(6:50).

그리스도와 하나가 될 때 그리스도의 뒤를 따르게 된다. 본회퍼에 따르면 그리스도를 믿는 믿음과 그리스도의 뒤를 따름(Nachfolge)은 분리될 수 없다. 그리스도를 믿는다 하면서 그의 뒤를 따름이 없는 믿음은 거짓 믿음이요, 죽은 믿음이다. 영원한 생명은 그리스도의 뒤를 따르는 삶에 있다. 그의 뒤를 따르는 자는 생명의 빛을 소유한다(8:12). 그리스도의 뒤를 따른다는 것은 그의 말씀을 따른다는 것을 말한다. 그의 말씀을 따르는 자는 영원히 죽음을 겪지 않을 것이다(8:51; 참조. 11:26; 12:25).

2. 예수 그리스도는 성령 안에서 그의 아버지 하나님과 하나였다("우리가 하나인 것 같이": 요 17:11). 성령을 통하여 그가 아버지 안에, 아버지가 그 안에 계셨다(14:11, 20). 이 예수가 바로 영원한 생명이라면 영원한 생명은 성부, 성자, 성령의 삼위일체 하나님과 하나가 된 생명을 말한다. 곧 삼위

일체 하나님과 연합된 생명, 삼위일체 하나님의 뜻과 자신의 뜻이 일치하는 생명, 하나님의 뜻을 이루는 생명이다.

3. 예수 그리스도는 아버지 하나님과 하나였기 때문에 그의 마음은 바로 아버지 하나님의 마음이었다. 이 예수가 바로 영원한 생명이라면 영원한 생명은 "그리스도 예수의 마음"(빌 2:5)을 자신의 마음으로 가진 생명을 말한다. "그리스도 예수의 마음"을 우리는 산상설교의 말씀, 특히 여덟 가지 축복의 말씀에서 발견할 수 있다. 이 말씀에 따르면 영원한 생명은 "마음이 가난한 사람", 이웃의 고난과 슬픔을 함께 "슬퍼하는 사람", "온유한 사람", "의에 주리고 목마른 사람", "자비로운 사람", "마음이 깨끗한 사람", "평화를 이루는 사람", "의를 위하여 박해를 받는 사람"으로 사는 데 있다.

4. 예수 그리스도는 하나님과 하나였기 때문에 그에게는 "죄가 없었다"(요일 3:3). 그는 "죄를 모르시는 분"이었다(고후 5:21). 그는 하나님처럼 "완전하신" 분이었다(히 5:9). 그리스도인들은 "하늘에 계신 너희 아버지께서 완전하신 것 같이" 완전해져야 한다(마 5:48). 아버지 하나님과 그의 아들 예수처럼 완전해질 때 죄를 짓지 않게 된다. 영원한 생명은 죄가 없는 생명이다. 완전해져 죄를 행하지 않고 사는 데 영원한 생명이 있다. "그리스도 안에 머물러 있는 사람마다 죄를 짓지 않는다", "하나님에게서 난 사람은 누구나 죄를 짓지 않는다"(요일 3:6, 9).

5. 예수 그리스도는 그의 아버지 하나님과 하나였기 때문에 그의 말씀은 곧 아버지 하나님의 말씀이요, 그가 행하는 일은 아버지 하나님이 행하는 일이었다(요 14:10). 이 예수 안에 영원한 생명이 있다면 영원한 생명은 한마디로 예수처럼 사는 삶, 예수의 형상으로 사는 삶을 말한다. 예수를 하나님의 아들로, 우리의 구원자로 믿고, 예수처럼 사는 바로 거기에 영원한 생명이 있다. 본회퍼의 말을 따른다면 예수는 "타자를 위한 존재"였다 (Sein für die anderen). 따라서 영원한 생명은 예수처럼 "타자를 위한 존재"가 되는 데 있다. 예수처럼 이웃을 위해 자기의 생명을 내어주며, 예수처

럼 세상 짐을 짊어지는 바로 거기에 영원한 생명이 있다.

6. 하나님은 사랑이다(요일 4:8, 16). 예수 그리스도는 아버지 하나님과 하나인 "하나님의 아들"이다. 그렇다면 그리스도 역시 "사랑이다"라고 말할 수밖에 없다. 이 그리스도가 바로 영원한 생명이라면 영원한 생명은 그리스도의 사랑 안에 거하며, 그의 사랑을 행하는 데 있다. 산상설교가 가르치는 것처럼 "하나님처럼" 완전한 사람이 될 때, 그리스도 안에서 하나님이 행한 사랑을 행할 수밖에 없다. 바로 여기에 영원한 생명이 있다.

요한1서에 의하면 형제를 사랑하는 사람은 이미 영원한 생명 가운데 있는 반면, 형제를 미워하는 사람은 죽음 가운데 있다. "우리가 이미 죽음에서 생명으로 옮겨갔다는 것을 우리는 압니다. 이것을 아는 것은 우리가 형제자매를 사랑하기 때문입니다. 사랑하지 않는 사람은 죽음 가운데 머물러 있습니다. 자기의 형제나 자매를 미워하는 사람은 누구나 살인을 하는 사람입니다. 살인을 하는 사람은 누구든지 그 안에 영원한 생명이 없습니다"(요일 3:14-15; 참조. 5:11-13, 16, 20).

바울도 이와 같이 말한다. "참된 생명" 곧 영원한 생명은 정함이 없는 재물에 희망을 두지 않고, "선한 일을 하고, 좋은 일을 많이 하고, 아낌없이 베풀고, 즐겨 나누어주는" 데 있다(딤전 6:17-18). 요한에 의하면 "누구든지 세상 재물을 가지고 있으면서 자기 형제자매의 궁핍함을 보고도 마음 문을 닫고 도와주지 않으면 어떻게 하나님의 사랑이 그 사람 속에 머물겠습니까?"(요일 3:17)

하나님의 아들 그리스도는 사랑이신 아버지 하나님과 하나였다. 그러므로 그는 하나님의 사랑의 영으로 가득하였다. 그는 자기를 비우고 연약한 인간의 육을 취하였다. 그는 말구유에서 태어났고, 이 세상의 "지극히 보잘것없는 사람들"과 자기를 동일시하였다(마 25:40, 45). 그는 세상 짐을 짊어지고 자기의 생명을 희생제물로 내어주었다. 바로 이 그리스도 안에 영원한 생명이 있다면 그리스도처럼 세상 짐을 짊어지고 자기의 생명을 내어주는 사랑에 영원한 생명이 있다. 자기를 높이지 않고 도리어 자기를 낮추며, 자기의 영광을 구하지 않고 하나님의 영광을 구하며, "세리와 죄인들의 친구"가 되는 데 있다. 그리스도처럼 내일을 염려하지 않고 먼저 "하나님 나라와 하나님의 정의"를 추구하는 데 영원한 생명이 있다.

D. 영원한 생명은 생명의 질에 불과한가?

1. 영원한 생명을 글자 그대로 풀이한다면 시간적으로 "끝이 없는"(end-los) 생명, 곧 영원히 죽지 않고 끝없이 사는 생명을 말한다. 여기서 "영원"은 시간적 "끝이 없음"(End-losigkeit)을 가리킨다.

그런데 많은 신학자들은 영원한 생명에 대한 이러한 생각에 부정적 입장을 보인다. 그들의 생각에 의하면 하나님만이 영원하시다. 따라서 영원한 생명은 하나님에게만 있다. 만일 우리 인간이 영원한 생명을 갖는다면 인간은 하나님과 같은 신적 존재일 것이다. 이로써 하나님과 인간의 차이가 사라져버릴 것이고, 인간이 신격화될 것이다. 또 목적도 없고, 목적이 없기 때문에 할 일도 없는 삶을 영원히 산다는 것은 무슨 의미가 있는가? 그러한 삶은 너무도 지겹기 때문에 오히려 사람들이 죽기를 원하는 일이 일어날 수 있지 않겠는가, 반문하는 학자들도 있다. 그래서 많은 신학자들은 영원한 생명을 끝이 없는 시간의 길이로 곧 양적으로 생각하는 것을 반대하고, 지금의 삶에서 경험할 수 있는 "그리스도 안에" 있는 새로운 생명의 질(Qualität)로 이해해야 한다고 말한다.

그러나 이것은 세상 밑바닥에 사는 사람들의 고달픈 삶의 현실을 알지 못하는 이야기라고 생각한다. 죽음이란 지금 살고 있는 나의 삶이 중단되는 것을 뜻한다. 우리가 지금 가진 것, 누리는 것, 사랑하는 것, 바라고 희망하는 것이 끝나버림을 말한다. 이 세상에서 풍족한 삶을 누린 사람에게 이것은 크게 문제될 것이 없다. 아쉽기는 하지만 모든 것을 풍족하게 누렸기 때문이다.

그러나 한평생 굶주림과 질병과 사회적 소외와 차별 속에서 인간다운 삶을 살 수 있는 기회가 없었던 사람들, 의롭게 살다가 죽음을 당한 사람들에게 이것은 원통하고 분한 일일 것이다. "영원한 생명"이란 삶의 길이에 있는 것이 아니라 "삶의 질"에 불과하다는 얘기는 그들에게 사치스럽게 들릴 것이다. 사도 바울의 말씀대로 그들은 "모든 사람 가운데서 가장 불쌍한 사람일 것이다"(고전 15:19).

여기서 우리는 바울이 고린도전서 15장에서 죽은 자들의 부활과 영원한 생명을 강력히 설파한 이유를 볼 수 있다. 당시 바울은 로마 제국 사회 밑바닥에서 살던 사람들, 곧 사회적 소외와 차별과 박해 속에서 순교의 죽음을 당하기도 하던 그리스도인들을 향하여 죽은 자들의 부활과 영원한 생명을 증언하였다. 역사의 마지막에 부활하여 영원히 살 것이라는 말씀은 그들에게 큰 위로와 희망이 되었다. 현대 신학자들이 이야기하는 "삶의 질"에 관한 얘기는 이들에게 낯설었다. 안티오코스 왕의 박해로 순교의 죽음을 당하는 일곱 아들에게 그 어머니가 영원한 생명을 약속할 때(마카베오하 7:23), 그녀는 결코 키에르케고르가 말한 시간의 깊이로서의 "순간"이나, 현대 신학자들이 말하는 "삶의 질"을 생각하지 않았을 것이다. 그것은 글자 그대로 시간의 끝이 없는(end-los) 생명이었을 것이다.

2. 물론 성서는 영원한 생명이 무엇인지 체계적으로 말하지 않는다. 그러나 분명한 사실은 영원한 생명이란 더 이상 죽음으로 제한되지 않는 생명, 시간의 끝이 없는 생명임을 부인하지 않는다는 점이다. "더 이상 죽음이 없을 것이다"(계 21:4)라는 말씀은 질적으로 이해될 수도 있고, 양적으로 이해될 수도 있다. "죽음이 없는 삶"은 죽음의 세력에서 해방된 삶의 질을 가리킬 수도 있고, 죽음으로 인한 시간의 제한이 없는 삶, 곧 시간적으로 끝이 없는 삶으로 이해될 수도 있다.

"영원"이 시간의 "끝이 없음"(Endlosigkeit)을 가리킨다는 것은 일반적 상식에 속한다. 상식은 상식으로서 타당성을 가진다. "하나님은 영원하다"고 말할 때 하나님의 영원하심은 단지 시간적 질을 말하는 것이 아니라, 과거-현재-미래의 모든 시간을 포함하는 하나님의 "끝이 없는" 시간의 길이를 전제한다. "나를 믿는 사람은 죽어도 살고, 살아서 나를 믿는 사람은 영원히 죽지 않을 것이다"(요 11:25-26; 참조. 12:25; 20:31)라는 말씀에서도 영원은 그리스도인의 삶 속에서 현재적으로 경험될 수 있는 삶의 질을 가리킬 수도 있고, 역사의 마지막에 올 시간의 끝이 없는 생명을 가리킬 수도 있다.

일반적으로 우리는 영원한 생명의 시간을 지금 우리가 경험하는 이 세상적 시간의 범주로 이해한다. 그래서 지금 우리가 경험하는 이 세상의 시간이 끝나지 않는 것(end-los)으로 생각한다. 그러나 하나님에게 천년이 한 순간과 같다면 하나님 안에 있는 영원한 생명의 시간은 지금 우리가 경험하는 이 세상의 시간과는 전혀 다른 차원의 시간일 것이다. 예수의 부활한 몸이 지금 우리가 경험하는 것과는 전혀 다른 "영적인 몸"인 것처럼, 영원한 생명의 시간 역시 지금 우리가 경험하는 생명의 시간과는 전혀 다른 차원에 속할 것이다. 시간의 전혀 다른 차원을 지금 우리가 이해할 수 없으며 상상할 수 없다고 하여 부인해서는 안 된다. 만일 우리가 이해할 수 있는 것만 인정한다면 하나님의 존재마저도 인정되지 않을 것이다.

3. 성서가 이야기하는 "더 이상 죽음이 없는" 영원한 생명에 대한 기다림, 그것은 이 세상 밑바닥에서 고난을 당하며 살던 히브리인들의 기다림이었다. 또 그것은 로마 제국의 박해와 고난을 당하며 지하동굴 속에서 숨어 살던 그리스도인들에게서 나온 것이었다. "나는 영원한 생명을 믿습니다"라는 사도신경의 고백은 이러한 사람들의 고백이었다. 이 기다림을 "통속적인 것"으로 비하시키고, 영원한 생명을 단지 삶의 질로 보아서는 안 될 것이다.

영원한 생명을 삶의 질로 보는 것은 고대 히브리인들에게 낯설었다. 영원을 뜻하는 히브리어 올람(olam)은 그들에게 삶의 질을 가리키는 것이 아니라 과거와 미래를 포함한 모든 시간을 가리키는 개념이었다(Lohse/1 1958, 800). 따라서 구약성서 저자들이 "하나님은 영원하시다"(신 32:40; 단

12:7), "하나님은 영원히 우리 하나님이시다"(시 48:14), "하나님은 영원히 능력으로 통치하는 분이시다"(시 66:7)라고 고백할 때 그들은 시간의 한계를 넘어서는 하나님의 능력과 끝이 없는 시간을 생각하였다.

사랑은 함께 있기를 원한다. 함께 있지 않은 사람과 충만한 사랑을 나눈다는 것은 불가능하다. 물론 "정신적 사랑", "영적 사랑"이란 것도 있지만, 사실상 이것은 불완전한 사랑이다. 참사랑, 충만한 사랑은 어디까지나 함께 있을 때 가능하다. 함께 있을 때, 모든 것을 나눌 수 있고, 운명을 같이할 수 있다. 하나님은 사랑이다. 따라서 하나님은 그가 지으신 피조물과 함께 있기를 원하신다. 하나님의 사랑은 부재(不在)를 거부한다. 그러므로 하나님 나라에는 죽음이 없을 것이다. 거기에는 영원한 생명이 있을 것이다. 하나님의 사랑은 영원히 있음, 곧 시간의 끝이 없는 "있음"을 전제한다. 어머니의 사랑이 자식이 죽지 않고 시간의 끝이 없이 살기를 바라는 것에 비유할 수 있다.

영원한 생명의 궁극적 근거는 예수의 부활에 있다. 예수는 더 이상 죽음이 없는 영원한 생명으로 부활하였다. 그는 "한 번은 죽었으나…영원무궁하도록 살아" 있는 분이다(계 1:18). 영원무궁토록 살아 계신 예수가 그리스도인들 안에 있고, 그리스도인들은 예수 안에 있다. 죽음도 "우리를 우리 주 예수 그리스도 안에 있는 하나님의 사랑에서 끊을 수가 없다"면(롬 8:39), 역사의 마지막에 완성될 하나님 나라에서 그리스도인들은 영원히 살 것이다. 그들의 생명은 더 이상 이별과 이별의 슬픔이 없는 영원한 생명일 것이다.

4. 그러나 성서가 말하는 영원한 생명은 단지 생명의 시간이 끝이 없다는 것(Endlosigkeit)에 불과하지 않다. 사도신경이 고백하는 영원한 생명은 죄 없는 짐승들의 갖가지 부위를 삶아 먹고 쾌락을 누리는 생물적 생명의 시간이 끝없이 연장되는 것으로 이해해서는 안 될 것이다. 성서가 말하는 영원한 생명은 생물적 생명의 시간의 끝없음을 뜻하지 않는다.

성서가 말하는 영원한 생명은 믿음과 희망과 사랑 안에서 이루어지는 새로운 삶을 말한다. 영원한 생명은 단지 "시간의 개념이 아니라 질 (Qualität)의 개념"이요, "삶의 충만함,…현재 삶의 선한 경험들 속에서 이미 나타나는 한계가 없는 행복"을 말한다(Nocke 1992, 474). 영원은 생물적 생명의 무의미한 시간의 끝없는 연장에서 경험되는 것이 아니라 성부, 성자, 성령의 삼위일체 하나님에 대한 믿음과, 하나님 나라를 향한 희망과 이웃과 자연 만물에 대한 사랑 안에서 경험된다.

이 세상에서 가장 신빙성 있는 것은 사랑이다(von Balthasar). 사람들의 마음속에 가장 깊이 남는 것도 사랑이다. 목사의 설교는 쉽게 잊어버리지만, 그가 행한 사랑은 오랫동안 신자들의 마음속에 남는다. 그러므로 우리는 단순히 끝없는 삶의 시간의 길이에서 영원한 생명을 찾을 것이 아니라, 그리스도의 사랑을 함께 나누는 삶의 깊이에서 그것을 찾아야 할 것이다. 영원한 생명은 단지 역사의 미래에 있는 것이 아니라 예수 그리스도를 주님으로 섬기는 믿음과 하나님 나라를 바라는 희망과 하나님의 피조물에 대한 사랑 안에 있다.

5. 여기서 우리는 영원한 생명에 대한 실존론적·영적 이해의 한계를 발견한다. 성서의 빛에서 볼 때 영원한 생명은 단지 개인의 영혼 속에서 이루어지는 개인의 내적 삶을 뜻하지 않는다. 그것은 자기 안에 폐쇄된 고립된 삶, 개체적 삶이 아니라 하나님 앞에서 피조물들의 삶과 역사에 참여하는 데 있다. 그것은 연약한 생명들과 연대하는 데 있다. 영원한 생명이신 예수도 그렇게 하였다. 그는 당시 유대인 사회에서 소외되었던 "세리와 죄인들의 친구"였다. 영원한 생명은 세리와 죄인들의 친구였던 예수의 뒤를 따르는 데 있다.

그러므로 그리스도인들이 현재 경험하는 영원한 생명은 모든 피조물의 구원을 동경할 수밖에 없다. 다른 피조물들의 생명이 고난과 죽음을 당하고 있는데도 자기 홀로 하나님과의 수직적 관계 속에서 영원한 생명을 누린다고 생각하는 것은 착각이다. 그것은 하나님이 기대하는 영원한 생명이 아니다. 피조물의 세계가 죄와 불의와 고난 속에 있는 한 그리스도인들이 지금 그리스도 안에서 경험하는 영원한 생명은 불완전하고 부분적이다. 한쪽에서 사람들이 자살로 삶을 마감하고 있는데, 어느 누가 영원한 생명의 지복을 누린다고 말할 수 있겠는가!

세계의 종말에 주어질 영원한 생명은 불의하고 타락한 모든 관계와 상황이 극복되며, 그리스도 안에서 모든 피조물이 화해하고 하나로 통일될 때 이루어질 것이다. 현 세계의 모든 부정적인 것, 불의한 것이 극복되고, 하나님 나라의 새로운 생명의 세계가 완성될 때 가능할 것이다. 그것은 하나님이 지으신 창조세계 전체가 완전히 구원을 받을 때 완전해질 것이다. 총체적 의미의 영원한 생명은 "다시는 죽음이 없고, 슬픔과 울부짖음과 고통이 없는" 하나님 나라에서 이루어질 것이다.

그러므로 그리스도인들이 지금 경험하는 영원한 생명은 종말론적이다. 그것은 현재적인 동시에 미래의 완성을 향한 기다림 속에 있다. 매일의 생명이 하나님의 은혜인 것처럼, 영원한 생명도 하나님의 은혜다. 그것은 우리의 모든 부족함에도 불구하고 하나님께서 거저 주시는 선물이다. 그러므로 영원한 생명은 감사하는 생명이다. 감사와 사랑과 정의가 있는 곳에 영원한 생명이 있다.

E. 영원한 생명은 "민중의 아편"인가?

1. 포이어바흐에 의하면 기독교가 믿는 피안의 영원한 생명은 본래 차안에서 이루어져야 할 이상적인 생명의 상을 투사시킨 것이다. 영원한 생명의 내용들은 사실상 차안의 삶의 이상적 모습의 투사에 불과하다. 따라서 영원한 생명에 대한 기독교 신앙은 차안의 이상적인 삶에 대한 신앙에 불과하다. "피안에 대한 신앙은 우리가 알지 못하는 어떤 다른 생명에 대한 신앙이 아니라, 이미 여기서 참된 생명으로 생각되는 생명의 진리와 무한성, 생명의 영속성에 대한 신앙이다"(Feuerbach 1956, 283).

포이어바흐의 투사설은 니체의 무신론에 다시 나타난다. 니체에 의하면 기독교가 가르치는 피안의 형이상학적 세계는 인간이 자신의 힘으로 실현할 수 없는 이상적 세계를 투사시킨 것이다. 차안의 세계 속에서 인간은 그의 모든 기대와 소원을 성취할 수 없고 이상적 세계를 실현할 수 없기 때문에 이 세계를 피안의 참된 세계로 투사한다. 그리고 피안의 세계로부터 자기의 모든 꿈과 기다림이 실현될 것을 희망한다. 이 피안의 세계는 인간의 꿈과 기다림이 만들어낸 허구에 불과하다. 이와 마찬가지로 피안의 영원한 생명은 인간이 차안에서 실현해야 할 참된 생명을 피안의 생명으로 투사시킨 것이다. 피안의 세계와 마찬가지로 피안의 영원한 생명은 "착각이요 자기기만"에 불과하다. 그것은 "인간의 조작품이요, 인간의 망상"이다. 이 망상은 차안의 생명을 더욱 비참하게 만든다. 피안의 영원한 생명에 대한 신앙은 차안의 생명을 무기력하게 만들어버린다. 인간은 자신의 생명의 완성을 차안의 생명에서 이루고자 하지 않고, 피안의 영원한 생명에서 얻고자 하기 때문이다. 차안의 생명의 생동성을 회복하기 위해 피안의 영원한 생명은 거부되어야 한다.

포이어바흐의 투사설은 20세기 심층심리학자 프로이트(S. Freud)에게서도 나타난다. 프로이트에 의하면 천국, 지옥, 영원한 생명 등의 종교적 표상들은 인간의 "경험이나 사유의 마지막 결과를 표현한 것이 아니라" "인류가 가장 오래, 가장 강하고 절실하게 소원한 것의 성취를 나타낸 것이다. 종교의 강함의 비밀은 이 소원들의 강함에 있다"(Freud 1974, 164). 한마디로 종교의 다양한 표상들은 인간이 바라는 것들이 성취된 형태를 투사시킨 것에 불과하다.

프로이트에 의하면 이 소원들은 삶의 위험에서 보호받고자 하는 소원, 불의한 사회 속에서 정의가 성취되기를 바라는 소원, 미래의 생명을 통해 현재의 생명이 연장되기를 바라는 소원 등을 말한다. 종교의 표상들은 이러한 소원들이 성취된 현실을 투사시킨 것이다. 여기서 우리는 포이어바흐 투사설의 새로운 형태를 발견한다. 프로이트에 의하면 영원한 생명은 시간과 공간의 제약을 넘어서 제한되지 않은 충만한 삶, 성취된 삶을 바라는 인간의 소원을 투사시킨 것이다. 그것은 "미성숙자의 환상"(infantile Illusion)이다.

2. 마르크스의 「헤겔 법철학 비판 서론」에 의하면 "하늘의 환상적 현실 속에 있는 인간"은 "자기 자신의 반사체(Widerschein)"다(Marx 2004, 274). 달리 말해 기독교가 가르치는 피안의 이상적 인간은 자신의 참된 모습을 반사시킨 것이다. 비참한 차안의 세계에서 그는 자신의 참된 모습을 실현할 수 없기 때문에 그것을 피안의 이상적 인간으로 설정하고, 그에게서 자신의 이상적 모습의 실현을 찾는다.

마르크스의 논리에 따르면 피안의 영원한 생명은 차안의 생명이 실현해야 할 참 모습을 반사시킨 것에 불과하다. 인간이 인간에 의해 소외되는 "비정한 세계" 속에서 인간은 자기의 이상적 생명을 이룰 수 없기 때문에, 그것을 피안의 환상적 세계의 영원한 생명으로 반사시키고, 이 환상적 세계에서 자신의 참된 생명 곧 영원한 생명을 얻고자 한다. 그러나 이 영원한 생명은 "인간 본질의 환상적 실현"(phantastische Verwirklichung)에 불과하다. 그것은 "참된 현실을 소유하고 있지 않기 때문이다."

거꾸로 생각해보면 인간이 설정하는 피안의 영원한 생명은 "현실의 비참의 표현"이요, "현실의 비참에 대한 저항"이다. 피안의 영원한 생명을 통해 인간은 참 생명을 얻을 수 없는 자신의 비참한 현실을 나타내는 동시에 이 현실에 대해 저항을 표한다. 이와 동시에 영원한 생명은 "민중의 아편"(das Opium des Volkes)이기도 하다. 그것은 이 땅 위의 구체적인 삶을 일시적인 것, 무가치한 것으로 규정함으로써 삶의 관심을 피안의 영원한 삶으로 돌려버린다. 이리하여 삶의 현실에 대한 관심을 마비시킨다. 그것은 우리에게 이렇게 속삭인다. 참 가치와 의미는 피안의 영원한 생명에 있다. 하늘나라의 영원한 안식이 우리를 기다리고 있다. 그러므로 우리는 현재의 삶에 집착할 필요가 없다. 저 높은 곳을 보며 살아야 한다.

또 기독교가 가르치는 영원한 생명은 이 땅에서 고난을 당하는 사람들에게 "환상적 위로"를 제공한다. 우리는 지금 여기서 고난을 당하고 있지만, 황금 보석으로 가득한 영원한 생명을 누리게 될 것이다. 지금의 모든 고통에 대한 보상을 받게 될 것이다. 그러므로 지금의 비참한 삶을 견뎌야 한다. 우리는 비참한 현실에서 눈을 돌려 피안의 천국에서 얻을 영원한 생명을 보아야 한다! 마르크스에 의하면 이 같은 환상적 위로는 참 위로가 아니다. 그것은 거짓된 환상(Illusion)이다. 그것은 불의하고 비인간적인 현실을 방치하도록 유도하며, 이 현실을 개혁하려는 의지를 마비시킨다.

3. 무신론의 이 같은 비판에 대해 기독교 신학은 무엇이라고 대답해야 할까? 이단이라고 거부해야 할까 아니면 전적으로 옳다고 동의해야 할까? 먼저 무신론의 비판 앞에서 성찰해야 할 점을 찾아보자.

1) 영원한 생명을 믿고 기다릴 때 신자들은 "눈물 골짜기", "아골 골짜기"인 삶의 현실을 무가치한 것으로 경시하기 쉽다. 그러나 현실을 경시하는 삶의 태도는 예수의 가르침에 역행한다. 예수는 이 땅의 현실을 결코 무가치한 것으로 경시하지 않는다. 그는 이 땅의 비참한 상황을 내버려두고 모든 사람을 천국의 영원한 생명으로 데려가려고 오신 것이 아니라, 이 땅 위에 "하나님의 뜻"을 이루기 위해 오셨다. 요한복음에 의하면 영원한 생명이 있는 세계를 이루기 위해 오셨다. 그러므로 신자들은 이 땅의 현실을 경시할 수 없다. 오히려 이 땅 위에서 하나님의 뜻이 이루어지는 데 관심을 기울여야 할 것이다.

하나님의 일차 관심은 피안의 영원한 생명이 아니라 먼저 이 땅 위의 생명에 있다. 하나님은 이 땅 위의 생명들을 사랑하며 모든 육체에게 생명을 주고자 하시는 "모든 육체의 생명의 하나님"이다(민 16:22; 27:16). 그러므로 성서는 이 땅 위에 있는 생명에 관한 책이라고 말할 정도로 이 땅 위의 생명에 관한 말씀으로 가득하다. 영원한 생명에 대한 관심 때문에 이 땅 위의 현실에 대해 무관심하고, 이 현실을 방치하는 것은 하나님의 뜻이 아니다. 하나님이 자기의 외아들을 내어줄 정도로 이 땅을 사랑하신다면 신자들은 이 땅 위의 생명들을 사랑해야 하며, 이 땅 위의 모든 생명이 하나님의 평화 안에서 공존하는 정의롭고 인간적인 세상을 이루도록 기도하고 노력해야 한다. 사실 많은 그리스도인들이 이를 위해 헌신하고 있다. 그 수는 무신론자들의 수보다 더 많을 것이다.

2) 무신론자들이 지적하는 것처럼 신자들은 죽은 다음에 얻을 영원한 생명에 대한 관심 때문에 땅 위의 생명을 무가치하게 여기기 쉽다. 어떤 신자들은 극도의 금욕생활을 통하여 자신의 생명에 고통을 가한다. 40일 금식 끝에 한평생 고통을 당하는 신자들과 목회자들도 있다. 이웃의 고난을 못 본 체하면서 호화 방탕하게 사는 것도 하나님의 뜻이 아니지만, 영원한 생명에 대한 동경 속에서 지금의 생명을 천시하는 것도 하나님의 뜻이 아닐 것이다. 하나님은 우리가 그분이 허락하신 생명에 감사하고 기뻐하면서 우리의 삶을 향유하고 선한 일에 힘쓰기를 원하실 것이다.

이 삶의 지혜를 우리는 전도서에서 발견할 수 있다. "나는 생을 즐기라고 권하고 싶다. 사람에게 먹고 마시고 즐기는 것보다 더 좋은 것이 세상에 없기 때문이다. 그래야 이 세상에서 일하면서 하나님께 허락받은 한평생을 사는 동안에 언제나 기쁨이 사람과 함께 있을 것이다"(전 8:15; 참조. 11:7-8). "보아라, 저 사람은 마구 먹어대는 자요 포도주를 마시는 자요, 세리와 죄인의 친구다"라는 예수에 대한 비난은 예수께서도 자기의 삶을 향유하였음을 보여준다(마 11:19; 눅 7:34). 그러나 절제 없는 폭음과 폭식을 통해 자신의 생명을 병들게 하는 것도 하나님의 뜻이 아니다.

4. 위에서 우리는 기독교 신앙이 무신론의 비판 앞에서 성찰해야 할 점을 생각해보았다. 그러나 영원한 생명에 대한 무신론의 비판은 다음과 같은 문제점이 있다.

1) 무신론자들이 바라는 대로 대부분의 현대인들은 영원한 생명을 믿지 않으며, 이에 대해 관심조차 갖지 않는다. 그들은 지금의 생명이 전부라고 생각한다. 이로 인해 다음과 같은 두 가지 잘못된 태도가 나타난다.

첫째, 지금의 삶에 끝까지 집착하는 태도다. 인간의 생명은 죽음과 함께 완전히 끝나며 죽음을 넘어서는 "영원한 것"이 없다고 생각할 때 지금의 생명이 전부로 생각된다. 이리하여 모든 가치를 눈에 보이는 것에 두게 된다. 죽기 전에 최대한 더 많이 즐기고 더 깊은 쾌락을 누리고자 하며, 이에 필요한 정력 보강을 위해 자연의 생명들을 희생시키고(곰 발바닥까지 삶아 먹기도 함), 삶의 시간을 최대한 연장시키려는 치열한 노력들이 일어난다. 이웃을 위해 쓸 돈은 없지만 "정력에 좋다"는 것이 있으면 돈 아까운 줄 모른다. "내일 죽을 것이니, 오늘은 먹고 마시자!"(사 22:13) 이리하여 갖가지 사행산업이 독버섯처럼 발전하고, 더 많은 소유와 더 깊은 쾌락을 인생 최고의 목적으로 가진 이기적 단자(Monade)들이 양산된다. 사회는 자기중심의 비인간적이고 부패 타락한 사회로 변모한다.

둘째, 차안의 삶을 포기하는 태도다. 지금의 생명은 죽음과 함께 끝난다. 이 세상 모든 것이 무상하고 헛되다! 삶의 무상함과 허무감 속에서 쾌락에 탐닉해보지만 마지막에 남는 것은 공허감과 자기 자신에 대한 실망뿐이다. 이를 벗어나기 위해 더 깊은 쾌락에 빠져보지만 악순환만 계속된다. 이 악순환을 견디지 못해 자살을 시도하는 사람도 있다(이것은 내가 어느 재벌 가정의 아들에게서 직접 들은 얘기다. 이 아들은 자살을 세 번이나 시도하였다고 한다). 왜 자살 충동을 느낄 만큼 공허감과 자신에 대한 실망이 들까? 여하튼 첫째 부류는 삶에 탐닉한다면 둘째 부류는 삶을 포기한다. 이 두 가지 극단을 극복할 수 있는 길이 영원한 생명에 대한 믿음과 기다림에 있다는 점을 무신론은 보지 않는다.

2) 기독교의 영원한 생명에 대한 무신론자들의 비판의 공통점은 영원한 생명을 죽은 다음에 얻을 수 있는 피안의 것으로 생각한다는 점이다. 이때 영원한 생명은 니체가 지적하듯이 차안의 삶의 생동성을 마비시키는 기능을 행사할 수 있다. 이는 마르크스가 지적하듯이 아편과 같은 기능을 할 수 있다. 그러나 성서가 말하는 영원한 생명은 죽음 후의 미래적인 것인 동시에 믿음과 희망과 사랑 안에서 향유할 수 있는 차안의 것, 현재적인 것이기도 하다. 영원한 생명을 기다리는 그리스도인들은 지금의 삶

속에서 영원한 생명을 경험한다.

그러므로 그리스도인들은 지금의 삶에 맹목적으로 탐닉하지도 않고, 그것을 무가치한 것으로 경시하지도 않는다. 그들은 눈에 보이는 것을 최고의 가치로 생각하는 세상 속에서 영원한 가치를 찾는다. 영원한 가치는 자비로운 마음과 사랑과 정의에 있다. 비정하고 불의한 세상 속에서 그리스도인들은 이 세상의 연약한 생명들과 연대하며 참 생명이 살아 숨 쉬는 세계를 간구한다. 무신론자들의 사회가 더 잔인하고 냉혹한 원인은 영원한 생명의 차원을 부인하기 때문이다.

"땅에 있는 것들을 생각하지 말고 위에 있는 것들을 생각하라"(골 3:2)는 성서의 말씀은 결코 땅에 있는 것들을 경시하라는 말씀이 아니다. 이 말씀에서 "땅에 있는 것들"은 무가치한 것을 참 가치로 여기는 헛된 인간들의 세계를 가리킨다면 "위에 있는 것들"은 하나님의 영원한 가치의 세계를 가리킨다.

3) 영원한 생명은 차안의 삶의 부정적인 것을 부정하는 기능을 담지하고 있다. 그것은 인간 삶의 추한 모습을 비추어주는 깨끗한 거울에 비유할 수 있다. 예수께서 주시고자 하는 영원한 생명 앞에서 이 세상에 속한 인간의 삶은 일시적이고 거짓된 것으로 드러난다. 그것은 하나님의 영원한 생명을 향해 끊임없이 부정되어야 할 부정적인 것으로 나타난다. 하나님의 영원한 생명은 죄와 죽음의 세력에 묶인 인간의 거짓된 삶이 자신의 부정적인 것을 부정하고 하나님 나라의 영원한 생명으로 지양될 것을 요구한다. 한마디로 성서가 말하는 영원한 생명은 죄악된 인간의 거짓된 삶의 "부정적인 것에 대한 부정"이다.

한스 큉에 의하면 영원한 생명을 믿을 때 우리는 이 세계가 궁극적인 것이 아니며, 이 세계의 상황들은 영원하지 않으며, 정치적 제도와 종교적 제도를 포함한 모든 현존의 것은 일시적임을 알게 된다. 계급과 인종, 가난과 부, 지배자와 피지배자의 구별도 일시적(provisorisch)이며, 이 세계는 변화될 수 있고 또 변화되어야 한다는 것을 인식한다. 온 세계가 하나님의 영원한 생명에 이를 때 자연의 갈등과 고난이 극복될 것이며, 사멸의 종살이에서 해방되기를 바라는 모든 피조물의 동경이 성취될 것이다. 인간이 인간을, 인간이 자연을 노예로 삼는 일이 사라질 것이다. 인간은 물론 자연의 모든 피조물의 고난이 극복되고, 세계는 그의 완성과 목적에 도달할 것이다. 인간의 자연화, 자연의 인간화가 이루어질 것이다(Küng 1982, 294).

1918년 제정 러시아의 붕괴와 함께 시작된 20세기 공산주의 사회는 영원한 생명의 세계를 이 땅 위에서 이루고자 하였던 위대한 시도였다. 그러나 우리가 경험한 공산주의 사회는 영원한 생명이 있는 세계가 아니라 죽음의 공포가 지배하는 사회였다. 그것은 마르크스가 기대했던 공산주의 사회와 정반대됐다.

그 원인은 무엇일까? 그 원인은 영원한 생명의 차원을 거부하였기 때문이다. 이로 인해 눈에 보이는 세계가 유일한 것이 되어버렸기 때문이다. 영원한 생명의 차원이 사라질 때 눈에 보이는 세계는 그 자신 안에 폐쇄된 감옥과 같은 것이 된다. 이 감옥의 주인은 무산 계급 출신의 공산당원이다. 그러나 무산 계급자 역시 천사가 아니기 때문에 그들이 다스리는 세계 역시 인간 지옥으로 변하게 된다.

사도신경이 고백하는 영원한 생명은 불의한 세계를 부정한다는 점을 무신론은 보지 않는다. 하나님의 사랑과 정의와 평화가 있는 영원한 생명은 이 땅 위의 모든 것이 시간적으로 제한되어 있을 뿐만 아니라 인간의 이기심과 탐욕으로 인해 훼손되었고, 결함과 결핍이 있는 생명임을 암시한다. 영원한 생명은 더 이상 "죽음과 슬픔과 고통과 울부짖음이 없는" 새로운 생명의 세계를 가리킨다. 부정적인 것들이 부정되어야 함을 가리킨다.

그러므로 영원한 생명은 생명을 훼손하고 파괴하며 결핍과 결함을 일으키는 세력에 대립한다. 그것은 "영원한 것"을 파괴하는 것에 대해 대립할 수밖에 없다. 그것은 "죽음과 슬픔과 울부짖음과 고통이 없는" 세계에 대한 기다림의 표현이다. 그것은 참 생명을 향한 부르짖음이다. 본래 그것은 로마 제국의 박해 속에서 사회 밑바닥에 숨어 살던 힘없는 자들의 외침이었다. 이런 점에서 영원한 생명은 "현실의 비참의 표현인 동시에 현실의 비참에 대한 저항"이라고 말할 수 있다(Marx, 「헤겔 법철학 비판 서론」에서).

그러나 영원한 생명의 세계는 먼저 인간 자신에게서 시작되어야 한다. 영원한 생명이 살아 숨쉬는 세상을 이루겠다고 일하는 사람들 자신이 먼저 영원한 생명의 빛으로 변화되어야 한다. 자기는 변하지 않으면서 이 세상을 변화시키겠다는 것은 망상이다. "허망한 욕정을 따라 살다가 썩어 없어질 그 옛 사람"은 죽고 "참 의로움과 참 거룩함으로 지으심을 받은 새 사람"으로 변화되어야 한다(엡 5:24). 마르크스 자신이 말했듯이 문제의 뿌리는 인간에게 있기 때문이다.

F. 모든 피조물이 기다리는 영원한 생명의 세계

1. 일반적으로 영원한 생명은 죽은 다음 피안의 세계에서 얻을 영적인 것이라 생각한다. 영원한 생명을 비판하는 무신론도 영원한 생명을 피안의 영적인 삶으로 생각한다. 이에 반해 성서에서 영원한 생명은 하나님이 지으신 이 땅 위에서 이루어져야 할 차안적인 것으로 생각된다. 그것은 역사의 종말에 올 미래적인 것인 동시에, 그리스도인들이 이 땅 위의 삶 속에서 경험할 수 있는 현재적인 것이다. 자기의 모든 것을 버리고 예수의 뒤를 따르는 사람은 "영원한 생명을 물려받을 것이다"라는 말씀에서(마 19:29), 영원한 생명은 예수의 뒤를 따르는 사람들이 지금 이 땅 위에서 누릴 수 있는 현재적인 것으로 생각된다. "영원한 생명은 살아 있는 사람들 안에서 먼저 일어난다"(Marquardt 1996, 410).

영원한 생명의 현재성은 영원하신 하나님의 현재성에 그 뿌리를 둔다. 구약성서에 의하면 하나님은 영원하시다. 그는 영원히 계신다(왕상 8:13; 시

9:7). 그는 영원히 우리의 하나님이다(시 48:14). 하나님의 보좌와 말씀과 의로우심과 인자하심은 영원하다(시 45:6; 40:8; 111:3; 25:6). 하나님의 백성이 영원하신 하나님의 말씀을 청종하고 그를 의지할 때 그들은 하나님의 영원하심에 참여한다. 그들은 영원히 흔들리지 않게 되며, 영원히 주의 장막에 거하게 된다(시 30:6; 61:4). 하나님에 대한 깊은 신뢰와 감사와 찬미 속에서 영원하신 하나님을 만나며, 그의 영원하심에 참여한다. 이 땅 위의 허무한 삶 속에서 그들은 하나님의 영원한 생명을 경험한다. "영원히 주의 장막에 거한다", "영원히 하나님 앞에 거한다"는 시편 저자의 말씀에서 영원한 생명은 영원하신 하나님 안에서 경험되는 현재적인 것으로 생각된다.

신약성서에서 영원한 생명의 현재성을 가장 분명히 보여주는 것은 요한 문서다. 요한 문서에 의하면 영원한 생명은 단지 죽음 후에 얻을 피안의 것이 아니라 믿음과 사랑 안에서 현재적으로 누릴 수 있는 차안적인 것이다. 그리스도와 아버지 하나님을 믿는 사람은 이미 영원한 생명을 누리고 있다(요 5:24). 형제자매를 사랑하는 사람은 "죽음에서 생명으로 옮겨 갔다"(요일 3:14). 형제를 미워하지 않고 사랑하는 사람에게는 "그 속에 영원한 생명이 머물러" 있다(3:15). 예수는 그를 믿는 사람들이 지금 이 땅 위에서 영원한 생명을 얻게 하시려고 이 땅에 오셨다. "하나님께서 세상을 이처럼 사랑하셔서 외아들을 주셨으니 이는 그를 믿는 사람마다 멸망하지 않고 영원한 생명을 얻게 하려는 것이다"(요 3:16).

2. 영원한 생명은 어떻게 시작될 수 있는가? 먼저 십자가에 달린 그리스도(Crucifixus) 앞에서 자기의 죄를 통회하고 회개할 때 시작된다. 회개를 통해 "우리의 옛 사람"(ho palaios hēmōn anthrōpos)은 죽고 하나님의 "새 생명 안에서"(en kainotēti zōes) 살게 될 때(롬 6:4, 6), 우리는 죽음에서 영원한 생명으로 옮겨진다. 여기서 "예수에 대한 관계가 영원한 생명을 결정한다"(Walle 1986, 141).

믿음은 영원한 생명이 시작될 수 있는 가장 기본적이고 가장 포괄적인 전제다(요 3:36; 5:24; 6:40, 47; 11:25-26). 루터가 강조한 바와 같이 믿음은 의롭고 선한 열매를 맺기 마련이다. 열매가 없는 믿음은 "죽은 믿음"이요, "거짓된 믿음"이다. 영원한 생명은 의롭고 선한 삶의 열매를 동반하는 신자들의 믿음 속에서 시작된다. 그것은 그리스도인들의 믿음과 희망과 사랑 안에서 시작된다.

사도 바울에 의하면 믿음과 희망과 사랑 중에 가장 중요한 것은 사랑이다(고전 13:13). 믿음과 희망이 참되다는 것을 증명할 수 있는 것은 사랑이다. 영원한 생명을 얻을 수 있는 길은 정함이 없는 재물에 희망을 두지 않고 하나님에게 두며, "선한 일을 하고, 좋은 일을 많이 하고, 아낌없이 베풀고, 즐겨 나누어주는" 사랑에 있다(딤전 6:17-19). 그러므로 예수는 "내가 영원한 생명을 얻으려면 무엇을 해야 합니까?"라는 부자 청년의 질문에 다음과 같이 대답한다. "네가 가진 것을 다 팔아서 가난한 사람들에게 주어라. 그리하면 네가 하늘에서 보화를 차지하게 될 것이다"(막 10:17-21).

칼뱅에 따르면 "그리스도는 우리를 '죽음에서 생명으로' 옮기셨다. 죽음에서 생명으로 옮겨진 그리스도인들에게 영원한 생명은 미래의 약속인 동시에 현재적으로 경험된다"(장현승 2013, 357). 그것은 그리스도인들의 성화를 통하여 보다 더 성숙해진다. 그것은 하나님의 형상으로 끊임없이 변화되는 "그리스도인들의 성화의 삶 속에서 현재적으로 경험된다"(358). 그리스도인들의 성화된 삶을 통해 영원한 생명의 세계가 이 세계 속에 확장된다.

3. 그런데 실직을 하고 자영업에 뛰어들었다가 실패하여 살아갈 길이 막막한 사람들, 무거운 빚 때문에 마음이 무거운 사람들, 굶주리는 사람들, 지하실 쪽방에서 질병으로 고통을 당하며 외롭게 살아가는 사람들에게 영원한 생명에 대한 이 모든 이야기는 사치스러운 게 아닌가? 그것은 비참한 삶의 현실과는 너무도 거리가 먼 공허한 종교적·신학적 독백이 아닌가? 당장 급한 것은 굶주린 배를 채우고, 질병에서 벗어나며, 무거운 부채의 짐을 벗어나는 일이 아닌가?

사실 많은 신학자들의 문헌에서 영원한 생명은 비현실적이고 공허한 것으로 다루어지고 있음을 볼 수 있다. 대표적인 예를 우리는 틸리히의 종말론에서 볼 수 있다. 그에 따르면 영원한 생명이란 "신적 삶에의 참여"(Teilhabe am göttlichen Leben)를 말한다. 존재하는 모든 것은 "존재 자체"(쉽게 말하면 "있음 자체", being itself), 곧 "하나님"에게 참여되어 있기 때문에 존재하는 모든 생명은 "시간의 모든 순간에 하나님 나라와 영원한 생명에 기여한다"는 것이다(Tillich 1966, 450). 그러나 실직과 가난과 굶주림과 질병 속에서 쪽방 생활을 하는 사람들, 나치의 손에 죽임을 당한 600만 명의 유대인들에게 틸리히가 말하는 "신적 삶에의 참여", "하나님 나라와 영원한 생명에의 기여"란 무슨 의미를 가지는가? 그것은 그들의 삶의 현실과는 너무도 거리가 먼 공허한 것이 아닌가?

사실 이 질문은 타당하다. "수염이 석자라도 먹어야 산다." 최소한 물과 공기를 섭취해야 한다. 따라서 영원한 생명을 영위하기 위해서는 먼저 굶주린 배를 채워야 한다. 생명에 필요한 기본 조건들이 갖추어져야 한다. 3일 동안 굶주리며 신음하는 사람에게 영원한 생명을 이야기하는 것은 그 사람의 생명에 대한 모욕이다. 굶주린 사람은 먼저 먹어야 한다. 먹지 못하면 죽는다.

그러므로 구약의 율법은 힘없고 가난한 사람들은 물론 힘없는 짐승들의 생명을 보호할 것을 강력히 명령한다(출 21-23장; 신 15:1-18 참조). 안식일, 안식년, 희년도 사실상 연약한 생명들의 보호에 대한 계명이다. 하나님의 백성 이스라엘은 하나님이 그들을 이집트의 종살이에서 구해내신 것을 기억하면서, 그 땅에 있는 연약한 생명들을 돌보아야 한다(출 22:21; 23:9; 신 15:15; 16:12). 그 땅에서 울부짖는 소리가 들리지 않도록 해야 한다. 이를 위해 빈부의 극심한 차이가 극복되어야 한다. 한편에서는 굶주림과 추위와 질병으로 죽어가고 있는데, 다른 한편에서는 돈을 물 쓰듯이 쓰는 사회에서 영원한 생명을 이야기하는 자체가 "웃기는 일"일 수 있다.

또 율법은 정의를 강력히 요구한다. 사회가 가난할지라도 정의가 있을 때 평화가 있고, 평화가 있는 곳에 영원한 생명이 있다. 불의와 대립과 갈등은 영원한 생명을 파괴한다. 그러므로 예언자들은 하나님의 정의와 공의를 세우라고 강력히 요구한다. "다만 공의가 물처럼 흐르게 하고, 정의가 마르지 않는 강처럼 흐르게 하여라"(암 5:24). 하나님은 "정의와 공의를 사랑하시는 분"이다(시 33:5). 정의와 공의가 하나님 보좌의 기초다(시 89:14).

4. 영원한 생명은 여자와 남자의 성적 구별이 없는가? 곧 더 이상 "남자와 여자"가 없고(갈 3:28), 모든 사람이 "천사와 같을"(눅 20:35) 것인가? 성서의 이 말씀은 결코 남녀의 성적 구별과 성 정체성이 없다는 것을 뜻하지 않는다. 갈라디아서 3:28의 "남자와 여자가 없다"는 말씀은 남자나 여자 "모두가 그리스도 예수 안에서 하나"이며 그들 사이에 차별이 있을 수 없다는 것을 뜻할 뿐이다. 모든 사람이 "천사와 같을" 것이란 말씀 역시 남녀의 성적 구별이 없다는 말이 아니라 "부활의 자녀들"의 새 존재를 가리킨다. 남성과 여성 사이의 차별은 극복되어야 하지만, 양성의 구별성과 정체성을 해체하려는 젠더 이론은 하나님의 창조질서에 어긋난다. 여성성과 남성성의 구별은 인간 생명의 기본 구조에 속한다. 이 구별을 없애 버리면 가족이 해체되고 성도덕이 파괴됨은 물론 인간의 종이 사라질 것이다(이에 관해 Kuby 2018, 84). 동성애도 이 범주에 속한다.

세계의 거의 모든 종교는 죽은 후 몸 없는 영혼의 삶(Seelenleben)을 믿는다. 거의 모든 종교가 믿는 영혼불멸설은 바로 이것을 말한다. 그런데 사도신경은 "육의 부활"을 고백한다. 육과 영혼이 하나로 결합된 "영적인 몸"(soma pneumatikos, 고전 15:44, "신령한 몸")으로 부활하여 영원한 생명을 얻게 된다는 것이다. 따라서 사도신경이 고백하는 "영원한 생명"은 육 없는 "영혼의 삶이라기보다 몸의 삶(Leibesleben)"일 수밖에 없다. 하나님 나라의 새로운 생명에서도 "우리는 하나님이 죽음에서 부활시킨 몸 안에서 살 것이다. 물론 이 몸은 영혼을 가진 몸이다. 옛 생명에서와 마찬가지로 새 생명에서도 몸이 우위를 차지할 것이다"(Marquardt 1996, 448). 따라서 영원한 생명은 여자와 남자의 몸적 구별성을 가질 것이다.

5. 영원한 생명이 "몸적인 삶"이라면 영원한 생명은 자연 없는 인간만의 생명이 아니라 자연과 인간이 공존하는 생명일 수밖에 없다. 인간의 몸은 자연 없이 생존할 수 없기 때문이다. 그러므로 요한계시록 21장은 영원한 생명의 세계 곧 "새 예루살렘"을 자연과 인간이 공존하는 생태학적 세계로 묘사한다. "생명수의 강"이 도시 한가운데를 흐르며 "강 양쪽에는 열두 종류의 열매를 맺는 생명나무가 있어서 달마다 열매를 내고, 그 나뭇잎은 민족들을 치료하는 데 쓰인다"(계 21:1-2).

따라서 영원한 생명은 자연과 공생하는 생명이다. 만일 하나님 나라에 흰옷 입은 영혼들만 있고 자연의 피조물이 없다면 그것은 참으로 삭막한 세계일 것이다. 영원한 생명은 몸도 없고, 남녀의 구별도 없고, 자연도 없는 "영적 생명"이 아니라 남녀의 구별 속에서 자연과 인간이 함께 살아가는 생태학적 생명일 것이다.

하나님은 인간을 자기 홀로 살 수 있는 개체로 창조하지 않고 이웃은 물론 자연과의 교통 속에서 살아야 할 존재로 창조하였다. 따라서 영원한 생명은 자연의 세계가 어떻게 되든 상관치 않고 자연 생물들의 갖가지 부위를 삶아 먹으면서 뜨거운 쾌락과 생명의 시간을 가능한 한 길게 연장시키는 데 있지 않다. 그것은 자연 피조물들의 생명의 존엄성을 존중하며 자연과 더불어 사는 삶 속에 있다.

영원한 생명은 삶의 충만함이 있는 생명, 결함이 없는 생명을 말한다. 불의 대신에 정의가, 슬픔 대신에 기쁨이, 울부짖음 대신에 삶의 환희가, 고통 대신에 열락이, 억압과 부자유 대신에 자유가, 소외와 차별 대신에 화해와 일치가, 갈등과 투쟁 대신에 평화가 있을 때 충만한 삶이 가능하다. 이와 동시에 삶의 충만함은 건강한 자연이 있을 때 가능하다. 인간이 자연을 오염시키고 파괴하면 결국 인간 자신의 생명이 오염되고 파괴된다. 생명의 충만함 대신에 질병과 죽음이 뒤따른다.

신약성서는 고대 그리스 문화의 이원론적 영향으로 인간의 육 혹은 육체를 부정하는 듯한 인상을 줄 때가 있다. "생명을 주는 것은 영이다. 육은 아무 데도 소용이 없다"(요 6:63)는 말씀은 이를 대변한다. "육체의 행실은…음행과 더러움과 방탕과…"(갈 5:19), "살과 피", 곧 육은 "하나님 나라를 유산으로 받을 수 없다"(고전 15:50)는 말씀도 이에 속한다. 이에 반해 구약성서는 인간의 육 혹은 육체를 긍정한다. 하나님은 영혼의 창조자인 동시에 육의 창조자다. 그러므로 "육체와 영이 둘 다 하나님의 것"이다(말 2:15). 하나님은 "육의 하나님"이다(렘 32:27). 그는 "모든 육체에게 먹을 것을" 주신다(시 136:25). 구약성서는 인간을 육체와 동일시하기도 한다. "그들은 다만 살덩어리(육)"다(시 78:39). 하나님은 그의 영을 모든 육에게 부어 주실 것이다(욜 2:28).

육을 긍정하는 구약성서의 전통은 신약성서에 전승된다. "모든 육체가 하나님의 구원을 보게 될 것이다"(눅 3:6; 새번역은 "육체"를 "사람"으로 번역함. 이것은 본문의 뜻을 벗어나는 오역이다). "내 육체도 소망 속에 살 것이다"(행 2:26). "예수의 생명도 또한 우리의 죽을 육체에 나타나게 하기 위함이다"(고후 4:11). 육 혹은 육체에 대한 신약성서의 긍정은 하나님의 성육신에서 정점에 도달한다. 하나님의 말씀이 인간의 육(sarx)이 되었다(Logos sarx egeneto; 요 1:14).

성서가 인간의 육을 긍정하고 이를 강조하는 이유는 무엇인가? 인간의 육은 영혼과 더불어 인간의 생명을 구성하고 유지하는 필요불가결의 요소이기 때문이다. 외부 세계로부터 분리되어 있는 자기 홀로 존재하는 영 혹은 영혼에 비해, 인간의 육은 외부 세계와의 물질적·공동체적 관계 속에서 자신의 욕구와 희망과 좌절 속에서 살아 움직이는 인간 생명의 현실을 나타내기 때문이다.

인간의 육은 언제나 사회적·물질적·생태학적 관계 속에 있다. 그러므로 기독교 종말론은 영원한 생명의 물질적·사회적·생태학적 차원을 함께 고려할 수밖에 없다. 만일 이 차원을 간과하고 영원한 생명을 단지 개인의 영적인 삶으로만 파악한다면 영원한 생명은 마르크스가 말한 대로 "민중의 아편"이 되어버릴 것이다. 만일 영원한 생명이 몸과 물질과 자연이 없는 영적인 것이라면 그것은 역사의 목적이 될 수 없다. 그것은 이 세계의 현재와 미래에 대해 아무 의미도 없는 공허한 것에 불과할 것이다.

성서가 말하는 영원한 생명은 사회적·물질적 현실에서 분리된 이른바 영적 삶이 아니다. 그것은 흰옷 입은 영혼들의 삶이 아니라 하나님 나라의 새로운 생명의 세계 속에서 이루어지는 인간의 삶을 가리킨다. 그것은 개인적인 것이 아니라 공동체적인 것이요, 하나님 나라의 새로운 물질적·사회적 조건과 자연 속에서 이루어지는 몸적인 삶이다. 그것은 하나님의 완전한 사랑과 정의와 자유와 평화가 있는 하나님 나라 안에서 이루어질 수 있다. 하나님의 자비와 정의가 있는 곳에 영원한 생명이 있다.

6. 하나님의 아들 예수는 땅 위의 모든 피조물이 영원한 생명을 얻도록 하기 위해(요 17:2) 이 땅 위에 오시고 십자가의 죽음을 당하였다. 예수의 부활은 하나님의 영원한 생명 역사의 시작을 뜻한다. 죽은 자들이 다시 살아나서 영원한 생명을 얻게 되는 새로운 생명의 역사가 예수의 부활을 통해 시작되었다. 죽은 자들의 부활이 시작되었다(롬 6:8; "우리가 그리스도와 함께 죽었으면, 그와 함께 우리도 또한 살아날 것임을 믿습니다"). 따라서 역사의 목적인 영원한 생명은 단순히 역사의 종말에 올 미래의 것이 아니다. 그것은 "그리스도 안에" 있는 신자들이 지금 이 땅 위에서 경험하는 동시에, 신음하는 피조물의 세계 속에서 회복되어야 할 차안적인 것이요 현재적인 것이다.

그러나 마르크스는 영원한 생명을 피안의 영적인 것으로 생각하고 이를 "민중의 아편"으로 규정한다. 그는 하나님 나라와 영원한 생명 대신에 모든 사람이 소유를 함께 나누며 모든 사람이 자유롭고 평등한 공산주의 사회를 역사의 목적으로 제시한다. "역사의 해결되지 못한 수수께끼"는 하나님 나라와 영원한 생명에 있는 것이 아니라 공산주의 사회에 있다. 그러나 아무리 사회경제적 평등이 있을지라도 하나님을 알지 못하는 인간의 세계는 결국 부패와 타락과 독재체제로 변한다는 사실을 우리는 모든 공산주의 국가에서 경험하였고, 지금도 경험하고 있다. 그 이유는 무엇일까? 근본 이유는 끝까지 "자기의 것"(*ea quae sua sunt*)을 추구하며, 아무리 많이 소유해도 만족할 줄 모르는 인간의 이기적 본성에 있다. 이 본성은 인간이 죽었다가 다시 깨어나도 없어지지 않는다. 그리스도인들이 세례를 받았다 해도 이 본성은 남아 있다(Luther, 김균진 2018, 244).

이 본성을 억제하고 순화시킬 수 있는 길은 무엇인가? 그것은 오늘 우리 사회에서 하나님처럼 되어버린 돈이 아니다. 돈은 가질수록 더 갖고 싶고, 결국 인간을 "돈의 노예"로 만드는 마성이 있기 때문이다. 이 본성을 억제하고 순화시킬 수 있는 길은 하나님의 말씀에 있다. 십자가에 달린 그리스도에게 있다. "여러분은 죄가 여러분의 죽을 몸을 지배하지 못하게 해서 여러분이 몸의 정욕에 굴복하는 일이 없도록 하십시오"(롬 6:12)라는 하나님의 말씀에 복종할 때 인간의 이기적 본성이 순화되고, 영원한 생명이 회복될 수 있을 것이다.

그러므로 영원한 생명을 얻기 위해 기본적으로 필요한 것은 하나님 앞에서 죄를 자복하고 회개하는 것이다. 회개하고 믿음과 희망과 사랑 안에서 살 때 영원한 생명이 한 사람의 인격과 삶 속에서 꽃을 피우게 된다. 믿음과 희망과 사랑 안에서 "옛 사람"을 벗어버리고 "새 사람"으로 변화된 그리스도인들의 삶 속에 영원한 생명이 자리를 잡는다. 그들은 사멸의 몸을 가지고 살지만 "이미 죽음에서 생명으로 옮겨갔다"(요일 3:14).

7. 그러나 이것은 시작에 불과하다. 영원한 생명에 대한 그리스도인들의 "경험은 언제나 부분적이다." 그 원인은 이 세상 안에서 육을 입고 살 수밖에 없는 인간의 한계상황에 있다. 또 하나의 원인은 이 세상이 아직도 죄와 죽음의 세력에 묶여 있다는 사실에 있다. 그리스도인들이 영원한 생명을 얻었다 할지라도 이 세계는 아직도 죄와 죽음의 세력을 벗어나지 못하였다. 이 세계가 아직 죄와 죽음의 세력에 묶여 있는 한 그리스도인들의 영원한 생명은 불완전하고 부분적일 수밖에 없다. "그러므로 영원한 생명은 그리스도인들이 항상 바라보고 나아가야 할 미래다"(장현승 2013, 358).

온 세계가 하나님의 것이라면 영원한 생명은 온 세계 속에 이루어져야 한다. 하나님의 아들 예수는 이 세계에 영원한 생명을 주기 위해 오셨다. 따라서 하나님이 지으신 세계 전체가 영원한 생명의 세계로 변화되어야 한다. 영원한 생명은 인간의 삶에서는 물론 하나님이 창조하신 세계 전체에서 경험될 수 있어야 한다.

"모든 육체의 생명의 하나님"(민 16:22; 27:16)은 그가 지으신 모든 피조물 속에 영원한 생명이 회복되기를 원한다. "광야에 공평이 자리 잡고", "광야는 온갖 곡식을 풍성하게 내는 곡창지대가" 되기를 원한다(사 32:15-16). 모든 사람이 그리스도께서 주시는 "새로운 생명"으로(롬 6:4) 다시 태어나기를 기다린다. "죽을 것이 생명에게 삼켜지게"(고후 5:4) 되기를 기다리면서 그는 그리스도인들을 사역자로 부르신다. "내가 누구를 보낼까?"(사 6:6)

그리스도인들은 "그리스도 안에 있는 생명의 성령"을 받은 사람들이다. 그들은 "생명의 성령의 법" 안에 있다(롬 8:2). 그들은 마귀의 세력을 몰아내고 하나님의 생명의 세계를 이루고자 하는 새 창조자 성령의 생명 역사에 참여한다. 그들은 죽어가는 생명들을 사랑하기 때문이다.

기독교가 고백하는 삼위일체 하나님은 "생명의 하나님"이다(시 42:8). 아버지 하나님은 "모든 육체의 생명의 하나님"이요(민 16:22; 27:16), 그의 아들 예수는 "생명" 자체다(요 14:6). 그는 "생명이신 그리스도"다(골 3:4). 새 창조자 성령은 "생명의 성령"이다(롬 8:2). 성부 성자 성령 삼위일체 하나님은 영원한 생명 자체다. 그 안에 "완전한 사랑"이 있고, 사랑이 있는 곳에 영원한 생명이 있기 때문이다.

삼위일체 하나님의 영원한 생명은 이 땅 위에 있는 모든 거짓된 생명들, 타락한 생명들, 죽음으로 제한된 생명에 대립한다. 죄와 죽음의 세력에 사로잡혀 다른 생명들을 파괴하는 악한 생명들에 대립한다. 그것은 이 모든 "부정적인 것에 대한 부정"이다. 그것은 죄와 신음 속에 있는 생명들의 세계에 대한 "새로움"(Novum)이다. 그것은 어둠에 대립하는 빛이다(요

1:5; "그 빛이 어둠 속에서 비치니…"). 하나님의 아들 예수는 죄와 죽음의 세력에 대립하는 "생명의 빛"이다(요 8:12). 그것은 신음하는 생명들을 살리고자 한다.

"생명의 빛"이신 그리스도는 죄와 죽음의 세력에 사로잡힌 생명들, 어둠 속에서 거짓과 뇌물과 성욕에 허덕이는 생명들의 세계가 영원한 생명의 세계로 변화되기를 원하신다. 어둠의 세계가 빛의 세계로 회복되기를 원하신다. 세상 모든 영역에 숨어 있는 거짓과 불의와 비인간성을 극복하고 영원한 생명이 살아 숨 쉬는 세상, 더 이상 "죽음과 슬픔과 울부짖음과 고통이 없는" 세상을 기다린다. 이를 위해 그리스도는 이 세상에 오셨고 그의 제자들을 파송한다(마 28:19). 제자들은 "빛의 갑옷"을 입고 영원한 생명으로 인도하는 "빛의 자녀들"이어야 한다(롬 13:12; 엡 5:8).

역사의 목적은 모든 사람에게 돈이 충분히 있게 해주는 자본주의 체제를 이루는 것도 아니고, 모든 사람이 모든 소유를 공유하게 해주는 공산주의/사회주의 체제를 이루는 것도 아니다. 탐욕의 존재인 인간에게는 돈이 아무리 많아도 항상 부족하기 마련이요(자본주의 체제에서), 이기적 본성을 버릴 수 없는 인간이 다른 사람과 소유를 공유하는 것은 유토피아적 환상에 불과하기 때문이다(공산주의/사회주의 체제에서).

역사의 목적은 더 이상 "죽음과 슬픔과 울부짖음과 고통이 없는" "새 하늘과 새 땅", 곧 하나님 나라가 이루어지는 데 있다. 하나님 나라는 하나님의 사랑으로 가득한 영원한 생명의 세계다. 십자가에 달린 그리스도 앞에서 죄를 자복하고 선하고 겸손한 심성을 가진 새로운 생명으로 변화될 때 영원한 생명의 세계가 열린다. 이기심과 탐욕 속에서 살던 사람이 그리스도의 사랑 안에서 자기의 소유를 나누는 하나님의 "새로운 피조물"로 변화되며 "하나님 나라와 하나님의 정의"가 세워지는 바로 거기에 "하늘 문"이 열린다(시 78:23; 말 3:10). 연약하고 지친 생명들에게 손길을 내미는 작은 사랑과 친절함 속에서 역사의 수수께끼가 풀리기 시작한다. 사랑이 없는 역사의 목적, 사랑이 없는 영원한 생명에 대한 이야기들은 공허하다. 그것은 또 하나의 "론"에 불과하다.

　쇠창살 안에 갇힌 가련한 곰의 쓸개즙을 마시면서 자기의 생명의 시간을 영원으로 이으려는 생명, 거대한 부를 쌓아놓고 피조물의 신음소리에 귀를 막아버리는 생명은 축복받은 영원한 생명이 아니라 저주받은 허무한 인생에 불과하다. 그것은 살아 있다고 하지만 죽은 것과 같다. 모든 피조물이 영원한 생명의 세계를 기다리며 "함께 신음하고 있다"(롬 8:22). 온 세계가 역사의 목적인 하나님 나라를 기다리고 있다. 이 기다림과 신음을 사도신경은 다음과 같이 요약한다. "영원한 생명을 믿사옵니다"(*Credo in...vitam aeternam*).

　도스토옙스키의 작품 『카라마조프가 형제』에서 조시마 수도원장은 영원한 생명의 세계를 기다리는 사람들에게 다음과 같이 권유한다.

> 우리는 누구나 항상 자기 마음을 감시하고 스스로 참회하기를 게을리해서는 안 됩니다.···작은 것에 대해서나 큰 것에 대해서나 교만하지 마십시오. 우리를 부정하고, 모욕하고, 비난하고, 그리고 우리를 헐뜯는 자들을 증오해서는 안 됩니다. 또 무신론자, 악의 전도자, 유물론자들도 미워해서는 안 됩니다.··· 오늘날과 같은 시대에는 그런 사람들 중에서도 선량한 사람들을 얼마든지 찾아볼 수 있으니까요. 그런 사람들을 위해서는 이렇게 기도하십시오. "주여, 아무도 기도해줄 사람이 없는 자들을 구원하여 주옵소서. 주께 기도하기를 원치 않는 사람들까지도 구원하여 주시옵소서."···(여러분은) 하느님의 자녀인 백성들을 사랑하십시오.···아무쪼록 게으름 피우지 말고 하느님의 복음을 널리 전파하십시오. 그리고 백성들의 재물을 거두어들이지 마십시오. 재물을 사랑하여 그것을 모아두어서도 안 됩니다. 오직 하느님을 믿고, 신앙의 깃발을 잡고 높이 치켜드십시오(도스토옙스키 2001, 231).

『기독교 신학』을 끝내면서

제가 신학과 목회에 뜻을 품은 것은 상업고등학교 2학년 때였습니다. 배워야 할 상과 과목에는 관심이 없고 문학·철학·신학에 관한 책들을 열심히 읽다가 신학과 목회에 관심을 갖게 되었지요. 당시 장준하 선생님이 출간하시던 월간지 「사상계」에 독자 투고를 하기도 했습니다. "너희는 앞으로 무슨 일을 하든지 나라와 민족을 위해 해야 한다"고 말씀하시며 혼신의 힘을 다해 우리를 가르치시던 주산부 김주연 선생님의 모습이 제 마음에 깊은 감명을 주었습니다. 결국 상과 계통의 진출을 포기하고, 대학에서 신학과 철학을 공부하기로 결심하였습니다.

군 복무 때문에 대학 공부를 중단하지 않기 위해 고등학교 졸업 후 먼저 군 복무를 끝내기로 했습니다. 나이가 너무 어려서 입대 지원을 할 수 없었는데, 다행히 전국 타자대회에 학교 대표선수로 1분에 460타를 칠 수 있는 훈련을 받아 1962년 2월 고등학교 졸업과 함께 "타자 특기병"으로 입대할 수 있었습니다.

신학 공부를 하기 위해 군대부터 먼저 간다고 하니까 그때 사귀던 경남여고생 여자 친구는 저를 떠나 나중에 삼성 장군이 된 육군 장교와 결혼하고, 저는 강원도 양구 산골짜기에서 복무하는 졸병 신세가 되었지요. 그러나 약 30년의 세월이 지난 후, 암이 온몸에 퍼져 사망 선고를 받은 그 여자 친구를 세브란스병원 중환자실에서 다시 만날 줄이야 누가 상상이나 했겠습니까! 30년의 세월과 암 투병의 고통으로 그 예쁜 얼굴은 전혀 보이지 않고, 죽음을 눈앞에 둔 그 옛날 친구의 손을 잡고 마지막 죽음의 작별을 해야만 하는 심정을 무엇이라 묘사해야 할지요. 한 편의 소설 같다고 할까요.

군대 근무지는 강원도 양구에 위치한 모 사단의 부관 참모부였습니다. 타자병 자리는 좀 편할 줄 알았는데, 그 나름대로 아주 고된 자리였습니다. 육군 본부 검열, 군단 검열, 사단 자체 검열을 받을 때마다 300쪽 정도의 검열보고서를 작성해야 했습니다. 인사, 작전, 정보, 교육과 훈련 상황은 물론 각 부대별, 계급별, 병과별 군인 숫자, 각종 총기와 총알, 수류탄 및 포탄과 차량, 군인들의 의복, 수통, 군화, 숟가락, 젓가락 숫자에 이르기까지 사단의 모든 상황에 대한 보고서를 만들어야 했습니다.

그런데 사단 예하 부대들이 보고서를 보내야 사단 전체 총괄보고서를 작성할 수 있는데, 예하 부대에서 보고서를 제때에 내야 말이지요. 마지막 보고서가 접수되기까지 발을 동동 구르고, 전화통에다 욕을 해대고, 검열 날짜는 꼬박꼬박 다가오고, 사람 환장할 지경이었지요. 육군 본부나 군단에서 검열관이 왔는데, 사단장이 검열보고서를 제출하지 못하면 어떻게 되겠습니까? 그러니까 이 보고서는 하늘이 무너져도 반드시 만들어내야만 했습니다.

사단 예하 모든 부대에서 보고서가 접수되면 그때부터 밤샘 근무가 시작됩니다. 약 10일 정도 밤낮으로 매트리스 등사본을 타자기로 만들어야 하는데, 그 누구도 도와줄 수 없는 작업이었습니다. 한번은 연대에서 타자병 2명을 지원받았지요. 그러나 굼벵이가 기어가는 것처럼 속도가 느려 전혀 도움이 되지 않았습니다. 검열보고서가 완성될 때까지 지원병 2명은 옆에서 놀고먹고, 저는 밤낮으로 뜨거운 프라이팬에 콩 튀듯이 타자기를 두들겨 대고, "결국 재주 좋은 놈이 고생한다"는 얘기를 옆에 있던 고참병들이 주고받는 것을 듣기도 했습니다. 그러던 어느 날 저녁 갑자기 정전이 되어 온 사무실이 캄캄해졌습니다. 깡통에 기름을 붓고 불을 붙여 타이핑을 하다가, 사무실에 불이 난 줄 알고 달려온 헌병들에게 붙들려 사단 헌병대 영창에 끌려가기도 했지요.

영하 20도가 넘는 추운 겨울 밤에는 덩치 큰 미군들이 사용하던 무거운 "에무앙"(M1) 총을 메고 눈 쌓인 무기고 앞에서 벌벌 떨며 2시간씩 보초를 서면 칼날 같은 겨울바람이 뺨을 때렸습니다. 추운 겨울에 얼어 있는 산골짜기 개울을 깨서 얼음물로 머리를 감기도 하고, 집에 보내는 편지 한 통 잘못(?) 썼다고 사단 방첩대(전 기무사)에 걸려 15일을 사단 헌병대 영창에서 콩밥을 먹기도 하고, 어느 토요일 오후 외출하였다 귀대하는데 갑자기 내린 눈으로 길을 잃고 캄캄한 어둠 속에서 무릎 높이만큼 쌓인 눈 속을 혼자 서너 시간씩 헤매기도 했습니다. 다행히 매년 사단장 표창을 받는 영광을 얻기도 하였습니다. 그때 제 나이가 만 18-20살이었는데, 뒤돌아보면 '하나님께서 나를 단련시키려고 이런 고생을 시켰구나' 하는 생각이 듭니다.

그 당시 양구 읍내 "할머니 국밥"집 비계탕이 얼마나 맛있었는지요! 김이 모락모락 나는 하얀 쌀밥, 할머니가 손수 만드신 배추김치, 따끈한 국물 위에 동동 떠 있는 100% 허연 비계 맛을 지금도 잊을 수 없습니다. 언젠가 한 맺힌 마음으로 두세 번 양구에 갔는데, 시외버스터미널 부근에 있던 할머니 국밥집을 아무리 찾아도 찾을 수 없었습니다. 세월의 무상함에 눈시울을 적실 수밖에요.

약 3년의 군 복무를 끝내고 1964년 11월 중순에 제대를 했는데, 가정 형편이 매우 어려웠습니다. 집안 식구들은 모두 제가 신학 공부하는 것을 반대했습니다. 할 수 없이 신학의 꿈을 접고, 상대(商大) 진학으로 진로를 바꾸었습니다. 1년 뒤에 입학 시험을 치기로 하고 매일 도시락 2개를 싸가지고 부산시립도서관에 가서 아침 8시부터 저녁 10시까지 상대 입시 준비에 전념하였습니다. 흔히 얘기하듯이 젊음이 최상의 무기였다는 생각이 듭니다.

그러던 중 1965년 2월 어느 주일 저녁, 서울에서 오신 함석헌 선생님의 강연회가 부산 대청교회에서 열렸습니다. 약 30여 명의 청년들이 참석한 것으로 기억하는데, 함 선생님은 일제 식민지 시대를 중심으로 우리 민족의 고난의 역사를 쭉 얘기하시면서, 호랑이 같은 눈을 부릅뜨고 "젊은이들이 나라와 민족을 위해 살지 않고 자기 목숨 하나 위해서 살아야 되겠느냐?"고 호통치듯이 말씀하셨습니다. 얼마나 강렬하고 또 감동적으로 말씀하시는지, 저는 하늘에서 벼락이 떨어지는 것 같은 충격을 받았습니다(아마 사도 바울도 이와 비슷한 충격을 받아 3일간 눈이 멀어버린 게 아닐까 상상해봅니다). 저는 그 자리에서 바로 회개하고 상대 입시 준비를 접었습니다. 그리고 1965년 3월부터 한국신학대학에서 신학 공부를 시작하게 되었지요. 지금 생각해보면 하나님께서 저를 불러주셨다고 말하지 않을 수 없습니다. 이 책을 준비하면서 '하나님께서 이 일을 맡기려고 함 선생님을 통해 나를 불러주셨구나!' 하는 생각이 들었습니다.

이 책과 함께 저의 『기독교 신학』 체계가 완결되었습니다. 완결되었다 하지만 완전하지 못합니다. 하나님의 진리는 심오한데 저의 능력은 제한되어 있고, 또 새로운 시대의 새로운 상황 속에서 하나님의 진리는 새롭게 조명되어야 하기 때문입니다. 그러므로 후배 교수님들께서 저의 이 작업을 계속하여 새 시대의 새로운 체계가 나오기를 기대합니다. 개인의 관점에 따라 다양한 체계들이 나올 수 있을 것입니다. 다양성이 있어야 발전이 있습니다. 함 선생님의 가르침대로 우리 민족의 역사를 위해 외로움과 즐거움이 교차하는 이 작업이 계속 이어지길 바랍니다.

학문이 있어야 민족의 장래가 있다는 것을 저는 독일 대학 도서관에서 눈으로 확인할 수 있었습니다. 얼마나 많은 종류의 전집들이 있는지 '아, 이것이 독일의 저력이구나'라는 생각이 들었습니다. 독일 교수들의 책임성과 성실함에 감탄하지 않을 수 없었습니다. 대학교수라는 분이 가벼운 수필이나 쓰고, 세속 명예에 눈을 밝히고, 세속의 장 자리 하나 얻으면 출세했다 하고, 이렇게 되면 나라 장래가 어떻게 되겠습니까? 2018년 11월 제자 임걸 박사(연세대 원주캠퍼스 교목실장)가 말한 것처럼 우리는 좀 "바보"가 되어야 하지 않을까요!

『기독교 신학』의 전체 주제를 "하나님 나라의 메시아적 신학"으로 정했습니다. 이 주제는 스승 몰트만 교수님의 영향이기도 하지만, 그 뿌리는 제가 박사학위 논문에서 다룬 헤겔의 기독교 역사철학에 있습니다. "하나님 없는 하나님 나라"를 기대했던 마르크스와 블로흐의 공산주의 이론에 대한 신학적 대안으로 제시된 것이기도 하고, 민족의 미래에 대한 저의 고민에서 나온 것이기도 합니다.

저는 박사학위 논문에서 헤겔의 변증법을 배웠습니다. 뼛속 깊이 배웠다는 느낌입니다. 정–반–합(These-Antithese-Synthese)이 헤겔의 변증법이라고 흔히 말하는데, 헤겔 자신은 그의 저서에서 정–반–합이란 공식을 거의 사용하지 않습니다. 이 공식은 헤겔의 변증법을 제대로 나타내지 못합니다. 오히려 "부정적인 것의 부정"을 통해 자유와 정의가 있는 하나님 나라에의 "고양"(Erhebung)이 헤겔 변증법의 핵심이라 하겠습니다.

"부정적인 것의 부정"은 정치 경제를 위시한 사회 모든 영역에서 일어나야 합니다. 불의와 부패가 사라지고 "하나님 나라와 하나님의 정의"가 사회 모든 영역에 세워져야 합니다. 특히 정치인들과 공직자들이 정의롭게 나라를 관리해야 합니다.

"부정적인 것의 부정"은 교회에서도 일어나야 합니다. 교회 내의 모든 모순과 거짓과 죄악들이 사라지고, 교회는 하나님 나라의 거울이 되어야 합니다. "새로운 피조물"로 다시 태어난 "거룩한 사람들의 공동체"("성도가 서로 교통하는 것", communio sanctorum)가 되어야 합니다. 교회가 바로 설 때 나라의 미래가 있을 것입니다. 교회가 "세상의 빛"이 되지 못한다면 우리는 세상 어디에서 희망을 찾을 수 있겠습니까!

그러나 모든 문제의 근본 원인은 사람에게 있다는 것을 우리는 잘 알고 있습니다. 인간의 이기적 본성이 모든 문제의 뿌리입니다. 그러므로 "부정적인 것의 부정"은 사회 모든 영역에서는 물론 각 사람 안에서 일어나야 합니다. 각 사람이 하나님 나라의 거울이 되어야 합니다. "옛 사람"은 죽고 "새 사람"을 입어야 한다는 성서의 말씀은 바로 이것을 가리킵니다(엡 4:22-24).

이런 복합적인 생각에서 저는 『기독교 신학』의 총 주제를 "하나님 나라의 메시아적 신학"이라 정하고, 이 관점에서 기독교 신학을 서술하고자 했습니다. 하나님도 이 주제를 기뻐하시리라 생각합니다. 메시아(그리스도) 예수를 통해 하나님이 약속하신 하나님 나라의 새로운 생명의 세계를 향해 이 나라의 교회와 사회가 변화되기를 기대하면서 『기독교 신학』체계를 끝냅니다. 이 끝냄이 새로운 끝냄을 위한 징검다리가 되고, 수많은 징검다리가 우리 민족의 맥을 이어나가길 기원합니다.

2020년 7월

김균진 드림

참고문헌

강사문(1991), "구약성서에서 본 말세론", 『시한부 종말론, 과연 성경적인가?』, 대한예수교장로회 총회출판국.

곽혜원(2009), 『삼위일체론 전통과 실천적 삶』, 대한기독교서회.

_____ (2014), 『존엄한 삶, 존엄한 죽음: 기독교 생사학의 의미와 과제』, 새물결플러스.

권득칠(2017), "루터의 종말론", 김철환 외, 『루터의 생애와 신학』, 컨콜디아사.

김균진(1984), 『헤겔철학과 현대신학』, 대한기독교출판사.

_____ (1998), 『종말론』, 대우학술총서 · 인문사회과학 107, 민음사.

_____ (2016), 『예수와 하나님 나라』, 새물결플러스.

_____ (2017), 『기독교 신학』, 제4권, 새물결플러스.

_____ (2018), 『루터의 종교개혁』, 새물결플러스.

김명용(1991a), "한국교회의 종말론 해석과 오늘의 종말론 문제들", 「기독교사상」, 1991년 2월 호.

_____ (1991b), "한국교회의 종말론 해석과 오늘의 종말론 문제들", 『시한부 종말론, 과연 성경적인가?』, 대한예수교장로회 총회출판국.

김선영(2014), 『믿음과 사랑의 신학자 마르틴 루터』, 대한기독교서회.

김연태(1994), 『바울해석』, 대한기독교서회.

김영한(1982), 『바르트에서 몰트만까지』, 대한기독교서회.

도스토옙스키(1993), 『카라마조프가 형제』, 상권, 박호진 역, 혜원출판사.

목창균(1998), 『종말론 논쟁』, 두란노.

문익환(1960), "죽음에 대한 성서의 물음과 대답", 「기독교사상」, 1960년 2월 호.

박성권(2017), 『몰트만의 생명신학』, 기독교문서선교회.

박익수(1988), 『성서 전승과 해석』, 한국신학연구소.

박지원(2016), 『연암 박지원 소설집: 이 선비놈아! 구린내가 역하구나!』, 간호윤 옮김·
　　　해설, 새물결플러스.

박충구(1998), "우리는 어디에 서 있는가?", 「기독교세계」, 1998년 12월 임시호, 기독
　　　교대한감리회.

_____ (2018), "근사체험과 그 의미", 「기독교사상」, 2018년 12월 호.

배은숙(2013), 『로마 검투사의 일생』, 글항아리.

변선환(1977), "키에르케고르와 젊은 바르트", 『바르트 신학 연구』, 한국바르트학회 편.

서남동(1959), "종말과 역사", 「기독교사상」, 1월 호.

서중석(1991), 『복음서 해석』, 대한기독교서회.

유해무(1997), 『개혁교의학』, CH북스.

이범배(2004), 『조직신학』, 새한기획출판부.

이장식(2001), 『창파에 배 띄우고: 혜암 이장식 자서전』, 한들출판사.

이장원(2018), 『88 서울 올림픽 그리고 다시 찾은 베트남』, 렛츠북.

이종성(1980), 『신론』, 대한기독교서회.

_____ (1990a), 『종말론』 I, 대한기독교서회.

_____ (1990b), 『종말론』 II, 대한기독교서회.

이호재(2019), "한국 재리종교(在來宗敎)의 '구원'관", 「신학과교회」 제10호, 혜암신학
　　　연구소.

장현승(2013), 『칼뱅의 성화론의 새 지평』, 대한기독교서회.

정일웅(1992), "한국교회의 종말신앙과 윤리", 「목회와신학」, 1992년 2월 호.

조성노(1992), 『역사와 종말』, 혜선출판사.

조정래(2005a), 『아리랑』, 제10권, 해냄.

_____ (2005b), 『아리랑』, 제11권, 해냄.

조현철(1997), 『몰트만의 천년왕국론 이해』, 연세대학교 대학원 석사학위 논문.

지승원(2014), 『태초에 웃음이 있었다』, 이문출판사.

최대열(2018), 『장애 조직신학을 향하여』, 나눔사.

Arlow, J. A./Brenner, Ch.(1969), *Zur Psychopathologie der Psychosen*, Psyche 23, Berlin, Heidelberg.

Adorno, Th.(1969), *Der Positivismusstreit in der deutschen Soziologie*, Frankfurt a. M.

Althaus, P.(1922), *Die letzten Dinge*, Gütersloh.

_____ (1960), Art. Tod, in: *RGG VI*, 3. Aufl., Tübingen.

_____ (1962), *Um die Wahrheit des Evangeliums*, Stuttgart.

_____ (1972), *Die christliche Wahrheit: Lehrbuch der Dogmatik*, 8. Aufl., Gütersloh.

_____ (1975), *Die Theologie Martin Luthers*, 4. Aufl., Gütersloh.

Bachl, G.(1980), *Über den Tod und das Leben danach*, Styria.

_____ (1985), *Die Zukunft nach dem Tod*, Freiburg i. B.

Balthasar, H. U. von(1957), Eschatologie, in: J. Feiner(Hrsg.), *Eschatologie, Fragen der Eschatologie heute*, Einsiedeln, Zürich, Köln.

_____ (1974), *Pneuma und Instittio*, Einsiedeln, Zürich, Köln.

Barth, K.(1921), *Der Römerbrief*, 1. Aufl., Zürich.

_____ (1922), *Der Römerbrief*, 2. Aufl., Zürich.

_____ (1924), Das Problem der Ethik in der Gegenwart(1922), in: *Das Wort Gottes und die Theologie*, München.

_____ (1926), *Auferstehung der Toten*, 2. Aufl., Zürich.

_____ (1955), *Auferstehung der Toten*, 2. Aufl., Zürich.

_____ (1958), *Kirchliche Dogmatik II/1*, 4. Aufl., Zürich.

_____ (1959a), *Kirchliche Dogmatik II/2*, 4. Aufl., Zürich.

_____ (1959b), *Kirchliche Dogmatik III/2*, 2. Aufl., Zürich.

_____ (1960), *Kirchliche Dogmatik IV/1*, Zürich.

_____ (1961), *Kirchliche Dogmatik III/3*, 2. Aufl., Zürich.

_____ (1964), *Kirchliche Dogmatik IV/2*, 2. Aufl. Zürich.

_____ (1970), *Kirchliche Dogmatik III/1*, 4. Aufl., Zürich.

Bauckham, R. J.(1977), Millenium, in: R. G. Clouse(ed.), *The Meaning of Millenium, Four Views*, Downers Grove Il.

_____ (1993), *The Theology of the Book of Revelation*, Cambridge.

_____ (2019), 『예수와 이스라엘의 하나님』, 이형일·안영미 역, 새물결플러스.

Beisser, F.(1993), Hoffnung und Vollendung, in: *Handbuch Systematischer Theologie 15*, Gütersloh.

Berger, G.(1987), Der Kosmos ist der heiliger Tempel, in: G. Rau(Hrsg.), *Frieden in der Schöpfung: Das Naturverständnis protestantischer Theologie*, Gütersloh.

Berkhof, C. F.(1979), *The Christian Faith*, Grand Rapids.

Bloch, E.(1959), *Das Prinzip Hoffnung*, Frankfurt a. M.

_____ (1962), *Subjekt-Objekt: Erläuterungen zu Hegel*, Erweiterte Ausgabe, Frankfurt a. M.

_____ (1964), *Tübinger Einleitung in die Philosophie*, Frankfurt a. M.

_____ (1977), *Paulus*, 3. Aufl., Stuttgart, Berlin, Köln, Mainz.

Boff, L.(1979), *Schriften der Kongregation für die Glaubenslehre zu einigen Fragen der Eschatologie: Verlautbarungen des Apostolischen Stuhls*, Regensburg.

_____ (1993), *Was kommt nachher?: Das Leben nach dem Tode*, Salzburg.

_____ (1994), *Von der Würde der Erde: Ökologie-Politik-Mystik*, Düsseldorf

Patmos Verlag.

Bovet, Th.(1972), *Die Ehe: Das Gebiemnis ist groß*, 3. Aufl., Tübingen.

Böcher, O.(1981), Art. Chiliasmus I, in: *Ev. Kirchenlexikon für Theologie und Gemeinde*, Wuppertal.

Bornkamm, G.(1975), *Jesus von Nazareth*, 10. Aufl., Stuttgart, Berlin, Köln, Mainz.

Braumann, G.(1970), Gegenwart, Wiederkunft, parousia, in: *Theol. Begriffslexikon zum NT,* Bd. I, 2. Aufl., Witten.

_____ (1993), *Was kommt nachher?: Leben nach dem Tod*, 2. Aufl., Kevelaer.

Breuning, W.(1976), Gericht und Auferstehung von den Toten als Kennzeichen des Vollendungshandeln Gottes durch Jesus Christus, in: J. Feiner/M. Mohrer(Hrsg.), *Mysterium Salutis V*, Einsiedeln.

Brockhaus Enzyklopädie, Bd. 18, 17. Aufl., 1973, Wuppertal.

Brunner, E.(1937), *Der Mittler*, 3. Aufl., Zürich.

_____ (1964), *Dogmatik*, Bd. III. Die Lehre von der Kirche und vom Glauben und von der Vollendung, 2. Aufl., Zürich.

_____ (1965), *Das Ewige als Zukunft und Gegenwart*, Zürich.

Bultmann, R.(1965), *Glauben und Verstehen*, Bd. III, 3. Aufl., Tübingen.

_____ (1967), *Glauben und Verstehen*, Bd. IV, 2. Aufl., Tübingen.

_____ (1968), *Theologie des Neuen Testaments*, 6. Aufl., Tübingen.

_____ (1972), *Glauben und Verstehen*, Bd. I, 7. Aufl., Tübingen.

_____ (1979), *Geschichte und Eschatologie*, 3. Aufl., Tübingen.

Buri, F.(1935), *Die Bedeutung der neutestamentlichen Eschatologie*, Bern.

Calvin(1963), *Inst: Unterricht in der christlichen Religion*, übersetzt von O. Weber, Neukirchen-Vluyn.

Cerfaux, L.(1964), *Christus in der paulinischen Theologie*, Düsseldorf.

Chardin, T. de.(1970), Wissenschaft und Christus, in: *Werke von Theologie de*

Chardin, übers. von K. Schmitz-Moormann, Olten.

Clévenot, M.(1993), 『예루살렘에서 로마로』, 이오갑 역, 한국신학연구소.

Cullmann, O.(1964), *Unsterblichkeit der Seele oder Auferstehung der Toten?: Antwort des Neuen Testaments*, 3. Aufl., Stuttgart.

_____ (1987), *Christus und die Zeit*, Zürich.

Dahlheim, W.(2013), *Die Welt zur Zeit Jesu*, München.

Davies, P.(2000), 『생명의 기원: 제5의 기적』, 북스힐.

Dawkins, R.(2006), 『이기적 유전자』, 개정판 17쇄, 을유문화사.

Denzinger, H.(1911), *Enchridion Symbolorum*, Freiburg i. B.

_____ (1987), 『그리스도와 시간』, 김근수 역, 도서출판나단.

Duchrow, U.(1970), *Christenheit und Weltverantwortung: Traditionsgeschichte und systematische Struktur der Zweireichelehre*, Stuttgart.

Dürrenmatt, F.(1970), *Komedien II und Frühe Schriften*, Zürich.

Ebeling, G.(1979), *Dogmatik des christlichen Glaubens*, Bd. III, Tübingen.

Elert, W.(1956), *Der christliche Glaube*, 3. Aufl., Stuttgart.

Eliade, M.(1953), *Der Mythos der ewigen Wiederkehr*, Frankfurt/M.

Elias, N.(1982), *Über die Einsamkeit der Sterbenden in unseren Tagen*, Frankfurt.

Elliger, W.(1976), *Thomas Müntzer, Leben und Werk*, 3. Aufl., Göttingen.

Epikur(1949), *Von der Überwindung der Furcht*, München.

Feuerbach, L.(1956), *Das Wesen des Christentums*, hrsg. von W. Schuffenhauser, Bd. I-II, Berlin.

_____ (1967), *Das Wesen der Religion*, hrsg. v. H. Floerke, München.

Finkenzeller, J.(1995), Eschatologie, in: *Glaubenszugänge: Lehrbuch der katholischen Dogmatik*, Bd. III, hrsg. von W. Beinert, Paderborn, München, Wien, Zürich.

Freud, S.(1974), Die Zukunft einer Illusion, in: *Studienausgabe IX*, Frankfurt/M.

Friedrich, G., Küng, H.(1986), 『유토피아니즘과 기독교』, 김균진 역, 종로서적.

Gloege, G.(1960), Art. Himmel II. Biblisch und dogmatisch, in: *RGG* Bd. III, Tübingen.

Gnilka, J.(1955), *Ist 1 Kor 3:10-15 ein Schriftzeugnis für das Fegefeuer?: Eine exegetisch-historische Untersuchung*, Freiburg I. B.

Gowan, D. W.(1986), *Eschatology in the Old Testament*, Minneapolis.

Grässer, E.(1957), *Das Problem der Parusieverzögerung in den synoptischen Evangelien und in der Apostelgeschichte*, Berlin.

Jacob, B.(1934), *Das erste Buch der Tora Gottes*, Leuven.

McGrath, A. E.(1994), *Christian Theology: An Introduction*, ProQuest LLC.

Greenberg, M.(1973), Die Menschheit: Israel und die Nationen in hebräischer Überlieferung, in: *Um Einheit und Heil der Menschheit*, hrsg. von J. R. Nelson/W. Pannenberg, Frankfurt/M.

Greshake, G.(1969), *Auferstehung der Toten*, Essen.

_____ (1982), Das Verhältnis "Unsterblichkeit der Seele" und "Auferstehung des Leibes" in problemgeschichtlicher Sicht, in: *G. Greshake/G. Lohfink, Naherwartung-Auferstehung-Unsterblichkeit*, 5. Aufl., Freiburg in Br.

_____ (1983), Seelenwanderung oder Auferstehung? Ein Diskurs über die eschatologische Vollendung des Heils, in: *Gottes Heil-Glück der Menschen*, Freiburg.

_____ (1986), "Unsterblichkeit der Seele" und "Auferstehung des Leibes" in problemgeschichtlicher Sicht, in: *G. Greshake/G. Lohfink, Naherwartung-Auferstehung-Unsterblichkeit*, 5. Aufl., München.

_____ (1988), *Tod-und dann? Ende-Reinkarnation-Auferstehung: Der Streit der Hoffnungen*, Freiburg i. B.

Gunneweg, A. H. J.(1972), *Geschichte Israels bis Bar Kochba*, Stuttgart.

Gutierrez, G.(1984), *Theologie der Befreiung*, 7. Aufl., Berlin.

Harnack, A.(1950), *Das Wesen des Christentums*, Berlin.

Härle, W.(2007), *Dogmatik, 3.*, überarbeitete Aufl., Berlin, New York.

Hattrup, D.(1992), *Eschatologie*, Paderborn.

Heckmann, O.(1971), Art: Sonderbeitrag Astronomie, in: *Meyers Enzyklopädische Lexikon II*, Mannheim, Wien, Zürich.

Hegel, G. W. F.(1955), *Vorlesungen über die Philosophie der Weltgeschichte*, Bd. I, Die Vernunft in der Geschichte, hrsg. von J. Hoffmeister, PhB 171a, Hamburg.

_____ (1966), *Vorlesungen über die Philosophie der Religion*, Bd. I, hrsg. von G. Lasson, PhB 59, Hamburg.

Heinrich, C.(1954), *Ranke und die Geschichtstheologie der Gottheit*, Göttingen.

Heisenberg, E.(1980), *Das politische Leben eines Unpolitischen: Erinnerungen an Werner Heisenberg*, München, Zürich.

Heschel, A.(1951), *The Sabbath: Its Meaning for modern man*, New York.

Hoekema, A. A.(1986), 『개혁주의 종말론』, 부흥과개혁사.

Hossfeld, F.-L.(1995), Gerechtigkeit II: Altes Testament, in: *LThK 4*, Freiburg i. B.

Joachim, von Fiore(1955), *Das Reich des Heiligen Geistes*, Bearbeitung von A. Rosenberg, München-Planegg.

Janowski, B.(1987), "Ich will in eurer Mitte wohnen," Struktur und Genese der exilischen Schekihina Theologie, in: *BTh 2*.

_____ (1993), *Apokatastasis panton-Allerlösung: Anschauungen an eine entdualisierte Eschatologie*, Tübingen.

Joest, W.(1986), *Dogmatik, Bd. 2: Der Weg Gottes mit dem Menschen*, Uni-Taschenbücher 1413, Göttingen.

Jüngel, E.(1993), *Tod*, 5. Aufl., Stuttgart.

Kaiser, O., Lohse, E.(1977), *Tod und Leben*, Kohlhammer-TB 1001, Stuttgart.

Kant, I.(1965), *Kritik der reinen Vernunft B 183*, PhB 37a, Hamburg.

_____ (1966), *Die Religion innerhalb der Grenzen der bloßen Vernunft*, Abdruck 1966 der 7. Aufl. von 1961, PhB 45, Hamburg.

_____ (1978), *Idee zu einer allgemeinen Geschichte in weltbürgerlicher Absicht*, Frankfurt a. M.

Käsemann, E.(1970), *Exegetische Versuche und Besinnungen II*, 3.Aufl., Göttingen.

Kee, H. C.(1990), 『신약성서 이해』, 서중석 역, 한국신학연구소.

_____ (1993), *Paulinische Perspektiven*, 3. Aufl., Tübingen.

Kehl, M.(1988), *Eschatologie*, Würzburg.

Kierkegaard, S.(1950), *Furcht und Zittern*, Gesammelte Werke Bd. 4, Düsseldorf.

Klappert, B.(1978), Perspektiven einer von Juden und Christen anzustrebenden gerechten Weltgesellschaft, *Freiburger Rundbrief*, Beiträge zur christlich-jüdischen Begegnung, XXX, Münster.

Köhler, W.(1951), *Dogmengeschichte I*, 3. Aufl., Gütersloh.

Körtner, U. H. J.(1988), *Weltangst und Weltende: Eine theologische Interpretatin der Apokalyptik*, Göttingen.

Kraft, H.(1957), Art. Chiliasmus, in: *RGG* Bd. I, Tübingen.

Kraus, H.-J.(1983), *Systematische Theologie: im Kontext biblischer Geschichte und Eschatologie*, Neukirchen-Vluyn.

Kreck, W.(1966), *Zukunft des Gekommenen: Grundprobleme der Eschatologie*, 2. Aufl., München.

Kuby, G.(2018), 『글로벌 성혁명: 자유의 이름으로 자유를 파괴하다』, 정소영 역, 밝은 생각.

Kümmel, W. G.(1972), *Die Theologie des Neuen Testaments nach seinen Haptzeugen*, 2. Aufl., Göttingen.

_____(1979), *Promise and Fulfillment: The eschatological Message of Jesus*, trans. by D. M. Barton, London.

Küng, H.(1970), *Menschwerdung Gottes: Eine Einführung in Hegels theologisches Denken als Prolegomena zu einer künftigen Christologie*, München.

_____ (1982), *Ewiges Leben?* 2. Aufl., München.

Künneth, W.(1982), *Theologie der Auferstehung*, 6. Aufl., Berlin.

Ladd, G. E.(1974), *Theology of the New Testament*, Grand Rapids.

Lindsey, K.(1973), *Alter Planet Erde wohin?: Im Vorfeld des dritten Weltkrieges*, Aßlar.

Lochman, M.(1982), *Comenius*, Freiburg/Schweiz.

Lohse/1, E.(1958), Art: Ewiges Leben, I. Im AT, in: *RGG* Bd. II, 3. Aufl., Tübingen.

_____ /2(1971), *Die Offenbarung des Johannes*, NTD 11, 10. Aufl., Göttingen.

Lohse/3, G.(1974), *Grundriss der neutestamentlichen Theologie*, Stuttgart, Berlin, Köln, Mainz.

Löwith, K.(1941), *Von Hegel zu Nietzsche: Der revolutionäre Bruch im Denken des neunzehnten Jahrhunderts*, Zürich.

_____ (1953), *Weltgeschichte und Heilsgeschehen: Die theologischen Voraussetzungen der Geschichtsphilosophie*, 6. Aufl., Stuttgart.

Luther, *WA: D. Martin Luthers Werke: Kritische Gesamtausgabe*, Weimar 1883 ff.

_____ (2006), *Martin Luther: Lateinisch-Deutsche Studienausgabe* Bd. II, Leipzig.

_____ (2012), *Von der Freiheit eines christlichen Menschen*, Reclam Ausgabe 18947, Stuttgart.

Kropotkin, P. A.(2005), 『만물은 서로 돕는다: 크로포트킨의 상호부조론』, 김영범 역,

르네상스.

Manson, W.(1957), Eschatology in the New Testament, in: *W. Manson a. o., Eschatology*, 2. Ed., Edinburgh.

Marquardt, F.-W.(1993), *Was dürfen wir hoffen, wenn wir hoffen dürfen: Eine Eschatologie I*, Gütersloh.

_____ (1996), *Was dürfen wir hoffen, wenn wir hoffen dürfen? III*, Gütersloh.

Marx, K.(2004), *Die Frühschriften*, hrsg. von S. Landshut, 7. Aufl., Stuttgart.

Mason, P.(2018), *Das Wunder der Neuen Schöpfung*, Xanten.

Metz, B.(1964), Art: Seele, in: *Lexikon für Theologie u. Kirche*, Bd. IX, 2. Aufl., Freiburg in Br.

Migliore, D. L.(2012),『기독교 조직신학 개론』, 신옥수·백충현 역, 새물결플러스.

Moltmann, J.(1968), Gott und Auferstehung, in: *Perspektiven der Theologie, Gesammelte Aufsätze*(한국어 역:『신학의 미래』 I, II), München.

_____ (1969a), *Theologie der Hoffnung: Untersuchungen zur Begründung und zu den Konsequenzen einer christlichen Eschatologie*, 3. Aufl.(한국어 역: 『희망의 신학』, 이신근 역), Münhen.

_____ (1969b), *Gottesbeweise und Gegenbeweise*, Das Gespräch, Heft 46, 3. Aufl.

_____ (1970), *Umkehr zur Zukunft*, München.

_____ (1980), *Trinität und Reich Gottes: Zur Gotteslehre*(한국어 역:『삼위일체와 하나님의 나라』, 김균진 역), München.

_____ (1985), *Gott in der Schöpfung: Ökologische Schöpfungslehre*, München.

_____ (1989), *Der Weg Jesu Christi: Christologie in messianischen Dimensionen*(한국어 역:『예수 그리스도의 길』, 김균진·김명용 역), München.

_____ (2005), *Das Kommen Gottes: Christliche Eschatologie*(한국어 역:『오시는 하나님』, 김균진 역), Gütersloh.

Moody/1, R. A.(1975), *Life after Life*(독일어 번역: Leben nach dem Tod), Hamburg.

Moody/2, D.(1958), Art: Rapture, in: *Encyclopedia of Southern Baptists*, vol. II, Nashville.

Müller, G. L.(2005), *Katholische Dogmatik: Für Studium und Praxis der Theologie*, 7. Gesamtausgabe, Freiburg, Basel, Wien.

Mundle, W.(1970), Art: Offenbarung I, in: *Theologisches Begriffslexikon zum Neuen Testament II/1*, hrsg. von I. Coenen u. a., 2. Aufl., Wuppertal.

Müntzer, Th.(1968), *Schriften und Briefe: Kritische Gesamtausgabe*, hrsg. von G. Franz, Leibniz.

Nietzsche, F.(1975), *Also sprach Zarathustra*, Kröners Taschenausgabe 75, Stuttgart.

Nocke, F.-J.(1985), *Eschatologie*, Düsseldorf.

_____ (1992), Eschatologie, in: Th. Schneider(Hrsg.), *Handbuch der Dogmatik*, Bd. 2, Ostfildern.

Öpke, A.(1990), parousia, in: *Theol: Wörterbuch zum NT*, hrsg. von G. Kittel, Stuttgart.

Ott, H.(1958), *Eschatologie*, Zollikon.

_____ (1972), *Die Antwort des Glaubens: Systematische Theologie in 50 Artikeln*(한국어 역, 『신학해제』, 김광식 역), Stuttgart, Berlin.

Pannenberg(1967), Heilsgeschehen und Geschichte, in: *Grundfragen systematischer Theologie*, Göttingen.

_____ (1970), Dogmatische Thesen zur Lehre von der Offenbarung, in: *Offenbarung als Geschichte*, 4. Aufl., Göttingen.

_____ (1977), *Wissenschaftstheorie und Theologie*, Frankfurt a. M.

_____ (1988), *Systematische Theologie*, Bd. I, Göttingen.

_____ (1993), *Systematische Theologie*, Bd. III, Göttingen.

_____ (1995), *Was ist der Mensch?: Die Anthropologie der Gegenwart im Lichte der Theologie*, 8. Aufl., Göttingen.

Platon(1974), *Phaidon*, hrsg. von G. Eigler, Darmstadt.

Pöhlmann, H. G.(1973), *Abriss der Dogmatik*(한국어 역:『교의학』, 이신건 역), Gütersloher Verlagshaus Gerd Mohn Gütersloh.

Pury, R. de(1948), *Die Gegenwart der Ewigkeit*, München.

Rad, G. von(1968), *Theologie des Alten Testaments*, Bd. II. Die Theologie des prophetischen Überlieferungen Israels, 5. Aufl., München.

_____ (1990), Art: ouranos, B. AT, in: *Theol: Wörterbuch zum NT*, Bd. V, hrsg. von G. Kittel, Stuttgart.

Rahner, K.(1963), Parusie, in: *LThK*, Freiburg i. B.

_____ (1964), *Schriften zur Theologie*, Bd. 2, Einsiedeln.

_____ (1966), *Schriften zur Theologie*, Bd. 4, Einsiedeln.

_____ (1975), *Schriften zur Theologie*, Bd. 12, Einsiedeln.

Ratschow, C. H.(1982), Eschatologie, in: *TRE 10*, Berlin.

Ratzinger, J.(1990), *Eschatologie-Tod und ewiges Leben: Kleine Katholische Dogmatik IX*, 6. Aufl., Regensburg.

Rendtorff, T.(1960), "Offenbarung" im Alten Testament, in: *Thol: Literatur Zeitung, 85*.

Ridley, M.(2001), 『이타적 유전자』, 신좌섭 역, 사이언스북스.

Schleiermacher, F.(1960a), *Der christliche Glaube,* Bd. I, hrsg. von M. Redeker, 7. Aufl., Berlin.

_____ (1960b), *Der christliche Glaube*, Bd. II, hrsg. von M. Redeker, 7. Aufl., Berlin.

Schumaus, M.(1959), *Katholische Dogmatik IV/2*, 5. Aufl., Kirchheim unter Teck.

_____ (1970), *Der Glaube der Kirche*, Bd. 2, Sankt Ottilien.

Schmid, H.(1993), *Die Dogmatik der ev-lutherischen Kirche, dargestellt u. aus den Quellen belegt*, 7. Aufl., Gütersloh.

Schmidt, H. W.(1927), *Zeit und Ewigkeit*, Göttingen.

Schniewind, J.(1960), Matthäus, in: *Das Neue Testament Deutsch*, 9. Aufl., Göttingen.

Schreiben(1979), *Schreiben der Kongression für die Glaubenslehre zu einigen Fragen der Eschatologie*, hrsg. von Sekretariat der Deutschen Bischofskonferenz, Bonn.

Schwarz, H.(1990), *Jenseits von Utopie und Resignation*, Wuppertal, Zürich.

Schweitzer, A.(1906), *Von Reimarus zu Wrede: Eine Geschichte der Leben-Jesu-Forschung*, Tübingen.

Schweizer, E.(1987), Jesus Christus I, in: *TRE XVI*, Berlin.

Sölle, D.(1980), *Wählt das Leben?*, Stuttgart.

Stallmann, M.(1965), Art: Pietismus, in: *RGG* Bd. V., 3. Aufl., Tübingen.

Steiner, M.(1980), Der Tod als biologisches Problem, in: *Tod-Preis des Lebens?*, hrsg. von N. A. Luyten, Freiburg i. B.

Störig, H. J.(1974), *Kleine Weltgeschichte der Philosophie*, Stuttgart.

Thielicke, H.(1946), *Tod und Leben: Studium zur christlichen Anthropologie*, 2. Aufl., Tübingen.

Thurneysen, E.(1958), Allversöhnung oder Verdammnis? in: *E. Thurneysen, Christ und Werk: Fragen und Antworten*, Stuttgart.

Tillich, P.(1966), *Systematische Theologie*, Bd. III, Stuttgart.

Toynbee, A.(1962), *A Study of History*(1934), Aridgement by D. C. Somervell, Oxford.

Traub, T.(1974), *Von den letzten Dingen: Vorträge neutestamentlicher Grundlage*, Salzburg.

Traub, R., Wieser, H., *Gespräche mit Ernst Bloch*, Frankfurt/M.

Travis, S. H.(1988), Eschatology, in: *New Dictionary of Theology*, Westmond.

Trillhaas, W.(1972), *Dogmatik, 3.* Aufl., Berlin.

Ulrich, F.(1975), *Leben in der Einheit von Leben und Tod*, Frankfurt/M.

Van Genderen, Velema(2018), 『개혁교회 교의학』, 신지철 역, 새물결플러스.

Veatch, R. M.(1976), *Death, Dying and the Biological Revolution: Our Last Quest for Responsibility*, New Haven.

_____ (1951), *Geschichte der Leben-Jesu-Forschung*, 6. Aufl., Tübingen.

Vorgrimler, H.(1960), Gerechtigkeit (des Menschen), I, Gerechtigkeit des Menschen in der Schrift, in: *LThK 4*, Freiburg i. B.

_____ (1980), *Hoffnung auf Vollendung: Abriss der Eschatologie*, Freiburg, Basel, Wien.

_____ (1984), Eschatologie/Gericht, in: *Neues Handbuch theologischer Grundbegriffe I*, hrsg. von P. Eicher, München.

Vriezen, Th. C.(1956), *Theologie des Alten Testaments in Grundzügen*, Neukirchen.

Walle, A. R. van de(1986), *Bis zum Anbruch der Morgenröte*, Ostfildern/ Stuttgart.

Walvoord, J. F.(1957), *The Rapture Question*, New York.

Weber, H. J.(1973), *Die Lehre von der Auferstehung der Toten in den Haupttraktaten der scholastischen Theologie*, Freiburg in Br.

Weber, O.(1972), *Grundlagen der Dogmatik*, Bd. II, Göttingen.

Weizsäcker, C. F. von.(1992), *Die Geschichte der Natur: Zwölf Vorlesungen*, 9, Aufl., Göttingen.

Werner, M.(1959), *Die Entstehung des christlichen Dogmas: problemgeschichtlich dargestellt*, Bern, Leipzig.

Wickert, U.(1983), Art: Futurologie, in: *TRE XI*, Berlin, New York.

Wilson, E.(2006), 『인간 본성에 대하여』, 1판 11쇄, 이한음 역, 사이언스북스.

Windelband, W.(1957), *Lehrbuch der Geschichte der Philosophie*, Tübingen.

Wittgenstein, L.(1960), *Tractatus logico-philosophicus*, Schriften I, Frankfurt a. M.

Wolff, H. W.(1974), *Anthropologie des Alten Testaments*, 2. Aufl., München.

Ziegenaus, L.(1996), *Die Zukunft der Schöpfung in Gott: Eschatologie*, in: Katholische Dogmatik III, hrsg. von I. Scheffczyk, Buttenwiesen.

F

Feuerbach, L.(포이어바흐) 23, 110, 288, 364-65, 367, 507, 617, 661, 692-93

Finkenzeller, J.(핑켄첼러) 98, 434, 447, 451

Freud, S.(프로이트) 693

Friedrich, G.(프리드리히) 566

G

Gnilka J.(그닐카) 226, 243

Gogarten, F.(고가르텐) 359

Grässer, E.(그래서) 314

Greenberg, M.(그린버그) 283

Greshake, G.(그레스하케) 97, 201, 216, 232, 243-45, 254

Gunneweg, A. H. J.(군네벡) 58

Gutierrez, G.(구티에레즈) 139

H

Harnack, A.(하르나크) 116

Härle, W.(해를레) 30, 593, 642

Hattrup, D.(핫트루프) 249, 266, 449, 485

Hegel, G. W. F.(헤겔) 34, 49, 109-11, 124-25, 194-95, 229, 357, 360-62, 364-65, 473-74, 608, 610-12, 617, 636, 660-61, 694, 700, 716

Heidegger, M.(하이데거) 153

Heinrich, C.(하인리히) 125

Heisenberg, W.(하이젠베르크) 524, 529, 563

Heuss, K.(호이스) 358

Hippolyt(히폴리투스) 94, 340

Hoekema, A. A.(후크마) 275, 280, 283, 314-15, 371, 376

Hugo von St. Viktor(휴고) 98

Hummel, L.(훔멜) 228, 230

Hutter, I.(후터) 107

I

Irenaeus(이레나이우스) 94, 340

J

Joachim, von Fiore(요아힘) 99-102, 287, 339, 341-45, 347, 361, 376

Joest, W.(요에스트) 567-68, 571, 638, 642, 680

Jüngel, E.(윙엘) 181, 252, 403

K

Kaiser, O.(카이저) 190

Kant, I.(칸트) 109, 112-13, 360-61, 618-19, 635, 645-46

Käsemann, E.(케제만) 84-85, 87, 91, 259, 384

Kehl, M.(켈) 336, 341, 386

Kierkegaard, S.(키에르케고르) 120, 125, 636, 688

Klappert, B. 310

Köhler, W.(쾰러) 94

Konstantinus(콘스탄티누스) 95, 288, 348, 350, 353

Kraft, H.(크라프트) 353

Kraus, H.-J.(크라우스) 24, 333, 359, 386, 566, 597

Kreck, W.(크렉) 288-89, 291-93, 386, 393-94, 413, 462

Kümmel, W.(큄멜) 88, 314, 540

Küng, H.(큉) 110, 157, 243, 256, 258, 412, 481, 491, 523, 529, 678-79, 699

Kutter, H. 117, 347

L

Ladd, G. E.(래드) 314-15

Lessing, G. E.(레싱) 108, 223, 360

김균진 저작 전집
05

기독교 신학 5
하나님 나라의 메시아적 신학을 향해

Copyright ⓒ 김균진 2020

1쇄 발행 2020년 7월 24일

지은이	김균진
펴낸이	김요한
펴낸곳	새물결플러스

편 집	왕희광 정인철 노재현 한바울 정혜인
	이형일 나유영 노동래 최호연
디자인	윤민주 황진주 박인미 이지윤
마케팅	박성민 이원혁
총 무	김명화 이성순
영 상	최정호 조용석 곽상원
아카데미	차상희

홈페이지	www.holywaveplus.com
이메일	hwpbooks@hwpbooks.com
출판등록	2008년 8월 21일 제2008-24호
주 소	(우) 04118 서울시 마포구 마포대로19길 33
전 화	02) 2652-3161
팩 스	02) 2652-3191

ISBN 979-11-6129-163-5 94230

책값은 뒤표지에 있습니다.

이 도서의 국립중앙도서관 출판예정도서목록(CIP)은 서지정보유통지원시스템 홈페이지(seoji.nl.go.kr)와 국가자료공동목록시스템(nl.go.kr/kolisnet)에서 이용하실 수 있습니다. CIP2020028848